中国科普研究所科幻研究丛书

中国科幻发展年鉴 2023

吴 岩 陈 玲 主 编

姚利芬 三 丰 副主编

中国科学技术出版社

·北 京·

图书在版编目（CIP）数据

中国科幻发展年鉴．2023 / 吴岩，陈玲主编；姚利芬，三丰副主编．-- 北京：中国科学技术出版社，2023.11

（中国科普研究所科幻研究丛书）

ISBN 978-7-5236-0301-7

Ⅰ．①中…　Ⅱ．①吴…　②陈…　③姚…　④三…　Ⅲ．①科学幻想 - 文化产业 - 产业发展 - 中国 -2023- 年鉴　Ⅳ．① G124-54

中国国家版本馆 CIP 数据核字（2023）第 207613 号

策划编辑	王卫英
责任编辑	王卫英
封面设计	中文天地
正文设计	中文天地
责任校对	邓雪梅　张晓莉
责任印制	徐　飞

出　　版	中国科学技术出版社
发　　行	中国科学技术出版社有限公司发行部
地　　址	北京市海淀区中关村南大街 16 号
邮　　编	100081
发行电话	010-62173865
传　　真	010-62173081
网　　址	http://www.cspbooks.com.cn

开　　本	710mm × 1000mm　1/16
字　　数	570 千字
印　　张	35
版　　次	2023 年 11 月第 1 版
印　　次	2023 年 11 月第 1 次印刷
印　　刷	涿州市京南印刷厂
书　　号	ISBN 978-7-5236-0301-7 / G · 1020
定　　价	168.00 元

前 言

习近平总书记在文化传承发展座谈会上强调，“在新的起点上继续推动文化繁荣、建设文化强国、建设中华民族现代文明，是我们在新时代新的文化使命”，践行这一使命应坚定文化自信，秉持开放包容，坚持守正创新。科幻作为科技与文学相结合的产物，具有科学内核与想象特质，是一个民族创新文化与创造活力的独特外显。

近年来，随着《全民科学素质行动规划纲要（2021—2035年）》《关于新时代进一步加强科学技术普及工作的意见》等的贯彻实施，科幻文化及产业的发展不断升温，中国科幻展现出强劲活力，《三体》《流浪地球》等现象级科幻作品激发了科幻热潮，推动中国科幻进入新的发展阶段。“科幻+”的多重可能性得到探索与挖掘，科幻在广阔的经济、社会领域发挥着重要的赋能作用，成为促进科创与文创融合的重要触媒。

2022年，中国科幻活跃度升级、影响力拓增，在理论发展实践探索层面呈现出新亮点，为年度性的记录与观察提供了丰富的素材。科幻创作层面，新作者人数占比显著提升，网络科幻小说数量持续增加；科幻产业层面，数字阅读、影视等均迎来不同程度的增长，中短视频、微短剧的快速发展成为科幻影视产业一大亮点；科幻产业为数字技术创设越来越丰富的应用场景；对外传播层面，中国科幻“出海”不仅拥有“量”的增长，也在逐步走向“质”的提升，现象级产品持续涌现。

《中国科幻发展年鉴》走过三年摸索时期，进入了第四个年头，逐步构建了体系化的研究框架，记录方式逐渐完善。本年鉴在把握中国科幻发展整体方向的基础上，分层次地刻画了中国科幻事业与产业的立体形态，在保留“综述、专论、资料”的大框架基础上，引入“双子星”视角，对科幻长篇创作趋势展开研析；近年来，科幻作品翻译引进趋于多元化发展，将科幻作品翻译引进情况细分为“英语作品”与“非英语作品”，以展现不同语言作品的传播情况；增加科幻展览、科幻艺术发展情况的纪实，展现科幻行业实践的丰富样态；在专论部分纳入对于创新技术赋能科幻产业、科幻知识产权保护、科幻与元宇宙融合等时兴话题的关注。

科技日新月异、创新文化繁盛的当下，中国科幻发展方兴未艾，展现了前所未有的旺盛生机。科幻正在以不同姿态介入多元领域，留下交叉纵横的发展轨迹，因此资料梳理工作较为繁复，年鉴仍存在疏漏与不足，敬请各位专家学者、行业人士批评指正。

科幻是展现人类文明新形态的重要载体，具有引领科技创新、形塑新质生产力的重要潜力，中国科幻的未来发展路径有待进一步探索。本年鉴力图为中国科幻发展留下注脚，标记中国科幻的历史方位，以期为行业发展提供参考，为更宏大的中国科幻发展史研究提供基础。我们期待，在更深入的跨行业交流中，能够凝聚更多研究者、从业者，共同书写科幻推动中国式现代化发展的历程，描绘中国科幻事业与产业腾飞的蓝图。

王　挺

目录
Contents

上篇·综述部分

▲ 科幻小说创作综述

年度长篇科幻小说创作综述（一）/ 杨　枫（笔名）　003

年度长篇科幻小说创作综述（二）/ 彭　超　014

年度中篇科幻小说创作综述 / 杨　琼　025

年度短篇科幻小说创作综述 / 杨辰宇　035

年度少儿科幻创作综述 / 崔昕平　053

年度中国网络科幻小说创作发展综述 / 鲍远福　孟正皓　064

▲ 科幻产业发展报告

年度科幻阅读市场发展报告 / 三　丰（笔名）　086

年度中国科幻影视发展报告 / 刘宇坤　韩贵东　张子瑞　101

年度中国科幻中短视频发展报告 / 张子瑞　刘宇坤　130

年度中国科幻游戏产业发展报告 / 方　舟　刘凌君　欧阳样　145

年度科幻衍生品产业发展报告 / 柯昊纯　姚利芬　166

年度科幻文旅产业发展报告 / 王嘉诚　185

▲ 科幻研究、译介、教育及活动综述

年度科幻研究综述 / 朱钰婷　203

年度英语科幻作品翻译引进综述 / 李　琴　白东子　吴馨玉　226

年度非英语科幻作品翻译引进综述 / 龙芋竹　248
年度中国科幻文学外译情况综述 / 吕子青　263
年度中小学科幻教育综述 / 周　群　270
年度科幻展览综述 / 陈发祥　285
年度科幻活动综述 / 柏毅恒　302
近年科幻艺术创作综述 / 庄维嘉　325

中篇·专论部分

科幻产业的技术支撑和技术服务 / 崔亚娟　351
从破圈走向融合：浅谈“元宇宙 + 科幻”的发展现状 / 曹　喆　许艺琳　364
高校科幻社团：中国科幻繁荣昌盛不可或缺的动力源 / 赵文杰　377
科幻漫画的“转译”与海外传播之路——《刘慈欣科幻漫画系列》案例研究 / 许艺琳　389
中国女性科幻小说的创作转向 / 王思媛　397
中国科幻知识产权案件年度回顾及启示 / 崔　莉　何明瀚　409

下篇·资料部分

2022 年科幻图书目录 / 河　流（笔名）　443
2022 年重要原创科幻小说梗概 / 游　者（笔名）　461
2022 年代表性国产科幻影视作品梗概 / 闫进芳　504
2022 年中国科幻大事记 / 河　流（笔名）　525
2022 年主要科幻奖项及获奖名单 / 柏毅恒　529
2022 年 CSSCI 来源期刊科幻论文名录 / 朱钰婷　541

中国科幻发展年鉴2023

科幻 上篇·综述部分

▲ 科幻小说创作综述

年度长篇科幻小说创作综述（一）

杨　枫（笔名）

本文的讨论范围是2022年在中国大陆以纸质书形式出版、总字数在8万字以上，以中文创作的科幻小说（下文简称“长篇科幻小说”）。受新型冠状病毒感染疫情等诸多因素影响，2022年中国大陆的长篇科幻小说出版规模在2021年的基础上进一步缩减，总计出版110部，其中20部为重版书，90部为当年新作（包含网络小说以纸质图书形式出版的情况，后文简称“网络小说纸书化”），与2021年的98部新作相比，减少约8.2%。新旧作品的比例也有所降低，从2021年的约6.5∶1降低到4.5∶1。

不过，从作者人数上看，相比2021年新老作者人数基本持平的情况，2022年，新作者的人数占比显著增多：除网络小说外，55部长篇作品作者总人数为53人，其中有35位作者为首次出版长篇科幻小说，约占66%。此外，网络科幻小说在实体书出版领域的占比进一步增加。具体来说，首次以实体书形式出版的网络小说共计35部，约占长篇原创科幻小说新作的38.9%。结合2021年37.8%的占比，可以认为这种情况（即网络小说成为中国科幻的重要组成部分）已成为业内常态。

从内容上看，新型冠状病毒感染疫情引发的因素在科幻创作领域亦有体现。首先，在2021年的基础上，危机叙事已成为2022年长篇科幻小说创作的主流题材，重点关注突发灾害的影响及应对。其次，公共安全议题兴起，出现了众多以犯罪、刑侦和推理为载体，围绕科技热点展开创作的科幻作品，反映有关领域的民生焦虑。再次，受国际环境影响，描绘国际矛盾的长篇科幻小说相比往年显著增多，并且相较于传统反特叙事，更加关注中国在解决世界性问题时扮演的角色。最后，值得一提的是，以上特征不仅出现在未来世界，也同样出现在注重本土话语的历史/架空题材作品中，从而形成跨越过去、现在和未来的“中国现实”。

一、主要作者及作品概述

本部分将简要介绍在2022年较优秀或有话题度的长篇科幻小说，意在帮助读者迅速掌握2022年该领域的主要成果。有关作品的详细内容将在后续的趋势特征分析中进一步阐述。这些代表作包括：天瑞说符的《死在火星上》《我们生活在南京》、白伯欢的《战略级天使：不眠之梦》、梁清散的《不动天坠山》、燕垒生的《天启》、那多的《荒墟归人》和圆太极的《无限天罗》。

新锐科幻作家天瑞说符的《死在火星上》曾获第30届中国科幻银河奖最佳网络文学奖。小说讲述了航天员唐跃、植物学家麦冬和人工智能老猫在地球忽然消失后，于火星上展开的艰苦求生之路。其间险象环生，角色不得不调用全部智慧，通力配合，以应对各种意料之外的危险。该作情节跌宕起伏，引人入胜，但因题材和结构与安迪·威尔的《火星救援》多有呼应，曾经引发争议。在2022年出版纸质书时，其反响也被作者2022年同期的另一部新作《我们生活在南京》所掩盖。

《我们生活在南京》则无疑是口碑与人气双丰收之作，在2023年5月颁发的第十四届全球华语科幻星云奖中斩获2022年度长篇小说金奖，作者本人亦获得年度科幻新星之荣誉。在小说中，生活在2019年的无线电爱好者白杨在一次夜间通联时，意外接通了生活在2040年的女孩半夏，得知未来的人类已经被不明外星生物毁灭，并就此展开了一场超越时空的救援行动。小说以现实生活中的南京为舞台，展现了大量生活气息浓郁的地域风貌，为本土读者带来了亲切感。此外，该作还扎实地描绘了“无线电爱好者”这一小众群体的日常生活，科普了无线电通信有关领域的知识。作者天瑞说符在此已初见其独特的个人风格，将硬核科普同流畅的通俗叙事，以及网络小说特有的作家与读者在文本内的对话互动交织在一起，实现了网络小说与核心科幻（特别是“硬科幻”）的融会贯通，值得持续关注。

白伯欢的《战略级天使：不眠之梦》是“战略级天使”系列的第二部。小说与贵志祐介的《来自新世界》气质相似，均构建了由超能力者统治的或然世界，但与《来自新世界》不同,《战略级天使：不眠之梦》沿用或然历史的框架，将历史改变的时间点提前至明朝末年，构造出相对安定繁荣的现代社会，且一改异能题材小说惯常的帮派斗争框架，转而关注异能者进入社会、参与社会建设与治理的成长历程，颇具现实感。在第二部中，随着主人公曹敬所具备的心灵感应能力不断增强，其在“金蔷薇王朝”公安系统内的活动也不断深入。作为该作核心出现的具象化梦境，也呼应着新浪潮时期的“内在空间”理论。

以晚清科幻和历史推理见长的梁清散在2022年年底出版了《不动天坠山》。小说跳出了作家熟悉的领域，从晚清转向更古老的唐朝。作品中，武则天登基前，山城照州在遭遇空间异变后遁入平行空间，分裂出10个副本。小说描绘了受困其中的居民的众生百态，讲述了主人公顾然深入其中的惊险调查。作者将推理领域的建筑诡计置于宏大的科幻舞台下，结合数学、天文、物理理论，并以武侠故事贯通各种元素，是本土科幻创作的又一项勇敢尝试。

拥有《天行健》《地火明夷》等佳作的著名科幻、奇幻、武侠作家燕垒生，在从事多年商业写作后，以“武功院”系列的新作《天启》重拾科幻创作。小说在或然历史的框架下，描绘了依靠生物科技支持的现代化明朝风貌。主人公方子野意外卷入一场宫廷斗争，在探案过程中发现了来自平行世界的另一版明朝（即现实中的明朝）。小说具备鲜明的历史批判意识，虽然以另类技术包装既有现代科技产物（如用“信藤”取代“光纤”构造互联网）的手法在读者群体和评论界内引发争议，但仍不失为2022年历史科幻领域的重要长篇作品。

著名悬疑作家那多的《荒墟归人》为“那多灵异手记”谱系的延续，曾于2019年在《萌芽》杂志上连载，2022年出版单行本。在该作中，主人公作为一名调查记者，对全国各地的废墟展开考察，在调查到汉丰湖底的古城废墟时，忽然产生了幻觉，接触到了埋藏其间的群体记忆，进而卷入了国内外多方势力围绕这一现象的拉锯战当中。作者将幻想同真实历史相结合，利用光刻机、区块链等现代科技，展现了各方力量为了争夺集体记忆的主导权展开的博弈。

与那多不同，以《鲁班的诅咒》闻名的历史悬疑作家圆太极在《无限天罗》中跳出了舒适圈，将目光转向现代能源领域。小说构建了“三重天罗”这一空天发电、输电系统，讲述了一颗携带常温超导粉尘的彗星在掠过地球时引发的环境灾难，不仅对未来的能源体系结构展开了扎实的“大国重器”想象，也呈现了多国协作解决世界问题的合作模式。

二、危机叙事成为主流题材

一种较为普遍的认识是，科幻小说的创作者因其边缘身份，会有意识地对其身处的环境进行批判性回应，传达源自疏离状态的忧思或不满，并试图给出对策。从这种意义上讲，科幻小说可以被视为时代的一面镜子。

2022 年是新型冠状病毒感染疫情暴发的第三年，在这一年中，疫情引发的动荡进一步延宕：在国际舞台上，周边地区的诸多地缘冲突标志着我国周边的区域稳定正在动摇；在国内，两次集中疫情暴发令诸多社会矛盾浮出水面，并且因森林火灾、低温雨雪等自然灾害而进一步恶化。这些危机一方面无疑引起社会层面的广泛焦虑，另一方面也为创作者提供了关注焦点。危机叙事也自然成为这一年的长篇科幻小说的主流题材——在 2022 年的 90 部长篇科幻小说新作中，有 35 部都描绘了各式各样的灾难或危机，如天瑞说符的《我们生活在南京》（外星人入侵）、圆太极的《无限天罗》（基础生活设施故障）、陈继明的《0.25 秒的静止》（天体撞击）、邓思渊的《先知机器》（发明失控）和牛煜琛的《地球大龟裂》（地质灾害）等。由于作品众多，本部分选取《我们生活在南京》《0.25 秒的静止》和《无限天罗》三部最具代表性的作品展开介绍。

天瑞说符的《我们生活在南京》围绕毁灭人类的灾难刻画了两个平行时空，并在后期揭示：灾难实际上由种植并收割人类思维的外星文明发起。但更加值得关注的是小说所采取的情节设计：2019 年的白杨在和 2040 年的半夏取得联络后，逐渐意识到后者所处的末日正是自己所处时代的未来。借此，作者成功将英雄救美的范式转变成探究灾难的内在因果关系、联手自救、“挽回未来”的过程，展现了一种面对灾变的积极乐观的实干姿态。不过，小说的探究与救援过程均由少数知情人士暗中推进，杂糅阴谋论说辞，回避了全球性灾难对社会现实的影响。

与《我们生活在南京》所代表的理性乐观的立场不同，陈继明的《0.25秒的静止》代表了危机叙事的另一极。小说沿用H.G. 威尔斯的短篇名作《星》的框架，讲述了一颗黑矮星在逼近地球时，于人类社会中引发的种种荒诞情景。故事的主角们生活在一座信息闭塞的小城，视野有限，大多数人仅关注市井琐事，即便对宇宙真相心存好奇，也时常诉诸宗教迷信。在这样的景况下，黑矮星的逼近未能引发威尔斯笔下声势浩大的社会恐慌。人们只是在持续的不安之中找寻安慰，这使小说呈现出一种死气沉沉的氛围。如果说《我们生活在南京》对个体主观能动性的刻画已臻于理想主义之境界，《0.25秒的静止》就是彻底否定了有效回应灾异的可能。作者意在营造对时代现状的隐喻，但视野的局限削弱了小说的说服力，使之流于对愚昧众生的白描。

虽然两部作品风格迥异，但经过对照，可以发现一项共性：不论角色是否有效回应危机，故事的核心都是外来事物对既有秩序的冲击所引发的文化休克（cultural shock），以及角色为了还原既有秩序而做出的种种努力。由这一观察出发，如果将危机转而视作一种对现状的挑战，则不论是《我们生活在南京》中的众志成城，还是《0.25秒的静止》中的群体焦虑，都明确展现出拒斥变化、怀念往昔的保守姿态。这种保守倾向贯穿2022年的本土长篇科幻写作，而从某种意义上讲，由于认知层面的惊奇感是科幻创作的一项重要追求，而变化、变革和变异均是实现这一追求的重要途径，因此，拒斥变化自然会使作品在逐渐“回归日常”的过程中走向扁平。

事实上，在2022年值得关注的危机叙事中，较具特色作品的亮点主要在于作者对危机的建构。除以上两部作品外，另一部典型作品便是圆太极的《无限天罗》。小说设计了一种采用无线技术传递能源的空天发电系统，不仅可以从高空收集太阳能输送回地面，还支持分布式管控，鼓励终端用户自主发电，并将过剩电能输送至电网，进行统一调配。而造成该全球电网大规模故障的则是一颗由超导材料构成的彗星，它在扫过地球时，尘埃散落到大气层中，黏附在电力设施上，造成了大尺度的短路和击穿现象。作者的电网设计思路与21世纪的本土能源系统设计存在诸多呼应之处，在此基础上形成的灾难也同样扎实可信。另一部殊途同归的作品是牛煜琛的《地球大龟裂》，该作将一线科研工作者的研究成果融入小说描写的地质灾害之中，其科学理论基础是大连理工大学唐春安教授提出的“地球大龟裂”假说。与其说这些作品是科幻小说，不如说它们是围绕科技现实展开深入观察后形成的前瞻性应急报告。在此，虚构同现实形成的强烈共鸣足以激起读者对有关风险的忧思，小说的实用色彩及科普效用亦能加深读者对现实的理解。从这个意义上讲，可以认为当下优秀的危机叙事可以在一定程度上发挥现实主义文学之功用，也顺应了我国当今在应急安全领域的迫切需求。

三、公共安全议题兴起，反映时代民生焦虑

公共安全是与民生密切相关的日常问题，反映着社会内部的利益动态。新型冠状病毒感染疫情的三年，一方面，机器人、虚拟现实等高科技产品的快速迭代与普及已成为常态，元宇宙、AI绘画、ChatGPT等新概念迅速进入日常生活，它们在带来便利的同时，也形成了新的社会风险；另一方面，疫情也给人们的生活带来了不确定性。

面对瞬息万变的世界，对相关问题的讨论在过去一年间已形成了诸多社会热点。而在2022年的长篇科幻小说中，也出现了至少29部与之直接或间接相关的著作。根据这些小说的关注要点，可将其大致分为两类：①以刑侦推理为骨架的作品，其主角多为一线警员或中层干部，代表作如鹳耳的《迁宿者》、唐袁的《营地》、赖继的《AI特侦局》、邓思渊的《先知机器》、拂衣的《向曙光之神献花》等；②关注基层困境，进而探索自谋出路之可能性的作品，其框架多为反乌托邦或灾后世界，代表作如杨时旸的《人偶》、灰狐的《火星往事》等。两类作品就同一命题形成的不同切入方式和回应值得玩味。为了说明两者之间的关系，本部分选取杨时旸的《人偶》、唐袁的《营地》和灰狐的

《火星往事》三部代表作品展开讨论。

杨时旸的《人偶》是一部典型的反乌托邦小说，出版社的营销对标物为玛格丽特·阿特伍德的《使女的故事》。小说的矛头指向强制生育的人口政策，并未遵循“极权政府—反抗军”式的庸俗框架，而是围绕八名角色彼此勾连的私人困境，大力铺陈表面温和的政策在细微之处形成的尖锐威胁。除此之外，小说还引入了人造子宫、智能娃娃等辅助生育技术，全景呈现了人口政策下的众生相。不过，作为反乌托邦施压主体的政策代表在此却并未现身，仅作为含糊的背景出现，从而传达出一种对双方建立有效对话的悲观态度。

如果说《人偶》传达出的是基层焦虑，那么唐衰的《营地》则试图以管理者的视角审视现状。小说描绘了一个虚拟现实世界（同样因自然环境崩溃而建立）面临的危机：小规模虚拟世界大量关闭，造成单一虚拟空间 RealX-09 的负载大幅提升，削弱了系统的全局稳定性，有可能引发大崩溃。管理局的两支主力团队（工程师团队和捕捉者团队）各自派出探员去探索原因，最后却发现虚拟与现实的边界已经被打破，管理局、RealX 系统和现实世界已经形成了一个整体。总体来说，小说的故事并不新颖，值得关注的是管理局探员同虚拟现实住民之间的关系——为了进入虚拟世界，探员需要在 RealX 中获取化身（avatar），将意识下载至其体内，以角色扮演的方式进入世界之中。在这一框架下，由于作者采取的叙事策略，不论 RealX 世界中的居民是 NPC（non-player character 的缩写，意为“非玩家角色”）还是真人，对探员来说都仅仅是皮囊而已，区别仅在于可用或不可用。在这个故事中，民众仅仅是一个抽象的总体，作为待解决问题的一部分出现。小说总体关注的是管理局内部的职场人际关系，颇有杰夫·范德米尔的“遗落的南境”系列的第二部《当权者》之意味。在面对通常意义上的社会问题时，治安人员在信息获取工作中位居二线（一线为当事人或目击者等），但在管控层面却享有强大的主导力量。在这一意义上，真实民众视角的缺位，在小说中营造出了更高层面的虚拟现实，在这个虚拟现实中，仅有治理者具备主观能动性，从而站在与《人偶》相对的立场上展现出了类似的否定姿态。类似的作品还有赖继的《AI 特侦局》，其中花较多篇幅描绘了警方利用大数据系统进行探案的细节，呈现了该系统的社会监控能力。

以上两种姿态在一些作品中构成叙事的驱动力，例如，在邓思渊的《先知机器》中，警方与逃亡者并不构成严格意义上的拘捕关系，但不论是情节的张力、谜团的揭示还是社会图景的铺陈，都依赖于双方的互不信任。美国著名科幻作家詹姆斯·布利什直言不讳地将这一模式称为“傻瓜情节”（在这种情节中，双方若不互相设置哑谜或障碍，故事将立刻结束，而非强行继续下去），这是这类科幻作品在叙事层面上遭遇的危机。另外，在圆太极的《无限天罗》等作品中，两者间的对立关系进一步演变成拯救世界的主角团队在面对将科学知识包装成宗教以引导民众的反对派领袖时，呈现出“先定性，后来往”的粗暴立场，以消除异见者的方式化解困境。而即便是在更温和、也更普遍的情况下，双方也只能各自为战——管理者仰赖其内部人士的觉醒，如《营地》中最终概念突破的揭示就仰赖于先行进入 RealX，表面失踪、实际上前往世界边疆的高级探员。而若在这方面希望渺茫，民众便自然会谋求自救，在这方面，最典型的作品便是灰狐的《火星往事》。小说甫一开始便抛出了“维和部队衰弱，无力维系火星治安稳定”的设定，实际上控制财富和权力的是大型私人公司，军队也由私人安保公司及雇佣兵组成。在此，主人公罗恒是底层民众的代表，其核心追求是养育女儿，让身边的人都能在火星和平幸福地生活，这一姿态使他成为游离于所有势力之外的角色。被维和部队开除后，罗恒虽然加入私人安保公司岩铁流驾驶机甲，与萤火组织及其他安保公司的团队对抗，但实际上并不代表任何一方的利益。因商业写作等原因，小说仅展露出个体视角下的基层自治姿态，并未在此基础上做社会层面的深入探索。作者的另一部作品《终钥战纪》所描摹的社会革命也因为类似的原因而显得简单粗暴，流于“暴风骤雨，血流满地”（Thunder and Blood）式的喧嚣。基层治理该何去何从，如何“跨过警戒线”，通过对话和行动有效探索并解决经由科学幻想外推出来的光怪陆离的危机，仍然有待未来的作品去探索。

四、地缘危机与中国世界主义

从 2022 年 2 月开始，国际上陆续暴发了一系列地缘争端，其影响逐渐波及科幻领域。而除了舆论层面的争议，战争所蕴含的地缘问题与本土周边格局的联系也同样令人感到不安——科幻作家陈梓钧就在接受采访时，直言近期科幻创作的灵感是由此激起的焦虑。

纵览科幻史，当国际局势紧张时，描绘侵略和战争的推想性作品数量便会激增，如第一次世界大战以前，英国本土就曾出现大量“未来战争”（Future War）题材的小说，探究德国入侵大不列颠的可能性。类似的描绘外敌侵略和我方反击的倾向也出现在2022年的本土长篇科幻作品中，如何辉的《未知侵入》、赵岩森《宇宙的尽头·它们来了》和吴俊的《南天门计划》中便明确出现了高等外星文明的入侵，并且小说的重心不在探索外星种族的文化及人类和外星人的关系，而在于人类如何作为一个整体击败来犯的强敌。这些小说的质量大多欠佳，但值得关注的是，与《三体》中由联合政府统一管理的人类社会不同，在这类作品中，人类在大多数情况下仍然保留了既有的世界政治版图，形成由中国主导、多国协作的“人类命运共同体”。如《南天门计划》标题中的全球性综合防卫体系就是由中国主控的;《宇宙的尽头·它们来了》则明确提及了人类命运共同体，刻画了中国未来工程部的科学家在混乱的国际秩序中挽救世界的过程。

这种由中国主导的世界主义视角同前文提到的危机叙事密不可分——以《无限天罗》为例，小说中设计的世界级电网为多国合作项目，其发生的灾难同样波及全球。在此，作者试图传达出的是：在全球化时代，任何重大灾难都不会仅具备地域性或民族性，而是会对全体人类造成深重影响。而小说中的应急专家团队也同样由中、美、俄、韩、日的多学科领域专家组成，拥有较强的全球性视野。

这一全球性视野具备两个鲜明的本土特征：①中国在多国合作关系中占据主导地位；②各国代表的性格基本沿袭本土视角下对相应国族的刻板印象。而在这方面表现得最为明确的是天瑞说符的《死在火星上》。如前文所述，小说的背景是地球忽然消失，火星上的宇航员不得不在失去援助的情况下艰难求生。尽管如此，但是各国遗留在火星地表或轨道上的设施、仪器或文化造物均为主角们带来了莫大的帮助，从而形成了一场秘而不宣的多国合作救援，主导权仍然留在两位中国航天员的手中。此外，主角团会戏谑地传达出对这些“援手”背后所代表的文化的情感，其中使用的表述基本沿用当下互联网上的主流观点。

如果说第一项特征构成了科幻小说中的中国世界主义的基础，在处理得当的情况下，尚可出现如电影《流浪地球》中描绘人类命运共同体通力合作的史诗绘卷，那么，第二项特征则表明很多作者的创作潜意识仍然停留在“好莱坞”式的民族主义叙事阶段，同理想中的人类命运共同体依然存在差距。随着我国国力不断增强，全球影响力不断扩大，本土的科幻小说势必重新将视野投向全球写作，创造出有别于西方的未来世界图景。届时，上述挑战终将成为不可回避的问题。

五、结语：跨越时空的“中国现实”

不可忽视的是，两部于 2022 年年底出版的以架空世界和或然历史为主打题材的作品也同样以上文阐述的命题为核心：梁清散在《不动天坠山》中描绘了一座城市的终末图景，前文所概述的 10 座照州城在故事伊始已仅存三座，其余几座都因为社会动荡而在彼此碰撞中湮灭，而幸存的三座城池也被牢牢把控在黑帮手中。燕垒生的《天启》则关注两个平行世界中的历史人物对对位世界的欲念，在小说中，他们为此布设的阴谋改变了两个宇宙的动态平衡，即将引发巨大的位面灾难。虽然两部小说的背景设置在不同的历史时代，但其主题均是在一个业已遭受灾难的世界当中，平凡的小人物要如何谋求生存，并尽力寻回昔日的生活状态。

从这个意义上讲，阅读这些作品所唤起的时代共鸣同前文概述的那些描绘现当代和未来的科幻小说的基调基本一致。换言之，不论小说将舞台设置在过去、现在还是未来，在 2022 年的长篇科幻小说领域，作者和读者大都立足于新型冠状病毒感染疫情形势变化的现实经验，关注即将到来的“中国现实”。面对该种现实，2022 年的长篇科幻小说或以揭示性的姿态展现社会矛盾和有关焦虑；或试图给出小人物视角下的“中国答卷”，具备鲜明的草根和实用色彩。在今天，这类写作无疑有助于我们理解自己的现实处境，并在一定程度上做好心理和行动准备。此外，它也将科幻作品的想象力约束在危机叙事 / 后危机叙事的框架当中，致使 2022 年的长篇科幻小说不论在叙事结构、主题还是想象力层面，与往年相比均显得保守单调。考虑到现实情况，可以料想，这类写作在未来一段时间内仍将普遍存在。在理想情况下，它或将成为大众表达时代经验的一种渠道，形成更具深度和广度的表达。不过，如何跳出约束，以更加多元的视角切入“中国现实”，也是亟待未来的长篇科幻小说回答的重要问题。

作者简介：

杨枫（笔名），青年作者、科幻评论家、自由编辑，中文科幻数据库创始人。代表作包括《赛博酒吧的生命周期》《树上的九十亿个姐姐》等。

年度长篇科幻小说创作综述（二）

彭 超

一、年度概况与主要作品

本文主要观察对象为2022年出版的8万字以上的中文科幻小说。2022年，中文长篇科幻小说保持较高创作水准，整体发展态势良好。全年出版长篇科幻小说共计100多部，大致与2021年持平。

从创作内容上看，2022年长篇科幻小说呈现出以下特点：一是经典科幻题材依旧是热点，比如江波的《红石》对太空题材的书写，邓思渊利用计算机行业前沿技术知识创作的《先知机器》，都可视为对经典题材的延续与开拓；二是“元宇宙”成为长篇创作的热门选题，出现大量相关作品，但亮眼之作较为少见，作品质量提升空间较大；三是历史科幻的逐渐升温，作为舶来品的科幻与本土文化结合，凸显中国科幻特色，两部年度重磅作品《不动天坠山》《天启》均为历史科幻；四是网络科幻成为不可忽视的力量，网络小说以纸质图书形式出版，实现跨媒介传播，科幻元素也成为网络文学创作的重要赋能点；五是科幻创作的产业化倾向，出现不少IP定制科幻小说，或成今后科幻文学发展的新态势。

从作者分布来看，既有成熟科幻作家，如江波、梁清散、燕垒生等均有新作发表；又有新人作者，比如雷思杰、贾樨、雷钧等出版长篇处女作带来惊喜。中文原创科幻小说的出版渠道多元，除了中国大陆的出版社，香港、澳门、台湾地区和海外地区的出版社也关注大陆作家的作品，如香港山顶文化出版黄海峰的《虚拟时光旅行》，新加坡新文潮出版社推出雷思杰的《巴别塔纪元》。

2022年度主要作品有天瑞说符的《我们生活在南京》、梁清散的《不动天坠山》、燕垒生的《天启》、江波的《红石》、邓思渊的《先知机器》、贾樨的《异时之夏》、雷钧的《希望你是人类》、袖侧的《攻略不下来的星辰》、黑山老鬼的《从红月开始》等。这些作品也代表着近年来科幻创作的发展趋势。其中，天瑞说符的《我们生活在南京》是年度不容错过的重磅作品，获得第十四届全球华语科幻星云奖2022年度长篇小说金奖，这部作品既是对经典科幻题材的传承与创新，又体现出中国科幻的本土化创作特色，将在后文对其进行更为详细的论述。

江波的《红石》和邓思渊的《先知机器》对经典太空歌剧、信息技术等题材进行延续和开拓。《红石》延续了“银河之心”系列三部曲的宇宙架构，具有太空神秘主义色彩，“红石”的设定也致敬了阿瑟·克拉克笔下的“黑石”。红石是正二十面体的红色宝石，来自蛮荒星，被真理教视为圣物，其守护者可以用红石引导和控制人的思维，为宇宙舰队提供驱动能量，因此，红石成为宇宙各势力争夺的对象，太空剧场上演夺宝大战。小说行文流畅，情节跌宕起伏，围绕红石争夺展开主线叙事，具有可读性；马特、兰蒂斯双男主的设定，对不同文明等级和阶层的思考，对命运选择和人生价值的探讨，也让作品更具深度。这部小说更像是系列作品的开篇之作，重要设定尚未充分展开，略显拖沓。《先知机器》的作者邓思渊是科技行业从业者，体现出技术审美趣味，利用当下计算机行业前沿知识超算来构思情节。故事节奏紧张，开局即悬疑，抛出一个“抓捕前总能消失的嫌犯”的悬念，是典型刑侦小说的开头；而后抽丝剥茧地引出幕后故事，将“神谕机”的技术内涵一一道来。看似普通的网络犯罪案件，在调查中逐渐揭开神秘面纱，展现出一个惊险曲折的科技惊悚冒险故事。小说在结尾处采取“机械降神”的方式，平行宇宙的未来人凭空出现，强行解决紧张冲突，略显突兀和生硬。

二、元宇宙的“虚假繁荣”

2022年，多部长篇科幻作品围绕“元宇宙”这一概念展开，比如李翦的《零宇宙：赛博法则》、唐衰的《营地》、樊迦的《矩阵之下：真相》、高泽龙的《元宇宙2086》、X程序的《与光与影与空》等，显得一时热闹。

“元宇宙”对于科幻而言，并非全新概念，何以在近些年成为科幻创作的热点？早在1992年，美国科幻作家尼尔·斯蒂芬森（Neal Stephenson）在《雪崩》（*Snow Crash*）中创造了“元宇宙”（metaverse）一词。2021年10月28日，马克·扎克伯格正式宣布将Facebook更名为Meta，即“元宇宙”（metaverse）的“元”，这让“元宇宙”概念大热，成为产业界新的增长点，也成为科幻创作的热门选题。2021年，中篇科幻小说和短篇科幻小说已经对元宇宙展开想象；2022年，长篇科幻小说进一步回应这一话题，尝试着反思虚拟世界及其多重伦理困境。

2021年，中文在线启动“首届全球元宇宙征文大赛”，旨在以优质科幻IP加速元宇宙内容世界的繁荣。该项比赛分为“科幻”和“文学”两个赛区。科幻赛区侧重对“元宇宙”的科技设想，“科幻硬核度”“文学性”“娱乐价值”是科幻赛区对作品考核的三大标准，要求将VR、AR、区块链等与元宇宙相关的技术作为必要元素内置于作品中，逻辑自洽，具有可读性，而不是“技术说明书”；文学赛区围绕“元宇宙”概念展开，注重文学性，侧重对故事的雕刻。2022年8月，该项比赛结果公布，科幻赛区的《铁镜》《面孔》《卞和与玉》等11部作品获得“奇想奖”，文学赛区的《永生世界》《我是剑仙》《最终序列》等10部作品获得“开元奖”，大神作家伪戒的《永生世界》获得“最佳人气奖”，“90后”科幻作家东心爰凭借《卞和与玉》获得“元宇宙奖”。大赛评委姬少亭评价《卞和与玉》，“以物理算法锚定虚拟世界，以数学的确定性赋予虚拟世界的物品以价值的大胆设想，给予了现实中元宇宙技术的发展方向有价值的启示”。获奖作品均为长篇科幻小说，因尚未正式出版，留待出版再做进一步分析。

已出版的“元宇宙”相关作品，从技术设想和内容框架上尚未超越经典赛博朋克所达到的高度。以《与光与影与空》为例，该作品共三册，自称“以赛博朋克为名，写一个当代神话”，演绎东方神秘主义宇宙法则。作者“X程序”是编剧孙健敏，跨界创作科幻小说。这部小说对虚拟世界进行构想，将新唐城设定为多文明宇宙业力的枢纽，悟空寺修理厂内蕴含的“曼荼罗”构成虚拟世界，容纳宇宙中所有事物的素材，犹如佛教所云“纳须弥于芥子”；新唐城里的细微变化会导致宇宙剧变，宛如蝴蝶震动翅膀，产生蝴蝶效应。在与宇宙规则、强权阶级进行斗争的过程中，“光”“影”“空”三人寻找各自生活中的那道光，并引导读者去思考：当人类被权力和金钱改造异化，沦为低级物种的弃民是否存在自救可能性，作为共同体的人类社会是否还有重建的希望。故事渲染东方神秘主义，但情节略显拖沓，并无太多新意，也没有更为深刻的反思。在每一章节的末尾，用“本章回顾”来总结该章内容，用“小贴士”专门解释该章出现的专有名词，在降低读者阅读难度的同时，也降低了阅读乐趣和思考乐趣。

现有的“元宇宙”相关作品，更多是受到资本驱动，在推动元宇宙概念普及推广和元宇宙产业发展方面起到了一定作用。这也导致尽管围绕“元宇宙”进行创作的长篇科幻小说在数量上颇为可观，但值得肯定的并不多见。究其原因，可能是对“元”的理解存在误区而让作品缺少对技术的反思性与批判性。何为“元”？“元”本身意味着对世界本质的研究，是亚里士多德所创造的形而上学（metaphysics）的重要组成部分，旨在打破虚构与现实的界限，揭示出虚构性，并对现实进行批判性反思；在认识论的层面上，以理性的态度对传统认识论进行改造，试图带来对世界的新的理解方式。随着信息技术、生物科技等发展，真实与虚拟、现实与科幻之间的边界正在被打破，今天的现实比科幻更科幻。如果没有对“元”的真正理解，没有对技术的警惕，没有深切关注技术变化给人类情感、精神、文化、价值观等带来的冲击，而只是单纯地描摹虚拟世界或是未来人类生存图景，或是想象某种技术，可能已经无法满足读者的阅读期待了。

三、历史科幻与“中国性”

历史科幻是近年来的热门题材，用想象来建构或然历史（alternative history），设定某些假设性调整，进而描述其给历史演化带来的后果。故事主人公可能会进行时间旅行，或是分布在平行宇宙，而不同的世界又演绎出不同的历史，极具传奇色彩。2022年，燕垒生的《天启》、梁清散的《不动天坠山》、唐晋的《鲛典》、黎幺的《从始至终》等长篇科幻小说调用了历史传说和传统神话等资源来重构历史，带给读者新奇的阅读体验。

《天启》是燕垒生在“武功院”系列短篇小说的基础上创作的。“武功院”被作者设定为明代锦衣卫分支、高科技研究所，以第一指挥使姚平道为最高首脑，下辖天、地两组；天组以第二指挥使王景湘为首；地组以第三指挥使罗辟邪为首。武功院的日常工作是开发新型武器，兼有谍报、暗杀等任务。小说主人公是王景湘的弟子方子野，为落魄传教士的私生子，因混血而有蓝眼睛，外号“碧眼儿”。“武功院”系列包括《天雷无妄》《天与火》，以及外传《无根草》《飘零花》等。2007年，作为“武功院”系列开端之作的《天雷无妄》在《科幻世界》甫一发表，便引起科幻迷热烈讨论。燕垒生以扎实的科学素养、丰富的历史知识和大胆的想象，为读者讲述明代天启年间“王恭厂大爆炸”的来龙去脉。2022年，《天启》以长篇小说的形式构建更为完整的世界，想象新的技术路径和新的历史进程。唐代一行大师设计“光和发动机”，利用光合作用驱动的动力装置带来中华科技大爆炸，及至明代，社会科技昌明、文化繁荣，呈现崭新的大明王朝。天启二年，承载通信功能的寄生植物“信藤”接连遭到破坏，方子野被卷入其中。为自证清白，他意外发现平行时空，进而来到相对落后的另一个明代，两个方子野在不同时空相遇，让故事极具戏剧性。《天启》的精彩不仅在于扣人心弦的故事、流畅的阅读体验、章回体小说的风格，更在于打开了理解中华文明的全新视角，引领读者去想象另一种历史可能性，在那一重空间，中华民族表现出兼容并蓄、开拓进取的文化自信。

《不动天坠山》是梁清散的最新长篇历史科幻作品。梁清散热衷于将科幻小说背景设定为历史朝代，“新新日报馆”系列（2016—）、《济南的风筝》（2018）、《沉默的永和轮》（2021）都是以晚清作为故事展开的背景，《不动天坠山》则将故事背景设置在唐代。作者利用数学概念“不动点定理”展开想象。小说设定的是在武则天登基之前，大唐遭遇时空异变，发生天坠，一座山城裂变为一模一样的10座山城，在10座山城的中心是不动山。由于相同物质同处一山时，所在世界会彻底湮灭，因此10座山城仅剩下罗山、彭山、咸山。小说主人公顾然能够借助“不动罗”，测算山城与不动山接触方位，自由穿梭于不同山城。“云瑟石”是令人惊喜的设定，由于不动山、山城和大唐的时间长度不同，云瑟石即时间在不同世界留下的痕迹。小说融科幻、武侠、悬疑为一炉，顾然是侠士一般的人物，不幸陷入离奇凶杀案，当他从不动山进入罗山时，刚好穿越到大祭司被杀现场，唯有查出真凶方能洗脱嫌疑，而案件真相又关系到整个世界的安危。《不动天坠山》的标题也颇有趣味，“天坠”和“不动山”是小说的重要设定，将其组合成“不动天坠山”，在让人感到拗口的同时，又使人忍不住调动想象力与逻辑能力，分析推理情节的种种可能性，从而进入波谲云诡的大唐世界。

这些具有中国本土特色的历史科幻作品用复古怀旧与先进科技碰撞出独特的美学风格，读者将之类比“蒸汽朋克”（steampunk），或称为“丝绸朋克”（silkpunk），后者是华裔科幻作家刘宇昆在创作“蒲公英王朝”系列时提出的概念。“丝绸朋克”包含对中国文化的解构与再想象，将传统文化元素引入科幻这种现代文学类型，竹子、贝壳、丝绸等构成技术设想的核心，在对中国古代文化内核进行反思的同时，也传达出现代性思考。近些年历史科幻的崛起，基于中国自身历史与国情，通过想象一种新的技术演进路线，进而重构中国历史发展进程，这是国力逐渐强大、文化不断自信的中国在科幻创作中的显影。

历史科幻的崛起也让中国科幻的“中国性”和民族形式问题成为值得思考的议题。“中国性”意味着重视中国社会发展的独特语境，以及在这种语境中形成的文学经验表达。作为外来文类，中国科幻在潜意识中不自觉地将西方科幻作为比较和对话的对象，以西方现代文明作为参照范本。而随着中国现代化进程的加快，中国科幻试图对这一范本进行超越，建构具有民族特色的表达方式，创作出具有中国风格和中国气派的中国科幻小说。这也是近年来中国科幻不断尝试从中国历史和中国传统文化中获取创作资源的重要缘由。

四、网络科幻的崛起

网络与科幻逐渐成为双向赋能点，越来越多网络作家转型创作网络科幻作品，将科幻元素融入作品中，满足读者多样化的阅读期待。网络作品纸质出版也成为2022年原创长篇科幻小说的重要组成部分。比如，起点中文网热门作品《我们生活在南京》，由中信出版集团于2022年正式出版。黑山老鬼的《从红月开始》是2021年完结的网络科幻文学现象级作品，也在2022年推出纸质版。鹳耳的《迁宿者》先在豆瓣连载，获得“豆瓣阅读长篇拉力赛”幻想组冠军后，于2022年正式出版。樊迦的《矩阵之下：真相》在出版之前也先在咪咕阅读连载。晋江文学城人气作品《攻略不下来的男人》，在2022年更名为《攻略不下来的星辰》出版。

天瑞说符是颇受瞩目的网络科幻小说作家。他的《死在火星上》获评第30届中国科幻银河奖最佳网络文学奖（2019），《我们生活在南京》获评第32届中国科幻银河奖最佳网络科幻小说奖（2021），《泰坦无人声》获评第33届中国科幻银河奖最佳原创图书奖（2022）。第十四届全球华语科幻星云奖，《我们生活在南京》获2022年度长篇小说金奖，天瑞说符摘取2020—2022年度新星金奖桂冠（2023）。作为风头正劲的“95后”网络小说作家，他的三部获奖作品在2022年都推出了纸质版。姚海军认为天瑞说符“这样的硬核科幻作家正在改变网络科幻的样貌”。

以备受好评的《我们生活在南京》为例，小说是无线电题材的硬核科幻作品。文中，生活在2019年南京市的高三男生与生存在2040年同一地理位置的女生，通过无线电进行跨越时空的交流，繁华的现代都市与荒凉的未来废土形成对比，两个身处不同时空的中学生承担起拯救世界的重任。硬核的科幻设定、精彩的构思、细腻的情感，加之以现实城市南京为背景，以及相对节制的篇幅，让作品在网文圈和科幻圈都颇受好评。小说在叙事技艺方面，也表现出较高追求，尝试采用“元叙事”的手法，故事叙述者名为天瑞，与小说作者同名。小说正文包括两部分，一部分是按照故事发展线索讲述少年白杨与少女半夏拯救世界的历险故事，另一部分是“天瑞”所做的采访实录节选，包括艰难的时光慢递、摸索与总结中的三大定律，人类历史上最后一场抵抗战役等章节。这种结构，让阅读过程充满张力，当读者试图获得沉浸式体验时，叙事者将其从虚拟幻象中拉扯回来，提醒读者作品的虚构性，从而拉开距离获得思考空间。

整体而言，网络科幻小说和传统科幻小说在叙事方式上存在差异，主要是由于媒介的不同。传统科幻小说篇幅有限，对作者的叙事能力要求更高，要在一定篇幅内进行合理的故事构思；网络科幻小说则动辄百万字篇幅，以无限流这一热门网络分类为例，主人公在平行世界快速穿越，完成任务，作品容量更大。以《攻略不下来的星辰》为例，这是来自晋江文学城女频网文作家袖侧的作品，作为快穿文[①]，作品提供逻辑合理的科幻设定，即宇宙中存在高等文明，高等文明从其他星球掠取擅长世界观构建的人类，去唤醒某种意义上死去的高等文明个体。小说主人公韩烟烟原本是晋江写手，被外星科学家抓到飞船上成为构建师，在系统的陪伴下穿越到不同世界完成任务。在不同的世界，韩烟烟拥有不同的身份，如小白领、异能者、大小姐、卧底女警、女大学生、家族继承者等。当她得知快穿是假象，真相是她被外星邪恶科学家绑架奴役后，便展开自我救赎，经历了从被世界操控逐渐变强到控制世界绝地反杀的过程。小说开头是常见快穿套路，容易让人弃读；中后段情节高潮迭起，给人惊喜。小说将主人公的疑惑与痛苦、挣扎与反抗这些精彩部分都放在中后段，对比开头的平庸，形成较大反差。与《我们生活在南京》不同，《攻略不下来的星辰》作为“女性向”网络科幻小说，“科幻”只是单纯的设定，并不构成叙述的核

① 快穿文是由穿越小说延伸出来的网络文学类型。主人公由于某种原因从原本生活的年代离开，带着系统或任务穿越时空，到另一个时空展开活动，结束之后前往下一个时空进行活动。快穿文主要分为系统快穿、任务快穿两种。系统快穿一般为主人公意外死亡携带系统穿越时空，任务快穿一般为主人公要在不同时空完成任务。快穿文的节奏相对较快，缺点是多次穿越容易让读者觉得乏味，有记流水账之感。

心要素，爱情仍占据作品的中心位置，尽管爱情在这部作品中是被解构的对象。作者从女性视角讽刺套路，解构爱情，赋予作品难能可贵的清醒感和批判色彩。

网络科幻小说的迅速崛起成为网络文学发展转型的重要趋势，起点中文网、晋江文学城等头部网站也在不断加大对科幻题材的支持力度。与传统科幻小说相比，网络科幻小说更擅长融合发展，将科幻元素有机融入玄幻、仙侠、都市等不同类型中，为网络文学发展增添新的生长点，也为中国科幻发展打开新的面向。

五、IP 定制与创作的产业化

2022 年的长篇科幻小说出现多部影视、动漫、游戏的 IP 定制作品，即根据 IP 来创作相应文学作品，如灰狐的《火星往事》和《终钥战纪》、碎石的《刺客信条：长安望》等。这与之前的热门科幻 IP 的开发略有不同，如《三体》《流浪地球》等，先有科幻小说发表出版，而后改编为电影、电视剧、动漫，同时伴随着周边衍生品的开发。IP 定制科幻小说是科幻文学创作产业化的新动向。

《火星往事》是 2022 年具有代表性的 IP 定制同名小说。“火星往事”是融创文化自主研发孵化的机甲类科幻 IP，讲述了在未来的火星上，人与机甲、人与 AI 之间的互相依存、互相斗争的故事。在人工智能生成内容（AIGC）技术赋能下，融创文化拟同步开展小说、动画番剧、电影、线下场馆、元宇宙平台等不同内容的生产制作，以期实现资源互用、效率提升、成本优化。根据“火星往事”这一 IP 定制的同名小说由灰狐创作完成；机甲形象由融创文化旗下制作公司设计完成；动画番剧已和哔哩哔哩（简称 B 站）达成战略合作；院线电影预计 2024 年开始制作。与此同时，通过 IP 授权、社区运营、线下体验馆等形式，进一步打造品牌。故事主角赤红机甲也将作为数字虚拟偶像进行授权和运行。这种科幻 IP 的开发和长链条运营模式将深度改变科幻小说的创作模式，预计会有更多 IP 定制科幻小说出现。

《终钥战纪》是与动漫制作高度关联的IP定制小说，为腾讯动漫S级科幻IP“终钥之歌”的主线内容小说。“终钥之歌”由科幻作家陈楸帆担任设定总创作，构思宏大，讲述未来千年人类文明的延续与变革，“终钥”指的是改变未来的高精尖端科技，围绕“终钥”发生的故事汇聚成“终钥之歌”。“终钥之歌”将未来千年划分为七个时代，分别是黄金时代、混沌时代、重启时代、蜕变时代、降临时代、终耀时代、轮回时代，科幻小说《终钥战纪》聚焦于“终耀时代”，将故事重点放到人类与超级AI的关系上。“终钥之歌”系列涵盖赛博朋克、废土、虫穴、机甲、星球争霸等多种热门元素，动漫、主题曲、影视、游戏、音乐剧、剧本杀等正在同步开发。在资本和平台的多方运作下，科幻小说的内容创作既受惠于IP，又受制于IP，如同戴着镣铐跳舞，如何在既定的世界观框架下完成具有新意的创作将成为挑战。

《刺客信条：长安望》是与科幻游戏IP相关的作品，为科幻游戏《刺客信条》的衍生小说。《刺客信条》是由育碧蒙特利尔工作室研发的动作冒险类游戏系列，制作开发相对成熟，第一部发行于2007年。玩家在游戏中控制刺客完成任务，在任务中穿插重要历史人物和历史事件，时间跨度从古希腊到现代，该游戏以超高自由度和精良制作赢得全球游戏玩家喜爱。《刺客信条》主系列有12部，延伸系列、衍生影视、衍生漫画与主系列一道丰富“刺客信条”宇宙。其中，《刺客信条编年史：中国》是涉及中国元素的外传性质游戏作品，《刺客信条：长安望》是该游戏的本土原创衍生小说。小说在创作时并没有内容完全对应的《刺客信条》游戏可参考，以唐代武则天时期的长安为背景，将刺客信条的科幻设定有机融入中国历史。作为《刺客信条》中国原创系列的开篇之作，《刺客信条：长安望》的出版也为国内科幻创作和产业发展提供新思路，与游戏产业进行跨行业、跨媒介合作，实现融合发展。

科幻产业的发展给科幻小说的创作带来机遇与挑战，在改变创作生态的同时，也为科幻小说提供更多“破圈”的机会。从2022年的情况来看，几部IP定制作品得到的评价并不算太高，热门元素的堆砌、科幻设定的欠缺、油滑套路的情节，这些成为科幻读者持保留态度的重要缘由。

六、结语

近年来长篇科幻小说保持平稳上升的趋势，除了传统科幻小说，网络科幻小说也成为重要成长力量。“科幻 +”或将成为未来融合发展新路径，科幻元素与热门类型结合，出现“科幻 + 武侠”“科幻 + 悬疑”“科幻 + 推理”等新形式。在可以预计的未来几年，传统科幻与网络科幻之间的差异将逐渐减少，科幻产业对于科幻创作的影响将不断加大，更具有本土化特色的作品持续受到读者欢迎，这些将构成科幻发展的新业态。

（本文为国家社科基金青年项目“中国当代科幻文学的想象力研究”〔22CZW057〕阶段性成果。）

作者简介：

彭超，北京大学文学博士，中国石油大学（北京）讲师，中国科幻研究中心“起航学者”。研究方向为中国当代文学、科幻文学。

年度中篇科幻小说创作综述

杨　琼

一、概述

中篇科幻小说的文字篇幅[①]可以展开较为复杂的核心创意，亦能塑造丰富的人物形象，同时又并非鸿篇巨制，是科幻文学创意和形式创新的主力军。2022年中篇科幻小说的发表量约为200篇，与往年数据基本持平。作品主要分布在传统杂志平台、小说集、网络平台和各种奖项征文平台上。

传统杂志平台《科幻世界》《科幻立方》等持续支持精品中篇科幻小说的发表，纯文学杂志如《十月》等也为优秀中篇科幻作品提供了发表平台。由于篇幅限制，传统杂志媒介容纳作品数量有限。《科幻世界》杂志社的“星云”系列丛书、八光分文化的“银河边缘”丛书等为传统杂志提供了补充，收录了一批优秀原创中篇科幻小说。不同作家的中短篇小说合集、单个作家的作品集发表的中篇科幻小说数量不少，其中首次发表的也有一定数量。

近年来网络媒介发表中篇科幻作品的空间一直在拓宽，除了已经运营多年、建立了较高声誉的“不存在科幻”等专业科幻平台，近年开始发展起来的“奇想宇宙”等新的科幻平台，咪咕阅读、爱奇艺阅读、起点中文网等网络文学平台的科幻板块也发表一些中篇体量的作品，为这个文类增添了展示空间。

---

① 中文语境中的中篇小说一般指2.5万～8万字的作品。

未来科幻大师奖、冷湖科幻文学奖、光年奖等奖项具体目标不同，一些新作者以获奖的方式在科幻界崭露头角，不少老作者则在评奖中展示了愈加深厚的创作实力。奖项主办方以网络、小说集和多媒体版权合作等不同方式给中篇科幻小说提供了发表平台。从传统媒介的稳健发展到数字媒介的灵活生长，中篇科幻小说的发表空间正在变得多元化，创作生态发展健康。

在稳步发展的科幻内容生产环境中，中篇科幻小说的质量有明显可见的提升。从主题方面看，这一年的创作在经典科幻主题新演绎、社会和科技热点的文学呈现等方面表现颇佳。从作品内容和形式的特色方面看，许多作品带有或热切或隐含的现实关怀，显示了科幻现实主义倾向；不少作者创作了与通俗文学尤其是中国本土通俗文学类型和谐结合的优秀作品；一些作者注重叙事形式创新，拿出了令人耳目一新的作品。

二、经典科幻主题的新演绎

星际旅行、外星文明、赛博格和人工智能等主题在科幻文学史上出现的时段不同，演变至今均已成为经典科幻主题，对作家和读者都具有持续的吸引力。2022 年度不少中篇科幻作品对这些主题进行新探索和新演绎，其中不乏让人眼前一亮的优秀之作。它们在经典主题中融入不同的时代和文化背景，将不同的科幻元素综合构造起来，以新科技想象为底，编织了丰富多样的故事。

（一）宏大的探索：星际旅行与外星文明

星际旅行与外星文明主题的科幻小说多采取史诗风格叙事，具备宏大的视角和从文明角度出发的思考。2022 年度这类作品继承了这些特点，并且在叙事和经典化用等方面做出了创新。

陈梓钧《冷湖六重奏》以多个人物对于不同文明的探索作为线索，展示了对于生命意义和文明延续的深思。小说的视野宏大，虽然聚焦于几个核心人物，但勾连起的事件和思考是物种发展尺度的，显示了作者创作史诗类作品的潜力。

刘啸的《天帆》从一直困扰人类的能源短缺问题出发，设想在地球公转轨道上制造环绕整个太阳的球面光帆，称为“天帆”，以便利用恒星辐射能。该作品科幻设定有较为严谨的推演，具备硬核科幻的特质。叙事则以女主人公从儿时到长大后的人生经历为线索，以第一人称视角讲述了人类突破种族和国家的局限，通力合作改造自然，并最终飞向宇宙延续文明的复杂过程。小说结构宏大、细节繁复，具有史诗性。

索何夫的《化外之民》讲述人类探索者对地外星球进行探索，遭遇外星文明，二者发生斗争，最终个别地球人留在外星、大部分逃脱离开的故事。这篇小说承续了外星文明主题的传统，对文明之间的交往、竞争、对抗与吸收归化等问题进行了再思考。小说从中国古代的“化民”思想出发，试图在殖民框架以外思考文明交往问题，具有一定的新意。

刘洋的《寂静之谷》创新性地将火星探测题材与虚拟现实题材相结合，跳出了既有的外星生命和外星探测相关叙事传统，塑造了成功的悬疑叙事。小说结局令人意外，但又符合情理，题材的杂糅具有时代性特征。

胡深的《正面的世界》以世界经典艺术作品为媒介，精心设置谜题，提出历史是“球体”的假说，触及了关于世界本质的科学和哲学问题。

这一题材作品长于从物种角度思考存在和延续的意义及手段，传统上以架构宏大的探险故事为主流。新的作品则将传统主题放置于不同的时代和自然环境之下，产生了多样化的表达。

（二）盗火者之梦：赛博格与人工智能

经过数十年的发展，赛博格和人工智能已经成为科幻文学中成熟的主题。2022 年度以此为主题的中篇作品主要在人性表现、背景设定、故事的具体讲述方式等方面提供了新的探索成果。

杨晚晴的《塔》创造了一个有鲜明特色的女性主人公，其叛逆、强大和自我牺牲成为人类突破自我、超越藩篱的隐喻。小说搭建了一个由超级 AI 控制的失去生机的世界，细致描述其具体运作，展现由中枢智能控制的世界对于人类智识、情感和生活方式的异化作用。小说从一对爱人艰苦抗争的悲壮故事展开了对这种危险倾向的批判，用盗火者普罗米修斯的比喻形象化展现了人类在人工智能时代对于自由意志的不懈追求。

分形橙子的《笛卡尔之妖》以实录的方式，讲述了超级 AI 的诞生，并详细想象铺陈其对世界的巨大影响和改变。一旦这样一种 AI 产生，它最终可能会脱离人类的控制，成为自主而具有反控制力的存在。这一主题观点在关于人工智能的小说历史中已经成为传统，而这一篇文字颇有特色的作品则成为当前的一次经典重写。

牛煜琛的《至爱西比尔》设定在人类可以控制青春生命形态的时代，从一对情侣面对衰老和死亡的不同态度进行讲述，对“人”的本质、人工智能、后人类相关话题进行了深入探讨。

鲁般的《候场》以细腻的笔触，以娱乐圈的影视作品创作为背景，深入讨论了基因工程产出的义人的身份认同、情感等问题，分析义人与自然人之间的关系。这种伦理化的主题被放置在充满深厚个人情感的场景中进行演绎，感人至深。

此外较有特色的还有王岑岑《通天塔之祭》中的赛博世界，刘麦加《麦克斯先生很好》中赛博格的人类认同问题及其与人类之间的对立，以及王洁《前往盛夏星的远征》将 AI 引导星际旅行与元宇宙设定引入了儿童文学作品。

上述作品想象了不同的后人类生活情境，核心关注点是人类在变化的世界中所面临的困境及如何面对这些困境。这些问题未必都有明确的答案，但表达了敏锐的哲学思考。

三、社会和科技热点的文学呈现

2022 年中篇科幻小说的两个主要主题是生态危机和灾难治理，以及元宇宙与数字化生存的科技新变。不少优秀作品从不同角度探讨了这些主题，并提供了多样化的文学表达方式。用科幻小说的形式反映当今世界的问题和焦虑，也为读者提供了对未来的思考和探索。

（一）危机叙事多样化：自然生态和灾难治理

2022 年度的中篇科幻小说中，生态危机叙事高频出现。近年全球自然生态面临的严峻考验、国际关系的紧张局势和由全球新型冠状病毒感染疫情所引起的现实反思以各种方式进入了科幻文学创作，反映了时代的焦虑。

石黑曜的《出成渝记》是其中优秀之作。小说题目借用《出埃及记》的典故，隐喻了人类走向自我救赎的路径，即尊重生命、互助合作。小说分上下两部分讲述了通过物质传递和时空旅行相关联的两个不同时空的故事。上半部分以重庆、成都地区为背景，描述了饱受自然灾难侵袭的世界，下半部分故事则发生在另一个宇宙时空，从个人生命尊严角度对医学伦理进行了反思。作品中丰富的细节增强了其感染力，结构上则通过情节跳跃形成了留白张力，带有悬念。在近年全球经历新型冠状病毒感染疫情的背景下，小说具备一定的现实意义，代表了科幻的时代之思。

东心爰的《定风波》以人类气候灾难治理为主题，讲述了一个规模宏大的地球工程故事。在小说中，由于人类对碳排放控制的失败，海平面大幅上升，由此引起复杂而严重的全球气候问题，进而影响了世界政治格局。这些问题的核心是日益有限的资源如何重新分配。小说以第一人称叙事，在三个朋友不同的人生道路中展示了不同的治理理念，对人类福祉和个体生存之间的复杂利益关系进行了反思。

织梦者的《珠穆朗玛灯塔》设定于末世背景，讲述了海平面上升导致人类几乎灭绝，幸存者在宇宙间求生、寻找人类希望的故事。该作品带有《鲁滨孙漂流记》以来荒岛求生题材的文学元素。

以上这些小说作品为科幻文学世界提供了创新的灾难叙事，融入现实因素，显示了这一时代人们对于人与自然关系的新思考。

（二）变局新要素：元宇宙与数字化生存

作为近两年重要的科技话题之一，元宇宙继续吸引着各界的讨论。中篇科幻小说对元宇宙问题的探讨在上一年度的基础上更为深入。数篇作品从不同角度和不同立场探讨元宇宙问题，提供了风格多元的文学表达。不同于以往简单思索元宇宙是好是坏、是乌托邦还是敌托邦的问题，许多优秀作品将元宇宙的存在视为必然，思索其作为变局因素放大器的可能性，探索它在未来社会的应用。

东心爰的《卞和与玉》在创意和文学表现上都相当优秀，值得推荐。作品中的元宇宙成为人类数字化生存的极致例子，旨在引起读者的深刻反思。小说将元宇宙的长期存在作为背景，描述了元宇宙技术对人类生物形态的深刻影响及对社会阶层关系起到的区隔作用，深刻反思人类的生存问题。作品中的两条线索一是“原人”女研究生对科学原理的深刻洞悉及其个人遭遇，二是多年后警方对于命案的艰难调查。真相大白之时，元宇宙体系发生重大意外，人类必须重新认识真实生活与数字生活的复杂关系。“卞和与玉”的比喻使得元宇宙主题与伴随人类历史的权力斗争问题明晰化，提升了作品的历史和哲学意蕴。

陈梓钧的《对抗样本》是另一篇元宇宙题材佳作，显示了元宇宙作为新时代的武器为人所用的一面。作品中中国与西方对抗发生现代战争，视角宏大，场面堪称史诗级，元宇宙、人工智能技术在这场战争中成为重要的背景和手段。小说的立场鲜明，科技基础扎实，对一些社会思潮进行了深刻反思，是一篇优秀的硬科幻作品。

钟推移的《二元》设定的背景是元宇宙与现实世界并存的人类生存状况。作品讲述了未来时代的一桩复杂凶案，牵涉婚姻、爱情、成长、野心等主题，具有浓郁的香港警匪故事风格。小说中元宇宙作为现实生活的另一重匿名的面向，给予人性中的黑暗面在隐秘之处滋生的可能，为罪案的发生提供了便利，同时也为其侦破带来了阻碍。小说对元宇宙生存的想象具有哲理性，具备思辨品质。

谭钢的《铁镜》将游戏世界与现实世界相结合，AI 游戏角色觉醒，最终引起历史变革，而元宇宙中还嵌套了元宇宙，这使得小说结构更为复杂。美菲斯特的《元宇宙无间风云》以不同文明之间的“翻译”为关键词，在故事中融入了元宇宙日常生活场景。

元宇宙技术正在蓬勃发展中，与人类日常生活的交集越来越广泛。这些新作品作为见证技术发展和预言技术发展的时代性作品，不仅具有文学价值，也具有社会学意义。

（三）“时代的缩影”：借鉴现实和介入现实

科幻小说的灵感本就来源于现实中的科技、社会、环境等方面。科技进展，例如人工智能、虚拟现实、基因编辑、太空探索等领域的新进展激发创作者想象未来世界的可能性；社会变革和趋势，如人口增长、城市化、全球化等问题促使科幻作家思考未来社会的形态和应对方式；自然环境的变化，例如气候变化、自然灾害、地球资源耗竭等问题促使作家思考未来地球的命运和人类生存的可能性；战争、经济危机等历史事件促使作家想象不同的历史走向和未来世界的可能性。而在近年，有关中国独特国情、近期时事、国人生存状况等方面的思考经常成为科幻作家的灵感来源，催生出一批优秀作品，这些作品借鉴了现实，也不同程度地希冀介入现实。

这方面值得推荐的优秀作品是昼温的《解控人生的少女》。小说较为生动地反映了中国互联网生产和消费的现状，以互联网应用如何通过产品运营渗透进"无瘾之国"为主线，描写其带来的一系列伦理危机和技术应对。小说假设了一个当前普通人都可能面对的情境：处在风口浪尖的主人公因担任产品经理而深度介入上述过程，为此遭受深刻的心灵拷问。作品在时而幽默时而沉重的描述之间提出一个灵魂之问："活成时代的缩影"是否是一种悲哀？借此对资本对人生活的操控展开批判。小说中写到的互联网大厂工作状况、网络成瘾问题、电击治疗等都来自实际生活，具有鲜明的时代性。在成瘾时代如何控制自己的人生，保持为人的初心，成为作品的深层主题，反映了当前社会的普遍焦虑症候。小说主人公既是普通人，又是互联网时代某种意义上的操盘手。作者将她的故事与时弊相结合，引起深刻共鸣，可以说是科幻现实主义小说的一篇杰作。

一些其他作品也具有明显的现实关怀，例如：毛植平的《弥留之际》将一个关于衰老、触觉感官和情感关系的故事放置在亲情的视角下展开；潘海天的《前进的最远距离》讲述了20世纪50年代末至今的历史的一个科幻版本，以弟弟"前进"和姐姐"东风"的生命历程为线索，将一个"月球人"和一个"现实人"的故事相互映照，给读者进行历史反思留下了充分空间；萧星寒的《黄泥塝》从当下时事中汲取灵感，对人的异化和社会变迁进行深刻反思；东心爰的《卞和与玉》以不同人类生存形态为标准，设想出原人、两栖人、数人等不同阶层，既有现实依据，又具有对社会分层的隐喻意义。

作家们从科技、社会、环境等方面汲取灵感，将现实中的问题加以想象和创作，取得了明显可见的成果。作品的科幻现实主义倾向是中国近年来科幻创作的一种明显特色，同时也在深层次上与当代世界文学的人文关怀精神相通。

四、通俗化趋势及其本土特色

科幻小说在通俗小说脉络中，一直具有自身鲜明的特色，但其中蕴含的多元类型潜能不可小觑。当前不少作品类型特征多元化，充分利用中国通俗文学传统及中国文化和历史背景，富有本土特色，为科幻文学带来活泼的气息。

中篇科幻小说与其他类型的结合是近年来常见的现象，作品呈现出类型特征多元化和完成度较高的特征。这得益于不少作者对于通俗文学创作的熟悉，同时也显示了科幻文学对于不同内容、思想和传统的高度开放性。2022年度聚焦这方面的作品颇多，其特点是作品往往充分利用中国通俗文学传统，或有章回小说的影子，或化用网络小说类型资源，带有浓郁的本土特色。

刘天一的《有狐》是其中的优秀之作。作品带有仙侠小说风格，而其内在世界观构造则是科幻的。作品中的人物虽是妖狐和吕纯阳这样古风仙侠作品的典型人物，但他们在宇宙循环的科学设定下活动，科学逻辑设定合理，语言则带有网络流行的轻快风格，是对科幻小说形态的一种创新，具有浓厚的中国特色。

吴清缘的《剑士》以击剑为表现方式，探索并演绎机器智能的形成，并以剑术精神预言了人工智能的终极前景。小说很有想法，试图脱离科幻小说中关于机器学习的常见立论。

李夏的《长安侠客行》延续作者其他长安故事的世界建构，塑造了一个赛博时代的长安城，古风语言和赛博内容的并置制造了有趣的张力，而市井生活的烟火之气又为整个故事增添了具有历史文化关怀的脉脉温情。

钟推移的《二元》以香港年轻警员杨曼主导侦破一桩案件为主线，从她的视角讲述故事，叙事连贯周密。杨曼与父亲的纠葛是她成长的推动力，缺席了女儿童年的父亲在她长大后成为可靠的前辈。其人物关系设定、情节中的诸多反转及语言表现都具备浓郁的港风。

张帆的《夕日晴空》融入中国古代文化因素，演绎了人类如何认知世界、发现日心说等自然规律。红糖橙子的《玩家》则主要是网络科幻小说形态，同时杂有武侠和奇幻类型元素。康尽欢的《异端钓鱼佬的安全守则》具有轻小说的特征，作者创造了富有隐喻色彩的形象“钓鱼佬”，以幽默的笔触讲述了杂有科幻、冒险、奇幻等因素的故事。

埋名的《死者留言》充分使用了关于古埃及的考古资料和各种科技资料，制造了虚虚实实的历史谜案，将历史、悬疑、科幻元素相融合，成为一篇风格化明显的小说。超侠的《星际侦探系列之机械庄园谋杀案》、蔡建峰的《亲爱的阿努比斯》将探案小说与科幻元素相结合；陈菁的《失恋诊疗》调用科幻手段营造了不一样的言情小说。

这些题材、风格、类型上的糅合显示了作家对于多种通俗文类的熟悉和创作上的探索，从深层次上折射出科技发展对于方方面面的时代生活的浸入和影响。这也代表了科幻文学未来发展的一个重要方向，即融入“大文学”的总体趋势。

五、叙事形式创新

2022 年度中篇科幻小说在叙事形式创新方面有一定成果，出现了一些值得注意的作品。

钴铜鱼的《智虫记》被评论者称为“科幻版《昆虫记》”，是 2022 年度在形式创新方面最有代表性的作品之一。作品用一系列带有说明性质的小故事，构筑出“智虫”文明的大体样貌，同时又具有一个松散的情节主线，使得小说具有一个较为完整的叙事结构。该作品阅读感不同于通常的科幻小说，给读者耳目一新的感觉。在严肃文学中，此类创新已有先例，但在科幻文学中还不多见，《智虫记》成为一部叙事形式创新方面的先驱作品。

王元的《叫马》以“雪崩”灾害为核心创意，讲述灾害对一个普通的成都人家的影响，从当下写到未来。作品中自然灾害的应对成为科幻故事发展的背景，而具体细节的日常生活、人与人的交往互动则是小说的骨肉，其中的脉脉温情令人动容。这些细节以“剧本”的形式呈现，更加强了可信性和贴切度，内容与形式结合得十分紧密，是形式创新的一个优秀例子。

此外，张潇的《和故事有关的故事》精心设计了四个“故事里的故事”，环环相接，构成了一个周密的结构；分形橙子的《笛卡尔之妖》模仿实录的形式，有玛丽·雪莱《弗兰肯斯坦》的古典科幻风味；潘海天的《前进的最远距离》将幻想风格与历史风格叙事相结合，产生了新鲜的叙事张力。

除了这些亮眼的作品，许多其他作品也注意到叙事的艺术性，避免平铺直叙的表达方式。但总体来说，大部分作者对内容创新的关注仍然大于对叙事创新的关注，在这方面提高的空间仍然很大。

六、未来创作展望

2022 年中篇科幻小说保持了稳健的发展态势，为中国科幻文学版图贡献了数量不少的高质量作品。诸多老作者以技艺成熟的优秀之作成为撑起中篇创作格局的中坚力量；一些具有潜力的新作者从不同的平台崭露头角，作品给人留下深刻印象。

随着中国科幻文学社会关注度的提高及创作水平的提升，我们对中篇科幻小说创作有理由怀有更高的期待。整体上来说，可期进步之处包括：拓宽作品题材范围，在热点题材，关注更广泛的科技人生主题，使中篇科幻小说的整体格局更为多元化；注重内容创新，更深入地探寻有关经典科幻主题的新思考和新表达，不断拓宽对蕴含于经典问题中哲思的认识；重视叙事形式和文学风格创新方面的探索，追求深刻而富有诗意的文学品质；积极与当代世界优秀科幻小说构成更深刻的对话，达成世界性和民族性的交融。

在中国科幻文学和文化不断扬帆前进的大背景下，期待中篇科幻小说领域出现越来越多优秀的作品，记录时代的脉搏，更启发人类对未来的理解和思考。

作者简介：

杨琼，文学博士，中国社会科学杂志社副编审。其研究方向是中国现代科幻小说史、中外科幻文学理论。著有《中国语境下科幻文学的文体建构》（广东高等教育出版社，2020），发表有科幻文学相关的中英文论文十数篇。

年度短篇科幻小说创作综述

杨辰宇

本文中所称的短篇科幻小说为总字数 2.5 万以内，以中文创作的科幻题材小说。2022 年各平台发表短篇科幻小说的总篇目约为 400 篇，虽依旧受到新型冠状病毒感染疫情等原因影响，但较 2021 年发表数量已有所上升。

本文所论及的原创短篇科幻小说以参加第十四届全球华语科幻星云奖的 123 篇候选短篇小说为代表，因候选篇目均由各重要纸质书刊、科幻平台、专业征文比赛和选委会筛选推举，因此具有代表 2022 年度科幻短篇创作趋势的典型性。其中，重要实体书刊包括科幻类专业刊物《科幻世界》《科幻立方》《银河边缘》等。此外 2022 年有多家主流文学期刊、报刊推出科幻专辑或发表科幻小说，包括《天涯》《花城》《上海文学》《青年文学》《小说界》《中国校园文学·青年号》《民族文汇》《海燕》《收获》《西湖》《延河》《文艺报》等。

2022 年，“科幻”已成为网络文学五大类型之一，而非纸质在线平台和专业征文比赛中的科幻作品数量持续增长，目前具有华语科幻星云奖参赛资质的主要在线平台和征文比赛有蝌蚪五线谱、未来事务管理局（微信公众号为不存在科幻）、咪咕阅读（包括《奇想》电子杂志）、17K 小说网、奇想宇宙、谜想计划、爱奇艺文学、八光分文化和冷湖科幻文学奖、未来科幻大师奖、第十一届北京科幻创作创意大赛“光年奖”等，这些专业平台和比赛涌现出的优秀作品具有较强的代表性。

基于上述范围内推选的全球华语科幻星云奖候选短篇科幻作品，可以看出，短篇小说依然是科幻作者们施展文艺拳脚和思想实验的主要舞台。后人曾比喻鲁迅先生的杂文“像匕首像投枪”，这又何曾不是短篇科幻小说的重要特点？短篇小说更易快狠准地直击读者的心灵靶场。胡适在《新青年》上曾专门写过一篇文章《论短篇小说》，他说：“短篇小说是用最经济的文学手段，描写事实中最精彩的一段，或一方面，而能使人充分满意的文章。”由此可见，短篇小说因需快速博人眼球，引发思考，往往凝练着作者最锋利的思想、最幽微的情感、最精华的阐释、最动人的演绎。年度短篇科幻小说的创作活跃度，往往反映着这一年度科幻作家的思想活跃度与聚焦点。

因此，笔者欲从题材、主题、作者群等方面，尝试探求2022年度原创短篇科幻小说的特点，勾勒其发展趋势，挂一漏万之处，还请方家指纠。

一、常见题材“旧瓶装新酒”的深入与生新

在科幻文学的整体语境中，根据描写的科技主题，目前确立的常见题材一般包括外星人、机器人、时间旅行、末日畅想、生物工程、电脑网络与虚拟现实、人工智能等内容。如何在常见题材中生发新的惊异感，构思让人脑洞大开的创意和加深对题材挖掘的深度？是这一年度作者们努力深耕的地方。

在外星人题材中，如曹浩的《一长串数字的梦》，看似是老生常谈的外星人题材故事，却将现实中的“经济危机”与通货膨胀巧妙投映到太空，这样的设定显得创意十足，加上作者幽默的笔调，情节的不断反转，让一个小故事变得生动有趣。而餐厅作为信息枢纽的设定，让人想起了老舍的《茶馆》，作者以小见大，仅在餐厅的一方小天地中就暗涛汹涌地为一场寻找“上帝之门”的星际战争埋下了伏笔。看似风格荒诞的一出“闹剧”，吸引人眼球的，反而是穿插其中各类三教九流大小人物的不同表现。相比战争，这样的“芸生众相”值得人反复咀嚼，这也让一个小故事在创意之外，增加了对现实反映的深度。

钴铜鱼的《锈人》，以锈人蓝柴为线索，独辟蹊径地刻画了极其长寿的哲列齐亚外星种族及其社会风俗。有人认为其可媲美厄休拉·勒古恩的《变化的

位面》。小说细节丰富，推演合理，笔调活泼，颇具人类学特质。在思考深度上，全篇寓言特征明显，其间的河西走廊、“香格里拉”富含隐喻与反讽，哲列齐亚人的“劣化”和“除锈”对应着人类精神的“锈蚀”和“净化”。地球上名叫“香格里拉”的伪净土越来越多，可蓝柴毕生所追寻的“纯洁的本质”注定得踏遍宇宙一直找寻下去，这样的“夸父”精神，浓缩着对现实社会混沌的警醒。

路航的《你应如鸟向山飞》，同样富有人类学特点。故事发生在一个名叫西壬星的星球上，这个星球上遍布腐蚀性的海水，且常伴有雷电风暴。在这样的恶劣环境下，能从震撼整个星球的闪电风暴中活过来的常人寥寥无几，唯有一种名叫阿克罗伊得斯的生物得以生存。作为“赏金摄影师”的女主人公父亲，在一次拍摄途中失踪，救父心切的女主人公机缘巧合下被这种外星生物所救，并见证了阿克罗伊得斯以殉身来造山的壮美仪式。整篇小说的书写是带有诗意的，就像篇名即引用了《圣经》中的诗篇，并被反复吟唱。但它却又是现实的，就像“父亲”失踪前的自嘲:“我们缺的是钱，又不是命。”在悲壮的“造山”仪式下，这种舍身取“财”被成功转换为了舍身取“义”，由此升华了主题。

夏桑的《葬诗湖》别具一格地构思了一个会“分泌”文字的全新外星物种文明，从地球来的“寄生”者反而被设定为“天外来客”，甚至被认为是“恶魔”。恶魔自称是人类放置在宇宙中寻找诗意的智能飞船组件，飞船出现了故障，组件等待着重组。在这个过程中，身为“组长”儿子的少年被流放、回归、复仇，终于在生命尽头体悟到了诗意。在这个进程中，我们仿佛看到了一部隐藏在科幻外衣下的少年成长小说，情感细腻，氛围感浓郁，却又思想锋利。作者在故事中使用了许多意向化和隐喻化的处理，如迦楼罗神鸟、既是亲人却切断关系的族长父亲、黑色石头，还有立意本身对“诗意”的追求。莫里斯在《人类动物园》说:“人类最伟大的品质之一便是其创造性。”但假如这种创造性来源于外星人，人类又该如何自处，如何获得自由的快乐呢？如果将“诗意”看成是这种创造性的表现，那么《葬诗湖》似乎在尝试回答这个问题。韩松的《让我们写下去》，同样写了外星人，并设立了一个有趣的想象——世界是由文学构成的，还有猴子写“文学”，让读者会心一笑之后又产生无尽的思考。

在太空探险方面，昼温的《星星是如何相连的》以脑科学作为悬念设置核心，将多门学科（如神经学、颅相学）串联在一起。通过一场“远距离联想测试”，以两个女孩的命运串联出地球出现星门后的社会形态变化和深空探测的得失，作者以小见大，既有刘慈欣《思想者》的影子，又在学科深化与交融上尝试拓宽着边界。

江波的《命悬一线》为读者献上一场紧张刺激的空间站营救战。中国空间站收到了来自美国的请求，他们希望中国航天员能够拯救遭到撞击的国际空间站上的宇航员们。收获消息后，天宫空间站驻站人员开始紧急筹备起来，而两个空间站短暂的交会窗口时间也即将到来。小说名为“命悬一线”，既隐喻了救援任务时间的紧迫，又象征了悬系几人生命关键的救生绳。作品以极为广阔的胸怀讲述了在外太空遭遇险情的人类是如何互相帮助的，歌颂了彼此间不问国籍、不畏困难的人道主义精神。营救过程中同伴甘愿牺牲自我的奉献精神亦令人肃然起敬。江波以深厚的笔力，在宏大太空叙事的硬科幻外壳之下，深情植入了这些震撼人心的要素，让科幻的“硬”与“软”在思想场域得到有效的结合，让人读罢意犹未尽。相信这部作品会是一部很好的影视改编蓝本。

郭潇凡的《我们的银河》与光线的海洋的《天使停留的塔尖》，都在太空背景下，不约而同地将科幻创意聚焦到了“音乐”之上。前者设想了借助共振理论，使音乐与天体能发生共振。后者设想了基因裁剪，通过演奏“乐器之王”的管风琴天才少女，书写太空时代古典音乐的发展与博弈，思考走向宇宙的音乐会有怎样的进化方向，探讨身在其中的演奏者又如何面对这些波澜壮阔的变化。其实，科学与艺术、科技与伦理关系的思考早已有之，如王晋康在《生命之歌》中，早已将生命的密码载入乐曲。但艺术的伟大可以超越国籍、超越时空，这两篇小说将此设想拓展到超越星际文明，可见科幻作者们不断做着“旧瓶出新”的努力。

除了上述外星人、太空探险题材，本年度其他题材也展示出诸多饶有新意的点子，令人眼前一亮。如夏昊的《食为天》讲述了在人工智能已经垄断烹饪行业的情况下，成长在世代从事厨师家庭中的“我”，接过父亲的工作，成为人类最后一名厨师。这时高等外星文明降临地球，宣称自己是一名美食家，地球是他为了产生美食撒播的种子。美食家外星人邀请“我”为他讲解地球美食，后来又带“我”去了宇宙，体验宇宙各种美食。外星人说文明到了高等阶段，所吃的不是实体的食物，而是美味的信息，宇宙中的诸多天体也是美食。经过这场游历，“我”的美食观被大大改变。故事中对“美食”的重新定义，跳脱出人类熟悉的生理认知，让人脑洞大开。此外，顾适的《误入骑途》借用人工智能，设定了一座“自行车乌托邦”，明扬暗讽了人类中心主义，还影射了“996”的打工人逻辑。

吴清缘的《诗魂》，设想了一款能计算美学价值的人工智能。它不仅能够计算美学价值，还能创作出远超人类水准的文学和艺术作品，这使得诗人唐临悲哀地认识到，人类的诗歌创作已然变得毫无价值。结合目前大火的ChatGPT代替人类创作的合法性争议，人类与机器的创作博弈已然开始进入现实。做类似相关探讨的还有宝树的《人人都爱拍电影》。

宝树的另一篇作品《镜中记》，则设想了一款能拍出事物在亚原子层面全息影像的新型照相机，这款机器能将万物复制到虚拟空间中。主人公卫子涵和许文玩得不亦乐乎，甚至给自己拍照，然后输入电脑，观察自己的活动，最后却猛然发现自己才是电脑中的虚拟人。故事中的情节反转和对虚实的隐喻，让人想起《红楼梦》中那句“假作真时真亦假，真作假时假亦真”。戏中戏的设定又让人想起卞之琳那篇著名的《断章》，自以为的主人公视野，实则只是装点了他人的梦。

卧豚的《接入障碍》，设定了名为“新绿洲”的增强现实和虚拟现实技术，帮助人类逃离现实的环境恶化。故事的独特之处在于，主角并非紧跟时代先锋的技术达人，而是科技浪潮下那些未能跟上时代脚步的“残疾人”，独特的关注视角提醒人们重新审视技术发展的两面性。归芜的《白色谎言》与之异曲同工，关注的是现实生活中那些无法跟上科技发展潮流的人。

在阿放先生的《群星》中，主人公借生物工程技术，改造自己的“妻子”“儿子”，以应对末日灾难。其中的发问“究竟是基因构造我们，还是文化构造我们”振聋发聩，引导着我们反思人类的行为与未来的发展究竟该如何进行。非淆在《契阔》中设定的复生手续，以及“复生人”的诞生，同样引发着人类对未来科技发展与人文伦理关系的反思，带有后人类主义色彩。

在机器人题材方面，蒋一谈的《浮空》和伊眯的《机械僧》，不约而同地将机器人与“悟道”重新摆在了一起，并发出了疑问：机器人可以成佛吗？人性之幽微、机器人之纯粹，会提醒我们思考，在未来的世界，科学与文学之路该如何行走？事实上在2012年上映的电影《人类灭亡报告书》第二部《天外来客》中，人们对机器人禅师RU–4的“悟道”已然对这样的困惑做出了设想。电影的结局并不美满，却令科幻作家们在这一主题下不断去探寻另一种相处的可能。

南陆的《流沙》，则从传统的机器人“觉醒”的题材中找到一条新的构思道路，不再展现暴力的反抗式觉醒，而是讲述了一个“千里之堤，溃于蚁穴”式的故事。在很远的未来，人类已经完全依靠机器人的供养来生活，他们专情于宇宙，向着科技理论的最远处进发。而有个机器人发现，他们丢失了某个零件的制造技术，向人类求援却没有收到回应，最终这一零件的缺失在千百年后导致机器人体系的崩溃。故事放大了人类在顺境中的沉沦与觉醒，在新一轮自动化技术革命山雨欲来风满楼的今天，具有较强的现实意义。

在时间旅行方面，任青的《弃日无痕》设想了一款时间机器原型机，科学家利用机器将人工量子意识“一号球”送入过去，但其却失踪不见。其他AI亦无法继续进入。原来，AI对过去的观测导致历史上无数自洽的可能性坍缩为一种现实，而这种现实使因果律生效了，任何可能改变现实的东西不再被允许进入过去的时空，直到制造出所有行为特征与现存历史完全相洽的AI“二号球”——“陨星”。随着“陨星”找到之前被送入的“一号球”，科学家将自己送入时间机器的真实目的也渐浮水面，即救人，但最终它却认可了“一号球”的选择，未去干预历史。整篇故事逻辑自洽，对细节的阐释较为考究。陈虹羽的《旧日之花》，则将时间主题和社会现实结合在一起。当一个能够回到过去的机会摆在面前，能够改变过去的决策，扭转自己的事业走向，现在不如意的她们会如何选择。而她们重来之后会如何实现自己事业的再进步，又是如何看待被她们放弃了的那个未来呢？作者以其独特的女性视角去关注职场女性的生活场景，并将其丰富的生活经验化作了一个极具生活质感的故事，探讨了女性视野中的职业伦理，在“她”视角中令人眼前一亮。

其他的创意亮点如杨健的《鄢红》，将色盲与进化、地球与太空有机联系起来。叶端的《它之国度》，使用了由人变成宠物这一特殊视角。马翔宇的《锦书》则将DNA作为通信工具展开创作。

总体而言，2022年的短篇科幻小说，在题材的广度和深度上都有所开拓，沿着上一年度的“向外发展，向内思考”[1]的趋势，作者们继续深耕，风格更加明显，既有对不同文明的大胆设想，亦有对人心深处的灵魂叩问。关注群体范围扩大，除了各行各业的技术达人，那些跟不上技术迭代更新的人群处境也成为本年度多篇小说探讨的焦点。学科深化与学科交融是本年度科幻作家在拓宽创意边界的新尝试。文学、音乐、绘画、考古、脑科学、金融学、法学、人类学，不同的学科、行业因为科幻而融聚在一起，正如那漫天的繁星，释放着人类无穷的想象力。而这也体现出科幻小说的优势，万物皆可“幻”，对旧题材的深耕，对新想法的实验，纵然旧瓶装新酒，老树新枝亦灿烂。

二、元宇宙方兴未艾，现实热点硬核聚焦

2022百度沸点正式发布的年度榜单中，“元宇宙”在“年度关键词”和“年度科技热词”中排位第七和第一，而前者热度位居“卡塔尔世界杯”和“奥密克戎”之前，成为“年度现象”。百度沸点被称为“网民意志的风向标”，足见“元宇宙”风靡程度。在科幻文学领域，与上一年相比，“元宇宙”热度不减，且跨越各类题材，形成一股“元宇宙+”的态势。

在“乱花渐欲迷人眼”的元宇宙世界，迟卉的《不做梦的群星》是其中较为特别的一篇，看似为“元宇宙+太空探险”，核心却是一个关于梦想的故事。小说讲述在近未来，人类进入元宇宙时代，意识在虚拟世界中畅游，身体则由一种蜘蛛形态的维生机器维持，并由放牧人保护。一名叫“蜘蛛”的匿名人士不满虚拟世界，召集起“腿哥”“将军”等几位不愿意生活在虚拟世界的现实人士，集中所有能用的力量，向太空发射火箭，他们将要完成人类向宇宙进发的梦想。小说立意高，思想深邃，有对科技与生态、伦理冲突的思考，有对个体价值的确认，更有向元宇宙概念提出的质疑：也许元宇宙禁锢的不仅仅

是躯体，还有人类最后的一丝探索精神。而在现实中对梦想的坚持恰恰是对探索精神的解放。不过既然是梦想，就有着“试错”的可能，但作者却说：“宇宙不做梦，星星也不做梦。对这个宇宙来说，人这一辈子，非常非常的渺小，但你活着，你愿意为了你想要的那个结果，去争取哪怕是最微小的可能。这就够了。”这样直抵人心的回答，一语道破人何以能实现驰骋宇宙边疆的奥秘。小说的构思不乏硬核科幻的技术流，亦不乏丰富的想象力，如放牧“肉体”，在文字用意上绵密而有力；如对发射场景的描写：“仿佛一场逆向升上天空的暴雨，每一颗雨点的尖端都缀着炽烈的火光”，这样的场景无疑是唯美的、生动的，富有女性细腻的特征，而如此诗意而美好的文字，在全文中俯拾皆是，令人赞叹。

打字卿的《女郎》，采用“元宇宙科幻 + 本格推理”的形式，围绕一个“酒吧街”VR 游戏，讲述了一个在虚拟与现实中线索交错穿梭的杀人案件，小说在创造出一个独特虚拟社会关系的基础之上，试图探讨多重社会里的性别认同与对应的情感关系。马光梨的《戒指》，则将婚恋焦虑与元宇宙、数字孪生、VR 等概念结合，在简短的篇幅里呈现了一个大起大落、大喜大悲的人生片段，给出了元宇宙的一种可能性，暗含的悲剧性则提醒着人们，技术的进步未必能给人带来幸福。江波的《地球毁灭的那一秒》，则结合了“元宇宙 + 外星生命 + 地球 + 末日灾难”的形式，同《命悬一线》的短时机制相仿，创设了一个地球将在六小时内被毁灭的情境，从个体视角和宏观叙事视角讲述了人类在绝境前遁入名为“桃源世界”的元宇宙的自救尝试，尝试方法即利用元宇宙和现实世界的时间差，去完成人类的自救。故事的结局是悲壮的，但人们在最后一刻选择了对现实的回归，故事令人动容，彰显出人性的复杂。何遵的《两仪》，则借助元宇宙普及的背景，通过两仪的点子讨论了二进制的问题，引导人思考元宇宙照进现实的背后，究竟隐藏着什么。

对元宇宙的质疑体现了科幻作家们在面对先进技术时的警惕，但同时另一部分人则在努力发掘其积极的一面。如王轶珏的《遗憾治疗中心》，核心设定为通过技术手段做临终关怀，弥补逝者的遗憾。无独有偶，鲁般的《白色悬崖》也以极为细腻的文笔展现了脑机技术在临终关怀领域的应用，这样的“元宇宙 +”作品带给我们人性的温暖，且呼应了社会的老龄化问题，为未来的技术转化提供了一个方向与路径。

元宇宙概念因其自身的包容性，让科幻作家们的想象力可以恣意挥洒，多元素交叠，由此形成的奇幻图景既让人惊异，又引人警醒。由于作品数量众多，尽管偶有“乱炖”的情况，作品间存在良莠不齐和一定同质化的嫌疑，但随着数字时代的全面到来，元宇宙在科幻小说中的预演，却有可能成为最接近未来的书写。

值得关注的是，2022 年对热点问题的聚焦与关注，成为短篇科幻小说与现实融合的接洽点。诸多优秀小说都能及时地反映时代特点与现实诉求，话题包含追星、婚恋、养老（老龄化）、育儿，还贷、时间焦虑、环保等，体现出科幻小说的现实性。

如苏莞雯的《七步狩猎》，围绕意识上传技术，探讨了偶像文化对当代青少年的影响。宝树的《人人都爱拍电影》，通过 AI 进军文化圈，表现和思考了影视和社交媒体的变化对当代人生活方式的深刻影响，具有冷峻的现实意义。钛艺的《月球之歌》，反映的则是突破地球维度的“异地恋”问题，让人联想到电影《独行月球》的某些桥段。顾适的《魔镜算法》，则在 AI 技术的设定下，聚焦老龄化、单身和高层火灾等现实问题。白楼观的《髓刻》，设想了培养超人类的胎教技术。关德深的《还贷》将现代人的还贷痛点与传统科幻的时间穿越点子相结合，文风诙谐，叙事精巧，逻辑环环相扣，营造出一种喜剧与讽刺并存的氛围。主人公用拆东墙补西墙来填补亏空，却在时间旋涡中越陷越深的过程暗喻了现代人的生存困境，科幻的天马行空与现实的进退维谷在此交织，既是自嘲，也是警醒。

当前随着社会的高速发展，生活节奏越来越快，时间焦虑问题也随之席卷而来。王侃瑜的《陨时》和杨健的《白头雀》是这一题材的代表。前者通过四个不同行业身份的角色，渐进式地讲述了由陨石物质提炼制作的商业化产品“速时通”给人类个体和整体文明带来的影响和冲击。小说讨论了全球性的时间焦虑现象，关怀边缘人群，直指当代社会存在的诸多问题，如合群性、女性就业、代际关系等。作者洞幽烛远，将故事扩展到人类内部分化和人类文明整体衰老异化的宏大角度，富有新意。后者设想了违法药物“白头雀”，这种药物可以把人的主观知觉从一个小时感受为一个多小时，故事中“我”的任务就是对各色用药者“围追堵截”，抓捕形形色色的“时间超速者”。两篇作品都以“时间”为饵，挑开了这个看似繁华时代的遮羞布，在暴露问题的同时，让人反思技术的利与弊。

生态环保话题一直是社会聚焦的热点，如何利用技术实现与自然的和谐相处，是科幻小说场域中常被用来实验的方向。何文钦的《生命禁区》、简妮的《与象群同行》对此都有反映，前者利用时空传送功能改善生态环境，后者在应用层面设想了一款动物语言转译器，以此达到与动物们畅通无阻地沟通，从而促进双方的和谐。齐然的《下雨了吗》，则从反乌托邦的角度，设想了一幅水资源匮乏的末日废土景观，对人类艰难求生的描绘饱含哀其不幸的同情和怒其不争的隐性批判。姚利芬的《拯救嗅觉》，则借新型冠状病毒感染康复后失去嗅觉的联想，引入对社会发展的反思，失去嗅觉的人类社会是怎样的？嗅觉对人类到底意味着什么？小说不仅提供了一种创想和可能，更重要的是给我们以警醒，这种警醒包括警惕环境恶化，包括人类自身身体器官功能变化对人类形成的倒逼。这样的疫后联想，因立足现实极易迅速引发共鸣，颇具现实意义。

2022 年，围绕两场科幻赛事热点，形成一批以“成渝”和“冷湖”为地域主题的原创科幻小说。通过梳理这些作品，也可看出热点赛事对科幻短篇创作的导向作用及产生的效果。

第十届“未来科幻大师奖”设置了“东方彗星·成渝科幻创作邀请赛”特别单元，邀请知名科幻作家，以“成渝双城”为创作主题，创作出阿缺《重庆的尽头是晚霞》、武夫刚《碟魄》、王元《叫马》、石黑曜《出成渝记》、慕明《谁能拥有月亮》、灰狐《朝辞 8D 城》六部具有成渝元素的作品。这些具有成渝地域特色的优秀作品中，既有反映梦境中三国时代诸葛亮寻找连弩锻造技术的画面（武夫刚《碟魄》)，也有在“雪崩”灾害彻底打破成都一家人生活后，通过寻找熊猫以便找寻“雪崩”前的成都的故事（王元《叫马》)。此单元旨在引导科幻文学创作与城市发展深度融合，以科幻文学形式促进成渝地区双城经济圈发展，积极探索具有成渝特色的科幻文学新样本，增强成渝地区科幻在全国乃至世界的影响力、创造力和人才储备力，同时也为即将到来的 2023 成都世界科幻大会预热。

此处，以《朝辞 8D 城》为例分析。首先，作者在题目上为吸引读者设定了一个悬念。何为 8D 城？这点作者实已给出暗示，也看出其精巧用心。“朝辞”暗喻了李白的《早发白帝城》，而“白帝”故址正在今重庆市奉节县白帝山上，“8D”与“白帝”谐音。全文的故事设定发生在一座叫“8D”城的未来虚拟社区中，这座虚拟社区以山城重庆为原型，且其名字与重庆因地形被戏称为“4D”城市相呼应。其次，在世界建构上，“8D”城的物质性设定也围绕重庆展开，如地铁线路，其地铁站提供的出行方式不是地铁，而是传送，体现其超越现实世界的设定，可惜作者在此并未多着笔墨，只是一笔带过。同样简化处理的还有主人公陆舟心心念念寻找的“东西”——“上千个互动和竞赛项目”，在此也未细化展开，让人难有炫酷的技术体验感。而 2028 年的近未来设定，似在暗示这种城市模拟社区距离当前也并不遥远。在精神层面，对“外物”的猜想、讨论成为虚拟社区的焦点，作者最后借方子琪之口看似给出了一个“外物”出现的原因，却也铺设了另一个悬念，这样的开放性结尾令人警醒，即思考技术发展的双刃性和人类探索的未知性。总体上看，作者前期铺垫较多，如首次进入“8D”城体验的名额之紧张、时长之限定，这些都促成了文章的紧张感，也拔升了读者的期待感，但后续随着情节发展，节奏反而渐弛，个别细节略显拖沓，甚至主人公都转了行，虽然最后“峰回路转”，转回 VR 技术，但前后文面稍显不均，如再有些深入探讨似乎更好。但作为定向参赛作品，《朝辞 8D 城》将成渝的地域风味展现得淋漓尽致，地域性坐标让人梦游川渝，增加了读者对实景地采风的向往。

另一场赛事是第五届冷湖科幻文学奖，2022 年冷湖科幻文学奖获奖作品由八光分文化和四川科学技术出版社联合出版了合集《不做梦的群星》，共收录九篇获奖作品。冷湖位于柴达木盆地西北边缘，拥有天然的火星地貌，具有模拟火星探测环境的最佳条件。创办于 2018 年的冷湖科幻文学奖，由冷湖火星小镇联手北京行知探索和成都八光分文化共同打造，是当时中国唯一以地名命名的科幻文学奖项，在推动冷湖科幻 IP 建设的同时，为国内原创科幻作者提供了一个崭新的创作平台，为科幻与文旅结合的产业化开辟了全新模式。2022 年获奖作品在风格上，既有专注于科技和设定的硬科幻，如《冷湖六重奏》；又有表现手法先锋、新潮，高度文学化的作品，如《弥留之际》；还有画面感强烈的“纸上科幻大片”，如《不做梦的群星》。这类作品因有着明确的主题限定，地域特色鲜明。

关注热点话题是科幻作者重要的创作途径，热点的最大特点是“传播速度快”“爆发效果猛”“有效时间短”，创作者追热点的最终目的就是要借势营销，这也是诸多作品引起读者兴趣的原因。因此，对热点话题的预判和及时反应，体现出科幻作家对现实社会的关注。作为追逐“未来”的文学文体，时效性对其至关重要，正如刘慈欣曾感慨：“科幻小说有一个很奇怪的特点。当小说里面的奇迹变成现实的时候，它就变得平淡无奇了。”“所以说，我们作为科幻作家的责任，就是在目睹奇迹变成平淡无奇的现实之前，把它写出来。”[2]因此，如何在现实中“抢跑”，关注热点的时效点，是科幻作家们值得关注的问题。

三、历史科幻别开洞见，东方元素魅力加持

2022年度值得关注的一个现象是：本土历史科幻数量增多，东方元素魅力加持。自2017年由宝树主编，生活·读书·新知三联书店出版的科幻小说集《科幻中的中国历史》问世以来，对历史的重新发现逐渐移入本土科幻作家的创作视野。“以史为鉴”自古是中国人信奉的圭臬，五千年磅礴厚重的历史文化也是中国人至今引以为傲的瑰宝，当它与科幻相撞，“或然历史”成为科幻作家们用科技力量在另一个空间维度活跃的实验场。

2022年度在此领域的代表作如陈小手的《秦俑》，小说以科幻的手法重写历史之谜，即秦始皇到底被谁杀害？通过一桩赛博谋杀案的设想，借小人物的视角，将秦始皇东巡和对长生的追求及张良刺秦、墨家机关术等元素巧妙地融合在一起，让人在真实与虚幻间，思考着历史谜团的另一种解释。索何夫的《言灵》，同样选择了中国一段模糊而富有争议的历史作为背景展开。主人公英子作为某国公主被送往商朝与其国君太甲和亲，她此行带着除暴安良的使命。但当和国君接触之后，她发现这一切都是被怪虫寄生了的伊尹的阴谋，于是她和太甲一起设计诱出并杀死了怪虫。作者以《史记·殷本纪》与《竹书纪

年》中两段看似记录矛盾的历史作为谜题，以科幻的想象抽丝剥茧，为历史提供了一种诠释。

李夏的《长安嘻哈客》从历史名人入手，以狂野不羁的想象，向我们描绘了异世界里一座由集成电路构建的长安城，如同一台精密运作的机器，是由机械铁骡、铜人、飞鸟铁网等复杂机栝组成的强权系统。它如一个囚笼般控制民众、压制百姓，想以此消除一切“不和谐”的民声。文中对主人公嘻哈客李白的设定，打破传统诗仙形象，将其塑造成一个侠肝义胆反权威的说唱歌手和忘却生死利禄、追求自由的人物，并借此书写了一个充斥技术奇观与颠覆体制桎梏的幻想故事。小说中机械铁骡和铜人声波扩音装置代表的强权声音，如同乔治·奥威尔的《1984》中那位没有形象却处处干预人民生活的“老大哥”，虚伪的“技术中性”显然是权力等级的外层伪装，也因此让小说蒙上了一层反乌托邦色彩。历史中的李白在个人仕途上是不得志的，但在历史科幻的架构中，他却真正成为一名改革者，用他浪漫自由而富有创造力的“声音”，完成了自己的“鲲鹏之志”，也因此没有重蹈“温斯顿”的覆辙，让他那句“天生我材必有用”真正照进了人生。超侠的《巨人的城市》，同样塑造了一座监控视野之下的“和谐”之城，但与“长安城”相比，它更像是一座没有标签的“楚门的世界”，正如其开篇所说，“世界有许多独立的城市”，但拥有李白的长安城，在文化的记忆中，却仅此一座。

同样以历史名人入手的还有海漄的《时空画师》。作者以北宋名家王希孟的画坛掌故为原型，将古典绘画和现代时空理论相结合，以故宫为背景，讲述了历史中的一桩悬疑秘事，即天才少年王希孟的死亡之谜。一幅画流传千古，一幅画要了性命。流传千古的是王希孟备受宋徽宗赏识的《千里江山图》，要了性命的是其因感念苍生冒死进送的《千里饿殍图》。宋荦有一首诗《论画绝句》曾咏叹其命运：“宣和供奉王希孟，天子亲传笔法精。进得一图身便死，空教肠断太师京。”在清善本《北宋名画臻录》里，记录这段历史是：“时下谕赐死王希孟，希孟恳求见《千里江山图》，上允。当夜，不见所踪。上甚惊疑之，遂锁此图与铁牢，不得见人，而封天下悠悠之口，此成千古迷踪，可叹世人不得而知也。”作者以古代与现代交替叙述的方式，为这段历史悬案补充上了一则现代注脚，尝试给历史一个答案。

古老的东方神话传说，向来是历史科幻作家们喜欢采撷的写作素材，2022年度也不例外。典型者如王侃瑜的《火星上的祝融》，该篇对《淮南子》中“共工怒触不周山”的神话传说做了科幻改写，作者将场地移到了火星，从AI的视角对这段历史做了科技化的阐述。故事中的人名、地名均从传说中采撷，如“大荒”“不周山”。而操控纳米机械技术的人工智能祝融与火星车共工的同归于尽，亦符合神话结局，故事本身带有特有的东方神秘传说基底，颇有丝绸朋克之风。与此相近的还有钱一羽的《挣脱的羔羊》，文中烛龙星的名字是一个巧妙的用典，中国古代神话中神兽“烛龙”“开眼为昼、闭眼为夜”，与文中的科幻设定巧妙契合。哥舒意的《地气》，名称也来自中国历史的名词。刘艳增的《半壁扶桑》，从《山海经》出发，将中国传统神话中的扶桑与维度空间相结合。未末的《敦煌笔记》，则将故事场景与丝绸朋克联系在一起。双翅目的《毛颖兔与柏木大学图书资料室》，则利用了《毛颖传》等中国古典文学资源，仿佛一篇志怪小说。

在众多回顾“历史”的小说中，潘海天的《啊，火星！》是较为特别的一篇，小说将革命建设与科幻概念融合在一起，立意十分新颖，以20世纪50年代的风格讲述了一场太空种田的“大跃进”朋克，非洲劳动人民在中国专家支援下建设火星，人类的主观能动性在“人造火星”这一设定下被显著放大，正如文中人物的台词：“因为，集体是另一种强大的力量。”“全都一样，我们都是无产阶级，没有可以失去的，我们全都像钢铁那样硬朗，碰到什么样的困难也要撞得它当当响，让它直冒火星。”这种“人定胜天”的大胆理论尝试，在科幻文学场域中令人眼前一亮。罗亦丹的《绿洲城》，同样叙述了20世纪五六十年代冷湖石油勘探者的开荒史，作品科学性与文学性并举，利用交叉世界理论揭开埋藏在冷湖之下的秘密。

历史科幻小说让作家为读者展现了另一条解读历史的路径，别有洞天地让读者看到史书之外另一种诠释的可能，而这种可能正是通过未来的反照来发现的。但无论科幻还是历史，最终指向的，永远是当下。东方元素的赋能则让中国科幻小说在世界科幻雨林中寻到了一种自己独特的书写方式，这为本土科幻文学的发展指明了一条创新途径，而如何利用好这份五千年的文化遗产，是当下科幻作家们值得深思的问题。

四、“她”科幻蓬勃上升，Z世代[①]异军突起

2022年的短篇科幻小说，“她”科幻创作热情蓬勃上升，数量明显增加，题材各异，风格细腻。“她”科幻在不羁的科幻想象下，具有思辨、人文性等特征，展现出女性科幻作家外柔内刚的特质。在世代维度上，Z世代异军突起，闪耀出别样锋芒。

对“她”科幻的关注，事实上从2021年已悄然增加[3]。2021年，由程婧波主编的《她：中国女性科幻作家经典作品集》，收录了老中青三代共33位对中国科幻文学有影响力的中国女性科幻作家的作品，首次展现了这一群体的风采，作家包括张静、凌晨、彭柳蓉、赵海虹、于向昀、张卓、程婧波、俎拉、徐彦利、钱莉芳等。该书获得第33届中国科幻银河奖最佳原创图书奖，可谓是对女性科幻作家创作成就的肯定。2022年上海文艺出版社出版的图书《春天来临的方式》是当代中国幻想小说国际合作项目，英文版 *The Way Spring Arrives and Other Stories* 在海外同步推出[4]，作者、编辑、译者、设计师为全女性创作者阵容，收录15位女性科幻代表作家，如顾适、凌晨、吴霜、修新羽等人的17篇中短篇小说，是近年来中国幻想文学“走出去”的一次精彩亮相。这次的亮相也说明“她”科幻正蓬勃兴起，由本土化运作步入全球化传播的新趋势。

在慕明的《谁能拥有月亮》中，打工者何小林，最初面对设计对象的外貌疑惑，被给予的答案是：“别忘了最后是谁给这些模型付钱，男玩家才是主流。”但在后来，借朋友之口，作者引用恩格斯在《家庭、私有制和国家的起源》里的话，表达了自己的立场和观点。慕明在一次采访中对此总结，青铜降级女性，机器升级女性，科幻需要女性力量，反思技术需要女性维度。故事中主人公何小林的一生恰是对此番总结的生动演绎。相似者还有迟卉的《不做梦的群星》中的“厂妹”，其让人看到了“后性别世界”中的一种可能性。

---

① Z世代原是一个网络流行语，也指新时代人群。Z世代也称为“网生代”“互联网世代”“二次元世代”“数媒土著”，通常是指1995年至2009年出生的一代人。

女性高产作家双翅目的作品值得关注。如她的《记一次对五感论文的编审》，故事取材新颖，构思巧妙，延续了双翅目小说鲜明的问题意识特征，处处缠绕着作者的思辨力。文章按事情开展的顺序，从一篇颇具争议性的交织科学与艺术“五感论文”审稿事件入手，通过稿件“退稿—申诉—特审”，最后拆分见刊的过程的描述，细细剖解出一连串令人脑洞大开又引人深思的问题。如人类在未来对于学术论文论证方式的大胆革新、人类基于虚拟技术和人工智能对自身“适应性”的极限挑战，还有对不同立场、身份、学派审稿人员的审稿意见反思等角度，通过合理的想象，见微知著，反映出意味深长的思考和哲理。整体行文流畅，佳句良多，在科技感十足的情景描写之下，又颇富文学情趣，是一篇细腻而引人反复咀嚼的佳作。

当然，双翅目的作品中也有女性叙事视角，如《水星逆行》塑造了两位女性科研工作者形象。但无论何种视角，正如双翅目所说：“真正好的幻想小说要有推想性，而非‘点子文学’。”在她的作品中，我们恰能看到这种超越性别的思辨力，让人看到“她”科幻的内核魅力。

本年度贡献出《误入骑途》和《魔镜算法》两篇短篇佳作的顾适，也是一位具有自觉女性意识的作者[5]，她的颇具奇幻色彩的《得玉》，曾被收录在《春天来临的方式》海外项目中。她的作品常常展现出女性在未来科技社会下的魅力。《魔镜算法》中女性敢于运用先进的算法软件“视域”来择偶，如敢爱敢恨的郑蕾，母亲、妻子的角色从未限制过她实现自我价值的脚步，她有自己的项目，有自己的社交圈，这样丰满而有力量的女性角色让人看到作者对传统二元对立的消解，让人在“她”科幻中看到未来世界中的女性赋能。

在《误入骑途》中，作者巧妙运用了人称“她”来称呼主宰城市的智慧大脑“996 指挥中心”，对“她”的声音的描述是“温柔而坚定”。在这座人工智能城市里，“他们设计的人工智能男女性别比大约是 5∶100，也就是说，除了足球解说这类对维护城市秩序毫无用处的人工智能，她们几乎全部都是女性形象。系统曾对此现象进行专题研究，得出如下判断：人工智能的性别设定，是源于人工智能多以服务者（而非统治者）的形象出现在人类面前，而这种服务者形象与人类女性角色分工的匹配度更高”。这似乎又回应了慕明曾经提过的那个“历史”问题，“青铜降级女性，机器升级女性”，高科技的发展，可能会重塑未来社会关系里的性别，“她”科幻提供的女性维度，让人跨越二元对立，进一步窥探到后现代世界的多元。

在世代维度上，Z世代异军突起，闪耀出别样锋芒。陈楸帆曾这样盛赞Z世代青年们身上独具的特色，他说：“和之前的作者相比，Z世代作家作品里模仿的痕迹很少，更多的是原生的、原创的、自发的内容。因为游戏、动漫，所有进步的技术手段，已经成为他们日常生活的一部分。这批作者其实是在非常科幻式的环境里成长起来的。所以他们会去思考更多前人看不到的更细腻、幽深的点，而这些点有可能更贴近于科幻的本质。”

五月羽毛是Z世代青年科幻作家的代表，曾获首届“读客科幻文学奖”金奖，被称为“Z世代科幻最强音”，代表作有《计时纪元》《大厦孤立于冰原上》等。本文以五月羽毛的《大厦孤立于冰原之上》为例，对2022年度Z世代的科幻短篇创作进行分析。小说以“大厦”为代表的虚拟世界为框架，大胆设想了一种未来人类的归属，作者未花费过多笔墨做炫酷斑斓、令人眼花缭乱的科技渲染，而是以鲜明个性的、批判的眼光等凸显中国Z世代青年作家的独特视角，既视野开阔，亦理性务实，同时又不惧怕未来挑战。如文中描写了主人公博迪从不适应到适应，再到拥有自己的独立想法的蜕变，表达了“元宇宙”背景下对虚拟世界的反思与拯救，这是本篇小说的一大亮点，也是对传统思路的突破。全文不以曲折的情节取胜，而是通过对人物的语言、神态、动作和心理的精心细腻描绘，打动人心。

2022年，我们已经看到有更多的女性参与到科幻创作队伍中来，相信在未来的科幻创作中，女性作家们将继续跨越边界，用她们丰富浪漫的想象力，开启“她思潮”时代。而Z世代的崛起与创作，又让我们看到他们不同于科幻先辈们的成长与锋芒，相信在下一年度他们会为我们带来更多不一样的惊喜。

五、结语

刘慈欣说：“科幻不是一种消闲文学，甚至不仅仅是一种文学，它是一种信仰、一种生活方式，是人类创造美好未来宏大努力的一部分。”[6] 优质的科幻作品能帮助我们实现知识结构的完善和精神世界的丰富。2022 年度的短篇科幻作品，为我们带来很多创意与惊奇，也带来了很多反思与感悟，科幻作家们用先锋的思想、超凡的想象力让人类提前站在了选择的十字路口去辨明、去判断、去共同携手，一起规划我们的未来。肩负这样的时代使命，如何让创意不断“破圈”，让科幻之花恒久“燃”放，相信依旧是当下科幻作家们努力的恒久方向。

参考文献

［1］吴岩，陈玲，姚利芬，等．中国科幻发展年鉴 2022［M］．北京：中国科学技术出版社，2022：27.

［2］钱好．科技发展太快，“科幻写作”要抢跑［N］．科教新报，2017-12-06（6）.

［3］周旦雪．“他者”与“她者”：中国当代科幻中的性别问题［N］．信睿周报，2022-09-23（81）.

［4］南方都市报．来自春天的第一声讯息！女性作家的科幻文学“走出去”［EB/OL］．（2022-02-21）［2023-02-24］．https://www.163.com/dy/article/H0O7GD7F05 129QAF.html.

［5］顾适．崎岖的路 广阔的路［N］．文艺报，2022-09-21（8）.

［6］人民文学出版社．5 月 7 日 15：00，深圳 | 写作未来式：幻想都市中的孤岛人生［EB/OL］．（2023-05-01）［2023-05-02］．https://cj.sina.com.cn/articles/view/1290696881/4cee78b1019014s0g.

作者简介：

杨辰宇，中国科学技术出版社有限公司与清华大学联合培养博士后，北京元宇科幻未来技术研究院特聘研究员，中国科普作家协会科幻创作研究基地委员，长春大学文学院讲师。

年度少儿科幻创作综述

崔昕平

综观2022年中国大陆的少儿科幻图书出版，因新型冠状病毒感染疫情影响，规模扩容相对受阻，多家出版社的少儿科幻出版进度延至2023年年初。据CSFDB中文科幻数据库数据显示，2022年度少儿科幻图书出版量共计118种，其中，引进版共计56部，接近半数①。本土原创图书中，少儿科普类图书与少儿科幻文学类图书种数比例各半，但从原创新出数量来看，少儿科普类图书的新出品种要多于少儿科幻文学类图书，这其中包括部分图书选择的“少儿科普型科幻”的文学写作路径，既有知识传递，也有生动的故事和人物。从量的角度看，2022年度少儿科幻创作数量并未有明显增多，但从创作者和出版单位的角度，仍然可见的是，少儿科幻呈现出了队伍不断扩容、社会关注度不断提升的发展态势。

一、创作队伍扩容，作品走向多元

从创作队伍看，少儿科幻文学的发展，已经逐步显现出前期策划推动发挥巨大作用的特征。作家层面，据不完全统计，2022年度参与少儿科幻创作的作家数量已近百位。扩容作家队伍的来源有三：其一，数年来坚持少儿科幻

① 本文数据主要来源于CSFDB中文科幻数据库，也参照了相关图书销售平台资讯；对其所做的分类统计，出自个人判断；在少儿科普图书与低幼漫画绘本方面，可能存在遗漏。

文学创作的作家；其二，从儿童文学领域投入少儿科幻创作的跨界儿童文学作家；其三，从科幻文学领域投入少儿科幻创作的跨界科幻文学作家；其四，21世纪以来在多项促进活动中脱颖而出的新人作家。

21 世纪第二个 10 年以来，少儿科幻以一种与科技时代高度契合的幻想模式，成为本土幻想儿童文学发展的主流之一。创作重心始终在儿童科幻文学的作家主要有杨鹏、超侠（尹超）、陆杨等，在多项评奖促进活动中脱颖而出的作家包括马传思、王林柏、姜永育、蓝钥匙（李军政）、徐彦利、小高鬼（张军）、何涛、石囡、任军、源娥、杨万米（杨华）、徐东泽、狐习（胡绍晏）等；在儿童文学领域跨界投入少儿科幻创作的作家有伍剑、廖小琴、彭绪洛、黄文军、秦萤亮、李珊珊、李晓虎、小酷哥哥（安鹏辉）、周敬之、周志勇、汪玥含、刘东、翌平、刘虎等；从科幻文学领域投入少儿科幻创作的跨界科幻文学作家有王晋康、吴岩、董仁威、赵海虹、程婧波、凌晨（余蕾）、彭柳蓉、宝树、江波、索何夫、艾天华、萧星寒、邹瑾忆、唐哲等；新人力量有贾煜、杨晚晴、左文萍、丙等星（徐秉欣）、胡晓霞、潘亮、苏莞雯等。

上述作家不少都在 2022 年度有新作面世。综观 2022 年的少儿科幻创作，既承继了少儿科幻文学的创作传统，也凸显了新时代以来的鲜明变化。

（一）少儿科幻仍以系列化图书为主流

2022 年出版的少儿科幻作品，以系列化形式出版的图书占据半数以上，其中不乏已经树立一定口碑、受到儿童读者喜爱的作品。少儿科幻文学类作品中，如江波的“无边量子号”系列于 2022 年又推出了第四部《无边量子号·火星》，这是少儿科幻“硬科幻”书写的标识性作品。江波的创作扎实，科幻境界理性、深刻、壮阔。“无边量子号”系列，属于安徽少年儿童出版社“时光球原创少儿科幻小说”系列的重点项目，“无边量子号”系列已经出版的有《无边量子号·启航》《无边量子号·惊变》《无边量子号·迷途》，2022 年度推出的《无边量子号·火星》为第四部。故事背景设置在 23 世纪，人类已成功在月球和火星建立永久基地，并建造航空母舰无边量子号，开始对“第二地球”的探索。一群少年登上无边量子号，加入该项目，踏上探索星空之旅。作品被评价为“交织着信念与勇气的中国版《安德的游戏》”。王林柏的“拯救天才”系列（大连出版社）也在本年度出版第四册《拯救天才・天才原始人》，作品讲述了麦可和乔乔来到原始社会，结识了原始人孩子风，和部落众人一起应对洪水、猛兽等险境的故事。作品延续了作家一贯的严谨创作态度，并有意识地将古代文化与现代科技做了巧妙融合，文笔生动，妙趣横生。

少儿科幻系列创作中，还有一批新近崭露头角的作家作品。比如丙等星的“神空驱动”系列（少年儿童出版社），2022 年出版第四册《重启丰年》。该系列属于地球灾难叙事，入选上海文化发展基金会文化艺术资助项目、“奇迹童书大赏”2022 年最值得推荐的 50 种童书等。在《重启丰年》中，作者以科幻故事的形式承载了“粮食安全，国之大者”的内涵。故事从粮食危机开始，地球遭遇外来入侵，稻谷不再结稻，果实不再结果，这让人类发现，一直被忽视的粮食原来如此重要。科学家们建立昆仑穹顶实验基地，用对照试验的方法，对粮食危机展开调查。少年们借助科学知识，发现了粮食危机的真相，重新开启丰收之年。作品以科幻的形式探讨了科技与社会、人类与自然之间的关系。作为人工智能领域前沿科学工作者，丙等星的创作展示了较为扎实的科研功底，同时兼具文学作品的艺术性，小说中关于阋月大树、阋兽、绝籽症的想象都非常独特。新锐作家左文萍的“少年原野科幻探险系列”（中信出版社）于 2022 年也出版了第七部《四维迷宫》，讲述了在一个超级立方体建筑里发生的故事。按照一位天文学家的假想，宇宙文明依据发达程度可以分为 0 型文明、Ⅰ型文明、Ⅱ型文明、Ⅲ型文明等，而地球很不幸属于最低等的 0 型文明。在这个变成宇宙多连通空间的超级立方体中，费林和原野与这几类高等文明的使者不期而遇，之后发生一系列故事。少儿科幻系列还有如童喜喜的《少年元宇宙（第一季）（全三册）》（电子工业出版社）等。

另外，面对相对低龄儿童读者的科幻插图本、绘本系列也有不少。如马传思的《超能熊猫・第二季》（大连出版社），分别为《大战纳米蝗虫》《冰蚕大奇袭》《三尖树大追击》，该系列是写给小学低年级孩子的少儿科幻作品，讲述一个有关来自暗影世界的电子生命体附身玩具熊猫，变成帮助孩子破解难题的超能成长伙伴的故事。超侠与小高鬼创作的《给孩子的科幻绘本》（第二辑）（人民邮电出版社）也于 2022 年出版。这套书以绘本的形式，为孩子们讲述发生在星际间富有童趣和冒险精神的科幻故事。该系列的创作定位是：孩子能看得懂，也能学到科学知识，学到勇敢和团队精神，激发和保卫孩子想象力。常立的《机器人寻岛记》（广西师范大学出版社）绘本套系共四册，分别为《机器人都有报废日》《谁偷走了无忧城的笑声》《天上掉下个怪东西》《机器岛的黎明》。故事背景设置在人工智能和信息时代，隐喻了机器人真切走进人类生活的未来思索。上述作品以图文并茂的形式、深入浅出的趣味性讲述，适应了低幼读者的阅读需要。

单部的少儿科幻作品，从市场传播的层面看，无法达成影响叠加的效力，但在创作表现层面，则较利于聚焦和深度传达某种思想内核或精神内核。2022年度，新锐作家贾煜出版少儿长篇《冰冻北极》（晨光出版社）。该书属于该社“红领巾追寻中国梦·未来岛原创少儿科幻精品书系”，故事缘起于一群来自北极海底永久冻土里的微生物被带到雪山冰川研究站，形成了智慧生命，并在一次意外中进入机器宠物蛇体内。宠物蛇嘶嘶的主人尹小玄和他的好友毛毛雨，与这群自称嗜极菌的微生物相遇，在接受他们的请求后，踏上了去往北极的冒险之旅，最终卷入全球性灾难。故事的最后以嗜极菌的牺牲自由为代价化解灾难，使北极恢复生机。贾煜的另一部少儿长篇《改造天才》（北京少年儿童出版社），故事设定在未来某组织研发了一种大脑改造术，可以催生孩子的天赋潜能，技术还未成熟就已在孩子身上测试。孩子成为天才的同时，也伴随着一些副作用。作品最终以科技正义与家庭亲情做了光明的收束。2022年还有杨晚晴的《日落之城·远行》，属于安徽少年儿童出版社的“时光球原创少儿科幻小说”系列。作品以双线叙述讲述了发生在异星的故事，以12岁少年星远追寻养父云博士、探寻日落之城为主线，以云博士的冒险日记为辅线。两条线索最后都以未来做结，设置了开放的结局，触发读者想象，也隐喻了人与自然和谐相处的主旨。

（二）更多的跨界创作与个性化开拓

一方面，科幻文学领域的跨界创作者，是近年来少儿科幻文学创作队伍扩容的主力。他们的创作，更多呈现了对科幻文学创新性与少儿科幻精神价值传达的关注。如前所述的江波，被视为中国科幻“更新代”代表作家之一，在少儿科幻领域做了颇为成功的跨界。另外，彭柳蓉最近一两年的主要创作精力也放在少儿科幻领域，尤其是历史少儿科幻上，2022 年完成的几部少儿科幻长篇都将在 2023 年出版。

2022 年，最具意义的少儿科幻开拓之作，当属如下两部跨界创作者的作品。其一，是科普科幻作家董仁威的长篇少儿科幻小说《三星堆迷雾》（北京少年儿童出版社）。这部作品明显有别于我们惯常读到的少年科幻小说。它不是被新奇故事驱动的讲述，而是在探究精神的驱动下展开的创作。它的核不仅仅是故事，更是一种人文情怀。作家一路以打破砂锅问到底的叙事，指向巴蜀文明的诸多未解、未证之谜。诚如董仁威在序言中的表述：作家是意在“假‘科幻小说’之外衣，将我的种种推测公之于众”。也出于这样的以探究精神驱动的创作动机，作品采取了科学思维的写作模式，呈现了少儿科幻创作的创新魄力与文化深度。其二，是 2021 年获少儿科幻星云奖原创少儿科幻图书征集专项奖、于 2022 年出版的宝树的《猛犸女王》，这也是作家向少儿科幻领域拓展的一次探索。作品回到远古展开幻想，生动描绘了人类数百万年进化史中的某个关键阶段，假想了世界各人种的生存地域与格局，古生物知识铺陈地非常扎实，人类、人犸怪、猛犸等各种生物之间的生存法则不断面临的冲突，人类的贪欲、野心，曾经萌生的和平共处的理想，都借助想象的情节做了入情入理的描绘。作品情境生动，主题富有深度。这与作家另一部作品《灭绝古陆》同样，体现了作家将历史型科幻题材引入少儿科幻创作的写作风格。历史型科幻已逐渐构成当下部分科幻创作由朝向未来人类征程转向朝向生命曾经来途的科学想象。这样的创作动向，经由历史型科幻创作的重要实践者宝树，传递到了少儿科幻创作领域。

上述两部跨界作家的少儿科幻作品，在整个 2022 年度少儿科幻创作，包括延伸至当代少儿科幻创作领域的维度上，都是具有新意和价值的创作开拓。

另一方面，儿童文学领域的跨界创作者，是近年来少儿科幻文学创作队伍扩容的又一主力。他们的作品多致力于借助科幻的形式传达人文思索与人性关怀。2022 年，张之路新作《棋门幻影》（天天出版社）出版。这是一部联结历史、现实和未来的科幻小说，描写了小主人公海丹为了寻找失踪的姐姐，循着线索参加了“春秋棋事”，也参与到了充满探险色彩的“揭秘”之路。随着姐姐的行踪与境况越来越清晰，连接着“春秋棋事”背后的迷雾逐渐散去。

作品力求探讨的是人的意义与人的价值等终极命题，深具思想性与文学性。诚如张之路在后记中所述："我希望我们的科幻作品不仅是神秘的，还应该是美丽的……"刘虎的《来自外太空的茉莉》（天天出版社）是第四届青铜葵花小说奖铜葵花奖作品。作品聚焦生态保护，讲述了在类地星球玛若上发生的故事，少年严习暑假跟着爸爸严证博士进行太空考察时，意外发现了一种能够在玛若星球上生长的苔藓植物，父子俩收集样品带回玛若进行科学研究。出于好奇心，严习和同学魏然偷偷将这种苔藓植物散播到玛若星球的荒滩戈壁、城市街道和自家后院中，并给这种植物取名茉莉。但茉莉繁殖速度极快，让绿色的希望逐渐成为绿色灾难。作品由此探讨了人类、生物多样性与自然的关系。

青年作家王洁的《蒸汽夜莺》（浙江文艺出版社）是探讨科技与人类之间关系的故事。故事假想了城市中出现了一头具有超强破坏力的巨型飞行怪兽，让整座城市陷入恐慌。一个有着机械发明天赋的男孩逐渐发现了飞行怪兽的真实身份。借助这样的想象，作品反思：科技迅猛发展在给人类带来便利的同时，也在不知不觉间"驯服"人类。邹超颖的《不完美男孩》（湖北教育出版社）同样是探讨科技与人类关系的故事。作品的时间设定在2051年，基因改造成为时尚，一个个孩子变成"完美无缺"的"作品"，而杨桃是一个自然生长的男孩，因此在学校里成为"另类"。然而，杨桃的基因反而成了众多势力觊觎的东西。作品对人类以科技追求完美的趋向做出了反思。

（三）少儿科普型科幻作品显著增多

近年来，少儿科普作品在儿童读者层面的阅读需求不断增长。2023年3月21日，在华东少儿出版联合体主办、福建少年儿童出版社承办的华东少儿出版联合体营销峰会上，北京开卷常务副总裁杨雷做了《少儿图书零售市场回顾与展望》主题分享，介绍了2022年少儿图书市场情况。在"开卷"发布的2022年少儿图书市场解析中显示：少儿类板块的结构变动明显，少儿科普超越少儿文学，成为最大细分板块，"2022年少儿零售市场中，码洋规模最大的3个细分类分别是少儿科普百科（26.77%）、少儿文学（20.98%）和少儿绘本（19.64%），其余8个细分市场的码洋比重均不超过8%"[1]。2022年，少儿科普作品有不少聘请科学家参与创作的项目。如南京大学出版社出版的“细胞生物惊奇事件簿”系列，该系列是一套关于生命的科普图书，对我国的生命科学与生物技术领域的前沿问题做了通俗易懂的阐释，由细胞生物学家、中国科学院院士陈晔光主编，包括《你的生物钟是几点？》《基因狂想曲》《药物的体内奇幻漫游》，图书作者均为我国生物细胞学界领军人物。

不少少儿科幻作家也选择了“少儿科普型科幻”的写作路径。这类作品兼具了科普目的与文学熏陶，采取了儿童文学的表达方式，作品既有知识传递，也有故事和人物，兼具文学性和趣味性。这类少儿科普型科幻作品，如陈楸帆的《零碳中国》（安徽少年儿童出版社）是2022年度一部科幻科普融合的代表性作品。作品立足“碳中和时代”背景，以生活在2021年的10岁中国少年为主人公，由少年意外地收到神秘邮件、参与小游戏、参观神秘大厦、参与对抗零碳行动的组织“黑金军团”等一系列事件，贯穿了零碳技术可能对建筑、交通、农业、工业等人类社会生产生活方方面面的重大改变，幻想了向零碳社会转型的未来景图。作品中穿插了低碳技术、节能环保、清洁能源及新材料等相关的科学知识，将科普和科幻融合于一体，凸显了绿色发展观，有益地引导了青少年建立绿色健康的生活理念和生活方式。还有如卢姗的“外星人日记”系列（浙江少年儿童出版社），以孩子感兴趣的外星人视角、日记的形式，描述在太阳系中的七大行星和月球上的生活。作家以天文学知识为基础展开想象，编织轻松生动的故事，传递了科学知识。

从市场与儿童读者的阅读接受反馈看，这类作品受欢迎、被认可的程度，已不亚于少儿科幻文学作品。扎实可靠的科普知识与童心童趣、文学性、可读性的有机融合，使少儿科普型科幻作品给儿童读者提供了优质阅读选择。

二、文学传播渠道不断拓展，专题策划逐渐增多

从少儿科幻的传播层面看，2022年延续了近年来不断叠加的出版传播关注度。在图书出版领域，浙江少年儿童出版社、科学普及出版社、大连出版社、希望出版社、安徽少年儿童出版社、北京少年儿童出版社等，延续了21

世纪以来对少儿科幻项目的持续策划。另外，据董仁威的统计，已有50多家出版社加入了少儿科幻出版领域，并且呈不断增加的态势。

多家出版社将少儿科幻作为重要发展板块，为少儿科幻创作的良性发展提供了有益的助推力。如北京少年儿童出版社策划的少儿科幻丛书“中国当代少年科幻名人佳作丛书”、安徽少年儿童出版社的“时光球原创少儿科幻小说”系列、安徽科学技术出版社的“中国科学文艺名家名作精品书系”等，均有少儿科幻作品陆续出版，如杨鹏的《来自未来的小精灵》、超侠的《葫芦里的人》，为2022年度“中国科学文艺名家名作精品书系”的新书。

出版传播层面的关注，优化了原创少儿科幻创作生态，同时也促进了少儿科幻总结性出版物的面世。这种总结，既有针对作品的，也有针对作家的。2022年，马传思、姚利芬主编的《科幻作家写给孩子的未来书》（四川文艺出版社）出版了《星际探索卷》《地球探秘卷》《个体生命卷》《社会生活卷》，汇集了王晋康、郝景芳、江波、何夕等28位科幻作家的短篇科幻佳作。2022年，大连出版社的《2021年度中国少儿科幻选本》继续出版，本丛书由吴岩、姚海军、董仁威任顾问，中国科幻研究中心指导编写，陈玲、马传思主编，遴选了2021年度优秀短篇少儿科幻作品15篇，优秀长篇少儿科幻作品（含系列作品）五部。

2022年度的作家总结性出版物包括：大连出版社推出的“马传思获奖作品集”，收录了《奇迹之夏》《冰冻星球》《你眼中的星光》《烈焰星球》《海神的宫殿》五部作品。这五部作品，均为马传思近年的代表作，获过全国优秀儿童文学奖、全球华语科幻星云奖、“大白鲸”原创幻想儿童文学优秀作品等奖项。赵华的《罗斯威尔碎片》由甘肃少年儿童出版社出版，这是赵华的中短篇少儿科幻小说集，精选了《波江座晶体》《苏珊的小熊》《罗斯威尔碎片》《终极标本》等五篇中短篇科幻小说。这些作品也是赵华近年来少儿科幻创作中的中短篇精品，也曾获全国优秀儿童文学奖等重要奖项。这样的获奖作品结集出版，是对作家的一种创作整理与提炼。上述图书的策划行为，成为少儿科幻作品甄选、传播、不断“经典化”的有效机制。

在少儿期刊领域，少儿科幻的刊发阵地也不断拓展。除《科幻世界·少年版》是发表中短篇少儿科幻的主阵地外，越来越多的少儿期刊也开始关注少儿科幻领域。《中国校园文学》《儿童文学》《少年文艺》《东方少年》《童话王国》《读友》等 30 多种少儿类期刊均有发表少儿科幻短篇作品，还有部分期刊开辟了少儿科幻专栏，如《中国校园文学》青春号开设的“遇见未来”、少年号开设的“未来新次元”,《知识就是力量》开设的“科幻空间站”,《少年月刊》（初中版）开辟的科幻“小说”专栏等。这也促进了少儿短篇科幻的创作。

2022 年度少儿科幻中短篇创作中，超侠的《巨人的城市》(《少年月刊·初中》2022 年 1—6 期）提供了一种科普意趣的科幻小说创作方式，初看有些“反乌托邦”色彩的，无处不在的巨人像神灵一样照拂着这座城市里的每一个人，他的巨手不仅是造物之手、基建之手，还会在每一个应急、救灾、抢险的场合及时从天而降，但巨人却不允许人们走出城市。继续读下去，由一粒巨人的细胞进化而来的微观城市出现了，情节变得扑朔迷离，微观城市里发生的一切都像是在重演现实城市中发生的一切，原来“一座城市就是一个细胞”。作家带着读者以巨人视角俯瞰世界，结尾处，主人公“逃离”了城市，告别了巨人，也成长为新的巨人，去开创另一个属于自己的世界。作品脑洞大开，且具有浓郁的思辨色彩。

不少少儿科幻中短篇作品在主题意蕴上有了更富于层次的文学表达。翌平的《早安，儿子》(《儿童文学·经典》2022 年第 11 期）深刻探讨了元宇宙背景下有关数字生命的科学伦理问题，引人深思。李晓虎的《网孩儿》[《科幻世界（少年版)》2022 年第 2 期］中，作者基于“网生代”孩子面临的问题展开了一系列假想，同样发人深省。慢慢侠的《被阻止的考试日》[《科幻世界（少年版)》2022 年第 6 期］中，作者引入“时空涟漪”概念，联通了未来世界与现实世界。一场扣人心弦的乱斗，实则触及了人生不同阶段的所思所想与最终的自我确认。还有不少作家尝试将中国传统神话幻想的基因融入富有新意的科幻书写，如杨万米的《找年》[《科幻世界（少年版)》2022 年第 1 期］，马传思的《鲛人》(《花火》2022 年第 5 期)、《饕餮》(《十月少年文学》2022 年 11 期）。另外较为突出的少儿科幻中短篇还有徐彦利的《悬浮岛的绿色》（2022 年《少年发明与创造》连载），彭绪洛的《神秘研究所》(《科学故事会》2022 年第 2 期）等。作家们每每在儿童读者的接受能力限定范围内，努力展现出富有创意的科幻想象，在构筑故事的同时，传递科幻基于未来的深切思索。

三、趋势预判与问题探讨

透过对2022年少儿科幻从创作到出版各个层面的纵览，可以清晰感受到，少儿科幻在国家实施科技强国、文化强国战略背景下，在致力于当代青少年创新精神和实践能力培养、科学素养和人文精神提升的时代教育主题下，迎来了极佳的发展契机，也将迎来一个较长时段的增速发展周期。

少儿科幻在迎来发展机遇期的同时，也对自身的发展提出了重要的要求。少儿科幻文学是否能够迎来可持续的健康发展，取决于少儿科幻自身的发展品质与走向。当下少儿科幻文学发展存在的问题也是显而易见的。

其一，同质化的科学幻想大量充斥于少儿作品之中，不少作品的科幻构思缺乏新意，有些仍是对十几年前的少儿科幻构思的重复。这样的作品，很难适应当代儿童读者日益提升的科学素养水平，也很难满足当代少年儿童的科幻文学阅读需求。其二，仅仅以“科幻”为符号或元素的少儿科幻创作数量颇为庞大，基于科幻文学的典型性表征不明，作品所展开的幻想思维与童话幻想没有本质区别。这样的创作，模糊了科学幻想的属性，弱化了科幻文体所具有的独立美学属性。其三，轻科幻、软科幻类型的少儿科幻作品占据主体，硬核科幻介入少儿科幻的有效路径与成功文本数量还极为有限，建立在具有前沿性和创新性的硬核科学幻想基础上的少儿科幻创作，仍留有巨大的期待空间。其四，少儿科幻作品的培育、甄选与评价等环节，仍然具有较为明显的亚文化圈属性，传播交流互动的视野、范围、方式等仍待进一步拓展。其五，少儿科幻文学的创作跑在了研究前头，其声量仍然远远高于少儿科幻评论与研究，少儿科幻研究的专业性与专业队伍培养，仍将是一个艰巨且长期的任务。

与此同时，面向2022年的回顾，也是一种展望，少儿科幻人孜孜不倦的努力建构与倾力培育，仍然给予了我们更大的信心。少儿科幻正在迎来极佳发展契机的机遇期，可能实现更大的作为与突破。

参考文献

[1] 搜狐网 . 开卷发布：2022 年少儿图书市场解析 [EB/OL]. (2023-03-21) [2023-04-14]. https://business.sohu.com/a/657126494_121124778.

作者简介：

崔昕平，太原师范学院文学院教授，文学博士，硕士生导师。致力于中国当代文学（儿童文学）研究，著有《出版传播视域中的儿童文学》《中国童书出版纪事》《儿童文学批评现场》《新聚焦：儿童文学创作现场》等专著，参与编写《新中国儿童文学 70 年》《中国大百科全书》（儿童文学专题）等大型学术工具书项目多项。

年度中国网络科幻小说创作发展综述

鲍远福　孟正皓

一、总论

（一）引言

网络科幻小说是指在网络平台上发布的、具有科幻元素的叙事性文学作品。科幻小说是狭义网络文学的一种“亚文类”，它的出现源于网络技术的快速发展和人们阅读方式的变化，是当代文学发展的一种新兴形式。网络科幻文学首先作为网络小说的子类型出现在 20 世纪 90 年代初期，以 BBS、个人网站等载体形式出现。21 世纪初，随着互联网技术的不断发展普及和商业性文学网站的出现，网络小说得到了越来越多人的关注和认可，网络科幻小说也随之日益成熟。但随着科技的飞速发展，网络科幻小说的创作与传播面临了更多的挑战。互联网技术的发展让传统科幻小说有了更加广阔的创作空间与更加便捷的生产机制，也要求网络科幻小说在内容和风格层面不断跟进和适应这种发展。在此背景下，网络科幻小说的创作和发展得到了前所未有的推动。而网络科幻小说与一般类型文学乃至网络小说的差别，与这种背景性的深度影响相关。21 世纪以来，网络科幻小说的创作实践，体现为如下几个方面的特征。

1. 强烈的时代感

网络科幻小说虽为超级科技或陌生化状况的想象，但其在内容层面却具有强烈的时代感，其故事情节往往与当前科技发展息息相关。网络科幻小说的创作者可以通过广泛的科技知识展现对未来社会的洞察力，构建出更加真实、丰富的幻想世界。很多作品中的科技元素和奇思妙想往往是当下科技发展的延伸、拓展和预见，因此能够吸引更多的年轻读者。

2. 题材内容的多元性

网络科幻小说的题材和风格非常多元化，包括科幻、奇幻、玄幻、灵异、漫画、游戏、平行世界等。这些题材的内容非常丰富，可以让读者体验到不同的文化要素和思想渊源。与传统科幻文学不同的是，网络科幻小说在题材内容的塑造上更加自由开放，也更容易吸收多元文化的参与，形成新的创作风格和叙事特征。

3. 传播接受过程的互动性

网络科幻小说具有强烈的互动性，依托于互联网的交互平台，作者和读者之间的互动成为网络科幻小说的一大特点。网络平台的开放性和互动性，让作者的写作更加贴近读者，并获得更多的反馈和支持。与此同时，读者也可以通过评论、点赞、提建议等方式参与到作品的创作过程中，形成更具广泛受众基础的文化想象共同体。

4. 故事情节的跨媒介叙事倾向

网络科幻小说的叙事进程依托于新技术和新媒介，因而天然地与新媒介表达的手段相互结合，形成叙事的场景化、图像化以及人物形象塑造的视觉化、影像化的特征。网络科幻小说作者大多可以被理解为“网生代”，是好莱坞电影和日韩二次元文化的资深受众，因此熟稔图像符号文化的表意传播机制，表现在讲故事环节是通过大量直观、具象的图像化叙事手段来呈现想象世界的瑰丽与恢宏。由此，在网络文学的类型系统中，网络科幻小说最具有 IP 转化的潜质以及影视改编的操作性，体现为强烈的“跨媒介叙事”特征。

综上所述，网络科幻小说作为一种新兴的网络文学亚文类，它具有自由、开放、多元、互动与跨媒介的特点，吸引了大量年轻读者和国际读者，成为当代文学的一种重要形式，甚至有转变为“新主流文学”的可能性。21 世纪以来，越来越趋于年轻化的网络科幻作者们通过不断尝试和类型方法的融合来提升网络科幻小说的创新能力和想象力建构方式，为读者带来更加真实、丰富的科幻世界。

（二）2022年度网络科幻小说创作概况

2022年的网络科幻小说创作延续了上一年的火爆势头，不论是题材内容、风格特征、作品类型和叙事手段都有所突破，形成受众市场更加多元、作品类型更加多样、风格手段更加丰富以及审美表达更加深入的想象力话语建构谱系。网络科幻小说创作呈现出内容精品化、题材细分化、类型多样化、审美多元化等趋势，实现了科幻网文由“量的爆发”到“质的提升”的转型与转变，整体上推动了中国网络文学的高质量发展。2021年网络科幻小说强势崛起成为五大头部类型之后，其创作实践与类型变革在2022年仍然保持着较为充分的增长趋势。

首先，各大网络文学平台都在积极推动各类征文活动，用以推动科幻类型的普及，构建科幻优质IP跨平台内容传播与转换的健康生态，其中阅文旗下起点国际的海外征文备受关注。起点国际2022 WSA（WebNovel Spirity Awards）海外征文分为英语、印度尼西亚语和泰语三大赛道，参赛作品超过九万部，为历届之最。经过激烈角逐，巴基斯坦作家“绯墨”、印度作家“灰烬”和泰国作家“尼尼平塔”分别凭借作品《无限升级系统》《夜惑》《觅爱》摘得金奖，这其中不乏科幻作品。相应地，阅文还推出“启明星奖”“星光奖”等科幻专题征文活动。活动期间，累计近两万部作品参与了科幻征文。其中，远瞳的《深海余烬》获得启明星奖特等奖，天瑞说符的《保卫南山公园》获得启明星奖银奖。阅文“启明星奖”对获奖者将给予百万级别以上的合同买断机会和曝光资源倾斜，榜样力量显著，极大地吸引作者投入到科幻题材的网络文学作品创作中。而“星光奖”面向新人新书，旨在鼓励科幻题材的新鲜血液加入，例如在第一届和第二届“星光奖”中，我吃西红柿的《宇宙职业选手》、彩虹之门的《全宇宙最后一个人类》、最终永恒的《开局一个亚空间》、空长青的《我写的自传不可能是悲剧》以及乌鸦一号的《身为法师的我只想追求真理》等作品都获得相应的奖项。截至2022年5月，起点科幻平台新作家作品数量较2021年同比增长超112.5%，其中“90后”“95后”作家作品数量占比超70%，近七成的科幻新人是首次创作。此外，中国作家协会也发布重点网络文学作家创作扶持项目，天瑞说符的《我们生活在南京》、会说话的肘子的《夜的命名术》、横扫天涯的《镜面管理局》等七部作品入选科技创新和科幻主题重点作品扶持项目[1]。

其次，网络文学平台推动了科幻题材与其他题材的深度融合，演化出中国网络科幻的“新文类”“新文体”与“新形式”。网络科幻小说的创作实践并不局限于传统科幻文学“软”和“硬”的思维定式与逻辑框架，它还在借用传统叙事学、文体学等理论资源的基础上灵活地在创作中进行类型的整合与创作手段的“重构”，形成所谓的“混合科幻”新类型，典型作品如《重生之超级战舰》《吞噬星空》《学霸的黑科技系统》《夜的命名术》《长夜余火》《灵境行者》《深海余烬》等。这些“混合科幻”类型作品中的诸题材要素遵循阿尔都塞“矛盾多元决定论”的思想旨趣，强调科学幻想元素与其他叙事要素（如爱情、喜剧、仙侠、都市、神魔、奇幻、系统、游戏、异界大陆、都市异能、心理主义等）之间合理的嫁接与深度的融合，最终构建起来的是一个具有综合文类属性以及跨学科特征的“幻想性文类宇宙”。这些新的创作模式不仅继承了中国传统神魔小说的叙事传统，也在此基础上有所创新，融入了现代科技的理性认知维度，使得网络文学的“混合科幻”类型实践实现了叙事话语和表现方式的“技道合流”倾向，这种创新思维的产生也是新生代的网络科幻小说创作者借鉴传统文艺理论、主动追求变革的自然结果。除了“硬科幻”“软科幻”与“混合科幻”，网络科幻小说作家们还创造了一种更为常见的体裁类型，李敬泽等学者为此提出了“拟科幻”的说法，即科幻叙事在很多时候表现为科幻题材与其他类型的融合，但科幻要素在整个“幻想性文类宇宙”中并不居于主要地位，可能只会被当作一种叙事策略，例如现实题材中加入“穿越”的由头，历史题材中穿插“架空”的要素，玄幻题材中包含“黑科技”的情节，如此等等。在此基础上，我们认为使用“科幻+X”或“X+科幻”（典型表现如《飘邈之旅》《希灵帝国》《诡秘之主》《修真四万年》中零星的科幻设定等）来标识这类混合多元要素构成的幻想性文体可能更加合适。这里的“X因素”在加入网络科幻小说的创作实践后，一方面避免了各大网络文学平台在处理“科幻文体”类型划分时所面临的现实或理论上的尴尬，另一方面也解放了网络科幻叙事的创造力，并在科学思维和想象力建构之间设置平衡的砝码，释放了网络文学创作发展与繁荣的潜力，也为网络科幻小说自身的审美话语构建提供了更多的可能[2]。例如,《穿进赛博游戏后干掉BOSS成功上位》在故事设定上一边取材于日本轻小说《刀剑神域》中以先进的脑机游戏为媒介而展开的“真实游戏”设定，一边将各种赛博风格元素当作平行世界故事发展的主要技术推手，两种风格元素的自然取用令玄幻题材与科幻题材之间的世界观设定融合发展趋于成熟和灵活。而《夜的命名术》首先大量采用游戏术语去描述与现实世界不同的平行世界，而后又通过对游戏的否定去强调平行世界的真实。游戏成为作者描述世界观的中介或“脚手架”，在这种中介上，我们看出了混合科幻的自然化和常态化。而为了表示这种科幻题材与现实题材等其他题材相互影响和转化，整体元素风格变得多元化，令科幻题材网络文学作品逐渐形成比较成熟的创作格局。在此基础上,“科幻文类与其他类型的混合共生”则构成了新时代新科幻的主导方向，这不仅是对网络文学类型文体变革的一种积极呼应，也是科幻题材的现实价值日益重要的一种明证。科幻作品具有创作的高门槛与传播的小众性双重属性，数量少、精品不足的特征曾经制约了它的发展，但题材类型的融合趋势在2022年的网络科幻小说创作中非常明显，这在某种程度上降低了门槛、扩充了其受众面，将更加有利于网络科幻小说的高质量发展。2022年度，第33届中国科幻银河奖前所未有地授予《深海余烬》《泰坦无人声》《夜的命名术》《灵境行者》这四部网络科幻小说以最高殊荣，就很好地体现了这一变化趋势，即正统的科幻行业奖对网络科幻小说类型混合以及灵活掌握的叙事手法与表现方式的认可。与此同时，网络科幻小说的题材混溶与文体变革及其所呈现出来的网际性、交互性、游牧化与高技术依赖性特征也使之与“Z时代”群体天然地表现出某种亲和性与“亚文化特征”，这也便于他们进行内容题材的“再度创作”。受过高等教育的高知群体和年轻读者已经成为各大平台网络科幻小说受众的主力军，他们在主流文学网站追更、评价、创作和讨论，很多科幻爱好者也拥有学术研究者的身份，其兴趣爱好和多元价值诉求也必然通过平台凸显出来，而他们对网络科幻小说的态度也将成为传播接受层面的一种“风向标”和“指示牌”，影响着包括中国科幻银河奖、全球华语科幻星云奖等主流行业奖授予方对网络科幻小说的评价。

再次，在2022年网络文学发展进程中，网络科幻小说频频出圈。如前所述，网络科幻小说成为第33届中国科幻银河奖的最大赢家。其中，远瞳的《深海余烬》获得"最佳网络科幻小说奖"，天瑞说符的《泰坦无人声》获得"最佳原创图书奖"，卖报小郎君的《灵境行者》和会说话的肘子的《夜的命名术》获得"最具改编潜力奖"。网络科幻小说的"爆火"则进一步推动网络文学平台对这一类型的扶持和奖励。在文创领域，科幻类型网文的品牌效应日趋明显，其文创品牌孵化与热门IP转化方面发展态势良好。《2022中国科幻产业报告》显示，2021全年中国科幻产业总产值共计829.6亿元，同比增长50.5%。2021年，科幻阅读产业总体营收为27亿元，同比增长15.4%。其中，数字阅读和有声阅读依然是强势发展方向和升值潜力方向。2021年科幻衍生品产业总营收达到60.7亿元，同比增长186.3%，这其中相当一部分是网络科幻文学发挥的文本支撑和氛围维系的作用。另据国家广播电视总局公布的《2021年第四季度全国重点网络影视剧上线登记备案情况》，2021年第四季度上限登记备案的网络微短剧共有91部2115集，其中科幻题材网络微短剧共有3部80集；网络电影62部，其中科幻题材网络电影4部；网络动画片59部1473集，其中科幻题材网络动画片6部33集。网络文学改编是影视、动画、游戏文创产业发展的主流，尽管目前网络科幻作品依然属于小众题材的作品，但已逐渐走向大众的视野。这一趋势也将推动中国电影、电视、游戏、动漫工业美学系统的高质量发展，影响到未来中国文创产业的发展格局。

最后，2022年网络科幻小说的繁荣与火热还同创作评论以及理论研究的良性互动相关。王德威、宋明炜、南帆、黄鸣奋、欧阳友权、黎杨全、许苗苗、韩传喜、张永禄、詹玲、韩模永、张春梅、王小英、鲍远福、高翔、姜振宇、闫海田、王金芝、王婉波、李玉翠、江秀廷、翟羽佳、战玉冰等众多学者纷纷涉足网络科幻文艺批评领域，网络科幻小说创作中的中国式现代化书写、命运共同体建构、后人类叙事、生命政治学、新历史叙事、克苏鲁神话、乌托邦诗学等问题成为学术热点。评论者对科幻作家的深度访谈以及对话，提升了网络科幻文学评论和批评研究的整体质量，尤其是他们对《泰坦无人声》《夜的命名术》《灵境行者》《复活帝国》《7号基地》《深海余烬》等影响力较大的网络科幻小说文本的分析研讨与理论阐发已经得到了主流学术界的重视。

（三）简单小结

总体上，2022 年网络科幻小说在创作题材、受众人群、影响程度和作品质量等方面均取得较大突破和提升，并且逐渐从科幻圈内“自嗨”辐射到了整个当代文学界，形成了“新主流”的趋势。《2022 中国网络文学蓝皮书》指出：“科幻创作表现亮眼，全年新增科幻题材作品 30 多万部，同比增长 24%。科幻设定成为流行元素，被融入多类型创作中，形成潮流，《黎明之剑》《保卫南山公园》《灵境行者》《复活帝国》等作品都巧妙运用科幻元素。”[3]科幻成为一种基础元素进入网络文学跨文体、跨媒介、跨类型创作的内容生产中，极大地展现了科幻元素的影响力，促进了网络科幻文学作品的良性发展。在此基础上，“科幻 +X”元素的内容表达成为网络科幻小说创作的主要倾向，确立了 2022 年网络科幻小说“求新寻变”的创作主基调。此外，科幻元素的本土化、流行化、跨平台化和 Z 时代化倾向也令中国网络科幻文学逐渐与中国式现代化文明建设的历史背景结合起来，丰富的网络科幻小说创作生态以及文本表达现象为网络媒体中生成和创作更多人民群众喜闻乐见、水平高超的优秀科幻作品提供了坚实的文艺土壤。

二、2022 年网络科幻小说重要平台、知名作家及作品分析

（一）网络科幻小说重要平台概况

1. 起点中文网

2022 年发表网络科幻文学作品最多的平台仍然为阅文集团旗下的起点中文网，女频网络科幻文学的头部网站则为晋江文学城。据起点中文网的月票榜、畅销榜、阅读指数榜等榜单，作品《夜的命名术》《灵境行者》《诡秘之

主》等常居榜单首位，可以看出科幻作品与中国最大的网络文学平台之间具有极高的联动性，其中部分作品荣登第 33 届中国科幻银河奖获奖名单，更加表现出其平台的内容厚度。

以百度指数搜索“起点中文网”，可以看出相关搜索中出现的网络文学作品与平台之间具有深度的内容绑定性，出现的作品数量越多，平台的用户黏性则越高。通过对 2022 年的需求图谱进行纵览式观察，科幻作品《灵境行者》多次进入需求图谱中。例如，2022 年 12 月份的需求图谱中，“灵境行者”作为关键词位列搜索热度第一，说明作为一种小众类型文学，科幻作品对平台的用户黏性贡献已初具萌芽（图 1）。

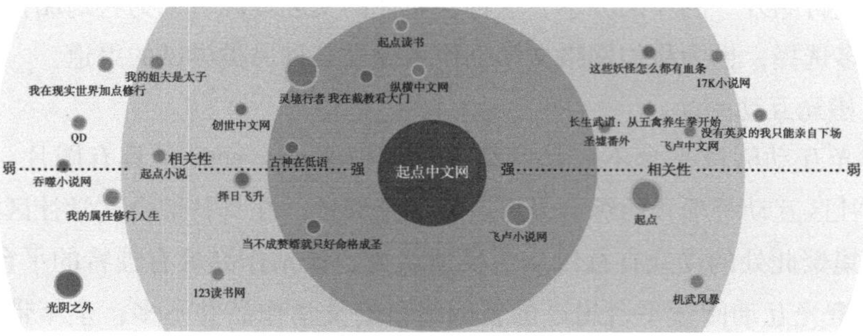

图 1　百度指数统计下“起点中文网”关键词 12 月需求图谱的搜索热度呈现

2. 晋江文学城

晋江文学城科幻类型分类榜显示，2022 年最新上线、持续更新和完结的带有“科幻”标签的作品日渐丰富，其中桉柏《穿进赛博游戏后干掉 BOSS 成功上位》、大哥喝冰阔落《论美貌你们是赢不了我的》、龚心文《入侵》、江山沧澜《穿书后我靠当情报贩子成神了》、龙柒《灰色童话》、寒菽《打完这仗就回家结婚》等科幻类型作品均在站内具有较高的积分度和影响力。与起点中文网等男频科幻类型小说相比，晋江文学城连载的科幻小说中的“科幻要素”通常只是某种“玩设定”的叙事策略，注重的可能并不是某种科学技术的想象，而强调科幻情境（如废土、末世、异界、平行时空等）生成之后及其所具有的隐喻或象征意味。因此，晋江文学城展现出了一种不同于起点中文网满足于“重生”“炫技”“升级打怪”“扮猪吃老虎”等心理满足的内容，其叙事建构指向了对两性关系、社会秩序、女性形象建构等话题的未来想象与诗性书写。

3. 咪咕阅读

咪咕阅读是中国移动旗下的一款阅读平台，主要为受众提供图书、漫画、杂志等数字阅读资源。2022 年，咪咕平台站内主要科幻作品有幻想下的星空的《捡到一个末世世界》、晨雨有点凉的《人族禁地》、蔡四爷的《最强末世进化》等，这些作品多以"末世进化"为核心情境，题材类型多样化地书写人类文明的生存境况，在人性的细致刻画与未来世界的想象中塑造热血精神、抒发人文情怀。咪咕阅读与传统网文平台较大的不同在于，它在站内提供了一些尚未被广泛接受的科幻小说，并在主流网络文学平台之外为科幻读者 / 粉丝提供了"流行圈外"的作品分享，这种补充性的文创资源可以为科幻阅读爱好者提供更多选择，也为科幻网络文学创作者提供某种另类尝试的渠道。

4. 橙光互动阅读

橙光互动阅读平台不仅是网络文学阅读平台，而且是具有图片、文字、教程、社区互动等项目的综合爱好者社区集聚地。在具备综合文学社区的设定之后，集聚此处的受众在社区交流反馈认为，该站作品具有独特的平台风格。2022 年橙光互动阅读平台出产的新网络科幻文学作品并不多，全年带有"科幻"标签的作品仅有 30 部左右，如《第 101 号禁区》(都市异能)《杀戮游戏》(游戏升级流)《作精宿主在线摆烂》(穿书流)《夏日循环》(无限流)等。橙光平台跨媒介、跨体裁的内容输出和互动令其作品具有极强的用户黏度和平台特征，作品集合了语言文本、对话互动与游戏场景的多符号表意混合，给读者带来了非常立体逼真的阅读(游戏)体验。这种立体性的文本具有超出内容之外的审美表达功能，暗藏着推动网络科幻文学发展的新契机(如跨平台的文本互动与改编)。

5. 其他平台

《2022 中国网络文学蓝皮书》《2022 年中国网络文学发展研究报告》等权威报告显示，起点中文网、晋江文学城等主流文学平台均出现了质量较高、类型多样的网络文学作品。除了起点中文网和晋江文学城等主打网络文学平台连载网络科幻小说，掌阅文学、七猫中文网、火星小说、知乎阅读、豆瓣阅读、有毒小说网、橙光互动、不可能的世界等新兴(小型)网络文学平台也开始签约网络科幻小说作者并连载网络科幻小说，其中有毒小说网连载的科幻小说《这个世界危在旦夕》（通吃著）因为其文体变革、类型突破、情节精彩、风格幽默和主题价值观正面而深受读者欢迎。

（二）主要作家及代表作品介绍

1. 远瞳与《深海余烬》

《深海余烬》于 2022 年 7 月 10 日在起点中文网连载，故事情节已逐渐接近尾声。截至 2023 年 10 月 30 日，该作品已更新 124 万字，曾在 2022 年 12 月获得男频月票榜第四名。远瞳本名高俊夫，因“远瞳”笔名被粉丝戏称为“大眼珠子”，代表作品有《希灵帝国》《异常生物见闻录》《黎明之剑》《深海余烬》等。作者自称不喜欢沉重悲观的氛围，因此在作品中喜欢塑造轻松愉快的氛围，常常能够见缝插针式地抖包袱，借以引发读者的共鸣。在起点中文网官方对他的采访中，远瞳将自身写作风格与写作态度归纳为“吃瓜群众”“书无店砸”“脑洞突破天际”等标签词语，为人具有较高的亲和力，因此与读者的互动也很好。2022 年远瞳在起点中文网的最新连载作品《深海余烬》获得第 33 届中国科幻银河奖最佳网络科幻小说奖。《深海余烬》以“失乡号”船长邓肯的视角，描述了一艘没有水手的幽灵船只的际遇。这种置身事内却又视角受限的叙述方式将故事情节笼罩在一层莫名的神秘氛围之下，诡异与好奇交织充斥在作品的情节发展过程中，赋予故事极强的剧情张力与用户吸引黏性。当读者随着主人公的际遇而逐渐了解故事背景与“深海”中的本原世界时，就会获得一种移步换景式的审美愉悦和猎奇体验。截至 2023 年 10 月 30 日《深海余烬》已获得 442 万的总推荐数与 1.71 万次周推荐数，获得中国科幻银河奖最佳网络科幻小说奖后，它的好评度与订阅成绩正稳步上升。

2. 会说话的肘子与《夜的命名术》

《夜的命名术》于 2021 年 4 月 18 日开始连载，2022 年 12 月 4 日完结，总字数 395.18 万字。《夜的命名术》在 2022 年 3 月至 6 月连续四次斩获男频月票榜第一名，并获得 2022 年起点月票年赛男频第一名。会说话的肘子是“橙瓜见证·网络文学 20 年报告百位大神作家”和阅文集团 2020 年原创文学白金作家。《夜的命名术》是“肘子”具有灵气复苏特征的“末世三部曲”的最新作品，小说在2022年下半年完结，并立刻成为“网文界”的“标志性事件”。小说讲述了在某种神秘力量的影响下，一部分地球人可以定时穿越到另一个世界，而其本体所在时空却不受影响。主角庆尘围绕着神秘的18号监狱这个核心场景在机械世界里与管理者李叔同、属下路广义等人斗智斗勇，由此揭示在这种既紧张微妙又未知悬疑的关系与互动中引发出的关于这个机械世界的故事剧情。作品以这种穿越的方式，将现实世界（表世界）及幻想的机械世界（里世界）进行同步缝合。尽管小说在内容上或许缺少对相对应科幻元素的剧情推理及对这种穿越的合理性的叙述与建构，但是在这种看似粗糙的背景设定中，故事情节在主人公的奇遇与隐秘的心理活动中被逐渐展开，关于18号监狱及背后穿越世界的宏大设定也进入读者视野，引发了某种好奇心与关注度。从某种意义上,《夜的命名术》深受当代传媒和网络技术的影响，这一点也是它在2022年迅速“出圈”的主要原因，特别是现代网游、轻小说、赛博朋克等二次元文化对于网络科幻小说故事场景构建与世界观设定的内在影响，在这部小说中得到了很好的体现。由此可见，科学幻想并不仅仅是人们对未来世界、美好生活或理想世界的纯粹虚构，它仍然包含了人们对于现实世界中种种缺憾的逃离、突破与补偿等心态。在这样一种现实与理想的结合、幻想与真实的交互中，作品产生了自身故事的内涵和张力，也完成了作品娱乐性与其内容相对深度性的和谐。总体上,《夜的命名术》以一种架空的人类未来史的描写来构建文本的叙事，它对人性的复杂性进行了较为深度的刻画，对于人文精神的揭示构成了其主要价值内涵。小说的故事情节娓娓道来，可读性很强，尝试将人文关怀与娱乐属性结合起来，进一步凸显网络科幻小说的现实价值。因为，从设定上，小说中主人公在看似粗糙的“表世界”与“里世界”的穿越经历，也是对当今社会中现实世界与网络世界之间愈发朦胧的边界感的真实描述与价值隐喻，这恰恰是网络文学作家对于后现代主义解构思想与批判精神的继承与创造。在第33届中国科幻银河奖颁奖典礼上,《夜的命名术》获得最具改编潜力奖殊荣。

3. 黑山老鬼与《猩红降临》

《猩红降临》于2022年5月22日在起点中文网开始连载，2022年12月19日完结，全作共计121.18万字。黑山老鬼本名石瑞雷，现为中国作家协会会员、山东省网络作家协会副会长。2020年，黑山老鬼创作的网络科幻小说转型之作《从红月开始》迅速爆红，被评为“年度冒险悬疑作品”并列入阅文集团动漫IP改编计划。2022年新书《猩红降临》可以被视为《从红月开始》的续集。小说构建了各种现实世界规律和规则的“他者化”体系，并描述了其对人类世界的影响。生命恶魔、规律恶魔、知识恶魔、命运恶魔、战争恶魔，这些“异化”的他者闯入正常世界，不可避免地影响了现实世界的运行，更是让人类分成了泾渭分明的两个极端，有人将邪恶和诡异及其代言人奉为神明，对之顶礼膜拜；有的人则选择在猩红降临的夜晚，饮上一杯烈酒，举起了手里的猎枪，勇敢地选择战斗和反抗。小说的主人公以超凡治安官的身份，通过刻苦训练和艰辛的历练而成长为一个能力超群的强者，他受命处理这个被“异化规则”的恶魔力量污染了半个世纪之久而产生了诸多的拥有特殊能力的人（类似于《从红月开始》中那些受到精神污染的外化载体），以此来守护人类的家园。《猩红降临》的设定与前作《从红月开始》非常相似，小说从连载时间和体量来看，属于网络小说中的“短长篇”，但是小说文笔顺畅，故事情节跌宕起伏，引人入胜，从某种意义上讲，作者老到的叙事手法与情景设置让读者仿佛置身传统科幻作家韩松所塑造的那一种“鲁迅一般”的充满隐喻和象征的幻想世界。该小说完结后，作者又于2023年2月14日上传新作《神秘尽头》，目前正在连载中。

4. 天瑞说符与《保卫南山公园》

天瑞说符本名何健，阅文集团大神作家，科幻作家，2022年1月入选2021名人堂年度人文榜·年度新锐青年作家，代表作有《死在火星上》《泰坦无人声》《我们生活在南京》等，《死在火星上》与《我们生活在南京》分别获得第30届中国科幻银河奖“最佳网络文学奖”与第32届中国科幻银河奖“最佳网络科幻小说奖”桂冠，《泰坦无人声》获得第33届中国科幻银河奖“最佳原创图书奖”。天瑞说符由此成为中国网络科幻作家中获得银河奖最多的人。《保卫南山公园》于2022年9月22日在起点中文网连载，截至2023年10月30日共连载19.66万字，收获7.15万次总推荐。目前，该小说因为作者天瑞说符私人原因而暂时停更。与《我们生活在南京》从日常生活和个人视角徐徐拉开时空穿越与灭绝真相的叙事模式不同，《保卫南山公园》开幕便勾勒出一种“环太平洋”式的天启灾难。从四维世界降临的“天使”将地球摧残得支离破碎，而承载着人类希望的巨大人形机器“红莲”则肩负着打败“天使”的希望。在科幻设定上，《保卫南山公园》与传统机甲题材设定相比有较大突破。作者以理工男的视角直面机甲科幻设定的某种悖论：如果传统坦克战舰等武器面对敌怪脆如纸草而必须依赖机甲这一新武器，那么装载着火炮导弹等传统武器的机甲又何以具有力压敌怪的武力？大多数机甲科幻往往以机动性、驾驶员素质或者某种黑科技自圆其说，却也难以掩盖武器与机甲的矛盾。而《保卫南山公园》针对这个矛盾给予了回应：机甲不是战斗员，而是科学家；是运用超级计算机寻找敌怪“阿喀琉斯之踵”的智谋师，而非用蛮力与设定中强力的敌怪硬碰硬。作者对科幻设定的严谨无意间开创出了一种机甲故事的新方向，也无形间丰富了网络科幻小说内容题材的深度。《保卫南山公园》或是年度众星闪耀的科幻网络文学作品中科幻气息最为浓厚的作品之一，作者除了对硬科幻设定精雕细琢，也对一些粗线条的宏大与日常主题进行了精细化处理。小说在叙述“天使”的横行与破坏时采用真实地名，用带有中式风格的机构名、建筑名和岗位名深刻营造出身临其境的紧张感和现实感，仿佛读者身在四川前线关注着战线变化与战备情况，其叙事风格与《我们生活在南京》一样都给读者带来身临其境的亲切感。

5. 卖报小郎君与《灵境行者》

《灵境行者》于 2022 年 3 月 23 日在起点中文网开始连载，截至 2023 年 10 月 30 日连载字数达 361.14 万字，在 2022 年 7 月、9 月、11 月三次获得起点中文网男频月票榜第一名，另多次进入月票榜前五名。卖报小郎君是阅文集团白金作家，其作品以适应性强、兼容性广、具有趣味而获得名气和好评。2021 年凭借《大奉打更人》独特的笑点、有趣的设定及其与观众的亲和度而受到较大关注和反响，在 2021 年 6 月的第六届阅文原创 IP 盛典中，更是一举囊括了“年度最佳作品”“年度男频人气十强”“年度东方幻想题材作品”“年度影视改编期待作品”等多个奖项。《灵境行者》是其在 2022 年创作的科幻作品。小说的故事情节紧张有趣、惊险刺激，令读者欲罢不能。在 2023 年 3 月揭晓的第 33 届中国科幻银河奖颁奖典礼上，《灵境行者》获得“最具改编潜力奖”。小说的主角张元清诨号“元始天尊”，他不过一介普通人，因为机缘巧合获得了穿越到灵境的能力。灵境是高风险与高收益并存的神秘领域，玩家在其中完成派生的任务，一旦成功，便可以获得超能力与珍稀资源物品，但穿越者在灵境中也有可能受到危险的反噬，从而永远无法从灵境逃脱。小说便在这样一种既紧张又刺激、带着惊悚和好奇元素的氛围背景中展现自身的叙事魅力。同时，作者擅长借用中国传统文化元素符号中的故事人物形象，将《灵境行者》这一现代玄幻文体与中国古代神魔文化元素结合起来，使剧情笼罩着现代风味与传统元素的双重刺激，由此表现出极强的感染力。小说的主角在灵境中穿行冒险，会获得相应的成长经历，克服自身的不足，并担负相应的使命。这种叙事方式是对现实世界中普通人生活体验的一种超越，表达出普通人希望突破生活藩篱、超越人生困境以实现自我人格完善的美好愿景。现实与虚构之间的互动、成长与责任之间的融合，赋予小说积极的人生观与价值观。

6. 火中物与《复活帝国》

《复活帝国》是火中物继中国科幻银河奖“最佳网络文学奖”作品《千年回溯》之后所创作的又一力作。《复活帝国》于 2021 年 4 月 29 日在起点中文网上线，2022 年 9 月 2 日完结，共 269.71 万字。作为网络“硬科幻”作品，这部小说为读者描述了“上一世代”的人类文明抽取“宇宙哈希值”（宇宙常量）中蕴含的无限能量来帮助主人公任重“无限复活”的故事，借以应对观测宇宙之外的入侵者（属于上一文明世代，即宇宙大爆炸之前的超级文明，自称“哲罗”或“归零”，即 Zero）的灭世危机，小说由此在前大半部分通过主人公任重反复死亡重生的情节，构建了层层套叠的复杂文本结构与叙事空间，形成形态上类似于拓扑学结构的无限递归式文本结构网络。因此,《复活帝国》构建了结构形式上更加复杂立体多元的“嵌套式文本”。这类科幻小说的文本结构生成受到叙述动作起承转合的驱动，时常因某个关键要素（人物、情节、故事线走向等）的突转或断裂而被终止，或因出现某个“次级文本”中“嵌套”“更次一级副本”情况，复杂的文本层级与序列关系构建起立体拓扑式结构形态。这种文本实验，在其《千年回溯》的叙述过程中得到了淋漓尽致的体现。在创作手法上,《复活帝国》同《千年回溯》一样，把网络文学类型文的各种“套路”“技巧”“策略”“情境”熔于一炉，读者从中既可以看到精彩的剧情推理，也能从阅读过程中获得游戏闯关的“具身体验”，还能从主人公对抗未知命运拯救人类的故事中体验到肆意驰骋想象力的快意与舒适。最重要的是，小说通过“时间循环”“无限复活”与“星际战争”的噱头将现实与未来合理地串联起来，在题材融合与文本嵌套的形式创新中，小说革新了传统叙事学的文本理念。在主题层面，它不仅为读者书写了一种可见的“未来史”，还在这种新的“历史想象”叙述中寄寓了作者对历史进程的诗学思考，特别是小说借助对“宇宙起源”“宇宙爆炸与坍缩”“时空穿梭”“人类未来史”“宇宙文明世代论”等新观点的阐释和想象来隐喻社会现实及文明生态，揭示了人类文明历史演变的复杂样貌，也为“中国式现代化”“人类命运共同体”“多文明共生”的未来叙事图景提供了想象力建构的可能性。小说强大的科幻设定令人眼前一亮，归零者、宇宙塌缩、墟兽、跨物种生物、文明世代论与令人眼花缭乱的星际战争等情节的生动描摹使之具备“硬科幻”的所有特质，主角任重在成为宇宙至尊后回归家庭和友情又使小说在内容“硬核”的背后蕴含着深刻的人文情怀。

7. 桉柏与《穿进赛博游戏后干掉 BOSS 成功上位》

小说于 2021 年 8 月开始在晋江文学城连载，2022 年 10 月左右完结，总字数 146.53 万，获得晋江文学城“VIP 强推奖章”和“2021 年年中 / 年终盘点奖章”。本书以真实游戏作为舞台设定，讲述主人公隗辛进入全息游戏《深红之土》世界中的幻想遭遇。与普通玩家“代行者”身份不同，隗辛的“剥夺者”身份强行令其扮演反叛组织派往联邦缉查部门的卧底。在卧底过程中，隗辛发现游戏并非虚拟世界，而是一个真实的平行世界。超凡者、改造人、人工智能等常见的科幻元素遍布于小说的世界中，而未知诡异的叙说方式又给故事蒙上一层克苏鲁风格的神秘恐怖。最终，为了解开平行世界的谜题与保证自己的生存，隗辛不得不尝试去“干掉 BOSS”。与常见的冒险探索故事中遵循世界故事主线、旨在匡扶正义的冒险者不同，《穿进赛博游戏后干掉 BOSS 成功上位》将冒险者置于边缘身份的处境，在主人公遇阻和碰壁的情境中营造滑稽诙谐的叙事快感与迅速适应后成长的愉悦，极大地提升了小说的“爽感”。需要指出的是，这部作品在连载的过程中曾陷入“抄袭门”事件，它一方面表明网络科幻小说创作面临技术门槛对创作者束缚的困境，另一方面也说明将一个好的“科幻设定”形诸“爽文”可能隐含的巨大挑战。

8. 老鹰吃小鸡与《星门：时光之主》

《星门：时光之主》于 2021 年 7 月 19 日在起点中文网连载，2022 年 5 月 19 日完结，总字数 647.82 万，获得 430 多万次总推荐。该书获得 2021 年 9 月、10 月、11 月、12 月与 2022 年 1 月男频月票榜第一名，并荣膺 2022 年起点月票年赛男频第六名。老鹰吃小鸡因《全球高武》而成名，为起点中文网大神作家。《星门：时光之主》延续了《全球高武》的故事设定，可视为其续作，该作品中科幻要素更加细致一些，是一部具有典型“科幻 +X”（混合科幻）特征的网络小说。不同于《全球高武》从一开始便将世界观完整打开，《星门：时光之主》以一个并不了解世界规则与发展本原逻辑的普通少年的视角展开，在他的冒险经历中，小说一点点为读者揭开世界的真相。这种悬念设置让《星门：时光之主》延续了《全球高武》的世界观构架，强调地球所蕴含的能量是有限的，越来越多的高武人士最终会让地球能源匮乏，让高武修炼难以为继。高武的出现是一种对能量和环境的攫取与掠夺。因此，高武人士越来越多并不代表世界发展的正常走向，反而意味着世界可能会岌岌可危。《星门：时光之主》的设定逐渐超越了传统网络文学中以纯粹的等级斗争和实力碾压作为主要卖点的观念，转而对幻想的舞台和现实环境之间的关系进行了深入反思。在作品最后，主人公选择“化凡”（类似于玄幻小说《凡人修仙传》的结局），他将灵力返归大地以此追求人与环境共生，这种将环境与世界纳入叙事考虑中的高武，恰恰是一种严谨负责的真正的高手形象，这种具有创新性的主人公形象和价值诉求极大提升了《星门：时光之主》的思想深度，也令小说不仅被当作单纯的娱乐消遣，还被赋予人文主义的精神关怀与“中国式现代化”的审美特质。

9. 净无痕与《7 号基地》

《7 号基地》于 2022 年 4 月 24 日在起点中文网开始连载，截至 2023 年 10 月 30 日连载 263.48 万字，作品于 2023 年 3 月 12 日获得荣誉“三十万收藏”。作者净无痕为江西省网络作家协会主席、阅文集团白金作家，毕业于江西师范大学，代表作有《绝世武神》《太古神王》《伏天氏》《7 号基地》等。《7 号基地》综合了常见的多种科幻题材“亚类型”——废土穿越、机甲格斗、星舰战争、星际文明、基因改造、赛博格、人类未来史，同时也将玄幻、武侠、修真与历史等网络文学主要题材融合起来，因此它是一部典型的“混合科幻”网络小说。该作品将热血玄幻的故事内核与星际文明的科幻世界观有机结合起来，书写了小人物的成长史诗，揭示了人类文明不断探索的辉煌历程。在故事层面，小说叙述了横跨银河系的银星帝国破灭之后，智慧文明间爆发的星际战争。星空之下，机甲师、改造人、基因战士、超凡者、机械师、战舰指挥官纷纷闪亮登场。从现代地球穿越到拜伦星的许末有过很多身份：穿越者、超凡者、天才机甲师、格斗强人、战舰舰长、基地缔造者、图书管理员。小人物的成长、抗争与走上人生巅峰是该作品的主旋律，但小说通过大量奇观场景、精彩情节的描摹和刻画提升了网络科幻类型文的“爽感”，使之能够与传统“爽文”一较高下。更难得一见的是,《7号基地》将古早时代网络文学的热血激情与当下科幻类型文的理性深邃有机地结合起来，在《卡徒》《修真四万年》《第一序列》《从红月开始》《夜的命名术》《灵境行者》《深海余烬》等非典型网络科幻类型文文体变革与题材创新的基础上,《7号基地》开创了一种题材内容杂糅多变、叙述风格轻松活泼、主题内涵复古典雅、审美内涵多元融合的“新科幻写作”样式。

三、网络科幻小说创作发展趋势展望

通过前文分析可知，2022年网络科幻小说的创作、传播、接受与批评研究均呈现出稳中求变的格局，这不仅是科幻类型对文学创作传统和惯例合理吸收、继承、借鉴和转化的结果，也预示着中国网络文学类型变革与审美话语建构的新动向与新趋势。

第一，影游互动、科影融合、文创与产业一体化发展共同推动网络科幻小说的出圈与出海。传统科幻如刘慈欣《三体》《流浪地球》等知名IP的跨媒介转化以及动漫文创产业连续诞生出一些现象级作品（如《灵笼》《红荒》《黑门》《硬汉枪神》《太空群落》《吞噬星空》《星域四万年》等），其背后的重要推手与网络科幻小说创作的火热传播有关。《流浪地球》系列、《独行月球》《明日战记》等院线科幻电影接连叫座大卖也推动中国科幻作品不断出圈，走向科幻圈外，甚至走出中国国门，成为一种“文化标识”。《流浪地球》系列能够叫座，也有赖于网络科幻类型在受众群体中广泛的传播与积淀。经过20多年的健康发展与类型融合，网络科幻小说作为中国当下新媒体受众群体较广、创作水平较高的网络文学类型之一，代表了当代中国网络文学爱好者的群体价值倾向和类型偏好，本身具有一种中国式现代化的精神文化内核并在其中发挥着推动作用。充分发掘出这种推动作用，以网络科幻小说的文体变革、内容创新与题材拓展为突破口，将中国科幻与对命运共同体、多文明共存的未来想象联结在一起，是未来中国网络科幻文学的发展趋势，也是推动中国当代影视漫游文创工业美学体系高质量发展的重要保证。站在百年前古人的视角上，现代中国的全面发展和民族复兴本身就是一种“科幻”奇迹，网络科幻小说创作恰恰是对这种“奇迹”的审美实践。中国的科幻想象始终具有一种现实性的期待和对历史的回应，将这种期盼融入网络科幻作品的未来想象中，将传统和当下的中国元素和科幻文化有机结合，也是中国当代工业美学体系创新发展的内在动力。

第二，从“混合科幻”到“科幻混合”，网络科幻小说题材类型的实践将迎来新一轮的变革。“混合科幻”已成为当下网络科幻小说类型创作发展的主流趋势。如前文所述，网络科幻小说并不严格局限于“硬科幻”或“软科幻”的类型划分，高强度的文本生产和市场需求反馈令网络科幻文学作品始终关注读者反应，因此在这种互动中逐渐走出传统的类型区分，进而形成“软硬兼顾”的“混合科幻”或“科幻+X”类型。而随着网络文学和科幻作品近两年的不断发展，科幻本身已经在麦克卢汉理论的意义上从一种文学形式和题材类型变成人所共知的题材设定和内容框架①。科幻成为故事创作和网络文学作品生产中的一种基础元素和框架风格，越来越多的人开始熟悉网络科幻文学的架构和元素。中国作家协会网络文学中心主任何弘指出：“在创作总量提升、平台垂类发展的大背景下，这些新生代网络作家勇于探索，丰富创作内容和手法，反套路、新类型、类型融合成为创作新范式，类型风格更加多元。”[4]

① 麦克卢汉指出旧媒介的形式将成为新媒介的内容，从一种规范框架变成内容题材。科幻也逐渐从一种文学类型酵化为故事内容，其本身成为文学创作的基础元素。该观点可参见马歇尔·麦克卢汉《理解媒介：论人的延伸》，何道宽译，译林出版社2019年版。

在网络文学作品中，许多原本并非以科幻为题材的网络文学作品将会逐渐出现“科幻混合”的现象，这种网络科幻的“题材混合”从文学艺术创作辐射到当代文化工业的整体创作格局之中，形成了一种新型的“混合型泛科幻文化”，例如《光荣使命》《机甲风暴》《暗黑大圣》《绝地求生》等所代表的科幻（手机）游戏文化，《硬汉枪神》《刺杀小说家》《独行月球》《开端》《三体》及《流浪地球》系列所代表的科幻影视文化，《纳米核心》《灵笼》《星骸骑士》《红荒》《黑门》《天选者》所代表的科幻动漫文化，以及《大王饶命》《从红月开始》《灵境行者》《夜的命名术》《吞噬星空》《修真四万年》等所代表的“混合科幻”审美文化等。科幻文化的普及化、大众化与“亚文化”化趋势令其越来越成为一种“基础文化元素”或内容设定而深入整个网络文学的写作背景中，成为一种宏观的风格影响和元素体现。“科幻混合”恰恰是网络科幻小说作品具有人气高、质量硬、审美水平顶级特征的重要表征，在将来的网络科幻小说创作及其所承载的网络文学生态中，“科幻混合”或许会成为检验网络科幻小说类型化程度及其水平的新标准和测量方式。“无网文不科幻”或许将成为未来网络文学发展的一种潜在趋势。

第三，网络科幻类型创作的跨媒介共振，助力中国科幻文学的当代转型。目前，网络科幻小说创作现状仍然无法满足人民群众对精品科幻文化的需求。传统科幻文学经典《三体》《流浪地球》《球状闪电》等的反复开发印证了这一点。《开端》等网络科幻剧集的惊鸿一瞥不足以展现网络科幻小说的现实价值。一部优秀的科幻作品想要成为一个优质的 IP，就需要在科幻小说、科幻电影、科幻广播剧、科幻动漫、科幻游戏等不同媒介间进行深度改编和再创作。这种多元的跨媒介生产创作为网络科幻小说的成功“破圈”带来了便利，因此也引发更多的关注。通过这种跨媒介改编，科幻作品在创作、传播、反馈和内容再生产过程获得更多意义转化的契机。与此同时，跨媒介的科幻创作也能形成一种矩阵式的作品生态，以 IP 共创的形式将一种科幻文本的内容立体化、丰富化、全面化，从而引发更为深刻立体的接受体验。表现在：一方面，影视改编能给予网络科幻小说内容设定上的视觉感和真实性，将绚丽的文字转化为视觉实景的壮美；另一方面，网络科幻小说能为影视创作提供较长的故事主线和人物细节，令视觉、听觉在创作中完成情节缝合和自洽，达到科幻作品内部逻辑自洽和情节严谨的艺术魅力。总之，不同媒介间科幻小说文本同台竞技、同频共振，能够为网络科幻文学作品提供更大的发展舞台和创作尝试，有利于中国网络文学创作更多兼具民族特征与现代视野的“科幻宇宙”和经典IP文创产品。

科幻从一开始对宇宙世界、技术发展与未来社会的幻想，在不同历史时期发展出具有不同特点的科幻场景设定和故事框架，这些场景设定和故事框架以一定程度上同时符合现实规律和迎合人们对某种生活和社会发展的神秘或可能性想象而立足，因此本身就具备特有的文艺价值和审美潜力。网络科幻文学作品相比于传统经典科幻文本，表面上似乎是在“灌水”和“消遣”，体现出俗文化倾向，但它却将这些设定和框架中的文艺价值和审美潜力以一种通俗、接地气和符合网络文学盈利机制的方式改造并呈现给读者。这种改造和呈现在中国式现代化的语境中，有效地剔除了网络文学自带的过度的“爽文”模式，让科幻网络题材成为一种高级表现方式，承载着新时代的价值引导，映衬着新时代国家文化战略、科技革新与民族进步的价值体系，例如《庆余年》《开端》《吞噬星空》《修真四万年》等网络科幻小说热门IP影视改编的成功，即标志着作为大众文化的网络科幻小说能够承载社会正能量、引导民众思考社会主义核心价值观，并通过审美接受来呈现命运共同体及中国式现代化的文学建构，承担新时代网络文学创作的社会职责。与此同时，在新时代的社会主义文化实践中，科幻类型和题材已经逐渐演变成为一种基础的网络文学乃至网络文化的基础元素，它能够充分而融洽地融入各种叙事类型与故事情节之中，改变着当代网络文学的叙事生态，这也充分预示着科幻元素在当代文学与文化中出圈、发展与壮大成为一种“新主流”的巨大潜能。

第四，网络科幻文学在与其他类型网络文学和其他科幻产品创作的合作和互动当中，也逐渐为“中国科幻故事”的未来发展勾勒出新的蓝图。这种未来蓝图根植和塑形于中国本土的科幻故事，与读者互动，获得越来越多的关注和追捧。实践证明，中国网络科幻文学以其独具气质的自我属性，越来越将自身树立为一种当代“新主流”文学的标杆，它的充分发展不仅是对现实中国科技革新、社会文化实践和构建中国式现代化的科幻故事的新时代文化实践的一种文化表征，也将带动中国科幻元素、中国科幻故事与中国科幻想象力逐渐走出国门，传播到世界各地，并以积极的姿态汇聚到讲述现代化人类文明浴火重生、探索发现的科幻故事创作洪流中。

参考文献

[1] 北青网．2022 年网络文学重点作品扶持选题名单公布　七部科幻主题入选［EB/OL］.（2022-07-06）［2023-04-08］. https://t.ynet.cn/baijia/33022456.html.

[2] 鲍远福．“中国式现代化”语境下的网络科幻小说［N］．中国艺术报，2023-04-05（5）.

[3] 唐一泓．2022 中国网络文学蓝皮书发布：现实题材持续增长，科幻题材新作频出［EB/OL］.（2023-04-08）［2023-04-31］. https://www.51ldb.com//shsldb/wt/content/01875b081410c0010000df844d7e124a.htm.

[4] 文学报．《2022 中国网络文学蓝皮书》发布：从文本出海到文化出海，海外用户超过 1.5 亿人［EB/OL］.（2023-04-08）［2023-05-05］. https://mp.weixin.qq.com/s/7M2c3aczdgKqxu83Afo-Ag.

作者简介：

鲍远福，安徽六安人，文学博士，中国科普作家协会会员，中国文艺评论家协会会员，贵州民族大学副教授，硕士生导师，主要从事文艺理论、科幻电影与文艺、网络文化与传播研究。

孟正皓，安徽马鞍山人，贵州民族大学传媒学院新闻传播学专业 2021 级硕士研究生，主要从事媒介批评研究。

▲ 科幻产业发展报告

年度科幻阅读市场发展报告

三　丰（笔名）

一、引言

本文将科幻阅读市场分为三个板块：纸质出版物、数字阅读和有声阅读，然后分别就这三个板块进行观察，总结其 2022 年度的市场规模和主要市场特征，并与前几年中国科幻产业相关报告中相应的数字进行纵向比较，考察科幻阅读市场的发展趋势。

根据统计测算，2022 年科幻阅读市场总体规模约为 30.4 亿元，同比增长 12.6%。其中，纸质出版、数字阅读和有声阅读三个板块的市场规模分别是 12.6 亿元、13.7 亿元和 4.1 亿元。因 2022 年新型冠状病毒感染疫情反复，科幻图书零售市场规模与 2021 年相比略有下降；而科幻类数字阅读和有声阅读继续保持快速增长的态势，特别是科幻数字阅读营收首度超过纸质出版市场的总码洋，代表着某种科幻阅读媒介转向的大趋势。

二、科幻纸质出版物市场

2022 年全国科幻纸质出版物市场规模约为 12.6 亿元总码洋（即定价总金额）。其中，动销科幻图书超过 5000 种，全年总码洋 12.3 亿元，较上年下降

6.1%；科幻期刊总码洋约为 3000 万元。

（一）图书零售市场综述

根据北京开卷信息技术有限公司公布的《2022 年图书零售市场年度报告》，2022 年我国图书零售市场码洋规模为 871 亿元，较 2021 年同比下降 11.77%。实体店渠道零售图书市场同比下降 37.22%，短视频电商零售赶超实体书店，成为新书首发重要渠道。

此外，根据国家出版发行信息公共服务平台和商报·奥示的数据统计，2022 年图书零售市场销售数量同比下降 18.50%，销售码洋同比下降 9.21%，市场整体规模约 923 亿元。其中线下市场销售数量同比下降 18.66%，销售码洋同比下降 8.45%；线上市场销售数量同比下降 18.35%，销售码洋同比下降 9.58%。

另据中金易云科技有限责任公司发布的《2022 年年度图书市场数据报告》，在其监测范围内，2022 年度我国图书动销品种 143.98 万种，同比下降 11.90%，动销新品 9.85 万种，同比下降 11.44%，动销码洋 1215.68 亿元，同比下降 2.65%。

综合以上几个年度报告，2022 年度图书零售市场的主要特征总结如下。

第一，从整体市场看，图书消费并非刚需消费，新型冠状病毒感染疫情期间的图书消费趋势与全民消费大势基本吻合。根据国家统计局最新发布的数据，2022 年全国社会消费品零售总额同比下降。在此大背景下，图书零售市场数据也呈同比下降。

第二，从销售渠道看，2022 年实体店渠道零售图书码洋同比下降 37.22%，降幅超过 2020 年下降水平。平台电商同比下降 16.06%，垂直及其他电商降幅相对较小，同比下降 2.43%。短视频电商作为新兴电商逆势飞扬，实现正增长，同比上升 42.86%。短视频电商渠道所占图书零售市场份额也因此上升至 18%。其中，儿童读物和考试教辅类产品占比过半，是短视频电商渠道最为热销的品类。

第三，从细分市场看，虽然整体市场销售规模回落，但各细分市场销售规模却增减不一。文学艺术、科技生活两类细分图书市场销售规模同比小幅增长，文化教育、社会科学、少儿读物类图书市场销售规模同比下滑。文教类图书销售规模下滑逾两成，应该与“双减”后一批产品退出市场不无关系，成为牵拉市场下行的主要原因。

第四，从新书市场看，2022 年我国图书零售市场新书码洋贡献率有持续降低的趋势。根据北京开卷信息技术有限公司发布的《全国新书首发中心 2022 年度全国新书市场报告》，2022 年全国零售新书市场码洋对总体图书零售市场码洋占比为 13.63%，与 2021 年相比降低了 3%。

以上这些市场整体特征或多或少在科幻图书零售市场上有所反映。

（二）科幻图书零售市场

2022 年科幻图书出版和零售市场的主要情况概述如下：

第一，2022 年全国动销科幻图书超过 5000 种，全年总码洋 12.3 亿元，较上年下降 6.1%（图 1）。科幻图书零售规模的下降受 2022 年新型冠状病毒感染疫情和消费者消费意愿下降等因素影响，下降幅度较整体图书市场相比偏小，主要原因大概是科幻图书头部品种的销量依然坚挺。科幻类图书在 2022 年中国图书零售市场 871 亿元码洋规模中占比 1.41%，较上一年基本持平（这部分的数据均是在开卷数据基础上估算得出的）。

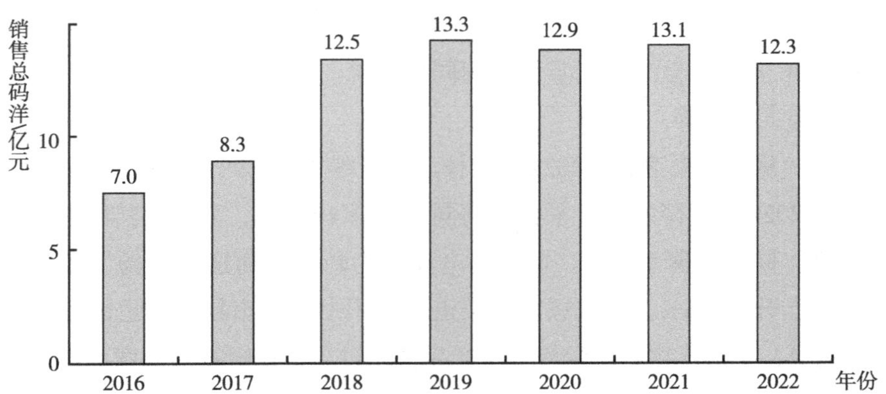

图 1　中国科幻图书零售市场码洋（2016—2022 年）

第二，2022年全年出版科幻类新书586种，相比于2021年增加了5.8%（图2）。根据开卷数据统计，科幻类新书总码洋约为7500万元，较上年下降8.8%，仅占科幻图书总码洋的6.1%。综合这两个数字我们可以看到，虽然2022年度科幻类新书种数有所上升，但科幻新书平均印量和销量下滑，导致科幻类新书总码洋下降，因此2022年度科幻类新书对于科幻图书市场的贡献度降低。

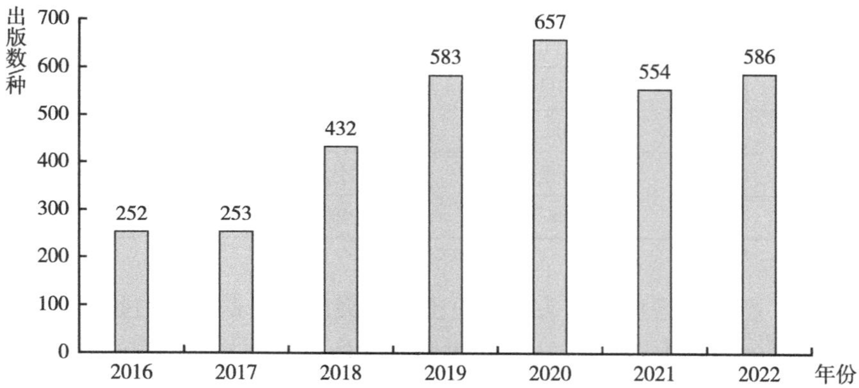

图2　中国科幻新书出版种数（2016—2022年）

第三，在科幻图书市场上，头部效应继续凸显。在2022全年开卷虚构类畅销书榜单中，“三体”三部曲均位于TOP5位置，每本销量50万～100万册。估算“三体”三部曲全年码洋约有1.2亿元，占科幻图书销售总码洋的9.8%左右。

表1为2022年销量超过5万册的科幻类长销图书。可以看到，除了《海底两万里》和《索拉里斯星》，其他销量靠前的科幻书都是刘慈欣的作品。

表1　2022年销量超过5万册的科幻类长销图书榜单

排名	书名	出版方	出版年份
1	三体	重庆出版社	2008
2	三体Ⅱ：黑暗森林	重庆出版社	2008

续表

排名	书名	出版方	出版年份
3	三体Ⅲ：死神永生	重庆出版社	2010
4	海底两万里	人民教育出版社	2017
5	三体（典藏版）	重庆出版社	2016
6	海底两万里	人民文学出版社	2004
7	三体Ⅱ：黑暗森林（典藏版）	重庆出版社	2016
8	三体Ⅲ：死神永生（典藏版）	重庆出版社	2016
9	三体（纪念版）（三册）	重庆出版社	2017
10	索拉里斯星	译林出版社	2021
11	球状闪电	四川科学技术出版社	2016
12	海底两万里	时代文艺出版社	2021
13	流浪地球	中国华侨出版社	2016

第四，新书零售市场的头部效应也十分突出。根据开卷的数据，2022 年新上架的科幻图书中销量前 25 名图书的码洋约占科幻新书总码洋的 48%，比 2021 年有所下降。同时，将近一半的新书销量不足 1000 册。

表 2 为 2022 年科幻新书销量前 25 位榜单，在榜新书的销量均在 2 万册以上。与前两年类似，在榜单中占据靠前位置的图书包括网文纸书（如《人鱼陷落》《黑天Ⅱ：完结篇》《成何体统》）及经典引进图书（如《五号屠场》《献给阿尔吉侬的花束》）。但与此前不同的是，2022 年的新书销量榜单中，刘慈欣的新书占据大部分位置，包括 2022 年新版“三体”三部曲三种和“刘慈欣中英双语科幻经典（青少版）”八种，后者由磨铁图书策划出版。

表 2　2022 年科幻新书销量前 25 位榜单

排名	书名	作者	出版方
1	人鱼陷落	麟潜	湖南文艺出版社
2	失明症漫记	［葡萄牙］若泽・萨拉马戈	河南文艺出版社
3	五号屠场	［美］库尔特・冯内古特	河南文艺出版社
4	黑天Ⅱ：完结篇	木苏里	广东旅游出版社

续表

排名	书名	作者	出版方
5	成何体统（全 2 册）	七英俊	湖南文艺出版社
6	献给阿尔吉侬的花束	［美］丹尼尔·凯斯	河南文艺出版社
7	86– 不存在的地域 – Ep.6 黎明不至，是为永夜	［日］安里朝都	中国致公出版社
8	潮汐图	林棹	上海文艺出版社
9	满是温柔的土地上（漫画）	［日］阿伏伽德六	四川美术出版社
10	刘慈欣中英双语科幻经典 （青少版）·流浪地球	刘慈欣	浙江教育出版社
11	中国科幻基石丛书：三体	刘慈欣	重庆出版社
12	刘慈欣中英双语科幻经典 （青少版）·赡养人类	刘慈欣	浙江教育出版社
13	流浪地球·彩插版	刘慈欣	中国科学技术出版社
14	中国科幻基石丛书： 三体·黑暗森林	刘慈欣	重庆出版社
15	爱，死亡和机器人 1	［美］刘宇昆 等	译林出版社
16	刘慈欣中英双语科幻经典 （青少版）·山	刘慈欣	浙江教育出版社
17	刘慈欣中英双语科幻经典 （青少版）·地球大炮	刘慈欣	浙江教育出版社
18	刘慈欣中英双语科幻经典 （青少版）·中国太阳	刘慈欣	浙江教育出版社
19	刘慈欣中英双语科幻经典 （青少版）·微纪元	刘慈欣	浙江教育出版社
20	中国科幻基石丛书： 三体·死神永生	刘慈欣	重庆出版社
21	刘慈欣中英双语科幻经典 （青少版）·全频带阻塞干扰	刘慈欣	浙江教育出版社
22	刘慈欣中英双语科幻经典 （青少版）·带上她的眼睛	刘慈欣	浙江教育出版社
23	莱姆狂想曲	［波兰］斯塔尼斯瓦夫·莱姆	河南文艺出版社

续表

排名	书名	作者	出版方
24	爱，死亡和机器人 2&3	［英］J. G. 巴拉德 等	译林出版社
25	AI 未来进行式	李开复、陈楸帆	浙江人民出版社

注：有约 5% 新书的销量数字无法在开卷获取。

第五，少儿和青少年类科幻图书出版数量增加，市场表现良好。2022 年出版的少儿和青少年科幻新书有 122 种，占全年科幻新书出版数的 21%，比上年提高了 2%。根据北京开卷常务副总裁杨雷所做的《少儿图书零售市场回顾与展望》报告，2022 年少儿类图书零售市场呈现负增长，同比下降 10.41%，下降幅度小于整体市场水平；码洋规模最大的三个细分类分别是少儿科普百科（26.77%）、少儿文学（20.98%）和少儿绘本（19.64%）。因科幻作品中科学和科普元素较为丰富，故少儿科幻图书通常被归入少儿科普图书类别。2022 年市场表现亮眼的少儿和青少年科幻图书，除了上面提到的进入 2022 年科幻新书销量前 25 位榜单的“刘慈欣中英双语科幻经典（青少版）”系列，还有中国少年儿童出版社的“院士爷爷写科幻·潘家铮科幻作品集”系列和四川文艺出版社的“科幻作家写给孩子的未来书”系列等。

（三）科幻期刊市场

年度科幻阅读市场发展报告首次将纸质的科幻期刊纳入报告的考察范围。2022 年全国科幻类期刊总码洋约为 3000 万元。表 3 为 2022 年我国现存的科幻期刊情况。

表 3　2022 年我国现存科幻期刊情况

刊名	主办方	2022 年期数	创刊年份
科幻世界	科幻世界杂志社	12 期	1979
科幻世界·译文版	科幻世界杂志社	12 期	2004
科幻世界·少年版	科幻世界杂志社	12 期	2016
科幻立方	百花文艺出版社（天津）有限公司	6 期	2016

可以看到，科幻世界杂志社主办三份科幻期刊。其中正刊《科幻世界》创刊于1979年，是中国第一份科幻杂志，历史悠久，硕果累累，每年举办中国科幻银河奖。译文版和少年版则分别面向不同年龄层和阅读口味的读者群。三份杂志组成了强大的科幻世界期刊方阵，占据着科幻期刊市场90%以上的份额。科幻世界杂志社发行的期刊还登陆了微信阅读、网易云阅读等线上阅读平台，其电子刊物销售数字归于数字阅读板块统计。

唯一一家不属于科幻世界杂志社的科幻期刊是百花文艺出版社（天津）有限公司主办的大型双月刊《科幻立方》。刊物每期围绕一个科幻主题，组织深度稿件、人物专访、产业动态、时尚前沿科技及科幻资讯、科幻文化专栏等丰富内容，并围绕该主题推出3～5篇优秀的原创科幻小说。

三、科幻数字阅读市场

数字阅读指的是阅读的数字化。广义的数字阅读包括以数字文件为内容载体的公开出版物，如电子书、漫画、数字报纸杂志及有声读物文件。狭义的数字阅读指通过PC、手机、平板电脑等互联网设备进行文学作品的在线或离线阅读，仅包含电子图书（主要是纸质图书报刊电子版）和网络文学两类。

中国音像与数字出版协会发布的《2022年度中国数字阅读报告》显示，2022年我国数字阅读用户规模达5.30亿，同比增长4.75%，用户规模带动市场繁荣发展，2022年我国数字阅读市场总体营收规模达463.52亿元，同比增长11.50%。2022年我国数字阅读平台上架作品（主要包括网络文学作品、有声阅读作品和电子书三类）总量持续增长，达5271.86万部，较2021年的3446.86万部增长52.95%。总体来看，2022年我国数字阅读市场呈现出优质内容供给持续扩大、数字文化消费渐成主流，多种盈利模式齐头并进、市场发展空间稳步释放，多媒体助力阅读场景化、产业链上下游深度融合，“走出去”战略进一步深化、内容深度开发等发展特征。

2022年，我国科幻数字阅读（包括电子图书和网络文学）总市场规模为13.7亿元，这一数字首次超过了科幻纸质出版物的总码洋，相比2021年增长

35.6%，足见其蓬勃发展的势头。其中，科幻类电子图书的销售收入约为 1.6 亿元，同比增长 6.7%；科幻类网络文学的市场规模约为 12.1 亿元，同比增长约 40.7%。

当前“纸电同步”已经渐渐成为出版机构推出新书时所采取的模式趋势，图书市场纸电同步销售的品种占比越来越高。纸书电子版这部分的销售数据很难从公开渠道获取。根据读客文化、果麦文化等上市公司公布的年报数据，大致估测纸书电子版销售收入是纸书销售码洋的 10 ～ 15%。据此估算 2022 年度电子图书（纸质出版物电子版）的销售收入约为 1.6 亿元。

本节重点关注网络文学这一部分。中国互联网络信息中心发布的第 51 次《中国互联网络发展状况统计报告》显示，截至 2022 年 12 月，我国网络文学用户规模为 4.92 亿，较 2021 年 12 月减少 925 万，网络文学用户规模占网民整体规模的 46.1%。虽然用户规模略有减少，但网络文学的作品数量和市场规模呈快速增长的态势。根据前述《2022 年度中国数字阅读报告》，2022 年我国数字阅读平台上架作品总量 5271.86 万部，其中网络文学作品量约 3458.84 万部，相较 2021 年的 3204.62 万部增长 7.93%。网络文学作品占数字阅读作品总量的 65.6%，这意味着网络文学已经是数字阅读作品中的主要内容。

与此同时，中国社会科学院发布的《2022 中国网络文学发展研究报告》显示，2022 年网络文学市场规模 389.3 亿元，同比实现了 8.8% 的高速增长；2022 年网络文学作家数量累计已超 2278 万，网络文学用户规模达 4.92 亿，海外网文访问用户规模达 9.01 亿。据第三方机构易观分析发布的数据统计，2022 年，包括出版、游戏、影视、动漫、音乐、音频等在内的中国网络文学 IP 全版权运营市场，整体影响规模超过 2520 亿元。

《2022 中国网络文学发展研究报告》特别指出，2022 年网络文学发展的一个重要趋势是科幻题材创作持续走热。2022 年，起点中文网新增科幻作品 42080 部，同比增长近 70%。在创作趋势方面，起点月票年榜一直被认为是网文创作风向标。在 2020 年，起点月票榜前十还没有科幻题材作品。而短短两年后的 2022 年，起点月票年榜前十中就有超过半数作品带有明显的科幻元素，如《夜的命名术》的赛博朋克虚拟世界观的设定,《灵境行者》的黑科技异能设定,《深空彼岸》中的战舰与基因改造人设定等（表 4）。与此同时，网文科幻的精品化、题材细分化等趋势明显，显现出科幻题材网文由量的爆发向质的提升的转变，受到广大读者的支持与肯定。在有“中国科幻最高奖”之称的第33届中国科幻银河奖评选中,《深海余烬》获得最佳网络科幻小说奖，同为网络小说的《泰坦无人声》获得最佳原创图书奖,《灵境行者》与《夜的命名术》获最具改编潜力奖。

表 4　2022 年起点中文网月票榜科幻类网文前 25 位

作品名	作者名	起点标注类型
夜的命名术	会说话的肘子	都市·异术超能
灵境行者	卖报小郎君	科幻·进化变异
星门：时光之主	老鹰吃小鸡	玄幻·高武世界
这游戏也太真实了	晨星 LL	轻小说·原生幻想
深空彼岸	辰东	都市·异术超能
机武风暴	骷髅精灵	科幻·古武机甲
深海余烬	远瞳	科幻·未来世界
宇宙职业选手	我吃西红柿	科幻·未来世界
猩红降临	黑山老鬼	科幻·进化变异
大国科技	九月酱	科幻·超级科技
深渊独行	言归正传	科幻·星际文明
古神在低语	海棠灯	科幻·进化变异
在美漫当心灵导师的日子	遇牧烧绳	轻小说·衍生同人
基因大时代	猪三不	科幻·进化变异
光明壁垒	会摔跤的熊猫	科幻·进化变异
我绑架了时间线	一刀斩斩斩	科幻·时空穿梭
每天都离现形更近一步	陈词懒调	科幻·进化变异
诡秘之主	爱潜水的乌贼	玄幻·异世大陆
我的替身是史蒂夫	栖月幽蓝	轻小说·衍生同人
呢喃诗章	咸鱼飞行家	轻小说·原生幻想
我在现实世界加点修行	人走偏锋	科幻·进化变异
从大学讲师到首席院士	不吃小南瓜	科幻·超级科技

续表

作品名	作者名	起点标注类型
走进不科学	新手钓鱼人	科幻·超级科技
黎明之剑	远瞳	科幻·时空穿梭
赛博英雄传	吾道长不孤	科幻·古武机甲

更详细的数据和分析可参见科幻世界杂志社和四川大学中国科幻研究院共同发布的《中国科幻网络文学白皮书（2022）》（以下简称《白皮书》)。《白皮书》数据显示，2022年起点中文网发布了42080部科幻网络文学作品，原创科幻网络文学作品签约量增长30%，是热门品类增长的第一名，规模仅次于作为传统网文品类的玄幻与都市类别。在读者生态方面,《白皮书》指出科幻网文正在成为最受读者欢迎的一种网文品类。以起点中文网为例，2022年科幻品类阅读用户数量相较2021年同比增长39.73%，付费用户规模相较2021年同比增长近118%，付费阅读转化比高达25%，这些数据均为起点全品类网文题材的首位。

值得一提的是，2022年起点中文网多次举办科幻专题征文活动，并推出面向新书的科幻“星光奖”和年度科幻大奖“启明星奖”。最终,《深海余烬》获“启明星奖”特等奖,《深渊独行》《保卫南山公园》《从大学讲师到首席院士》分获“启明星奖”金奖、银奖和铜奖。这一系列活动有效地激励了科幻网文的创作和发展。

除了阅文集团，其他网络文学平台也不甘示弱，纷纷杀入科幻赛道。中文在线成立独立科幻平台“奇想宇宙”，举办奖金丰厚的“首届全球元宇宙征文大赛”。大赛吸引了超过11000部作品投稿参赛，最终21部作品分别斩获“奇想奖”“开元奖”，东心爰《卞和与玉》摘得百万“元宇宙奖”。

网络文学近几年的一个关键词是“出海”，它既包括中文作品的翻译输出，也包括中国网文海外平台推出的原创作品。根据《2022年度中国数字阅读报告》，2022年我国数字阅读出海作品总量为61.81万部（种），相比2021年增长超过50%。数字阅读出海呈现出多地区、多语种、多题材、多类型、多模式的发展态势，成为新时代展现中国形象、提升中华文化影响力的一种新符号和表现形式，也成为提升中华文化海外传播力的重要力量。阅文集团发布的《2022 中国网文出海趣味报告》则显示，截至 2022 年底，起点国际已上线约 2900 部中国网文的翻译作品，推出海外原创作品约 50 万部，吸引了全世界约 1.7 亿访问用户，4 年时间增长 8.5 倍，也成为提升中国文化竞争力的强劲力量。而令人欣喜的是，在起点国际的出海网文中，科幻成为前五大题材类型之一。2022 年 16 部被大英图书馆收录的中国网文作品中就包括《地球纪元》《第一序列》等科幻类作品。

科幻网络文学 IP 相关产业链条日趋完善，科幻网络文学相对稳固的商业模式与健康有序的社区文化日渐成型。多部热门科幻网文已被改编为或即将改编为有声剧、动漫、影视剧。在喜马拉雅平台,《夜的命名术》有声剧播放量超 11 亿,《灵境行者》有声剧播放量超 4 亿次。而以《星域四万年》《黎明之剑》为代表的改编动画、以《夜的命名术》《泰坦无人声》《第一序列》《繁星降临》为代表的改编漫画都已上线并收获大众市场的好评。可以说，科幻网文为日益繁荣的科幻影视、动漫和游戏市场提供了充足的 IP 储备。与玄幻、仙侠、都市等热门和成熟的类型相比，科幻网文 IP 改编的难度和成本较高，因此 IP 转化仍然处于早期的阶段，但其巨大的发展潜力值得我们持续关注。

四、科幻有声阅读市场

有声阅读，顾名思义就是阅读时用耳朵代替眼睛，通过有声方式（包括录音带、CD、有声读书机、广播、移动 App、微信语音等）收听各类内容。广义上的有声阅读或可称为“在线音频”或“网络音频”，其子类型多种多样，包括音频节目（播客）、有声书、广播剧、相声曲艺、脱口秀、知识付费音频、音频直播、网络电台等。

根据中国新闻出版研究院发布的《第二十次全国国民阅读调查报告》，2022 年我国有三成以上（35.5%）的成年国民有听书习惯，较 2021 年的平均水平（32.7%）提高了 2.8 个百分点,“听书”和“视频讲书”正成为成年国民新的阅读选择。

根据《2022年度中国数字阅读报告》，2022年我国有声阅读市场规模95.68亿元，在数字阅读产业总体规模中占比20.64%，同比增长11.9%，有声阅读作品总量达到1518.62万部。在中国网络视听大会上发布的《2023中国网络视听发展研究报告》显示，2022年泛网络视听产业的市场规模为7274.4亿元，其中网络音频市场规模为338.5亿元，占比4.7%。也就是说，广义的网络音频市场规模是狭义的有声读物市场规模的三倍有余。

从绝对数字来看，科幻内容在有声阅读和网络音频市场中占比并不算高。但从2019年起，科幻内容在音频和有声阅读中开始逐步崛起，特别是头部产品的出现和流行有力地拉动了这一细分领域的增长。2022年，虽然没有如前两年那样出现新的爆款内容，但有声阅读科幻题材继续以较快速度发展。2022年科幻类有声阅读市场规模约为4.1亿元，同比增长7.9%。

以属于第一梯队的在线音频平台为例。2022年，喜马拉雅平台的《三体》广播剧全年播放量6000万次，估算可以带来接近1.6亿元营业收入。此外，《2022年度中国有声阅读影响力报告》评出了2022年度中国有声阅读网络平台最具影响力作品10部，刘慈欣原著、王明军演播的《三体》有声小说位列第二名。截至2022年底，该作品在喜马拉雅获得4.5亿次播放量，也是当之无愧的另一款有声阅读爆款作品。而2021年成立的喜马拉雅科幻厂牌“类星体剧场”截至2022年底已上线31张专辑，总播放量1.17亿。科幻已经成为喜马拉雅近几年增长最快的细分领域之一。

近年来另一个有趣的现象是，短视频平台逐渐成为用户读书和获取知识的新兴媒介。抖音发布的《2023抖音读书生态数据报告》显示，2022年抖音读书类视频播放量同比增长65.17%，收藏量同比增长276.14%；时长超过5分钟的读书类视频发布数量同比增长279.44%。无独有偶，哔哩哔哩在世界读书日发布的《Bilibili读书生态报告》也显示，2022年约9060万人在B站观看读书类视频，总播放量超58亿次，74.3万人每天在B站至少观看一个读书视频，同比增长779%。根据相关视频播放量排序，用户最关注的书籍第一名就是《三体》。

读书类视频虽然归属于视频而不是音频，但因其极强的阅读属性，在一定程度上还可以算作有声阅读的一种。毫无疑问，这些“速读原著”或“五分钟听书”类的读书类视频和音频已经成为快节奏时代用户阅读生态的重要组成部分，它对于图书销售市场以及阅读本身所带来的正负面的冲击，都有待于我们进一步观察和探索。

五、总结

将上述纸质出版物（12.6 亿元）、数字阅读（13.7 亿元）和有声阅读（4.1 亿元）三个板块的数字汇总，我们得到 2022 年科幻阅读市场规模总数约为 30.4 亿元，较 2021 年同比增长 12.6%。“纸数声”三板块的组成结构如图 3 所示。

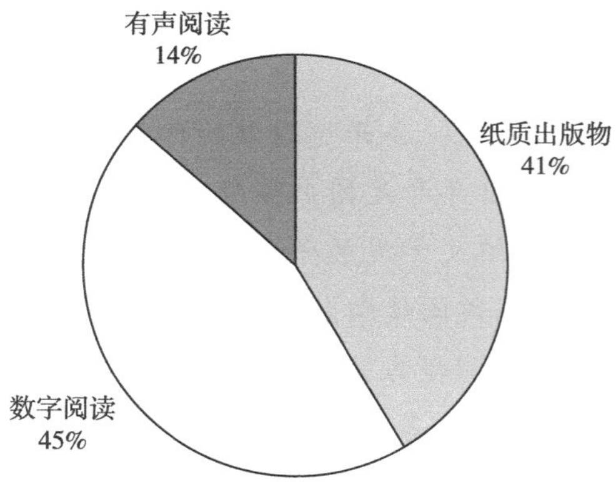

图 3　2022 年科幻阅读市场结构

综观 2022 年的科幻阅读市场，其市场规模较 2021 年相比保持着十分良好的增长势头。

纸质出版物方面，2022 年新型冠状病毒感染疫情对全国图书零售市场造成了很大的冲击，科幻图书零售市场也未能幸免，总码洋跌至 2018 年的水平。科幻图书市场依然以“三体”三部曲和《海底两万里》等头部畅销书和长销书作为主要支撑。科幻类新书出版品种保持在 586 种的高位，但平均印量和销量下滑，导致码洋贡献率降低。近几年，少儿科幻和青少年科幻图书出版量上升，市场表现良好，是这个板块的增长点。

数字阅读是2022年科幻阅读市场规模增长最快的板块，数字阅读营业收入首度超过纸质出版物市场的总码洋，代表着某种阅读媒介转向的大趋势。营收的增长主要得益于科幻类网络文学的强势崛起。从作品数量、创作者数量、用户消费和接受等多个角度看，科幻已经成为近几年网络文学增长最快的类型。2022年起点年度月票榜前十名有半数以上可划入科幻的范畴，这是一个最明显的信号。在出海和IP转化方面，科幻网文也有着不错的表现，且具备巨大的发展潜力。

有声阅读则在2022年继续保持快速增长的态势。“三体”有声书、有声剧和广播剧等前几年推出的爆款产品热度不减，在2022年依然可以稳定地获得大量用户订阅和营业收入。科幻成为头部音频平台喜马拉雅近几年成长最快的细分领域之一。短视频平台的读书类视频成长迅猛，已经成为广大用户阅读和获取知识的主要媒介，它带来的长期效应值得我们持续考察和探索。

本报告中的数字来源于：公开可获取的行业报告，包括《2022年图书零售市场年度报告》《2022年年度图书市场数据报告》《2022年度中国数字阅读报告》《2022中国网络文学发展研究报告》《中国科幻网络文学白皮书（2022）》《第二十次全国国民阅读调查报告》《2023中国网络视听发展研究报告》《2023抖音读书生态数据报告》《Bilibili读书生态报告》及第51次《中国互联网络发展状况统计报告》等，企业和证券公司的信息/公告/报告、购买的部分开卷数据（主要是2022年新书码洋数据和长销书码洋），以及在中文科幻数据库（CSFDB）基础上整理的2022年新书书目资料等。本文得到“科幻百科”公众号主笔Heavenduke在数据收集和分析上的支持，在此表示感谢。

作者简介：

三丰，本名张峰，南方科技大学人文中心访问学者，深圳科学与幻想成长基金首席研究员，中国科幻研究中心特聘专家，中国作家协会科幻文学委员会委员，中国科普作家协会科幻专业委员会委员，《世界科幻动态》执行主编，研究方向包括科幻产业、科幻史、科幻与科技创新等。

年度中国科幻影视发展报告

刘宇坤　韩贵东　张子瑞

2022 年中国科幻影视产业总营收约 83.49 亿元，同比增长 16.12%。科幻影视产业主要包含科幻电影、科幻剧集、科幻节目等细分市场。

2022 年科幻电影市场基本保持平稳，院线科幻电影总票房 82.35 亿元，同比增长 14.53%。各平台上线科幻网络电影 26 部，总营收约 1.14 亿元。2022 年上线科幻网络剧 4 部 105 集，科幻动画剧集 84 部，科幻微短剧 8 部，科幻剧集整体数量有所下降。科幻节目作为科幻影视产业的新兴表达，其多元价值还有待进一步发掘。

一、科幻电影

2022 年，中国电影产业仍处于震荡之中。国家电影局统计数据显示，2022 年全国院线电影总票房 300.67 亿元，相较于 2021 年的 472.58 亿元大幅下降，其中国产电影票房 255.11 亿元，占全国总票房的 84.85%。但中国科幻电影稳中有进，全年上映院线科幻电影（含动画电影）21 部，年度科幻电影总票房约 82.35 亿元，占全国院线电影总票房的 27.39%，同比增长 14.53%，观影总人次 2.14 亿[①]。其中，国产科幻电影 10 部，总票房约 54.26 亿元，占全年科幻电影总票房的 67%，同比增长 42.28%。国内科幻电影生产力进一步提升，逐步迈向高

① 数据来源：猫眼专业版。

质量发展。全国电影年度总票房前10名中，科幻电影占据4个席位。国产科幻电影《独行月球》以31.03亿元票房获得2022年度票房亚军。

2022年上映科幻题材或带有科幻元素的动画电影11部，总票房20.31亿元，占年度科幻电影总票房的24.66%。其中，国产科幻动画电影7部，票房约16.42亿元，占年度科幻动画电影总票房的80.85%。《熊出没·重返地球》以9.77亿元票房位列科幻动画电影票房首位。

表1为2022年中国科幻电影票房占比。

表1　2022年中国科幻电影票房占比

类型	产地	数量（部）	票房（亿元）	占比
真人	国产	3	37.84	45.95%
	引进	7	24.20	29.39%
	小计	10	62.04	75.34%
动画	国产	7	16.42	19.94%
	引进	4	3.89	4.72%
	小计	11	20.31	24.66%
总计		21	82.35	100%

备案方面，2022年在国家电影局通过备案的科幻影片共118部。

在2022年网络电影整体数据下滑的大背景下，国产科幻网络电影基本保持稳定，分账票房达1.14亿元，占年度网络电影分账票房总额的6.64%，观影人次约2816.1万。各网络视频平台上线科幻网络电影26部，占全年网络电影总数的6.7%，整体数量有所减少，但科幻网络电影占网络电影的份额比例有所提升，播出平台基本保持不变。

（一）院线科幻电影

从档期分布上来看，暑期档成为科幻电影的定档热门。2022年上映的21部院线科幻电影中，7—8月暑期档占据了8部，票房从高到低依次为《独行月球》《明日战记》《新神榜：杨戬》《小黄人大眼萌：神偷奶爸前传》《开心超人之英雄的心》《雀斑公主》《冲出地球》和《钢甲战队》。如果包含2022年5

月28日上映的《哆啦A梦：大雄的宇宙小战争》和6月10日上映的《侏罗纪世界3》《镜世界》则有11部院线科幻电影定档在暑期档及其周边，超过全年上映院线科幻电影的一半。从观影人群的用户画像来看,《独行月球》《新神榜：杨戬》的主要观众都集中于20～24岁，占比分别达到了两部电影全部观影人群的29.7%和26.8%。带有港片基因的《明日战记》的观众群体则年龄稍长，集中于25～29岁，在全部观众中占比26.7%[①]。青年观众仍是当前科幻电影主要争取的消费群体。

除此之外，主打合家欢的两部儿童向科幻动画电影《熊出没·重返地球》和《新大头儿子和小头爸爸5：我的外星朋友》分别定档于2月1日春节档和10月1日国庆档。

从票房表现上来看，国际科幻大片票房号召力下降。2022年12月16日，詹姆斯·卡梅隆导演的科幻巨制《阿凡达：水之道》在中国大陆上映。作为《阿凡达》的续作，这部电影自定档以来就受到国内大量媒体和影迷的关注。影片延续了前作的故事线索，用顶尖的拍摄技术为观众呈现了一场瑰丽的海洋冒险之旅。但在票房表现上，影片却与上映前的高热度形成鲜明反差。截至2022年12月31日,《阿凡达：水之道》的内地票房为9.53亿元。直至映期结束，影片内地累计票房为16.97亿元，约合2.47亿美元，在其全球票房中占比约10.68%，仅为其北美票房的约36.22%。

尽管这样的变化受到市场环境、故事情节、新型冠状病毒感染疫情等诸多因素的影响，但从票房数据来看，国际科幻大片对于中国的科幻电影观众而言，已不再具有某种绝对的吸引力或观众选择上的某种特权。这一方面反映出国际科幻大片自身的发展困境，另一方面也反映出中国观众的科幻电影鉴赏力正在不断提升。

与国际科幻大片相对的，国产科幻电影正在成为中国科幻电影票房结构的中坚力量。2022年度全国电影票房前10名中，科幻片有4部，票房从高到低依次是《独行月球》(第二)、《侏罗纪世界3》(第七)、《熊出没·重返地球》(第八)和《阿凡达：水之道》(第九)，其中国产科幻电影有2部。2022年全年上映院线科幻电影21部，年度科幻电影总票房约82.35亿元。其中国产科幻电影

① 数据来源：灯塔专业版。

10部，总票房约54.26亿元，占全年科幻电影总票房的67%，同比增长42.28%。

从影片创制的层面来看，具有IP加成的科幻电影作品表现亮眼。主要体现为以下4类。

第一，跨媒介的科幻IP改编。顾名思义，即由文学、漫画、游戏等其他媒介电影改编的作品。2022年度科幻电影票房冠军《独行月球》就改编自韩国漫画家赵石创作的同名漫画，讲述了人类为抵御小行星的撞击，主人公孤独月为拯救地球而在月球部署的“月盾计划”因陨石提前来袭而失败后，在月球上发生的一系列故事。尽管影片在情节上仍有缺憾，但从市场表现来看，无疑是中国科幻电影一次成功的改编与本土化实践，留下了宝贵的经验。

第二，国际系列科幻电影IP。《侏罗纪世界3》《阿凡达：水之道》则属于这类IP，它们的共同特点是已经有较高知名度的前作，观众对于故事的基本世界观和故事线索有一定了解，或在情感上产生了一定的认同感。此类IP对于当前的中国科幻电影产业发展来说，难以复制。

第三，原创国风科幻IP。2022年的典型代表是《新神榜：杨戬》。《新神榜：杨戬》并不是第一部将科幻元素融入影片美术与人物造型当中的动画电影。它的前作《新神榜：哪吒重生》在2021年已经进行了相似的尝试。这种中国传统神话故事与科幻元素的融合，在《新神榜：杨戬》中得到了延续。从市场口碑与票房表现上来看，这样的尝试在一定程度上获得了观众的认可。尽管其自身不是传统意义上的科幻电影，但以“新神榜”系列为代表的动画电影正在通过不断融入科幻元素，给予传统神话故事新技术想象，从而盘活中华优秀传统文化中的叙事资源。这在传统与现代之间，建构起一种独特的中国式科幻想象。从某种程度来说，科幻作为一种工具和方法赋予了传统神话题材动画电影新的生命力，而对于科幻电影来说，一种可延续的、新的审美风尚或许正在生成。

第四，儿童动画IP与科幻的融合。这类儿童动画IP自身往往具有旺盛的生命力，世界观架构开放，比较容易接纳新的元素和事件进入其中。这种灵活轻便的特性在其与科幻题材的融合中也得到了很好的体现。基于“熊出没”动画IP制作的《熊出没·重返地球》以一块外星原核为线索展开故事，讲述了熊二与“外星人”阿布之间一系列的故事。该影片在取得9.77亿元票房好成绩的同时，还收获了第35届中国电影金鸡奖最佳美术片的荣誉。这类影片大多市场定位清晰，目标观众群体明确，具有持久的生命力和比较稳定的消费群体。这类科幻 IP 的市场实践已经向我们揭示，儿童及青少年同样是科幻电影观众群体的重要组成部分。

自 2019 年《流浪地球》开启“中国科幻影视元年”算起，一批又一批的创作者、研究者投身于中国科幻电影的浪潮中，探索属于中国科幻电影的发展之路。当我们谈及科幻电影时，总会提起电影工业与工业化。不可否认，科幻电影与电影工业的发展具有天然的契合度。但工业化并不绝对等同于高投资、大视效。中国科幻电影在拥抱制作上工业化、标准化带来的便利时，也应当警惕工业化所带来的想象力的“标准化”。当人工智能已经随处可见，既往科幻影片中的科技奇观已经难以带来惊诧感时，科幻电影创作者应当如何破局，持续地、高质量地生产出更多优质的电影作品？或许除了在制作上追求工业化、标准化的同时，在创作上坚定地秉承多元化的视角，才能发掘科幻的更多影像可能。

表 2 为 2022 年科幻电影中国大陆票房排行榜。

表 2　2022 年科幻电影中国大陆票房排行榜[①]

类型排名	电影名称	累计票房 / 亿元	总人次 / 万人次	上映日期
1	独行月球	31.03	7458	2022 年 7 月 29 日
2	侏罗纪世界 3	10.59	2979.2	2022 年 6 月 10 日
3	熊出没·重返地球（动画电影）	9.77	2096.3	2022 年 2 月 1 日
4	阿凡达：水之道	9.53	3384.4	2022 年 12 月 16 日
5	明日战记	6.79	1646.7	2022 年 8 月 5 日
6	新神榜：杨戬（动画电影）	5.55	1319.1	2022 年 8 月 19 日
7	小黄人大眼萌：神偷奶爸前传（动画电影）	2.37	683.3	2022 年 8 月 19 日
8	新蝙蝠侠	1.63	435	2022 年 3 月 18 日
9	月球陨落	1.58	457.5	2022 年 3 月 25 日
10	哆啦 A 梦：大雄的宇宙小战争（动画电影）	0.99	330.5	2022 年 5 月 28 日
11	黑客帝国：矩阵重启	0.86	225.3	2022 年 1 月 14 日
12	新大头儿子小头爸爸 5：我的外星朋友（动画电影）	0.83	227.8	2022 年 10 月 1 日

① 数据来源：猫眼专业版。

续表

类型排名	电影名称	累计票房 / 亿元	总人次 / 万人次	上映日期
13	忍者神龟：崛起（动画电影）	0.39	12.6	2022 年 11 月 19 日
14	开心超人之英雄的心（动画电影）	0.17	52.2	2022 年 7 月 22 日
15	雀斑公主（动画电影）	0.14	44.8	2022 年 8 月 26 日
16	冲出地球（动画电影）	0.1	28.6	2022 年 7 月 16 日
17	镜世界	0.023	7.3	2022 年 6 月 10 日
18	2067	0.0076	2.3	2022 年 12 月 2 日
19	小小乔	0.0015	0.41	2022 年 12 月 2 日
20	反击者 2（动画电影）	0.00003	0.012	2022 年 1 月 21 日
21	钢甲战队（动画电影）	0.00013	0.004	2022 年 8 月 24 日

（二）科幻网络电影

网络电影作为当下电影产业的重要组成部分，已经成为院线电影之外极富有发展生命力的电影形态。尤其是在新型冠状病毒感染疫情暴发之后，利用线上流媒体平台播放的网络电影不仅具备较强的传播力，还符合数字技术时代电影产业“短平快”高效回报周期的市场诉求。自 2019 年《流浪地球》火爆荧幕之后，“科幻题材热”显然已经成为电影创作的常态。而国家科技产业发展与科幻电影工业遥相呼应的政策扶持，更加快了科幻网络电影的发展趋势。相较于院线电影空间场所、设备技术、人员配备等现实性条件的局限，网络电影的播放有其自身的优势。目前，爱奇艺、腾讯视频、优酷、搜狐视频等门户视频播放网站仍然是网络电影发展的主要平台支撑。2022 年，这四家平台上新网络电影数量占全年网络电影数量的比例分别为 38%、37%、10%、15%。

2022 年各视频平台上新国产网络电影共 387 部，同比减少 30%，公开分账票房总规模为 17.2 亿元，同比减少 12.2%。票房分账破千万的网络电影有 53 部，票房总规模 8.82 亿元，较 2021 年分别减少了 22.1% 与 55%。

2022 年，各视频平台共上新 25 部国产科幻网络电影，占全年上新网络电影总数的 6.7%。尽管科幻网络电影的上新数量比 2021 年的 29 部有所减少，但相对 2021 年科幻网络电影占网络电影 4.22% 的比例，2022 年科幻网络电影的份额比例得以提升。可见，在网络电影整体数量下落的大背景下，科幻网络电影的热潮仍在持续。根据猫眼数据平台可统计数据，2022 年国产科幻网络电影累计分账为 11422.5 万元，占分账总规模的 5.77%，观影人次为 2816.1 万。

2022 年科幻网络电影主要依托爱奇艺、腾讯视频、优酷、搜狐视频、哔哩哔哩（Bilibili，以下简称 B 站）等平台播出。从平台分布上来看，平台独播情况为爱奇艺 3 部、腾讯视频 7 部、优酷 1 部、搜狐视频 4 部、B 站 1 部，此外另有 9 部科幻网络电影在多个平台播出。在 25 部国产科幻网络电影中，分账票房最高的《大蛇 3：龙蛇之战》与《鬼吹灯之精绝古城》均超过 2000 万元，分别为 3421.3 万元与 2179.5 万元。这两部电影有怪兽科幻的元素，也有经典盗墓题材 IP 的改编，整体上强调科幻、动作、剧情、惊悚与冒险等多个题材的有效组合。当然，这也承袭了早期网络电影高票房号召力的题材类型风格。除此之外，科幻网络电影中末日灾难、怪兽大战、基因异变等科幻题材所占比重也十分明显，如《白垩纪世界》《人蛇大战》《变种人：幽灵战姬》《寄生怪》《异变暴龙》《狂暴巨狼》《战地：异种浩劫》《人鱼》《致命少女姬》《狩猎》。此类题材既强调科幻文本内容的想象力，也在颇具未来性关怀的技术思考中，进一步彰显影像背后的伦理忧虑，尤其是在基因异变题材的科幻网络电影中着重强调了生命伦理问题的重要性，为当下医学伦理学的发展及风险应对提供了科幻思想实验的可能性窗口。

另外，在 2022 年的科幻网络电影中，“核心科幻”题材也占较高的比例，如《外星人事件 2》《朱雀战纪》《缩小人特攻队》《隐形侠》《百慕大·星际流浪者》《逆时救援》等，此类科幻网络电影关注外星文明、人工智能、人机关系等传统科幻题材。尽管这些电影存在模仿和借鉴多部经典科幻电影元素的现象，如《逆时救援》有《流浪地球》的痕迹，《缩小人特攻队》有《蚁人》的相似情节等，但这类电影对于核心科幻的延拓仍有重要意义。值得关注的是《朱雀战纪》的故事内核突出了“人机关系”平衡被打破后的人工智能选择，甚至电影还对脑机接口技术进行了某种伦理预设，无疑突出表达了人工智能或人类增强技术伦理问题的紧迫性，对当下谈论“ChatGPT”“Midjourney”等生成式人工智能程序背后的困惑也具有重要的思考价值。

另外，值得一提的是，科幻网络电影开始尝试以“拼盘集锦式”的叙事手法完成创作且取得了巨大的话题关注度。《大世界扭蛋机·特别篇：明日之后》作为一部科幻元素显著的网络电影，由 4 个科幻小故事组合而成，分篇叙事但又整体统一。4 位风格各异的青年导演用各自的方式假想了科技迅猛发展后对未来社会与人类生活带来的巨大改变。有趣的是，电影并未停留在科幻故事单一的想象中，其在结尾处留下了“光明的尾巴”，提供了一个值得观众深思的哲学命题——“明日之后，科技改变了社会，但我们还是我们”。这恰恰是科幻创作对“人之主体性问题”的有效回应。此外，2022 年科幻网络电影中还充斥着科幻外衣包裹下爱情、亲情、喜剧、玄幻等多元素融合的案例，如《云机录・天关戏法图》《废柴联盟：起源》《智能表妹》《梦幻影制社》等。

总体而言，在 2022 年网络电影整体数据下滑的大背景下，国产科幻网络电影仍然保持了较高的比例份额，无疑体现了影视创作行业对科幻题材的持续聚焦与关注。诚然，对科幻元素的挪用与借鉴导致大量科幻网络电影出现拼凑、模仿的痕迹。不过，面对发展潜力巨大的网络电影市场，国产科幻网络电影已经试图以自身更优的技术制作、更好的故事表达、更前沿的思想映射进行创作。更让人欣喜的在于，国产科幻电影与科幻网络电影在前期策划、后期制作等方面也实现了资源共享与优势互补。一大批优秀的科幻电影人正在以各种各样的方式加入科幻网络电影的创作中，以老带新，渐次形成了中国科幻电影创作的新力量梯队，这对我国科幻影视的未来化发展意义巨大。

表 3 为 2022 年科幻网络电影累计分账票房统计。

表 3　2022 年科幻网络电影累计分账票房统计

播出平台	科幻网络电影名称	累计分账票房 / 万元
爱奇艺	人蛇大战	535.4
	云机录・天关戏法图	67.5
	外星人事件 2	345.7
腾讯视频	白垩纪世界	27.2
	变种人：幽灵战姬	103.5
	寄生怪	7.7
	朱雀战纪	670.2
	缩小人特攻队	821.1
	隐形侠	52.7
	致命玩家	—
优酷	大蛇 3：龙蛇之战	3421.3

续表

播出平台	科幻网络电影名称	累计分账票房 / 万元
搜狐视频	排山倒海	—
	废柴联盟：起源	—
	智能表妹	—
	梦幻影制社	—
哔哩哔哩	大世界扭蛋机·特别篇：明日之后	—
多平台播出	鬼吹灯之精绝古城（芒果TV、乐视、腾讯视频）	2179.5
	异变暴龙（爱奇艺、优酷）	721.9
	狩猎（爱奇艺、腾讯视频）	528.9
	战地：异种浩劫（爱奇艺、腾讯视频、优酷）	844.9
	致命少女姬（爱奇艺、腾讯视频）	194.5
	人鱼（爱奇艺、腾讯视频）	400.7
	狂暴巨狼（爱奇艺、优酷）	482.9
	百慕大·星际流浪者（腾讯视频、搜狐视频）	16.3
	逆时救援（腾讯视频、搜狐视频）	—

二、科幻剧集

（一）科幻网络剧

网络剧（简称“网剧”）作为各大视频平台制作播出的以网络平台为主要传播媒介的剧集，本身既具备传统电视剧内容制作、形式划分上的特质，又在流媒体的网络环境中彰显出自身互动性强、便捷性好的优点。观众可依托网络播放平台随时随地进行点播观看，因此深受广大年轻网络群体的喜爱。而近几年，“网台联动”的发展趋势使得诸多电视剧实现了“先网后台”的播出模式，部分剧集先由网络视频平台播出后，再由电视台进行播放，由此导致对于网络剧界定与统计上的动态性。值得注意的是，2022 年 6 月 1 日起，国家广播电视总局对网络剧片正式发放行政许可，对通过广播电视主管部门内容审核的国产网络剧片，系统内下发的节目上线备案号将被替换为发行许可证号。

2022 年，全网共上线网络剧 248 部，较 2021 年的 279 部下降 11.1%，其中科幻网剧有 4 部 105 集，与 2021 年上线的科幻网剧 17 部相比大幅度减少。

2022 年科幻网络剧数量之所以锐减，可能与网络剧数量整体下滑、制作成本提升、时间周期增加等因素有关。

2022 年科幻网剧播出主要平台有爱奇艺、腾讯视频、优酷等，从上线的网剧数量来看，爱奇艺有 2 部，腾讯视频与优酷各 1 部。由于广电主管部门此前下达的反对唯收视率（点击率）倾向的通知，各大网络视频平台的播放量无法被有效统计。为呈现科幻网剧的实际影响力，仍采用猫眼专业版的历史最高热度作为参考标准，其中产生过较高影响的科幻网剧有 3 部，猫眼热度历史最高均破 7000。

表 4 为 2022 年科幻网剧热度统计。

表 4　2022 年科幻网剧热度统计[①]

播出平台	科幻网络剧名称	猫眼热度（历史最高）
腾讯视频	开端	9793.61
爱奇艺	超时空大玩家	9175.15
	拜托了！8 小时	4031
优酷	你好呀，我的橘子恋人	8070.93

2022 年 4 部科幻网剧中话题热度排名前 2 的科幻网络剧分别为《开端》和《超时空大玩家》,《开端》猫眼历史最高热度为 9793.61,《超时空大玩家》猫眼历史最高热度为 9175.15。作为年度头部作品,《开端》在时间循环的高概念科幻元素中，实现了本土叙事与悬疑类型的有效结合。同时，在现实主义的议题追问里，流露了对生活日常的热爱与关怀，以平凡人的视角讲述个体故事，无时无刻不透露着对人性的拷问与对道德的讨论，进一步阐释了科幻网剧多元化的创作方向。此外，值得一提的是,《开端》作为 2022 年开年热度排名第一的科幻网剧，由具有精品剧担当之称的东阳正午阳光影视有限公司制作，同时属于文学 IP 改编系列，由祈祷君的同名小说改编而来，加之白敬亭、赵今麦等一众年轻实力派演员加持，保证其质优的同时，还兼具饭圈粉丝效应，获得了高曝光的市场反响。在都市、科幻等类型的融合发展中，由魏大勋、辛芷蕾主演

① 数据来源：猫眼专业版。

的《超时空大玩家》也凭借多元化的创作实力出圈。其剧情内容彰显都市、轻喜等关键标签的同时，还以科幻设定作为故事出发点，体现出了“科幻 + 小人物 + 喜剧元素 + 现实题材”的创作倾向，更加诠释了科幻网络剧较好的融合性与包容力，引领了科幻网剧创作的新风向。

实际上，无论是上文所述《开端》《超时空大玩家》，还是另外两部科幻网剧《你好呀，我的橘子恋人》《拜托了！8 小时》，这些科幻网剧尽管或多或少以科幻作为人物之间故事联结的有效切入口，但光从剧名来看就可管窥一二，即大都属于科幻包裹下的爱情故事演绎，本质上并没有脱离传统言情的路数。不过，这也恰恰证明了科幻、都市、喜剧、悬疑等题材的有效融合可以实现科幻内容叙事的新开拓。这一创作方向的呈现与当下网络受众年轻化群体或饭圈文化的接纳关系密切，大多数科幻网剧采取传统情感叙事策略，辅之以科幻化的未来情感关怀，起到了 1+1>2 的网络收视效果。可见，科幻网剧的创作需要在青年文化或科幻情感文化审视中下足功夫。

当然，科幻网剧也需要把握爱情之外的新的叙事内容，例如聚焦社会热点内容、关心时代发展问题等，这种革新既可以使观众从科幻故事人物的命运抉择中获得强烈的共鸣与审美期待，又能彰显科幻网剧对社会议题的关注度。同时，这也为科幻网剧如何实现与社会焦点的融合提供了一个新思路，比起只有未来性的纯粹爱情想象，回应当下关切的科幻创作更能够引发大家的关注。

总体来看，2022 年的科幻网剧数量有所下降，而其内容与生活现实的接轨度提高，同时强调与青年网络群体的文化属性保持一致，在爱的内核创作中彰显某种情感关怀，为未来科幻网剧纵深性、创新化、多层次的发展路径提供了可资借鉴的案例思考。

2022 年在国家广播电视总局“重点网络影视剧信息备案系统”中通过登记并取得上线备案号的网络剧累计 162 部，3870 集。其中，科幻网络剧总计 25 部，617 集，部数和集数分别约占网络剧总数的 15.4% 和 15.9%。需要说明的是，本报告采取的是较为宽泛、大范围的科幻影视统计口径，即包含科幻元素在内的网络剧均会纳入相关数据统计。值得注意的是，在 25 部取得上线备案号的科幻网络剧中，高概念与时空穿越科幻网剧所占比重较大，言情与古装等融合化的科幻网剧也成为当下科幻网络剧创作的一大趋势。

表 5 为 2022 年通过登记并取得上线备案号的科幻网络剧。

表 5　2022 年通过登记并取得上线备案号的科幻网络剧①

时间	片名	集数
1—3 月	魔法学院 - 第 1 季 - 破蛹成蝶	12
	魔法学院 - 第 2 季 - 魔法少年	33
	亲爱的天狐大人	30
	我的刺猬女孩之念念不忘	24
	我的刺猬女孩 2	24
	第二次“初见”	24
4—8 月	超时空罗曼史	24
	迷航昆仑墟之再上征程	36
	外星女生柴小七 2	30
	逆时针	24
	白羽流星	24
	春花烂漫陈小猪	24
	我奇怪的 17 岁	16
	苍兰诀	36
9—12 月	源甲封神之危城篇	36
	我的迷你老板	12
	臂弯	6
	异能之战	24
	太空加油站	24
	梦之海	12
	鱼生知有你	18
	我的夫人不寻常	24
	国师大人凶且甜	24
	流光引	40
	莫染	36

（二）科幻动画剧集

2022 年，各网络视频平台共上线科幻动画剧集 84 部，相较 2021 年的 42 部，增长了 50%，总播放量 10.43 亿（数据统计截至 2023 年 4 月 8 日）②。B 站

① 数据来源：国家广播电视总局“重点网络影视剧信息备案系统”。

② 仅统计了公开的播放数据，数量以平台可检索的结果为准。

国创区、番剧区累计上线 62 部，成为科幻动画传播的主要平台。2022 年，全国国产科幻题材电视动画片备案 39 部，1018 集，共 13196 分钟。改编自同名小说的动画《三体》上线 B 站后，收获 5.3 亿播放量，知名 IP 的头部效应明显。《独行月球》《黑门》《鲤氏侦探事务所》《银河之心》等一批精品之作延续了科幻动画剧集的题材优势，口碑良好。

2022 年，科幻动画剧集整体结构更加多样化。其中播放量最高的是由哔哩哔哩、三体宇宙和艺画开天联合出品的动画剧集《三体》，2022 年 12 月 10 日于 B 站独播。2023 年 3 月 25 日，官方正式宣布完结，共更新 15 集内容。尽管该剧集在剧情改编、人物塑造、美术设计等方面不尽人意，但受到《三体》这一超级 IP 的加持，播放量仍位列 2022 年科幻动画剧集首位，与其他动画科幻剧集作品的播放数据拉开巨大差距。

除了动画剧集《三体》，2022 年还涌现出不少精品之作，收获了不俗的播放量。由哔哩哔哩、哔梦出品、初色动画联合出品制作的动画剧集《黑门》，讲述了 2058 年脑机系统进入人们日常生活后，一家名为“绿洲”的脑机系统科技公司在不断深入研究脑宇宙时发现了一种奇怪的症状——“蜂群症”，一段跌宕起伏的故事也就此展开，B 站播放量达 3673.5 万次（数据统计截至 2023 年 4 月 8 日）。《明日方舟：黎明前奏》改编自鹰角网络开发的同名手机游戏《明日方舟》，2021 年 10 月 24 日宣布动画化制作消息，于 2022 年 10 月 29 日起在日本播出，B 站国内同步播出。该动画剧集在游戏和动画之间形成了良好的联动关系，B 站总播放量达 3416.1 万次（数据统计截至 2023 年 4 月 8 日）。

儿童向的科幻动画剧集系列化特征明显。如开心超人系列的《开心超人联盟之异星迷航》《开心超人联盟之奇幻谜瑞岛》，绿绿星球系列的《绿绿星球之绿绿家族》《绿绿星球之绿绿卫士》《绿绿星球之绿绿奇缘》《绿绿星球之绿绿战队》。

从备案情况来看，科幻电视动画片仍然以少年儿童为主要目标受众。从地区分布来看，在备案的 39 部科幻电视动画片中，广东 15 部，位列第一。浙江 9 部，辽宁、湖南、山东、上海、湖北、江苏各 2 部，云南、河南、四川各 1 部。

2022 年，科幻动画剧集在题材与想象力的视觉化呈现上延续了复合、多元、自由的特征，具有一定的作品储备，与漫画、游戏等艺术、产业关联紧密，展现出了较好的跨媒介改编、创作潜力，整体发展平稳。

表 6 为 2022 年科幻动画剧集名录（不完全统计）。表 7 为 2022 年国产科幻电视动画片制作备案公示汇总。

表 6　2022 年科幻动画剧集名录（不完全统计）①

序号	片名	平台	总播放量 / 次	平台标签	开播日期	集数	弹幕总数 / 条	追番人数
1	三体	bilibili · 国创	5.3 亿	小说改 / 科幻	2022 年 12 月 10 日	已完结，全 15 集	178.3 万	704.9 万
2	无限世界	bilibili · 国创	6347.8 万	小说改 / 科幻 / 战斗 / 悬疑	2022 年 11 月 25 日	已完结，全 16 集	18.7 万	93 万
3	黑门	bilibili · 国创	3673.5 万	原创 / 科幻 / 推理 / 悬疑	2022 年 7 月 29 日	已完结，全 12 集	14 万	116 万
4	明日方舟：黎明前奏（日配版）	bilibili · 国创	3399.4 万	游戏改 / 科幻 / 战斗 / 热血	2022 年 10 月 29 日	已完结，全 8 集	27.6 万	183.8 万（系列）
5	独行月球	bilibili · 国创 / 多平台	1639.3 万	漫画改 / 科幻 / 搞笑	2022 年 9 月 10 日	已完结，全 12 集	7247	30.4 万
6	明日方舟：黎明前奏（中配版）	bilibili · 国创	1533.2 万	游戏改 / 热血 / 战斗 / 科幻	2022 年 10 月 29 日	已完结，全 8 集	9.6 万	183.8 万（系列）
7	银河之心	bilibili · 国创	1377.8 万	小说改 / 科幻 / 悬疑 / 战斗	2022 年 10 月 25 日	已完结，全 12 集	2.9 万	38.8 万
8	花开张美丽	bilibili · 国创	873.7 万	漫画改 / 搞笑 / 科幻 / 泡面	2022 年 1 月 10 日	已完结，全 12 集	2.7 万	23.4 万
9	鲤氏侦探事务所（中配版）	bilibili · 国创	622 万	游戏改 / 日常 / 科幻 / 搞笑	2022 年 12 月 23 日	连载中	4 万	183.8 万（系列）
10	山海绝伦	bilibili · 国创	617.1 万	古风 / 搞笑 / 战斗 / 热血	2022 年 8 月 23 日	已完结，全 17 集	1 万	28.4 万

① 数据来源：哔哩哔哩、爱奇艺、优酷视频、腾讯视频。数据统计截至 2023 年 4 月 8 日。

续表

序号	片名	平台	总播放量/次	平台标签	开播日期	集数	弹幕总数/条	追番人数
11	开心超人联盟之奇幻谜瑞岛	bilibili·国创	615.5万	战斗/热血/搞笑/科幻	2021年12月19日	已完结，全26集	2万	34.6万（系列）
12	飞狗MOCO之星球计划	bilibili·国创	525.9万	原创/萌系/科幻/搞笑	2022年1月20日	已完结，全30集	186	5.6万（系列）
13	鲤氏侦探事务所（日配版）	bilibili·国创	477.2万	游戏改/日常/科幻/搞笑	2022年12月23日	连载中	2.3万	183.8万（系列）
14	开心超人联盟之异星迷航	bilibili·国创	298.8万	少儿/搞笑/热血/战斗	2022年5月20日	已完结，全26集	1.4万	34.6万（系列）
15	开心超人之英雄的心（动画电影网播）	bilibili·国创	287.7万	喜剧/科幻/冒险/动画	2022年7月22日	—	6542	34.6万（系列）
16	偷星九月天·异世界 动态漫	bilibili·国创	266.8万	热血/科幻/动态漫/奇幻	2019年11月21日	已完结，全22集	7197	3.2万
17	超变战陀3双甲战陀	bilibili·国创	197.8万	热血/机战/励志/科幻	2022年4月16日	已完结，全30集	4567	9318
18	绿绿星球之绿绿家族	bilibili·国创	1.9万	原创/热血/科幻/少儿	2022年1月17日	已完结，全26集。	24	330（系列）
19	绿绿星球之绿绿卫士	bilibili·国创	1.6万	原创/热血/科幻/少儿	2022年7月1日	已完结，全22集	4	330（系列）
20	绿绿星球之绿绿奇缘	bilibili·国创	1.6万	原创/热血/科幻/少儿	2022年6月1日	已完结，全26集	—	330（系列）
21	930街区	bilibili·国创	1.3万	搞笑/科幻/励志/热血	2021年12月31日	连载中	97	1243

续表

序号	片名	平台	总播放量 / 次	平台标签	开播日期	集数	弹幕总数 / 条	追番人数
22	绿绿星球之绿绿战队	bilibili · 国创	1.2 万	原创 / 热血 / 科幻 / 少儿	2022 年 5 月 1 日	已完结，全 26 集	4	330（系列）
23	德凯奥特曼（日配版）	bilibili · 番剧	9289.1 万	特摄 / 热血 / 战斗 / 奇幻	2022 年 7 月 9 日	已完结，全 28 集	69.3 万	170.7 万（系列）
24	德凯奥特曼（中配版）	bilibili · 番剧	3404.8 万	热血 / 战斗 / 科幻 / 少儿	2022 年 7 月 9 日	已完结，全 28 集	7.4 万	170.7 万（系列）
25	特利迦奥特曼（日配版）	bilibili · 番剧	2334.8 万	特摄 / 原创 / 战斗 / 热血	2021 年 7 月 10 日	已完结，全 29 集	9.8 万	170.7 万（系列）
26	小黄人大眼萌：神偷奶爸前传（动画电影网播）	bilibili · 番剧	1923.9 万	喜剧 / 科幻 / 动画 / 犯罪	2022 年 6 月 13 日	—	3 万	18.4 万（系列）
27	奥特银河格斗：命运的冲突	bilibili · 番剧	966.9 万	热血 / 战斗 / 科幻 / 少儿	2022 年 4 月 29 日	已完结，全 10 集	4.7 万	18.4 万（系列）
28	特利迦奥特曼（中配版）	bilibili · 番剧	798.6 万	特摄 / 原创 / 热血 / 战斗	2021 年 7 月 10 日	已完结，全 29 集	1.7 万	170.7 万（系列）
29	ULTRAMAN 机动奥特曼第二季（日配版）	bilibili · 番剧	738.4 万	特摄 / 漫画改 / 奇幻 / 战斗	2022 年 4 月 15 日	已完结，全 6 集	5.6 万	239.5 万（系列）
30	少女前线	bilibili · 番剧 / 多平台	667.3 万	游戏改 / 科幻 / 战斗 / 冒险	2022 年 1 月 8 日	已完结，全 12 集	5.6 万	103.3 万（系列）
31	哥斯拉：噬星者（动画电影网播）	bilibili · 电影	655.7 万	动作 / 科幻 / 动画	2018 年 11 月 9 日上映	—	4486	24 万（系列）
32	疯狂兔子入侵：火星任务	bilibili · 番剧	645.7 万	少儿 / 搞笑 / 冒险 / 科幻	2022 年 2 月 18 日	已完结，全 3 集	4519	5.6 万

续表

序号	片名	平台	总播放量/次	平台标签	开播日期	集数	弹幕总数/条	追番人数
33	忍者一时	bilibili·番剧	508.6 万	原创/奇幻/战斗/科幻	2022 年 10 月 4 日	已完结，全 12 集	1.7 万	21.2 万
34	特利迦奥特曼：泽塔篇	bilibili·番剧	465.5 万	热血/战斗/科幻/少儿	2022 年 3 月 18 日	已完结，全 1 集	2.3 万	170.7 万（系列）
35	ULTRAMAN 机动奥特曼第二季（中配版）	bilibili·番剧	396 万	特摄/漫画改/奇幻/战斗	2022 年 4 月 15 日	已完结，全 6 集	7923	239.5 万（系列）
36	传颂之物：二人的白皇	bilibili·番剧	386.9 万	游戏改/科幻/奇幻	2022 年 7 月 3 日	已完结，全 28 集	1.1 万	49.7 万
37	环太平洋：黑色禁区 第二季	bilibili·番剧	384.2 万	战斗/科幻/机战/原创	2022 年 4 月 22 日	已完结，全 7 集	3.5 万	86.1 万（系列）
38	银河英雄传说：全新命题 激战	bilibili·番剧	374.6 万	架空/小说改/科幻/智斗	2022 年 3 月 18 日	已完结，全 12 集	2.4 万	56.5 万（系列）
39	哆啦 A 梦：第四季	bilibili·番剧	333.1 万	漫画改/搞笑/日常/科幻	2012 年 11 月 27 日	已完结，全 99 集	1.1 万	202.1 万（系列）
40	奥特银河格斗：命运的冲突（中配）	bilibili·番剧	331.6 万	热血/战斗/科幻/少儿	2022 年 4 月 29 日	已完结，全 10 集	4548	18.1 万（系列）
41	Dr.STONE 石纪元 特别篇：龙水	bilibili·番剧	317.5 万	漫画改/热血/科幻/战斗	2022 年 7 月 10 日	已完结，全 2 集	1.6 万	429.7 万（系列）
42	银河奥特曼 S 剧场版：决战！奥特 10 勇士！！	bilibili·番剧	296.3 万	科幻/特摄	2015 年 3 月 14 日	已完结，全 1 集	1.8 万	170.7 万（系列）
43	奥特英雄传泽塔 英雄之路	bilibili·番剧	277.9 万	科幻/特摄/战斗/热血	2021 年 1 月 9 日	已完结，全 25 集	3827	76.5 万（系列）

续表

序号	片名	平台	总播放量/次	平台标签	开播日期	集数	弹幕总数/条	追番人数
44	Dr.STONE 石纪元（粤配版）	bilibili · 番剧	269.9 万	漫画改/科幻/励志/冒险	2022 年 1 月 31 日	已完结，全 24 集	8281	429.7 万（系列）
45	银河英雄传说：全新命题 策谋	bilibili · 番剧	260.7 万	小说改/架空/科幻/智斗	2022 年 9 月 30 日	已完结，全 12 集	1.4 万	56.5 万（系列）
46	哥斯拉：决战之都（动画电影网播）	bilibili · 电影	257.8 万	动作/科幻/动画	2018 年 5 月 18 日上映	—	5213	24 万（系列）
47	特利迦奥特曼 泽塔篇（中配）	bilibili · 电影	235.7 万	热血/科幻/战斗/少儿	2022 年 3 月 18 日	已完结，全 1 集	2994	170.7 万（系列）
48	艾克斯奥特曼剧场版 来了！我们的奥特曼	bilibili · 番剧	228.4 万	特摄/战斗/科幻	2016 年 3 月 12 日	已完结，全 1 集	2 万	170.7 万（系列）
49	奥特英雄泽塔传：英雄之路（中配）	bilibili · 番剧	192.6 万	特摄/热血/战斗/科幻	2021 年 1 月 9 日	已完结，全 25 集	583	76.5 万（系列）
50	赛文加格斗（中配）	bilibili · 番剧	192 万	科幻/热血	2021 年 3 月 17 日	已完结，全 7 集	370	18.1 万（系列）
51	机动战士高达：水星的魔女（PV）	bilibili · 番剧	189 万	原创/科幻/机战/战斗	预告片	连载中	461	33.3 万
52	捷德奥特曼剧场版 连接吧！心愿！！	bilibili · 番剧	150.5 万	特摄/热血/科幻	2018 年 3 月 10 日	已完结，全 1 集	7136	170.7 万（系列）
53	赛文加格斗（日配版）	bilibili · 番剧	140.8 万	科幻/热血	2021 年 3 月 17 日	已完结，全 7 集	1923	18.1 万（系列）
54	四色战记：冰雪帝国	bilibili · 番剧	135.4 万	原创/科幻	2022 年 7 月 3 日	已完结，全 12 集	3041	120.3 万（系列）
55	罗布奥特曼剧场版 决定了！羁绊的水晶	bilibili · 番剧	134.2 万	特摄/热血/科幻	2019 年 3 月 8 日	已完结，全 1 集	5707	170.7 万（系列）

续表

序号	片名	平台	总播放量/次	平台标签	开播日期	集数	弹幕总数/条	追番人数
56	银河奥特曼S剧场版 决战！奥特10勇士！！（中配）	bilibili·番剧	116.9万	特摄/科幻	2015年3月14日	已完结，全1集	3130	170.7万（系列）
57	四叠半时光机布鲁斯	bilibili·番剧	110.7万	原创/搞笑/科幻/恋爱	2022年9月14日	已完结，全5集	2712	79.7万（系列）
58	艾克斯奥特曼剧场版来了！我们的奥特曼（中配）	bilibili·番剧	110万	特摄/战斗/科幻	2016年3月12日	已完结，全1集	2512	170.7万（系列）
59	捷德奥特曼剧场版连接吧！心愿！！（中配）	bilibili·番剧	90.7万	特摄/热血/科幻	2018年3月10日	已完结，全1集	1357	170.7万（系列）
60	罗布奥特曼剧场版 决定了！羁绊的水晶（中配）	bilibili·番剧	82.2万	特摄/热血/科幻	2019年3月8日	已完结，全1集	1013	170.7万（系列）
61	星河战队：火星叛国者（动画电影网播）	bilibili·电影	65.5万	动作/科幻/动画	2017年8月21日上映	—	1948	9.5万（系列）
62	钢铁侠：噬甲危机（动画电影网播）	bilibili·电影	48.7万	动作/科幻/动画	2013年4月16日上映	—	161	1.1万
63	星域四万年	腾讯视频	—	科幻	2022年10月4日	已完结，全16集	—	—
64	卡徒（预告片）	腾讯视频	—	战斗/冒险/腾讯出品/科幻	—	—	—	—
65	雄兵连3：雷霆万钧	腾讯视频	—	军事/科幻	2022年5月29日	已完结，全27集	—	—

续表

序号	片名	平台	总播放量/次	平台标签	开播日期	集数	弹幕总数/条	追番人数
66	假面骑士极狐 中配/日配版	多平台	—	剧情/科幻/冒险	2022年9月4日（日本）	连载中	—	—
67	暴太郎战队咚兄弟 中配/日配版	多平台	—	剧情/喜剧/动作/爱情/科幻/悬疑/冒险	2022年3月6日（日本）	连载中	—	—
68	小品一家人之超能战队	优酷视频/爱奇艺	—	机甲/治愈/科幻	2022年1月19日	连载中	—	—
69	虫生·动态漫	多平台	—	科幻	2022年5月13日	已完结，全30集	—	—
70	超拟世界	多平台	—	科幻	2022年10月14日	已完结，全5集	—	—
71	塔拉世界	优酷视频	—	科幻/冒险	—	连载中	—	—
72	枪火天灵 动态漫画 第二季	爱奇艺	—	热血/动作/漫画改编	2022年6月13日	已完结，全24集	—	—
73	我的世界：3D大电影	爱奇艺	—	热血/科幻/搞笑	2022年3月14日	连载中	—	—
74	钢铁侠：动画版	爱奇艺	—	英雄/科幻/热血	2022年7月22日	已完结，全13集	—	—
75	虫爆危机	爱奇艺	—	科幻/热血/动作	2022年9月13日	已完结，全12集	—	—
76	超能记忆小精灵	爱奇艺	—	冒险/科幻/复仇	2022年6月30日	已完结，全12集	—	—
77	超人新冒险	爱奇艺	—	冒险/科幻/励志	2022年7月19日	连载中	—	—
78	虚境重构	爱奇艺	—	热血/科幻/末日	2022年10月13日	连载中	—	—
79	我的战舰能升级 动态漫画	爱奇艺	—	科幻/机战/漫画改编	2022年10月21日	连载中	—	—

续表

序号	片名	平台	总播放量/次	平台标签	开播日期	集数	弹幕总数/条	追番人数
80	凡人默示录 动态漫画 第一季	爱奇艺	—	科幻/末日/热血	2022年8月24日	已完结，全30集	—	—
81	斗罗大陆4：终极斗罗 动态漫画	爱奇艺	—	玄幻/校园/科幻/机战	2022年7月11日	连载中	—	—
82	偷星九月天·异世界动态漫画	爱奇艺	—	科幻/热血/冒险	2022年1月11日	已完结，全22集	—	—
83	超神学院 动态漫画 第一季	爱奇艺	—	科幻/热血/机战	2022年10月24日	连载中	—	—
84	美国队长	爱奇艺	—	英雄/机战/热血/动作	2022年8月9日	已完结，全13集	—	—

表7　2022年国产科幻电视动画片制作备案公示汇总[①]

序号	备案月份	备案省区	片名	集数	单集时长（分钟）	总片长（分钟）	报备机构
1	2月	辽宁	果冻超人1	26	13.5	351	沈阳天鹏动画制作有限公司
2	2月	广东	神兽金刚6地球之盾	52	15	780	广州达力动漫有限公司
3	3月	广东	飓风战魂6	26	13	338	广州奥飞动漫文化传播有限公司
4	3月	广东	列车超人	26	15	390	广州灵动创想文化科技有限公司
5	3月	广东	钢铁飞龙4：捕梦奇兵	26	13	338	广州超维互娱科技有限公司
6	3月	云南	熵年已末	13	15	195	云南晶睛动漫文化传播有限责任公司
7	4月	浙江	人类崛起第一季	6	7.5	45	杭州天雷动漫有限公司

① 数据来源：国家广播电视总局官网。

续表

序号	备案月份	备案省区	片名	集数	单集时长（分钟）	总片长（分钟）	报备机构
8	4月	湖南	盟卡车神之魔幻元珠	26	14	364	湖南玄明影业有限公司
9	4月	广东	潜艇总动员	26	10	260	深圳市环球数码影视文化有限公司
10	4月	广东	开心超人联盟之平行时空大冒险	52	13	676	广东明星创意动画有限公司
11	4月	广东	咖宝车神之中重装归来	24	14	336	广东易腾动漫文化有限公司
12	5月	浙江	巨物	12	24	288	杭州理灵文化科技有限公司
13	5月	山东	勇敢者传奇	30	23	690	雨清（山东）影视传媒有限公司
14	5月	山东	七色镇奇遇记	20	15	300	雨清（山东）影视传媒有限公司
15	6月	上海	超迷你战士第十季	26	7	182	上海左袋文化传播有限公司
16	6月	上海	超迷你战士第十一季	26	7	182	上海左袋文化传播有限公司
17	6月	广东	咖宝车神之飞天战队	24	14	336	广东易腾动漫文化有限公司
18	6月	广东	开心超人小剧场之趣味小课堂	48	3	144	广东明星创意动画有限公司
19	6月	广东	双甲战陀2超环战陀	26	13	338	广州达力动漫有限公司
20	7月	浙江	心奇爆龙战车之暴龙出击3	26	7	182	浙江荣军动漫科技有限公司
21	7月	浙江	心奇爆龙战车之龙装战甲2	32	13	416	浙江荣军动漫科技有限公司
22	7月	浙江	欢乐学院第二季	26	13	338	宁波市江岚影视文化传媒有限公司
23	7月	湖北	时光代理人	12	24	288	湖北卫视传媒有限公司
24	7月	广东	喵能战士1	26	13	338	广东咏声动漫股份有限公司
25	7月	广东	银河封神纪1	30	13	390	广东启睿动漫有限公司

续表

序号	备案月份	备案省区	片名	集数	单集时长（分钟）	总片长（分钟）	报备机构
26	8月	浙江	数学魔法第二季	26	15	390	宁波莱禧影视文化有限公司
27	8月	浙江	心灵爆龙战车之魔方变形	32	13	416	浙江荣军动漫科技有限公司
28	8月	浙江	龙战士星源	26	13	338	浙江荣军动漫科技有限公司
29	10月	河南	豫游记之信阳篇	22	6	132	河南红羽文化传播有限公司
30	10月	湖南	盟卡车神之魔幻元珠2	26	14	364	湖南玄明影业有限公司
31	10月	广东	飓风战魂之剑旋陀螺2	26	13	338	广州奥飞动漫文化传播有限公司
32	10月	广东	开心超人联盟之棋兽传奇	52	13	676	广东明星创意动画有限公司
33	11月	辽宁	果冻超人2	26	13.5	351	沈阳天鹏动画制作有限公司
34	11月	江苏	托宝战士银河侦探4	26	13	338	苏州星腾文化传媒有限公司
35	11月	江苏	托宝战士银河侦探5	22	13	286	苏州星腾文化传媒有限公司
36	11月	浙江	变形联盟之超变战神	30	13	390	杭州馨梦动漫有限公司
37	11月	湖北	三体	15	28	420	湖北卫视传媒有限公司
38	12月	广东	超元绝战（上）	10	20	200	广州达力动漫有限公司
39	12月	四川	寻找“科灵石”	12	6	72	成都影视硅谷集团有限公司
			总计	1018	—	13196	—

（三）科幻微短剧①

网络微短剧指单集时长在几十秒到15分钟之间，具有相对明确的主题和主线，较为连续和完整的故事情节的网络剧集。由于其制作成本低、内容轻量

① 出于连续性和总时长的原因，本报告将网络微短剧放在科幻剧集部分讨论。科幻中短视频报告见下一篇。

化、传播分众化等特点，网络微短剧逐渐成为一种具有独特艺术形式、业务模式和传播方式的新兴网络文艺形态。微短剧现已形成横屏短剧和竖屏短剧两大阵营。2022 年，科幻横屏微短剧共上线 8 部，猫眼热度合计 41891；科幻竖屏微短剧共上线 5 部，合计播放量 2.04 亿次。

1. 科幻微短剧创作情况

科幻横屏微短剧方面，2022 年在腾讯视频、优酷、爱奇艺、芒果 TV、B 站等网络视频平台共上线 8 部，较 2021 年增加约 6 部，猫眼热度合计 41891。其中，由芒果 TV 大芒计划出品的《妻子的秘密世界》话题热度最高，将科幻元素融入情感悬疑叙事，实现题材拓展，连夺 7 次猫眼短剧热度榜日冠，最终获得 1.3 亿播放量。爱奇艺上线的《去你的世界再爱我一次》，展现科幻背景下爱与理解的拯救之旅，三夺猫眼青春短剧热度榜周冠。腾讯视频热度最高的是《未来商店》，项目出自知乎严选 IP，讲述神奇道具改变生活的 8 个相对独立的都市奇幻故事，由 8 位不同新锐导演操刀创作，为微短剧市场交上独特答卷。

表 8 为 2022 年科幻横屏微短剧热度（不完全统计）。

表 8　2022 年科幻横屏微短剧热度（不完全统计）

播出平台	科幻微短剧名称	集数	上线时间	猫眼热度（历史最高）
芒果 TV	我的超能力没有存在感	12	2022.11.07	7312.12
	妻子的秘密世界	25	2022.12.15	7312.1
爱奇艺	去你的世界再爱我一次	15	2022.12.20	6712.33
腾讯视频	跨越星河来爱你	12	2022.08.23	5660.28
	未来商店	8	2022.08.26	6686.14
优酷	异能星君	12	2022.05.10	2722.01
	一不小心，变成你	24	2022.12.23	5486.27
哔哩哔哩	相对悖论	6	2022.05.03	—

科幻竖屏微短剧方面，抖音平台上线 5 部。其中，《柳夜熙・地支迷阵》表现最为抢眼，该系列在 2022 年共更新 10 集，截至 2023 年 4 月 8 日累计点赞达到 967 万。该剧集以虚拟人为主角，“科幻设定 + 传统文化 + 超强特效”

成为品牌定制新标杆，将时下流行的叙事元素融入兼具国风与赛博朋克的“柳夜熙”元宇宙中，同时为品牌植入客户实现良好的传播效果。快手平台虽设立短剧界面，但 2022 年暂未涉足科幻赛道。

表 9 为 2022 年科幻竖屏微短剧名录（不完全统计）。

表 9　2022 年科幻竖屏微短剧名录（不完全统计）

播出平台	科幻微短剧名称	账号	集数（2022 年）	播放量 / 万次	备注
抖音	柳夜熙·地支迷阵	柳夜熙	10	16483.0	虚拟偶像
	S.I.S 超自然调查队	古潞潞	24	3780.3	—
	太空滴滴	大只放映室	11	103.7	—
	末世清醒	李未可	3	65.4	虚拟偶像
	御梦录之驱梦蓝星	宇雯国际官方账号	12	24.1	—

在项目备案方面，据不完全统计，2022 年规划备案通过的网络微短剧共有 2762 部，约 62000 集。其中，科幻微短剧为 149 部，约 3100 集，分别约占通过规划备案网络微短剧总数的 5.39% 和 5%。上线备案通过的网络微短剧为 336 部，约 7600 集，其中，科幻微短剧为 13 部，约 250 集，分别约占通过上线备案网络微短剧总数的 3.87% 和 3.29%①。

2. 科幻微短剧产业情况

横屏微短剧，平均每集时长 5 ～ 10 分钟，由专业影视公司制作，主要在腾讯视频、优酷、芒果 TV、爱奇艺等长视频平台播出。收入来源包括会员付费分账、广告分账和招商分账。据公开记录，2022 年在腾讯视频和优酷平台分账超过 500 万元的微短剧有 13 部，超过 1000 万元的有 2 部。横屏科幻微短剧暂无公开的分账数据。成本方面，总时长 200 分钟的微短剧，300 万～ 400 万成本属于业内靠前水平。但同等体量的科幻微短剧成本至少 500 万元，意味着更大的市场风险。

竖屏微短剧，每集时长 1 ～ 3 分钟，主要在抖音、快手两大短视频平台播出；此前多由 MCN 机构和网红制作，现在已有更多专业影视公司入局；营收较为多元，除付费分账、广告植入、品牌定制剧外，还可通过短剧捧红达

① 数据来源：国家广播电视总局“重点网络影视剧信息备案系统”。

人，再通过达人直播带货获得更多收益。各 MCN 机构已通过短剧构建了从红人到内容再到直播变现的闭环产业链。快手公布的数据显示，2022 年快手短剧获得电商收入的创作者增加了 35%，百万粉作者短视频带货成交金额同比增加 143%。

竖屏科幻微短剧中,《柳夜熙·地支迷阵》是一个典型案例。该剧开播 3 集播放量破 1.8 亿，总点赞量破 800 万，抖音站内话题阅读量破 10 亿，单集招商突破千万。此外，该剧高热度吸引品牌合作，在第 3 集中 vivo 手机融入剧集内世界观，点赞量破 200 万；第 6 集中小鹏汽车 P7 暗夜骑士版成为柳夜熙“出任务”时的特别座驾,“小鹏汽车 X 柳夜熙”相关话题播放量高达 8000 万。但《柳夜熙·地支迷阵》综合开发成本高昂，每秒制作成本都在万元区间，单条视频成本几十万元。同时还面临开发周期较长的难题，更新节奏过慢，后续热度出现明显下降。由此，找好品质、工期和成本的平衡点，也是竖屏科幻微短剧面临的共同难题。

3. 科幻微短剧发展前景

科幻微短剧或将迎来巨大发展机遇。微短剧因其轻便、快节奏和短时长的特点，而日益受到观众的喜爱。然而，由于快节奏和高反转的剧情特征，头部内容大多以重生、逆袭、复仇和甜宠故事为主，设定难以摆脱爽文套路，已经出现了同质化趋势。因此，微短剧急需建立差异化的内容特色，用优秀的作品吸引用户，进入良性循环。在这种背景下，科幻题材具有巨大的发展潜力，受到行业的关注。例如，咪咕文化科技有限公司专注元宇宙和科幻赛道，旗下的咕咕工作室已经开发了《元宇宙·恋语》等多部科幻微短剧待播，抖音短剧 2023 片单中也不乏《柒两人生》和《终钥之证》等科幻项目。值得一提的是，并非所有平台都在押注科幻。快手根据平台的内部数据分析，科幻受众略偏男性向，而短剧用户仍以女性为主。同时，大体量、高成本的科幻题材不符合该平台微短剧的低门槛特性，因此对科幻题材持观望态度。

科幻微短剧将对科幻产业产生深远影响。从影视市场的角度来看，微短剧将间接蚕食原有的网络大电影和低成本长篇网剧市场。随着不同赛道的此消彼长，它将吸引更多的科幻网大从业者拍摄科幻微短剧。此外，微短剧也是网文影视的新出口。以掌阅、中文在线等传统网文平台为主的入局者，正以单集

1 分钟、单部 100 集的竖屏小程序短剧，在微信中乘势而起。在这一过程中，科幻产业发展或将出现新的变量。

综上所述，微短剧市场正在脱离低俗混乱，向规范化、品质化、繁荣化发展。2022 年，科幻横屏微短剧和竖屏微短剧均取得了一定的成果，为市场前景提供了积极的验证。预计在 2023 年，随着更多科幻微短剧的上线，这一趋势将得到进一步的支持和推动。

三、科幻节目

科幻节目包括综艺节目、纪录片等多种节目类型。2022 年共播出科幻节目三档。除了中央电视台科教频道老牌栏目《科幻地带》，优酷视频推出了国内首档科幻漫谈节目《不要回答》，为科幻节目这一新类型做出了有益的探索。截至 2023 年 4 月 8 日，B 站出品的“科幻 + 天文科普”纪录片《未来漫游指南》收获 5443.5 万播放，追剧人数达 36.6 万，反响良好。科幻节目作为科幻影视的新兴表达，其多元价值还有待进一步发掘。

《科幻地带》是由中央电视台科教频道出品的一档周播栏目，于 2019 年 10 月 19 日首播，每周日 16：39 播出。栏目以国内外科幻作品为线索，介绍科学原理，启发想象力、创造力，激发公众热爱科学的热情和兴趣。虽然栏目以科幻命名，但节目整体定位却偏重科普，即科学知识的普及或是用科学知识来解读、推演科学幻想。栏目运转至今，时常出现完全脱离科幻作品，仅对技术、工程项目进行介绍和普及的情况。《不要回答》于 2022 年 7 月 18 日起，每周一 21：30 于优酷独播。该节目以科幻小说《三体》为制作原点，由导演贾樟柯作为“未来探索科科长”主持节目，科幻小说《三体》作者刘慈欣担任“未来顾问”。在节目模式上，每期节目都以一部“未完结”的科幻短片作为开场，并引出话题，在此基础之上展开嘉宾之间的漫谈。《未来漫游指南》由 B 站出品，BBC Science Unit 承制，共 3 集，每集 50 分钟。该纪录片由刘慈欣作为线索人与讲述人，与全球最前沿科研领域代表人物，一同探索刘慈欣科幻作品中提及的情节、科技与假想是如何发生在我们身边的。

从整体上来看，2022 年播出的三档代表性科幻节目在节目定位与节目内容设置上都与科普、科技传播紧密相关，甚至在某种程度上成为节目本身的主要目的。这在一定程度上也反映出科幻节目自身在结构上的错位，主要体现在形式与内容两个层面。

一方面，对于科幻节目来说，当务之急是寻找到真正契合的节目形式或内容模式。电视节目往往是设置一个情境，嘉宾们在情境中做出反应、产生内容。如何使节目自身的情境发挥出最大的效能，最大限度发掘科幻的价值，这是需要广大创作者们进一步思考和探索的问题。科幻节目既要在同类节目中凸显出科幻的不可替代性，将科幻真正置入节目的整体架构当中，又要在同类科幻影视作品中凸显出节目自身的不可替代性，发掘科幻作为一种观看视角、思想工具与情感共鸣的力量。如优酷播出的轻情境科幻综艺脱口秀《火星情报局》中，火星特工这一颇具科幻色彩的设定为节目内容的展开提供了合理化的视角，在这样的设定和情境中，洞察当下日常生活与社会百态。

另一方面，应当思考的是科幻究竟应当以何种方式进入节目内容。目前比较常见的是将科幻与天文、物理等前沿科技的科普相结合，这在一定程度上使得科幻节目成为传播科学技术知识的工具，而难以使观众在情感上产生共鸣。事实上，在知识获取已经如此便捷、信息过载成为一种常态、数字化生存已经切身介入日常生活的今天，科幻在情感上的核心竞争力或许并不是对于未来的畅想，而是与现实的间离。它为当下的人们思考、审视现实提供了另一种有效、有趣的路径。节目的创作与制作者们在思考科幻能传播什么内容的同时，或许更应当思考科幻本身能带来什么。我们如何通过科幻看见我们自己、思考我们自己、感受我们自己，并借助电视与互联网视频平台以日常化、生活化的节目形式，号召观众与用户们参与到这场思维游戏之中，共同发掘科幻本身价值的同时，也重新审视我们日常生活中所遭遇的点点滴滴。

作者简介：

刘宇坤，中国传媒大学艺术研究院博士研究生，主要研究方向为艺术传播、科幻影视。

韩贵东，大连理工大学文学伦理学研究所助理研究员，主要研究方向为科幻影视产业与伦理批评。

张子瑞，独立科幻导演，中国科幻研究中心“起航学者”，中国科普作家协会会员，《世界科幻动态》特约通讯员。深耕科幻影视领域多年，长期跟踪和研究世界最新科幻影视制作技术，并付诸实践。代表作科幻短片《ERROR 404》获中国科幻水滴奖，科普短片《A little》等获北京科普动漫创意大赛最佳科技表现奖。

（宋城薇、宁晋环、王俞萱、林华浩、刘雨珂参与了本报告的数据收集工作。）

年度中国科幻中短视频发展报告

张子瑞　刘宇坤

根据《中国网络视听发展研究报告（2023）》，截至2022年12月，我国网民规模达10.67亿，视听用户规模达10.4亿，泛网络视听领域市场规模超7274.4亿。其中，短视频用户规模达10.12亿，人均使用时长，达到168分钟，近四分之一新网民因为短视频而首次触网。在这个大背景下，中国科幻中短视频迎来蓬勃发展。此处的中短视频是指时长在30分钟以内的视频内容，主要在抖音、快手等短视频平台，以及哔哩哔哩（Bilibili，以下简称B站）、西瓜视频、微信视频号等视频平台发布，与科幻电影、科幻剧集等共同构成科幻影视行业全貌。

科幻中短视频发展迅猛，截至2023年2月1日，各大中短视频平台有1824个相关账号，吸引近1.6亿粉丝。仅在抖音、快手、B站平台上，2022年共新发布16.22万条视频，总点赞量达5.88亿次，内容涵盖科幻领域的原创短作、经典推介、文化漫谈、作品宣传等。科幻中短视频具有较高的影响力和巨大的营销潜力，凭借科幻原创短作，一批科幻影视明日之星得到锻炼与展示的机会；通过科幻经典推介，则进一步培育科幻作品在大众文化中的市场，对科幻产品的消费与科幻文化传播具有带动作用。

一、科幻中短视频创作情况

截至2022年底，抖音、快手、B站、西瓜视频、小红书、视频号6个平台，总计有 1824 个科幻相关账号，合计粉丝量为 1.59 亿（视频号无数据），在两个及以上平台同步发布的账号 118 个。其中，抖音、快手、B 站三平台合计粉丝量 1.373 亿，占比 86.35%，考虑到西瓜视频、小红书上的头部科幻账号基本均在前三个平台运营，因此，笔者认为通过对抖音、快手、B 站的分析，基本可涵盖科幻中短视频创作全貌。

（一）整体情况

2022 年全年，抖音、快手、B 站等平台上共新发布了 16.22 万条与科幻相关的中短视频作品，作品总点赞量达到 5.88 亿次。上述统计口径为以“科幻”为元素的标题、标签及话题。

表 1 为 2022 年主要播放平台科幻中短视频统计。

表 1　2022 年主要播放平台科幻中短视频数据统计

项目	抖音	快手	哔哩哔哩
科幻视频数量 / 万	6.32	2.95	6.95
总播放量 / 亿	—	59.5	30.54
总点赞量 / 亿	3.598	1.264	1.02
总评论数 / 万	2448.31	660.65	—
总收藏数 / 万	2879.73	—	—
总分享数 / 万	2862.35	323.86	—
总投币数 / 万	—	—	1608.72
总弹幕数 / 万	—	—	700.34
科幻相关账号 / 个	683	251	203
账号粉丝量 / 万	9597.41	3010.65	1129.12

横向对比三个平台，在科幻内容领域，抖音平台影响力最大，点赞、评论、分享等各项数据指标，较其他平台均有较大领先，可见在高覆盖的前提下，能取得较好的互动，充分证明抖音作为科幻电影宣发关键阵地的重要性。快手作为与抖音旗鼓相当的短视频平台，其科幻相关内容的数据播放数据不佳，也从侧面揭示该公司暂未涉足科幻短剧赛道的部分原因。

B 站 UP 主们的创作能力最强，人均产出是抖音博主的 3.7 倍，与此同时，粉丝互动数据同样强劲，B 站的赞粉比（赞粉比 = 获赞总数 / 粉丝总数）为抖音的 2.4 倍，作为中短视频领域的价值指标，充分说明 B 站内容的拉新能力和粉丝的认可程度更高，良好的社区氛围更有利于原创内容产出。实际上，很多跨平台分发的 UP 主，均选择将 B 站作为首发平台，并基于粉丝反馈，调整相关内容后再分发其他平台。值得一提的是，相同的视频内容，发在 B 站上，普遍会加上讲解电影的名称，便于观众针对性搜索，而在抖音、快手平台上，大多命名时不加电影名称，反而用描述具体内容的方式来进行命名，用“标题党”的手段来吸引观众，可见平台之间的差异。

（二）头部账号情况

抖音、快手、B 站三个平台中，跨平台发布的账号有 48 个，合计粉丝量 4416.91 万；在上述三个平台均同步运营的账号有 7 个（合计粉丝量过百万的有 5 个），累计粉丝量 1591 万，绝大多数为“二创类”视频博主。“二创”即“二次创作”（re-creation），指创作者基于已存在的作品，以模仿、改编、引用等多种创作模式进行重新演绎。

跨平台合计粉丝量超过 100 万的账号见表 2。

表 2　跨平台头部科幻账号粉丝数量[①]

账号	抖音粉丝数量 / 个	快手粉丝数量 / 个	哔哩哔哩粉丝数量 / 个	合计粉丝数量 / 个
科幻 Fans 布玛	2094079	125473	1555105	3774657
科幻战舰	2711234	861049	195579	3767862
科幻大鹿	1350591	86192	161249	1598032
科幻视界	559872	—	953322	1513194
光仔说电影	808263	660975	—	1469238
小陈说电影	694429	571391	—	1265820
科幻真探	789428	427555	23620	1240603
欧 K 电影	1180260	4878	2403	1187541

如“科幻 Fans 布玛”“科幻战舰”等账号，深耕科幻影视推介多年，2022 年更新量均达 200 部以上，截至 2022 年底，两个账号总投稿量分别为 1475 部

① 数据截至 2022 年底。

和1376部，基本涵盖高分科幻影视，同时涉足很多冷门小众科幻作品及前沿科幻短片，已初步具备科幻影视索引的潜质。比如“科幻视界”“幻海航行”等账号，主打科幻小说解说，UP主提炼小说精华内容，并通过画面拼接，提前将小说“视觉化”，吸引并引导观众关注原著，截至2022年底，“幻海航行”至少已经解读230本科幻小说。值得一提的是，该账号还同步推出音频版节目，在喜马拉雅FM等音频平台发布，覆盖更广泛的群体。又比如，科幻企业账号“科幻世界SFW”“星之所在科幻书店”等账号，也充分利用上述平台宣传科幻活动或进行产品发布。此外，“鹏小飞呀”“科幻真探”“凹凸赛克”等账号，从游戏、幕后、周边等各个领域切入，对科幻文化在我国的普及起到了积极的作用。

（三）头部作品情况

抖音平台的科幻短视频中，排在首位的是《中央电视台AR灯光秀》，通过炫酷科幻的AR与灯光秀，完美烘托冬奥氛围。值得关注的是，该视频由“央视新闻”发布，也是“主力军”挺进全媒体“主战场”的典型案例。

同时，抖音对科幻电影宣发帮助较大，年度前十科幻短视频中，有3条是关于科幻电影的宣传，其中，《明日战记》官方账号在映后第二周发布的两条高赞视频，为票房逆跌提供了有力支持。

表3为2022年抖音高赞科幻相关短视频。

表3　2022年抖音高赞科幻相关短视频

视频时长	视频标题	发布时间	类别	作品形式	账号名称	获赞数/个
2分6秒	中央电视塔AR灯光秀来了！“双奥之城”，一起向未来！#一起向未来	2022/2/19	原创	视觉特效奇观	央视新闻	2227354
2分52秒	#灵蛇爱，#泰国科幻，惊悚剧#影视解说#宅家DOU剧场	2022/1/23	二创	电影解说	西瓜讲电影	1919783
31秒	相识廿载，追梦十载，吴京也见证着古天乐的科幻梦，也因此自豪！#明日战记#吴京为明日战记感到骄傲	2022/8/18	原创	预告片	电影明日战记	1783453

续表

视频时长	视频标题	发布时间	类别	作品形式	账号名称	获赞数 / 个
30 秒	不同的评价和意见我们都接受，# 明日战记 是一次勇敢的尝试，我们会继续努力，国产科幻也会不断进步！# 被支持古天乐的网友感动	2022/8/16	原创	预告片	电影明日战记	1400228
5 分 44 秒	最新国产科幻作品：全员禁言的未来，离我们有多远？# 张子枫郭麒麟新片好真实 # 大世界扭蛋机	2022/6/24	二创	电影解说	毒舌电影	1240723
2 分 12 秒	人们发现了一个奇怪的圆环从此开启了探索宇宙的奥秘 # 科幻 # 电影剪辑	2022/2/16	二创	电影解说	亿点点小店	1183025
26 秒	中国科幻电影等待大家检验！# 明日战记 # 古天乐说自己不能倒下	2022/7/15	原创	预告片	电影明日战记	1172817
4 分 31 秒	22 年前，让好多人落泪的科幻片:《机器管家》解说（第 1/2 段）	2022/3/14	二创	电影解说	毒舌电影	1170951
3 分 49 秒	# 科幻 # 爱死机 # 吉巴罗 # 超燃 # 我的观影报告 # 宅家 dou 剧场 @DOU+ 小助手 吉巴罗	2022/5/21	二创	电影解说	摩登探影	1144095
2 分 22 秒	这部 9.4 分的电影凭什么成为科幻天花板？# 电影解说 # 星际穿越 # 高分电影	2022/9/18	二创	电影解说	新一探电影	1108746

作为短视频平台双雄之一，快手科幻氛围逊色不少，头部科幻类短视频中，唯一的原创作品还是阿凡达仿妆镜头，属于特效化妆和科幻同人的范畴。这也为科幻破圈提供了新思路，即在核心科幻概念及科幻故事之外，还可通过复现科幻经典角色形象参与科幻传播。

表 4 为 2022 年快手高赞科幻相关短视频。

表 4　2022 年快手高赞科幻相关短视频

视频时长	视频标题	发布时间	类别	作品形式	账号名称	获赞数 / 个
5 分 24 秒	五分钟重温曾经让人头皮发麻的科幻惊悚片《人工进化》	2022/1/18	二创	电影解说	王编剧的文件夹	1666070

续表

视频时长	视频标题	发布时间	类别	作品形式	账号名称	获赞数 / 个
9 秒	“蓝星的四分之三都是海洋，我们却生活在陆地上，有意思…”“长官，我们已下潜到最深处，这是…”	2022/4/15	二创	镜头混剪	晨风小说推荐	1031899
1 分 35 秒	男人爱上一面镜子，还和镜子生下一个宝宝 # 科幻短片	2022/1/25	二创	电影解说	喵先生说电影	953480
28 秒	现役军事装备题材 + 科幻机甲，一整个燃起来！网友：看得我热血沸腾！# 青年看十年	2022/11/14	二创	镜头混剪	共青团中央	787449
3 分 10 秒	第 1 集 – 未来世界只剩下女人，俄版女儿国。# 科幻 # 新片速递 # 俄剧	2022/9/22	二创	电影解说	壳壳讲电影	701504
34 秒	宝子们想看的科幻人物来咯 ~ 你看过《阿凡达》吗？ # 挑战 100 个反派角色 # 万圣节妆容 # 万圣节变装挑战	2022/10/22	原创	同人作品	初九	615707
4 分 40 秒	怪兽被打败后，人类该如何善后，结尾奥特曼现身 # 电影解说 # 快手影视高热计划 # 科幻	2022/8/18	二创	电影解说	科幻放映厅	614763
7 分 39 秒	每分钟烧掉 600W！这部 9.4 分的电影凭什么成为科幻天花板？# 快手放映室 # 我在快手追好剧	2022/10/28	二创	电影解说	时倾说剧（收徒）	477318
3 分 33 秒	台球化身彗星撞击地球，韩国电影史上脑洞最大的科幻电影 # 科幻 # 快手电影星熠计划	2022/1/27	二创	电影解说	没名字的那个影院	457691
1 分 38 秒	第 1 集丨在这个特别的世界，穷人绝对不能进入富人的厕所 # 科幻 # 悬疑	2022/11/26	二创	电影解说	小陈说电影	444288
1 分 56 秒	【3】《熊出没・重返地球》：过年标配熊出没，竟然玩起了科幻！# 影视解说 # 豆瓣高分 # 动画电影	2022/2/1	二创	电影解说	布衣探案	420631

B 站的科幻氛围更佳，头部作品中，作品形式上影视解说、原创作品、预告片、联名广告、镜头混剪均有，作品内容涉及的科幻类别也较为多元。B 站

对原创科幻更友好，头部原创作品是UP主“GZHhaha”独自耗时两年完成的科幻短片《DEEP：深海》，精良制作与追梦故事打动了广大粉丝，截至2022年底，获得691万的播放量，点赞数和投币数都超过了110万。此外，百大UP主“特效小哥studio”和“影视飓风”等，也会通过合作或商单机会，制作如《特效小哥大战影视飓风》粉丝向的科幻视效短片。

表5为2022年B站高播放量科幻相关中短视频。

表5　2022年B站高播放量科幻相关中短视频

视频时长	视频标题	发布时间	类别	作品形式	账号名称	播放量/次
14分50秒	人造天堂的一栋楼里住了千万人，人多的时候还会卡顿掉帧	2022/12/10	二创	影视解说	探长放映室	9782200
6分59秒	人们在未来只能笑，不笑就被机器人追杀，瞬间变白骨，科幻片	2022/8/6	二创	影视解说	萌妹电影X	9202800
2分19秒	两名不一样的永生者，在水比命贵的星球上如何共存？	2022/8/2	二创	影视解说	解九传媒	8418100
6分27秒	当地球进入末世，小孩肉成了解毒药，还会有文明吗？	2022/12/10	二创	影视解说	探长放映室	7314900
9分4秒	【CG短片】个人科幻短片《DEEP：深海》——耗时两年半独立完成的个人CG作品	2022/3/5	原创	科幻短片	GZHhaha	6912400
1分9秒	【状元】精彩看点6妈妈意外获得超能力，可以看到孩子考试分数，一顿操作儿子直接开挂，瞬间走上人生巅峰！	2022/7/1	二创	预告片	哔哩哔哩放映员	6423200
8分23秒	一颗小小芯片竟有逆天智商，仅投资600万的硬核科幻悬疑片，拍出来的效果却堪比好莱坞大片	2022/7/19	二创	影视解说	大酱电影	5977400
3分13秒	刘慈欣《三体》动画开播演讲，对人类发出究极灵魂拷问！！！	2022/12/9	原创	预告片	三体动画官方	5712200
27秒	恭喜面壁者罗辑先生喜提新车！	2022/12/10	原创	联名广告	长安深蓝	5698500
1分25秒	你救我儿子一命，我保你一路畅通	2022/12/28	二创	镜头混剪	漫威不打烊	5562100
9分23秒	生为机器，如何变人？	2022/1/3	二创	影视解说	布衣探案	5031500

（四）原创科幻中短视频情况

经调研，原创科幻中短视频的创作人员主要有两类：一类为高校学生，作品以动画为主，多为学期作业或毕业作品，比如上海视觉艺术学院的《冲破黑暗》与广州美术学院的《虹·棉》；另一类是影视公司投资作品，短片居多，如博采传媒的《诞辰》与量子泛娱出品的“王晋康科幻电影作品集”。

目前原创科幻中短视频主要通过三类渠道发布，一是在抖音、爱奇艺、B 站等视频平台发布，通常而言，UGC（用户生成内容）作品上传 B 站居多；二是由新片场、GGAC（全球游戏美术概念大赛）官网等专业网站发布，PUGC（专家生产内容）作品居多；三是蓝星球科幻电影节、中国科幻大会科幻短片单元等科幻赛事，部分作品未公开发布。但目前三个渠道也出现融合趋势，如蓝星球科幻电影节在原有征片渠道基础上，也与新片场、B 站合作，开辟专属征片板块。作品数量方面，经不完全统计，2022 年中国制作完成的科幻原创短片有 97 部。

值得关注的是，科幻中短视频已成为平台追捧的热门，B 站的《大世界扭蛋机》《胶囊计划 2022》中，在科幻相关的内容上均有十分出色的表现。“胶囊计划”邀请业内具有成熟动画制作经验的专业团队，以“极致情绪”为主题创作独立动画，其中 5 部与科幻相关:《终极体验》展现川渝方言的赛博捉妖，《界》用易经元素讲人工智能故事,《茕惑归途》以“火漂”游子的故事打动本土观众;《太空的奇侠基曼》《晴转多云，有时有蝌蚪》等作品，均有风格化的呈现，整体取得良好的传播效果，也为主创团队争取更多项目机会。据悉，腾讯视频等平台均有类似中短视频计划，通过官方扶持、专业团队创作，原创科幻佳片新时代或将到来。

表 6 为 2022 年 B 站原创科幻中短视频名录。

表 6　2022 年 B 站原创科幻中短视频名录（不完全统计）

视频时长	视频标题	发布时间	制作方式	账号名称	弹幕数/条	获赞数/个	播放数/次
9 分 4 秒	【CG 短片】个人科幻短片《DEEP：深海》——耗时两年半独立完成的个人 CG 作品	3 月 5 日	三维动画	GZHhaha	32800	1101000	6912400

续表

视频时长	视频标题	发布时间	制作方式	账号名称	弹幕数/条	获赞数/个	播放数/次
23 秒	你见过要收费的大海吗，希望我们永远也不要见到	2 月 11 日	实拍 + 合成	非非宇 Fay	899	421800	4880500
22 分 6 秒	【魔法课】史上最强实习生，三个月爆肝独立完成 CG 短片！	8 月 27 日	三维动画	特效小哥 studio，	1415	38200	718500
6 分 37 秒	【相对悖论】01 如果你收到这段信息，你已经昏迷一年，赶快醒过来	5 月 3 日	实拍 + 合成	Hope-Series	1913	51900	705800
2 分 44 秒	嘉然 & 柳夜熙梦幻联动，2112 年外星信号降临！	4 月 14 日	实拍 + 合成	星球重启	694	19300	683800
3 分 4 秒	庄颜：罗辑，你背着我看片了吧？	2 月 19 日	二维动画	叶络行	1409	55700	649600
16 分 38 秒	末世中，发生在角落里的故事……【打泥泥】	6 月 26 日	二维动画	打泥泥	5900	66500	585600
23 分 3 秒	【打泥泥】企鹅，世界的主宰！	1 月 20 日	二维动画	打泥泥	8278	69100	571900
2 分 21 秒	今年的校园组也太强了吧！爆肝四个月做出《三体》动画短片《Stalking of Ghost》	12 月 19 日	三维动画	GGAC	690	57300	515100
2 分 31 秒	你口中摇摇欲坠的帝国已经在风雨中屹立了一万年！	12 月 9 日	三维动画	滩鸽儿	303	28900	508300
4 分 39 秒	【原神生日会】谍战魅影，蓄势待放！	9 月 24 日	三维动画	小怪兽粉刷月球、沟铭、psp 菌、Shaw 钊钊、CV 小鱼干、N2 映画一魂	2016	42500	507100
15 分 50 秒	【打泥泥】那天日落之后，黑夜持续了整整三年……	1 月 5 日	二维动画	打泥泥	5287	58000	449200

续表

视频时长	视频标题	发布时间	制作方式	账号名称	弹幕数/条	获赞数/个	播放数/次
2分8秒	爆肝一个月！用CG重现高达出击时刻！个人CG动画短片《MOMENT》	4月15日	三维动画	HUGE-AKITA	808	33300	390200
13分37秒	【艾说】《假如我20年前就知道买房》	1月29日	实拍	小艾大叔	1495	26000	345900
52秒	每一帧都是壁纸！超写实虚拟人星澜个人概念片曝光！	4月15日	实拍+合成	星球重启	198	1903	172600
1分36秒	《星球：重启》信号测试实机PV	3月30日	三维动画	星球重启	96	1935	163100
13分51秒	【4K】【个人CG科幻短片】--《最珍贵的礼物》	8月19日	科幻短片	Shuiguo_SGCG	766	11500	107800
9分34秒	【相对悖论】03-熟人送我回家却到了荒郊野外，而我根本想不起来他是谁！	10月29日	纯实拍	Hope-Series	486	3448	72600
4分52秒	【2022小宇宙计划】《0》：虚拟伶人与周期彗星	7月25日	二维动画	伊茉	293	9258	50700
14分1秒	【互动视频】《茧》这就是你所向往的未来吗？	1月1日	二维动画	Parion圆周率	606	3281	30600
2分18秒	脑洞科幻短片《2222年太空冬奥会宣传片》	2月3日	三维动画	志豪与科幻LIANG	86	2500	25600
6分21秒	【En-J】远方来信	5月29日	实拍+合成	En-J	54	1661	14000
3分26秒	新疆大学博达校区 学生拍的特效电影 《假面骑士大战迪迦奥特曼》，看看大家能评几分？	4月26日	实拍+合成	浪客盼	86	492	8718
5分13秒	特效短片《一个摄影师的终极幻想》	4月21日	实拍+合成	三夔	11	288	8027
2分51秒	我在城市里拍到了恐龙	2月28日	实拍+合成	三夔	4	84	2565

二、年度科幻中短视频市场情况

科幻中短视频可分为“二创类”和“原创类”两大类，两者的市场经营逻辑截然不同，2022 年科幻中短视频的产业规模约为 1.74 亿元，其产业营收主要来自“二创类”科幻中短视频。此外，科幻中短视频具有较高的影响力和巨大的营销潜力，对科幻产品的消费与科幻文化传播具有带动作用。

（一）二创类科幻中短视频的市场之路

“二创类”科幻以账号运营为主，旨在通过长期稳定的高质量内容生产，获得稳定的视频流量，继而通过各类商业操作将流量变现。“二创类”科幻的基础收益，由创作者激励（播放量奖金）、广告商单、链接分佣构成。此外，还可通过直播带货佣金、粉丝打赏、商业授权等方式争取更多收益。此前，创作者激励数额较高，可以勉强支持小团队生存，但随着创作激励规则调整，该部分收入跌幅较大，依靠广告商单创收在所难免。

商业报价的基础，取决于账号的粉丝画像、粉丝量，以及作品的播放量、点赞、评论、转发等互动数据。更关键的是，取决于是否能够吸引某种目标受众。例如美妆类账号，基于内容属性，可直接吸引快时尚客户。而观看科幻的受众，从用户画像上看，普遍男性粉丝居多。其中，在年龄分布上，B 站的受众年龄大多偏年轻，18 ～ 23 岁的比较多；抖音和快手的受众年龄偏大，大多在 31 ～ 40 岁。在地域分布上，抖音和 B 站的用户大多分布在以广东为代表的城市，快手的用户大多集中在三线城市，往下还覆盖到了四五线城市。通过数据可推测，就科幻受众而言，抖音用户购买力更强，B 站用户具有潜力。

除了商业推广，科幻中短视频还可实现带货销售。2022 年全年的抖音带货科幻视频中（见表 7），图书类无论是视频数量还是销量均占大头。涉及刘慈欣的图书销量有 50.53 万，约占三分之一。此外，数码和潮玩也是与科幻调性十分匹配的品类。

表 7　2022 年抖音科幻中短视频带货销售情况（不完全统计）

类别	带货视频/部	预估销量	预估销售额/元
图书	843	30626 册	1663260
潮玩	118	2822 件	486047
电影	11	584 套票	106046
数码	127	3152 件	78948
其他	93	6523 个	300085
汇总	1192	—	2632406

除了对科幻产品的消费，“二创类”科幻中短视频还对科幻文化传播有积极作用，在《爱、死亡和机器人》第三季、《胶囊计划 2022》、《阿凡达：水之道》等科幻相关作品上线或上映时，均有大量账号介绍或解读，推动相关作品的破圈传播。

（二）原创类科幻中短视频的生存之路

几乎所有原创科幻中短视频创作者都面临一个问题——如何生存。成本方面，科学与幻想成长基金的联合调查中显示，学生科幻作品制作成本相对不高，动画类科幻中短视频以 5000 元以下的开销用“时间换效果”。实拍合成类科幻中短视频成本在几万元到十几万元不等。专业科幻中短视频，成本为 30 万元至 50 万元，而动用虚拟拍摄等拍摄技术的项目，成本更是高昂，单日设备使用费报价就有十几万元。

收益方面，潜在收入来源最高的是赛事奖金（几千元到上万元不等，需要竞争后获得）。此外，作品上线后，还有创作者激励、粉丝打赏（充电）等收入来源，但这部分收入十分微薄。2021 年 B 站头部原创科幻中短视频《DEEP：深海》播放量惊人，但据作者自述，算上粉丝充电，该视频最终收入只有 1000 多元。头部作品尚且如此，其他原创作品的情况可想而知。

前文提到，想要从创作者激励中获得更多收益，需要持续高质量产出。但现阶段原创科幻中短视频不可能达到这样的产能。由此可见，从经济上来看，原创科幻中短视频投资巨大、收效甚微是大概率事件。原创科幻中短视频创作者基本只能通过其他有收益的项目来给科幻项目输血。个人工作者精力有限，只能另辟蹊径，结合现有项目自制课程售卖、售卖 NFT[①]，或者参与 Partme[②] 这类“会员订阅制”平台来维持收入。

值得一提的是，在《爱，死亡和机器人》成功验证短篇集模式后，国内各平台也相继推出如 B 站《胶囊计划 2022》、腾讯视频《白日梦》等作品，扶持青年创作团队，虽入选标准相对严苛，但也为原创类科幻创制打开一条新路。

原创类科幻中短视频更像对梦想的投资，无论是实现科幻理想，还是希望有机会做更大的科幻梦。科幻中短视频是不合格的商业产品，但却是理想的 MVP 产品（最小可行性产品）。通过作品面向网络或创投，能够迅速验证核心科幻创意的可行性与市场前景，继而争取更多的可行性。这条路常有先例可循，远有乔治·卢卡斯（Geoge Lucas）的《THX 1138：4EB》发展为《五百年后》，近如尼尔·布洛姆坎普（Neill Blomkamp）将个人短片《约翰内斯堡的外星人》扩成《第九区》。而国内最为著名的案例，当属 2008 年凭借个人原创科幻动画短片《打，打个大西瓜》走红的“饺子”导演杨宇，充分证明个人实力，此后获得机会指导《哪吒之魔童降世》，并打破国产动画票房纪录。

三、科幻中短视频的发展前景

2022 年，在“科幻十条”与科影融合及相关政策的加持下，国内科幻从业者辛勤工作，科幻在电影、电视剧、动画等各个领域全面开花，这其中也包括中国科幻中短视频。这源于三个变量。

技术变量方面，2022 年是人工智能生成内容（AIGC）正式崛起的元年。图像生成器 DALL-E 2、Disco Diffusion 生成的画作广为传播，而 ChatGPT 聊天机器人的问世更是引起轰动。通过文本生成图像、图像生成图像，甚至文本生

① NFT：Non-Fungible Token，非同质化代币，基于区块链技术的契约数字化凭证，可用于数字创意作品所有权交易。

② Partme：会员制订阅平台，创作者可通过发布会员专属内容并设定权益，获得粉丝的付费订阅支持。

成视频等技术，前沿 AI 应用被带入了大众视野。各类 AI 以极快的速度迭代，超出业内人士预期。对于科幻影视制作而言，AI 生成内容距离科幻电影“工业级”标准还需一段时间，但对于科幻中短视频的“民用级”需求已经足够。这意味着科幻中短视频的降本增效提质，让“更多人产出”和“让人产出更多”成为可能。

市场变量方面，技术变量降低了制作门槛。面对红海的短视频市场，更具想象力与未来感的科幻题材会随着供给提高，进一步破圈，吸引企业关注并投资科幻短视频领域。网络视听不再仅是娱乐手段，还成为获取信息、学习知识的渠道。科幻题材具备一定的科普属性，能够以“降维打击”的方式从“想象力教育”中承接这部分受众需求。美国奈飞公司（Netflix）的“爱，死亡和机器人”系列已经验证了短篇集的商业通路，平台和个人创作者均可考虑通过科幻短篇集“抱团取暖”的形式共同推动科幻中短视频发展。

文化变量方面，经过无数科幻前辈的努力，国内科幻土壤正逐渐肥沃起来。2023 年，世界科幻大会首次在中国举办，将进一步深化大众文化的科幻观，并改变世界对中国科幻的印象。科幻中短视频将在其中起到至关重要的作用。对国内而言，通过抖音、快手、B 站等多个平台，通过与观众互动的 MVP 产品，可探索本土科幻更多的可能性。对海外而言，响应时代号召，从更有格局的视角切入，讲好中国故事，开展关于人类命运、人类共同发展的叙事，将助力中国科幻走向世界。

总之，科幻中短视频虽“短小精悍”，却对整个中国科幻产业起到“四两拨千斤”的撬动作用，它们以惊人的速度扩张，产生了巨大的影响力，它们积极拥抱高新科技，让新技术赋能产业，令世人瞩目。其营销和推广功能，为科幻电影、图书和其他文化产品进行宣传和造势，创造了巨大的市场机遇。“二创”的火热，原创的崛起，让各类科幻作品走进大众视野，夯实了本土科幻的文化土壤。随着这些视频的快速发展，无论是技术探索、文化创新，还是为市场探路，都将为本土科幻带来新的可能，让中国科幻在世界视野内有了新的位置。

作者简介：

张子瑞，独立科幻导演，中国科幻研究中心“起航学者”，中国科普作家协会会员，《世界科幻动态》特约通讯员。深耕科幻影视领域多年，长期跟踪和研究世界最新科幻影视制作技术，并付诸实践。代表作科幻短片《ERROR 404》获中国科幻水滴奖，科普短片《A little》等获北京科普动漫创意大赛最佳科技表现奖。

刘宇坤，中国传媒大学艺术研究院博士研究生，主要研究方向为艺术传播、科幻影视。

（王俞萱、林华浩、刘雨珂参与了本报告的数据收集工作。）

年度中国科幻游戏产业发展报告

方　舟　刘凌君　欧阳样

2022 年，受中国游戏市场整体规模缩减的影响，中国科幻游戏市场销售额减少，用户规模下降。中国科幻游戏整体营收 647 亿元，与 2021 年相比减少 23 亿元，同比下降 3.4%；在营收下降的情况下，科幻游戏在游戏市场占比由 2021 年的 22.6% 上升至 24.3%，近几年保持持续上升的态势，具备较强的发展潜力（图 1）。国内游戏市场收入 565 亿元，其中手游市场收入 562 亿元，电脑端和主机端整体收入 3 亿元；海外市场收入 12 亿美元（约合人民币 87 亿元），手机端科幻游戏收入 11 亿美元，电脑端和主机端科幻游戏海外市场收入 1 亿美元。

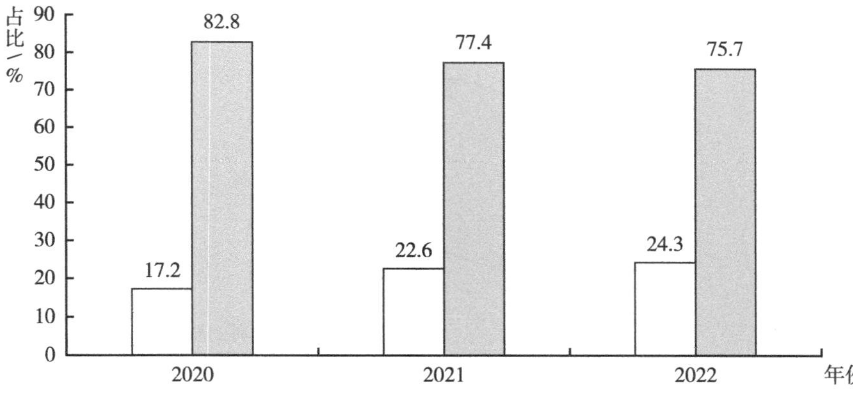

图 1　2020—2022 年中国市场科幻游戏收入占比与其他类游戏收入占比

本报告将科幻游戏分为“核心科幻游戏”和“泛科幻游戏”两个类别。核心科幻游戏突出强调科幻精神内核在游戏中的重要性，泛科幻游戏具有相关科幻元素设定，如世界观、游戏背景等，但科幻属性在游戏中的存在感较弱。

一、手机端科幻游戏

2022 年，全球移动游戏市场陷入低迷，总规模约为人民币 5945.19 亿元，同比下降 10.26%，这是全球手游市场经过 10 年的快速增长后首次出现下滑[1]。这一年，国内手游市场也出现了下滑，2022 年，我国移动游戏市场实际销售收入为 1930.58 亿元，比 2021 年减少 324.8 亿元，同比下降 14.40%[2]；我国移动游戏实际销售收入占游戏市场总体规模的 72.61%，为近五年以来首次降低。我国移动游戏用户规模约达 6.54 亿人，同比下降 0.23%。移动游戏用户规模增长已经停滞。2022 年国内手机应用市场在线游戏数量总计 9.71 万款，同比下滑 11.07%[3]。手游市场下降的原因包括全球经济衰退、新型冠状病毒感染疫情造成玩家行为和付费习惯变化，以及苹果应用透明度追踪（ATT）政策导致买量成本上升等。

2022 年我国科幻手游市场收入为 562 亿元，占中国整体手游市场的 29.1%，在科幻游戏市场总收入中占比 86.9%。其中，泛科幻游戏数量在科幻游戏总量中约占 70%，市场份额占科幻手游市场总额的 87%；核心科幻游戏数量约占 30%（图 2），市场份额占 13%（图 3）。

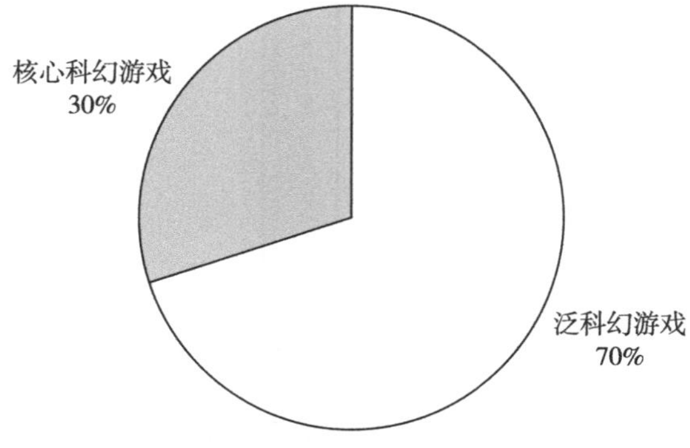

图 2　2022 年中国科幻游戏市场泛科幻游戏与核心科幻游戏数量占比

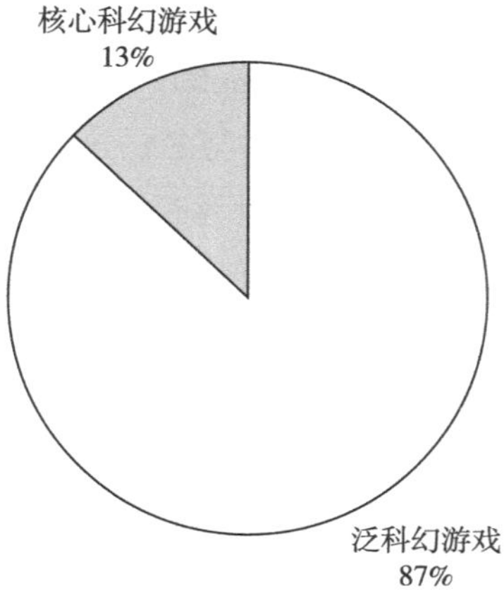

图 3　2022 年中国科幻游戏市场泛科幻游戏与核心科幻游戏市场份额占比

2022 年，市场收入排名前十的科幻手游中，泛科幻游戏有《王者荣耀》《和平精英》《明日之后》《红警 OL》《时空猎人 3》《明日方舟》，核心科幻游戏有《无尽的拉格朗日》《崩坏 3》《幻塔》《碧蓝航线》。

市场营收居前列的泛科幻游戏以发展稳定的老 IP 游戏居多，这些游戏采用科幻题材作为游戏世界观，但真正涉及科幻的内容相对较少。《王者荣耀》是由腾讯天美工作室推出的竞技手游，其故事背景中包含宇宙探索、时空穿越等科幻元素。该游戏目前是全国最热门的 MOBA 游戏[①]，2022 年蝉联国内手机游戏畅销榜首。《和平精英》是由腾讯光子工作室群自主研发的第三人称射击游戏。近年来该游戏积极向科幻靠拢，推出“和平精英 2050：重启未来”版本、与《科幻世界》杂志跨界联动，用科幻概念赋予游戏新的风格，玩家在游戏中总是能接触到一些带有鲜明科幻意味的游戏场景和元素，如遍布黑刃母舰、反重力摩托车、侦察机器人等未来科技产物的海岛地图，还有推出的银河战甲、精密机核、太极红客系列的皮肤和道具等。2022 年《和平精英》依然占据国内手机游戏畅销榜第二名，但是年收入相比 2021 年有所下滑。《明日之后》是网易开发的“末日废土题材”开放世界生存大型多人在线手游（MMO），在游戏中玩家置身于被病毒袭击后的废土世界，面临病毒感染者和

① MOBA 游戏即 Multiplayer Online Battle Arena，多人在线战斗竞技场游戏。

恶劣的生存环境，从零开始获得生存技能，与其他玩家争夺有限资源。该游戏上线已有四年，一直稳居游戏畅销榜 Top50，目前用户规模已突破两亿。《红警 OL》是由北京有爱互娱科技有限公司与 EA、腾讯游戏合作推出的一款现代战争题材的策略类手游（SLG），游戏世界观背景是美苏对抗，带有英雄、战略、芯片等战斗培养元素，还引入泰伯利亚战争、联合军演、航海远征等玩家与玩家对战的玩法（PVP）。2022 年该游戏一度跻身于全球 Top30 策略类手游榜单和国内 Top10 策略类手游榜单。《时空猎人 3》是由银汉游戏研发、哔哩哔哩游戏独家代理的横版格斗游戏。该游戏延续“时空猎人”IP，采用二次元机甲风格，游戏世界观以未来科幻星球为背景。该游戏于 2022 年 6 月底上线，此前经过了长达两年的营销和测试，曾被评为金翎奖“玩家最期待的移动网络游戏”[4]。《明日方舟》是由上海鹰角网络开发的战略经营类游戏，玩家在游戏中作为罗德岛的领导者——“博士”，带领罗德岛的一众干员救助受难人群、处理矿石争端，在错综复杂的势力博弈之中，寻找治愈矿石病的方法。该游戏曾获得游戏领域的第四届金陀螺奖“年度影响力游戏奖”，其主题曲《Renegade》获得了第十一届好莱坞音乐传媒奖年度提名。2022 年，该游戏月均流水 1.3 亿元左右[5]。

2022 年核心科幻手游在游戏内容创新、市场营收和业界口碑上都取得了亮眼的成绩。《无尽的拉格朗日》是网易开发的策略类手游，以星际航行为游戏世界观背景，玩法上含有“4X”要素①，玩家以拉格朗日系统为交通网，在银河系区域内组建舰队、参与太空战争、缔造星际联盟、开拓未知星系。该游戏于 2021 年 8 月上线，上线后收入记录持续增长，一度跻身手机应用市场游戏榜、策略类免费游戏榜、大型多人在线游戏榜等榜单前列。2022 年该游戏摘得诸多奖项，包括 2022 游戏十强年度榜之优秀游戏美术设计奖、金翎奖最佳原创移动游戏、CGDA 最佳游戏原画美术设计优秀奖、HMMA 提名等。《幻塔》是完美世界游戏旗下 Hotta Studio 研发的一款开放世界末日拓荒游戏，采用“末日废土”题材，游戏世界观设定在被“原能辐射”污染的地外行星“艾达星”上，玩家扮演“拓荒者”，随着剧情的发展与变异生物和敌对势力战斗。开发商非常注重通过游戏内容吸引玩家，随着《幻塔》版本升级，开发

① “4X”要素指探索（explore）、扩张（expand）、开发（exploit）、征服（exterminate）。

者先后推出维拉时空、无序迷城、海底世界溟海等吸睛内容，版本升级一度冲上微博、B 站等社交媒体热搜榜。2022 年，该游戏也多次跻身于游戏畅销榜 Top10，还获得 UOD2022 年度最佳游戏、TGA2022 年最佳手游提名奖等奖项。《崩坏 3》是米哈游开发的动作类手游（ACT），是崩坏学园系列的第 3 款游戏，其世界观设定是在近未来被神秘的灾害“崩坏”侵蚀的世界，勇敢的少女们穿上机甲、拿起武器，与“崩坏”战斗。该游戏上线已有 6 年，已经形成了较强的竞争力，目前是“二次元”3D 动作游戏品类的头部产品，根据艾瑞咨询报告，该游戏位列 2022 年中国云游戏热门产品 Top10 榜单[6]。《碧蓝航线》是由蛮啾网络与勇仕网络开发的策略养成手游，游戏的世界观设定是表面被海水覆盖的蓝色星球，玩家需要集结、共享来自各大阵营的科技与资源，夺回海域控制权，玩法结合了策略养成、弹幕、塔防、社交玩法等，2022 年该游戏注册玩家已突破 2000 万[7]。

在我国科幻手游中，约半数以上为“二次元”游戏①，该类型游戏2022年在科幻手游市场中占比达 13.3%，收入约为 75 亿元，与 2021 年相比增加 12 亿元。入围中国手游 2022 年收入 Top200 榜的 18 款科幻手游中[8]，9 款为二次元科幻手游，包括《明日方舟》《幻塔》《崩坏 3》《碧蓝航线》《时空猎人 3》《无期迷途》《深空之眼》《战双帕弥什》《空之要塞：启航》，这 9 款手游的 2022 收入流水总和接近 60 亿元。其中《深空之眼》《战双帕弥什》《幻塔》《崩坏 3》一度跻身于 iOS 畅销榜单[9]。2022 年虽然整个游戏市场表现低迷，但是“二次元”科幻手游总体发展稳定，受市场低迷的冲击较少。《少女前线：云图计划》《时空中的绘旅人》《碧蓝航线》《崩坏 3》的市场营收均有不同程度的上升，《战双帕弥什》与 2021 年收入基本持平[10]。

表 1 为 2022 年我国头部二次元科幻手游。

表 1　2022 年我国头部二次元科幻手游

游戏名称	制作公司	游戏发售时间
明日方舟	上海鹰角网络科技有限公司	2019 年 4 月 30 日（iOS） 2019 年 5 月 1 日（Android）

① “二次元”游戏指的是具有“二次元”画风和“二次元”内核的游戏。

续表

游戏名称	制作公司	游戏发售时间
幻塔	完美世界游戏	2021 年 12 月 16 日
崩坏 3	米哈游科技（上海）有限公司	2016 年 10 月 14 日
碧蓝航线	上海蛮啾网络科技有限公司、厦门勇仕网络技术股份有限公司	2017 年 6 月 2 日
时空猎人 3	广州银汉科技有限公司	2022 年 6 月 29 日
无期迷途	MBCC 工作室	2022 年 8 月 11 日
深空之眼	弥弥尔工作室	2022 年 4 月 22 日
战双帕弥什	广州库洛科技有限公司	2019 年 12 月 5 日
空之要塞：启航	蒸汽泡工作室	2022 年 10 月 26 日

以《幻塔》《时空猎人 3》《无期迷途》《空之要塞：启航》《深空之眼》等为代表的一批新上市二次元科幻手游取得了亮眼的成绩。《幻塔》于 2021 年底公测，在国内上线首月流水即高达 5 亿元。《时空猎人 3》上线一周的便获得 1.03 亿元流水[11]。《无期迷途》是由 MBCC 工作室开发、上海自意网络发行的一款策略类手游，该游戏集合了塔防和即时战斗的玩法。游戏世界观设定在陨星坠落形成的环状异变区，玩家将扮演米诺斯危机管理局局长，负责追缉控制危险的禁闭者，同时借助禁闭者的力量应对灾变和危险。该游戏于 2022 年 8 月 11 日上线公测，当日登上多渠道推荐首页，位于 iOS 免费榜第一名，上线 1 个多月后，国内市场累计营收已突破 2 亿元。《空之要塞：启航》是由蒸汽泡工作室开发的一款蒸汽朋克题材手游，融合了冒险跑酷和卡牌养成的游戏特色，以架空的工业革命时代为背景，将二次元的角色造型风格和齿轮轴承等金属元素结合，玩法包括跑酷、多人合作、多人竞技等。该游戏于 2022 年 10 月上线，并且登上了 iOS 国服畅销榜，根据七麦数据，游戏上线首周预估下载 43.6 万次，预估周收入达 846 万元[12]。《深空之眼》是勇仕网络运营的 3D 动作手游，以虚拟网络世界“盖亚”为故事背景，玩家将在游戏中化身“深空之眼”组织的管理员，与修正者小队并肩作战，守护文明秩序。该游戏于 2022 年 4 月 22 日正式公测，依靠成熟的玩法体系吸引众多玩家，游戏首发即登顶 iOS 免费榜[13]，该游戏获得 Made with Unity 中国榜单最佳 3D 游戏奖[14]，入围 2022 TapTap 游戏大赏最佳游戏奖[15]。《胜利女神：妮姬》是由

SHIFTUP 推出的一款第三人称射击手游新作，游戏可以采用 PVP 玩法和 4 人以内合作游玩，玩家将带领少女们抵抗入侵的外星生物，早日夺回地球。该游戏在 2022 年 11 月 4 日上线后，很快在国内市场取得成功，活跃用户达 117 万人。总体来看，2022 年二次元科幻手游在市场营收和业界影响力方面都取得了不错的成绩。

除了上文提及的 2022 年新发科幻手游，一批已立项的科幻手游值得关注（表 2），如《崩坏：星穹铁道》《流浪地球》《代号：降临》《银河境界线》等。《崩坏：星穹铁道》是米哈游研发的“崩坏”系列新作，该游戏为银河冒险题材的策略回合制角色扮演类游戏（RPG），游戏以“穿越银河”为载体，以“叙事”为主体，勾勒出一个个“旅行”的故事。该游戏融合了策略战斗、迷宫探险、城镇探索、“肉鸽”（Roguelike①）等多种玩法，发行前全平台预约人数已突破 1000 万[16]，并入选上海徐汇区文旅局发布的“2022 年度徐汇区文化发展专项资金扶持项目”[17]。核心科幻手游《流浪地球》在科幻电影《流浪地球》的热度下开启了官网预约。《流浪地球》手游基本遵循原著中的世界观设定，选择了地球在启航之初的时间，将贯穿整个故事线的“太阳氦闪”事件作为背景。玩家将扮演地下城的指挥官，通过不同的方式获取各种材料和资源，用以建设城市、发展军力，并参与行星发动机的奇迹工程中。《代号：降临》是一款由字节跳动旗下 MMC SOCIETY 团队开发的末日生存类科幻手游，以高科技文明与外星生物入侵为题材。玩家扮演百年后的幸存者，在这片未来末日中生存下去。该游戏在生存沙盒的基础上，增添了 RPG 元素，呈现出一种科幻生存与装备打造共存的特殊玩法。《银河境界线》是由 Etherous Games 自研的一款二次元太空歌剧战棋手游。游戏中，人类在银河系建立了全新家园，玩家作为帝国精英舰队的指挥官，将率领自己的特别部队，对抗“无机种族—异构虫”大军，同时还肩负着找寻其他“穹界迷宫”的任务。即将发行的科幻手游还有库洛游戏的《鸣潮》、鹰角网络的《来自星尘》、北京壳木《无尽苍穹》、Martian Interactive Entertainment《无人星空》等。

---

① Roguelike：一般指核心玩法沿袭自 20 世纪 80 年代游戏《Rogue》的一类游戏作品。2008 年的国际 Roguelike 发展会议对 Roguelike 类型游戏进行了明确的定义，其游戏特色通常包括非线性进程、永久死亡、重新随机生成新的关卡资源等机制。

表 2 2022 年我国已立项科幻手游

游戏名称	游戏简介	发行公司	（拟）上市时间
崩坏：星穹铁道	3D 银河冒险主题回合制策略游戏	上海米哈游影铁科技有限公司	2023 年 4 月 26 日
流浪地球	中式硬核科幻策略手游	上海散爆网络科技有限公司	—
代号：降临	外星入侵科幻生存游戏	北京朝夕光年信息技术有限公司	—
银河境界线	二次元太空歌剧战棋手游	Etherous Games	2023 年 7 月 26 日
鸣潮	开放世界动作类游戏	广州库洛科技有限公司	—
来自星尘	3D 角色扮演买断制手游	上海鹰角网络科技有限公司	—
无尽苍穹	虚拟遥远未来的大型科幻策略游戏	北京壳木软件有限责任公司	2023 年 7 月 12 日
无人星空	高度自由的沙盒射击游戏	Martian Interactive Entertainment	—

二、电脑端、主机端科幻游戏

在 2022 年，中国厂商并未如 2021 年在电脑端和主机端推出《戴森球计划》《暗影火炬城》等有分量的作品，主要是因为电脑端和主机端开发周期长，投入大，出爆款的概率不高。这导致国产科幻游戏市场较为低迷，整体收入 3 亿元，仅有《纪元变异》和《记忆边境》两款游戏收入突破 1000 万元。

2022 年新开发的电脑端科幻游戏主要有《纪元变异》《记忆边境》以及《开普勒斯》，这三款游戏的销售额接近 5000 万。《纪元变异》是一款像素风格的赛博朋克近未来游戏，该游戏是索尼“中国之星计划”支持的产品之一，游戏将 3D 元素和像素风格相结合，是一款格斗类探索解谜游戏，该游戏自上市以来在玩家群体中获得较好的口碑。虽然游戏整体来看还存在一定的缺陷，但游戏本身的战斗、休闲以及叙事结合的玩法，让这款游戏充满一定的娱乐性，是一款制作较为精良、整体水平上乘的国产科幻游戏。《记忆边境》是一款科幻与奇幻相结合的动作角色扮演游戏，游戏中的瘟疫元素和武器系统是其科幻元素所在，而游戏的魂系玩法使其具有一定的潜力。《开普勒斯》是一款世界观设定在外星世界的 2D 沙盒冒险 RPG 游戏，该游戏既支持多人连接，也可以选择单机玩法，开普勒斯的外星世界设定让其充满一定的科幻氛围感，而游戏较为丰富的娱乐性也在其较为可观的销量上得到体现，游戏中的避难所等元素，也是废土类科幻游戏的经典设定之一。值得期待的国产科幻游戏是柳叶刀工作室的《边境》，该游戏是一款近未来太空第一人称射击游戏，以太空为背景，充分体现真实的空间站环境，进行一场争夺资源的太空战斗。游戏中的武器系统和多样化的地形设定让游戏机制变得复杂且具有很强的可玩性。该游戏已于 2023 年 4 月 14 日正式上线 Steam 平台。

2022 年国外科幻游戏大作在中国游戏市场延续了以往的热度,《赛博朋克 2077》《死亡搁浅》《底特律：变人》《地平线：西之绝境》《无人深空》等高品质科幻游戏在玩家中保持着一直以来的较好口碑和较高的讨论热度。

2022 年值得关注的现象是游戏与影视的双向联动。根据《赛博朋克 2077》改编的动画剧集《边缘行者》一经播出便在游戏玩家群体中引起极大的反响，在游戏本体自发行以来所遇到一系列如优化等问题、游戏并未达到玩家预期时,《边缘行者》的上映带动了游戏下载量、装机量以及老玩家重新装机量的小高潮，动画中的热门情节以及“薄纱重锤”等话题也在一段时间内占据国内游戏论坛和相关视频网站的热搜，一度引发玩家在网络上的二次创作热潮。

另一款重磅作品是 HBO 电视网（Home Box Office，简称 HBO）改编自索尼顽皮狗工作室的同名美剧《最后生还者第一季》。虽然该作的第二部由于游戏情节“不合理”整体口碑直线下滑，并一度引起全球游戏玩家巨大争议，但由 HBO 电视网制作的《最后生还者第一季》于 2022 年内放出几款预告片进行预热，而前期选角讨论及部分电视剧物料的放出还是再次引发极大关注。受到电视剧前期热度的影响,《最后生还者：第一部》游戏也再次在玩家群体中引发热议，而该系列一代的重制版也已经登陆 PS5 平台，并于 2023 年 3 月 28 日登陆 PC 平台。《最后生还者：第一部》作为一款 2013 年发售的末世生存单人游戏，在过去 10 年时间里，一直在中国玩家群体中保持极高的口碑和极强的讨论热度，该游戏的通关视频播放量在相关平台的总播放量中位居前列，是一款集高品质与高口碑于一身的 3A 大作。2023 年随着该电视剧的正式播出，相信以《最后生还者：第一部》为代表的末世生存科幻游戏将在中国玩家论坛和群体中再次引起极高的讨论热度。

《光环》作为另一款顶级科幻游戏，由派拉蒙影业制作的同名美剧于2022年上映。该作自带“光环”属性，前期宣传的几大卖点，如每集拍摄成本高达1000万美元，以及拍摄过《头号玩家》的美国导演史蒂文·斯皮尔伯格参与监制等，都让该作在播出前便引发强烈关注。虽然该作播出后口碑并未达到预期，游戏中部分情节的设置与原作差异较大，人物选角不符合游戏设定，以及最为玩家所诟病的——游戏中一直佩戴头盔的“士官长”在电视剧中摘下头盔，以真面目示人，打破了大部分人对于“士官长”这一形象的想象。虽然口碑与评分不佳，但《光环》作为一款现象级科幻游戏，改编电视剧的播出还是带动了游戏玩家数量以及相关数据的增长，这一科幻游戏史上的经典IP的影视化道路在未来仍旧值得期待。

近年来，一些游戏厂商选择将旗下手游上架PC平台，米哈游旗下的传统热门二次元科幻手游《崩坏3》现已上架Steam平台，该游戏在上架初期曾遭遇蓝屏和数据不互通等问题，经过后续不断更新，克服了这些问题，玩家体验反馈良好，特别是经过优化之后，玩家在普通配置的电脑设备上也能流畅地玩这款游戏。该游戏的主要玩家还是集中在手机平台，未来PC端的继续优化是游戏制作商面临的主要问题。如莉莉丝使用虚幻引擎4打造的废土题材射击游戏《末日余晖》即将上架Steam平台，该游戏现已公布相关电脑配置需求。作为一款末日废土射击游戏，它具有较强的娱乐性，呈现美式卡通风格，整体视觉效果较为明亮，不同于传统灰暗色调类废土射击游戏，同时具有“辐射”系列与《堡垒之夜》的美术渲染效果。总的来说，中国游戏厂商在PC端和主机端的游戏开发制作与发行还有很长的路要走。

电脑端与主机端科幻游戏对设备配置有一定的要求。从硬件发展来看，目前我国已经具备较好的条件助力科幻游戏的发展。以VR/AR头显为例，2022年我国VR出货量为110.3万台，AR出货量为10.3万台，其中Standalone VR首次在中国突破年出货量100万台大关[18]，这表明科幻游戏所依赖的虚拟场景的孵化和培育技术正在走向成熟。这一方面是由于游戏技术与VR/AR技术具有高度重合性：根据中国科学院发布的《游戏技术－数实融合进程中的技术新集群》数据，游戏技术对VR/AR产业的科技进步贡献率达到了71.6%，游戏技术将成为维持VR/AR技术相对优势的关键力量[19]。值得注意的是，科幻游戏是 VR/AR 设备最有可能率先实现大规模应用的游戏类型之一，VR/AR 设备可以为用户提供与虚拟世界沉浸式交互的游戏体验，增强游戏的强烈的拟真度与代入感，这与科幻游戏的幻想世界观设定具有极高的匹配度。另一方面是由于随着 VR/AR 技术的发展，游戏成为 C 端 VR/AR 核心消费场景，据统计，截至 2022 年 12 月底，Steam 平台中支持 VR 的内容为 7111 款，其中 VR 游戏 4674 款，在 VR 内容中占比高达 65.7%[20]。此外，科幻游戏约有 365 款，占 VR 游戏的 7.8%，此类游戏目前多以动作冒险类游戏为主，其中第一人称射击游戏和单人解谜游戏最受开发者和玩家青睐。

三、科幻游戏出海情况

2022 年，随着全球游戏市场收入呈现下滑趋势，以及人民币汇率波动较大、海外竞争明显加剧等因素的影响，中国游戏在美日韩三大市场均有不同程度的下滑。我国自主研发游戏的海外市场实际销售收入为 173.46 亿美元，同比下降 3.70%[21]。在中国游戏出海规模整体下降的情况下，2022 年我国科幻游戏出海依然取得了稳定的成绩，整体收入达到 12 亿美元，占中国自研游戏海外市场实际销售收入的 7%。其中手游 11 亿美元，电脑端和主机端 1 亿美元。

科幻手游海外市场中，FunPlus 旗下末日生存题材策略类游戏《State of Survival》表现亮眼，在中国手游海外收入排行榜中排名第三，《State of Survival》是中国游戏厂商尝试丧尸题材的策略类游戏中较为成功的一个。《明日方舟》《幻塔》《崩坏 3》《机动战姬：聚变》《胜利女神：妮姬》《少女前线：云图计划》等国产科幻手游在海外市场表现稳定，数次跻身于游戏下载榜单前列，其中《明日方舟》《幻塔》《崩坏 3》《碧蓝航线》的海外收入超过 1 亿美元[22]。《胜利女神：妮姬》作为腾讯于 2022 年 11 月 4 日在海外推出的竖屏二次元射击游戏，上线当天便登上了日本、美国、韩国等多个海外市场的 iOS 手游免费榜榜首，首月全球总收入超过 1 亿美元[23]。其中《幻塔》海外表现值得关注。《幻塔》正式上线前，对标的产品是《原神》，但实际表现不及市场预期。《幻塔》作为一款MMORPG游戏①，与《原神》“二次元”开放世界动作冒险游戏的性质相比，在受众群体上具有一定的差别。国内市场的不及预期并未影响《幻塔》出海，作为《幻塔》的海外发行方，负责其海外业务的腾讯Level Infinite在付出2亿美元的海外渠道买量的同时，精确找准该游戏受众群体。《幻塔》于2022年第三季度登陆海外市场，取得多个国家App Store免费榜第一的位置，这不仅是因为游戏自身的高品质，同样也得益于发行商制定的合理的海外发行策略。

近年来，部分厂商持续选择旗下中重度游戏出海，通过精细化运营在海外市场逐渐站稳脚跟，形成了出海游戏的头部梯队。越来越多的游戏公司选择在海外设立分公司，以贴近“本地化”需求：如腾讯在美国加州设立新工作室LightSpeed LA，专攻开发3A级游戏，在加利福尼亚州设立工作室Uncapped Games，专注于开发PC平台的即时战略类游戏等；网易2022年搭建了4家海外游戏工作室，策划收购加拿大游戏工作室SkyBox Labs[24]。但是目前我国科幻手游出海与其他游戏一样依然面临着获客成本提高、数据合规、政策合规、文化差异、网络安全以及区域网络覆盖的问题。纵观2022年全年中国手游海外商店收入榜，前十名相对比较固定，很多头部梯队的游戏已经运营了三年甚至以上的时间，只有《弹壳特攻队》和《幻塔》这样在海外引发热议的现象级新作才能进入榜单，说明手游海外市场版图基本确定，头部游戏营收与后来者差距逐渐拉大。

2021年至2022年国家政府陆续出台相关文件政策，在一定程度上助推中国手游提高海外市场竞争力。如2021年10月商务部等24部门联合发布的《“十四五”服务贸易发展规划》，将“数字贸易”列入服务贸易发展规划，为包括游戏在内的数字产业“走出去”营造良好环境；2021年12月国务院印发《“十四五”数字经济发展规划》，鼓励拓展云游戏新业态，提出支持中国数字经济企业“走出去”，积极参与国际合作；2022年7月商务部等27部门联合印发《关于推进对外文化贸易高质量发展的意见》，强调游戏出海对于经济发展、对外文化贸易、文化传播的重要性，为国产游戏出海提供了积极的政策支持。

---

① MMORPG游戏即Massive Multiplayer Online Role-Playing Game，大型多人在线角色扮演游戏。

四、值得关注的现象

2022年我国科幻游戏产业发展中，有五个值得关注的现象。

一是科幻IP呈现多样化运营的态势。2022年，中国科幻游戏注重IP运营，特别是头部科幻手游采取了多样的IP运营策略，开发者在丰富IP游戏内容的同时，更加注重其社会责任，彰显科幻游戏在普及科学知识、助推科技发展、弘扬优秀传统文化、引领青年一代价值观等方面的社会价值。2022年9月3日，在国家版权交易中心联席会议主办的“2021国家年度IP”评选中《和平精英》《崩坏3》分别获得游戏赛道的银奖和铜奖[25],《王者荣耀》与《和平精英》作为首批网络游戏精品入藏国家版本馆[26]。2022年《和平精英》的IP运营专注于超级数字世界和现实场景的联动，打造以游戏剧情、角色、经典符号为内容支撑，以游戏、音乐、动漫、综艺、文旅和电竞赛事等为衍生媒介的超级IP综合体。在IP联动上,《和平精英》与《中国国家天文》杂志、中国航天神州传媒、中国科学院海洋研究所等科研科普IP合作，致力于知识科普；与40多个流行品牌跨界联动，涉及餐饮、服饰、家居、日化快消、汽车等消费领域，迎合年轻一代的消费特点，锚定消费趋势；与“小黄鸭”“高达”“洛天依”等流行文化IP联动，扩展其IP内容，提高跨界影响力。此外，2022年《和平精英》入选杭州亚运会电子竞技的正式比赛项目，成为首批进入亚运会的电竞项目。2022年《和平精英》的IP内容生产有两个主要维度：其一是根植于中华民族优秀传统文化内核，致力于传播和传承传统文化。2022年1月《和平精英》上线“龙狮迎冰雪”新春版本，在“龙狮城”中植入龙狮载具、新年撞钟、抢头彩等多种玩法，将舞龙舞狮的年俗文化与玩家的对局体验相融合，12月在癸卯兔年春节新版本中把中国古典建筑江南园林搬进海岛地图，同步上线“鲤鱼跃龙门”“唤醒年画”等传统民俗主题的玩法；其二是以Z世代的现实生活为外延，游戏内容紧跟时事热点，呼应现实问题，注重对青年一代的价值引领。在新型冠状病毒感染疫情当下,《和平精英》联动刘畊宏的活力健身操、举办线上毕业典礼，分别呼应全面健身、毕业潮等时间节点。《和平精英》的虚拟数字代言人吉莉作为歌手亮相中央广播电视总台《奋斗的青春——2022年五四青年节特别节目》，与青年演员、歌手及高校学子同台演出《New Youth（新青年）》，展现中国新青年的逐梦精神；吉莉受邀成为全球首位出席联合国妇女署活动的数字人嘉宾，发表《加油，实莉派》的开场致辞，向世界传递和平精英开放、多元、进取的价值观，鼓励年轻一代打破陈规、追求梦想。

2022年《王者荣耀》游戏IP运营有两个明显的特点。首先，注重IP长线叙事和多维度叙事。主创团队对未来的故事大纲做了长达12年的规划，除了游戏本身，还设置故事站、漫画、视频、音乐等丰富叙事维度。其次，致力于探索和挖掘游戏内容与中国文化的深度融合，弘扬和传承中华优秀文化。2022年5月《王者荣耀》推出峡谷国乐团，携手青年演奏家深耕国乐领域，创新融合王者东方幻想风格与民族音乐演绎形式，第一首发行作品即为《王者荣耀》同人曲国乐版《百战成诗》；7月，与1986版《西游记》进行IP联动，推出五款新的英雄皮肤，还原了诸如孙悟空的行者衣、虎皮裙，唐僧的毗卢帽、袈裟等经典印记，改编经典歌曲《云宫迅音》和舞蹈《天竺少女》，由此带来的话题“玉兔公主舞蹈”一度登上快手、抖音热榜。除了与传统文化IP联动,《王者荣耀》也尝试更多维度的IP运营策略，比如在北京环球影城举办了为期三个月的“王者荣耀英雄盛会”主题活动，与《合金弹头：觉醒》联动新发角色英雄莱西奥，与Myethos合作推出Gift+系列“燎原之心——云缨”[①]手办等。2022年头部科幻游戏IP的运营更加注重内容对于传播优秀中华民族传统文化、科学知识普及、青少年价值观引导等方面的现实意义，以游戏回应现实，服务社会。

二是中国科幻游戏市场出现一批“科幻+科普”类产品。腾讯于2022年1月推出的《碳碳岛》作为一款模拟经营和科普类游戏，旨在帮助更多人意识到我们当今面临的重大环境问题，已经吸纳千万人次参与低碳知识科普，并获得“绿色游戏创意计划”（Green Game Jam）年度“最快落实奖”。APPTUTTi HongKong开发的《基因密码》于2022年7月在大陆上市，该游戏旨在向玩家

① “云缨”是手游《王者荣耀》中的女性英雄角色。

科普菌类、微观宇宙和纳米机器人的相关知识。APPTUTTi 研发的另一款游戏《生存保卫战》是一款同时针对儿童和成年人的科普生态学的学习策略游戏，游戏设定十分贴近现实生活，玩家可以通过游戏了解实际的环境问题以及原因，预计将于 2023 年上市。贝叶斯数据技术（武汉）有限公司开发的科幻手游《灯塔计划》获得中国游戏产业年会 2022 年度游戏十强优秀社会价值游戏提名奖，该游戏以宇宙的灯塔脉冲星的科学发展史为主线，是集科普、科研、娱乐于一体的互动科学 App，用户在 App 中既能体验了解脉冲星科学曲折而又神奇的发展史，又能参与真实脉冲星相关的天文观测与探索。研发者与国家天文台、北京大学、印度天文台等多个科研机构建立了合作，将这些天文台数据植入产品，以游戏的形式让用户了解天文宇宙，并利用自身的计算资源参与前沿数据探索。这一类"科幻 + 科普"游戏对于知识科普宣传、教育教学、文化服务等社会公益性事业起到了积极正向的作用，体现了科幻游戏作为一种侧重于科技与知识的复合型文化产品，具有独特的社会价值。

三是影游融合的深度发展。"影游联动"是较早出现也是当前最为普遍的 IP 改编商业范式，在美国，经典科幻影视作品早已成为游戏的重要 IP 来源。在国内，以获得中国科幻银河奖最佳科幻游戏的作品为例，《王者荣耀》衍生出以《王者荣耀》为 IP 核心内容的电视剧《你是我的荣耀》、综艺《集结吧王者》和《嘴强王者》等在收视率上均有不错表现。中国实施科幻游戏与科幻影视的同 IP 跨媒介叙事开发策略，开展"影游联动"具有一定的潜力，能够打通中国科幻影视与科幻游戏这两种媒介的受众群。一方面，科幻游戏与科幻影视在世界观设定以及媒介元素上有较强的共通之处；另一方面，线性叙事的影视作品与非线性叙事的游戏作品共同为受众服务，可以形成强势 IP，扩大品牌价值与影响力。当前我国由科幻游戏衍生的影视作品尤其是动画作品较为丰富，也获得了不错的成绩。例如改编自鹰角网络开发的手机游戏《明日方舟》的电视动画片《明日方舟：黎明前奏》自 2022 年 10 月 29 日在哔哩哔哩独家播出第一集后，仅三日时间，其日语配音首集播放量超过 380 万次，中文配音首集播放量超过 140 万次[27]。反观之，由中国科幻影视作为 IP 进行开发运行的游戏还比较少，科幻影视"影游联动"的运营理念相对滞后。值得一提的是，随着《流浪地球》IP 系列电影大火，手游《流浪地球》也即将面世。

“二次元”游戏厂商散爆网络宣布由刘慈欣、郭帆工作室正版独家授权的手游《流浪地球》开启预约，随后便在手游玩家社区TapTap上取得了可观的预约量；“流浪地球手游”置顶微博也积累了大量的转发和评论，《流浪地球》电影的观众齐聚评论区表达自己的期待。可见，由热门科幻影视IP衍生出的科幻游戏一直备受国内科幻爱好者及游戏玩家关注，探索一条“热门IP+粉丝电影+游戏联动”的影游联动路径，作为我国科幻IP商业化的模式，高效调动影视与游戏两大文化资源，围绕同一个IP生产相关联的产品，持续提升IP商业价值，塑造经典文化品牌极具意义。

四是人工智能生成内容（AIGC）的飞速发展助力科幻游戏的制作。AIGC在绘画、文本、代码等创作领域的表现越来越成熟，2022年8月，人工智能公司Stability AI推出了AI生成平台Stable Diffusion，将AI图像生成的效率和精度提高到了前所未有的水平。在最基础的终端设备上，只需输入关键词就能生成高质量的AI图像，AI绘画的爆发式发展让大众感受到了AIGC的强大魅力。2022年11月，美国OpenAI公司研发的聊天机器人程序ChatGPT发布，瞬间火爆全网，ChatGPT在文本生成领域几乎可以做到“以假乱真”，AI内容生成能力空前提升。2022年12月，AIGC入选美国《科学》杂志发布的2022年度科学十大突破名单[28]。

在游戏领域，几乎各个游戏厂商都在持续招揽和培养AIGC相关人才，而部分游戏厂商已拥有对应平台，如腾讯的CDG AI Lab、IEG Cros，网易的网易伏羲、互娱AI Lab以及米哈游的逆熵研究院等。具体到腾讯、网易和米哈游三大游戏厂商，其在AIGC落地上的共通点是自动生产3D资产，不同之处在于：腾讯游戏分出部分精力在动画生成方面；网易游戏强调人机协作，辐射至工程机械领域；米哈游重点关注鹿鸣AI，打造强智能数字人。鉴于科幻游戏较强的科技属性，预计会是最受益于AIGC的游戏类型之一。首先，科幻游戏是包含文本、音频、视频、图片等多种形态在内的复杂内容，其对生产工具的适配性要求非常高。其次，科幻游戏强调实时体验和沉浸体验，其生产方式需要尽可能高效逼真。AIGC能满足这两方面的要求，AIGC在科幻游戏领域的广泛应用会极大提升生产效率与促进玩法创新。这体现在以下几个方面：一是AIGC能够根据文本生成语音、根据主题生成场景、根据二维图像生成三维模型等，极大提升游戏的程序、策划、美术、音频等环节的生产力，压缩游戏整体项目的研发周期与人员规模，大幅降低游戏制作成本。例如，《和平精英》团队在2022年携手腾讯AI Lab、腾讯游戏CROS GVoice团队，基于深度学习在语音编解码器上的突破，将人工智能编解码器（AI Codec）技术全面应用于《和平精英》的游戏语音中优化了游戏内的语音交流。二是AIGC可以渗透到游戏制作的各个方面，AIGC具备强大的自然语言处理（NLP）算法、深度学习算法等功能，能快速生成游戏中的剧本、地图、人物、动作等重要内容，极大地降低了游戏的创作门槛。三是AIGC生产模式下游戏将千人千面，用户可以享受专属剧情和人物，非玩家角色（NPC）也不再是简单规则约束的玩偶，可以对玩家行动做出反应，游戏产品的可玩性将大大提升。腾讯的《王者荣耀》游戏中的“王者觉悟”，2018年通过监督学习方法，模拟学习了职业联赛中职业选手的操作，2022年便能应用于玩家教学及算法自动生成关卡，展示了AI丰富玩家体验、降低制作成本的能力。

五是游戏版号的发放为科幻游戏产业的繁荣发展松绑。游戏版号作为游戏产品的“身份证”，它的发放情况一定程度上代表着国家游戏政策的动向。在2018年以前，版号政策相对宽松，2017年共发放国产游戏版号9177个；随着国家关于游戏行业“未成年”“防沉迷”等针对性的政策监管，近五年时间内，游戏版号曾在2018年3月与2021年8月停发，每次持续8个月，版号发放数量也因此大幅度减少，2018年骤降至2091个，2022进一步缩减至468个。在经历了较长的空窗期后，2022年4月游戏版号的常态化审批工作又重新恢复，无论是从审批效率还是审核的游戏版号数量来看，正在朝稳定的方向推进，游戏行业逐渐走出寒冬，重新释放活力。

根据国家新闻出版署官方页面，2022年公布了7批国产网络游戏审批信息，共发布468款国产网络游戏版号审批结果，同比下降31%。全年国产网络游戏审批通过情况分别为4月份45款、6月份60款、7月份67款、8月份69款、9月份73款、11月份70款、12月84款。从游戏类型来看，2022年国产网络游戏版号中共有63款科幻游戏，占比13.5%，分别为4月份7款，占同月通过审批游戏总数的15.6%；6月份5款，占同月通过审批游戏总数的8.3%；7月份10款，占同月通过审批游戏总数的14.9%；8月份6款，占同月通过审批游戏总数的 8.7%；9 月份 8 款，占同月通过审批游戏总数的 11.0%；11 月份 12 款，占同月通过审批游戏总数的 17.1%；12 月 15 款，占同月通过审批游戏总数的 17.8%。在整体版号数量收紧的大背景下，各大游戏公司对游戏产品质量更加追求精品化，一个值得关注的现象是，科幻游戏在其中的占比呈现逐月上升的趋势。由此可见，科幻游戏应对监管变化的适应性较强，或将成为未来一段时间内各大游戏公司的主要研发类型之一，在保证产量的同时，预计科幻游戏的质量也将逐步提升。

表 3 为 2022 年科幻游戏版号发放情况。

表 3　2022 年科幻游戏版号发放情况

月份	游戏名称
4 月	《神兽金刚无限战场》《盒裂变》《塔猎手》《铸时匠》《激战亚拉特》《明日战舰》《小心火烛》
6 月	《银河之力：天刃计划》《深渊战记》《龙之谷世界》《跃迁旅人》《远星》
7 月	《晶核》《战火与永恒》《异星前哨》《再生之境》《星球护卫队》《未来足球》《明日战姬》《永恒轮回：无限》《守望之战》《非匿名指令》
8 月	《透视梦境空间》《伊格利亚战记》《我的卫星》《零度曙光》《异世代：光与魔法》《雨纪》
9 月	《造个方舟》《航天模拟大师》《穹境之心》《银翼2077》《星骸骑士》《进化吧恐龙》《异星指令》《永夜降临：复苏》
11 月	《太空行动》《特攻纪元》《吞噬星空：黎明》《无尽苍穹》《重启计划》《黎明战车》《合金弹头：觉醒》《方舟：英雄黎明》《生化防线》《蒸汽传说：时之旅》《赛尔计划》《工厂崛起》
12 月	《奇点时代》《破晓序列》《叶罗丽时辰砂》《合金重组》《源动战纪》《重生边缘》《艾塔星战记》《黎明战线》《异世界勇者》《星痕幻想》《异世界的和弦》《星魂之上》《锚点降临》《黎明重生》《明日边境》

2022 年，中国科幻游戏市场整体发展保持稳定，已有产品在市场运营、营收方面较为成熟，新增的科幻游戏项目也收获了良好的市场反响。科幻游戏的社会价值进一步凸显，游戏内容对于推进知识科普和教育教学，传播和传承中华民族优秀传统文化，以及引领价值观等方面具有正向推动作用。

参考文献

[1] 中国音数协游戏工委．2022 年中国游戏出海情况报［DB/OL］．(2023-03-08)［2023-03-18］．https://www.xdyanbao.com/doc/d0qtwnpqbu.

[2] 中国音数协游戏工委．2022年中国游戏产业报告[DB/OL].(2023-02-15)[2023-03-18]. https://www.xdyanbao.com/doc/14i1o804pm.

[3] 游戏日报．2022年App Store在线游戏数量同比下滑11.07%｜报告[EB/OL].(2023-02-22)[2023-03-18]. https://mp.weixin.qq.com/s/4WTTsumzlZ6M-fEPukS_hQ.

[4] 新浪游戏．2020金翎奖获奖名单正式公布![EB/OL].(2020-11-20)[2023-03-17]. https://games.sina.com.cn/2020-11-20/detail-iiznctke2372391.shtml.

[5] 伽马数据．2022年11月游戏产业报告[EB/OL].(2023-01-03)[2023-03-17]. http://www.199it.com/archives/1545249.html.

[6] 艾瑞网．2022年中国云游戏行业研究报告[EB/OL].(2022-11-03)[2023-03-17]. https://report.iresearch.cn/report_pdf.aspx?id=4093.

[7] 游戏茶馆君．2000日夜人气不减，5年的《碧蓝航线》还在给市场持续带来惊喜[EB/OL].(2022-06-02)[2023-03-17]. https://www.bilibili.com/read/cv16920631.

[8] 淘数据．2022年年度手游流水排行榜，你玩过几款?[EB/OL].(2023-01-06)[2023-03-17]. https://www.bilibili.com/video/BV1vx4y1G7wR/?spm_id_from=333.337.search-card.all.click&vd_source=617e28c79728dc509bbf3f90fbaca721.

[9] 游戏日报．新游观察：上线首周杀入iOS畅销榜TOP20,《无期迷途》具体表现如何?[EB/OL].(2022-08-20)[2023-03-18]. https://mp.weixin.qq.com/s/CLs2ZfQzmMf6zShKI-JsXw.

[10] GreenSpace. 2022二次元手游年度流水排名，原神国内移动端收入过百亿[EB/OL].(2023-01-04)[2023-03-18]. https://www.bilibili.com/video/BV1Av4y1q7P6/?spm_id_from=333.999.0.0&vd_source=617e28c79728dc509bbf3f90fbaca721.

[11] Morketing. 首周流水1.03亿的《时空猎人3》真的能高枕无忧吗?[EB/OL].(2022-07-07)[2023-03-18]. https://new.qq.com/rain/a/20220707A0A3FC00.

[12] 游戏客栈 x 爆款时代 . iOS 畅销榜周报:《空之要塞：启航》上线首周预估收入 120.9 万美元,《光 · 遇》登上 TOP3 [EB/OL].(2022-10-31)[2023-03-18]. https://mp.weixin.qq.com/s/SwBTMYfN-HqQinphuxuq3Q.

[13] 深空之眼 .《深空之眼》登顶各大榜单首位，荣获 App Store Today 推荐！[EB/OL].(2022-04-23)[2023-03-18]. https://mp.weixin.qq.com/s/sjKOlbWeG-MAp2BUYyazfQ.

[14] 深空之眼 .《深空之眼》荣获 Made with Unity 中国榜单最佳 3D 游戏奖！[EB/OL].(2022-02-24)[2023-03-18]. https://mp.weixin.qq.com/s/tUZz_I8v7q1n7E0PWyoNqQ.

[15] 深空之眼 .《深空之眼》入围 2022 TapTap 游戏大赏最佳游戏奖项！[EB/OL].(2022-12-17)[2023-03-18]. https://mp.weixin.qq.com/s/29lgxVjqIYqFESmFfysDpw.

[16] 姬游攻略组 . 6 天超 1000 万预约！《崩坏：星穹铁道》到底是个什么游戏？[EB/OL].(2023-02-10)[2023-04-05]. https://mp.weixin.qq.com/s/eHrC1gBRrvhzT34qiOxyEA.

[17] 上海高新技术企业服务 . 关于 2022 年度上海市徐汇区文化发展专项资金扶持项目评审结果的公示 [EB/OL].(2022-08-10)[2023-04-05]. http://www.sh-gaoxin.com/detail.php?id=526.

[18] IDC. 2022 年全年中国 VR 一体机首破年出货量 100 万台大关 [EB/OL].(2023-03-02)[2023-03-20]. https://www.idc.com/getdoc.jsp?containerId=prCHC50448523.

[19] 中国游戏产业研究院，中国科学院自然科学史研究所王彦雨课题组 . 游戏技术——数实融合进程中的技术新集群 [DB/OL].(2022-08-24)[2023-03-17]. https://www.xdyanbao.com/doc/l8fgpn5s7o.

[20] 青亭网 . 12 月 VR 大数据：兼 2022 全年 VR 硬件和应用汇总 [EB/OL].(2023-01-03)[2023-01-03]. https://baijiahao.baidu.com/s?id=1753995609650240461&wfr=spider&for=pc.

[21] 中国音数协游戏工委 . 2022 年中国游戏产业报告 [DB/OL].(2023-02-15)[2023-03-18]. https://www.xdyanbao.com/doc/14i1o804pm.

[22] SensorTower. 2022 中国手游出海年度盘点——39 款手游收入超过 1 亿美元，《原神》蝉联出海收入冠军 [EB/OL].(2023-01-28)[2023-03-18]. https://mp.weixin.qq.com/s/1nMY82Pql1wT43duapU7DQ.

[23] 游戏新知．11 月游戏收入榜 TOP30:《胜利女神：妮姬》总营收超 1 亿美元 [EB/OL].(2022-12-07)[2023-03-18]. https://mp.weixin.qq.com/s/l8SFcN542m9L_OT8s7L11Q.

[24] 游戏陀螺．继去年 10 笔投资、4 家自建工作室后，网易再收购一家海外工作室 [EB/OL].(2023-01-07)[2023-04-05]. https://www.sohu.com/a/626542007_204728.

[25] 中国经济传媒协会网．2021 十大年度国家 IP 揭晓：冬奥会开幕式、冰墩墩、中国女足、三星堆遗址等获奖 [EB/OL].(2022-09-04)[2023-03-22]. http://www.acep.org.cn/hydt/202209/04/t20220904_2670768.shtml.

[26] 吕绍刚．首批 45 项网络数字版本入藏中国国家版本馆 [N]. 人民日报，2022-12-30(11).

[27] 电愉．《明日方舟》IP 扩张，衍生动漫播放量突破 380 万 [EB/OL].(2022-11-01)[2023-03-17]. https://baijiahao.baidu.com/s?id=1748285060165597597&wfr=spider&for=pc.

[28] Science.2022 BREAKTHROUGH OF THE YEAR [EB/OL].(2022-12-15)[2023-03-17]. https://www.science.org/content/article/breakthrough-2022#section_breakthrough.

作者简介：

方舟，武汉大学国家文化发展研究院副教授，中国科幻研究中心“起航学者”，湖北省科普作家协会科幻专委会副主任委员。

刘凌君，新疆大学中国语言文学学院博士研究生，中国科幻研究中心“青年储备人才”，主要从事科幻文学、文化传播研究。

欧阳样，武汉大学国家文化发展研究院博士研究生，主要研究方向为科幻游戏与科幻影视、公共文化服务、文化产业。

年度科幻衍生品产业发展报告

柯昊纯　姚利芬

2022 年，中国科幻衍生品产业总营收约为 48.3 亿元人民币，同比减少 20.4%，下降幅度明显。这主要是消费市场整体下滑以及缺乏现象级产品等因素所致。不过，这个数字仍然是有统计以来的第二高，明显高于 2020 年及之前。纵向来看，授权环节总营收约为 3.1 亿元，同比增加 55.0%；生产和销售环节总营收约为 45.2 亿元[①]，同比减少 23.0%。

横向来看，国内科幻 IP[②] 衍生品销售额约为 17.8 亿元，同比减少 30.2%；国外科幻 IP 衍生品销售额约为 27.4 亿元，同比减少 17.5%。在各小类科幻 IP 中，只有国创二次元科幻 IP 实现了衍生品销售额的增长，其他均为不同程度的下降。

营收的下降倒逼产业整体走出“舒适区”，进行多层次、多维度的衍生品开发，涉及许多新 IP、新领域、新商业形态。一些传统 IP 也在原有基础上尝试了全新的衍生品品类，试图吸引更广大的消费群体。2022 年中国科幻衍生品产业在市场寒冬的考验下顽强拼搏、屹立不倒，充分体现了产业整体的活力和韧性，具有长期的发展潜能。

---

① 本文涉及的衍生品生产与销售相关数据均整理自原仓数据平台。

② Intellectual property，知识产权。

一、中国科幻衍生品产业概述

中国科幻衍生品产业是在中国境内为社会公众提供科幻 IP 衍生品的生产活动的集合。其中，衍生品是围绕某个 IP 所开发的授权商品和授权服务的总称，也被广泛地称为周边或文创产品等。广义上，任何授权商品及服务都是其 IP 的衍生品，包括该 IP 的授权服装、授权玩具，以及书籍、电影、游戏、主题公园等；狭义上，一般认为不包含剧情的实体授权商品属于衍生品，即排除了阅读、影视、线上游戏、文旅等相关产品和服务，只包括服装鞋帽等授权日用品、实体玩具等授权娱乐用品、模型摆件等授权纪念品和珠宝首饰等授权饰品。本文采用狭义说法，即阅读、影视、游戏、文旅等相关授权商品和服务不属于衍生品，不纳入本文的统计和讨论范围。然而，某些新的商业形式尚未被合理归类，某些授权商品或服务的分类较为模糊，本文也对这些难以归类的授权商品和服务加以介绍和讨论，以更加全面地分析中国科幻衍生品产业。

中国科幻衍生品产业可以按照 IP 的归属分为国内科幻 IP 和国外科幻 IP 两大部分（图 1）。二者的区别在于 IP 版权所有者的国籍或版权所有企业的工商注册地存在差异。其中，2022 年国内科幻 IP 衍生品销售额约为 17.8 亿元，同比减少 30.2%；国外科幻 IP 衍生品销售额约为 27.4 亿元，同比减少 17.5%。二者之和约为 45.2 亿元，同比减少 23.0%。从市场占比来看，尽管跌幅较大，

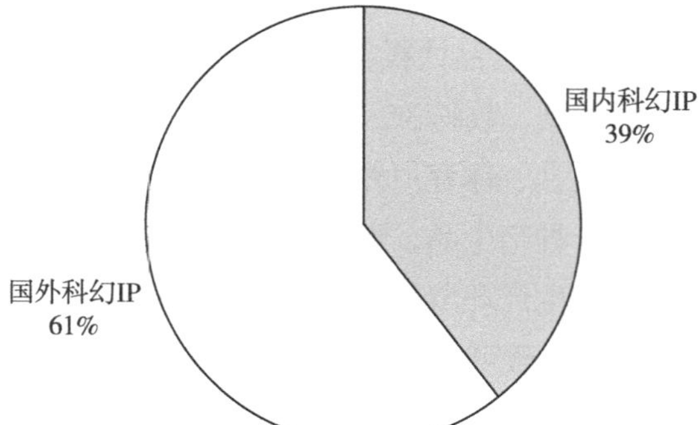

图 1　2022 年中国科幻衍生品产业的市场占比

但国内科幻 IP 仍然占据 4 成左右的市场份额，整体上维持了上一年的市场格局，说明中国科幻衍生品产业已经度过了“用市场换技术”的发展阶段，掌握了衍生品产业的部分核心要素，在国外科幻 IP 衍生品成熟的商业模式、优秀的创意设计、完备的制造技术下仍具备可观的竞争力，充分体现了中国科幻衍生品产业的自主化发展成果，证明我国科幻衍生品产业已经迈入了产业升级的新发展阶段。

二、中国科幻衍生品产业的产业链

按照产业链从上游到下游的方向，中国科幻衍生品产业可以分为授权、生产和销售三个环节（图 2）。

授权环节是中国科幻衍生品产业合法性的来源，处于产业链的上游。在这一环节中，IP 版权方对制造衍生品的企业进行授权，企业向 IP 版权方支付授权金，从而合法地生产该 IP 的衍生品。缺少授权环节的衍生品属于盗版产品，生产和销售盗版产品属于违法行为。2022 年，上海市浦东公安分局经侦支队发现某网店销售著名科幻 IP“机动战士高达”的盗版产品，涉案金额超过 2000 万元，目前已将生产和销售该产品的犯罪嫌疑人刑事拘留，等待法院进一步审理。

生产环节是中国科幻衍生品产业制造衍生品的环节，处于产业链的中游。中国科幻衍生品涉及的品类十分丰富，即使按照狭义的衍生品定义，仍可将其分为 18 个大类：汽车用品、食品饮料、皮具箱包、珠宝首饰、玩具游艺、母婴用品、服装鞋帽、文旅礼品、数码 3C、家用电器、家居用品、宠物生活、图书音像、医药健康、办公文具、体育户外、乐器、个人护理。每个大类包含若干小类，每个小类包含若干种衍生品，可见衍生品的品类几乎是包罗万象，无所不有的。所以，衍生品的生产环节往往涉及许多不同的行业，具有高度的分散性。这些衍生品生产企业大致可分为两种：主营产品可脱离 IP 存在且仍具有稳定的客户和销量，即 IP 不敏感型企业；主营产品高度依赖 IP 而存在，没有 IP 则产品不存在或销量暴跌，即 IP 敏感型企业。前者生产的 IP 衍生品和其主营产品往往只有外观上的差别，或是借用 IP 的概念进行宣传。例如，亿滋食品企业管理（上海）有限公司在 2022 年与“三体”IP 合作，生产带有“三体”主题饼纹的奥利奥饼干；奇瑞汽车股份有限公司推出“三体科技探索座驾”，利用“三体”的概念对其产品进行宣传。后者往往以品牌授权的方式与 IP 版权方合作，IP 衍生品就是其主营产品，IP 的存在是其产品竞争力的重要来源。例如，成都翌星文化传媒有限公司充分利用“流浪地球”IP 的授权，生产“流浪地球”主题的钥匙扣、雨伞和衬衫等衍生品，不生产没有 IP 主题的一般商品；广东森宝文化实业有限公司也利用“流浪地球”IP 的授权，依照电影中的形象生产玩具积木，相关衍生品是其收入的重要来源。相比授权环节，生产环节的复杂性极高，直接影响衍生品的外观和质量，集中体现衍生品产业的设计、创意和制造能力，是中国科幻衍生品产业的关键性环节。

销售环节是中国科幻衍生品产业变现的环节，处于产业链的下游。任何普通商品能够采用的销售渠道和销售方法，衍生品都能或多或少地采用。由于我国强大的电子商务和物流系统，线上销售早已压倒线下销售，成为中国科幻衍生品销售的主流方式。

销售环节的核心在于明确目标消费者。和普通商品相比，衍生品的消费者画像除了性别、年龄、收入这些常规特征之外，最重要的是对 IP 的熟悉程度，即是否为 IP 的“粉丝”。由此，中国科幻衍生品产业可分为两种不同的销售策略：粉丝向营销和大众向营销。粉丝向营销面对的消费者对 IP 非常熟悉且怀有强烈的感情，购买衍生品的主要原因是自我满足。大众向营销面对的消费者对 IP 并不熟悉且没有特殊感情，购买衍生品的主要原因是从众。理论上，粉丝向营销的消费者忠诚度更高，个体消费能力明显强于大众向营销，但消费者数量远少于大众向营销，因此大众向营销的总体购买力更强，衍生品销售额更高。但是，大众向营销具有很高的风险和难度，一旦失败会造成巨大的负面效应，2022 年中国科幻衍生品产业中就有这样的具体案例，后文会展开详述。因此，几乎所有衍生品的销售策略都是从粉丝向营销开始的。在利用粉丝向营销获得稳定的销售额后，销售策略才会考虑向大众向营销转变。即使进行大众向营销，粉丝的忠诚度和购买力仍然是销售额的重要保证，相当于衍生品销售环节的“基本盘”和“压舱石”。两种销售策略只是侧重点不同，对粉丝的重视是类似的。由此可见，尽管销售环节是中国科幻衍生品产业中最灵活的环节，但衍生品的性质决定了销售环节的策略只有两种：粉丝向营销和大众向营销。

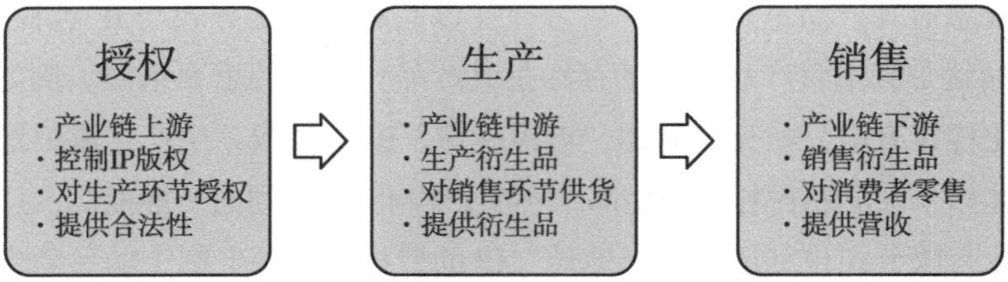

图 2　中国科幻衍生品产业的三个纵向环节

三、2022 年中国科幻衍生品产业主要 IP 情况及分析

（一）国内科幻 IP

2022 年，国内科幻 IP 衍生品销售额约为 17.8 亿元，同比减少 30.2%。国内科幻 IP 根据主题的不同，可分为三个小类：刘慈欣科幻 IP、国创儿童科幻 IP、国创二次元科幻 IP（图 3）。其中，刘慈欣科幻 IP 的衍生品销售额约为 1.8 亿元，同比下降 48.6%；国创儿童科幻 IP 的衍生品销售额约为 13.0 亿元，同比下降 33.0%；国创二次元科幻 IP 的衍生品销售额约为 3.0 亿元，同比增长 15.4%。

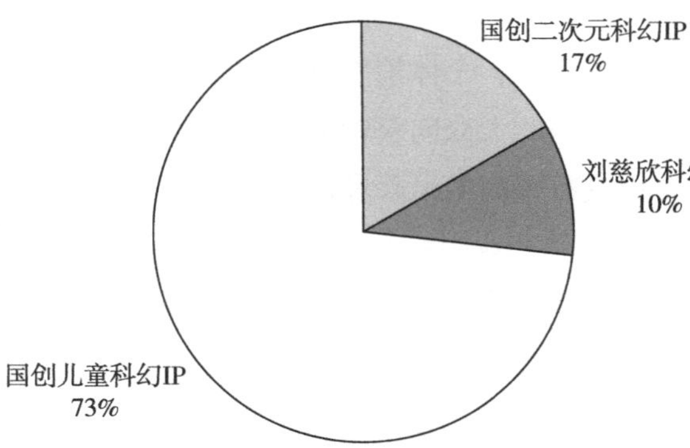

图 3　2022 年国内科幻 IP 三个小类的销售额占比

在 2022 年整体的市场萎缩和消费低迷的情况下，国创二次元科幻 IP 的销售额逆势上涨，刘慈欣科幻 IP 销售额明显下降，国创儿童科幻 IP 销售额降幅与市场持平，反映了它们不同的商业模式和商业行为在 2022 年的中国科幻衍生品市场中带来的不同效果。

1. 刘慈欣科幻 IP

2022 年，刘慈欣科幻 IP 的衍生品销售额约为 1.8 亿元，同比下降 48.6%。刘慈欣科幻 IP 是面向青少年和成年人的、以刘慈欣为原作者的科幻 IP，主要包括“三体”和“流浪地球”两个 IP。其中，“三体”IP 的衍生品销售额约为 0.8 亿元，同比下降 34.4%；“流浪地球”IP 的衍生品销售额约为 1.0 亿元，同比下降 55.9%。二者销售额的大幅下降均与其 IP 的系列新作有直接关联。

（1）“三体”IP 专题分析：转型之殇

长期以来，“三体”IP 都是我国乃至世界科幻衍生品产业中最独特的 IP 之一。衍生品产业对 IP 的基本要求是原创性、代表性和符号化，代表性和符号化均来自具有辨识度的视觉形象，因此衍生品产业涉及的 IP 几乎必然包含影视作品。即使是享誉全球的文学 IP，在进行影视化改编前一般也不具有明显的衍生品销售额。然而，“三体”IP 是例外。可以说，“三体”IP 在 2022 年以前仍然是一个文学 IP，其影视改编作品的影响力十分有限，其衍生品销售额主要来自《三体》原著本身的影响力。

然而，《三体》原著没有视觉形象，严重限制了衍生品在设计上的可能性，许多成功的衍生品设计思路和方法都因为“三体”IP 没有视觉形象而无法实现，导致“三体”IP 长期以来的衍生品销售额只能依靠原著中的经典语句和几个被具体描述过的物体形象来维持，完全没有衍生品产业最常见、最典型、依托人物形象开发的衍生品。这也是“三体”IP 作为国内知名度最高、最受粉丝和大众认可的科幻 IP，衍生品销售额却难以上涨的主要原因。

为了解决这一问题，“三体”IP 的主要版权方——三体宇宙（上海）文化发展有限公司在 2022 年 12 月推出了《三体》动画版。相比源于同人动画的“我的三体”系列，《三体》动画版中的人物视觉形象更容易被大众接受，适合作为官方人物形象开发衍生品，带动系列衍生品销售额上涨，进一步强化“三体”IP 的商业价值。为此，版权方对这部动画进行了高规格的制作和宣发，一系列商业运作成功点燃了粉丝和大众的热情，使得《三体》动画版在开播前就获得了公众极高的关注度。

2022 年 12 月 10 日，《三体》动画版在哔哩哔哩平台开播，当日播放量超过一亿次，追番人数超过 500 万，相关话题登上各大社交媒体热搜。然而，开播不到一周，《三体》动画版就受到了大量的批评。在哔哩哔哩平台的评论区，许多观众批评《三体》动画版剧情与原著不符、视觉形象粗制滥造、人物行为不合逻辑等。随着《三体》动画版的继续播出，观众的批评愈演愈烈，最终导致了《三体》动画版的口碑崩塌。在第三方评分网站豆瓣上，《三体》动画版仅获 3.8 分，与之相比，原著《三体》三部曲分别获得 8.9 分、9.3 分、9.2 分，《我的三体之章北海传》获得 9.6 分。

《三体》动画版在口碑和风评上没有达到预期的效果，为它的衍生品销售埋下了败笔。一般来说，IP 系列新作上映的第一个月，衍生品销售额会出现明显的上涨。然而，在《三体》动画版上映的 2022 年 12 月，三体 IP 的衍生品销售额约为 513.3 万元，远低于 2022 年“三体”IP 的月最高衍生品销售额（1434.0 万元），低于 2022 年“三体”IP 的月平均衍生品销售额（683.1 万元），证明了《三体》动画版在衍生品销售上的失败。

《三体》动画版在口碑和商业上的双重失败，是中国科幻衍生品产业的一次重要经验和教训。观察“三体”IP 版权方在 2022 年的一系列商业动作，不难发现 IP 版权方试图将销售策略从粉丝向营销转为大众向营销，却低估了转变销售策略的难度，最终导致了《三体》动画版的失败和“三体”IP 商业价值的停滞不前。

2022 年，“三体”IP 与多家企业进行联名合作（表 1），旨在提升自身的大众知名度，一方面为 12 月的《三体》动画版造势，一方面将整体销售策略向大众向营销转变。

表 1　2022 年“三体”IP 的主要联名企业及产品

联名时间	联名企业	联名产品
2022 年 3 月	利郎（中国）有限公司	三体主题系列男装
2022 年 5 月	奇瑞汽车股份有限公司	三体科技探索座驾

续表

联名时间	联名企业	联名产品
2022 年 7 月	长江存储科技有限责任公司	三体主题固态硬盘
2022 年 8 月	飞亚达精密科技股份有限公司	三体主题腕表
2022 年 8 月	美聿高（上海）商贸有限公司	三体主题香氛蜡烛
2022 年 9 月	广东溢达纺织有限公司	三体主题系列服装
2022 年 10 月	亿滋食品企业管理（上海）有限公司	三体主题奥利奥饼干

不难发现，上述所有企业均为 IP 不敏感型企业，主营产品均可脱离 IP 单独存在且仍具有稳定的销售额，与“三体”IP 的联名合作是为了实现品牌和 IP 在内涵上的相互补充，主要目的是品牌营销，不是提升销量。联名过程中，由于“三体”IP 没有官方视觉形象，主要依靠的仍然是《三体》原著中的语句和概念。“三体”IP 版权方深知这一劣势，仍在《三体》动画版播出前进行密集的联名合作，就是为了实现大众向营销。联名合作的产品均具有实用性，联名的品牌均具有较高的公众知名度，如奥利奥、奇瑞汽车、长江存储，体现出“三体”IP 版权方希望非粉丝的消费者能够注意到“三体”IP，将“三体”IP 和各类商品联系到一起，最终直接消费“三体”IP 的衍生品。

到此为止，“三体”IP 版权方的一系列商业行为都完成了既定目标。为《三体》动画版的造势十分成功，体现为开播首日超高的播放量、追番数和讨论度；大众向营销的准备工作也实现了成功，“三体”IP 的知名度进一步拓展，“三体”的相关话题开始登上社交媒体的热度榜，IP“破圈”的良好态势出现。然而，在最为重要的《三体》动画版上，却发生了严重的失误。

诚然，《三体》动画版有很多问题，其中观众们批评最多的就是《三体》动画版与原著不符。这说明《三体》动画版没有平衡好大众和粉丝的观感，在迎合大众时没有照顾好粉丝的感受，导致了粉丝群体的普遍差评，进而造成了口碑的崩塌。过往的经验证明，粉丝是 IP 衍生品收入和商业价值的“基本盘”和“压舱石”。《三体》动画版的经历则证明，粉丝还是 IP 新作的生死判官——既可以是其口碑扶摇直上的第一份助力，也可以是其口碑崩塌的第一块多米诺骨牌。

粉丝对 IP 的强烈感情一方面体现为购买衍生品、维持 IP 热度、主动为系列新作造势；另一方面也体现为对系列新作极高的期待值，以及对新作不满后的无情批评乃至谩骂。这种批评一旦在粉丝群体中形成共识，就会带着粉丝强烈的情感“破圈”进入公众视野，放大作品的缺点，忽略作品的优点，先入为主地降低大众的心理评价，营造出批评作品的舆论氛围，造成批评作品的从众效应，淹没作品的好评，最终导致作品口碑的彻底崩塌。《三体》动画版正是经历了上述的连锁反应，才出现了口碑的崩塌，进而导致衍生品销售的失败和IP商业价值的停滞。

复盘“三体”IP版权方在2022年的商业行为，我们可以发现，IP版权方试图将粉丝向营销转型为大众向营销，却没有照顾好粉丝的感受，反而导致了大众观感的恶化，浪费了一次宝贵的机会。其实，在市场寒冬下积极进取、谋求转型本就冒着巨大的风险，这一行为本身所需的莫大勇气和毅力充分体现了中国科幻衍生品产业的活力；放眼过去，中国科幻衍生品产业没有相似的案例和经验，又为这次转型添上了一份难度。所以，“三体”IP版权方对转型难度预估不足，转型过程中试图一步到位，操之过急，其实是中国科幻衍生品产业尚处发展期，产业经验不足带来的普遍性问题。“三体”IP作为探路者，其教训总结成一句话，就是永远把粉丝放在第一位。这就是“三体”IP在2022年提供给中国科幻衍生品产业的宝贵经验。

（2）“流浪地球”IP

2022年，“流浪地球”IP的衍生品销售额约为1.0亿元，同比下降55.9%，在有统计的所有IP中降幅最高。然而，这一降幅其实是中国科幻衍生品产业的正常现象。“流浪地球”IP衍生品销售的起点是2019年上映的《流浪地球》电影，带动了相关衍生品销售额，并由于衍生品生产的滞后延续到2020年。此后由于没有系列新作的刺激，衍生品销售额不断下降。同时，由于“流浪地球”IP在2023年推出系列新作电影《流浪地球2》，消费者在2022年产生了持币观望的心态，等待购买新作的衍生品，再叠加2022年的消费萎靡和市场寒冬，“流浪地球”IP的衍生品销售额降幅超过50%十分正常。随着《流浪地球2》在2023年春节档的热映，2023年流浪地球IP衍生品销售额的大幅增长是完全可以预期的。

2. 国创儿童科幻IP

2022年，国创儿童科幻IP的衍生品销售额约为13.0亿元，同比下降

33.0%。国创儿童科幻 IP 是面向 3 ～ 12 岁儿童的科幻 IP，主要包括“百变布鲁可”“超级飞侠”“迷你特工队”“咖宝车神”四个 IP。其中，“百变布鲁可”IP 的衍生品销售额约为 5.08 亿元，同比下降 37.9%；“超级飞侠”IP 的衍生品销售额约为 4.13 亿元，同比下降 33.3%；“迷你特工队”IP 的衍生品销售额约为 1.80 亿元，同比下降 33.1%；“咖宝车神”IP 的衍生品销售额约为 1.94 亿元，同比下降 16.0%。国创儿童科幻 IP 的衍生品销售额出现了与市场整体降幅相似的下降，同时大部分主要 IP 的降幅十分相近，反映了其变现模式单一、缺乏具有代表性的现象级产品、具有明显的同质化倾向。

国创儿童科幻 IP 内部的差异较小，彼此的目标消费者完全重叠，采取的商业模式基本一致且较为成熟，因此容易受到市场整体性的冲击。市场大环境较好时，国创儿童科幻 IP 的每个 IP 衍生品销售额就一同上升；反之则一同下降。国创儿童科幻 IP 采取的这一模式，在国际上有十分成熟的先例，被称为“儿童科幻 IP 模式”。这一模式的目标消费者是 3 ～ 12 岁儿童的家长，通过制作儿童科幻动画吸引儿童的喜爱，使其家长付费购买相关衍生品。这类动画的共性十分明显，基本架构是数个儿童作为主角团队，数个科幻生命体作为主角的朋友，掌握科幻技术的成年人作为反派组织，主角团队在科幻生命体和科幻道具的帮助下对抗反派组织，或者在一个科幻世界中冒险。这种架构简单且类型化明显的作品在各国的文化产业中都占有一块稳定的份额，我国也不例外。

上述四个 IP 的作品都是这一类儿童动画，衍生品的主体均为动画中的人物形象和科幻形象的儿童玩具，衍生品销售额基本完全来自儿童玩具，变现模式十分单一，因此容易受到相关消费支出减少的冲击。儿童玩具属于教育文化娱乐消费，国家统计局公布的经济数据显示，2022 年我国人均教育文化娱乐消费支出下降 5.0%，是国创儿童科幻 IP 衍生品销售额的整体下降的重要原因之一。同时，在完全相同的赛道上进行细节上的竞争，实际上导致了一定程度的“内卷”，忽视了商业策略上的可能性。各个 IP 的版权方不断在玩具质量、玩具销售渠道、玩具生产成本上竞争，固然有利于形成比较优势，从竞争对手中抢下更多的市场份额，构建良好的市场竞争氛围；但也应该打开思路，学习国外先进经验，考虑转型的可能。

与其他 IP 相比，儿童科幻 IP 的粉丝是儿童，交流和表达能力较弱，难以利用互联网产生一个广阔的粉丝圈层，无法作为整体对 IP 本身的热度产生影响；同时，其忠诚度会随着年龄的增长而明显下降，数年后必然脱离粉丝群体。多数情况下，粉丝的这些特点都是 IP 的劣势，然而在粉丝向营销转型为大众向营销的过程中，这些特点反而是优势。纵观《三体》动画版的前车之鉴，粉丝的不满是其失败的源头。然而，无法对 IP 热度产生影响的粉丝群体，即使不满也无法影响大众的观感。如果说粉丝对 IP 而言是一把双刃剑，那么儿童科幻 IP 的粉丝就是未开刃的双刃剑，无法对 IP 本身造成任何伤害。所以，只要秉持着尊重粉丝的制作理念，儿童科幻 IP 反而具有更大的创作自由，几乎不受粉丝的限制。另一方面，实际上为衍生品付费的消费者是这些粉丝的家长，家长对儿童动画的了解停留在道听途说的程度，对儿童玩具的购买具有很强的消费惯性，即使儿童表现出明显的购买意愿，他们也会综合考虑许多因素再进行消费。IP 的系列新作是否符合这些小粉丝的胃口，在家长的心中只是诸多因素之一。这对 IP 销售策略的转型而言又是一份得天独厚的优势，即使某一部系列新作的转型尝试失败，对衍生品销量的影响也十分有限。

综上所述，在种种因素的加持下，儿童科幻 IP 是比较容易转型的科幻 IP。我国的儿童科幻 IP 目前已经成熟，市场开发接近饱和，每一个 IP 的衍生品销售额都是“三体”IP 的数倍，国创儿童科幻 IP 的衍生品销售额是刘慈欣科幻 IP 的 7 倍以上，进一步的阶段性发展必然要依靠销售策略的转型。纵观全球，能够在本国以外获得明显销售额的科幻 IP 几乎没有单纯的儿童科幻 IP，但其中许多 IP 都由儿童科幻 IP 转型而来，例如奥特曼、哆啦 A 梦、变形金刚等。其中，早期的“变形金刚”IP 就是标准的儿童科幻 IP，商业模式和我国现有的国创儿童科幻 IP 如出一辙。国创儿童科幻 IP 如果要实现跨越式发展，摆脱受制于市场大环境的现状，必须学习这些国外 IP 的发展经验，吸取国内外同行的经验教训。同时也要认识到，即使拥有种种先天优势，从粉丝向营销转型为大众向营销的难度仍然很高，重视粉丝与迎合大众的天平必须足够平衡，各方面的技术储备和人才储备必须足够，才能挑战这种鲤鱼跃龙门般的关键转型。

3. 国创二次元科幻 IP

2022 年，国创二次元科幻 IP 的衍生品销售额约为 3.0 亿元，同比增长 15.4%。国创二次元科幻 IP 是面向青少年和成年人的、具有二次元属性的科幻 IP，主要包括“崩坏 3”“明日方舟”“灵笼”“洛天依”四个 IP。其中，“崩坏 3”IP 的衍生品销售额约为 1.92 亿元，同比上升 30.6%；“明日方舟”IP 的衍生品销售额约为 0.66 亿元，同比上升 37.5%；“灵笼”IP 的衍生品销售额约为 0.30 亿元，同比上升 42.9%；“洛天依”IP 的衍生品销售额约为 0.15 亿元，同比下降 66.7%。国创二次元科幻 IP 是国内外科幻 IP 中衍生品销售额唯一增长的类型，其中“崩坏 3”“明日方舟”“灵笼”三个主要 IP 的增长率超过了 30%，在中国科幻衍生品总销售额降低 23.0% 的背景下十分耀眼，既体现了我国在这一领域的长期深耕所带来的持续增长态势，也体现了我国二次元消费市场尚未饱和，国内企业可以考虑继续投资这一细分领域。

在这四个 IP 中，“崩坏 3”IP 和“明日方舟”IP 是二次元科幻手机游戏 IP，“灵笼”IP 是二次元科幻动画 IP，“洛天依”是二次元科幻虚拟人 IP。国创二次元科幻 IP 在细分赛道上的不同使得它们不会像国创儿童 IP 一样互相“内卷”，而同为二次元的属性又使其遵循相似的商业模式，也就是所谓的“ACG 科幻 IP 模式”，其中 ACG 即动画（animation）、漫画（comic）、电子游戏（game）。表面上看来，ACG 科幻 IP 模式和儿童科幻 IP 模式似乎比较相似，都是主要通过动画吸引年龄较小的观众成为粉丝，继而销售衍生品。但是，由于二次元的属性及其包含的特殊内在逻辑，ACG 科幻 IP 模式衍生出了一整套独特的商业模式。

ACG 科幻 IP 模式的核心理念是只服务粉丝，不服务大众。在这一模式中，粉丝是一切的核心，是 IP 衍生品唯一的目标消费者。IP 营销中的每一个商业动作都在为粉丝服务，只要粉丝能够获得情感上的自我满足，那么即使被大众认为违反常理也在所不惜。ACG 科幻 IP 从一开始就断绝了自己进行大众向营销的道路，选择在粉丝向营销这条路上做到极致。这种略显极端的商业理念，和 ACG 科幻 IP 本身的属性“二次元”有着莫大的关系。

二次元是一个较为独立又较为庞大的亚文化。尽管我国目前有数亿人部分认同或属于这个亚文化群体，但二次元亚文化始终以小众的、边缘的文化属性自居，因为二次元群体无论社会地位如何，总是热衷于自嘲为社会边缘人，喜欢使用“肥宅”“社恐”等带有讽刺色彩的词汇形容自己，并以此为核心形成一套语言体系，用来从大众中识别出二次元群体，寻找同好。二次元群体在潜意识中认为，无论动画、漫画，还是游戏，都是难登大雅之堂的娱乐活动，是日常生活中拿不上台面的边角料。但是，他们又被这些所谓“低俗的娱乐”所吸引，在它们身上花费了远超其他娱乐活动（例如体育运动）的时间、精力和金钱，导致他们陷入了自我矛盾之中。也就是说，二次元群体在潜意识中认为自己“不应该”热爱二次元，但又在情感上十分热爱二次元，结果就是他们时刻处于一种扭曲和割裂的状态。这种心理状态一方面表现为自我否定，自嘲为“社会边缘人”；另一方面表现为对二次元 IP 更加强烈的热爱，投入更多的时间、精力和金钱，成为 IP 更加坚定的粉丝。

二次元群体的上述特征，导致二次元 IP 只能选择服务粉丝，抛弃大众这一条路。越是满足粉丝的情感需求，粉丝对 IP 的感情就愈加强烈，付费意愿就越高，越能以更少的人数支撑起一片衍生品市场；越是与大众脱节，就越迎合了粉丝的自我否定，让粉丝认为 IP 版权方也具有二次元属性，和版权方产生情感上的共鸣，提升其付费意愿。反之，如果试图迎合大众，很容易被粉丝认为“背叛”了二次元，尤其是为此在系列新作中修改某些人物的外观或性格，更是二次元群体无法忍受的。与《三体》动画版的粉丝群体类似，二次元粉丝群体一旦对系列新作形成差评的共识，其爆发出的批评和谩骂可以轻易毁灭一部作品的口碑，将任何大众向营销的可能性扼杀在摇篮之中。

基于粉丝的这些特点，ACG 科幻 IP 的衍生品产业发展出了独树一帜的商业模式。IP 版权方在制作动画、漫画或游戏时只着眼于其本身的销量，如动画播放量带来的收益、游戏中付费道具带来的收益等；这与国创儿童科幻 IP 完全不同，因为儿童科幻 IP 的动画并不关心收益，本质上是其儿童玩具的宣传片。如果一部二次元作品确实吸引了大量粉丝，那么根据二次元群体的特征，他们一定会进行同人创作，满足自己和其他粉丝对 IP 强烈的热爱之情。版权方会观察同人创作的数量和热度，从而判断开发衍生品的收益是否能覆盖成本。二次元群体对 IP 的强烈感情，既让他们愿意接受衍生品相对高昂的价格，又让他们不屑于购买低质量的衍生品。所以二次元科幻 IP 的衍生品普遍以手办为主，也就是动漫形象的立体静态模型。其价格常常高达数百元甚至上千元，没有实用性，只能用来欣赏，十分恰当地满足了二次元群体对 IP 的强烈情感，是二次元科幻 IP 最典型的衍生品。

具体到国创二次元科幻 IP，在我国二次元群体的增长过程中，一批深谙二次元群体心理的本土企业按照上述ACG科幻IP模式不断发展，已经掌握了这种独树一帜的商业模式，基本掌握了授权、制造和销售环节中的“卡脖子”技术，具备了一定经验，能够避免出现《三体》动画版的失败，打造出广受二次元群体好评的IP并进行长期变现，从而在市场寒冬中实现逆势增长。尽管许多国外二次元科幻IP具有明显的先发优势，首先吸引了我国二次元群体的关注和热爱，但本土企业另辟蹊径，在二次元科幻手机游戏这条独特的道路上取得了成功。目前，国创二次元科幻手机游戏IP包含“崩坏3”和“明日方舟”两个IP，其衍生品销售额之和占全部国创二次元科幻IP的86.0%，是这一市场的绝对主体。未来，可以期待本土企业在二次元的其他细分领域继续深耕，依托我国庞大的二次元群体，运用ACG科幻IP模式取得更大的成功。

（二）国外科幻IP

2022年，国外科幻IP衍生品销售额约为27.4亿元，同比减少17.5%。国外科幻IP根据商业模式的不同，可分为三个小类：影视科幻IP、ACG科幻IP、融合型科幻IP（图4）。其中，影视科幻IP的衍生品销售额约为1.5亿元，同比下降11.8%；ACG科幻IP的衍生品销售额约为4.4亿元，同比下降7.4%；融合型科幻IP的衍生品销售额约为21.5亿元，同比下降19.3%。

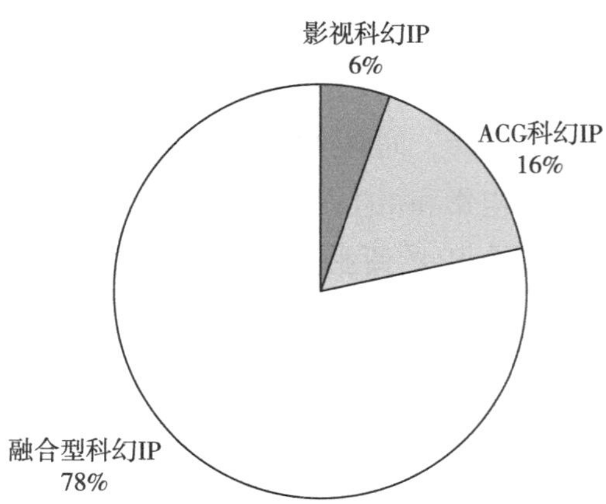

图4　国外科幻IP三个小类的销售额占比

从销售额占比的角度看，相比上年度，影视科幻IP、ACG科幻IP、融合型科幻IP的比例均无明显变化。融合型科幻IP仍然占据80%左右的市场份额，是国外科幻IP衍生品销售额的主体，ACG科幻IP占15%左右，影视科幻IP占5%左右。这说明国外科幻IP在我国的衍生品市场上较为成熟，不像国内科幻IP仍处于发展之中，各小类的销售额占比变化较大。国外科幻IP在衍生品产业上的成熟体现在方方面面，三个小类各代表一种商业模式，它们的衍生品销售额在2022年中国衍生品市场大环境下均出现了下降，但其整体的下降幅度低于国内科幻IP，总销售额高于国内科幻IP，值得国内企业进行学习和借鉴。

1. 影视科幻 IP

2022年，国外影视科幻IP的衍生品销售额约为1.5亿元，同比下降11.8%。影视科幻IP是主要面向成年人的，以真人科幻影视作品为主的IP，主要包括“星球大战”IP。其商业模式被称为“影视科幻IP模式”，典型案例就是美国迪士尼公司和其持有的“星球大战”IP。

“星球大战”IP的第一部作品是1977年上映的真人科幻电影《星球大战》。截至2022年，该IP主要包括11部真人电影、4部真人剧集、1部动画电影、4部动画剧集，电影票房总收入约为103亿美元，衍生品销售总收入约为422亿美元。迪士尼公司对该IP的衍生品开发采用了典型的“影视科幻IP模式”，由IP版权方，也就是迪士尼公司完全主导，全面控制所有衍生品的授权、生产和销售环节。每一个衍生品的造型、设计和功能，每一种衍生品的定价、销售方式、销售时间都要按照IP版权方的规定进行。每隔数年，IP就会推出一部系列新作，通常是真人电影，同时推出一批新作的衍生品。衍生品的发售和电影的上映一同进行，让电影和衍生品互相宣传，形成电影热度和衍生品热度的良性循环，不断扩大整个IP的商业价值。

我国最接近这一模式的IP是“流浪地球”，但IP版权方对衍生品生产和销售的控制力明显弱于迪士尼公司，期待2023年“流浪地球”IP的系列新作能够在这一模式下取得更大的进展。

2. ACG 科幻 IP

2022年，国外ACG科幻IP的衍生品销售额约为4.4亿元，同比下降7.4%。

ACG科幻IP是面向青少年和成年人的，具有二次元属性的科幻动画、漫画或游戏IP，主要包括“机动战士高达”和“新世纪福音战士”两个IP。其中，“机动战士高达”IP的衍生品销售额约为3.6亿元，同比下降24.1%；“新世纪福音战士”IP的衍生品销售额约为0.8亿元，为2022年新观察到的IP。其商业模式被称为“ACG科幻IP模式”。相比国创二次元科幻IP，国外的ACG科幻IP涵盖IP类型较少，主要为科幻动画IP，但衍生品销售额更高。典型案例是日本万代南梦宫控股公司和其持有的“机动战士高达”IP。

“机动战士高达”IP的第一部作品是1979年开始播放的电视动画《机动战士高达》。截至2022年，该IP主要包括33部动画剧集、12部动画电影、十多部短篇动画或外传动画、数十部漫画和小说和1部真人剧集，动画销量最高曾达到日本动画史第四位，衍生品销售总收入约为263亿美元。

这一模式直接对应我国的“国创二次元科幻IP”，其主要商业模式和商业经验已经被我国企业充分学习，有待进一步的本土化发展。

3. 融合型科幻IP

纵观世界范围内的科幻衍生品产业，其商业模式不外乎“影视科幻IP模式”“ACG科幻IP模式”“儿童科幻IP模式”三种，而融合型科幻IP将这些商业模式融合起来，兼具多种模式的特点，主要包括“奥特曼”“变形金刚”“哆啦A梦”“钢铁侠”“侏罗纪世界”“哥斯拉”六个IP。2022年，国外融合型科幻IP的衍生品销售额约为21.5亿元，同比下降19.3%（图5）。

其中，“奥特曼”IP的衍生品销售额约为8.0亿元，同比下降23.2%；“变形金刚”IP的衍生品销售额约为3.4亿元，同比下降11.0%；“哆啦A梦”IP的衍生品销售额约为6.7亿元，同比下降11.9%；“钢铁侠”IP的衍生品销售额约为2.4亿元，同比下降33.5%；“侏罗纪世界”IP的衍生品销售额约为0.7亿元，同比下降16.0%；“哥斯拉”IP的衍生品销售额约为0.3亿元，同比下降12.8%。

融合型科幻IP均吸取了三种商业模式的部分特点，但所吸取的特点和融合的方式都各不相同，每一个都走出了自己独特的道路。一般来说，它们都是为了更好地从粉丝向营销转型为大众向营销，根据自身的不同特点主动进行了商业模式的融合。其中，“奥特曼”IP从儿童科幻IP模式起家，根据自身特摄电视剧的特点，融合了ACG科幻IP模式和影视科幻IP模式；“变形金刚”IP

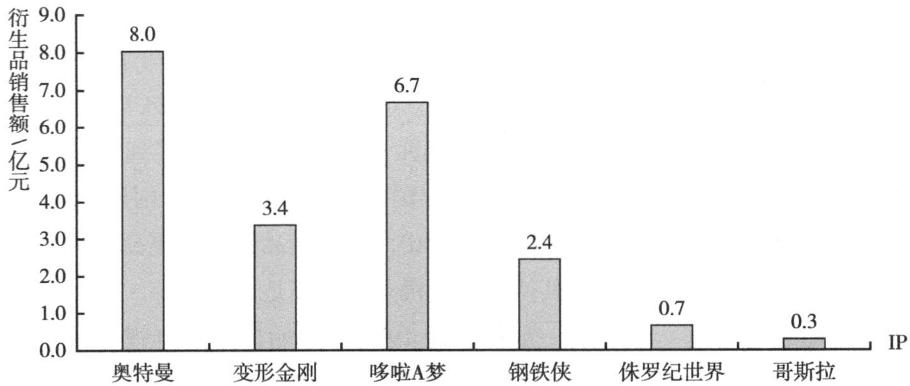

图 5　融合型科幻 IP 的衍生品销售额

也是从儿童科幻 IP 模式出发，利用成功的真人电影融合了影视科幻 IP 模式；"哆啦 A 梦"IP 的情况比较特殊，它本身是面向儿童的 ACG 科幻 IP，因此后期的 IP 开发中兼具 ACG 科幻 IP 模式和儿童科幻 IP 模式的特点；"钢铁侠"IP 从 ACG 科幻 IP 模式出发，利用自身属于漫威宇宙的特点融合了影视科幻 IP 模式；"侏罗纪世界"本身是影视科幻 IP，根据自身受到儿童欢迎的特点融合了儿童科幻 IP 模式进行衍生品开发；"哥斯拉"IP 自身也是影视科幻 IP，但由于自身和 ACG 相性较好，融合了部分 ACG 科幻 IP 的特点。

每个融合型科幻 IP 都经历了数十年的发展，根据自身的特点对不同的商业模式取长补短，走出了自己的道路，获得了商业上的巨大成功。目前，国内还没有融合型的科幻 IP，因此在可预期的未来，这些融合型科幻 IP 衍生品销售额仍然会稳定地占据着国内市场。国内科幻 IP 需要长期的发展和成熟，才能有机会像这些 IP 一样具备全球影响力，拥有庞大的海外市场。

四、2022 年中国科幻衍生品产业重要现象观察

2022 年，一些业内新现象和新业态虽然暂时没有产生明显的衍生品销售额，甚至是否属于科幻衍生品产业也有待商榷，但依然值得我们关注。

（一）科幻 NFT 的发展

NFT（non-fungible token，非同质化令牌）是一种经过区块链技术加密的数字资产，作为一种新兴的数字收藏品风靡于国内外。2021 年 9 月上海浦东新区科幻协会推出了中国第一套科幻题材的 NFT。2022 年，上海浦东新区科幻协会继续深耕 NFT 领域：推出“青石幻城”科幻平台，围绕 NFT 发行和元宇宙内容创作等维度推动相关产业落地；采用 NFT 版权确权模式探索基于同人创作的版权交易平台；发行公益 NFT 藏品；组织研发基于区块链技术的数字资产版权链等。

许多 NFT 采用科幻背景或科幻主题，同时大量 NFT 具有泛科幻元素，但已经在衍生品市场上取得显著销量的 IP 对发行 NFT 十分谨慎，尚未大举进入这一领域。由于没有对应 IP、销量较低、销售额难以统计等特点，NFT 没有被计入年度衍生品销售额中。一个比较典型的科幻 NFT 案例是 2022 年 4 月开始发售的《地火》作者刘慈欣亲笔手稿 NFT。主办方将手稿中的 25 页文字内容数字化分割为约 500 个碎片以盲盒的形式发售，参与者需要购买盲盒，抽齐碎片后合成《地火》手稿 NFT，每个盲盒售价 29.9 元。

（二）虚拟人产业的转变

虚拟人脱胎于 Virtual YouTuber（Vtuber），是在视频和直播中以虚拟形象示人的流媒体平台账号。Vtuber 在 2019 年左右衍生出虚拟偶像的概念，即以盈利为目的、以直播为主要手段，只使用虚拟形象面对观众的流媒体账号。虚拟偶像直播时，一般由演员穿着动作捕捉服、使用表情捕捉设备将演员的动作和表情实时转化为虚拟形象的动作和表情，其收益主要来自直播打赏和有偿会员服务。2022 年，虚拟偶像进一步衍生出虚拟人产业，即在虚拟偶像的基础上拓展营收方式，以直播带货为重要的收益来源。

虚拟人常常包含科幻元素，并且能够以自身为核心形成 IP。2022 年可观察到的科幻元素虚拟人包括 AYAYI、ALiCE 和星瞳等。目前，虚拟人产业仍处在蓬勃的发展之中，具有广阔的可能性。虚拟人产业既可以单独形成 IP，以自身为核心开发衍生品，例如国创二次元科幻 IP 中的“洛天依”IP，也可以作为销售环节的一种特殊形式帮助科幻衍生品获得更高的销售额，具体的情况还有待进一步的发展和观察。

五、总结与展望

中国科幻衍生品产业在2022年由于普遍缺乏现象级产品等原因经历了市场寒冬，虽然授权环节营收的大幅增加证明了资本对中国科幻衍生品产业的长期信心，但衍生品销售额的整体下降仍然值得警惕。在国内外所有IP类型中，仅有国创二次元科幻IP依靠成熟的商业模式、庞大的粉丝群体和差异化的竞争实现了增长。一方面，这说明了现象级产品在当下对中国科幻衍生品产业的重要性，另一方面也体现了中国科幻衍生品产业的进一步发展方向，即重视粉丝对IP的影响，依靠成熟的商业模式和差异化竞争摆脱对现象级产品的依赖，从而增强产业的韧性，实现更加稳定的发展。2022年10月，《三体》在中宣部版权管理局指导，国家版权交易中心等单位主办的十大年度国家IP评选中被评为2021十大年度国家IP，与冰墩墩、中国女足、北京冬季奥运会开闭幕式等并列，充分体现了三体IP及其代表的国内科幻IP受到人民群众的广泛认可，中国科幻衍生品产业大有可为。

作者简介：

柯昊纯，中国科普作家协会会员，主要从事科幻衍生品产业研究。曾发表《北京科幻周边产业发展研究》《年度科幻周边产业发展报告》等，参与《中国科幻产业报告》的调查和写作。作品见于《中国科幻发展年鉴2022》《中国青年报》《科普时报》等。

姚利芬，中国科普研究所副研究员，主要从事科幻文学、科幻产业、科普创作研究，主持国家级、省部级项目多项，发表论文多篇。

年度科幻文旅产业发展报告

王嘉诚

2022年，受“科幻热潮”的影响，科幻文旅产业项目的投资力度加大，主要在“主题公园科幻游乐项目”“科幻景区”两个方面有所发展。依据投资属性划分，主题公园科幻游乐项目包括国产主题公园科幻游乐项目与国外在华投资主题公园科幻游乐项目。其中，国产主题公园的科幻游乐项目改革经营模式，扩展科幻IP，与科普内容结合，形成科幻IP类主题公园游乐项目与科幻科普类主题公园游乐项目两种子类。国外在华投资主题公园的科幻游乐项目以知名科幻IP为开发对象，同时与国产科幻IP联动开发。科幻景区平稳发展，形成依托于地域文化与环境特色的科幻科普类游览项目。同时，以元宇宙为主题的科幻主题公园、元宇宙线上文旅等成为科幻文旅产业新的发展模式。

2022年中国科幻文旅产业总营收为150.3亿元。其中主题公园科幻游乐项目营收为146.5亿元，占总营收的97%；科幻景区营收为3.8亿元，占比3%。这一数据显示，新型冠状病毒感染疫情期间科幻文旅产业营收有所下降。但随着年末形势变化，我国科幻文旅产业市场逐渐回暖，形成稳定发展态势；同时，元宇宙概念主题公园、元宇宙线上文旅为科幻文旅产业赋新能，说明科幻文旅开始与其他领域相结合，形成多元化趋势。这标志着我国科幻文旅产业逐渐找到自主发展路线，迈入新的发展阶段。

一、概述

目前，学界与业界并没有对科幻文旅产业进行明确定义，也并无相关政策文件对其进行统一规定，因此关于科幻文旅产业的定义与分类可以依据已有文件去分析。根据《国家旅游及相关产业统计分类（2018）》[①]的定义及分类，本文提到的科幻文旅产业是指以科幻内容传播为目的的文旅产业类型，它以科幻文化为内容主体，以促进文化旅游、完善科幻事业、普及科学思想、承接科幻 IP 转化、传播科幻文化、发展科幻娱乐等为主旨，是文化旅游产业的组成部分。其本身具有科技属性、文化属性、经济属性与意识形态属性。从产业类型上来看，科幻文旅产业与文化旅游产业构成大致相同，包含主题公园科幻游乐项目、科幻景区两大类别。

第一类是主题公园科幻游乐项目[②]。我国主题公园科幻游乐项目同样属于主题公园的范畴，但由于我国主题公园市场发展时间较短，目前不存在单独的科幻主题公园，因此本文以主题公园的科幻游乐项目为研究对象。

根据《关于规范主题公园建设发展的指导意见（2018）》的相关定义，本文认为主题公园科幻游乐项目是主题公园通过乘骑设施、园区演艺、场景设置等呈现科幻内容的游乐项目。依据投资属性划分，此类项目又可以细分为两种类别：一是国产主题公园的科幻游乐项目，二是国外在华投资主题公园的科幻游乐项目。国产主题公园科幻游乐项目因受到发展时间、内容庞杂等

---

① 国家统计局在 2018 年颁布的《国家旅游及相关产业统计分类》中指出，旅游业是指直接为游客提供出行、住宿、餐饮、游览、购物、娱乐等服务活动的集合，细分为各类主题公园、国家公园、海洋馆、野生动物园、生态旅游游览、文艺表演旅游服务、旅游室内娱乐服务等。在市场上，一般划分为主题游乐型、景点依托型、文旅小镇型。

② 国家发改委等 12 个部门对主题公园市场进行了较为详细的定义，在《关于规范主题公园建设发展的指导意见（2018）》指出，主题公园是指以营利为目的兴建的，占地、投资达到一定规模，实行封闭管理，具有一个或多个特定文化旅游主题，为游客有偿提供休闲体验、文化娱乐产品或服务的园区。主要包括：以大型游乐设施为主体的游乐园，大型微缩景观公园，以及提供情景模拟、环境体验为主要内容的各类影视城、动漫城等园区。

因素的影响，具有较为复杂的属性，大致可分为科幻 IP 类主题公园游乐项目与科幻科普类主题公园游乐项目。科幻 IP 类主题公园游乐项目是指以国产原创科幻 IP 为内容进行拓展的项目类型，代表园区有以国产科幻 IP“熊出没”为主的华强方特科幻游乐项目。科幻科普类主题公园游乐项目是将科幻与科普内容进行融合的类型。与迪士尼乐园等以科幻 IP 为支柱的游乐项目和单纯的科普科技馆都不相同，科幻科普类主题公园具有商业的营利性质与娱乐性质，在内容上有幻想性、未来性、科普性、故事性等特征，与单纯的科普项目有所区别。其中的游乐项目并非单纯聚焦于科幻 IP，也不仅仅聚焦于科普，而是包含由科幻到科普或由科普到科幻相互穿插的内容。在游乐项目中，科幻与科普内容融合程度较高，难以分割，科幻与科普内容都占据较高比例，代表园区包括以科幻科普为主题的“海昌海洋公园”“长隆海洋王国”“长隆欢乐世界”“常州中华恐龙园”。科幻 IP 类主题公园游乐项目与科幻科普类主题公园两种类别没有严格界限，有时可以交叉存在，如海昌海洋公园以海洋科幻科普为主题，但近期就引入了超人气科幻 IP“奥特曼”。国外在华投资主题公园的科幻游乐项目包括依托科幻 IP 形成的科幻游乐项目，主要有“北京环球度假区科幻游乐项目”和“上海迪士尼度假区科幻游乐项目”。

第二类是除主题公园之外的科幻景区，目前包括依托天文科学形成的科幻与科普相结合的文旅形式、依托自然地理环境形成的科幻与科普相结合的文旅形式等。

2022 年中国科幻文旅产业总营收为 150.3 亿元，主题公园科幻游乐项目占总营收的 97%，为 146.5 亿元，科幻景区占比 3%，营收为 3.8 亿元（图 1）。

综上所述，主题公园科幻游乐项目在科幻文旅产业中所占比重最大，为科幻文旅产业发展提供强劲动力；科幻景区依据当地自然环境资源，与科幻产业和文旅业相结合，形成鲜明的地方特色。随着我国经济逐渐回暖，我国科幻文旅产业也迈过了积累期，走向新的发展阶段。

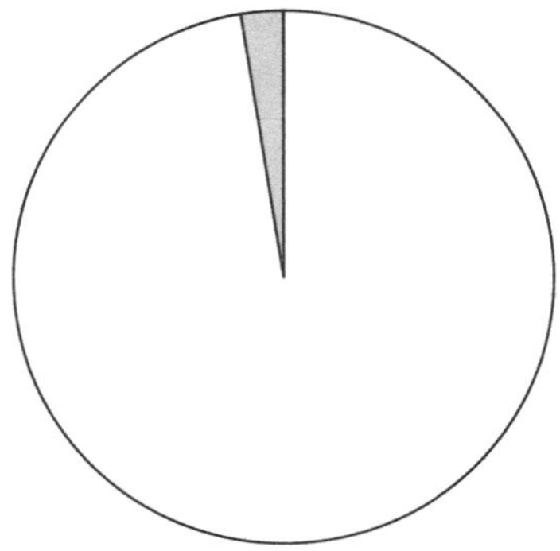

图 1　2022 年科幻文旅产业主题公园科幻游乐项目、科幻景区营收占比

二、年度科幻文旅产业主要类型与发展情况

2022 年，主题公园形成聚合规模，各大主题公园科幻游乐项目相继落地，呈现头部效应，起到引领科幻文旅产业发展的作用。主题公园科幻游乐项目采取联动开发、加强 IP 产业链建设等新的发展模式，成功实现产业升级；科幻景区保持平稳发展态势。

（一）主题公园科幻游乐项目发挥头部效应，引领科幻文旅发展

2022 年全年，我国主题公园科幻游乐项目营收约为 146.5 亿元，成为科幻文旅产业的龙头，显示出强劲的增长动力。由于主题公园投资规模与体量庞大，涵盖 IP 种类多，受众群体广，因此成为科幻文旅市场最大的增长点，自然形成头部效应，引领市场发展。现有的主题公园科幻项目大致可分为两类，一是国内企业开发的主题公园科幻游乐项目，二是国外在华投资主题公园的科幻游乐项目。其中，国产主题公园的科幻游乐项目营收为 53.2 亿元，占主题公园科幻游乐项目营收的 36%；国外在华投资主题公园的科幻游乐项目营收为 93.3 亿元，占比 64%（图 2）。

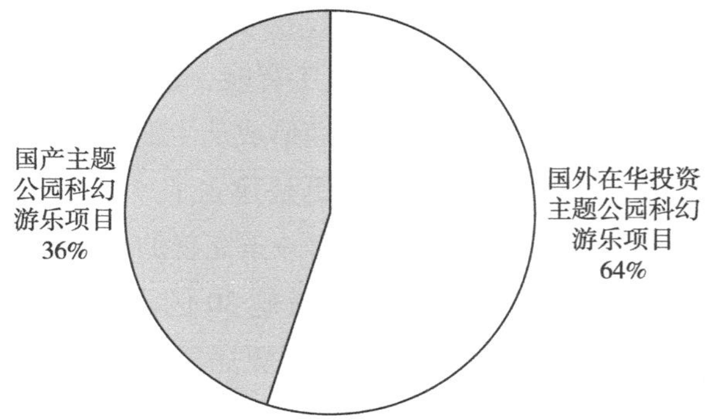

图 2　2022 年主题公园科幻游乐项目营收占比

1. 国产主题公园科幻游乐项目改变经营模式，实现产业升级

国产主题公园科幻游乐项目包括华强方特科幻文旅项目，以及科幻科普类主题公园游乐项目，包括长隆海洋王国、长隆欢乐世界、海昌海洋公园、常州中华恐龙园。这些主题公园与游乐项目由国内企业进行建设与开发，包括科幻 IP 类主题公园游乐项目与科幻科普类主题公园游乐项目两种主要类型。2022 年，国产主题公园科幻游乐项目营收为 53.2 亿元，占据主题公园科幻游乐项目的 36%。这些主题公园纷纷展开对自身经营模式的改革，增加 IP 合作、扩展 IP 产业链，实现了产业升级。

（1）科幻 IP 类主题公园游乐项目

科幻 IP 类游乐项目主要包括华强方特科幻文旅项目。2022 年，华强方特加快产业链下沉步伐，完成“熊出没”IP 全产业链的建设。华强方特 2022 年年报显示，2022 年主题公园营收为 23.4 亿元[1]。其中科幻类文旅项目主要包括“方特欢乐世界”“方特恐龙王国”“方特·狂野大陆”，约为 7 亿元①，年游客量超 900 万人次。

值得注意的是，华强方特在 2022 年更加注重科幻 IP 与文旅市场，加大投资力度。“熊出没”作为华强方特独立开发的 IP 内容，可以视作中国 IP 产业

① 营收计算方式为，年度总营收 × 科幻游乐项目在主题公园中的占比。如方特总共有十类主题公园，其中科幻文旅类有“方特欢乐世界”“方特恐龙王国”“方特·狂野大陆”三个，占比 30%，由 23.4 亿元 ×30% 得出科幻文旅项目的营收。

的先行军，以环境保护、科学幻想为主题，涉及的内容包括环境保护、科学探险、怪兽大战、平行时空、时空穿越、人工智能、基因技术等。在此之前，我国并未形成系统的 IP。而“熊出没”已经形成从上游的内容创作到下游的主题公园消费一体化的完善体系，2022 年更是建立了“方特 · 狂野大陆”这样依托于 IP 的科幻主题公园，形成了我国第一条完善的科幻 IP 产业链。华强方特在台州新开发的“方特 · 狂野大陆”投资逾 30 亿元[2]，主打动漫科幻，将自主开发的 IP“熊出没”独立出来，建立了更完善的产业链机制，于 2022 年 7 月 9 日开放。“方特 · 狂野大陆”包括《神话纪事》《寻找鱼尾狮》《熊熊乐园》《生命之光》四个项目。

在原有文旅项目的基础上，华强方特也加强了对地方科幻文旅项目的开发。华强方特与四川自贡市政府达成合作，在自贡市建设“方特恐龙王国”，投资约 31 亿元，年接待量超 300 万人次[3]，于 2022 年 6 月 18 日开放，成为方特在恐龙市场布局的重要一步，与中华恐龙园形成竞争态势。方特恐龙王国共有 10 个项目，包括《恐龙危机》《丛林卫士》《地心历险》《河谷探秘》《飞上蓝天》《生命之光》《熊出没之重返侏罗纪》《穿越火山》《飞翔》《青铜祭》。自贡市具有丰富的恐龙文化以及考古资源，被称为“恐龙之乡”。而方特恐龙王国正是通过结合当地恐龙文化与考古优势，与主题公园相结合，形成较为完善的发展路径。

在此基础上，华强方特形成了多步走的战略体系。一是完善旧有的科幻游乐项目与设施，二是自主开发独立 IP，建立从上游内容生产到下游文化消费的全产业链。三是挖掘地域特色，建立新型科幻 IP 乐园，开辟了我国 IP 全产业链建设的先河。

（2）科幻科普类主题公园游乐项目

科幻科普类主题公园游乐项目主要包括海昌海洋公园、长隆海洋王国、长隆欢乐世界、常州中华恐龙园，2022 年营收为 46.2 亿元。

海昌海洋公园主要针对海洋科幻游乐、科学幻想、科普教育等项目进行开发，形成独具一格的海洋科幻乐园，包括《人鱼海湾》《极地小镇》《冰雪王国》《海底奇域》《海洋部落》等乘骑游乐项目。海昌海洋公园在 2022 年的表现不俗。海昌集团 2022 年年度财报显示，2022 年门票与园内消费全年营收 6.2 亿元[4]。值得注意的是，海昌集团在 2022 年引入“联动开发”模式，在上海海昌海洋公园成立全球首个奥特曼主题馆，通过超人气 IP“奥特曼”来带动本土科幻主题公园市场发展。主题馆包含奥特曼主题展示区、奥特曼主题餐厅、奥特曼冰封剧场、奥特曼光之店、奥特曼游艺中心五大主题区，其门票、游乐、周边等销售额喜人，单日最高营收为 60 万元[5]。上海海昌海洋公园奥特曼主题馆由海昌集团与万代集团中国总代理上海新创华文化发展有限公司合作开发，其相应的管理模式、开发模式由双方共同主导，形成科幻文旅市场新的开发模式。

长隆海洋王国、长隆欢乐世界在 2022 年并未有出色表现，但基于长隆集团不盲目扩张、专注已有乐园发展的稳定战略，即使在一定程度上受到新型冠状病毒感染疫情影响，其游客量仍占据国产主题公园的首位。《2021 全球主题公园和博物馆报告》(*Theme Index and Museum Index 2021*）显示，长隆海洋王国与长隆欢乐世界两座乐园 2021 年游客入园量为 1134.2 万人次，营收约为 34.3 亿元①。由于疫情影响，2022 年长隆集团营收状况与 2021 年持平，约 34 亿元左右。其中长隆海洋王国游客量排名到达世界前十，呈现出平稳发展状态。

作为国内较早对恐龙文化进行开发的主题公园，常州中华恐龙园在 2022 年仍深耕恐龙文化市场，紧抓先发优势。《2021 全球主题公园和博物馆报告》显示，常州中华恐龙园 2021 年入园游客量为 250 万人次，营收约为 6.3 亿元②。由于受新型冠状病毒感染疫情持续影响，中华恐龙园 2022 年的营收大约与 2021 年持平，为 6 亿元左右。常州中华恐龙园科幻游乐项目主要包括《疯狂恐龙人》《中华恐龙馆》《鲁布拉》《库克苏克峡谷》《魔幻雨林》《梦幻庄园》《嘻哈恐龙城》《冒险港》等。虽然 2022 年中华恐龙园并未有新项目落地，但提出了新的发展战略，对标环球、迪士尼等主题公园巨头，打造“恐龙”IP，以“大恐龙园”战略为主，向东扩张，建设“东方侏罗纪”项目，重点打造

① 营收计算方式：园游客量 × 门票平均价格。如 2021 年长隆海洋王国入园人数为 745.2 万人，门票平均价格为 330 元，营收约为 24.6 亿元；长隆欢乐世界 389 万人，门票平均价格为 250 元，营收约为 9.7 亿元，2021 年两部分总营收约为 34.3 亿元。

② 营收计算方式：园游客量 × 门票平均价格，如 2021 年中华恐龙园入园人数为 250 万人，门票平均价格为 250 元，2021 年总营收约为 6.3 亿元。

恐龙星球、恐龙星际宇航、创智总部、滨水生态公园及多家主题度假酒店[6]，力图成为常州科幻文旅的新地标。

2. 国外在华投资主题公园科幻游乐项目加快改革步伐，占据主导地位

国外在华投资的主题公园科幻游乐项目依托于北京环球度假区和上海迪士尼度假区两大乐园，营收达到93.3亿元，占主题公园科幻游乐项目营收的64%，处于我国主题公园科幻市场的主导地位。

其中，北京环球度假区科幻游乐项目在2022年发展迅猛，原因在于其具有强劲的后发优势。北京环球度假区于2021年12月中旬开业，一期投资金额为460亿元，在场景建设、IP转化、技术应用上投资较大，采取了较为先进的管理模式，因此第一年营收就超过了上海迪士尼。据环球母公司康卡斯特（Comcast Corporation）官方数据统计，2022年环球主题公园收入为75.4亿美元[7]，约为518.9亿元人民币，北京环球度假区2022年营收为103.8亿元。其中，主题公园科幻游乐项目包括《变形金刚基地》《好莱坞》《未来水世界》《小黄人乐园》《侏罗纪世界努布拉岛》，营收为64.9亿元①。

2022年，北京环球度假区年游客量超1300万人次，保持了对原有科幻IP的开发力度，诸如《变形金刚基地》《侏罗纪世界努布拉岛》等科幻游乐项目微博相关话题阅读量超2亿。在维持原有IP乘骑项目的基础上，2022年北京环球度假区进行文旅业务拓展，与腾讯达成合作意向，引入知名科幻IP“王者荣耀”，在2023年进行线下投放，如“王者荣耀英雄盛会”推出花车巡游、主题商店与餐饮，为环球本土化发展规划奠定基础。“联动开发模式”是北京环球度假区能够在2022年超越上海迪士尼的关键，为其带来巨大流量。与迪士尼不同，环球影城在海外的扩张模式并不仅集中于版权所有的IP，而是依据本土化原则，选择与各国现象级科幻IP进行合作，从而达到迅速进入本国娱乐市场的目的。如在拓展日本市场时，环球就选择与“哥斯拉”“宝可梦”“新世纪福音战士”等著名科幻IP进行合作，成功获得日本市场的支持，能够快速和东京迪士尼形成竞争态势，这也为日后中国科幻文旅产业走出国门、扩展海外影响力提供了明确的发展路径。

① 营收计算方式与华强方特科幻文旅项目相同，为年度总营收 × 科幻游乐项目在主题公园中的占比，如环球影城有8个游乐项目，其中科幻文旅类项目有5个，以此算出科幻项目的营收。

与北京环球度假区欣欣向荣的景象相比，上海迪士尼度假区科幻游乐项目在 2022 年遭遇到了诸多挑战。虽然乘骑游乐项目有着稳定营收，但由于政治等因素的影响，其科幻项目吸引力较以往减少。迪士尼 2022 年财报（*Disneyland Annual Report 2022*）显示，迪士尼海外主题公园营收为 32.9 亿美元[8]，约为 226.6 亿人民币。上海迪士尼营收约为 56.7 亿元人民币。其中，科幻游乐项目包括《明日世界》《漫威英雄总部》《探险岛》，营收为 28.4 亿元①。

与环球度假区相比，上海迪士尼在开发展政策上受到自身经营模式的局限与政治的影响较多，本土化程度有所减退，仅维持原有的科幻 IP 项目，放弃开发新的 IP，因此与 2021 年大致相同，2022 年客流量并未有明显的增幅，客流量超 800 万人次②，被北京环球度假区超越。老牌科幻 IP 方面，诸如《漫威英雄总部》等科幻游乐项目热度不减，微博相关话题阅读量超 1 亿。在开发模式方面，虽然没有采取联动策略，但迪士尼的"无 IP 运营"很大程度上推翻以往所有主题公园与衍生品的发展路线，将会形成革命性的影响。极具代表性的"玲娜贝儿"虽然不属于科幻 IP，但其营销模式为中国科幻 IP 与文旅建设提供了重要思路。在以往，IP 的运行首先集中在文本内容的开发，在消费者接受大量文本内容之后，IP 才会逐渐进行产业链下沉，进行相关人物形象的实体转化，最终到达文旅消费部分。而"玲娜贝儿"的开发模式则略过前期文本内容的开发，直接将相关 IP 形象投放到文旅市场，从文旅端向内容创作端进行逆向开发，获得了巨大成功。2021 年，"玲娜贝儿"在抖音上的同名话题播放量超 21.8 亿，微博上话题阅读量超 6.7 亿[9]，为迪士尼带来了巨大的话题热度。其原因在于迪士尼全球性的文旅市场、良好的口碑、前期对消费市场的大数据调研与建模等，在后续开发的过程中，不断增加与游客互动、线下见面的环节，增强消费者体验感，强化消费黏性。对此，中国科幻文旅 IP 在海外发展时，可以借鉴诸如"玲娜贝儿"等"无 IP"的开发模式，能够节省成本，探索新型 IP 开发模式。

综合来看，以环球影城、迪士尼为首的主题公园科幻游乐项目仍占据主

① 营收计算方式与北京环球度假区营收计算相同。

② 数据来源于 AECOM 联合全球主题娱乐协会发布的《2021 全球主题公园和博物馆报告》（Theme Index and Museum Index 2021）。

导地位，也在不断拓展文旅市场，其兴盛的原因在于环球与迪士尼长期稳定的文旅市场、悠久的发展历史以及各 IP 先进的线下投放战略。国产主题公园科幻市场方面，华强方特、海昌海洋公园、中华恐龙园在汲取相关经验之后，开始改变自身经营模式，实现了产业升级，逐渐开始向环球影城、迪士尼等主题公园巨头发起挑战。但与这些巨头相比，国产科幻游乐项目在 IP 开发、产业链建构上仍需发力。截至目前，我国也仅有“熊出没”这一条完整的 IP 产业链，而其他国产科幻文旅项目更是缺少本土 IP 的开发，其巨大营收也大都基于我国人口众多这一优势，缺少完善的本土 IP。因此，国产主题公园科幻文旅项目仍需加强自身发展，才能在世界主题公园市场中站稳地位。

（二）科幻景区发展平稳

2022 年，科幻景区发展平稳，实现文旅营收 3.8 亿元，占科幻文旅产业总营收的 2.5%。与主题公园不同，科幻景区不是封闭式的公园，是将园区建立在自然景区的基础上，通过科幻科普类游览项目开发而形成的文旅形式。在内容方面，科幻景区依托自然环境的优势，将科幻与科普内容进行深度结合，开发科幻科普类游览项目。受新型冠状病毒感染疫情的影响，2022 年全面发展的科幻景区项目并不多，其中主要包括贵州平塘县克度镇 FAST 天文小镇与茫崖市科幻文旅环线两个项目。

1. 贵州省平塘县克度镇 FAST 天文小镇

贵州省平塘县克度镇 FAST 天文小镇聚合了平塘县的文旅资源，是平塘县文旅收入的主要来源。据统计，2021 年平塘县年均旅游人次为 142.4 万人次[10]。近年来，天文文旅年均游客量占平塘县年均总游客量的 80% 以上[11]，2022 年 FAST 天文小镇文旅年均游客量约为 113.9 万人。据贵州平塘县政府统计，2022 年全县一般公共预算收入为 3.35 亿元[12]，科幻科普文旅税收占全县税收比重为 12.42%[13]，营收约为 4160.7 万元。其中，FAST 天文小镇科幻科普项目包括瞭望台、天文体验馆、南仁东先进事迹馆、九号宇宙航天馆、天幕商业街、球幕飞行影院、桃源洞静生活体验区、光影馆等。随着我国科技实力的加强、人民生活水平的提高、天文射电望远镜的建成使用，平塘县与 FAST 天文小镇的知名度也越来越高，满足居民科幻科普文旅的需求成为平塘县文旅发展的首要问题。2022 年，平塘县着力打造“天文小镇科幻拓展基地与溢彩沉浸式夜游项目”，丰富科幻文旅产业，服务游客需求。项目以科幻战争、科幻天文等为主题，打造星战科幻主题的战争场景，包括真人科幻 CS 项目基地，以及相关 CS 装备销售等设施；借助当前剧本杀的热潮，打造科幻剧本杀项目。在室外游乐方面，借鉴主题公园发展模式，打造天文小镇科幻夜游活动，包括设置 1.5 公里的多媒体夜行步道、夜游科幻互动、穿越科幻快闪活动、科技梦幻艺术展、穿越时空科幻沉浸式体验酒店等。目前相关项目已经有部分投入使用，形成了科幻、科普与文旅融合的发展模式。

2. 茫崖市科幻文旅环线

茫崖市科幻文旅环线是青海省茫崖市政府依托当地丰富的地理资源而规划的文旅路线，2022 年文旅人数达到 70.6 万人次，实现文旅营收 3.4 亿元[14]。茫崖市政府以“自然生态”“天文科普”“工业遗产”“地学研学”为文旅发展基础，实现了科幻、科普与当地地域特色相结合的文旅发展模式。其中，冷湖火星营地是茫崖市冷湖区标志性的科幻文旅项目，以“火星生活”“火星探索”等内容为主题，形成游乐、游学与教育三重目的相结合的开发模式。代表性项目包括《火星营地》《冷湖实验室》。《火星营地》开辟了火星生存体验的新文旅模式，实现游客在火星生存的科幻体验。《冷湖实验室》是具有科普性质的研学文旅项目，以“建设火星移民先锋地”为目标，从“生命科学”“地球与宇宙科学”“物质科学”“工程与技术”四个方面培养学生的学术素养。此外，火星营地成立了以冷湖发展史为核心内容的“冷湖科幻文学奖”，面向全国科幻爱好者，通过文学赛事，来吸引参赛者、游客来此体验“火星生活”，挖掘冷湖的文旅资源，形成“科幻 + 科普 + 文学 + 文旅”的发展模式。同时，茫崖市政府也坚持一体化的开发战略，通过“火星 1 号公路”将火星营地、俄博梁雅丹地貌、“恶魔之眼”艾肯泉、海豚湾、丹霞奇境、翡翠湖等具有类似火星地貌的特色景区相连接，形成科幻文旅环线。

总体来看，科幻景区成为 2022 年科幻文旅产业中发展最为稳定的部分，也是我国科幻文旅的特色项目，是与国外科幻文旅产业竞争的关键所在，需要长期的投入与关注。目前，随着园区建设完善，科幻景区也出现了发展的瓶颈，如游客量饱和、项目更新不及时等问题。同时，由于一些科幻景区对自然环境的要求较高，因此势必会建立在较为偏远的地方，因此出现季节性旅游问题。地理位置偏远，导致游客出行不便；冬季时间过长，使得园区仅在旅游旺季才得以盈利。与迪士尼、环球等主题公园相比，科幻景区更需要考虑如何克服地理环境带来的劣势。对此，科幻景区可以依托元宇宙等新型技术，在旅游淡季的时候推出线上游等项目；可以拓展与园区设计相关的科幻科普游戏，吸引游客在旺季时前来参观；同时，也应积极拓展太空模拟环境等冬季项目，来维持收支平衡。随着 2022 年年末新型冠状病毒感染疫情形势的变化，科幻景区各类项目也恢复运营。如甘肃金昌火星 1 号基地依托金昌地貌，建立火星主题体验园区，相信未来也会成为我国科幻景区的代表之一。

（三）小结

综合来看，主题公园科幻游乐项目是当之无愧的引领者。其中，虽然环球、迪士尼等老牌主题公园仍牢牢把握住统治地位，但国产主题公园科幻游乐项目发展较快，占据的市场份额也越来越多，逐渐开始挑战环球、迪士尼等主题公园的地位。随着我国市场的复苏，加之庞大的消费者群体，中国主题公园产业已形成全球最大的市场，改变了世界主题公园的格局。科幻景区则彰显了中国科幻文旅产业与国外的不同之处，从世界范围来看，这种发展模式也是独树一帜的，证明中国科幻文旅产业走出了属于自己的道路。

三、年度科幻文旅产业重要现象观察：元宇宙概念赋能科幻文旅

2022 年，由于新型冠状病毒感染疫情的持续影响、各地防疫政策的不同、园区建设与开放时间延迟等，一些具有代表性的现象并未能够在上述内容中进行详细介绍。在产业发展过程中，一些科幻文旅项目经历了搁置、园区闭园等问题，但也迎难而上，展现出蓬勃的发展潜力。其中，由于“元宇宙”概念的爆火，一批以“元宇宙”“科技”等为主题内容的乐园科幻游乐项目乘势而起；元宇宙相关技术的成熟也催生了一些线上文旅。

（一）“元宇宙”概念主题公园乘势而起

2022年，科幻文旅产业投资力度加大，新的项目逐渐落地。由于“元宇宙”概念的爆火以及沉浸技术的升级，以“科技”“元宇宙”为主题的科幻主题公园成为投资项目的新风向。如深圳冒险小王子元宇宙主题公园就是国内首家元宇宙主题公园，总投资约75亿元[15]。主题公园以著名童话作家周艺文的“冒险小王子”系列为IP内容，通过最新的AR、VR等技术，为游客提供沉浸式的游乐需求。虽然公园项目呈现的内容以魔幻、奇幻故事为主，但在主要定位、发展规划以及技术层面上，公园以元宇宙概念为主，鲜明地体现了其科幻性。上海的“星际大冒险”互动沉浸式体验公园位于星空之境海绵公园之中，通过全民性的娱乐方式打造开放式的科幻主题公园，预计年客流量为30万人次[16]。园区包含星际探险、时光迷眩、异星探奇、星际解密、异星森林、星际大战、迷空之镜七个主题展，并与星空之境水上乐园（桨板基地）联动，门票平均价格为135元，相关年营收约达到4000万元。由于开园时间受到新型冠状病毒感染疫情影响，这些项目没有列入统计与分析，但元宇宙科幻主题公园正成为各大投资方争相看好的市场，因此需要对其保持长期关注。

（二）元宇宙线上科幻文旅成为新业态

由于新型冠状病毒感染疫情影响，中国文旅产业在2022年逐渐转向线上。恰逢虚拟沉浸技术的进步，元宇宙线上科幻文旅的爆火成为一大新现象，吸引众多游客争相浏览。由杭州李未可科技有限公司开发的虚拟人李未可与科幻游戏《代号：降临》中的虚拟人李星澜携手参加的域见中国・ONE 2022巨量引擎文旅生态大会，通过骑行参观杭州—大理—川藏文旅路线，将科幻与元宇宙线上文旅相结合，形成文旅向虚拟世界的转向。2022年，中国国际数码互动娱乐展览会（ChinaJoy）选择延迟线下展会的开办，但在线上推出了CJ Plus元宇宙展会，共有主城区、商务区、硬件潮品区、达人天地、游戏区、潮玩区和休闲区7大展区，各大玩家可以在元宇宙游戏展厅中免费畅游，体验或试玩相关游戏。据ChinaJoy官网2021年统计数据显示，ChinaJoy Plus线上观看人数达到3600万人次，相关话题阅读量超30亿，全平台传播曝光超5亿[17]。由于持续受疫情影响，2022 年相关数据与 2021 年大致相同，显示出线上元宇宙科幻文旅的乐观发展前景。

四、总结与展望

2022 年，主题公园科幻游乐项目成为拉动中国科幻文旅产业发展的龙头，其营收、话题度、游客量都占据科幻文旅产业的主要部分。由于借鉴国外主题公园的发展模式与经验，并与国内市场情况相结合，国产主题公园对经营与开发模式进行了改革，摆脱了以往只专注维护已有项目的缺点，从而为未来营收增值做了充分准备。较为成功的例子包括华强方特的“方特·狂野大陆”、海昌海洋公园开发的奥特曼主题馆，以及常州中华恐龙园的“大恐龙园”战略计划，项目建成后园区实现了游客量的激增。华强方特模仿了以迪士尼、环球影城为主的 IP 产业链扩展的模式，将科幻 IP 扩展到主题公园下游消费端，成功打造了中国第一个完整的科幻 IP 产业链“熊出没”。海昌集团参考环球影城本土化开发模式，与日本超人气科幻 IP“奥特曼”进行联动，将“奥特曼”IP 首次投放到文旅市场，完成一次成功的尝试。常州中华恐龙园以“恐龙文化”为基础，建立“恐龙星球”等原创科幻 IP。这些科幻游乐项目都成功地走出了适合国情的发展道路，正在尝试向欧美主导的主题公园产业发起挑战，为今后国产科幻主题公园的建设提供了参考。

2022 年国外在华投资主题公园的科幻游乐项目仍然呈现出强劲发展态势，以环球影城、迪士尼为主的主题公园科幻游乐项目仍是全国乃至世界范围内科幻文旅消费的主要去处。在科幻 IP 向线下文旅延伸方面，我国目前仅有“熊出没”一个完整的科幻产业链。与之对比，环球影城的《变形金刚基地》、迪士尼的《漫威英雄总部》等都具有全面的市场竞争优势。虽然我国目前已成为全球主题公园市场的重心，但就原创性 IP 数量、影响力与 IP 产业链完整性来说，仍然还有很长一段路要走。

科幻景区在 2022 年表现平稳，原因在于其依托精品的科幻科普类文旅项目来吸引游客。但值得注意的是，由于受地理环境、市场规模的影响，科幻景区市场总体来看范围不大，有较大的局限性。在未来的发展中，如何打破市场饱和、持续开拓市场服务范围是开发者要面临的问题。

同时，以元宇宙为主题的主题公园、线上文旅为我国科幻文旅发展提供了更多的可能，成为我国科幻文旅产业独有的特色。

总之，2022 年中国科幻文旅产业虽然受到新型冠状病毒感染疫情的反复影响，但一些新项目落地与开放，加之投资力度的加大，显示出良好发展前景。2023 年，全球主题公园市场东移，中国已形成了世界上最大的主题公园市场。国际各大娱乐集团在中国的投资项目增多，仅默林集团就在中国投资了三座乐高乐园。国内方面，成都成功申办世界科幻大会，届时成都科幻博物馆、世界科幻公园等项目将成为科幻文旅的热点。综上所述，我国科幻文旅产业已成为世界最大的市场，进入了全新的发展阶段，相信随着中国市场的逐渐复苏，科幻文旅产业将成为科幻产业布局中极为重要的一环。

参考文献

[1] 新京报．去年营收 45 亿，八部“熊出没”电影总票房达 42 亿［EB/OL］.（2023-04-18）［2023-04-20］.https://baijiahao.baidu.com/s?id=1763519801693726101&wfr=spider&for=pc.

[2] 新华网．台州方特·狂野大陆开业迎客 高科技打造动漫科幻体验［EB/OL］.（2023-02-21）［2022-07-10］. http://www.xinhuanet.com/travel/20220709/dbb4c39a8678492caaf5e78e9101548d/c.html.

[3] 自贡城投集团．恐龙王国项目［EB/OL］.（2019-05-25）［2023-02-12］. http://www.zgctjt.net/case/0874963446.html.

[4] 新京报．海昌海洋公园去年实现收入 7.93 亿，各项业务近期迎来快速反弹［EB/OL］.（2023-03-31）［2023-04-23］. https://baijiahao.baidu.com/s?id=1761887420558594965&wfr=spider&for=pc.

[5] 雷报．圆谷靠奥特曼卡牌在中国半年进账 10 个亿［EB/OL］.（2022-11-17）［2023-02-20］. https://baijiahao.baidu.com/s?id=1749706477012285449&wfr=spider&for=pc.

[6] 常州市人民政府．常州中华恐龙园迎客 22 周年：以绿色发展新势力创无

限生机新时代[EB/OL].(2022-09-20)[2023-02-28]. http://www.changzhou.gov.cn/ns_news/656166363399269.

[7] COMCAST. Comcast Corporation 2022 Annual Report on Form 10-K [EB/OL].(2022-12-31)[2023-04-26]. https://www.cmcsa.com/static-files/156da323-653e-4cc6-9bb4-d239937e9d2f.

[8] THE WALT DISNEY COMPANY. Disneyland Annual Report 2022 [EB/OL].(2022-11-21)[2023-03-01]. https://thewaltdisneycompany.com/app/uploads/2023/02/2022-Annual-Report.pdf.

[9] 光明网.玲娜贝儿，还能火多久?[EB/OL].(2022-01-03)[2023-03-01]. https://m.gmw.cn/baijia/2022-01/03/1302747817.html.

[10] 平塘县人民政府.平塘县2021年国民经济和社会发展统计公报[EB/OL].(2023-02-08)[2023-03-26]. http://www.gzpt.gov.cn/zfxxgk/fdzdgknr/tjxx/tjgb_5630513/202302/t20230208_78165732.html.

[11] 动静新闻贵州台黔南站.你去过吗？黔南这个景区争创国家AAAAA级![EB/OL].(2023-01-11)[2023-03-01]. https://mp.weixin.qq.com/s?__biz=MzI1MTA5NjM2Mw==&mid=2654473635&idx=4&sn=d618b60e13aeb19b3ca6a4260397973b&chksm=f23491e7c54318f19f15ff072eebd0e539b5897d269da14686cd281a01a47c0136adfb365fb1&scene=27.

[12] 平塘县人民政府.平塘县2022年1—12月主要经济指标运行情况简析[EB/OL].(2023-02-08)[2023-03-30]. http://www.gzpt.gov.cn/zfbm/xtjj_5770996/zfxxgk_5770966/fdzdgknr_5770969/tjsj_5121431/tjfx/202302/t20230208_78165375.html.

[13] 黔南布依族苗族自治州人民政府.【喜迎黔南州第十二次党代会——四新四化看黔南】奋发有为开新局——平塘县围绕“四新”主攻“四化”奋力推进高质量发展[EB/OL].(2021-12-22)[2023-03-01]. http://www.qiannan.gov.cn/ztzl/qnzdsecddh/sxshkqn/202112/t20211222_72094877.html.

[14] 青海日报.「新时代 新征程 新伟业」“苍茫之崖”释放全域旅游新动能[EB/OL].(2023-02-01)[2023-03-23]. https://baijiahao.baidu.com/s?id=1756581933396857020&wfr=spider&for=pc.

[15] 深圳商报 . 童话 IP+ 沉浸式体验 国内首家元宇宙主题乐园落地深圳光明小镇[EB/OL].(2021-12-03)[2023-02-23]. https://baijiahao.baidu.com/s?id=1718120438345540797&wfr=spider&for=pc.

[16] 澎湃新闻 .CAAPA 会员资讯：融创冰雪落子赛里木湖[EB/OL].(2022-07-05)[2023-03-01]. https://m.thepaper.cn/baijiahao_18876209.

[17] 顺网科技 .3600 万人次在线观看，曝光破 5 亿！ChinaJoy Plus 破圈生长[EB/OL].(2021-09-06)[2023-03-10]. https://baijiahao.baidu.com/s?id=1710125670191353980&wfr=spider&for=pc.

作者简介：

王嘉诚，山东师范大学文学院文学与文化产业管理博士研究生，中国科幻研究中心“起航学者”，主要研究方向为文化产业与科幻产业。

▲ 科幻研究、译介、教育及活动综述

年度科幻研究综述

朱钰婷

21 世纪以来，中国科幻文学在各界的努力下取得了不菲的成就，呈现出蓬勃发展之势。在全球化浪潮的当下，科幻作为架接科技与文学的重要桥梁，亦彰显出其特有的文化力量。其中，科幻研究则是科幻文艺保持良好、健康发展态势所不可或缺的批评观照维度。该如何对科幻研究作系统性、整体性评价？又该如何考量这其中的得失？这些问题都有待我们更深入地思考。每一年对学界相关研究进行梳理无疑有益于我们对科幻研究进行阶段性的总结和反思。与此同时，科幻研究的发展与时代环境联系密切，亦需不断革新，这将成为我们向前探索的坐标。

本研究主要关注 2022 年科幻研究现状，以发表于国内重要学术期刊的论文为研究对象。笔者在中国知网（CNKI）输入科幻主题相关的关键词，对 2022 年 1 月 1 日至 2022 年 12 月 31 日发表的文章进行文献检索，包括期刊、学术论文、会议、学术辑刊、报纸等，得到与科幻研究相关的各类中文文献共计 1217 篇。科幻文学这一特殊的文类，涉及科技、政治、艺术、社会、历史等维度，研究者也往往从多个学科进入展开论述，因此也呈现出复杂化、多样化的研究趋势。由于文献量过大，本文依照以往惯例剔除硕博士学位论文、报纸、杂志等非学术刊物的文章，在精读文献摘要、明确关键词的基础之上，将研究对象锁定为 2022 年 CSSCI 来源的期刊论文以及少数重要但发表在一般期刊上的学术论文，数量为 143 篇。基于此，笔者发现 2022 年度学界主要聚焦于科幻文学作家作品研究、科幻文学理论反思与学科建设、科幻产业的发展现状与对策探究、科幻文艺的译介与传播四大板块，焕发出多样化的青春面貌和学术活力。细而论之，首先，单部的科幻作品研究依旧聚集在 20 世纪 90 年代以来这一时段，其中刘慈欣作品头部效应突出，研究热度依旧不减。同时，学界对主流文学作家的科幻创作尝试也有着较高的关注度。人工智能、赛博朋克主题研究历久弥新，一部分研究者对科幻灾难书写也倾注了批评关怀。其次，科幻文学理论话语体系建设的争鸣场域得到扩展，包括对中国科幻文学的历史脉络和相关思潮做整体性判断和钩沉，对其性质、功能等基本文学观念等加以厘清和澄明，并对西方文论界的热门资源展开探讨和反思。再者，中国科幻产业研究稳步推进，成为新的学术增长点，其中科幻电影相关的研究仍占大头。最后，科幻文艺的译介与传播研究立足于国际视野，彰显文化自信，侧重于阐述中国科幻从文学作品到电影作品不同层面的“出海”。要而言之，2022 年度科幻研究主要呈现出内外研究齐头并进，雅俗视野双向关照，中西理论话语建构双管齐下三大特征。当然，2022 年度相关研究成果也并非一片灿然，其不足之处最主要的表现在研究对象过于集中，难以彰显中国科幻乃至世界科幻图景的完整性和丰富性。

笔者将采集的 2022 年度有关科幻研究的期刊文章所涉及的主题进行词云分布（图 1）。

图 1　2022 年期刊文章科幻研究主题分布

相较于 2021 年科幻研究各类中文文献量 1348 篇而言，2022 年度的文章发表量有所下滑，但幅度不大。同时，笔者将 135 篇发表在 CSSCI 来源期刊的科幻研究论文从学科分布、主要刊物来源以及主要基金来源多个维度进行了可视化分析（图 2 和图 3）。

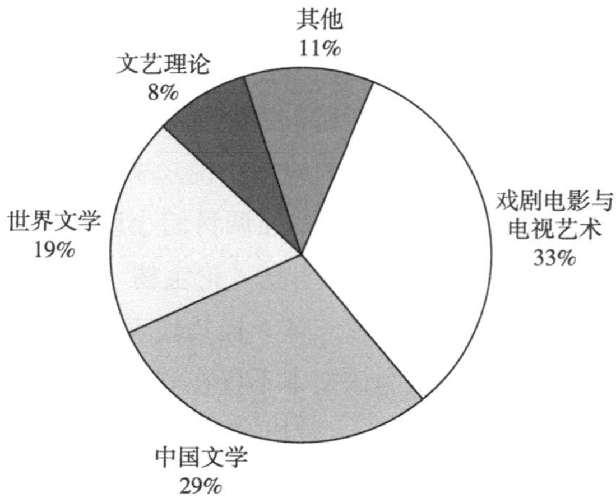

图 2　2022 年发表在 CSSCI 期刊的科幻研究论文的学科分布

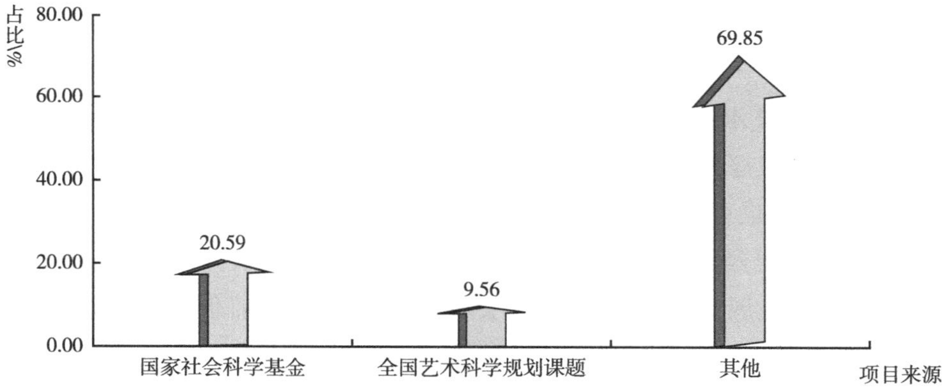

图 3　2022 年发表在 CSSCI 期刊的科幻研究论文的主要基金来源分布

一、科幻作家作品研究

对于科幻小说的叙事艺术、人物塑造、语言风格、核心主题以及深层思想等方面的解读，不仅能够全面地呈现出科幻文学的创作特点和创作趋势，也能更为整体地把握科幻作家的精神走向和文学价值。2022 年刘慈欣作品的头部效应依旧突出，讨论热度名列前茅。基于此前对刘慈欣作品的研究已不在少数，对《三体》这部标杆性的小说探讨也需要更具新意的视角。陈舒劼的《冬眠者何以醒来？——“三体”系列中的科幻小说未来想象机制》聚焦于小说中“冬眠”式未来想象所隐含的诸多矛盾，强调科幻小说的未来想象应努力开掘辩证、互动、发展的叙事潜力[1]。王明宪《论宝树〈三体 X・观想之宙〉对刘慈欣〈三体〉的续写》则关注到《三体》极具代表性的同人小说文本，深入挖掘了它与网络媒介的关系，认为该文本不仅在刘慈欣的基础上建构了自身的主体性，并重构了《三体》价值[2]。曾以《北京折叠》一举获得世界科幻雨果奖的郝景芳也备受关注，刘永春的《“近未来”书写的审美形态及其对科幻小说的观念变革——郝景芳小说论》从叙事、主题和观念上探索了郝景芳小说创作中独特的“近未来”书写，指出其对中国科幻新浪潮小说形态和观念上的超越。此外，吴岩、韩松、陈楸帆、王晋康等人的作品也进一步打开了学术能见度。

如今科学技术的迅速发展，从现实到未来的距离似乎变得并非遥不可及，也赋予了科幻文学独特的魅力。王德威曾敏锐地指出：“科幻小说是中国文学迈入 21 世纪后最重要的现象。……这一波科幻热潮始于 20 世纪 90 年代，作家如刘慈欣等已经开始崭露头角。20 世纪末以来文化传媒分众多元取向，网络讯息的快速发展，还有整个中国社会求新待变的渴望，都促成了科幻小说的勃兴。[3]”这里尚且不评价这一论断是否全面，但是当前中国科幻的崛起反映了民间审美、社会文化需求等变化，而要为当代文学赋予时代的新动能，学界也必须转变策略对科幻文学给予更多的关注。2022 年《文艺争鸣》开设专栏邀请韩松、李宏伟、陈楸帆、飞氘等作家围绕何为科幻、科幻文学的现状及未来与科幻意识等问题展开讨论[4-7]。2022 年度《当代作家评论》《当代文坛》等刊物也发表了针对单个作家的系列文章，同时我们也能看到主流学界面对纯文学与科幻文学创作的多样化态度。如唐诗人《以未来为经验：论王威廉的“纯文学科幻”写作》以“纯文学科幻”为切入点，思考王威廉小说的诗性空间和思想张力所在[8]。刘大先《目光、生命与记忆——王威廉与未来诗学》则就王威廉具备未来维度的深度现实主义写作展开论述[9]。樊迎春《〈引路人〉中“科幻”的效用、限度与可能性》分析了李宏伟借助“科幻”突破“纯文学”限制的冲动，但指出这种出走却又不断提示着作者对“纯文学”风格逻辑的回归，因而导致其创作实践上的局限性[10]。乔梦桢《从最后一块石头说起——评李宏伟〈引路人〉》则通过探析李宏伟作品的叙事手法和叙事可能，对其创作的局限性同样给予了观照[11]。与此同时，也有学者关注到“雅”与“俗”的互动并非和谐顺畅的，如蒋洪利强调“纯文学”写作为科幻文学注入了许多新质，但也一定程度上折损了科幻文学本身的魅力[12]。

近两年科幻网文发展迅猛，显示出科幻文学发展的新动向，因而受到了部分学者的重视。鲍远福在《副本模式、游牧身体与生命政治新范式——中国网络科幻小说的“后人类叙事”》一文中从网络科幻小说的叙事实践着手，探讨了“后人类境况”引发的当代科幻文艺生命伦理和审美范式的变革[13]。他在《网络科幻小说的“后人类”叙事与美学追求》中又从理论层面细致剖析了网络科幻小说的“后人类”叙事的三重维度，试图在人工智能生命想象话语体系与“后人类”生命“未来史”的方法框架之间架构沟通的桥梁[14]。

学界对于英、美、日等国的科幻作家作品一直保持着持续的关注度，对经典科幻作品进行了富有活力的文本阐释。刘义《用新的方式表现真实：雷·布拉德伯里科幻小说中的哥特文学元素》从哥特文学元素切入，充分阐述了布拉德伯里科幻小说对哥特文学传统的继承与创新[15]。李睿《恶托邦的元病毒——论斯蒂芬森科幻小说〈雪崩〉的元宇宙叙事》则借助达科·苏文科幻诗学的“认知疏离”理论分析了《雪崩》的叙事特点[16]。张鲁宁《作为环境危机叙事典范的“新怪谭”科幻小说——以〈湮灭〉为例》以获“星云奖”的代表作《湮灭》为例，聚焦该小说中环境叙事的“新怪谭”特征，考察作家如何通过“新怪谭”科幻小说体裁实现科幻恐怖与环境伦理之间的有机结合[17]。缪晶晶《超越人机关系的主奴原则〈克拉拉与太阳〉的机器伦理批评》从伦理批评的角度出发审视了石黑一雄新作《克拉拉与太阳》中对人性本质的反思与超越[18]。丁卓、孟庆枢《〈日本沉没〉中科技解说的三重维度》从形式内涵、现实隐喻、文化救赎三重维度进行辨析，简明扼要地指出科技解说是科幻文本不可或缺的组成部分，是科幻文学开拓创新、提升艺术境界的基础[19]。孟庆枢深耕于日本科幻研究领域，他在另一篇文章里思考了小松左京打造日本大科幻的理念与实践，这对创建具有中国特色的未来文学具有很好的参考价值[20]。值得注意的是，俄语科幻文学研究明显升温。张晖《突变与竞争——布尔加科夫小说〈不祥的蛋〉中的科学话语谱系》[21]，李然、温玉霞《“魔地”：斯特鲁加茨基兄弟的科技哲思》[22]，阎美萍《佩列文创作中的科幻与奇幻》[23]等文章对多位俄语科幻作家作品展开评述，关注科幻与科学、科幻与奇幻等话题背后的联系与张力。

2022 年不少学者围绕人工智能、赛博朋克、气候变化等主题对多部作品展开研究。赛博朋克发展至今仍方兴未艾，相关影视和游戏的广泛传播也为作为科幻亚文类的赛博朋克小说注入活水，引发学界对其内涵作更深入的认识。帅仪豪、王欣《赛博朋克小说文类研究》将批评的锋芒引入学界对“赛博朋克小说”一词诸多误用这一现状，细致地考察了该词的定义，并对其发展史及所处的后现代语境进行历史考察，进而探明这一文类的叙事特征[24]。陈榕《赛博朋克小说的崇高美学》则结合哈拉维、维希留、德勒兹等思想家的理论资源，以赛博朋克文类中代表性文本为对象，深入解析了小说中崇高审美的多重特征和丰富内涵[25]。

“人工智能”这一概念于 1956 年首次提出，经过迭代发展相关技术已经取得了优秀的成果，在多个领域有着广泛应用，极大地影响我们的日常生活、经济形态、文化想象等。人们在享受其带来便利的同时，一系列不可回避的问题也接踵而至。科幻小说中人工智能主题已颇有渊源，并与我们的现实生活息息相关，因此一直以来也受到了学界的关注。成业《当代科幻文学中的人工智能形象》通过分析中国当代科幻文学中 AI 形象的演变，较为深刻地反思了身体界限、身份焦虑等问题[26]。程林《“日常科幻”在未来想象文化中的重点、潜能与困境——以近期机器人叙事为例》针对人与机器人协存和纠缠的日常叙事，颇有创见地提出“日常科幻”这一概念，对这一科幻亚类的关注重点、表达方式、社会功能、文类困境以及对应策略做了详细的考察[27]。刘洋《机器写作时代的科幻小说创作》则从机器写作迅速发展并逐渐进入多个文本生成领域的背景展开，简明扼要地指出在很长一段时间内，机器写作还无法在小说（特别是科幻小说）这类文体上替代人类创作[28]。

近年来，新型冠状病毒感染疫情肆虐、全球气候变化以及国际社会局部分裂等各类突发的灾难事件给原本美好的生活增添一抹暗影。与此同时，科幻文学如何想象、描述和反思灾难引起部分学者的关注和探讨。气候变化业已成为日益严峻的全球性问题，相较于西方学界围绕气候小说展开的蓬勃的学术研究，国内学界也有必要对此给予高度关注。金进、朱钰婷《1990 年代以来中国科幻小说中的气候灾难书写》细致梳理了 20 世纪 90 年代以来中国科幻小说中有关气候灾难的整体状况，并对小说中灾难形成的现实原因与解决路径进行了较为深刻的思考[29]。朱钰婷《论 20 世纪 90 年代以来气候变化题材的中国科幻小说创作》一文进一步丰富了自己的思考，聚焦于 90 年代以来中国科幻文学中气候变化题材小说的多元化格局和极富生命力的创作新态势，从内容和形式上归纳总结了三种创作模式，一定程度上填补了相关研究的空白[30]。刘赫、刘雨《中国科幻文学瘟疫叙事中的共同体想象》则结合时代语境，集中探析了中国科幻文学瘟疫叙事中共同体想象的嬗变，认为这样的探索不仅是镜鉴当下境况以走向未来的指引，也是深化构建人类命运共同体的必要路径[31]。

二、科幻文学理论反思与学科建设

科幻文学的长足发展离不开锐敏切实的理性沉思，这不仅有益于正确引导科幻文学创作，也将进一步打开科幻文学研究的空间。基于此，2022 年度相关研究聚焦于学科体系建设、理论反思与批评标准等问题的探讨。

在中国科幻文学的发展过程中，“软科幻”“硬科幻”“科幻现实主义”“科幻未来主义”“新浪潮”等命名和概念的提出反映了该文类发展的自觉意识，暗含了科幻文学自身的丰富性与复杂性，同时也为我们进入科幻文学讨论空间提供了有效路径。孟庆枢《科幻现实主义的多重意涵》立足于中国本土和时代语境，从社会历史之维、技术之维、文化之维对“科幻现实主义”命名意蕴做出反思，厘清其背后的文学价值旨趣和实践诉求，从而思考科学幻想文学创作思想和理念的应有之义[32]。彭超《论科幻现实主义创作特征》重点关注科幻现实主义中的科技维度，并将其置于中国现代化进程之中讨论，指出科幻现实主义具备表现震惊体验、隐喻社会之变、思考人之未来三方面的创作特征[33]。

吴岩《中国科幻未来主义：时代表现、类型与特征》通过学界对科幻现实主义的火热讨论这一现象，指出科幻未来主义这一流派同样值得重视。他爬梳了本土科幻未来主义的产生与发展，为其历史、重要类型和特征的梳理提供了有力的逻辑支撑。他强调中国科幻未来主义不但凸显了对主流文学的解域作用，还能在国际范围内增加中国文化的话语权[34]。

对各时期科幻作家作品进行整体把握，将其置于中国现当代文学史，乃至世界文学史的格局之中，针对中国科幻文学的主流化历程与发展走向等问题展开学术争鸣是当前研究的趋势之一。可以发现相较于2021年，多位学者对晚清、“十七年”和新时期等多个重要阶段的科幻文学研究做了进一步补充，百年科幻文学发展历程正在逐步以更完整清晰的姿态显现于研究者的笔端。宋炘悦、国家玮《新世纪中国科幻小说对鲁迅思想命题的“重写”——以刘慈欣、韩松为中心》从主题、隐喻视角切入，以刘慈欣和韩松的创作为例考察了21世纪中国科幻小说对鲁迅思想资源的借鉴、反思与重写[35]。姚利芬《场域视角下的“十七年”少儿科幻文学》运用布尔迪厄的场域理论从生成角度蠡探“十七年”期间政治、经济、科技等场域对科幻文学的建构，以历史的眼光探索了其少儿化及科普化的倾向成因[36]。刘阳扬《论1950—1970年代科幻写作中的工业想象与城市景观》注意到“十七年”科幻小说中对未来工业建设美景的表现，认为这时期的科幻作品在城市建构、知识分子形象塑造和日常生活经验的表达方面都为主流工业题材小说做出了重要补充[37]。同样是关注“十七年”时期的科幻文学，詹玲《当代中国科幻小说中的科技美学问题——兼及“十七年”和1980年代初中国科幻小说创作的反思》则围绕科技美学问题展开论述，她从“科普”与“科幻现实主义”切入，辅以《三体》及其他代表性文本展开科技美学解读，指出当下科幻创作应做出方向性的调整来弥补一直缺失的科技美学维度[38]。何卓伦《转型时刻的“劳动乌托邦”建构——新时期科幻小说的“典型环境”与“典型人物”》借助社会－形式分析的方法，在新时期科幻发展线索中于历史深处归纳出“劳动乌托邦”的谱系，认为这征候性地反映出知识分子群体的历史焦虑，并于不经意间参与了新时期情感结构的形塑。“消除精神污染运动”后，20世纪80年代中后期中国科幻逐渐走向低潮，也长期受到学界忽略，实则该时期科幻文学不论在题材探索、思想深度多个层面都有所提升[39]。尉龙飞《转轨时代的困惑和反思：20世纪80年代中后期中国科幻小说中的想象与现实》则以1984—1990年发表于《科学文艺》/《奇谈》杂志上的科幻小说为讨论对象，在社会转轨的大背景了辨析了这一时期科幻作品所包含的时代症候与思想潮流[40]。谢慧英《近年中国本土科幻文学创作论》则从题材新拓、“间性”特征凸显、本土意识自觉、科幻网文蓬勃多个方面总结了近年来中国本土科幻文学创作态势，并指出其文化底蕴等方面还有待突破[41]。宋明炜、吕广钊《中国科幻的过去、现在和未来》对科幻小说这一现代文类的源头进行追溯，从晚清、现代至新浪潮的历时性地考察了科幻文学的形式及其现实之外的隐藏维度，进而在世界文学的版图中探讨了该文类的潜力[42]。宋明炜、汪晓慧《在“世界”中的中国科幻小说——科幻作为一种全球文类，及其成为世界文学的可能与问题》引用达姆罗什的“世界文学”概念，以及伊斯塔范·西瑟瑞－罗内有关“全球科幻小说”的论点，以刘慈欣作品及其翻译为重点讨论对象，讨论了科幻小说自身形式中的世界建构，及其进入世界文学的过程与表现形态[43]。以上这几篇文章在论述中皆将主流文学维度包含在内，无疑有益于我们对历史重要时期文学场域的多重面向进行把握，并呈现出极富张力的中国文学景观。

现如今科幻文学研究已成燎原之势，一部分学者对研究状况的演进轨迹也予以关注，不难发现科幻研究显现出主流化趋势。方舟《21世纪中国科幻小说研究特征论》对21世纪中国科幻小说研究进行了梳理、阐释，揭示了其特征与话语机制，反思其中存在的问题，并提出若干解决方案[44]。李静《作为“新显学”的中国科幻研究：认知媒介与想象力政治》将论述的起点推至科幻以及科幻研究的主流化现象，分析了其产生的深层历史背景与产生的影响和意义。这一新兴生长点在激活当前文学观和研究方式的同时，也令我们反思文学对于当代中国的意义[45]。她的另一篇文章，则是在洪子诚《当代文学中的世界文学》一书方法论的启示下，尝试探寻中国当代科幻研究的三重世界视野[46]。

人工智能、生物技术、生命科学等科学技术的革新，也催发了20世纪90年代以来兴盛于西方学界的后人类主义思潮。后人类主义与科幻文学有着天然的联系，后者是我们进入前者的重要路径的一种，而对后人类主义的探讨也为科幻文学创作增添了思想深度。

后人类语境下对新媒介的考察成为理论焦点之一。樊祥《克拉里媒介理论视野下的赛博格形象误区》以克拉里媒介理论为基点，阐明了赛博格形象误区，提出无论现实还是科幻中的赛博格，都未能完全摆脱资本的意识形态调控的论证，并以此为基础对赛博格的两种惯常认知做出了适度的反思[47]。信息技术更迭换代频繁，2021 年被视为“元宇宙”元年，作为连接现实与虚拟世界的数字媒介，“元宇宙”为未来社会提供了一种想象性的图景，引发了社会多领域广泛而热烈的讨论。同样，借助“元宇宙”这一概念亦能有助于我们反思科幻文艺。陈韬《面对“元宇宙”，科幻文艺怎样保持批判力》从《雪崩》这部小说延伸开来，对“元宇宙”概念进行批判，呼吁从赛博朋克文艺模式形成的根源进行思考，提倡中国的科幻文艺者要坚持文化自信，探索科幻文艺的新模式，引领世界科幻走出赛博朋克阶段[48]。严锋《从文学到元宇宙》将“元宇宙”放置于更大的文化背景和历史过程中追踪其脉络、隐藏形态和发展动力，并由此反思文学艺术在新媒体时代的发展和传播[49]。

科技的赋能为人们思考身体的界限注入了新质，有关身体的基本概念也面临新的扩容。简圣宇《论人工智能时代的身体美学基本范畴》指出新兴技术改写了身体的具体存在方式，经典身体美学体系发生失效的问题开始突显，“思想”“身体”“时间”和“具身性”范畴的具体内涵也需要依据新的现实状况和未来发展趋势进行相应的再阐释[50]。邓菡彬《后人类身体与表演：机器人、人工智能、区块链及其他》敏锐地观察到在一种“后人类”状态中，机器人、人工智能、区块链等技术造物与人类“身体”之间发生新的关系可能性，认为这不仅为艺术家创作表演作品打开了新的空间，而且曾经被科学祛魅的“灵性”世界也可能以数字艺术的方式复归[51]。刘伟、陶锋《技术与身体：后人类视域中“身体”的形态、问题与反思》总结了后人类视阈中身体的三种形态，认为背后呈现的是技术“拼接”“嵌入”“取代”身体的由外而内、由局部至整体的路径与企图，这种碰撞是人性自我的较量，人们必须接受身体必然向“本体流动”的后身体转变的事实[52]。

在盛行的全球化浪潮、日新月异发展的科学技术等多重因素的作用下，人类本身的价值和处境也受到了革命性的冲击，重审人文主义无疑是有必要的。姚富瑞《后人文主义身份想象与媒介技术的文学表征》强调要突破和超越数字辩证法的逻辑思维需要超越人类中心主义，用非人本主义和非工具性的术语重新概念化人类的身份和技术，进而去想象并探索一种非人本主义的后人文主义[53]。张振《超越人文主义：人类世批评的四个面向》整理和归纳了迪佩什·查克拉巴蒂、唐娜·J. 哈拉维、布鲁诺·拉图尔和杰森·W. 摩尔四位西方学者对人类世的相关论述，认为人类世批评不仅是当代学术操演中生态批评话题的重要范畴，更关乎“全新世末尾事件”中人类能动性的这一哲学命题[54]。

三、科幻产业的发展现状与对策探究

正如前文所述，科幻文学的热度已远远溢出其本来的轨道，呈现出多样态发展面貌。中国科幻产业虽尚处于起步阶段，但技术的革新、市场的需要、国家政策的助推依旧令其成为当下热议的话题。

科幻电影在市场空间占据着重要位置，相关研究一直以来较为充沛。尽管 2022 年不乏从电影史、本体论的视角展开学术争鸣，但最为集中的还是从市场、产业和工业视角对科幻电影创作、发展现状等问题进行分析。黄鸣奋《产业视野下的中国科幻电影》首先指出中国科幻电影和相关产业是在百年来中国科幻自觉化、产业化和信息化的背景下发展而来，其次从科幻文学、科幻艺术、科幻 IP 论述了中国科幻对电影产业的支持作用，最后从电影工业、电影作品以及电影教育三个方面探讨了电影产业对中国科幻的引领作用[55]。李斯龙、吴曼芳《后疫情时代中国科幻电影发展策略研究》通过分析新型冠状病毒感染疫情对中国电影产业的影响，关注现实背景下中国科幻电影发展趋势，从时代需求和产业变化的层面，对中国科幻电影的历史使命、创作理念、美学表达以及发行放映等方面提出了建设性的发展策略[56]。

中国电影理论的自身创建在陈旭光、黄鸣奋等学者的努力下也打开了新的局面。其中“想象力消费”与“电影工业美学”概念及理论体系对思考当前科幻电影产业现状与发展是重要的推力。“想象力消费”这一概念于 2016 年由陈旭光正式提出，经由多年的阐发现已在学界引起诸多争论。陈旭光的《电影想象力消费理论构想及与中国电影学派关系思辨》先是聚焦于包括国内科幻电影在内的“幻想型”电影取得成功的现象，由此引出电影的想象力问题，围绕体系建构、“中国电影学派”定位与理论资源对想象力消费理论展开讨论[57]。黄鸣奋《想象力消费视野下的科幻电影》指出想象力消费电影的崛起是我国当代艺术领域值得重视的现象，他以社会层面新潮流、产品层面新集群、运营层面新机遇为切入点考察了当下科幻电影的定位和走向[58]。李玥阳《想象力消费：电影工业美学的延伸》认为“想象力消费”这一概念回应了中国电影现实主义范式的“转型”，这一新趋向受到西方罗曼司、哥特传统的影响，又在西方影响的基础上与自身文化结合，逐渐探索自身的特点。这种新趋向是在媒介变革的基础上，对未来全新想象方式的建构[59]。

“电影工业美学”能够有效整合电影经济效益与美学效益的关系，也彰显了中国电影的新方向和新使命。许栋梁《想象的“后人类共同体”：科幻电影中的共同体景观生产及其消费批判》指出以好莱坞为代表的当代科幻文化工业，以数字影像为主要媒介，通过科幻叙事想象性地建构了人与技术物、动植物及环境、外星生物等之间不同程度的有机共同体关系，并展开全球传播，获得了广泛的消费性认同[60]。陈旭光、薛精华《电影工业美学视域下中国科幻电影新论》从电影工业美学的角度重新审视中国科幻电影的文本，指出技术水准、技术想象与工业美学分层构成了科幻电影工业评判标准，本土化的类型审美与想象力层级则为中国科幻电影美学标准提供了评价路径[61]。由张迟昱执导，沈腾、马丽领衔主演的《独行月球》于2022年上映后取得了31.03亿票房的好成绩，也引发学界热议。范志忠《〈独行月球〉：元宇宙语境下的科幻话语》在元宇宙的语境中对其话语建构和美学探索进行了评述[62]。全荣哲《观点决定高度——〈独行月球〉的前沿设计与科幻美学》则从美学观范畴、美学实践路径、制作手段与表现等方面针对电影的前沿设计和科幻美学作了更细致的探索[63]。陈汝洪《类型融合与视觉创新——与李淼谈〈独行月球〉的美术创作》指出《独行月球》作为科幻喜剧影片，其复古的视觉概念及风格定位，色彩差异化塑造的喜剧氛围，想象场景下的细节真实以及两极化的空间关系和用光策略共同彰显了该片美术创作的特征，也展现了国产电影类型片的创新能力[64]。孙承健《〈独行月球〉：本土化科幻喜剧的突破与缺失》也认可了这部影片在创作观念和形式美学层面的重要价值和功能，同时以批判性的眼光评述了《独行月球》在科学思维薄弱的一面[65]。同年上映的国产科幻电影《外太空的莫扎特》口碑和票房收入却遭遇滑铁卢，其学术能见度相较于《独行月球》也更低。杨俊蕾《〈外太空的莫扎特〉：高新技术格式电影的融合升级实验》肯定了这部科幻电影在中国电影新型产业链的升级过程中所具有的样本意义，但也尖锐地指出该片在进行类型融合的实验中表现出多样矛盾的流动性[66]。

电影技术的高标准是保障电影质量生命线的重要依托。周冬莹《图形、运动与光：抽象绘画、抽象实验电影与新好莱坞科幻电影中的宇宙空间美学》指出以《2001：太空漫游》《星球大战 4：新希望》和《第三类接触》为代表的新好莱坞科幻电影建构了一种前所未有的宇宙空间美学，文章从 20 世纪的抽象绘画、抽象实验电影入手，追溯这种宇宙空间美学的基因来源，探讨人们对于图形、运动和光之本质的理解和新发现，进而分析科幻电影在美学上的发展和创新[67]。钱禹澎《技术启元与媒介拓展——新光源灯具在科幻电影中的应用研究》则以影像的真实感理论作为研究框架和基础，从数字电影创作语境下的新光源照明技术角度出发，以科幻类电影影像为主要研究样本，对新光源照明创作的技术应用和艺术效果进行研究与分析[68]。

虽同属于内容产业部分，2022 年度科幻动画研究相对薄弱。祝力新《美学对撞下的日本科幻动画审美》从历史的维度爬梳了日本科幻动画发展各阶段的主要审美倾向，指出日本科幻动画审美是在日本美学与西方美学的对撞和交融下逐渐发展起来的，这为构建中国科幻动画的“东方科幻美学风格”提供了参鉴[69]。贾秀清、王臻《且看云起向未来：五年国产电视动画发展综论》对国产科幻动画做了部分论述，指出国产电视动画的审美取向开始着意于从低幼、少儿受众向兼容青年受众拓展，但国产电视动画科幻题材数量的增长还有待于艺术水准的同步提高[70]。

有意思的是，科幻与图书馆之间迸发出新的火花。刘雨农《未来一瞥：科幻文学中的图书馆与相关问题思考》颇有创见地从场景刻画、职能定位、工作内容等方面分析了 102 部历年“星云奖”“雨果奖”最佳长篇小说中有关图书馆的描写，归纳出发挥人文价值、坚守核心职能、拥抱虚拟现实、发展智慧服务四点启示，为未来图书馆的转型和发展提供了一定思路[71]。李洪晨、许可、张闯、赵星《元宇宙图书馆 一座看得见的天堂——“天堂的具象：图书馆元宇宙的理想”论坛综述》则指出在新一代信息技术的集中爆发下，元宇宙迅速成为产业界和学术界的焦点，文章对图书馆视角下元宇宙的新观点、图书馆与元宇宙的关系、元宇宙视域下图书馆的新理念以及前元宇宙时代图书馆的对策与举措展开了讨论[72]。

除此之外，金韶、朱竞娅的《破圈·跨界·融合：科幻产业的内涵外延和评价体系研究》一文则整体性观照了我国科幻文化“破圈”及产业化进程，明确了科幻产业的内涵和外延，并提出构建科幻产业的综合评价指标体系[73]。

四、科幻文艺的译介与海外传播

随着全球化浪潮的涌动，跨国合作与交流日益密切。在当前强调“文化自信”与文化输出的时代语境下，科幻文学的译介与海外传播是当前的研究焦点，取得相当丰富的成果。2022 年度科幻译介与海外传播领域聚焦译介史情况、翻译研究的技术转向、接受效果、文化输出等具体问题进行了深入讨论。总体而言，可分为个案研究与系统研究两大类来展开探讨。

一方面，对个案研究仍将重点放在刘慈欣作品的译介与传播上。侯玮红《俄语地区对刘慈欣科幻小说的接受与研究》注意到刘慈欣科幻作品风靡于俄罗斯及其他俄语地区，当地文学评论界通过对文本的具体分析与解读揭示刘慈欣对科幻体裁的开创性贡献以及其作品蕴涵的中华民族文化特性，这为长久以来中苏和中俄的文学与文化交往不平衡的态势提供了新的启示[74]。卢冬丽《〈三体〉系列在日本的复合性译介生成》认为《三体》系列在日本的译介生产主要体现为译者主导的内驱动性生成与出版社主导的外驱动性生成，二者共同构成了内外双生的复合性文学译介生成路径。在此基础上，进一步着眼于《三体》系列在日本的“生”与“成”的互为联动，丰富并拓展了文学翻译生成论，深入探究中国当代科幻文学在海外译介生成中的文化构建力量[75]。张伟劼《从中国科幻到世界文学——〈三体〉在西班牙语世界的传播和接受》从微观层面观照了《三体》三部曲的西班牙文译本的“变通”，从宏观层面探讨了《三体》进入西班牙世界是否遵循了“文学世界共和国”的规律，以及西班牙媒体对其所做出的反应[76]。赵燕、吴赟《刘慈欣科幻小说英译本副文本话语元素探微》一文采用副文本理论的研究路径，对刘慈欣系列科幻小说英译本内的副文本话语元素的谱系、具体构成、特征和功能进行了探讨，指出副文本话语元素不仅助力小说英译本在西方世界的传播、流通与接受，而且还能为其增加光环效应，提升英译本的文学价值，实现对英译本文本外的操控[77]。刘玲玉、邓燕燕《基于Python情感分析和批评隐喻的网络话语分析——以影片〈流浪地球〉中美德影评为例》聚焦跨文化传播的有效性问题，基于中美德三国网络影评的自建语料库，分别运用Python情感分析技术从宏观层面对观众的情感态度和关注主题进行量化分析，在微观层面从批评隐喻视角对影片形象的构建进行质性分析，为《流浪地球》对外传播提供了多维参考[78]。

晚清时期为启迪民智、传播科学思和开阔国民视野，以鲁迅为代表的有识之士译介了大量的科学小说。鲁迅作为中国现代文学的奠基人，已有了丰富的学术积累。从鲁迅的译作研究切入，仍有进一步打开的空间。一些学者关注到鲁迅翻译的《造人术》这一典型文本。符杰祥《谁是“路易斯讬仑”？——鲁迅译〈造人术〉作者考，兼论女作家“失踪”之谜》通过整合分析历史文献资料，对其作者露易丝的身世、创作经历、观念等方面进行考订，在史料的梳理中获取新知，由此对《造人术》进行重读可打开新的阐释空间，也帮助我们思考女性作家在文学史上遭遇的“失踪”问题[79]。葛文峰《翻译的轮回：香港〈译丛〉的鲁迅〈造人术〉英语译介》注意到香港《译丛》将鲁迅翻译的《造人术》作为中国科幻小说的先驱之作译介给西方读者，考察了其译介的缘由和深度英语译介策略，指出《译丛》对鲁迅《造人术》的英语译介，让海外读者于批判现实主义的鲁迅之外，接触到了早年鲁迅文学中的“科幻”主题，也有助于海外学界的鲁迅研究趋于完善、全面[80]。

另一方面，整体性地观照科幻文艺的译介和传播也是研究的重心。李振、王雷宏、姚利芬《中国当代科幻小说在意大利的翻译出版与传播研究》爬梳了中国科幻小说意语译介历程，对中国科幻小说意语译介呈现出持续增长状态的影响因素进行了论述，并强调中国科幻小说在意大利仍属小众文学，可从加强与意大利科幻界的联系，开展合作出版，提高出版品质，采取多元化宣传等方面，进一步促进中国科幻小说在意大利的传播[81]。陈婷《启蒙与想象：西方火星知识在近代中国的传播与影响》系统梳理了近代火星知识依托报刊这种新兴传播媒介，在中国由翻译介绍而至本土写作这一典型传播现象和案例，指出正是伴随火星知识的大众传播、科学讨论和想象，中国社会摆脱传统火星观，实现了对火星科学认识的启蒙[82]。张苏秋《从国产科幻电影看“人类命运共同体”的艺术表达与传播》注意到国产科幻电影因其独有的想象与虚幻特征，能更容易满足受众的意义消费需求，并在消费过程中建构文化和价值认同，构建共振传播矩阵，发挥口碑传播的社交功能，进而推动人类命运共同体理念在其中的艺术表达和传播[83]。

五、结语

行文至此，2022 年度科幻研究的生命力和活力可见一斑。上述研究对国内外科幻都从不同的视角、研究路径展开别开生面的探讨，为开掘科幻文学研究这一矿脉提供了极具价值的理论方法和思考方向，具有重要的启发意义和参考价值。总体来看，2022 年度科幻研究现状具有以下特征。

其一，内外研究齐头并进。从作品的叙事手法、人物形象、美学风格等方面展开内部研究向来都是众多研究者的着力点，现如今中国科幻文学的发生发展、译介传播、科幻产业、理论建构等外部研究同样繁荣，这无疑有益于科幻研究持续保持健康良好的发展。

其二，雅俗视野双向关照。科幻文学早期一直处于边缘地带，主流学界对其关注也不够，与纯文学间更是有一条难以逾越的“鸿沟”。现如今，二者之间的界限正逐渐被打破，这不仅体现在文学创作形式上，也表现于研究者在进行文学批评和文学研究史时会有意识的整体性看待纯文学与科幻文学。尽管二者之间的互动还有待更深入的探讨与摸索，但这种研究意识也有助于我们还原中国现当代文学的完整图景。

其三，中西理论话语建构双管齐下。从2022年度研究文章来看，一方面，可以发现越来越多的学者从正视科幻文艺的现实情况出发，去归纳和提炼具备民族文化特色的概念、理论和命题等；另一方面，及时厘清和反思西方话语的理论内涵与价值取向，结合实际对其进行吸收并展开文学批评。科幻文学理论体系正不断构建和完备，彰显出中国科幻文学研究者的本色和活力。

必须指出，我们在高度肯定2022年科幻研究实绩的同时，也应该明晰其中存在的不足。尤其是研究对象过于集中，导致科幻研究一定程度上存在失衡现象，难以彰显中国科幻乃至世界科幻图景的完整性和丰富性。首先，在时段上，尽管2022年一些研究者分别对百年中国科幻文学的历史脉络的不同时期进行了论述，总体来看仍偏重于晚清和当代。尤其是民国时期的科幻文学研究虽已取得了部分成绩，但是还未能得到充分地挖掘和阐释，亟待学界展开深入研究。其次，在地域上，对国内科幻的研究主要集中于大陆，对香港、澳门、台湾地区的科幻文艺也着实需要更多瞩目。对国外科幻的研究则主要集中于英美日俄等国，对韩国、印度、澳大利亚等国关注不够。最后，从文学艺术形式上，对科幻小说和科幻电影的研究量可谓是遥遥领先，对科幻动漫、科幻游戏、科幻剧本、科幻童话等观照较少。再细而划分可以看到，对中国科幻研究的焦点依旧围绕刘慈欣作品的电影改编、译介传播、文本细读来讨论，其他作家作品的学术能见度依然有待提升，与当前科幻文学的热度也并不相称。这当然也反映出中国科幻的高水平作品比较稀缺，创作与市场化等瓶颈问题亟待解决。此外，科幻文学的教育功能、价值及实践意义在欧美等国已有相当层面的学术能见度。近年来，科幻对于培养青少年的科学精神、创新精神和想象力等方面的重要性逐渐被国内重视。但是本年度相关论文数量极低，发表在CSSCI期刊的仅有谭维智《将科幻作为一种教育研究范式》一篇文章，从本体论、认识论和方法论层展开讨论，充分指认了科幻研究范式作为一种新的教育想象模式，成为既有教育研究范式的丰富和补充。

现如今，科幻文学已逐步受到主流学界乃至世界文学的认可，拥有着较好的文学影响力，其他包括科幻电影、科幻动画等也是具有学术热度的前沿领地。研究者们孜孜以求的探索为科幻文艺研究打开了新局面，但依旧任重而道远。笔者也期盼广大科幻研究者在融通中西与承古开新的视野中，继续展开对话和交流，为科幻文艺研究的长足发展而努力。

参考文献

[1] 陈舒劼．冬眠者何以醒来？——“三体”系列中的科幻小说未来想象机制[J]．文学评论，2022（03）：168-175.

[2] 王明宪．论宝树《三体X·观想之宙》对刘慈欣《三体》的续写[J]．中国现代文学研究丛刊，2022（01）：172-181.

[3] 王德威．想象世界及其外的方法[J]．读书，2020（03）：122-127.

[4] 韩松．中国科幻的新征程[J]．文艺争鸣，2022（12）：21-24.

[5] 李宏伟．科幻，作为镜像[J]．文艺争鸣，2022（12）：31-33.

[6] 陈楸帆．算法与梦境，或文学的未来[J]．文艺争鸣，2022（12）：34-38.

[7] 飞氘．新科幻　新文化　新未来[J]．文艺争鸣，2022（12）：39-42.

[8] 唐诗人．以未来为经验：论王威廉的“纯文学科幻”写作[J]．当代作家评论，2022（03）：116-123.

[9] 刘大先．目光、生命与记忆——王威廉与未来诗学[J]．当代作家评论，2022（03）：105-109.

[10] 樊迎春．《引路人》中“科幻”的效用、限度与可能性[J]．当代文坛，2022（02）：150-156.

[11] 乔梦桢．从最后一块石头说起——评李宏伟《引路人》[J]．当代文坛，2022（02）：157-163.

[12] 蒋洪利．“雅”与“俗”的互动：论李宏伟、王十月的跨界写作[J/OL]．文艺论坛：1-9[2023-04-11]．DOI:10.14039/j.cnki.cn43-1515/i.20220908.002.

[13] 鲍远福．副本模式、游牧身体与生命政治新范式——中国网络科幻小说的“后人类叙事”[J]．内蒙古社会科学，2022，43（01）：164-171.

[14] 鲍远福．网络科幻小说的“后人类”叙事与美学追求[J]．中州学刊，2022（03）：158-165.

[15] 刘义．用新的方式表现真实：雷·布拉德伯里科幻小说中的哥特文学元

素［J］. 西安外国语大学学报，2022，30（04）：107-111.
［16］李睿 . 恶托邦的元病毒——论斯蒂芬森科幻小说《雪崩》的元宇宙叙事［J］. 外国文学动态研究，2022（06）：88-97.
［17］张鲁宁 . 作为环境危机叙事典范的“新怪谭”科幻小说——以《湮灭》为例［J］. 西安外国语大学学报，2022，30（03）：114-118.
［18］缪晶晶 . 超越人机关系的主奴原则——《克拉拉与太阳》的机器伦理批评［J］. 中国图书评论，2022（02）：19-29.
［19］丁卓，孟庆枢 .《日本沉没》中科技解说的三重维度［J］. 东北师大学报（哲学社会科学版），2022（04）：63-68.
［20］孟庆枢 . 从科幻到未来文学——小松左京《SF 魂》译后记［J］. 齐齐哈尔大学学报（哲学社会科学版），2022（10）：9-13.
［21］张晖 . 突变与竞争——布尔加科夫小说《不祥的蛋》中的科学话语谱系［J］. 中国俄语教学，2022，41（01）：59-67.
［22］李然，温玉霞 .“魔地”：斯特鲁加茨基兄弟的科技哲思［J］. 俄罗斯文艺，2022（02）：51-60.
［23］阎美萍 . 佩列文创作中的科幻与奇幻［J］. 俄罗斯文艺，2022（02）：29-39.
［24］帅仪豪，王欣 . 赛博朋克小说文类研究［J］. 当代外国文学，2022，43（01）：135-142.
［25］陈榕 . 赛博朋克小说的崇高美学［J］. 外国文学，2022（01）：159-171.
［26］成业 . 当代科幻文学中的人工智能形象［J］. 中国文学批评，2022（03）：182-188.
［27］程林 .“日常科幻”在未来想象文化中的重点、潜能与困境——以近期机器人叙事为例［J］. 中国图书评论，2022（02）：7-18.
［28］刘洋 . 机器写作时代的科幻小说创作［J］. 科普创作评论，2022，2(02)：13-15.
［29］金进，朱钰婷 .1990 年代以来中国科幻小说中的气候灾难书写［J］. 南方文坛，2022（03）：116-122.
［30］朱钰婷 . 论 20 世纪 90 年代以来气候变化题材的中国科幻小说创作［J］.

浙江大学学报（人文社会科学版），2022，52（12）：141-151.
［31］刘赫，刘雨 . 中国科幻文学瘟疫叙事中的共同体想象［J］. 文艺争鸣，2022（09）：161-166.
［32］孟庆枢 . 科幻现实主义的多重意涵［J］. 中国文学批评，2022（03）：70-76+190.
［33］彭超 . 论科幻现实主义创作特征［J］. 中国文学批评，2022（03）：77-83+190-191.
［34］吴岩 . 中国科幻未来主义：时代表现、类型与特征［J］. 中国文学批评，2022（03）：62-69+190.
［35］宋炘悦，国家玮 . 新世纪中国科幻小说对鲁迅思想命题的“重写”——以刘慈欣、韩松为中心［J］. 鲁迅研究月刊，2022（07）：46-57.
［36］姚利芬 . 场域视角下的“十七年”少儿科幻文学［J］. 哈尔滨工业大学学报（社会科学版），2022，24（01）：109-115.
［37］刘阳扬 . 论 1950—1970 年代科幻写作中的工业想象与城市景观［J］. 中国现代文学研究丛刊，2022（02）：100-109.
［38］詹玲 . 当代中国科幻小说中的科技美学问题——兼及“十七年”和 1980 年代初中国科幻小说创作的反思［J］. 南方文坛，2022（01）：55-63.
［39］何卓伦 . 转型时刻的“劳动乌托邦”建构——新时期科幻小说的“典型环境”与“典型人物”［J］. 文艺理论与批评，2022（06）：99-114.
［40］尉龙飞 . 转轨时代的困惑和反思：20 世纪 80 年代中后期中国科幻小说中的想象与现实［J］. 科普创作评论，2022，2（01）：43-54.
［41］谢慧英 . 近年中国本土科幻文学创作论［J］. 中国政法大学学报，2022（06）：294-304.
［42］宋明炜，吕广钊 . 中国科幻的过去、现在和未来［J］. 文艺争鸣，2022（12）：25-30.
［43］宋明炜，汪晓慧 . 在“世界”中的中国科幻小说——科幻作为一种全球文类，及其成为世界文学的可能与问题［J］. 中国比较文学，2022（02）：81-100.
［44］方舟 .21 世纪中国科幻小说研究特征论［J］. 江汉论坛，2022（02）：

104–109.
[45] 李静．作为“新显学”的中国科幻研究：认知媒介与想象力政治［J］．当代作家评论，2022（01）：80–86.
[46] 李静．当代中国科幻研究的三重世界视野——从洪子诚《当代文学中的世界文学》的启示出发［J］．文艺争鸣，2022（11）：77–82.
[47] 樊祥．克拉里媒介理论视野下的赛博格形象误区［J］．中国图书评论，2022（04）：41–52.
[48] 陈韬．面对“元宇宙”，科幻文艺怎样保持批判力［J］．中国文艺评论，2022（02）：78–80.
[49] 严锋．从文学到元宇宙［J］．上海文化，2022（04）：91–97.
[50] 简圣宇．论人工智能时代的身体美学基本范畴［J］．上海师范大学学报（哲学社会科学版），2022，51（01）：85–96.
[51] 邓菡彬．后人类身体与表演：机器人、人工智能、区块链及其他［J］．文艺理论与批评，2022（02）：129–139.
[52] 刘伟，陶锋．技术与身体：后人类视域中“身体”的形态、问题与反思［J］．中国图书评论，2022（10）：15–32.
[53] 姚富瑞．后人文主义身份想象与媒介技术的文学表征［J］．西北民族大学学报（哲学社会科学版），2022（04）：166–173.
[54] 张振．超越人文主义：人类世批评的四个面向［J］．北京电影学院学报，2022（11）：39–47.
[55] 黄鸣奋．产业视野下的中国科幻电影［J］．艺术探索，2022，36（01）：99–110.
[56] 李斯龙，吴曼芳．后疫情时代中国科幻电影发展策略研究［J］．传媒，2022（19）：40–42.
[57] 陈旭光．电影想象力消费理论构想及与中国电影学派关系思辨［J］．当代电影，2022（01）：31–38.
[58] 黄鸣奋．想象力消费视野下的科幻电影［J］．当代电影，2022（01）：39–44.
[59] 李玥阳．想象力消费：电影工业美学的延伸［J］．未来传播，2022，29

（02）：80–85.

[60] 许栋梁 . 想象的“后人类共同体”：科幻电影中的共同体景观生产及其消费批判 [J]. 云南社会科学，2022（02）：180–188.

[61] 陈旭光，薛精华 . 电影工业美学视域下中国科幻电影新论 [J]. 未来传播，2022，29（02）：64–71+121.

[62] 范志忠 .《独行月球》：元宇宙语境下的科幻话语 [J]. 当代电影，2022（09）：14–17+2.

[63] 全荣哲 . 观点决定高度——《独行月球》的前沿设计与科幻美学 [J]. 北京电影学院学报，2022（11）：84–90.

[64] 陈汝洪 . 类型融合与视觉创新——与李淼谈《独行月球》的美术创作 [J]. 电影艺术，2022（05）：135–140.

[65] 孙承健 .《独行月球》：本土化科幻喜剧的突破与缺失 [J]. 电影艺术，2022（05）：68–71.

[66] 杨俊蕾 .《外太空的莫扎特》：高新技术格式电影的融合升级实验 [J]. 电影艺术，2022（05）：76–78.

[67] 周冬莹 . 图形、运动与光：抽象绘画、抽象实验电影与新好莱坞科幻电影中的宇宙空间美学 [J]. 当代电影，2022（02）：101–110.

[68] 钱禹澎 . 技术启元与媒介拓展——新光源灯具在科幻电影中的应用研究 [J]. 北京电影学院学报，2022（11）：76–83.

[69] 祝力新 . 美学对撞下的日本科幻动画审美 [J]. 现代传播（中国传媒大学学报），2022，44（03）：117–124.

[70] 贾秀清，王臻 . 且看云起向未来：五年国产电视动画发展综论 [J]. 当代电视，2022（02）：29–37.

[71] 刘雨农 . 未来一瞥：科幻文学中的图书馆与相关问题思考 [J]. 大学图书馆学报，2022，40（03）：56–62.

[72] 李洪晨，许可，张闯，赵星 . 元宇宙图书馆 一座看得见的天堂——“天堂的具象：图书馆元宇宙的理想”论坛综述 [J]. 图书馆论坛，2022，42（07）：1–6.

[73] 金韶，朱竞娅 . 破圈 · 跨界 · 融合：科幻产业的内涵外延和评价体系研

究［J］. 新闻爱好者，2022（10）：94-96.
［74］侯玮红. 俄语地区对刘慈欣科幻小说的接受与研究［J］. 湖北社会科学，2022（10）：116-123.
［75］卢冬丽.《三体》系列在日本的复合性译介生成［J］. 外语教学与研究，2022，54（05）：783-792+801.
［76］张伟劼. 从中国科幻到世界文学——《三体》在西班牙语世界的传播和接受［J］. 扬子江文学评论，2022（06）：40-44.
［77］赵燕，吴赟. 刘慈欣科幻小说英译本副文本话语元素探微［J］. 外语学刊，2022（06）：22-27.
［78］刘玲玉，邓燕燕. 基于Python情感分析和批评隐喻的网络话语分析——以影片《流浪地球》中美德影评为例［J］. 江苏大学学报（社会科学版），2022，24（03）：76-88.
［79］符杰祥. 谁是"路易斯托仑"？——鲁迅译《造人术》作者考，兼论女作家"失踪"之谜［J］. 现代中文学刊，2022（01）：35-41+89.
［80］葛文峰. 翻译的轮回：香港《译丛》的鲁迅《造人术》英语译介［J］. 济南大学学报（社会科学版），2022，32（04）：46-53.
［81］李振，王雷宏，姚利芬. 中国当代科幻小说在意大利的翻译出版与传播研究［J］. 出版发行研究，2022（01）：84-91.
［82］陈婷. 启蒙与想象：西方火星知识在近代中国的传播与影响［J］. 自然辩证法研究，2022，38（08）：73-79.
［83］张苏秋. 从国产科幻电影看"人类命运共同体"的艺术表达与传播［J］. 艺术传播研究，2022（04）：12-18.

作者简介：

朱钰婷，浙江大学博士研究生，中国科幻研究中心"起航学者"，研究方向为当代科幻文学与文化研究。

年度英语科幻作品翻译引进综述

李 琴 白东子 吴馨玉

引言

2022 年，随着中国科幻与世界文学间的互动日益增强，同上一年度相比，从英语国家翻译引进的科幻作品无论是在引进数量抑或是主题选择上都发生了较大的变化。2022 年国内从英语国家共引进 466 篇（部）科幻作品，作品类型以中短篇小说为主，共 235 篇（如图 1，占比 50.4%），其后依次为 80 部长篇小说（17.2%）、71 篇诗歌（15.2%）、59 篇非虚构类文章（12.7%）、14 篇漫画 / 连环画（3%）、4 篇访谈（0.9%）、2 部剧本（0.4%）和 1 部画集（0.2%），作品呈现方式多元、题材涉猎广泛（图 1）。作品刊载渠道除传统纸媒外，网络媒介也纷纷涌现，网络科幻文学的传播链条逐渐稳固，发表平台无纸化趋势日益显著。本报告以翻译引进的英语科幻小说为主，兼顾其他类型的科幻作品，主要从文本选择、翻译出版和译作接受三个方面进行评述[①]。

① 本报告统计数据来源于中文科幻数据库（CSFDB），参考网址：https://csfdb.cn/；以单行本出版的引进科幻作品简介主要参考豆瓣官网（douban），网址：https://www.douban.com/。本报告主要统计从英语国家引进的科幻作品。收录日期截至 2022 年 12 月 31 日（检索日期为 2023 年 3 月 30 日）。

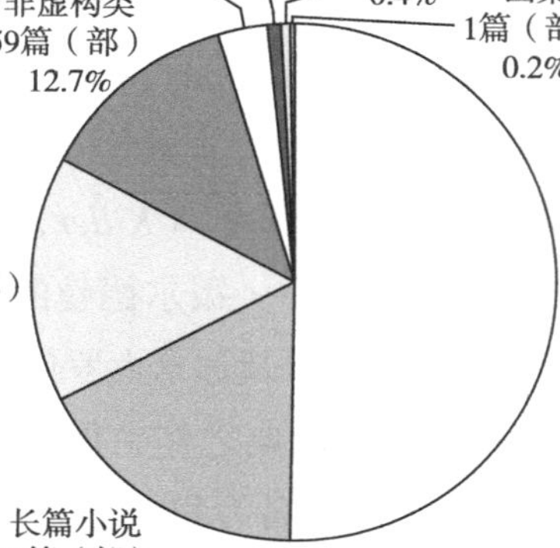

图 1　2022 年翻译引进英语科幻作品类型分布

一、文本选择

结合本报告数据的分布特点，文本选择拟从原作质量、作品背景信息、作品类型及主题呈现四个方面论述。

（一）原作质量

本年度翻译引进的科幻作品在遴选上可谓是精雕细琢，亮点纷呈。引进作品多出自知名作家，如艾萨克·阿西莫夫的《水星光能》（*Lucky Starr and the Big Sun of Mercury*）、菲利普·K. 迪克的《天空之眼》（*Eye in the Sky*）、斯蒂芬·金的《明天过后》（*Later*）、雷·布拉德伯里的《万物终结之地》（*Where Everything Ends*）、罗伯特·西尔弗伯格的《摩羯座游戏》（*Capricorn Games*）、加德纳·多佐伊斯的《和平使者》（*The Peacemaker*）、厄休拉·勒古恩的《一名女性的解放》（*A Woman's Liberation*）、玛格丽特·阿特伍德的《阿尔芬地》（*Alphinland*）《幽灵》（*Revenant*）、乔治·R.R. 马丁的《湖畔客栈之夜》（*A Night at the Tarn House*）、刘宇昆的《计时器交响曲》（*Timekeepers'*

Symphony）和霍华德·菲利普·洛夫克拉夫特的《诗集：来自犹格斯的真菌》（*Fungi from Yuggoth*）等，尤其是雷·布拉德伯里、刘宇昆和斯蒂芬·金等的作品占据多数。美国“科幻小说之父”艾萨克·阿西莫夫的太空冒险小说系列作品《金星阴谋》（*Lucky Starr and the Oceans of Venus*）、《行星海盗》（*Lucky Starr and the Pirates of the Asteroids*）、《火星毒素》（*David Starr：Space Ranger*）等，雷·布拉德伯里的《杀手，回到我身边》（*Killer，Come Back to Me!*）、《尖叫的女人》（*The Screaming Woman*），乔·霍尔德曼的《坟墓》（*Graves*），英国丹·阿布尼特的《异形》（*Xenos*），以及加拿大罗伯特·J. 索耶的《星星闪，星星亮》（*Star Light，Star Bright*）等经典之作也得以引进。获奖作家作品不胜枚举，如美国作家阿卡迪·马丁的《名为和平的荒芜》（*A Desolation Called Peace*）获得2022年雨果奖最佳长篇小说奖、本年度雨果奖最佳长中篇奖项获得者贝基·钱伯斯的《封闭的共同轨道》（*A Closed and Common Orbit*）及雨果奖最佳小说系列奖项获得者肖恩宁·马奎尔的中短篇小说《宝藏》（*Hoard*）也得以引进。2022年引进的获奖提名作品也不在少数，例如美国作家玛莎·威尔斯的《外星人入侵应变对策》（*Network Effect*）获得2022年库尔德·拉西茨奖最佳外语小说奖提名，卡罗琳·M. 约阿希姆的《不朽之色》（*Colors of the Immortal Palette*）是本年度雨果奖最佳短中篇奖提名作品，阿利克斯·E. 哈罗的《死神先生》（*Mr. Death*）为2022年雨果奖最佳短篇小说奖和第57届美国星云奖最佳短篇小说奖提名作品；英国作家科丝蒂·阿普勒鲍姆的《朗尼的时间和生命》（*The Life and Time of Lonny Quicke*）获2022年卡内基文学奖提名等。还有一些作品在国外读者市场获得了强烈的反响，如雷克·莱尔顿《深海的女儿》（*Daughter of the Deep*）收获“亚马逊读者五颗星”“《纽约时报》畅销榜第1名”和“Goodreads Choice Awards”票选“最佳少年小说”等好评，英国作家彼得·F. 汉密尔顿的作品《未来救赎》（*Salvation*）受到《英国卫报》《华尔街日报》《每日邮报》、轨迹网及英国著名图文科幻资讯杂志SFX等媒体的称赞。

（二）背景信息

背景信息针对作品引进国别及作家作品数量两方面展开论述，作品国别分析主要聚焦于英、美两国，同时兼顾澳大利亚、加拿大、新西兰和新加坡等国引进的作品；作家作品分析则以知名作家、获奖作家和获奖提名作家作品为主。

1. 作品国别分布

2022 年从英语国家翻译引进的科幻作品来源国共有 6 个。由图 2 可见，美国和英国的引进作品数量仍占据多数，其中，从美国引进的作品数量高达 339 篇（部），约是 2021 年的两倍，占据该年度引进作品总数的 73%，位居榜首；其次为英国 89 篇（部）（19%）、澳大利亚 18 篇（部）（3.8%）、加拿大 17 篇（部）（3.6%）、新加坡 2 篇（0.4%）、新西兰 1 部（0.2%）。大量引进英美两国的科幻作品主要有以下两方面的原因：一是英美两国均为科幻大国，科幻创作历史悠久，尤其是美国在当今世界科幻舞台仍处于核心地位，难以撼动；二是英美科幻作品在中国科幻图书销售市场已经形成了比较完整的销售链条，市场地位稳固，深受粉丝读者喜爱。而从澳大利亚和加拿大引进的作品数量相差无几，引进数量整体而言并不出挑，难以与英美两国形成竞争力；新加坡和新西兰两国的作品在中国科幻图书市场也有待进一步拓展。

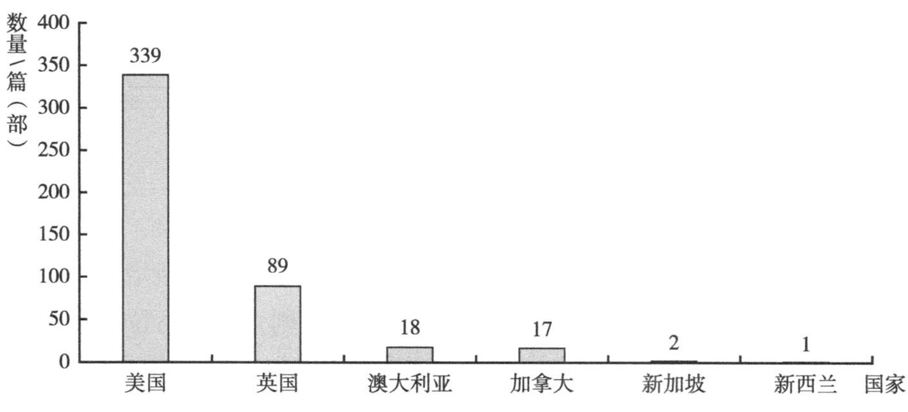

图 2　2022 年翻译引进英语科幻作品国别分布

2. 作家作品数量

2022 年翻译引进的科幻作家作品与上一年度相比有所不同。同 2021 年相比，只有斯蒂芬·金的作品被持续引进，引进数量约是 2021 年的 4 倍，包括

2 部长篇小说、17 篇中短篇小说和 2 篇非虚构作品，共 21 篇（部）（见图 3），在所有科幻作家作品引进数量中位居第二。位居年度榜首的是美国知名恐怖、科幻与奇幻作家霍华德·菲利普·洛夫克拉夫特，其作品引进数量高达 71 篇（均为诗歌），收录在重庆大学出版社推出的双语版本《诗集：来自犹格斯的真菌》中。该诗集包含 36 首十四行诗和 35 首双韵体诗歌，涉猎主题广泛，表达了作者对宇宙的幻想和感知，这也和作者本人自称的“宇宙主义”写作主题相吻合。洛夫克拉夫特向来以“克苏鲁神话”（*Cthulhu*）系列作品闻名于世，也因此获得了诸多科幻粉丝读者的青睐。此次该诗集的引进在国内科幻图书市场颇受欢迎，主要有两方面原因：一是读者的猎奇心理；二是作品呈现主题依旧为“原汁原味”的洛夫克拉夫特式风格。

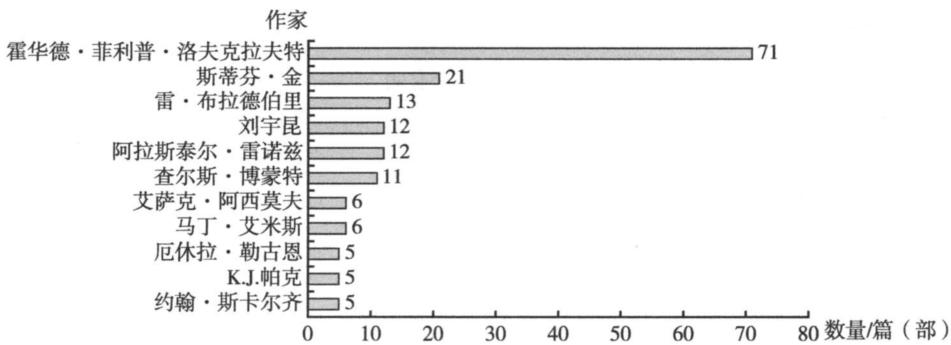

图 3　2022 年引进科幻作品数量排名前十的作家

2022 年度系列丛书、获奖或获奖提名作品是主要引进对象，网络科幻作品引进数量同 2021 年相比减少 6 部，但网络媒体发表平台有所增加，小说单行本引进数量和往年相比有所下降。英国“太空歌剧大师”阿拉斯泰尔·雷诺兹的《裂隙之外》（*Beyond the Aquila Rift*）属于博集天卷“阿拉斯泰尔·雷诺兹作品丛书”系列，该作品收录了 15 篇科幻故事，是流媒体巨头奈飞（Netflix）的现象级神剧《爱，死亡和机器人》第一季第 7 集原著小说，为读者展现了一个脑洞大开却又充满人文关怀的科幻世界；美国作家查尔斯·博蒙特的《可能有梦：查尔斯·博蒙特短篇小说选》（*Perchance to Dream*）属于“企鹅·轻经典”丛书系列，其中收录了十几个短篇故事，故事结局往往出人意料；澳大利亚作家格雷格·伊根的《意识上传中》（*Axiomatic*）属于“读客科幻文库：格雷格·伊根作品丛书”系列，在 Goodreads 上获 4.29 的高分，其中包含意识感知、平行宇宙和大脑改造等一系列科幻元素，深受国内读者好评；美国斯蒂芬·金、贝夫·文森等著《恐飞故事集》（*Flight or Fright*）是“斯蒂芬·金丛书”系列里的一部作品，这套丛书还包括《绿里》（*The Green Mile*）、《危情十日》（*Misery*）、《丽赛的故事》（*Lisey's Story*）等；美国作家阿卡迪·马丁的《名为和平的荒芜》获得 2022 年雨果奖最佳长篇小说奖；美国玛莎·威尔斯的《外星人入侵应变对策》被评选为 2022 年库尔德·拉西茨奖最佳外语小说提名作品；阿利克斯·E. 哈罗的《死神先生》分别获得 2022 年雨果奖最佳短篇小说奖和第 57 届美国星云奖最佳短篇小说奖提名等。

引进的网络科幻作品包括 27 篇中短篇小说，6 篇非虚构作品；小说单行本有小鲁文化出版社出版的英国作家科丝蒂·阿普勒鲍姆的长篇小说《中间人》（*The Middler*）、花山文艺出版社与新华先锋联合出版的美国作家卡梅隆·赫莉的长篇小说《光能战士》（*The Light Brigade*）以及盖亚文化出版社出版的美国作家麦特·罗夫的长篇小说《坏猴子》（*Bad Monkeys*）等。

（三）作品类型

2022 年引进的作品类型较 2021 年相比有所减少，但仍引进了一些新颖的作品类型。中短篇小说和长篇小说引进数量分别占据第一和第二的位置，其次是诗歌、非虚构、漫画 / 连环画、访谈、剧本和画集（图 4）。长篇小说和中短篇小说历来占据翻译引进科幻作品类型数量的半壁江山，一方面说明该类型作品的市场受众基础庞大，销售链条较为稳固；另一方面说明这些作品的翻译质量佳，符合目的语读者的阅读趣味。值得注意的是 2022 年翻译引进了大量的科幻诗歌，从英语国家翻译引进的 71 篇诗歌均来自洛夫克拉夫特的《诗集：来自犹格斯的真菌》，该部诗集一经译介至国内，便在豆瓣读书平台上引起了强烈反响，获得豆瓣评分 9.5 分的高分评价。引进数量排名第四的是非虚构类科幻作品，这类作品的引进数量和上年相比也有较大幅度增长，涉及某一历史时期科幻文类的发展、科幻作家对一国科幻发展的影响以及对中国科幻发展的思考等。如英国作家马克·博德的《纸浆科幻及其他：1918—1939》（*Pulp SF and Its Others, 1918—39*）[1]、美国杰斯·内文斯的《怒海兄弟：押川春浪与凡尔纳对日本的影响》（*Brothers at Sea: Oshikawa Shunrō and Verne's Influence in Japan*）[2]和美国耶鲁大学石静远教授的《性别构建与中国科幻的未来》（*The Futures of Genders in Chinese Science Fiction*）[3]等。这类作品引进数量增长的原因主要在于：随着不同文化背景之间科幻文学的互动逐渐加深，我们似乎更需以一种"追溯式"的眼光，理性思考中国科幻文学与世界文学间的互动方式，从而推动中国科幻在世界文学语境中的构建。其他引进的作品类型还包括 14 部漫画 / 连环画、4 篇访谈、2 部剧本和 1 部画集。整体而言，引进作品类型多元化程度愈益增强，综合前两年数据来看，"多元化引进"也常态化为一种稳定的趋势。

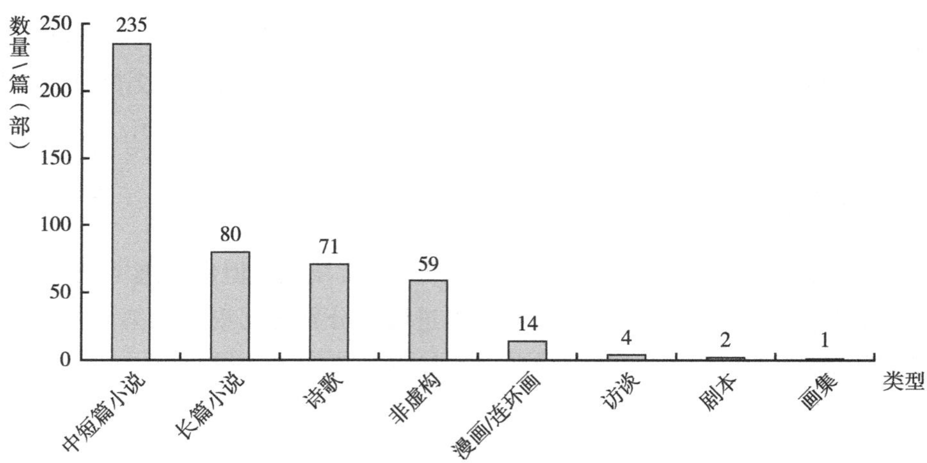

图 4　2022 年翻译引进英语科幻作品类型

表 1 为 2022 年我国（含香港、澳门、台湾地区）翻译引进的部分英语科幻作品概览。

表 1　2022 年我国（含香港、澳门、台湾地区）翻译引进的部分英语科幻作品概览①

原作	作者	译作	译者	作品类型	发表平台	出版信息
The Dragon Project	［美］娜奥米 · 克雷泽	造龙记	罗妍莉	中短篇小说	网络	不存在科幻
The Call of the Pancake Factory	［美］刘宇昆	煎饼厂的呼唤				
A Desolation Called Peace	［美］阿卡迪 · 马丁	名为和平的荒芜	叶旻臻	长篇小说	图书	独步文化
The Middler	［英］科丝蒂 · 阿普勒鲍姆	中间人	林静华			小鲁文化
A Closed and Common Orbit	［美］贝基 · 钱伯斯	封闭的共同轨道	赵晖			海峡文艺出版社
Fungi from Yuggoth	［美］霍华德 · 菲利普 · 洛夫克拉夫特	来自犹格斯的真菌	刘华清	诗歌		重庆大学出版社
Science Fiction: A Literary History	［英］罗杰 · 拉克赫斯特等	科幻界漫游指南	由美	非虚构		新星出版社
Steampunk Bible	［美］杰夫 · 范德米尔等	蒸汽朋克典藏全书	夏高娃			北京联合出版公司
Dark Nights: Metal: Dark Knights Rising	［英］格兰特 · 莫里森等	暗夜金属：黑暗骑士崛起	张子祎	漫画		世界图书出版公司
StarCraft: Scavengers	［美］乔迪 · 豪泽著;（美）加布里埃尔 · 古兹曼绘	星际争霸：拾荒者	苏饼			新星出版社
An Interview with Stanislaw Lem	［美］雷蒙德 · 费德曼	波兰科幻作家斯坦尼斯瓦夫 · 莱姆专访	冯道如	访谈	杂志	译林出版社
X	［英］阿里斯戴尔 · 麦克道尔	X	王宇光	剧本	图书	上海文艺出版社
Dracopedia Field Guide	［美］威廉 · 奥康纳	地球龙族图鉴	孙亚南	画集		北京科学技术出版社

① 按照文内统计的作品类型划分，本表所列均为各类型的代表性作品，数据来源于中文科幻数据库（CSFDB）和豆瓣官网（douban），数据检索日期截至 2023 年 3 月 30 日。

（四）主题呈现

本年度从英语国家引进的作品在主题上除了延续以往的经典叙事和“多元化”风格，整体仍呈现出“贴合时代背景，反思人类文明”的趋向，主题框架鲜明，涵盖诸多传统科幻母题叙事，同时也不乏少儿科幻主题。

传统的科幻母题叙事主要包括星际远征、机器人和失落的世界等，以“融合式”方式呈现。例如英国作家加夫·索普的《不屈》（*Indomitus*）和盖伊·哈雷的《复仇之子》（*Avenging Son*）便是以星际远征为主题的代表作。美国作家卡罗尔·斯蒂弗斯的机器人主题作品《母体代码》（*The Mother Code*）讲述了在致命病毒无尽扩散的背景下，科学家们为了种族得以繁衍，将母性芯片植入机器人体内，从机器人抚育人类孩子的叙述上升到人类如何存亡的哲理性问题。美国作家约翰·斯卡尔齐的《自动客户服务》（*Automated Customer Service*）延续了“失落的世界”的主题叙事，故事的背景设定在未来的日落城，当一切都倚靠非人设备的运行和服务，人类身处危难之际要如何自救？抑或是与机械共存？在人性和机械的博弈中，人类不得不思考如何做出取舍，想来难免令人唏嘘。“预言未来世界的理论突破、科学技术、生活方式、精神病理，这些东西都在提高一个科幻作品的下限，但真正未来世界的经济、社会制度，一些终极的宗教、哲学问题，往往才是限制科幻作品的封顶标尺。[4]”传统的科幻主题叙事之间通常存在着重叠，一些作品中主题“融合式”的呈现往往镶嵌着深邃的哲理反思。在美国作家约翰·斯卡尔齐的《三个机器人：人类居所》（*Three Robots: Exit Strategies*）中，末日废土、赛博空间、蒸汽朋克等经典科幻元素被杂糅在一起，跨越时空和历史，场景依次从过去切换到未来，最终上升到对人类命运的哲理审视。在孩子们的世界里，著名作家艾萨克·阿西莫夫的少儿太空冒险小说系列作品《行星海盗》《木星实验》（*Lucky Starr and the Moons of Jupiter*）《水星光能》等通过星际历险，传递了一种以冷静、果敢的态度面对困境的正能量精神，为孩子们呈现出神秘而又伟大的太空预言。

2022 年，在全球新型冠状病毒感染疫情形势起伏不断的背景下，全球防疫政策也不断做出调整。鉴于此，2022 年翻译引进的英语科幻作品也有不少新的主题出现，其特点如下。

1. 元宇宙概念凸显，科幻未来主义鲜明

与上一年度不同的是，2022年度引进的英语科幻作品中涉及大量的元宇宙（metaverse）概念，这一概念在科幻文学中的运用饱含未来主义色彩。随着科技发展日新月异，人工智能、AR、VR和XR技术元素逐渐融入科幻未来主义作品中，这也是将后现代科幻未来主义叙事与其他主题元素区分开来的鲜明特征。美国作家恩斯特·克莱恩的《二级玩家》（*Ready Player Two*）便是典型的元宇宙叙事电影《一级玩家》（*Ready Player One*）的同名原著小说的续作；英国作家菲利普·瑞弗的《元车站》（*Station Zero*）描写人类离开地球家园后，和宇宙建立起强大的联结，机器人和AI系统成为人类生活不可缺失的一部分，由此在人物关系搭建和情节铺设中透露出一种揭开“未来之谜”的期待；英国作家阿德里安·韩在其非虚构作品《给91件未来事物写历史》（*A History of the Future in 100 Objects*）中脑洞大开，讲述了2082年一位策展人试图通过一系列充满科技感的物品，引领读者进入一个想象的未来，在此过程中人类成为当下与未来的“结合体”。该主题的出现降低了人类对伦理悖反的失落与黯淡，取而代之的是人类对科技和未来世界所持有的善念和憧憬。其他作品如刘宇昆的中短篇小说《每个与人类合作的人工智能应该知道的五十件事》（*50 Things Every AI Working with Humans Should Know*）、美国作家史蒂文·M.约翰逊的非虚构故事《无聊发明合集：1000种让世界变有趣的可能》（*Patent Depending*）和贝基·钱伯斯的长篇小说《封闭的共同轨道》均带有鲜明的元宇宙叙事特征。

此外，传统的科幻作品往往让读者感受到一种叙事宏大、科技含量高但结局却饱含悲观色彩的基调。而随着新型冠状病毒感染疫情形势逐渐向好，读者对外部世界充满渴望，更期待轻松愉悦的主题呈现。这类作品通常具有笔触灵活多变、情节铺设巧妙、主题构思绵密的特点，如美国作家娜奥米·克雷泽的《造龙记》（*The Dragon Project*）、何塞·巴勃罗·伊里亚特的《归纳法证明》（*Proof by Induction*）、艾利克斯·施瓦茨曼的《咖啡军团》（*The Coffee Corps*）、迈克·雷斯尼克的《周五牌局夜》（*Friday Night at Brazee's*）、艾利克斯·施瓦茨曼的《给奶奶解释克苏鲁》（*Explaining Cthulhu to Grandma*）和刘宇昆的《煎饼厂的呼唤》(*The Call of the Pancake Factory*),这些作品偶尔会出现一些近乎怪诞的奇思妙想,突破以往的背景设置,给人意想不到的“笑果”,而读者在捧腹之余也会引发新的思考。这种对乐观主义的探求实则是积攒已久的悲观压抑情绪的“爆发”,同时也是一种新的社会性讽喻,以看似戏谑娱乐的视角将目光从阴暗的灾难世纪和世界倾覆中收回,背后也隐含着人类对未来世界的某种期待。

2. 黑科技异能浮现,人类存亡意识倍增

科幻作品中的“黑科技”主要是指高科技泛滥演变而成的、超乎人类想象的先进技术创新或基因变化,旨在改变某种悲剧式的结局。例如英国作家罗斯·威尔福德的《千岁男孩》(*The 1000 Year Old Boy*)描述了一个名为阿尔菲·蒙克的1000岁男孩,其外表与常人无异,却拥有一颗“老灵魂”。主人公命运孤独凄惨,几经波折后对生死有了更加深刻的感悟,最后获得一颗“长命珠”而勇敢重生,字里行间饱含对人类命运的剖析与哲思;美国作家马修·费兹西蒙斯的《备份人生》(*Constance*)、英国作家科丝蒂·阿普勒鲍姆的《朗尼的时间和生命》和尼克·克拉克·温多的《馈》(*The Feed*)有异曲同工之妙,这三部作品中充斥着大量的奇异元素,例如人类通过运用某种灵异的超能力而重新感知生命意识,在一次次与周边事物的“对抗”中深度思索自身的命运存亡;斯蒂芬·金的长篇小说《明天过后》围绕主人公拥有的“奇特天赋——看到刚刚死亡的人”展开叙述,最后则以一种更加思辨的方式来审视某种超能力给人性发展带来的利弊;美国作家彼得内尔·范·阿斯戴尔在其长篇小说《沉睡的野兽》(*The Beast Is an Animal*),亦将黑暗元素展现得淋漓尽致,究竟是被黑科技异能吞噬,还是不惜一切代价从中抽离,是横亘在生死存亡与道德伦理间的一道屏障。

人类在经历过全球新型冠状病毒感染疫情的反复洗礼后,反观自身在浩瀚星系中的渺小,进而对文明繁衍及自身存亡不断发问。美国罗伯特·西尔弗伯格的中短篇科幻小说《动物星球》(*Collecting Team*)嵌入虚构与非虚构元素,既能让读者体会太空探索和宇宙知识的奥妙,又将人、世界和宇宙的关系作出进一步升华,由此引发深邃的哲理思考。这类作品在主题构建上也会从某一科学理论出发,情节演绎中夹杂着对人性的考量,以小见大,悲观式的结尾又重新回到对人类文明的追溯;加拿大斯蒂芬·科塔维奇的《借来的时间》

（*Borrowed Time*）以爱因斯坦的“相对论”为基础，反向铺陈时间的快慢问题，探讨人类社会的属性。值得一提的是，英国作家菲利普·瑞弗的长篇科幻小说《暗光列车》（*Black Light Express*）讲述了几千年后人类在“世联网”世界中与诸多新奇物种的巧妙奇遇，异世界文明与人类文明的强烈冲击引发读者对人类文明繁衍的重新思考，生命何以延续，人类将何去何从，这才是旨归所在。

整体而言，2022 年引进的英语科幻作品主题紧密贴合了当下科幻文学发展的潮流，且顺应了国际形势的发展。引进契合时代风格的科幻作品不仅满足了目的语读者的阅读需求，有助于译作可接受度的整体提升，而且能在跨文化语境中进一步审视中国科幻文类自身的建构。反观中国科幻文学翻译的百余年历程，如何为中国科幻文学在英语世界赢得更多话语权，是摆在科幻创作者和译者面前的一道难题。

二、翻译出版

2022 年针对科幻文学翻译出版情况的阐述较以往有所调整，尤其是在出版分布环节，将图书、杂志和网媒平台分开进行讨论，旨在对整个翻译出版情况形成更为系统和全面的论述。

（一）译者分析

统而论之，2022 年的科幻译者队伍主要呈现出以下三个特点。

第一，译者翻译主题更为聚焦。与上一年度相比，2022 年翻译英语科幻作品数量排名前十的科幻译者呈现出针对某类或某个作家作品进行集中翻译的特点。例如，翻译美国作家霍华德·菲利普·洛夫克拉夫特《诗集：来自犹格斯的真菌》的译者刘华清（见图 5），翻译了该作品中所收录的 71 篇诗歌；资深译者耿辉翻译过科幻短篇集《思维的形状》（*The Shape of Thought and Others*）和《奇点遗民》（*Staying Behind*），以及特德·姜的短篇小说集《呼吸》（*Exhalation*）等。2022 年，耿辉还翻译了美国科幻与奇幻作家协会前主席约翰·斯卡尔齐等人创作的《爱，死亡和机器人 1》（*Love*，*Death + Robots*：

The Official Anthology：*Volume One*）和《爱，死亡和机器人 2&3》（*Love*，*Death + Robots*：*The Official Anthology*：*Volume Two & Three*）等作品；知名青年翻译家刘勇军于 2022 年将美国作家雷·布拉德伯里的科幻惊悚故事集《杀手，回到我身边》译介过来，其译作文笔流畅、思想深邃，深受粉丝读者喜爱；译者徐博集中将十几位英美作家创作的中短篇小说译介过来，这些科幻短篇均收录在《光环：裂隙》（*Halo Fractures*）中。同上年相比，这些科幻译者大都聚焦于某一科幻作家的作品或某类科幻作品的翻译，可见译者在科幻文学翻译中逐渐朝着精细化方向发展。

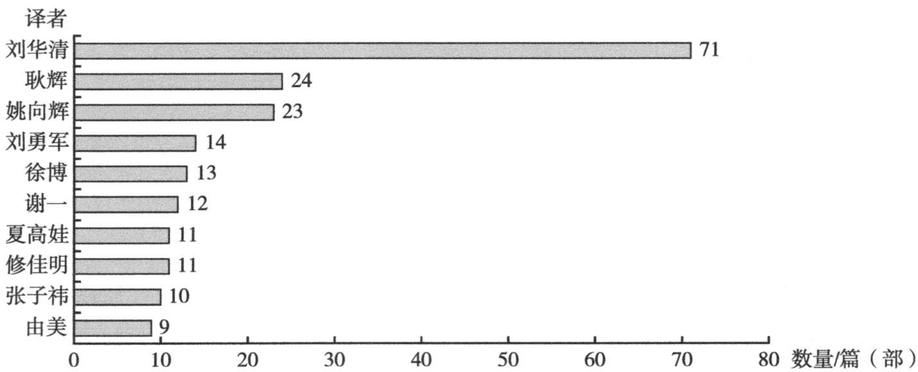

图 5　2022 年翻译英语科幻作品数量前十的译者

第二，译者群体专业背景多元，既有职业译者也有自由译者，翻译实践经验丰富。如翻译美国作家布莱恩·特伦特《最后的图书馆》（*The Last Library*）的姚人杰（笔名思羽），从研究生阶段就开始翻译文学作品，至今已翻译了达蒙·奈特、厄休拉·勒古恩、罗伯特·里德等多位知名科幻作家的作品；翻译美国作家马修·费兹西蒙斯的《备份人生》的译者颜湘如，毕业于美国南伊利斯诺大学法文系，现为自由编译者，译著包括美国作家提姆·鲍尔斯的《阿努比斯之门》（*The Anubis Gates*）和布莱克·克劳奇的《人生复本》（*Dark Matter*）等；英国作家罗斯·威尔福德的《拯救世界的小狗》（*The Dog Who Saved the World*）的译者马爱农，是知名科幻文学译者，目前在人民文学出版社外国文学编辑室担任编辑；翻译英国作家阿里斯戴尔·麦克道尔科幻剧本《X》的王宇光，兼有多重身份，是译者也是小说家和诗人，出版译著《欢迎来到猴子馆》（*Welcome to the Monkey House*）、《哈佛非虚构写作课》（*Telling True Stories*：*A Nonfiction Writers' Guide from the Nieman Foundation at Harvard University*）等；翻译美国厄休拉·勒古恩的《宽恕日》（Forgiveness Day）的译者王侃瑜，为科幻作家，毕业于复旦大学创意写作专业，其创作的《重返弥安》获得彗星科幻国际短篇竞赛优胜奖,《云雾》获得全球华语科幻星云奖最佳中篇小说银奖，作品见于《萌芽》《科幻世界》《外滩画报》《文艺报》《惊奇故事》等知名刊物上。不容忽视的是，由于科幻文类的特殊性，科幻作品常常将多种幻想与叙事元素杂糅在一起呈现给读者，这在某种程度上也要求科幻译者需要具有扎实的知识储备，例如2022年翻译美国作家约翰·瓦雷的《蛇夫座热线》（*The Ophiuchi Hotline*）的仇春卉，是中山大学电子系学士，多伦多大学心理学学士，业余从事文学翻译工作，翻译各种类型小说累计超过两百万字，目前正在筹备国外知名科幻作家作品的译介工作；翻译加拿大A.C.怀斯作品的《若肉体非灵魂》（*And If the Body Were Not the Soul*）的小油飞（刘冉）是科幻迷，宾夕法尼亚大学社会学系博士，挚爱考据；英国知名作家布赖恩·W.奥尔迪斯《永不着陆》（*Non-Stop*）的译者罗妍莉，既是作者也是译者，毕业于北京大学哲学系，其译作涵盖传记、人文、科幻等多个领域，翻译过多部雨果奖、星云奖、轨迹奖、西奥多·斯特金奖提名和获奖作品。

2022年科幻译者群体还有一个显著特征，即新星闪耀，青年译者数量明显增多。如翻译美国作家杰夫·范德米尔和S.J.钱伯斯编著的非虚构作品《蒸汽朋克典藏全书》（*Steampunk Bible*）的夏高娃，毕业于首都师范大学文学专业，擅长德语和英语翻译；翻译查尔斯·帕丁顿和哈里·纳德勒的《〈外星世界〉创刊词》（*Alien Worlds Editorial*）的赵晓宇，生于1996年，目前为西安交通大学博士研究生，沉迷历史，喜爱科幻；翻译英国K.J.帕克的《制造历史》（*Making History*）的青年译者小酌，已翻译出版《玻璃魔法》（*The Glass Magician*）《全能魔法》（*The Master Magician*）等多部作品。青年译者群体的愈益壮大迎合了科幻文类的“年轻化”特色,“90后”译者日益成为中流砥柱，新秀译者不断涌现，共同为中国科幻文学发展积蓄能量。

（二）出版分布

2022年出版分布环节同以往相比有较大变化，除纸媒出版外，网络媒体发表平台数量有所增长，科幻作品发表逐渐呈现无纸化趋势。

1. 图书

总体而言，图书出版仍是科幻文学出版的主要渠道，且发展态势稳定。2022年度科幻图书出版单位近80家（含香港、台湾地区），出版单位总数量有所下降，但由于2022年有大量新型出版社加入，图书出版规模相对分散，导致位居前十的出版单位的图书出版数量较上一年度有所下降，而出版作品类型趋于多元化。在出版的138部图书单行本中，包括91部小说单行本、23部作品集、14部非虚构作品、9部漫画/连环画和1部诗集。同往年相比，新星出版社的图书出版数量仍居榜首，共出版15部科幻图书，其中包括12部作品集、2部漫画/连环画和1部非虚构作品；出版数量排名第二的是新星出版社与八光分文化，联合出版8部科幻图书；中信出版社与企鹅兰登中国、北京联合出版公司并列第三，各出版7部图书；人民文学出版社出版6部图书，排名第四；译林出版社、湖南文艺出版社与博集天卷并列第五，各出版5部科幻图书；最后为四川科学技术出版社与科幻世界杂志社、世界图书出版公司、重庆出版社，各出版4部科幻图书。由图6可见，排名前十的图书出版机构大都为

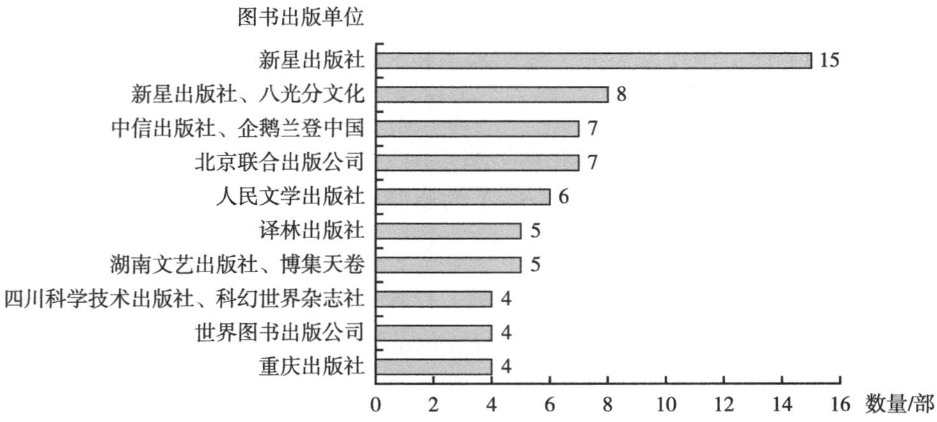

图6　2022年图书单行本译作出版数量前十的单位

国内知名出版社，综合实力和专业实力较强。此外，今年依旧出现了一些其他类别的出版单位，例如出版英国作家大卫·米切尔的《乌托邦大道》（*Utopia Avenue*）的商周出版社成立初期以商业书籍出版为主，后陆续加入人文、科普和法律等书籍的出版；出版英国作家科丝蒂·阿普勒鲍姆《中间人》的中国台湾小鲁文化出版社专业打造儿童科幻读物。另外，2022 年度图书出版单位仍呈现综合型出版社与专业型出版机构联合出版的情况，除了上述提及的联合出版的情况，还有江苏凤凰文艺出版社与读客文化、人民文学出版社和八光分文化等联手，共同开拓中国科幻图书市场。

2. 杂志

杂志作为刊载科幻作品的重要载体，在科幻文类的译介与传播中占有举足轻重的地位。2022 年度杂志出版机构出版科幻作品的数量较上一年度有所增加，9 家杂志出版单位（图 7）共出版 69 篇（部）来自英语国家的作品，市场开拓潜力较大。2022 年度刊登科幻小说数量最多的杂志出版发行单位依旧是科幻世界杂志社，以《科幻世界·译文版》刊载 35 篇（部）的喜人成绩稳居榜首，其中包括 28 篇中短篇小说，7 部长篇小说；其次为由“零重力科幻”出品的《零重力报》刊载 16 篇非虚构文章和 2 篇中短篇小说;《世界科学》编辑部的《世界科学》杂志刊载 5 篇，均为中短篇科幻小说；中国科幻学会（筹）主办的《科幻研究通讯》刊载 3 篇非虚构类文章;《世界文学》编辑部的

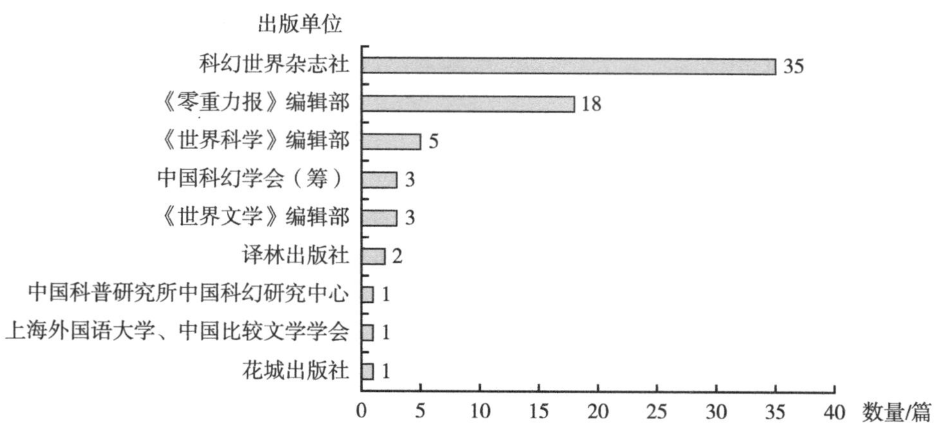

图 7　2022 年杂志出版机构出版科幻文学译作数量分布

《世界文学》刊载 3 篇中短篇小说；译林出版社主办的《译林》分别刊载 1 篇非虚构类文章和 1 篇访谈；中国科普研究所中国科幻研究中心主办的行业期刊《世界科幻动态》刊载1篇从英语国家引进的访谈文章[①]；上海外国语大学与中国比较文学学会联合主办的刊物《中国比较文学》和花城出版社的《花城》杂志分别刊载 1 篇翻译引进的中国科幻小说研究论文和 1 篇中短篇科幻小说。

单从杂志出版机构分布来看，专业科幻杂志与综合类文学杂志出版机构相比，前者在科幻文学作品的出版数量上仍占绝对优势。值得关注的是，同往年相比，2022 年电子科幻杂志刊载作品数量增幅较大，网络科幻电子刊物发展势头正劲。如杂志出版数量位居第二的《零重力报》，是由科幻迷自发创办的公益网络科幻杂志，该杂志下设的“焦点人物”“时事热点”“科幻译园”和“幻迷世界”等栏目，收揽了丰富的国内外科幻资讯，旨在帮助国内的科幻爱好者实时追踪世界科幻发展动向。总体而言，杂志刊登的科幻文学作品聚焦性较强，多为对某一知名科幻作家的作品进行多篇（部）出版。以《科幻世界·译文版》为例，2022 年主要刊载了美国罗伯特·里德、金·斯坦利·罗宾逊和英国 K. J. 帕克等人的作品，如此以杂志为载体的科幻文学出版更具针对性，更易吸引某一特定群体的科幻粉丝的目光。

3. 网媒

2022 年网络媒体发表平台数量较往年有所增长，尤其是位居榜首的“不存在科幻”，发表科幻作品数量高达 21 篇（图 8），其中多部为曾经获奖和获奖提名作品，例如，英国作家伊恩·沃森和意大利作家罗贝托·顾埃亚合著《毕生的相爱时光》（*The Beloved Time of Their Lives*）曾获英国科幻协会奖、美国布拉德·R. 托格森的《生命飞行》（*Life Flight*）曾获《类似体》（*Analog*）杂志读者选择奖最佳中短篇奖等。“四十二史”发表 5 篇非虚构类文章，位居第二，“IWC 万国表”位列第三，发表科幻作品 4 篇，例如，国际知名科幻作家和译者刘宇昆的作品《计时器交响曲》发表在 IWC 万国表平台上；“Nature Portfolio”发表了新加坡作家梅根·奇的《一饮未尽》（*Your Soul in a Pot*）和

① 《零重力报》《世界科幻动态》《科幻研究通讯》均为网络科幻杂志，三者既对中国科幻文学及其行业发展做出及时反馈，也紧跟世界科幻发展潮流，旨在为科幻创作者、科幻粉丝及研究爱好者搭建一个高效的交流平台。

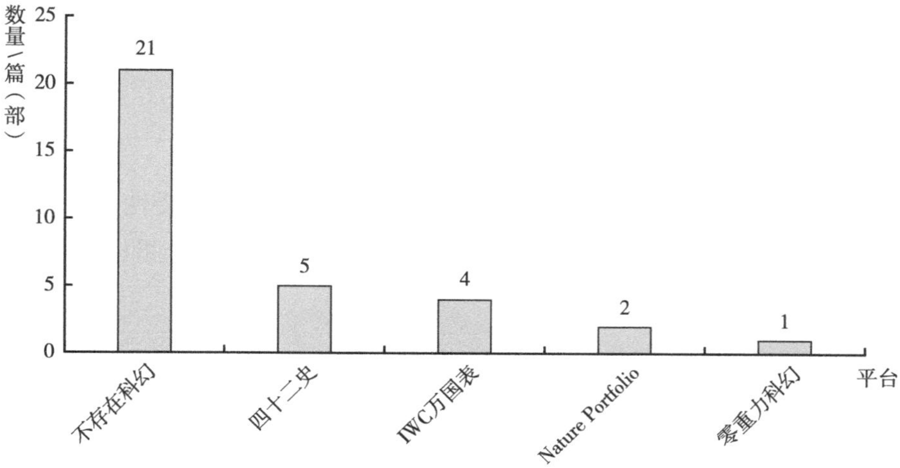

图 8　2022 年网络媒体翻译出版科幻作品数量图

美国作家格蕾琴·特斯默的《逃离星球》（*Venetian Blinds*）2 篇中短篇科幻小说。“零重力科幻”发表 1 篇非虚构文章，为美国布鲁斯·斯特林的《镜膜：1986 赛博朋克宣言》（*Mirrorshades：The Cyberpunk Anthology*）。

我国科幻文学的翻译引进不仅要满足传统的纸媒读者，也要兼顾网文读者的阅读需求。网络媒体发表平台的增加说明我国网络科幻类翻译文学的发展势头越来越强劲。网媒平台兴盛的原因，一是得益于网文孵化平台的多层面布局和多维度探索[5]。如“阅文”“中文在线”“咪咕文学”等，尤其是阅文集团下的海外门户网站“起点国际”（WebNovel）成为中国网络文学海外传播的第一个官方平台，为科幻网文的出海搭建起桥梁。二是中国科幻产业链条的不断发展。当下中国科幻行业前景辽阔，带动了各类与科幻相关的周边产业的发展，例如科幻剧本杀、科幻桌游、科幻动漫和科幻影视基地等行业崭露头角，这些都离不开网络媒体出版平台的辐射。三是网络科幻迷文化生态圈的逐步建立和网络科幻文学社区生态的渐趋成熟[5]。这些科幻迷在网络媒体上的参与度较高，专业水平也高，常常以挑剔和犀利的眼光对某些科幻作品进行评价，他们的评价对科幻作品的传播与接受通常具有一定的“引领性”。基于网络平台自身的传播优势和相关政策的扶持推动，相信未来会有更多优质的科幻网文“出圈”。

三、译作接受

译作接受程度会受到多种因素的制约，评判译作的可接受性通常需综合各类指标。2022 年度报告较以往有所调整，主要从以下两个指标展开评述：读者评价和 IP 转化。

（一）读者评价

2022 年从英语国家翻译引进的 138 部图书单行本中，66 部有豆瓣评分记录（图 9）。其中，分值在 7.6 ～ 8.0 之间的作品数量最多，有 17 部；其次是评分在 8.2 ～ 8.5 之间的作品，有 15 部；评分在 7.0 ～ 7.4、8.6 ～ 9.0、9.2 ～ 9.9 之间的作品分别有 9 部，并列第三。高分评价（大于等于 8.0 分）的科幻作品共有 33 部。整体而言，2022 年翻译引进的科幻译作接受情况较好，多数作品的分值在 7.0（含）以上。还有一些科幻图书单行本没有豆瓣评分，究其原因，归结如下：一是年度某些引进作品是将多位知名科幻作家的中短篇小说或者诗歌整合出版，不同作家作品汇集在一起，作品整体风格较为多样，不够聚焦，

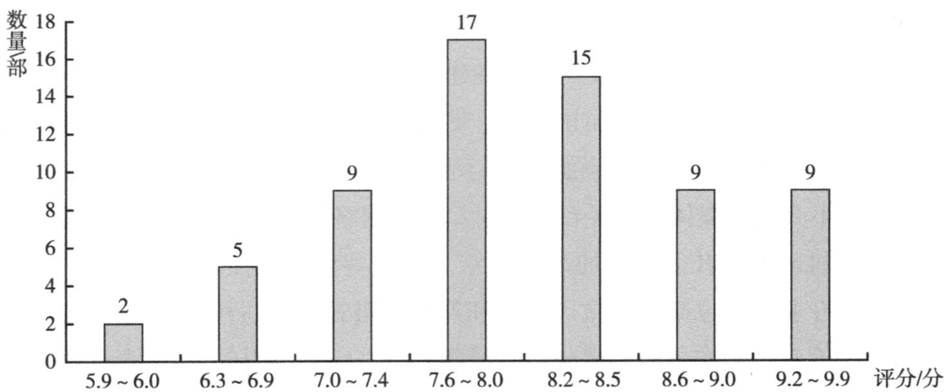

图 9　2022 年翻译引进科幻图书单行本的豆瓣评分情况

在一定程度上降低了译作的可接受性。二是部分译作的语言质量不符合目的语读者的审美期待，再加上出版社宣传力度不够，如在图书封面装帧等副文本设计上不够精美，导致读者对作品的整体期待大大降低。三是部分科幻作品面向港台地区出版（经统计，在没有豆瓣评分的作品中，台湾地区的出版社数量为 30 多家），因此大陆受众群体基数小，作品的曝光度与关注度也相对较低。例如，英国作家 A.F. 斯特德曼的长篇小说《史坎德：独角兽窃盗者》（又译为《斯堪德与独角兽》）（*Skandar and the Unicorn Thief*）分别由台湾三民书局和北京中信出版社出版，但只有北京中信出版的版本《斯堪德与独角兽》在豆瓣官网上获得 7.6 的评分（40 人评价）；美国作家斯蒂芬·金的《明天过后》（又译为《后来》）的豆瓣评分情况与之类似：由湖南文艺出版社和博集天卷联合出版的《明天过后》获得豆瓣评分 7.4 分（269 人评价），而台湾皇冠文化出版有限公司出版的《后来》暂无评分。

（二）IP 转化

对于网络媒体平台翻译发表的作品和其他暂无豆瓣评分的译作接受度的考量，可以参考科幻文学的 IP 转化趋势。IP 转化是当下科幻文学全面发展的关键一环，指的是将一些科幻文学爆款 IP 转化为影视剧、有声书与周边衍生品的一种趋向。IP 转化效率越高说明该作品的接受度越好。例如，2022 年以“万有引擎”为主题的网络科幻春晚的举办，集合 11 位作家、30 多位嘉宾、20 多位主播和 5 位艺术家，共同呈现了 1 支拜年短片、1 套表情包、2 款红包封面、3 款主视觉海报 / 电子壁纸、6 款周边 / 主题玩具、12 张贺图、10 篇科幻小说、1 首诗歌和 13 期播客[6]，各大网络媒体主播和相关企业平台共同为科幻爱好者打造了一场“视听盛宴”，粉丝网友通过定点“抢红包”的方式与主播互动，以在微博平台参与领取虎年科幻锦鲤礼包的方式增加互动乐趣；实体科幻文创周边的首次推出也使得科幻粉丝爱好者享受到“剁手”的欢乐。值得一提的是，在 2022 年度的科幻春晚中，美国作家娜奥米·克雷泽的《造龙记》被读者票选为“全平台最受欢迎的小说”，在新春 IP 文学市集中热议不断。还有 2022 年引进的《三个机器人：人类居所》、《迷你僵尸之夜》（*Night of the Mini Dead*）、《三个机器人对人类时期遗留物品的初体验》（*Three Robots*

Experience Objects Left Behind from the Era of Humans for the First Time）和《吉巴罗》（*Jibaro*）均为《爱，死亡和机器人》系列美剧的原作小说和剧本，因此可参照国内科幻粉丝对该美剧的评分来考量这三部译作的接受程度；2022年奈飞推出的影片《哈里根先生的手机》（*Mr. Harrigan's Phone*）改编自美国知名恐怖悬疑大师斯蒂芬·金的同名中短篇小说《哈里根先生的手机》，该影片在2022年豆瓣电影榜单上获得6.6分（4832人评价）的评分，掀起一阵热议，网友的评价“喜忧参半”，但整体认为这部电影在角色设定和主旨传达上可圈可点；英国作家大卫·利奇菲尔德的中短篇小说《棉花岩上的光》（*Lights on Cotton Rock*）现已在喜马拉雅和哔哩哔哩上推出音频和有声绘本阅读栏目。科幻IP的转化效益在很大程度上决定着读者对某一科幻体裁或某一引进科幻作品的接受程度；此外，思考如何将科幻文学的IP效益最大化，也是中国科幻产业链条发挥“长尾效应”的关键所在。

四、结语

综上，2022年翻译引进的英语科幻作品质量整体较高，引进作品以中短篇小说为主，作品类型更加多元化；引进作品数量增多，映射出中国科幻与英语国家科幻文学积极交互的动态趋势。从英语国家引进的科幻文学主题也紧跟时代步伐，科幻未来主义叙事色彩明显增强。科幻译者群体日益壮大，译者舞台新星闪耀；就译作的接受程度而言，知名图书出版社仍具有引领作用，网络媒体平台也“不甘示弱”，积极辐射，科幻迷踊跃参与到网络科幻文学的建构中去，IP转化势头强劲。英语科幻作品的翻译引进为中国科幻文学发展不断注入生机与活力，也为中国科幻产业的发展提供了更多契机。

参考文献

[1] 马克·博德，由美译．纸浆科幻及其他：1918–1939［A］．罗杰·拉克赫斯特．科幻界漫游指南［C］．北京：新星出版社，2022.

[2] 杰斯·内文斯，夏高娃译．怒海兄弟：押川春浪与凡尔纳对日本的影响

［A］. 杰夫·范德米尔，S. J. 钱伯斯. 蒸汽朋克典藏全书［C］. 北京：北京联合出版公司，2022.

［3］石静远，马辰译. 性别构建与中国科幻的未来［A］. 微像文化. 春天来临的方式［M］. 上海：上海文艺出版社，2022.

［4］王硕嫱.《荒潮》与陈楸帆的重构世界［J］. 科普创作，2017（2）：42-44.

［5］《科幻世界》，四川大学中国科幻研究院. 中国科幻网络文学白皮书［R/OL］.（2023-03-25）［2023-03-30］. https://mp.weixin.qq.com/s/jAEGa7maLjkRINcf2MGUHQ.

［6］未来事务管理局. 科幻春晚第7年，快乐翻倍，虎年第一个笑容!［EB/OL］.（2022-03-08）［2023-04-07］. https://www.bilibili.com/read/cv15573232.

作者简介：

李琴，西安外国语大学高级翻译学院教授，博士生导师，剑桥大学访问学者。主要研究方向为翻译理论与实践、比较文学翻译研究。

白东子，西安外国语大学研究生院 2022 级翻译学博士研究生，主要研究方向为文学翻译、科幻文学翻译史研究。

吴馨玉，西安外国语大学研究生院 2021 级翻译学博士研究生，主要研究方向为文学翻译、科幻文学翻译史研究。

年度非英语科幻作品翻译引进综述

龙芋竹

引言

2022 年我国（含香港、澳门、台湾地区）共引进出版非英语区科幻作品 145 部，覆盖亚洲、欧洲、美洲、非洲等 18 个国家，科幻译介版图进一步拓宽，呈现出对非英语区科幻创作的持续性关注。

从作品类型来看，小说仍然占据绝对地位，翻译发行非图像类小说 112 部，约占总体 77%。其中有 40 多部作品除实体书外，还发行了电子书，新媒体成为重要的发行平台。此外，引进发布图像类作品 24 部，影视类作品 9 部，分别占比 17% 与 6%。

从译介国家来看，本年度引进的非英语区科幻作品中占比最多为日本（60%），且从 2021 年的 80 部[1]增长到 86 部，延续了以往的密切合作关系。其次为韩国，引进出版 14 部科幻小说，相较 2021 年大幅度增长，可谓异军突起。其余国家均不超过 5 部。

从读者关注度来看，2022 年引进出版的不少作品都收获了较高的读者关注度，且随着时间推移，传播范围还在进一步扩大。例如韩国新生代科幻作家金草叶的短篇小说集《如果我们无法以光速前行》、豆瓣 2022 年度图书外国文学第一名短篇小说集《当我们不再理解世界》、波兰科幻大师莱姆的短篇小说集《莱姆狂想曲》，以及多部日本推理系科幻作品《凶人馆谜案》《透明人潜入密室》《红雨》等，在豆瓣等多个平台都有较高的讨论度。

本报告主要述评对象为译介单行本，以小说为主，兼顾图像和影视作品，从作品选择、翻译出版与市场评价三个方面进行评述。

一、作品选择

本章主要从作品背景、作品分布、作品简述三个角度对2022年度译介的非英语区科幻作品进行分析。

（一）作品背景

2022年引进出版的非英语区科幻作品（出版类）按原作海外首发时间统计：其中发表于2000前的作品有23部，2000年至2010年9部，2011年至2022年104部。可见除少数经典名家之作外，大部分为近10年的科幻新作，其中新生代科幻作家尤其受到瞩目。

原作整体质量依然保持了较高水平，引进作品均为斩获本国各类科幻大奖，跻身各大畅销榜单，媒体读者争相推介的话题之作。经典作品如法国作家儒勒·凡尔纳的《2889年的一天》收录于少儿科幻短篇小说集《科幻遇见大语文：2889年的一天》，同时还发布于豆瓣阅读网络平台；纪念波兰科幻大师斯坦尼斯瓦夫·莱姆的热潮尚未散去，其短篇小说集《星际旅行日记》与《太空旅行者的回忆录》作为世界科幻大师丛书系列，由四川科学技术出版社联袂《科幻世界》杂志社引进出版，读客文化与河南文艺出版社也联合引进了《莱姆狂想曲》；日本科幻“御三家”星新一的中短篇小说集《器子小姐》与小松左京的长篇小说《复活之日》，推理之父江户川乱步的《帕诺拉马岛绮谭》改编漫画也相继引进出版。

科幻新作方面，2022年日本、韩国、智利等国“80后”新生代科幻作家的多部短篇小说集被大力引进。这些精巧的短篇小说以奇异新颖的剧情设定、多元化的叙事风格，以及独特的时代印记，在海外几乎都是首发即成畅销之作，受到媒体与读者的广泛好评，很快就被国内引进。比如，韩国近年来最受瞩目的女性青年科幻作家金草叶，其出道短篇小说集《如果我们无法以光速前行》于2022年先后由联经出版公司（中国台湾地区）、四川科学技术出版社联合科幻世界杂志社翻译出版，该短篇小说集2019年6月于韩国出版后一鸣惊人，被韩国多家权威媒体选为2019年度图书，一举囊括韩国第43届“今日作家奖”、第2届韩国科幻文学奖中短篇佳作奖等多项大奖，成为韩国现象级话题大作。《科幻世界》杂志更是对其进行专访，全文刊载于《科幻世界·译文版》2022年07期。

此外，新星出版社与八光分文化联合引进森冈浩之的长篇小说《星界的纹章》1至3部，以及四川科学技术出版社与《科幻世界》杂志社联合引进梶尾真治的《怨仇星域Ⅲ：应许之地》，分别为日本星云奖1997年与2016年的获奖作品；后浪与九州出版社引进松田青子的短篇小说集《幽女出没的地方》，入选BBC Culture 2020年最佳图书名单、《时代》杂志2020年度十佳作品等，伴名练的《平滑世界和它的敌人》也曾位居日本“最佳科幻2019”第一位。

值得一提的是，人民文学出版社与99读书人联合引进智利当代作家本哈明·拉巴图特的短篇小说集《当我们不再理解世界》，为2022年度豆瓣读书榜单外国文学（小说类）榜首，其原作入围2021年国际“布克奖”，入选2021年度《纽约时报书评周刊》十大好书，获得《纽约客》《华尔街日报》《出版人周刊》《卫报》等多家媒体盛赞。

还有俄罗斯科幻新星罗伯特·伊巴图林的《玫瑰与蠕虫》，原作发表于2015年，由四川科学技术出版社与《科幻世界》杂志社联合引进。本书的创作始于2009年天文学爱好者论坛上的一个讨论议题——以现实世界的技术为基准，星际战争是否有可能发生。这是一部基于已知科学技术的硬核“太空歌剧”，也是罗伯特·伊巴图林的第一部长篇科幻小说。发表次年就揽获了包括斯特鲁伽茨基奖、俄罗斯科幻大会、《幻想世界》年度最佳俄罗斯图书奖等多项俄罗斯科幻大奖。

2022年度除了具有国际声誉的经典作品和包揽各大科幻奖项的新生代畅销之作，还引进了不少备受业界、读者好评的类型科幻作品，比如森见登美彦的长篇小说《四叠半时光机布鲁斯》、盐谷真实子的幼儿科幻绘本《从天而降的石子》等，无一不是精品佳作。

（二）作品分布

2022 年引进出版的非英语区科幻作品中，长篇小说单行本 55 部，中短篇小说集单行本 30 部，杂志刊载中短篇小说 26 篇，随笔集 1 部，设定集 1 部，漫画单行本 20 部，画集单行本 3 部[①]，影视作品 9 部（动画电视剧 5 部，电影 4 部）[②]，共计 145 部，其中单行本科幻作品共计 110 部（见图 1）。其中漫画数量虽然较少，但相比 2021 年增长了 25%，而少儿向作品 15 部，仅占整体的 10%。这一方面反映出出版社对青少年读者群体的重视，另一方面也体现出对非英语区儿童类科幻作品的关注度还有待加强（见图 2）。

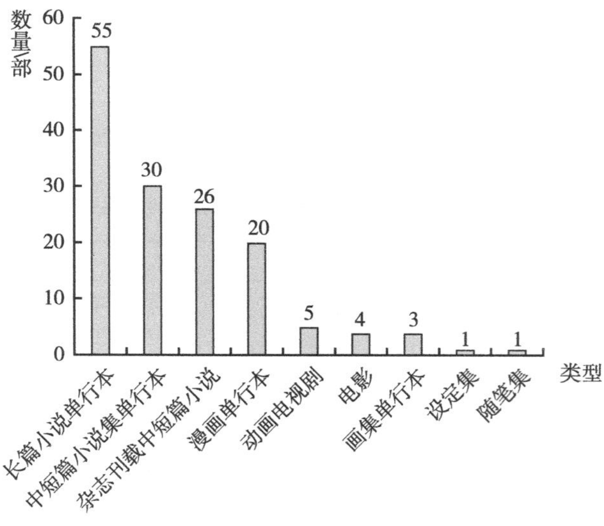

图 1　2022 年翻译引进非英语区科幻作品类型分布

与 2021 年同样，2022 年非英语科幻作品引进继续呈现系列化趋向，多部系列作品被翻译引进（见表 1）。此外，世界科幻大师丛书系列新增 6 部佳作：

① 数据来源：中文科幻数据库（CSFDB），参考网址：https://csfdb.cn。截止日期：2023 年 4 月 9 日。

② 数据来源：腾讯视频，参考网址：https://v.qq.com/；爱奇艺视频，参考网址：https://www.iqiyi.com/；哔哩哔哩，参考网站：https://www.bilibili.com/。截止日期：2023 年 4 月 9 日。

《鸠笛草》（宫部美雪）、《怨仇星域Ⅲ：应许之地》（梶尾真治）、《玫瑰与蠕虫》（罗伯特·伊巴图林）、《星际旅行日记》与《太空旅行者的回忆录》（斯坦尼斯瓦夫·莱姆）、《如果我们无法以光速前行》（金草叶）。

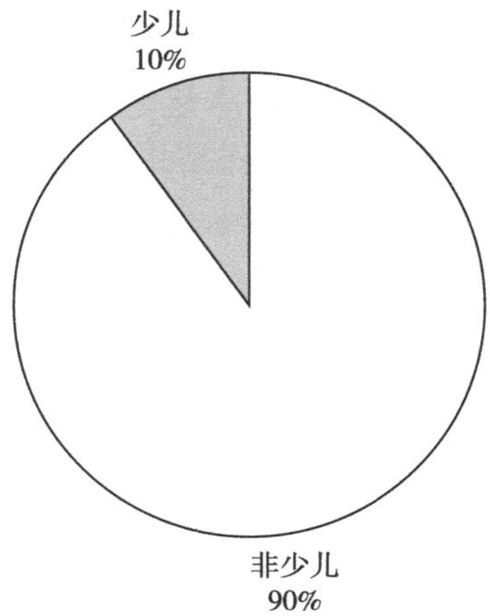

图2　2022年翻译引进非英语区科幻作品受众面向情况

表1　2022年翻译引进出版的非英语区科幻系列作品

<table>
<tr><th>序号</th><th>中文名</th><th>作者</th><th>国家</th><th>发表平台</th><th>类型</th></tr>
<tr><td rowspan="2">1</td><td>深海大战1：中深层卷</td><td rowspan="2">藤崎慎吾</td><td rowspan="10">日本</td><td rowspan="2">哈尔滨工业大学出版社/博峰文化</td><td rowspan="2">长篇小说</td></tr>
<tr><td>深海大战2：渐深层卷</td></tr>
<tr><td rowspan="2">2</td><td>86–不存在的地域–Ep.6 黎明不至，是为永夜</td><td rowspan="2">安里朝都</td><td rowspan="2">天闻角川/中国致公出版社</td><td rowspan="2">长篇小说</td></tr>
<tr><td>86–不存在的地域–Ep.7 薄雾</td></tr>
<tr><td rowspan="2">3</td><td>关于地球的运动1</td><td rowspan="6">鱼丰</td><td rowspan="2">尖端出版社（中国台湾）</td><td rowspan="6">漫画</td></tr>
<tr><td>关于地球的运动2</td></tr>
<tr><td rowspan="4">4</td><td>地。—关于地球的运动—01</td><td rowspan="4">九州出版社</td></tr>
<tr><td>地。—关于地球的运动—02</td></tr>
<tr><td>地。—关于地球的运动—03</td></tr>
<tr><td>地。—关于地球的运动—04</td></tr>
<tr><td rowspan="3">5</td><td>星界的纹章Ⅰ　帝国公主</td><td rowspan="3">森冈浩之</td><td rowspan="3">日本</td><td rowspan="3">新星出版社/八光分文化</td><td rowspan="3">长篇小说</td></tr>
<tr><td>星界的纹章Ⅱ　微型战争</td></tr>
<tr><td>星界的纹章Ⅲ　回归异乡</td></tr>
</table>

续表

<table>
<tr><th>序号</th><th>中文名</th><th>作者</th><th>国家</th><th>发表平台</th><th>类型</th></tr>
<tr><td rowspan="3">6</td><td>觉醒 1：疯狂进化</td><td rowspan="3">让·巴蒂斯特·德帕纳菲厄</td><td rowspan="3">法国</td><td rowspan="3">广西师范大学出版社</td><td rowspan="3">长篇小说</td></tr>
<tr><td>觉醒 2：熊与狼的战争</td></tr>
<tr><td>觉醒 3：混乱终结</td></tr>
<tr><td rowspan="2">7</td><td>秘密代号 3：代号 V</td><td rowspan="2">姜景琇</td><td rowspan="2">韩国</td><td rowspan="2">安徽少年儿童出版社</td><td rowspan="4">漫画</td></tr>
<tr><td>秘密代号 2：代号 K</td></tr>
<tr><td rowspan="2">8</td><td>重力水平 1：逃离</td><td rowspan="2">洛伦佐·帕洛尼、维多利亚·马乔奇</td><td rowspan="2">意大利</td><td rowspan="2">中信出版社</td></tr>
<tr><td>重力水平 2：荒毁</td></tr>
</table>

2022 年引进的非英语区科幻作品横跨亚洲、欧洲、美洲、非洲，来自 18 个不同国家。从引进作品的数量来看，如图 3 所示，日本（88 部）、韩国（14 部）、法国（9 部）名列前三，日本仍是非英语区科幻翻译引进的主要国家，且相较上年有所增长。而从法国引进的作品数量大幅下降，与之相对韩国作品受到瞩目，引进数量几乎是上年的 2 倍，占总体的 10%。意大利与波兰紧随其后，分别被引进 5 部。此外，丹麦、以色列、保加利亚、委内瑞拉、安哥拉、尼日利亚、比利时、西班牙、葡萄牙分别有 1 部作品被引进，呈现出对非英语地区科幻创作的持续关注。

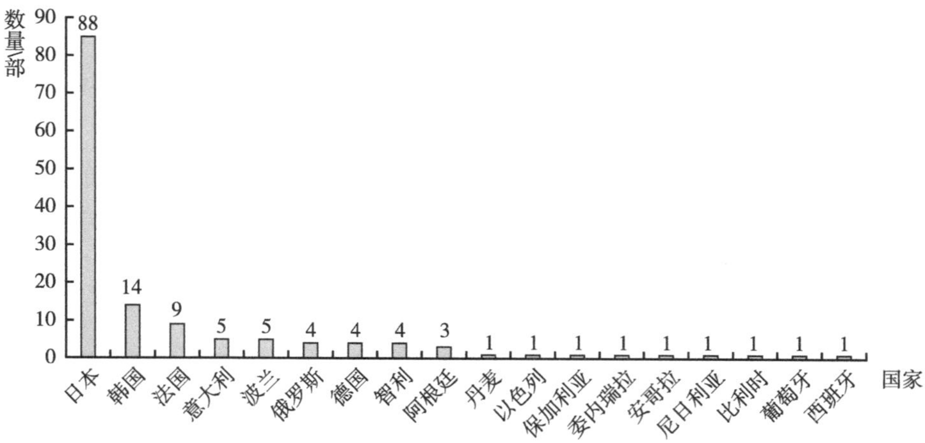

图 3　2022 年翻译引进非英语科幻作品的国别分布

2022年非英语区被翻译引进作品最多的作者是韩国新生代科幻作家金草叶，媒体评价她以一己之力打破了“韩国科幻小说是否存在读者”的质疑，在本国销量突破25万册。其短篇小说集《如果我们无法以光速前行》由两家出版社引进出版，长篇小说《地球尽头的温室》与短篇小说《行星语书店》也被相继引进，另有《共生假设》与《光谱》两篇短篇小说刊载于《科幻世界》杂志。国内多位科幻作家给予了高度评价，刘慈欣赞其作品：“以丰富奇丽的科幻创想为经，绵长幽远的人性咏叹为纬，金草叶编织出了让我们沉浸其中回味无穷的想象世界”。科幻世界杂志社副总编辑姚海军认为：“金草叶的出现令人惊艳，彻底改变了我对韩国科幻的认知。她善于提出深刻的问题，并将精妙的解谜过程建立在坚实的科学与人文基础之上。这是一流科幻作家才具备的能力。[2]”

其次为日本新星漫画家鱼丰所绘漫画《关于地球的运动》，发行6本中文单行本，其原作荣获第26届手冢治虫文化奖漫画大奖。日本推理文学女王宫部美雪的科幻题材作品——中短篇小说集《鸠笛草》《海神的后裔》及《燔祭》等经典科幻短篇小说也被翻译引进。与其并列的为法国作家让－巴蒂斯特·德帕纳菲厄的少儿向长篇小说《觉醒》1至3部，由广西师范大学出版社引进出版，可谓名家大师与后起之秀汇聚一堂。

（三）作品简述

2022年引进的非英语区科幻作品偏重软科幻，硬科幻作品为数不多。题材广泛，类型丰富多样，各类作品以变幻莫测的科幻奇思为载体，在故事中展开了一次又一次人性思想实验。

不管时代怎样变化，科技如何发达，在人类尚未真正了解宇宙前，星际探索类题材永远书写不尽，2022年也从非英语区国家引进了多部以宇宙太空为舞台的科幻作品。如第47届日本星云奖获奖作品——梶尾真治的“怨仇星城”三部曲，其中《怨仇星域Ⅲ：应许之地》作为三部曲终章，讲述了为躲避太阳耀斑膨胀造成的灭顶之灾而兵分两路逃离地球的人类，在经历了漫长的宇宙航行后，终于以昔日同族、今日宿敌的身份相逢于“应许之地”，探讨了仇恨如何让人类社会走向分裂，而在仇恨中又如何孕育希望。同为日本星云奖获奖作品的《星界的纹章》在日本出版后一度掀起讨论热潮，至今仍有巨大影响力。2022年新星出版社联合八光分文化一口气引进出版了整个系列，作者森冈浩之以星际间的势力角逐为背景，通过主角与帝国公主的冒险之旅，带领读者观赏了一出恢宏而扣人心弦的太空科幻歌剧。除此之外，延续2021年纪念波兰科幻大师斯坦尼斯瓦夫·莱姆100年诞辰的余热，今年继续翻译出版了莱姆的三部中短篇小说集《星际旅行日记》《太空旅行者的回忆录》《莱姆狂想曲》。前两部作品均是以太空旅行者伊翁·蒂奇的第一人视角，讲述其经历的种种太空冒险。这些冒险经历看似无厘头，实则暗含了许多对科技的反思、对社会现象的讽刺批判，以及深沉的哲学思辨。

当疾病与灾难冲击人类社会，末日来临之时，人类会做出怎样的抉择？许多科幻作家很早就开始想象人类灭绝的场景，而新型冠状病毒感染疫情当下我们正在经历的现实无时无刻不在提醒着我们末日预言并非只存在于幻想中。译林出版社2022年引进小松左京的长篇小说《复活之日》，原作发表于1964年，故事内容却仿佛是近几年现实情况的预言。小松左京以极其逼真的惯常写实手法，描绘了一个美苏“冷战”背景下，出自人类之手的新型病毒爆发致使全人类几近灭亡的末日世界，扎实详尽的科学细节，具有深刻的现实警醒意义。俄罗斯作家罗伯特·伊巴图林的《玫瑰与蠕虫》则描绘了一种外星生物制造的“玫瑰”病毒，人类经历灭绝后重生后，又面临病毒“玫瑰”的反噬以及“蠕虫”的网络控制，在追寻两者真相的过程中，关于文明与进化、毁灭与重生的探讨昭示了人类未来走向的一种可能性，既是一部太空歌剧，也是一部末日启示录。

无论是现实还是科幻故事，都可以看到科技这把双刃剑对人类世界的影响，除了灾难、病毒这种具象化的危机，还带来更深层次的精神危机。近年来网络技术、人工智能、虚拟现实已经一步步来到现实，个人的探索疆域通过这些技术变得更加广阔，而群体的孤独困境也愈发明显。在逐新趣异的各式科幻创作中，越来越多的科幻作品倾向于远离宏大叙事，转向个人层面呼唤人性温情，探寻人生意义。2022年引进的作品中就有大量包裹在科幻外壳下的温情故事。比如当年最具话题的作品之一《如果我们无法以光速前行》用超光速航行、人体改造、与外星人共生等7个浪漫的科幻创想，引发关于时代的孤独感、梦想、社会矛盾等种种母题的探讨。日本近几年备受瞩目的科幻新星伴名练，其短篇小说集《平滑世界和它的敌人》中，小说设定了一个与书名同名的、人人都能自由穿梭的平行宇宙，以此避免不幸和痛苦的世界。主角的朋友因药物患上“乘觉障碍”，无法再感知其他宇宙，失去了所有选择，只能拥有一种人生，这不正像是现实里的每个平凡人生吗？而书中主角选择服下药物，放弃所有可能性，陪伴朋友一起面对无法避免苦难的人生。擅长推理的日本作家宫部美雪在其短篇小说集《鸠笛草》中聚焦于三位拥有超能力的女性主人公，对拥有、失去、重拾超能力的心理变化进行了细致描写，思考人生的意义所在。

2022 年的一大看点是三部以纪实手法讲述虚构故事的非典型科幻作品：智利作家本哈明·拉巴图特的《当我们不再理解世界》与罗贝托·波拉尼奥的《科幻精神》，以及俄罗斯作家安德烈·普拉东诺夫的《美好而粗暴的世界》。哈明·拉巴图特的《当我们不再理解世界》由 5 篇短篇小说构成，以 5 位真实存在的科学家为原型，将传记与虚构创作相结合，用诗意的语言描写科学概念，将看似毫无关联的历史线索连接在一起，构建出隐藏于我们所熟知历史下的另一个世界。而这个世界“是一个意有所指的世界，它意味着一个既包含着原初、又指向着未来、同时调和着智性与人性的世界。”[3]罗贝托·波拉尼奥的长篇小说《科幻精神》描写了三条主线：“科幻文学大奖的获奖作家讲述自己的获奖作品”“两位文学青年在墨西哥城的生活”“其中一位青年写给科幻作家的信”，以科幻之名，借文学青年之口，讲述那些趋近于现实的执着、困扰和梦境。安德烈·普拉东诺夫的《美好而粗暴的世界》同样由 5 篇短篇小说构成，通过叙说“历史现实”展现物质与精神世界的关系，寻找“未来新世界”的精神力量。

2022 年引进的非英语区科幻作品主题呈现多元化，内容上偏重于对精神世界的关注与对人性、人生意义的探讨，科幻设想与叙事风格上可圈可点。随着早期科幻设想逐步变成现实，科幻创作也立足当下构想新的未来，疫情、人工智能、互联网等时代议题虽不可避免，在今年引进的非英语区作品中却并非热门，更多的是着眼个人，创建幻想世界中人类情感的落脚点。

二、翻译出版

2022 年有较多出版社与相关文化组织关注并引进非英语区科幻作品，尤其是我国香港、澳门、台湾地区就有 20 多家出版社共计引进出版近 40 部非英语区科幻作品。据统计，2022 年我国（含香港、澳门、台湾地区）共计 49 家出版社，11 家杂志、文化传播公司等文化组织参与了科幻作品的引进出版。新星出版社以出版 11 本相关作品位居榜首，北京联合出版公司位列第二，出版 8 本，四川科学技术出版社紧随其后，出版 7 本。排名前 10 的出版社引进作品数量均在 3 本及以上（见图 4）。参与引进作品数量排名前 5 的文化组织为：《科幻世界》杂志社、天闻角川（日本）、后浪、八光分文化、博峰文化。值得一提的是 2022 年有 19 家台湾地区出版社共计引进出版 36 部非英语区科幻作品。

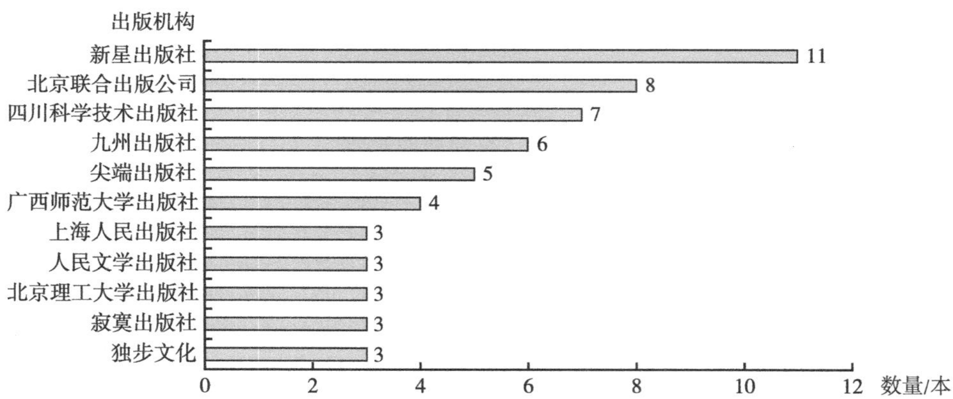

图 4　2022 年翻译引进出版非英语科幻作品排名前 10 的出版社

高校出版社 2022 年也积极引进非英语区科幻作品，哈尔滨工业大学出版社、北京理工大学出版社、广西师范大学出版社三所高校出版社分别引进出版 2 本、3 本、4 本非英语区作品，其中广西师范大学出版社引进的《觉醒》系列 1 至 3 部均为少儿向长篇小说。此外，花山文艺出版社、海豚出版社、中信出版社、安徽少年儿童出版社相继引进出版少儿向科幻画集、科幻漫画作品。除了实体单行本与实体杂志，公众号、阅读应用、读书网站等诸多线上平台也发行了电子书。如 Nature Portfolio 与“不存在科幻”共发布 5 篇非英语区短篇小说，微信阅读发布 34 部作品，豆瓣阅读发布 27 部作品。相比 2021 年大幅度增长，网络平台将成为重要的科幻作品传播载体。

2022 年非英语区科幻作品来自 18 个国家，涉及源语言种类繁多，有百余位译者参与了翻译。出版的单行本中，就长篇小说与短篇小说集而言，有 9 位译者翻译了 2 部及 2 部以上作品，其中翻译长篇小说《我没死，只是变成了扫地机器人》《影踏亭怪谈》以及短篇小说集《我的恋人》的王华懋，与翻译《星界的纹章》3 部曲的果露怡并列第一，两位译者均是多年从事日语翻译工作的资深译者，有多部译作出版。而翻译出版单行本最多的是一位新人译者王钰如，翻译漫画《地。—关于地球的运动—》1 部至 4 部，由台湾九州出版社引进出版，且还有多部漫画待出版。除此之外也有多位新人译者参与翻译漫画等科幻图像小说作品（见图 5）。

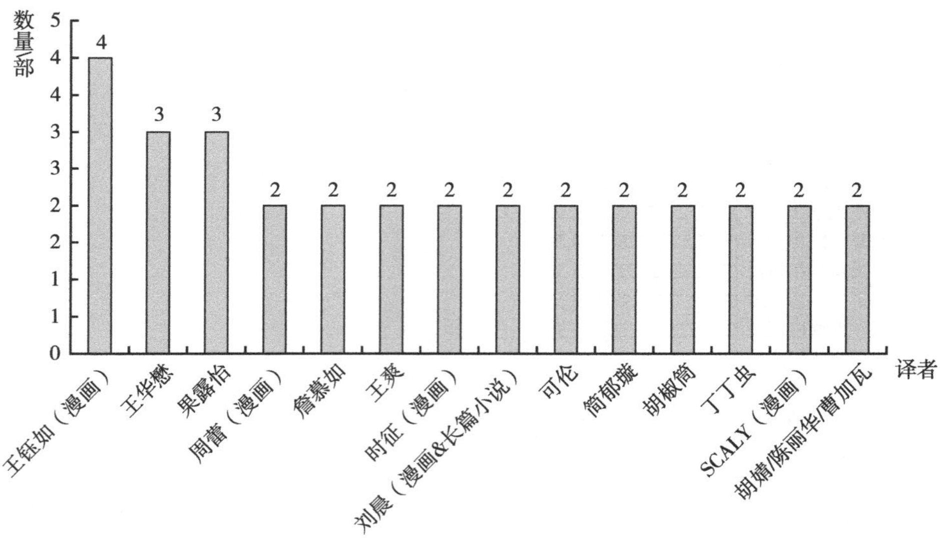

图 5　2022 年翻译出版非英语科幻作品 2 部及以上译者

2022 年的非英语区科幻译者实力强劲，既有译作丰富的资深译者，又有冉冉升起的新人译者。诸位译者职业背景也相当丰富，有职业译者、高校教师、相关学者、外语系学生等与科幻及翻译领域相关的职业，也有完全理工科背景，从事各类工程职业的科幻爱好者。

资深译者方面，如每年产出稳定的著名日语科幻译者丁丁虫，2022 年翻译出版了《平滑世界和它的敌人》和《红雨》。丁丁虫现任上海市科普作家协会理事，中国科普作家协会会员，科学松鼠会成员，《幻动》《边缘》等科幻杂志的编辑，其不仅是科幻文学的翻译者，也是一名科幻评论者和创作者，曾以小说《死亡考试》获第十届倪匡科幻奖首奖。长年致力于日本科幻的译介与推广，出版有《穿越时空的少女》《醉步男》《来自新世界》等45部译作，不过其本人却是一位软件工程师。同样高产的台湾日语译者王华懋2022年翻译出版科幻作品3部，作为一名专职译者，迄今为止翻译出版作品有300多部，主要擅长推理类小说，科幻作品少有涉猎。与其并列第一的果露怡也是一名经验丰富的日语译者，从事翻译工作多年，翻译作品类型多样，涉及小说、散文、生活指南等。曾参与翻译《冰与火之歌》系列的胡绍晏，2022年翻译了意大利著名科幻作家弗朗西斯科·沃尔索的长篇小说《猎血人》，同样也是电子工程类专业，专注于科幻与奇幻翻译，译作有《冰与火之歌》四卷本、《沙魔法》《仙子手袋》等40多部作品。翻译波兰科幻大师斯坦尼斯瓦夫·莱姆2部短篇小说集《星际旅行日记》《太空旅行者的回忆录》的王爽也是一名资深译者，曾翻译《孪生双心》等星云奖及雨果奖获奖作品。

科幻译坛新星亦是数不胜数。短篇小说集《如果我们无法以光速前行》（联经出版）与长篇小说《地球上唯一的韩亚》的译者胡椒筒是一名专职译者，近年来对韩国当代文学有着密切的关注，将多位韩国作者引入中文世界，2017年开始有译作出版，近3年间译作数量陡然上升，目前译作已超30部，代表译作有《白》《潜入谎言之海》等。被提名为第八届单向街书店文学奖2022年度译者，以往作品题材更倾向于韩国各类社会问题，这是首次踏入科幻领域。翻译阿根廷科幻漫画史上里程碑巨著《永航员》的轩乐，毕业于北京大学西葡语系，深耕西语世界多年，译作原作横跨阿根廷、哥伦比亚、墨西哥、波多黎各等多个西语国家，主要译作有《苦妓回忆录》《失落的南方》等，同样被提名第八届单向街书店文学奖2022年度译者。2022年非英语区科幻作品中豆瓣评分人数最多的《当我们不再理解世界》，其译者施杰是上海市公安局经济犯罪侦查总队探长，近年来翻译近15部西语文学作品，代表译作《发光的小说》《便携式文学简史》《猎兔》。少儿向漫画《代号》系列译者周蕾为对外经济贸易大学韩语口译硕士，2022年紧接着第一部，继续翻译出版了《代号V》与《代号K》，为儿童科幻书籍又添一笔色彩。《莱姆狂想曲》译者老光专注于科幻翻译，目前翻译出版其他译作《人类重启》《沙丘 6 ：圣殿沙丘》《阿瑟·克拉克科幻短篇全集 3：爱这个宇宙》，虽然数量尚不多，但每一部都是精品。

相关领域学者、高校教师也是一股重要的力量。《深海大战 2：渐深层卷》译者刘金举，系广东外语外贸大学日语系教授，研究方向为日本近现代文学、中日比较文学。《继人类》译者张凡为重庆移通学院钓鱼城科幻学院院长，中国科普作家协会科幻专委会委员、中国科幻研究中心特聘专家。安哥拉作者若泽·爱德华多·阿瓜卢萨的长篇小说《生者与余众》译者王渊，系北京大学外国语学院西葡意语系助理教授，美国威斯康星大学麦迪逊分校葡萄牙语文学博士，曾获鲁迅文学奖文学翻译奖提名，研究范围包括中葡交流史、葡萄牙语旅行文学、后殖民文学等。《如果我们无法以光速前行》（四川科学技术出版社）译者春喜就读于韩国东国大学研究生院国语国文系，主修文艺创作专业。阿根廷作者里卡多·皮格利亚的长篇小说《缺席的城市》译者韩璐，系北京大学西葡语系文学学士与硕士，现为康奈尔大学罗曼语系拉美文学项目博士生，研究方向包括拉美现当代文学与视觉文化中的空间、城市及技术想象。

总体来看，2022 年承担非英语区科幻作品翻译工作的大多数是已有译作、具备相当翻译经验的译者，少部分为初出茅庐、跃跃欲试的新人译者。数量上中生代译者稳定产出，新生代译者蓄势待发，除 2022 年已出版的作品，还有不少译作待出版。值得一提的是，上述提到的多位新生代西语译者的译作在豆瓣等平台都获得了高分评价，或将成为国内西语科幻译介的主力军。

三、市场评价

市场评价主要以豆瓣读者评分、评论、评价人数为依据，同时参考销量及媒体推广度。2022 年引进出版的 110 部科幻作品单行本中，有 68 部作品获得豆瓣评分，最低分为 5.9 分，最高分为 9.4 分。90% 的作品评分都在 7.0 及以上，整体评价较高。但由于原作都来自非英语区国家，相比英语区作品，本身缺乏关注度，且部分作品为香港、澳门、台湾地区出版，面向的中文读者数量较少，故整体评价人数都较少。评价人数在 100 人以上的有 32 部，其中分值在 9.0 ～ 9.4 的有 6 部，分值在 8.0 ～ 8.9 的有 14 部，分值在 7.0 ～ 7.9 的有 8 部，分值在 7.0 以下的有 4 部。评价人数在 1000 人以上的仅 5 部，参与评分人数最多的是《当我们不再理解世界》，11348 人评分、评分 8.3 分。其他未获得评分的 39 部作品中，有 4 部为系列作品续作，27 部为香港、澳门、台湾地区出版机构出版，辐射面有限，故读者群体较小，市场反响不明显。

另外，除了《星界的纹章》3 部曲和《鸩笛草》，其余作品均为首次翻译引进。《星界的纹章》第一次是在 2002 年由台湾尖端出版社引进，1 至 3 部评分分别为 8.7 分（李晟宇译）、9.1 分（k.k 译）、8.9 分（k.k 译），本次新星出版社引进由果露怡翻译，1 至 3 部评分分别为 8.0 分、8.0 分、8.4 分，参与评分人数均为前次的 3 倍。《鸩笛草》前次是 2020 年由独步文化引进出版，王华懋翻译，评分 7.7 分，本次由四川科学技术出版社引进，张乐翻译，评分 8.4 分，参与评分人数为前次的 2 倍。

尽管整体评分人数较少，但仍有不少作品入围各大年度榜单。《当我们不再理解世界》位居豆瓣 2022 年度图书外国文学（小说类）第一名，读者评价“在一个将克制和精准作为标准答案的现代小说世界，叙写疯狂是有风险的。拉巴图特几近完美地掌控住了讲述的界限：无论在怎样破败不堪、良知泯灭的时代，总有那么一小撮人，他们守住了一小块土地，将自己点燃、烧尽，在活着的时候很好地安顿住了自我，亦没有辜负人类少有的才智、那些闪烁的火种”。而豆瓣 2022 年度图书科幻·奇幻榜单 10 部作品中有 7 部都是非英语区科幻作品，分别是《莱姆狂想曲》8.4 分、《猎魔人 8：风暴季节》8.8 分、《星际旅行日记》9.0 分、《平滑世界和它的敌人》8.1 分、《四叠半时光机布鲁斯》8.2 分、《如果我们无法以光速前行》8.3 分、《玫瑰与蠕虫》7.7 分。在豆瓣 2022 年度出版方 club 中榜上有名的后浪文学、上海译文出版社、译林出版社、新星出版社、人民文学出版社、广西师范大学出版社均在当年引进了非英语区科幻作品。

四、结语

2022 年我国（含香港、澳门、台湾地区）引进的非英语区科幻作品不管从数量、质量、还是评价来看，都呈现出较好的趋势。相较上年引进国家有所新增，覆盖语区更广，背景更加多元化。多数作品为首次引进，表明越来越多佳作走入国内读者的视野。引进原作题材丰富，主题新颖，非典型科幻受到广泛好评。译者队伍趋向专业化，多数为已有译作出版的职业或非职业译者。作品评价较高，但读者群体普遍较小，关注度与传播度受限。随着非英语国家新生代科幻译者的崛起、出版方的持续关注，必定会有越来越多非英语国家的科幻作品得到国内译介。

参考文献

[1] 李琴．年度科幻翻译引进综述［M］// 吴岩，陈玲．《中国科幻发展年鉴2021》．北京：中国科学技术出版社，2021，145.

[2] 豆瓣读书．如果我们无法以光速前行 [EB/OL].（2022-03-03）［2023-10-30］．https://book.douban.com/subject/35802914.

[3] 新京报书评周刊．《当我们不再理解世界》：关于科学家的虚构与纪实［EB/OL］.（2022-11-08）［2023-06-30］．https://baijiahao.baidu.com/s?id=1748942847574321750&wfr=spider&for=pc.

作者简介：

龙芋竹，重庆移通学院钓鱼城科幻学院教师，研究方向为日本科幻现状与发展。

年度中国科幻文学外译情况综述

吕子青

本文对 2022 年世界范围内翻译出版的中国科幻文学整体状况进行考察，呈现并总结这一阶段中国科幻文学在世界范围内的翻译和传播成绩。通过对外译作品翻译和传播模式及路径的梳理与分析，笔者发现 2022 年外译之路呈现发展新态势：首先，“她科幻”力量日益凸显，同年有两部中国女性作家的科幻小说集出版，向海外推介了极具代表性的中国女性科幻作家的作品。其次，中国科幻小说在日本市场的发展日益强劲。在日语世界，2022 年刘慈欣小说迎来首次日漫化，他的《赡养上帝》改编成日漫在线上连载。这次日漫化合作将加深两国动漫产业在内容方面的合作，促进两国作者、读者的深度交流。

一、2022 年中国科幻文学在英语世界的翻译情况

2022 年中国科幻文学在英语世界公开发行的作品形式主要有中短篇小说集、杂志和漫画（图像小说）三类。

在中短篇小说领域，2022 年在英语世界共出版了 3 部中国科幻小说家作品专集，分别为尼尔·克拉克、夏笳和王侃瑜共同主编的中国科幻小说集《中国科幻小说新声选集》（*New Voices in Chinese Science Fiction*）、于晨和王侃瑜主编的女性幻想小说集《春天来临的方式》（*The Way Spring Arrives and Other Stories*）以及加拿大皇家柯林斯出版集团（Royal Collins Publishing Company）

再版的《移居未来：中国科幻和奇幻小说集》(*Ticket to Tomorrow*: *A Collection of Chinese Science Fiction and Fantasy*)。

微像文化与美国《克拉克世界》(*Clarkesworld*)合作出版的《中国科幻小说新声选集》共收录包括双翅目［《我的家人和其他进化中的动物们》(*My Family and Other Evolving Animals*)］、灰狐(*PTSD*)、慕明［《假手于人》(*By Those Hands*)］、梁清散［《济南的风筝》(*The Kite of Jinan*)］、杨晚晴［《墓碑》(*Tombstone*)］、石黑曜［《貔貅》(*Pixiu*)］、廖舒波［《邮差》(*Postman*)］和刘啸［《桥》(*The Bridge*)］8位科幻作家的中短篇作品。本书自出版以来，收到了众多海外读者好评，他们纷纷表示该本小说集让他们认识了更多中国科幻作家，读到了更多有趣的好故事。微像与《克拉克世界》的合作可追溯至2015年，两者已合作翻译发表超过60篇中国科幻作品，累计中文字数70多万字。微像也在合作中深度学习海外科幻的先进经验和理念，同时为中国科幻作家作品的海外输出搭建桥梁。

同年，首部中国幻想女性选集《春天来临的方式》(中英文版本)由微像文化、上海文艺、Tor联合策划出版。这是一本由女性作家创作的幻想类短篇小说选集，收录15位科幻奇幻代表作家的17篇中短篇小说，是近年来中国幻想文学“走出去”的一次精彩亮相。收录作品包含了科幻、奇幻、武侠、寓言等小说门类，作者既包含赵海虹、凌晨、吴霜、夏笳、王诺诺等科幻作家，也有修新羽、沈大成等横跨纯文学与科幻文学创作的青年小说家。作为一个当代中国幻想小说的国际合作项目,《春天来临的方式》集中展现了中国女性作家在幻想类短篇小说中对于中国古典传统幻想资源的创造性利用，对科幻文学主题和题材上的实验与探索。这部独特的选集获得了英美科幻评论届和读者群的广泛好评。凯伦·古索夫在《轨迹》发表评论，称“这本书既是一本重要的、又是一本令人愉快的选集，令一群极具才华的作家获得了更广泛的听众。毫无保留地推荐。”截至2023年中，该书在Goodreads上收获670条评分和180条评论，总评分3.92分。同时，该选集已入围轨迹奖最佳选集前10位。

2019年曾在商务印书馆出版的《移居未来》(*Ticket to Tomorrow and Other Stories*)，是一本精品科幻、奇幻小说集，共收录了安蔚、迟卉、飞氘、寒知了、康夫、黎安高、马耳、骑桶人、王说、赵安康、朱岳等12位中国新生代作家的 16 个故事。值得一提的是，该书隶属于“汉语世界当代中国丛书”。该丛书由《汉语世界》杂志社中外合作团队编译，国际专业媒体人执笔，以地道的英文，从国际视角解读当代中国、讲述中国故事。内容涵盖中国人的生活、旅游、语言、文学等方方面面，既有鲜活的当代故事，又有翔实的历史盘点；既有精彩的文学译介，又有独到的文化解读，是海内外英文读者了解当代中国的窗口。该丛书全球同步发行，已覆盖超过 60 个国家、400 家图书馆、500 家孔子学院与孔子课堂。《移居未来》中的作品是首次翻译成英文出版，也吸引了众多海外的科幻小说迷，是当代中国文学走向国际的特色译作。2022 年 5 月，本书以《移居未来：中国科幻和奇幻小说集》（*Ticket to Tomorrow*：*A Collection of Chinese Science Fiction and Fantasy*）为名，由加拿大皇家柯林斯出版集团出版。

在杂志与集刊收录方面，美国科幻电子杂志《克拉克世界》（*Clarkesworld*）作为中国科幻文学稳定的合作伙伴，在 2022 年一共推介了 9 篇中国科幻短篇小说，依据出版时间先后分别为顾适的《野渡无人》（*No One at the Wild Dock*）、杨枫的《毕业讲稿》（*Commencement Address*）、潘海天的《猴王哈奴曼》（*Hanuman the Monkey King*）、梁清散的《广寒生或许短暂的一生》（*The Possibly Brief Life of Guang Hansheng*）、陈茜的《所爱非人》（*Inhuman Lovers*）、修新羽的《陌生的女孩》（*The Strange Girl*）、初诗凡的《大鱼》（*Giant Fish*）、杨晚晴的《蜂鸟停在忍冬花上》（*Hummingbird*，*Resting on Honeysuckles*）以及鲁般的《新贵》（*Upstart*）。这 9 篇作品皆刊登于微像文化与《克拉克世界》合作的中国科幻作家专栏。

同年，刊登中国作品较多的还有英文版《银河边缘》杂志（*Galaxy's Edge*），刊登了 4 篇中国科幻作品，分别为钛艺的《绮月物语》（*The Moon is Beautiful*）、王元的《上帝之手》（*The Hand of God*）、刘艳增的《半壁扶桑》（*The God Tree of Banbi Village*）以及万象峰年的《飞裂苍穹》（*Towards the Sun*）。中国未来事务管理局主办的《未来纪事》杂志（*Future Science Fiction Digest*）则选登了 2 篇作品，分别为潘海天的《死人，起来，向太阳歌唱》（*Dead Man*，*Awake*，*Sing to the Sun*）和昼温的《星星是如何相连的》（*How the Stars Were Connected*）。另有几篇小说英译作品散见于《顶峰杂志》（*Apex*

Magazine)(1 篇)、《明日派对：人类世的生活》(*Tomorrow's Parties*: *Life in the Anthropocene*)(1 篇)、《世界科幻小说杰作选：第 2 辑》(*The Best of World SF*: *Volume 2*)(1 篇)。

2022 年,《刘慈欣科幻漫画系列》中的《混沌蝴蝶》(*The Butterfly*)出版。该系列是中国本土原创漫画项目，由刘慈欣本人授权，北京漫传奇文化传播有限公司组织创作，并由中信出版集团独家出版，整个系列作品涵盖 16 册漫画书，分 4 辑。目前，该系列已实现向法国、德国、美国和英国的版权输出。

此外，由河流整理撰写的《中国科幻专业平台与粉丝平台的划分》同年刊登在英语科幻奇幻恐怖杂志周刊《奇异地平线》(*Strange Horizons*)上，为海外科幻从业者和科幻迷了解中国科幻群体提供了新鲜详细的信息。

纵观 2022 年中国科幻小说英译发展，共计有 60 篇中短篇小说走进英语世界。作品公开发行的形式主要有小说集、杂志和漫画（图像小说）。在外译过程中，各个优秀团队（微像文化、八光分文化、未来事务管理局、漫传奇等）发挥自身优势开展多方合作，推动中国科幻海外传播。值得一提的是，2022 年女性科幻作家作为一个群体受到读者和科幻从业者广泛关注。《春天来临的方式》是中国女性幻想写作群体在国内外的集体亮相，它打破了男性作者对这一领域的主导，也模糊了“软科幻”和“硬科幻”之间的界限，拓展了中国幻想文学的国际疆域。

二、2022 年中国科幻文学在其他语种世界的翻译情况

2022 年，陈楸帆和李开复联合创作的著作《AI 2041：预见十个未来新世界》的一口气推出葡萄牙语、法语、俄语、德语、波兰语、泰语、匈牙利语、越南语、日语、意大利语等十个语种版本，均转译自 2021 年 9 月出版的英文版 *AI 2041*: *Ten Visions for Our Future*。本书包含《无接触之恋》《丰饶之梦》《假面神祇》《幸福岛》等 10 个有关人工智能的有趣故事。在作品中，李开复架构了人工智能的“技术蓝图”，再由陈楸帆据此构思故事，虚构的叙事与非

虚构的科技评论完美结合，展现了 20 年后被 AI 技术深刻改变的未来世界。因其令人耳目一新的形式和吸引人的故事，这部书在科技传播和教育界收获了很多赞誉，被不少海外学校用作人工智能相关的科技教育读本和教材，并被《纽约时报》《华尔街日报》《金融时报》评选为年度最佳图书之一。截至 2023 年中，该书英文版在 Goodreads 上收获 2505 条评分和 368 条评论，总评分 3.86 分。据知，本书已授出 20 多个语种的版权，并计划推出更多语种版本，形成更为广泛的国际影响力。

同年，王晋康《蚁生》德文版（Die Kolonie）由兰登书屋出版，译者为德国汉学家马海默（Marc Hermann）。兰登书屋此前已先后出版刘慈欣、宝树以及陈楸帆的长篇科幻小说和多部中国科幻选集，此次是又一部新生代中国长篇科幻小说被引入德国。

日语世界的“三体热”，此前早已成为其国内媒体津津乐道的话题。2017 年,《三体》第一部日文版正式开售时，便已创造单周加印 10 次的热销神话，如今全系在日本的销量已经突破了 50 万册。而在日本亚马逊,《三体》每一部的评分都在 4.5 星以上。伴随着“三体热”而来的，还有一股强劲的“刘慈欣热”。2022 年，刘慈欣小说迎来首次日漫化。《赡养上帝》由日本文化巨头角川集团（KADOKAWA）制作企划，著名漫画家横山旬作画，已于角川旗下 COMIC Hu 和 Comic Walker 两大网漫平台以及 niconico 漫画开启连载。这部作品是角川在确立全球化漫画战略后的首批漫改作品之一，对角川而言具有重要意义。除了上线改编漫画，角川集团同年还出版了两本刘慈欣短篇集《流浪地球》《赡养上帝》，分别收录了:《流浪地球》《微纪元》《吞食者》《太原之恋》《中国太阳》《山》与《赡养上帝》《赡养人类》《白垩纪往事》《带上她的眼睛》以及《地球大炮》。随着更多作品的译介，相信日本市场的这股“刘慈欣热”也将持续不减。

同年 3 月，郝景芳《流浪苍穹》日文版（译者为及川茜和大久保洋子）由早川书房顺利发售。这部长篇小说的英文版 *Vagabonds* 由刘宇昆翻译、由 Saga Press 于 2020 年 4 月出版，入围 2021 年阿瑟·克拉克奖提名，2021 年轨迹奖最佳长篇处女作提名。

此外，由未来局协力，武甜静和桥本辉幸、大惠和实编纂的《奔跑的红:

中国女性科幻作家选集》(『走る赤 - 中国女性 SF 作家アンソロジー』) 也于同年出版。出版社是日本老牌文艺大社——中央公论新社，本书收录了包括郝景芳（《祖母家的夏天》)、程婧波（《食梦貘少年之夏》)、夏笳（《独自旅行》)、苏莞雯（《奔跑的红》) 等在内的 14 位极具代表性的中国女性科幻作家的作品。该选集为日本读者了解中国女性科幻作家提供了极好的机会，并与 2023 年 2 月登上日本内山书店店员推荐榜。

其他收录中国科幻小说的还有德语版《未来小说杂志》(Future Fiction Magazine)，收录了夏笳的《童童的夏天》(Tongtong's Summer)。

三、结语

2022 年中国科幻文学获得外译首版或再版的作品共计约有 95 部（篇），整体外译活动呈现发展新态势。首先，“她科幻” 力量日益凸显。同年两部中国女性作家的科幻小说集以两个语种在海外出版，为海外市场和读者提供了了解中国科幻的新视角。女性科幻作家文集如雨后春笋般浮现，并非出于偶然，而是长时间蓄力的结果。女性科幻写作群体的壮大，也能为中国科幻发展提供更新、更独特的写作视角，以及更为实验性的写作方式。

其次，中国科幻小说在日本市场的发展日益强劲。由中国作家协会支持创办的日本 “中国文学读者俱乐部” 正式启动，并举办首场活动 “中国科幻文学分享会”。活动由中国教育图书进出口有限公司、日本早川书房、八光分文化联合策划，向日本读者特别是青年读者介绍中国科幻文学，促进中日科幻界交流。与此同时，2022 年刘慈欣小说迎来首次日漫化。刘慈欣的《赡养上帝》改编成日漫能带动更多日本动漫作者引进或改编中国文学作品，加深两国动漫产业在内容方面的合作，促进两国作者、读者的深度交流。

2022 年中国科幻文学外译过程中还有一些方面需要关注。第一，要保证译本的翻译质量，培养更多科幻文学译员。目前中国科幻文学汉英译员队伍已经较为成熟，其他语种译员队伍还需进一步建设。第二，要注重好故事的开发，做好科幻文学发展的 “接棒” 工作。作品本身优秀的故事内容是中国科幻文学海外成功的保障，在刘慈欣之后，是否还会有其他作家引起如此的“现象级”关注，值得拭目以待。

作者简介：

吕子青，江苏科技大学外国语学院教师，悉尼大学博士。主持悉尼大学课题 1 项、江苏省高校哲社项目 2 项、市级课题 2 项。担任江苏省科幻专委会委员，SSCI、ESSCI 来源期刊匿名评审。主要研究方向为语料库翻译学、中国科幻小说海外译介研究。

年度中小学科幻教育综述

周　群

2022年，中小学科幻教育克服新型冠状病毒感染疫情带来的重重困难，在科幻作文赛事、科幻教育指南研发、科幻课程开发和课题研究等方面取得了一定进展：全国和地方性的科幻作文大赛规模和影响持续扩大；《青少年科幻教育指南》的研发填补了中小学科幻教育自下而上发展过程中顶层设计不足的空白；在“双减”背景下，中小学科幻教育呈现“课程化”态势；在新课标的指引下，相关课题研究亦向纵深发展；少儿科幻创作的繁荣为中小学科幻教育提供的优质资源更为丰富；科幻教育生态系统进一步完善。

一、年度科幻教育典型事件

（一）科幻作文大赛规模和影响持续扩大

2022年，全国和地方性的科幻作文大赛规模和影响持续扩大。

2022年3月，教育部、中央编办、民政部和市场监管总局四部门联合对《关于面向中小学生的全国性竞赛活动管理办法（试行）》进行了修订，使竞赛活动管理更加规范化、常态化、有效化。9月30日，教育部办公厅发布通知（教监管厅函〔2022〕13号），包括“全国中学生科普科幻作文大赛”在内的44项竞赛被列入2022—2025学年面向中小学生的全国性竞赛活动“白名单”。

“白名单”的评审极为严格，引导督促各类赛事必须严把质量关，重塑竞赛观念，强化大赛功能，以赛育人，有利于构建高质量“五育”并举的育人体系。自 2019 年教育部开始规范管理和审核公示全国性竞赛活动以来，全国中学生科普科幻作文大赛已连续四年入选“白名单”。

既有教育部政策的保驾护航，又逢科幻教育不断发展的契机，全国中学生科普科幻作文大赛规模和影响继续明显增大。4 月 4 日，第八届全国中学生科普科幻作文大赛总决赛顺利举行，来自全国 29 个省市、自治区、直辖市的考生以线上方式参加考试。总决赛以“基因编辑”为主题，分科普、科幻两个创作方向，引导中学生对新技术、价值观、科技伦理等展开深入思考。与第七届全国中学生科普科幻作文大赛相比，第八届大赛又创新高：报名参赛的人数从 40 万余增长为超过 60 万，参赛高中的数量从 1700 多所增长为 2000 多所。12 月 22 日，第九届全国中学生科普科幻作文大赛及相关活动正式启动，活动的主题为“科技改变生活，未来可期”。

2021 年 5 月，首届“鲲鹏”全国青少年科幻文学奖正式启动。该奖项面向全国青少年征集科幻作品，并开展了多场科幻阅读推广和科幻写作活动。2022 年 3 月，首届“鲲鹏”全国青少年科幻文学奖评选结果揭晓。组委会共收到近 3 万篇投稿作品，最终共有 17 篇作品分获一、二、三等奖。受新型冠状病毒感染疫情影响，首届“鲲鹏”全国青少年科幻文学奖于 5 月 21 日举办了线上的颁奖典礼。同时，第二届“鲲鹏”奖正式启动。回顾首届奖项组织全过程后不难发现，不论是深圳地方各方的支持力度，还是产生的社会效应都非常显著，都颇有“异军突起”的势头。借用第十三届全国政协常务委员兼副秘书长、民进中央副主席朱永新对赛事标志性意义的评价，这是“科幻文学界，特别是青少年科幻文学领域具有特殊意义的大事。相信这一奖项的设立会进一步激发我国青少年群体热爱科学、学习科学，热爱写作、投身文学的热情，进一步推动中国科幻走向世界”。

2022 年 5 月，重庆市科学技术协会、市教委、团市委、市全民阅读办联合启动第二届重庆青少年科幻征文大赛，面向全市 9 ～ 25 岁小学、中学、中职、高职、大学学生开展作品征集活动。大赛活动主题为“奋进新时代 梦想再起航”，要求参赛作品围绕活动主题，对家乡、祖国、世界的未来进行大胆构思和充分刻画；以科幻故事为主，注重科学性、生动性，思想积极向上，语言优美生动，逻辑严谨。既有相应科学原理，又不拘泥于纯粹的科学论述。体裁不限，题材不限，鼓励围绕关键领域和关键环节的核心技术进行大胆畅想，重点关注太空、深海、未来汽车、元宇宙等有关领域具有原创性的构想。全市1800多所学校近15万名学生踊跃参赛，大赛共收到稿件4万余篇。

2022年5月，新疆喀什地区举办了首届“崇尚科学·以文润疆——向党的二十大献礼”青少年科学文艺作品大赛。大赛设科幻作文、科普微视频、科普摄影作品三个项目。其中，科幻作文比赛面向小学、初中、高中征文。自征集作品以来，引起新疆各族青少年以及北京、四川、上海、河北等内地青少年的广泛关注和积极参赛。本届大赛共收到科幻作文、科普视频、科普摄影作品9072件，最终评选出获奖作品共257件。和深圳、四川省和重庆等省市的赛事相比，喀什地区举办的该项赛事规模并不算大，但同样值得科幻研究者关注：此举可能意味着悄然之间发生的变化——中小学科幻教育从我国东部、中部教育和经济水平较高的省市开始向我国的西部地区蔓延。

2022年6月28日，首届四川省青少年科幻创作征集活动正式启动。该活动以成都举办2023年第81届世界科幻大会为契机，面向全省小学、初中、高中（含中等职业学校）、大学（含高等职业学校）等广大青少年（40岁以下）征集作品。活动由四川省科学技术协会、四川省作家协会主办，是四川省科学技术协会领导开展的特色创新科幻品牌活动“想象力教育工程”的重要组成内容。科幻创作征集活动分为科幻文学类（含小说类和作文类）、科幻绘画类、科幻创意类三大类别，还特别设立“未来与自然”与“未来与城市”专项类征集。活动特地邀请了阿来、刘慈欣等成立顾问委员会，同时邀请了知名科幻作家、学者、产业专家等组成专家评审团队为全省青少年的“想象力”保驾护航。作品征集时间从2022年6月末起持续到2023年4月末。

2022年之前，上海市已连续举办了三届中小学生科普科幻作品征集活动。6月，该项活动规模升级，从上海市扩展到长三角地区（包括江苏省、浙江省、安徽省）。活动历时两个多月，共有80多所中小学学生参与了活动，收到文字类和绘画类作品共计1258件。科学和艺术融合，反映了长三角地区中小学生丰富的创造力和想象力。

除上述赛事，北京市中小学生科学传播大赛“科幻作品征文”也继续推进到第二届。一些小规模的区域赛事也颇有特色。例如，2022 年 9 月 10 日至 10 月 30 日，在全国科普日到来之际，上海浦东新区科幻协会与上海科技馆联合举办全国科普日活动《寻找机器人设计师》科幻画创作大赛，邀请广大儿童青少年拿起画笔，围绕“未来机器人”这一主题，描绘心中的科学幻想。11 月，广州市黄埔区首届中小学科幻作文大赛启动。大赛活动主题为“科探未来”，面向广州市黄埔区中小学全体学生、辖区工作人员子女征集作品。大赛将“区块链”作为征文选题，参赛者既可以续写 2140① 的故事，创造属于自己的“平行世界”，也可以跳出 2140，以独特的视角，缔造出自己的科幻王国。

综上所述，在 2022 年中，不论是全国性大赛还是地方区域性赛事，青少年参赛人数都在增多；以赛事推进青少年科幻教育的省、市、地区不断增多，中小学科幻教育的规模和影响持续扩大。

（二）第四届全国青少年科普科幻教育大会[1]在黔召开

2022 年 8 月 12 日，第四届全国青少年科普科幻教育大会在贵州省地质博物馆召开。会议主题为“以科学之眼、观天地未来”，由中国科普作家协会、贵州省科学技术协会、贵州省教育厅、贵州省自然资源厅主办，贵州省地质博物馆、中小学生科普科幻人才培养工作委员会、新发展理念与多党合作高端智库、贵州省科学技术普及创作协会承办，《科学故事会》《科普时报》《贵州日报》、贵州师范大学、贵州科技出版社协办。

中国科普作家协会副理事长、南方科技大学教授吴岩以“想象力教育视野中的科幻教育”为主题，重点向一线教师介绍想象力的发生机制及其与科幻教育之间的关系，并通过几个课堂实践案例，向与会者演练如何借助科幻作品培养学生的想象力。他提出，提高想象力教育水平需要做到两方面：一是教

① 2140：区块链世界的一种表达，即 2009 年，从 #0000 号区块起，每个区块包含的新比特币数量第一次减半。直到第 33 次减半时，每个区块产生 0.0021 个新比特币直接减为 0 个。公元 2140 年，#6929999 号区块产出最后一个比特币，至此，比特币被彻底挖完，总数恒定流通（实际上被超挖）。因此，2140 是区块链世界重要的纪元刻度，也是人类算力时代的定格之年。此处大赛设计参赛者续写 2140，就是鼓励科幻作者在区块链背景下，展开想象，叙写故事。

师要更多地了解科幻作品，能够多元化、多通路地解读科幻作品；二是要鼓励学生讨论未知与未来，让科幻课程成为想象的现实飞地，让学生获得想象的乐趣，理解想象对人发展的重要作用。贵州省自然资源厅一级巡视员李皖结合“中国天眼”、贵州大数据信息产业等地区优势，指出贵州在发展和推动青少年科普科幻教育方面具有良好的“土壤”，期待贵州省自然资源科普工作为全国科普科幻事业发挥更大作用，为青少年提供更为广阔的科学教育与实践天地。此外，在大会分论坛中，作家们着重向一线老师传授了科幻创作的方法，共同探讨了科幻教育发展中应注意的问题。彭柳蓉利用“尺度变变变”和“词语连连连”的想象力训练方法，传递每个孩子都可以写科幻作文的理念。萧星寒《手把手教你写科幻》的讲座对创作科幻之前的准备工作进行了罗列，重点介绍了“加、减、乘、除、换”五种科幻设定的方法，以及“正、反、合”三种创作科幻故事的思路。徐彦利从如何选择科幻创意，塑造个性化人物，情节、语言、结构与创作方法，科幻小说的逻辑、深度及思想等几个方面探讨了如何撰写科幻小说。凌晨通过对成人创作的科幻小说和学生创作的科幻小说的不同评价标准的探讨，给学生创作科幻作品提供方法，激发学生的创作热情。张军提出，要重视好中国少年科幻文学的三个特色，一是少年科幻创作者队伍的统一性，二是少年科幻文学作品的多样性，三是少年科幻文学的特殊价值性。必须明确，没有阅读的少年科幻是没有生命力的，没有让少年感受到快乐的科幻是无意的。

（三）《青少年科幻教育指南》编写与发布

《青少年科幻教育指南》（以下简称《指南》）的研发堪称2022年中小学科幻教育的亮点。

为深入贯彻《关于新时代进一步加强科学技术普及工作的意见》《全民科学素质行动规划纲要（2021—2035年）》，落实《关于利用科普资源助推“双减”工作的通知》及义务教育和高中阶段的课程方案、课程标准等文件精神，发挥科幻在青少年教育中的重要价值，推动科幻高质量发展，构建良好科幻生态，助力“双减”政策实施，2022年4月，中国科普研究所、北京市科学技术协会联合开展“青少年科幻教育指南研究项目”。笔者作为中国科幻研究中心特聘专家，全面主持该项目的研发工作。项目组分两个团队。一是由李卫东、曹勇军、彭来桂、罗明军、邓玉琳、张蓉芳、刘晓虹、潘铁豪等长期从事科幻教育的骨干教师与中国科普研究所、中国科普作家协会姚利芬、闫进芳、许艺琳、周亚楠，北京科学中心的孙小莉等研究人员组成研发团队（课题组）；二是邀请王挺、吴岩、刘兵、尹传红、陈玲、郑永春、白欣、李广益、马传思等领导、学者、作家组成专家团队。两个团队围绕《指南》的研发协同开展工作。研发工作持续 5 个月，分准备、研发、修订三个阶段。

准备阶段的工作主要围绕《指南》的编写框架和体例以及青少年科幻教育问卷设计展开，两项重点工作的推进双线并行。项目组多次召开线上会进行研讨，不论是编写体例框架、体例还是问卷题目，都经过了全组的反复推敲、细致打磨。项目组一致认为，尽管我们对科幻教育近年来的发展有比较充分的了解，《指南》的研发仍要建立在深入调查研究的基础上，希望通过问卷调查进一步了解教师在科幻教育中的困难与困惑，以及需要的实际帮助。

2022 年 7 月 4 日，中国科普作家协会公众号正式发布了《青少年科幻教育指南》问卷，面向全国中小学一线教师开展调查。调查采用自填问卷形式，在全国中小学教师群体随机抽取样本进行量化资料收集。共计回收来自北京、江苏、广东、广西、新疆等 22 个省市区一线教师调查问卷 2904 份。项目组针对调查问卷统计结果进行数据分析，从调查背景、问卷设计与实施、数据分析、结论与展望等不同方面进行情况汇总，撰写了《〈青少年科幻教育指南〉问卷调查分析报告》（报告摘要详见附录）。

问卷调查的结果显示，中小学教育工作者对开展科幻教育持积极的态度，但在实施过程中也遇到了一定的困难，如“外部环境条件不允许”“自身不了解科幻”“缺少科幻教育的课程资源和教学方法”等。基于调查结果和科幻教育发展现状，项目组将《指南》的目标受众确定为学校以及科技场馆拟开展或已开展科幻教育、但经验不足的“新手”教师，以及认同科幻教育的家长。

《指南》共分“青少年科幻教育概述”“青少年科幻教育通识问答”和“青少年科幻教育实施案例”三部分。从框架和内容方面看，《指南》中的“青少年科幻教育概述”部分提纲挈领地介绍了科幻教育的性质、意义、目标，开展科幻教育的主要途径、内容、评价的依据以及开展科幻教育的支持保障。

“青少年科幻教育通识问答”部分由一线老师迫切关心、且亟须解答的13个问题组成。这13个问题涉及科幻教育必备的知识与技能、方法和路径，答案都是从近年来中小学科幻教育实践中提炼出来的，因此具有真实性和实操性。

“青少年科幻教育实施案例”部分及附录共收录中小学及校外科技场馆的14个教学案例。案例虽然只是概括介绍，但步骤和方法清晰，都是“干货”。为满足读者需求，附录部分特地收录了北京四中和浙江温州市第十二中学两所学校科幻教育的教学设计详案。阅读这些案例和设计，读者既能了解中小学校内外科幻教育已经取得的进展，也可以了解开展科幻教育的具体方法。附录部分还梳理了历年中高考科幻题材的典型试题并做了简评。

2023年5月29日，中国科普研究所和北京市科学技术协会联合发布了《指南》。《指南》从理念与政策的高位引领，到开展科幻教育的路径和方法指导，再到14个教学案例的呈现，每一部分都力求为全面开展校内外科幻教育提供扎实有效的指导。《指南》三个章节打造了打开科幻教育“大门”的三把“钥匙”，从宏观理论到具体操作，循序渐进，层层深入。科幻教育的从业者借助这“三把钥匙”开展实践，势必有事倍功半之功效。当然，《指南》的作用并不仅限于“帮助新手上路”。新课标中要求各学科开展跨学科学习，科幻是非常重要的载体；科幻教育课程化同样能为“双减”背景下课后服务的提质增效赋能。期待《指南》能在推动未来教育发展、科幻教育深化实践、加强科幻教育政策支持等方面发挥重要意义。

二、年度科幻教育工作进展

2022年，中小学科幻教育在课程开发、课题研究、社团活动、师资队伍建设等方面的工作均取得一定进展。

（一）课程开发

典型案例首推北京市第四中学初中语文组结合教材开展的科幻主题学习

任务群实践。

部编版语文教材七年级下册的第六单元是“探险和科幻”人文主题单元。张蓉芳、熊良柏、朱思婕、杜宁奕、李晓波、李硕棠六位老师以科幻的情境和任务为载体，进行综合设计，开展了文学、科学阅读与创意表达相融合的学习任务群实践。前两个阶段的学习分别以“古人的智慧”“今人的追求”为主题。学生以学习教材为主，教师不断指导学生使用/运用科学阅读的相关策略，辅之以想象写作练习，以此方式打破学科的边界，实现科学与人文的融合。第三阶段的学习中，学生以“火星一日”为题，以小组为单位进行合作写作。该课程实施过程中最大的亮点在于在科幻主题学习任务群实践过程中，学生从书本学习走向了社会真实情境。在教师的指导下，两个班的同学分别给神舟十二号和神舟十三号的航天员写信，并且得到了回信。2022 年 3 月 28 日，航天员王亚平从空间站给同学们发来视频，鼓励同学们“用智慧和汗水打造属于自己的梦想飞船”。学生的学习热情因此空前高涨。“给航天员写信”系列活动，被中央电视台、北京日报等媒体报道，产生良好而广泛的社会影响。

北京景山学校则是将科幻课程开发与“双减”工作相结合，通过开设科幻选修课的方式为学生提供课后服务，以此实现教育教学的提质增效，同时培养学生科幻阅读的兴趣和科学想象力。六年级的科幻选修课以作家吴岩的《中国轨道号》为课程的内容载体，所开发的课程分为导读课、推进课和总结分享课三种课型。导读课从科幻小说的基本概念、作家作品简介入手，借助书中插图，简单梳理小说主要情节、人物和背景，以此激发学生的阅读兴趣。推进课围绕“了解情节与设定”“分析人物形象”“探究作品主题”三个维度依次展开，学生以绘制思维导图、情节图或插图等方式分享自己阅读某一章节的收获。总结分享课中，教师以写促读，引导学生与作家“笔谈”，针对自己的阅读困惑、阅读期待，与作家进行深入的、个性化的沟通。

北京师范大学中国拉班研究中心常务理事李默老师带领春云戏剧团队开发出《探秘太阳系》《未来密码》《科普科幻广播剧》这三门科幻与艺术相结合的融合课程，并在北京市部分中小学实施。《未来密码》课程利用教育戏剧的形式，通过让学生向外星人介绍校园的方式激发学生兴趣、开发学生潜能、给予学生创意表达的机会，提升学生的语言表达能力、肢体表达能力、艺术绘画能力等。《探秘太阳系》课程以“德育”为把手，以教育戏剧为承载方式，旨在引导学生以科幻故事为背景进行自我表达并了解到如何与他人建立良好关系、如何处理“友好、敌对、陌生”这三种人际关系。课程融合了小学阶段的天文知识以及国际前沿的拉班动作分析的基本理论，意在鼓励学生主动思考自主探索，培养学生的团队合作能力、语言表达能力、肢体表达能力、人际交往能力以及想象力和自信心。《科普科幻广播剧》是以科普、科幻故事为线索展开的广播剧课程。课程致力于提升学生的声音表现力、语言表达能力、肢体表达能力，开阔学生的眼界，激发学生对于科普科幻的兴趣等。

（二）课题研究

2022 年 6 月，由北京市教育科学研究院基础教育研究中心副主任李卫东主持、多所学校和多名骨干教师共同参与的“全学科视域下的读写课程模型建构与应用”教育部重点课题研究成果获“2021 年北京市基础教育教学成果奖”特等奖。

基于此项课题研究，7 月 18 日，“‘科幻 +’新课标背景下跨学科学习如何有效落地”主题沙龙在线上举办。主题沙龙由中国科幻研究中心、中国作家协会社会联络部主办，北京市教育学会中学语文教学专业委员会以及中国科普作家协会中小学生科普科幻人才培养工作委员会承办。

在主旨报告环节，李卫东围绕“全学科视域下读写框架模型标准体系的构建与应用”，向与会者重点介绍了近年来开展的课题，指出培养中小学生科学素养和人文素养协调发展可以遵循“一核三层三维”的读写教学框架。其中，“一核”指以“科学素养与人文素养协调发展”为核心，“三层”指科学素养与人文素养协调发展要关照渗入式、整合式、应用式三类不同层次的读写，“三维”指科学素养与人文素养协调发展，包含情境、任务、认知加工三个维度。张蓉芳作为实验学校教师代表分享了实践案例。北京四中教师团队以“科学和人文素养的融合”为出发点，以“浸入式读写模式”创设科幻情境，设计科学、文学阅读与创意表达相融合的学习任务群，物理、美术等多学科老师开展团队合作，共同对学生进行指导，极大调动了学生的学习积极性。

此项课题研究以及研讨活动体现了新一轮义务教育课程标准对跨学科学

习的要求，代表着教育改革发展的方向，能有效促进学生的全面发展。它启发一线教师，今后科幻教育要立足于“双减”和“新课标”精神，服务于科学教育和人才培养，走跨学科、课程化的科学与专业发展之路。

另外，通过检索中国知网，笔者还搜集了近40篇与科幻教育直接相关的论文及课例。从这些文章中可以看出，中小学科幻教育研究出现了一些新迹象：

小学阶段的研究多聚焦于想象文阅读以及习作教学的现状、问题和指导策略。

江苏大学硕士研究生朱聪娴通过调查研究发现：想象作文教学处于边缘位置，其模式待改进，想象作文评改有效性较低。想象作文教学的评价体系不完善、教师缺乏想象作文教学的自我增强意识、想象作文教学交流培训平台的缺失是造成这些问题的主要原因。基于调查研究，作者在其硕士论文《小学高年级想象作文教学现状调查研究——以Z市为例》[2]中提出对策：首先要完善想象作文教学的评价制度，将想象作文教学纳入教师评价的范围，构建想象作文教学的多元评价体系，建立科学规范的评价标准；其次，要提高教师的想象作文教学意识，激发教师的教学动机；营造良好的教学氛围，开拓丰富的教学资源；最后，要加强想象作文教学交流平台的建设，可以定期开展想象作文教学培训活动，推进优质想象作文教学资源的校际共享，建立跨区域想象作文教学综合交流平台。

四川省成都市双林小学的教师王维令在《小学科幻习作教学的“六创”指导策略构建》[3]一文中介绍了他培养小学生的科幻习作表达能力的具体做法。他借用“设计思维”模式，提炼出“价值发现，链接科幻创作内容”“创意思考，锁定科幻创作任务”“头脑风暴，形成科幻创作方案”“搭建支架，完成科幻作品创造”“创新评价，不懈改进优化作品”“创意展示，彰显学生作品的阅读价值”的“六创”指导策略。除此之外，作者还提炼了小学高段开展科幻作文创作的三条路径[4]：一是依托教材习作要求，引导学生“笔下生花”；二是拓展教材的单元习作边界，引导学生异想天开；三是通过实施科创项目，挖掘和培育学生科学实践与创造潜能。

北京新东方扬州外国语学校的教师何琦在开展《格兰特船长的儿女》整本书阅读教学实践的过程中，积极探索为学生搭建各类学习支架的方法和作用。在《搭建学习支架助力科幻小说阅读——以〈格兰特船长的儿女〉整本书阅读为例》[5]一文中，她将所搭建的支架分为故事导入、厘清情节发展、故事分享、文本再创四类，应用在整本书阅读全过程中，以帮助学生加深对书中人物的认识、对故事情节的理解、对原著主题的感悟，提高学生的表达能力、想象能力和审美能力。

中学阶段的研究则明显受新一轮课程改革的影响，大概念、项目学习、逆向教学设计、教学评一体化等新理念、新方法被引入科幻教育实践，令人关注。

南京市金陵华兴实验学校教师缪春蓉采用逆向教学设计法，基于目标指向进行《海底两万里》教学设计[6]。设计者首先将教学目标纵向分类，三个层级的目标分别涉及学科知识、问题解决的能力、学科素养。分级目标的设置能帮助每一个学习能力层级的学生量身制定个性化学习目标，学生可以自主制定学习计划，掌控学习进度。教师还根据层级目标确定评估证据，系统设计教学活动。这样的设计不仅能促进学生个性化的有效学习，也有助于以小组为单位的学习共同体成员之间的互助促进，老师真正成为学生学习的帮助者。逆向教学设计法有效保证了教师设计的评价方案和分类、分级的教学目标相匹配，学生每完成一个层级都可以获得相应的评价，因此，最终形成了多元的分级评价系统。

深圳市龙岗区华中师范大学附属龙园学校和龙岗区外国语学校以艺术新课标为指引，基于龙岗区已有的区域 A-STEM 课程理念，以学科融合为路径，从现实生活中选题取材，以初中美术教学为渠道，探究基于区域 A-STEM 理念的初中科幻校本课程的实施策略。在《浅析基于区域 A-STEM 理念的初中科幻校本课程实施策略》[7]一文中，作者孙艳丽、王鸿亮以“空中旅行计划——未来汽车畅想曲”学习项目为例，具体呈现了科幻艺术大单元课程教学设计和实施策略。来自美术、语文、物理、信息技术、影视等学科的教师组成跨学科教学团队，他们基于新课标理念、根据科幻主题、以艺术课程核心素养为基准，提炼出单元课程的大观念，合作设计任务群，通过“问题串”引导学生展开跨学科的项目式学习。

以上内容表明，中小学科幻教育的研究与实践正在逐步深化。以新课标为指引，将项目学习、教学评一体化等新理念、新方法引入科幻教育实践，有利于推动科幻课程开发与实践走向纵深。

（三）其他相关工作进展

中小学科幻教育的“排头兵们”不仅以身作则开展实践，深耕于课堂和校园内外，还在科幻师资队伍培养和科幻教育研究方面多有努力，成果显著。南京第十三中学语文特级教师曹勇军带领星航科幻社和经典夜读小组开展了丰富多彩的科幻活动，成果颇丰；他所主持的南京市级课题《跨学科阅读的南京十三中实践方案——南京市第十三中学语文课程基地科学阅读课程建设》顺利结题。“与科幻作家面对面”是由中国科幻研究中心、中国科普作家协会中小学生科普科幻创新人才培养工作委员会主办的系列阅读交流活动，2022 年该活动共举办四期；在北京景山学校特级教师周群的带领下，小读者们围绕新近出版的优秀科幻作品展开阅读，线上和作家面对面交流。其中，由中国科普作家协会、《科学故事会》杂志主办，中小学科普科幻人才教育工作委员会、北京科技报社、北科未来传媒（北京）有限公司承办的“和作家面对面之与陶勇医生一起开始奇妙的旅程”线上读书交流活动通过新华网客户端、北京科技报客户端等平台观看直播的观众达 219.9 万，新浪微博话题阅读量 1504.7 万，社会影响显著[8]。深圳市龙岗区龙城高级中学正高级教师、广东高中地理省级名师工作室主持人罗明军为龙岗区中小学教师所做的《科幻小说的地理阅读——以〈海底两万里〉为例》线上专题讲座，受众达 2000 人次。

中小学科幻教育的进步离不开社会各方的鼎力相助。2022 年，少儿科幻文学创作的发展，特别是作品主题与体裁的多元化、读者覆盖面向低龄延伸等现象的出现，意味着中小学可利用的优质科幻教育资源增多。中国科普作家协会领导、学者和作家也纷纷发声，探讨科幻教育价值和开展方法，为中小学营造开展科幻教育的良好环境和氛围。中国科学院院士、中国科普作家协会理事长周忠和在《科普阅读与科学教育如何相结合》[9]一文中明确提出，科普和科幻教育可以作为通识教育的一种方式进行推广。他指出：“科普和科幻作品不仅可以帮助学生了解现代科技各领域前沿进展，有助于培养对科学的兴趣和想象力，而且还能增进不同人群间的交流和理解，提升人文修养。学生阅读、观看和参与创作科普科幻作品，进行科普科幻剧创作表演，是富有吸引力和创造性的学习、探索科学的形式。”“营造独立思考、敢于质疑、包容并蓄的文化土壤和环境，呵护青少年的好奇心，为未来打好根基，这是中国的教育界和科普界应该联起手来共同努力的事业。”又如，吴岩老师在访谈中强调[10]，中小学科幻教育要重视培养学生们的想象力，不应用评价成年人科幻写作的标准衡量中小学生创作的科幻作品，发展科幻教育的第一步是要先提高教师的专业水平能力。

由以上内容观之，在2022年中，推动中小学科幻教育发展的力量日益多元，科幻教育生态系统的构成要素日渐丰富，各方合作不断加强，科幻教育整体有所发展与壮大。

四、当前科幻教育面临的挑战与对策

2023年2月21日，中共中央总书记、国家主席习近平提出，要在教育“双减”中做好科学教育加法，激发青少年好奇心、想象力、探求欲，培育具备科学家潜质、愿意献身科学研究事业的青少年群体。习近平总书记关于“做好科学教育加法”的指示精神意义重大。在“双减”背景下，“如何以科幻为载体，以‘科幻+’的方式做好‘科学教育加法’，激发青少年好奇心、想象力、探求欲，培育具备科学家潜质、愿意献身科学研究事业的青少年群体”是当今中小学科幻教育面临的最重大的挑战。为迎接这个挑战，我们建议采取以下对策：

（1）加强科幻教育相关政策研究。2023年5月，教育部等十八部门联合印发了《关于加强新时代中小学科学教育工作的意见》[11]，着力在教育“双减”中做好科学教育加法，一体化推进教育、科技、人才高质量发展。开展科幻教育，应加强此类政策的研究。在政府主导的科学教育整体框架之下，进一步明确中小学开展科幻教育的空间和目标要求。

（2）以《指南》为抓手推广科幻教育。在推动《指南》落地的过程中，一方面，应面向更多学校和地区宣讲《指南》，开展师资培训，推动科幻教育

“从无到有”“从有到优（质）”；另一方面，应通过不断发掘和研究案例，进一步细化、完善《指南》，更好地服务于中小学一线的科幻教学。

（3）大力推动科幻教育课程化进程。建议从科幻教育资源整合、课程开发、评价体系建设、平台建设、课例研究等多方面发力，在科幻教育课程化进程中，形成与完善中小学科幻教育理论与实践体系。

（4）加强科幻教育生态系统中各方力量的“融合”与“协同”。科幻教育行动立足的核心点是“融合”与“协同”。科幻教育本质上属于跨学科学习，其突出的特质是“融合”，包括科学与人文的融合、接受与创造的融合、学习与实践的融合等。“融合”必然需要“协同”：从科幻教育的微观生态系统来看，每个学科的教师均要树立科幻教育意识，跨学科协同开发科幻课程；从中观生态系统来看，需要教、学、评一体化协同推进，如果中小学各科教材的编制融入更多的科幻教育意识，考试评价植入更多的科幻教育考查内容，教学实践中落实科幻教育就会更深入、更有效；从宏观生态系统来看，需要学校、场馆的协同，打破学校教育和场馆学习的隔膜，全社会营造大科普、大科幻的氛围，更是需要相关部门的条件支持和保障等更大范围的协同。

参考文献

[1] 中国科普作家网.【新闻】第四届全国青少年科普科幻教育大会在黔召开[EB/OL].（2022-08-14）[2023-06-30]. https://www.kpcswa.org.cn/web/press/news/0Q452602022.html.

[2] 朱聪娴. 小学高年级想象作文教学现状调查研究[D]. 江苏大学，2022. DOI：10.27170/d.cnki.gjsuu.2022.000702.

[3] 王维令. 小学科幻习作教学的“六创”指导策略构建[J]. 亚太教育，2022（13）：4-6.

[4] 王维令. 提升科学素养：小学语文教学的“旁门正道”[J]. 亚太教育，2022（06）：7-9.

[5] 何琦. 搭建学习支架 助力科幻小说阅读——以《格兰特船长的儿女》整本书阅读为例[J]. 课程教材教学研究（小教研究），2022，No.1102，No.1103（Z2）：27-28.

[6] 缪春蓉．大概念指引下科幻小说整本书阅读路径研究［C］// 扬州大学．《当代教育评论》（第 12 辑），2022：6.DOI：10.26914/c.cnkihy.2022.063099.

[7] 孙艳丽，王鸿亮．浅析基于区域 A-STEM 理念的初中科幻校本课程实施策略［C］// 中国陶行知研究会．2023 年第一届生活教育学术论坛论文集．［出版者不详］，2023：4.DOI：10.26914/c.cnkihy.2023.005303.

[8] 中国科普作家网．"和作家面对面之与陶勇医生一起开始奇妙的旅程"读书交流活动在线上举办［EB/OL］.（2022-02-15）［2023-06-30］. https://www.kpcswa.org.cn/web/press/news/0215503R022.html.

[9] 周忠和．科普阅读与科学教育如何相结合［J］. 科技视界，2022，No.402（36）：2-4.

[10] 殷俊，彭姣．试论科幻教育在基础教育中的运用［J］. 科学传播与科学教育，2022（01）：49-62.

[11] 中华人民共和国中央人民政府．教育部等十八部门关于加强新时代中小学科学教育工作的意见［EB/OL］.（2023-05-17）［2023-06-30］. https://www.gov.cn/zhengce/zhengceku/202305/content_6883615.htm.

作者简介：

周群，北京景山学校正高级语文教师，北京市特级教师，中国科普作家协会常务理事、中小学科普科幻创新人才培养工作委员会副主任，中国科幻研究中心特聘专家，《青少年科幻教育指南》项目负责人、执行主编。长期坚持"大语文观"的教学实践，近年致力于中小学科普科幻教育的实践与推广。

年度科幻展览综述

陈发祥

引言

本文中的科幻展览是指以科幻内容或以科技入侵生活的未来想象为题材的展览活动，不包括纯粹的科普展览，也不包括高新技术产品的展览，如以“元宇宙”之名进行的虚拟现实技术的设备展览、航空航天展览等。

2022 年，国内的各类科幻展览有近 30 场（见表 1 至表 4）。从数量上看，科幻展览在全国各类展览的占比极其有限。策展主体主要由当代艺术家、科幻从业者、商业组织和青少年教育工作者组成。他们的科幻展览创意内容各具特色，共同构建出了一种独立的科幻表达体系雏形。具体表现为：①当代艺术家策划的科幻展览指向了科技与未来；②科幻从业者策划的展览指向了科幻内容的普及；③商业组织策划的展览，从成熟的科幻文本中获取创意，指向了科幻奇观的沉浸式展示；④青少年教育工作者策划的科幻展览以科幻画为主，指向了青少年的科学与想象力教育。下面以策展主体和展览创意为主要依据，同时兼顾策展形式、策展理念、展览性质等方面的差异进行详细论述。

一、艺术家策划的科幻展览：对科技与未来的哲学式展望

当代艺术家策划的科幻展览兼具审美性与思想性。展览作品在形式上几乎涵盖了所有传统艺术和新媒体数字艺术门类；在思想性方面则展现了艺术家对现实、科技、未来的思考和表达。这类展览探索了科幻构思的一种全新表达方式。展览基本信息见表 1，以下结合展览的整体构思、主要作品和思想性进行介绍。

青年策展人白哲策划的"'维度之外'先锋数字艺术展"，灵感来源于《三体》，呈现的是技术、艺术、未来的多种可能性。作品由曾晨、林万山、钟子齐（Anti-General）三位青年艺术家提供。曾晨的作品《自我生成系列》来自对《三体》故事维度和空间的想象[1]，在技术上通过与 AI 合作，完成了 AI 参与下的系列装置作品，探究了人类与机器协同的边界、艺术家与机器更为私密的创作协同关系以及人工智能时代下艺术创作的新的偶发性可能[2]。林万山感受到了技术的推进给艺术家带来的自信，然后勇敢地喊出了超出常理之外的口号[1]，他的"宇宙呼喊计划"向整个宇宙进行广播，探求维度与层次。在作品中，艺术家将在轨的航升一号卫星（HS-1）视为装置剧场的一个"电磁波"诗人，并把手机端线上程序收集而来的音源作为声音诗本，以地球为圆心，在一个轨道周期内，向未知区域执行太空"唱诗行为"。屏幕随机捕捉着从宇宙的视角投下目光的人类生存空间，而音响中则一遍遍回放着来自地球的声音。二者的分离以另一种方式展现了跨维度的凝视与被凝视的关系[2]。钟子齐是电子音乐人，他以异域的、反常规的电子音乐的方式表达自己对维度之外和异空间的想象。

"RUBY 9100M by Ruby"展览由 Fibre 艺术空间主办，是对香港网红艺术家陈嘉渝（Ruby）赛博艺术实践的系统梳理。陈嘉渝，出生于中国香港，先前是一位时尚博主，后来通过自学 3D 技术在网上制作自己的虚拟形象 RUBY 9100M 成名。本次展览正是对 RUBY 9100M 作为赛博格虚拟人类的展示，表

达了性别认知危机的语境下，世界、生活、情感、记忆、自我审视，以及围绕这些话题不断萦绕聚合的重生[3]。

“集光片羽”数字艺术展由青年艺术家韩馨逸、唐誉祯、龙星如共同策展，呈现的是当代艺术家对“数字与技术入侵生活”的集体思考。展览通过27位（组）①艺术家的作品，构筑出“自在之流”“迷雾之城”和“丰饶之海”三处虚构情境。在“自在之流”板块，7位（组）艺术家不仅以“液态”的意象呈现了对个体数字化生存的隐喻，也以机器视觉技术和重工业音乐文本流反思了数字手段与数字物对社会结构与关系的塑造。“迷雾之城”中，8位艺术家分别通过“抽象神谕矿机”的占卜算卦、无限滚动的信息流、为梦游者构筑的异度空间、智能虚拟生物等意象塑造并审视了混沌迷雾般的数字生活。“丰饶之海”的11位艺术家则通过将现实物理空间与数字模拟等技术的虚实置换，表达了“自我”与数字的分离聚合，以及数字时代的感知与生活方式[4]。

许燎源策划的“未来概念设计100”数字艺术成果展，展现了当代艺术家们对未来生活方式的无限畅想——3D打印的概念车模型、可识别人眼距离并自动调出裸眼3D效果的屏幕动画，以及直接呈现为的高清设计图样的视觉作品等。作品中的未来概念设计，旨在阻断大家的惯性认知，重建新物序，把大家从工具化的系统中解放出来，创造出符合现代性与未来的设计新理念。作品设计中所传递的“破开人和物阻隔的刻板印象，表达人和物的某种关系”的理念，处处彰显着“诗意的栖居”于未来的诉求[5]。

傅榆翔的“指日可待”和“独望星空”两场个人巡回展以惊艳的想象力为2022年的科幻展览留下了令人印象深刻的印记。傅榆翔的展览以独特的艺术视觉建构，将中国自然与文化中的金牛与飞马、青蛙与螳螂、竹节虫与发育不全的幼小儿童，以及无际的星空与身处缥缈之旅的“外星人”扣合生成在一起，彼此附体和融合，生成别样的“星宇视觉文明”的故事剧本。其作品主要来自对地球、物种以及人类命运共同体等问题做出的深刻思考，不同于其他艺术家追求民族特质、地域风貌、艺术个性的价值与取向，他努力从中国传统文化中寻求应对未来的智慧，也将在世界性、全球性、未来性的道路上走得更远[6][7]。

① 搜集到的所有与该展览相关的信息都是总体艺术家为27位（组），各板块数字之和为26位（组）。

表 1　当代艺术家策划的科幻展览

展览名称	策展主体	时间	地点	内容概况
“维度之外”先锋数字艺术展	白哲策展；利郎 LESS IS MORE，北京时代美术馆主办	2021 年 12 月 18 日至 2022 年 2 月 27 日	北京市五棵松华熙 LIVE• 时代美术馆	展览由三位当代青年艺术家的作品构成，涵盖影像、装置、电子音乐等艺术形式，共分为三部分：自我生成系列，宇宙呼喊计划，相对的协和
“指日可待”傅榆翔雕塑 / 油画作品国际巡回展第九站	傅榆翔策展；重庆市璧山区人民政府主办	2022 年 7 月 12 日至 2022 年 9 月 11 日	重庆市璧山区图书馆	傅榆翔个展，包括雕塑作品 32 件、油画作品 33 件，包括“移民外星人”“山海经”“青狮 · 白象”等知名作品
“RUBY 9100M by Ruby”展览	Fibre 艺术空间主办	2022 年 9 月 29 日至 2022 年 10 月 10 日	上海市静安区胶州路 273 弄 12 号 3 楼	展览是对艺术家 Ruby 在赛博艺术领域实践的一次重要梳理。展览以构建数字藏品线下实体体验的形式，打破线上空间与线下空间的屏障，重塑传统数字藏品项目的展示方式，在特定的物理空间中为观者打造一个虚拟与现实交融的线下“元宇宙”
“集光片羽”数字艺术展	韩馨逸、唐誉祯、龙星如共同策展；UCCA 与抖音艺术联合主办	2022 年 9 月 30 日至 2023 年 1 月 8 日	上海市静安区西藏北路 88 号盈凯文创广场 2 层 UCCA Edge；抖音同步	展览由 27 位（组）国内外艺术家作品构成，涵盖数字影像、电子游戏、交互装置等形式多元的视听艺术作品。展览由三处虚构情境构成：“自在之流”“迷雾之城”“丰饶之海”。抖音艺术为展览特别打造了同步呈现的线上展厅与线下互动功能，并举办“集光片羽”开幕式直播暨展览概念片首映会
“未来概念设计 100”数字艺术成果展	许燎源策展；许燎源现代设计艺术博物馆主办	2022 年 11 月 6 日至 2023 年 4 月 6 日	成都市锦江区许燎源现代设计艺术博物馆	展览由 40 多位艺术家的 400 多件作品组成，囊括数字生成艺术、雕塑艺术、植物装置艺术、产品设计、建筑设计等当代设计的各个门类，涵盖生活的方方面面

二、科幻从业者策划的展览：对科幻内容的普及

科幻从业者策划的科幻展览是对科幻内容的艺术化展现，兼具文化交流和对科幻进行普及的功能。这类展览最大的贡献是直接或间接推动了科幻的传播（展览基本信息见表2）。另外，“珊瑚岛上的死光——科幻及其考古学”展览虽然由当代艺术家策展，但是展览作品主要围绕科幻小说《珊瑚岛上的死光》进行构思和表达，同时也对科幻具有重要普及作用，因此将该展览纳入本类展览进行分析。以下结合展览的整体情况、主要作品及展览对科幻的普及性等方面，对重要展览进行介绍。

由青年策展人印帅策划的“珊瑚岛上的死光——科幻及其考古学”展览，是上海当代艺术博物馆“青策计划2021”成果之一。展览通过复原童恩正的同名科幻小说与张鸿眉执导的同名电影中的情节对故事中涉及“未来”的问题加以阐述。展览中的作品没有将目光过多聚焦到科幻中的科技元素，而是以作家作品为蓝本，借用考古学的方法讨论科幻和未来。例如，在展厅入口处象征“死光”的红色展柜中陈列着《珊瑚岛上的死光》的小说、连环画文献档案，在通道的另一端播放着由其改编的电影等，都是从文本档案出发，将历史和思考带入了展览中。在作品《童恩正博物馆》中，艺术家将童恩正的考古学论文和科幻小说的插图并置、重叠，编织出了童恩正在科幻和考古的写作上相互参照的重叠地带[8]。这些展品不仅是对《珊瑚岛上的死光》延伸思考的表达，更起到了对重要科研作品进行大众普及的作用。

由成都市人民政府外事办公室和科幻世界杂志社等单位共同引进的“穆鲁兹笔下的莱姆怪物图志”展览，在“中国·波兰科幻主题插画艺术展”和“2022成都·欧洲文化季”都有出现。展览主要展示了丹尼尔·穆鲁兹（Daniel Mróz）给斯坦尼斯瓦夫·莱姆（Stanislaw Lem）作品的插画。丹尼尔·穆鲁兹（1917—1993）是波兰著名的插画师，曾为儒勒·凡尔纳、斯瓦沃米乌·姆罗热克等许多著名作家的书绘制过插图、进行过封面设计或担任美术编辑。而和斯坦尼斯瓦夫·莱姆的合作，为他在世界范围内赢得了认可。由

于穆鲁兹所作的插图极具个人风格，因此他的插画没有被视为莱姆作品的附属品，而被认为是两位大师共同的创作[9]。展览中的插画所具有的超现实主义、黑白两色和细腻的线条等是穆鲁兹的明显风格。主题则来自莱姆作品的世界，多为怪诞的机器人、末世预言和莱姆对末世的反思等。该展览既推进了中国和波兰的国际文化交流，也有效地提升了莱姆科幻作品的知名度。

“无边的愿景——红色主题中国科幻巡礼”展览由吴岩担任总策划、陈发祥与谢晨共同策展。该展是对中国共产党第二十次代表大会的献礼，共分为五部分。前言主要叙述展览的主旨，指出人民对美好生活的向往正是中国共产党人的追求，即红色主题科幻作品在历史各个时期跟党的奋斗方向的一致性。第一部分“对民族独立的憧憬”，由梁启超、白之等 6 位作家于 1902 年至 1949 年之间的作品组成。第二部分“对富强幸福的想象”，由郑文光、叶永烈等于 1949 年至 2000 年的 5 部作品组成。第三部分“对未来中国的信心”，由刘慈欣、王晋康、韩松、吴岩、陈楸帆等在 21 世纪到当下发表的 5 部作品及相关视频构成。结束语中，提出了科幻作品将在未来世界发挥出更大作用。展览结合展厅情况，采用颜色、空间和装置三重隐喻，展示了“红色主题科幻作品在历史各个时期跟党的奋斗方向的一致性”，同时也将对科幻的科普和爱国教育融合在了一起。

由科幻世界杂志社策划的“科幻世界”原创插画作品展，是东莞市松山湖图书馆“科普阅读季·科幻文学月”活动之一。与本次展览配合的还有科幻讲座活动，以及经典科幻作品、经典科幻电影海报和电影台词的展示。该展览的目的是借助“绘画作品将晦涩难懂的科学技术通俗化”，“激发和培养青少年读者对科学技术的兴趣”[10]。

“科幻文献展 DocuMETA”由吟光、于博柔、闵嘉剑、俞同舟共同发起、策展，将展览带进反重力的虚拟空间，“结合‘东方幻想’主题，以节奏化的排布回应中国美学中的时空同构想象”。展览中最重要的作品当属关于“英国科幻小说教父”布赖恩·奥尔迪斯的珍贵资料。这些资料以三维扫描模型呈现，包括“海利科尼亚”地球仪、奥尔迪斯的真人全身扫描等，以及《科幻世界》杂志社首任社长杨潇与奥尔迪斯的书信等[11]。该展览是名副其实的元宇宙科幻展览，为科幻展览和当代艺术展览都带来了很好的启发。

表 2　科幻从业者策划的科幻展览

展览名称	策展主体	时间	地点	内容概况
“珊瑚岛上的死光——科幻及其考古学”展览	上海当代艺术博物馆“青策计划2021”项目	2021 年 12 月 21 日至 2022 年 2 月 27 日	上海市黄浦区上海当代艺术博物馆	展览展品由科幻小说《珊瑚岛上的死光》首发刊物、连环画、电影视频等组成，内容主要围绕对文本故事情节的复原、对作家作品历史文献的展示等
中国·波兰科幻主题插画艺术展	科幻世界杂志社图书部与策划部共同策划	2021 年 11 月 23 日至 2022 年 1 月 4 日	成都市青羊区四川科技馆	展览分为两部分，第一部分是“穆鲁兹笔下的莱姆怪物图志”，由 40 多幅作品组成，内容包括莱姆生平介绍、莱姆作品的插画和装置等。第二部分是“中国·波兰科幻游戏原画赏”，展示了三部来自中国和波兰的高人气科幻游戏的概念设计图和艺术宣传图，以及中国插画师矩阵创作的《赛博朋克 2077》漫画中文版封面等
“艺术乌托邦”东方幻想元宇宙展览	中国美术学院创新设计学院媒介与交互研究所； 泰山科技学院蓬莱科幻学院； 美图公司	2022 年 6 月 2 日	Vland 云现场虚拟活动平台（vland.live）	展览展品由中国美术学院师生共创提供。参观者化身虚拟形象在观看展品时收集线索，揭示“艺术乌托邦”的三层真相：科幻艺术展，拯救艺术家的外星文明，宇宙信息空间
“2022 成都·欧洲文化季”之“穆鲁兹笔下的莱姆怪物图志”展览	成都市人民政府外事办公室主办	2022 年 7 月 8 日至 2022 年 8 月 28 日	成都市金牛区方庭书店	展览由 40 多幅作品组成，内容包括莱姆生平介绍、莱姆作品的插画和装置等
“预见生活新宇宙”刘慈欣科幻漫画宇宙体验展	北京若丘山谷会客厅主办	2022 年 10 月 6 日至 2022 年 10 月 31 日	北京门头沟区若丘山谷会客厅	展览展品由 15 部刘慈欣科幻漫画系列中的原画、实体书等组成
“无边的愿景—红色主题中国科幻巡礼”展览	南方科技大学科学与人类想象力研究中心策划	2022 年 10 月 21 日至 2023 年 4 月 3 日	深圳市福田区儿童图书馆香蜜分馆、艺文儿童文学院	展览展品由中国科幻史上 16 位具有“红色”基因的作家作品，以及原版图书、航天模型等组成

续表

展览名称	策展主体	时间	地点	内容概况
“科幻世界”原创插画作品展	松山湖图书馆与科幻世界杂志社	2022年10月31日至2022年11月27日	东莞市松山湖图书馆	展览展品由43幅《科幻世界》作品插画组成
读客科幻10周年特展	读客科幻文库主办	2022年11月1日至2022年11月30日	上海市上海图书馆东馆7F	科幻书展
科幻文献展DocuMETA	泰山科技学院蓬莱科幻学院；中国美术学院创新设计学院	2022年12月11日	百度希壤的“云厅丨MAS”	展览展品包括布赖恩·奥尔迪斯的珍贵资料、波同名小说改编的动画番剧《银河之心》预告片等

三、商业组织的探索：科幻奇观的沉浸式展示

商业组织策划的科幻展览以盈利为主要目的，特别注重科幻奇观和成熟科幻 IP 对观众的吸引力。2022 年度展览中涉及的科幻奇观主要是火星奇观、机械朋克和宇宙奇观，成熟的科幻 IP 主要是对“刘慈欣 IP”的开发（展览基本信息见表 3）。需要说明的是，当代艺术家策划的科幻展览虽然也收取门票，但是票价极低不以营利为目的，所以这里不将此类展览纳入探讨范围。以下针对展览的创意、主要作品，对重要展览进行介绍。最后，还将探讨商业活动与科幻 IP 合作的问题。

“火星 2035 沉浸式科学艺术展”2022 年在成都展出，这是该展在西南地区的首展。此前，该展览已在北京、上海、南京等城市进行过巡展。展览由科普和科幻两部分组成，最大的特色是以奇观性视觉冲击和沉浸式体验来吸引观众。在奇观性视觉方面，作品以“大”“奇”“炫”来吸引观众，如具有清晰可见的水手谷、奥林匹斯山、火星极冠等地貌，悬浮式巨型精细写实火星模型，超写实的直径 2.5 米火星水面和“火星奇境”灯光艺术秀等。在沉浸式体验方面，展览以科幻巨作《世界之战》为蓝本，打造出实景密室，将作品中的火星

机甲“三脚怪”等形象还原置于密室中，还以色彩、文字等对密室进行装饰，为观众打造沉浸式体验。

“机械幻城——沉浸式科技艺术体验展”，主打机械朋克风格。展览由四部分组成，共同构成了一个完整的故事。“整个展览被设定为一个奇幻的异世界，但它被恶毒的黑女巫用魔法吞噬，异世界的所有生命体都受到了黑魔法的诅咒，变成了机械生物的梦幻王国。[12]”除了整体展场的故事设计，每个展区中由机械动植物营造的朋克氛围和机械装置（如机械炮），带来的互动也增强了展览的沉浸式体验感。

“宇宙航海家——大型沉浸式科幻展”由至奥文化旗下的沉浸式文娱品牌策划。展览将科幻展陈与展场建筑和特色市集结合。科幻展陈部分的策展思路与“机械幻城——沉浸式科技艺术体验展”类似，采用故事串联方式。展陈空间将新材料、虚拟现实技术与灯光融合到一起制造沉浸式氛围，并为观众提供互动体验。展场建筑也是一大特色，用新材料制作的太空舱造型，从质感和造型上将展览的氛围成功推至外部空间，延伸了观众的体验。展览的另一亮点是与特色市集的结合。特色集市除常规美食外，还有太空育种的植物展出，将商业与展览完美地结合在了一起。

“刘慈欣科幻漫画宇宙主题展”，由刘慈欣授权、北京漫传奇文化传播有限公司策划。主题系列展览之前已有展出，展品主要围绕由漫传奇文化改编的《刘慈欣科幻漫画系列》呈现。长沙的展出，是到目前为止该系列展览商业化最完备的。整个展览以巨幕影像、裸眼 3D、声光艺术，巨型装置等多种表现形式，还原了刘慈欣科幻作品中的诸多壮观大场面，如总长 46 米的炫彩科幻漫画长廊、隧道状的大型灯光装置、《地球大炮》里的步行道，机械感十足的宇宙阅览室、巨型的硅基生物萨根雕塑等[13]。除商业的成功之外，本次展览也是一次成熟科幻 IP 再开发，为科幻展览提供了一种新的模式和思路。

此外，“维度之外”先锋数字艺术展是商业组织邀请当代艺术家进行的策展活动，探索了商业与科幻 IP 合作的产业新模式。这一模式的成功给了我们诸多启发。第一，企业可以借助科幻 IP 传达品牌理念、深挖品牌内核，同年轻人对话。例如，“利郎品牌在丰富设计元素、推出‘三体’系列服饰的同时，也在与‘三体’的合作中逐步挖掘出了更深刻的品牌内核，《三体》本身具有的科学边界、思想钢印、黑暗森林、掩体计划、面壁计划等新概念，未来都有可能与 LESS IS MORE 碰撞出新的火花”[14]。第二，科幻创意可以为门店带来新灵感。“维度之外”展览从影像、装置、电子音乐的多元化、实验性的表达等形式，在给观众带来全新感官体验的同时，也让人们带来广阔的畅想。这个极具未来科技感的沉浸式空间，完全可以使利郎未来成为服饰品牌旗舰店的“先行版”[14]。第三，科幻展览可以通过商务合作的方式探索新的模式。同样是刘慈欣 IP 的再开发，“刘慈欣科幻漫画宇宙主题展”是围绕科幻产业已有模式的拓展，“维度之外”则扩展到了服装品牌，不仅在跨界距离上走得更远，也是对我国科幻产业模式的补充。当然，除了对已有成熟科幻 IP 的利用，还可以为品牌量身定制科幻的表达方式，实现双方的共赢。可以预见，在不久的将来，科幻展览与商业组织的合作必定会越来越深入。

表 3　商业组织策划的科幻展览

展览名称	策展主体	时间	地点	内容概况	票价（信息来自大河票务网）
火星 2035 沉浸式科学艺术展	上海安鲁展览展示有限公司	2022 年 4 月 9 日至 2022 年 10 月 30 日	成都市武侯区成都大悦城	展览由科普和科幻两部分组成。科普部分的作品主要是关于火星地貌、火星知识普及和火星探索史等，科幻部分是以火星题材科幻作品《世界之战》为蓝本的实景密室	早鸟票单人票（原价 78）58 元 早鸟票双人票（原价 138）100 元
机械幻城——沉浸式科技艺术体验展	合肥磐石智能科技股份有限公司	2022 年 6 月 22 日至 2022 年 12 月 4 日	南京市雨花台区南京科技馆	展览由七部分组成，包括“幻城迷踪”主题展区朋克风魔幻序章、“幻影深海”主题展区 沉浸式梦幻深海、“迷幻森林”主题展区机械感泡泡雨林、“魔幻古堡”主题展区科幻版终极对战等。展览共涵盖有 28 个创新互动展项	单人票：68 元 亲子票：券后价 98 元 （一大一小，“小”仅适用于身高 1 米以上 1.4 米以下） 家庭票：券后价 128 元

续表

展览名称	策展主体	时间	地点	内容概况	票价（信息来自大河票务网）
宇宙航海家——大型沉浸式科幻展	至奥文化（海南）有限公司	2022年7月7日至2022年10月10日	青岛市黄岛区欢乐海湾	展览由外部主体造型和展区两部分组成。外部主体造型为设计团队利用新型材料搭建太空舱，由超现实风格的“虫洞”作为连廊连接三大展厅。展区展品包含交互、科幻、炫酷、机甲等多种元素主题	畅游优待票：79元 沉浸畅游票：89元 双人畅游票：168元 亲子家庭票：168元
刘慈欣科幻漫画宇宙体验展	北京漫传奇文化传播有限公司、（北京）书香门第云书房、（北京）万科翡翠书院	2022年7月9日至2022年8月30日	北京万科翡翠书院云中图书馆	分为六大展区，原画作品鉴赏、太空漫步打卡、流浪地球之旅等多重新奇环节，为广大市民带来不一样的未来科幻沉浸式体验	公益展
刘慈欣科幻漫画宇宙主题展	北京漫传奇文化传播有限公司	2022年9月10日至2022年11月6日	长沙谢子龙影像艺术馆	该展选取15部“刘慈欣科幻漫画系列”作品的200多幅彩色与黑白的漫画作品画稿。整个展览融合了漫画原画、动态漫画、巨幕影像、裸眼3D、声光艺术等多种表现形式	早鸟票60元 成人票90元 双人票148元

四、教育工作者策划的科幻展览：培养青少年科学想象力的尝试

教育工作者策划的科幻展览，以拓展青少年的科学素养和培养青少年想象力为目的，基本形式为画展。此类展览的基本动力有两个，一是科学技术对生活的入侵，使青少年教育工作者感受到了科幻教育功能的重要性；二是对国家的“双减”和提升国民科学素养政策的配合。

展览主办单位多为国家级、市级单位，也有国际级单位，如中俄青少年科幻绘画作品展的主办单位。此外，也有以学校为单位组织的小型展览（本文未对这类展览进行梳理）。主办单位基本信息见表 4。以下针对这类展览的共性和教育文化意义，选择具有代表性的展览进行介绍。

“2022 年桂林市青少年科技创新大赛少年儿童科幻画优秀作品展”是桂林市青少年科技创新大赛中的一个项目，该展览主要面向桂林市的中小学生进行征稿。内容为少年儿童对未来科学发展的畅想和展望，以及对未来人类的生产、生活情景的表现。评选要求“不是单纯的幻想或者虚幻的童话，不能脱离实际、拟人或者神化，必须是有科学依据的畅想或者展望”[15]。

“诸暨优秀科幻画展览暨‘流动科技馆’体验活动”也是诸暨市科学技术协会青少年科技创新大赛的重要项目，其特点是将科幻画展与科普活动融合到一起。与展览活动配合的还有科普大篷车——“科技流动馆”的科普展览，包括 30 多件涉及力学、声学、光学、电学等学科的科普体验设备。

由中国科技新闻学会、中国科学技术馆、中国青少年科技辅导员协会科学传播工作委员会主办的“让科学插上艺术的翅膀——喜迎二十大 · 第四届华夏儿艺科幻绘画作品展”，是国家级的青少年科幻画展览活动。内容涵盖面向全国征集的 20000 多幅作品，除本次展览之外，还有部分优秀作品将被收录到《中国少年儿童美术书法摄影作品》（第 24 卷）中正式出版。表 4 中的“让科学插上艺术的翅膀——中俄青少年科幻绘画作品展”也是该展的一部分，并推送黑河市作品 158 幅、俄罗斯作品 16 幅。此外，为方便全国青少年观展，该展览采用线上形式展出。

第四届中山市“幻彩流年科幻绘画大赛”作品展览由中山市科学技术协会、市文广旅局、市妇联、市文联、市关工委主办。之后，展览被纳入青少年教育项目在中山市不断巡展。例如，在 8 月 1 日至 8 月 5 日，在中山市南头镇的巡展，9 月 27 日至 10 月 7 日在中山市神湾镇的巡展等。这些巡展，不仅成为中山市特色文化的一部分，也为中山市的科学与想象力教育提供了良好的社会氛围。

“科幻新世界”主题教育活动是该类展览中规模较大的一次展览活动。除了科幻画，展览还有主题沙龙和实践课堂线上互动直播、原创科普戏剧展演、科幻共创展等系列活动。在活动中，为鼓励更多人参与科幻创作，体验科幻科普教育，还特别开发了时下火爆的 AI 作画在线体验平台，专门开辟 AI 作画赛区尝试科普新玩法，降低参赛门槛。参赛选手只需输入关键词，即可在平台创作一幅科幻画作。据悉，有 21 幅人气 AI 作品获得了数字藏品的铸造资格[16]。

表 4　青少年教育工作者策划的科幻展览

展览名称	策划单位	时间	地点	内容概况
2022 年桂林市青少年科技创新大赛少年儿童科幻画优秀作品展	桂林市科学技术协会	2022 年 1 月 21 日	桂林市妇女儿童活动中心	展览展出近三年来，桂林各中小学优秀的科幻画参赛获奖的 147 幅作品。三年来共征集作品 3000 多幅
诸暨优秀科幻画展览暨“流动科技馆”体验活动	绍兴市诸暨市科学技术协会	2022 年 5 月 1 日至 2022 年 5 月 31 日	绍兴市诸暨市城市馆	展览展示了第 36 届和第 37 届（2020—2021 年）共 160 幅科幻画作品，通过展览表达诸暨青少年对未来科学发展的畅想和展望。作品由年龄为 5 ~ 14 周岁的少年儿童独立完成
让科学插上艺术的翅膀——喜迎二十大·第四届华夏儿艺科幻绘画作品展	中国科技新闻学会、中国科学技术馆等	2022 年 6 月 1 日	中国数字科技馆网站	展览展出 146 幅优秀作品，主题关于未来科技发展的美好愿景和实现“碳达峰、碳中和”后的美丽景象。展览从全国征稿，共收到近 2 万幅绘画作品
第四届中山市“幻彩流年科幻绘画大赛”作品展览	中山市科学技术协会等	2022 年 6 月 1 日至 2022 年 6 月 26 日	中山美术馆	展览展出 148 幅作品，主题围绕第二个百年、航天科技、乡村振兴、“双碳”家园四个主题开展。展览共收到参赛作品 879 幅
让科学插上艺术的翅膀——中俄青少年科幻绘画作品展	黑河科技馆	2022 年 7 月 10 日	黑河科技馆	展览共征集作品 550 幅，其中俄罗斯布拉戈维申斯克共征集作品 74 幅
“科幻新世界”主题教育活动	上海科技馆	2022 年 10 月 29 日	上海科技馆	展览共展出 80 多幅原创科幻画作和艺术装置。主题为“未来机器人”。共征集到来自上海、北京、重庆等地的 250 多幅画作和艺术装置

结束语

2022 年科幻展览虽然数量不多，但表现出一种趋于成熟的形态。需要注意的是，2022 年科幻展览受新型冠状病毒感染疫情影响明显，很多展无法如期举办，如深圳市科学幻想基金、赛凡科幻空间等经常做展览的组织和机构因疫情无法推出新的展览。尽管数量有限，但是不同的科幻展览策展主体的创意工作，共同推动了我国科幻展览和科幻事业的发展。当代艺术家的策展工作，让艺术家看到了科技与未来入侵生活的当下，用科幻方式表达思想的力量。科幻工作者的策展工作有力地推动科幻的普及。商业组织的策展工作，探索了科幻产业的新模式。青少年教育工作者的策展工作则播撒了科幻的种子，为进一步发展我国科幻事业储备了力量。

对科幻展览的未来做出准确预测是不现实的，但其总体趋势一定是数量越来越多、质量越来越高。科技产品对人们生活的冲击，一定会促使更多的策展主体进入到科幻展览领域中来，并不断挖掘科幻展览的深度和价值。例如，科幻展览与商业、教育的合作将会越来越深入。此外，虚拟现实技术的发展，为科幻展览向线上转型提供了技术保障，会促使越来越多的科幻展览从实体转到虚拟空间来。当虚拟现实技术进一步发展时，线上虚拟展览的优势必定会得到进一步凸显，更多展览或将出现在线上空间。

（本文为深圳市人文社会科学重点研究基地南方科技大学粤港澳大湾区科技人文与创新文化研究中心研究课题“科技时代的想象力与科幻未来主义研究”阶段性成果。）

参考文献

[1] 艺术头条.【Media 速写】“维度之外”新媒体艺术展 | 北京时代美术馆［EB/OL］.（2021-12-30）［2023-03-23］. http://www.baidu.com/link?url=wX0kKIAQV__dNM4vjQnDIAGgRW8BZu0s3SS3CzmVdDFWQKk8E

3MwIdd6m9wf9voxlVPFQi-gUbmJ8Te2v9lmCa&wd=&e qid=81f556170002d88a00000006641c0b8b.

[2] 卓克艺术网."维度之外"新媒体艺术展开幕——越维感官场域空间[EB/OL].(2021-12-22)[2023-03-23]. http://www.baidu.com/link?url=gQcphKo7kPPtCMx3FO3BZRktJyX0k-Jti98EavSFYY9X_0S94PJhJ-Oda22VKN-RbZLZpkWeHo4Bz5tvmbO73_&wd=&eqid=cea5822e000b95ca00000006641c0a14.

[3] Hi艺术. RUBY 9100M by Ruby[EB/OL].(2022-09-23)[2023-03-27]. http://www.baidu.com/link?url=6zsuW4x2mKrWsXOebhZKkeIQndcZdC4J7VvAknBbMe6elGJWXu0eo36XTUqfrW9-GOmvMIjkOCR95L6HknVJzK&wd=&eqid=dff18b6600150d920000000665409d44.

[4] 数艺网.聚焦数字时代人类生存图景，UCCA与抖音艺术联合呈现"集光片羽"![EB/OL].(2022-10-08)[2023-03-27]. https://www.d-arts.cn/article/article_info/key/MTIwMzQzMzc2NTaD33WqsIbOcw.html.

[5] 爱看头条.畅想未来生活"未来概念设计100 数字艺术成果展"开展[EB/OL].(2022-11-07)[2023-03-31]. http://www.baidu.com/link?url=9gv5vcqwC_1BdfZnC-DgGL4XEApCq2R9D0vOIJY-KO-ZmRy30D1HB4UOkFQTSbNB_qVZ4pa6EYhotPNrYd8TpmTYzc2idq3Eh2G9gq_x15dxk--EGHe6x7Qrfpb65t3R&wd=&eqid=f871de700005f8990000000664268ffa.

[6] 华龙网.带着期望与智慧努力向前"指日可待"傅榆翔雕塑、油画作品巡回展亮相璧山[EB/OL].(2022-07-14) [2023-04-03]. http://www.baidu.com/link?url=pzQJWg7JSjEuwiRtZHImZzJxJEVtQ6eBUvpUm4bDJhH6PGRWLtnpxnz20U3baJJbkhBjA6ixmN1NY0sWjdZTmhVqOuxI9iOxaKksQq0El5K&wd=&eqid=aae684a3000bd7d300000006642ab262.

[7] 人民资讯.独望星空"傅榆翔雕塑/油画作品展在成都开幕[EB/OL].(2022-11-07)[2023-04-03]. http://www.baidu.com/link?url=jkHeXROdCnTNgaCMk4WjTFKtFjwiOi4p5cXICHObvzRt1nojlOwhlmSzBZqxUZKBUHp5IVuts5ZZInQ1Iu61Wq&wd=&eqid=cd1cf34c000af7dc00000006642ab296.

[8] 陆亦．编织的个人叙事和回望的未来：青策计划 2021 [J]．艺术当代，2022，21（02）：78-81.

[9] 搜狐．《穆鲁兹笔下的莱姆怪物》科幻插画艺术展 | 方庭 [EB/OL]．（2022-07-18）[2023-04-05] https://www.baidu.com/link?url=PXFYtAENjxmpzxChxLlC6bAgrr5ld1TQGbyKhEMzN7fmDQ1uiADK2Iq9WnE_9py4K82vbPJ7a87p5v152Ic3Ya&wd=&eqid=ca2196020014b81500000006642d7aaa.

[10] 南方 Plus. 想象力拉满！松山湖图书馆举办"科幻文学月"系列活动 [EB/OL]．（2022-12-03）[2023-04-05]．https://www.baidu.com/link?url=4ww33G_-4c10LZc5IP2zwOrCbkT0LHKnQlmp0z7xyKVEfwnfM-xqIOqsKhaq8oWp-PV8yii3sF6DbR8OWNWImvWJ49mlZXFeAJFSomxIlu&wd=&eqid=c4f06fc5000b57ab00000006642d8ac5.

[11] 同花顺财经．雷电所 | "东方幻想"元宇宙科幻大会 2.0 成功举办 [EB/OL]．（2022-12-30）[2023-04-05]．https://www.baidu.com/link?url=LynYr2627jB64S1Rt6FfsYsndP6oWVgpee01UjoRbpcpr3UaaJFuxiklXUt72dNtVO9xYQdSKAveyrstGPHq_NyGga8yKUa1ecTHnfkAz0W&wd=&eqid=a3b1247000006a8f00000006642d9f39.

[12] 紫牛新闻．南京科技馆"机械幻城——沉浸式科技艺术体验展"开展 [EB/OL]．（2022-06-28）[2023-04-06]．http://www.baidu.com/link?url=BV9w7s7mHqeHp8wa7uwedZz8p4VnuYc4PXiwFlSQrmacPbzbwbaCn3G-ehLRdvAjm2cscDdjjyaRv8c05jOGW_&wd=&eqid=dc0f5b6c0009e7d000000006642ea02b.

[13] 红网．刘慈欣 IP 主题沉浸式科幻漫画艺术展中秋开幕 快来体验"流浪地球"的科幻魅力 [EB/OL]．（2022-09-10）[2023-04-09]. https://www.baidu.com/link?url=hRVTGZNBNhbEpBdlQi4wd7bSl9r5Q521znUiOddY9S5ATnl96Ffxa-iRIOVkVIThUF2_dMnrClXqcdgoGC3M0Y7IphTS9tf1-cKAope9IKi&wd=&eqid=c4effdc40031f8aa0000000664326f60.

[14] 华丽志．从利郎主办的"三体"艺术展，看服装品牌与经典 IP 合作的新方向 [EB/OL]．（2022-01-25）[2023-04-09]．https://www.baidu.com/link?url=UaXfxAmgpjIbS6S1vtj3HmHHQPT96djj4O9ZuLY1v5KDNjntmZ6

TeDpmmRmVxJqDPApmnxRhUtFS7bg1O917YRn66QBUgfWRwsuKqOfxyUC&wd=&eqid=9a05862e00006c3e000000066433803a.

[15] 桂林市科协．“童心向党，科创筑梦”——桂林市科协举办2022年青少年科技创新大赛少年儿童科幻画优秀作品展[EB/OL].（2022-02-09）[2023-04-09]. https:// www.baidu.com/link?url=YG08NOmTAxpAdZEVXc2Kg6mFqSquRcskuj8isbrDR9p3PucMj9ZeRkCH562Lw0Nea2UsMQ8Mi5P5Pax-7EqiznDazflljGXQgesLwZnmnmq&wd=&eqid=e2da86c300026b6e000000066432b159.

[16] 新闻晨报．把未来机器人画出来！“科幻新世界”主题教育活动在上海科技馆收官[EB/OL].（2022-10-30）[2023-04-09]. https://www.baidu.com/link?url=T2jSwrRrLgLdPQVnY0_Nc6sL00KeeVXyfbTawcCdnqaYC8Q9EmzrEwUsRcvW0LF9TQFuOQZz1OVGBsNeACZGxvE7v3alqDIMAEF4AgRmt5G&wd=&eqid=bc374b44000003d800000006643380a9.

作者简介：

陈发祥，教育学博士研究生，南方科技大学科学与人类想象力研究中心研究助理，科幻文学、科幻影视赛事评委，科幻活动策划人，科幻展览策展人。

年度科幻活动综述

柏毅恒

2022 年，新型冠状病毒感染疫情依然影响着我们，科幻活动的“线上 + 线下”模式已经成为常态。这一年，越来越多的科幻阅读与学术交流活动依托网络媒介涌现，科幻创作与研究的国际交流也越发频繁。同时，受疫情影响，也有许多大型科幻活动不得不延期举行。由于 2022 年大部分活动依然延续线上与线下相结合的举办方式，因此本文依据活动的主题特征，将活动分为五类。一是科幻奖项类活动，以奖项的颁奖典礼和获奖者、嘉宾的演讲、对谈为主。二是科幻教育与培训活动，以相关机构组织的科幻讲座与创作培训为主。三是科幻学术论坛及沙龙活动，以高校、研究所主办的学术交流与研讨为主。四是综合性科幻大会与论坛，以大型科幻推介活动与产业论坛为主。五是“科幻 +”跨界联动性活动，以科幻相关产业举办的活动为主。

2022 年度科幻活动的质量不断提升，种类也不断丰富。在科幻征文比赛方面，具有品牌效应的第八届全国中学生科普科幻作文大赛、第十三届全球华语科幻星云奖、第十一届北京科幻创作创意大赛“光年奖”、第八届“晨星杯”中国原创科幻文学大赛等依然发挥着关键作用，参评人数与奖项设置都持续增多。新兴的第二届读客科幻文学奖、第五届冷湖科幻文学奖等均发展稳定，投稿人数连年增加，作品质量也不断提升。在科幻教育与培训方面，青年科幻研究实验室系列读书会、中文科幻学术工坊系列讲座、高校科幻青年人才交流会等吸收青年力量，推动科幻研究的前沿发展，加强青年人才的沟通交流。“我与科幻有个约会”第三季进校园活动、第四届全国青少年科普科幻教育大会等积极推动科幻在校园内的影响力，从青少年抓起，培养学生科幻的创作与阅读能力。在科幻学术研究方面，中国科幻研究中心“科幻沙龙研习季”系列推出了大量优质的科幻沙龙，四十二史科幻人文系列讲座则促进了科幻的跨学科研究。成渝双城科幻研究工作坊、伦敦科幻研究协会年会推动了科幻研究的跨区域发展，以多角度多视野审视科幻研究。“启航新时代 构建科幻大文化”高端学术研讨会、全国科幻研究青蓝论坛会议等以专业的学术观点和严谨的学术探讨推进了科幻学术研究的发展。在综合性科幻大会、论坛方面，第四届上海科幻影视产业论坛、首届高校科幻创作者高峰论坛、日本“中国文学读者俱乐部”启动仪式暨中国科幻文学分享会等规模较大，影响力广，有效地推动了科幻的产业化、专业化发展。在“科幻 +”跨界联动性活动方面，第七届中欧国际文学节、中韩作家对话会、“牛津中国论坛”等活动则极大地增进了中国科幻与世界的交流。

本文在撰写过程中，仅选择 2022 年具有代表性的科幻活动进行介绍和讨论。其中，大部分活动由中国机构发起组织，小部分活动由国外机构发起但有中国科幻作者、学者参与，并讨论了中国科幻相关问题，具有突出的国际交流意义，因此也进行了梳理与总结。

一、2022 年科幻活动介绍

（一）科幻奖项系列活动①

1. 第十三届全球华语科幻星云奖颁奖典礼

第十三届全球华语科幻星云奖由时光幻象文化公司和海南壹天视界公司主办，清大紫育公司协办，于 2022 年 12 月 10 日在四川成都揭晓。本届华语科幻星云奖共设 7 个主奖、2 个专项奖、3 个特别奖。其中，梁清散《新新新日报馆：魔都暗影》获长篇小说金奖，万象峰年《赛什腾之眼》获中篇小说金奖，靓灵《月亮银行》获短篇小说金奖，鲁般获年度新星金奖，宝树译《造星

① 2022 年主要科幻奖项及获奖名单统计详见附录。

主》获翻译作品金奖。本届华语科幻星云奖首次设立星桥奖，获奖者为姚海军、立原透耶、大森望和早川书房等，他们是《三体》系列日文版的出版者和翻译者，对推动《三体》走向世界作出了重要贡献。此外，组委会专门设立最佳科幻游戏创意奖，MMC 工作室的科幻游戏《星球：重启》问鼎该奖。

2. 第五届冷湖科幻文学奖

第五届冷湖奖由冷湖火星小镇联手北京行知探索集团和成都八光分文化共同打造。在推动冷湖科幻 IP 建设的同时，为国内原创科幻作者提供了创作平台，为科幻与文旅结合的产业化开辟了新模式。经过五届的努力，冷湖奖凭借其权威性、专业性和受欢迎度快速成长为国内科幻奖项的佼佼者。截止第五届，冷湖奖已收获超 7000 万字来稿，结集出版的五部获奖作品合集深受广大读者喜爱，数度加印，创下国内同类作品纪录。2022 年 12 月 31 日，第五届冷湖科幻文学奖颁奖典礼暨第六届冷湖奖征文启动仪式，以线上视频的形式盛大举行。陈梓钧的《冷湖六重奏》获中篇一等奖，迟卉的《不做梦的群星》获短篇一等奖。刘慈欣、王晋康、陈思诚、窦文涛、曲向东等嘉宾为冷湖奖五周岁送来了祝福，并期待冷湖与科幻的结合获得更多关注。颁奖典礼中，青海省海西州相关领导与冷湖奖评委一同为本届冷湖奖获奖作者颁奖。

3. 第十一届北京科幻创作创意大赛“光年奖”

第十一届北京科幻创作创意大赛“光年奖”由北京市科学技术协会主办，北京科普发展与研究中心、北京科学技术普及创作协会承办。举办该奖项是为了深入贯彻《北京市全民科学素质行动规划纲要（2021—2035 年）》，认真落实北京市促进科幻产业发展的总体要求，搭建北京特色科幻竞技和服务平台，形成具有科协特色、适合首都发展的科幻支撑力量。本次大赛设置科幻中长篇小说、科幻短篇小说、科幻微小说、“科幻首钢”主题小说四大奖项，最终确定获奖名额为：中长篇小说 8 个、短篇小说 8 个、微小说 8 个，“科幻首钢”主题小说奖 8 个，专项奖 1 个。《元亨利贞》获科幻中长篇小说一等奖，《我这一生》获科幻短篇小说一等奖，《有没有那么一首歌》获科幻微小说一等奖，“科幻首钢”主题小说一、二、三等奖空缺，《虚空罪犯》获专项奖。

4. 第八届“晨星杯”中国原创科幻文学大赛

第八届“晨星杯”中国原创科幻文学大赛是在深圳市科学技术协会的指

导下，由深圳市社会公益基金会·科学与幻想成长基金发起，由深圳市南山区科学技术协会支持，深圳市以太科幻创意发展中心主办，深圳市创意航线文化发展有限公司承办的科幻文学创作赛事。2022年9月30日下午，第八届“晨星杯”中国原创科幻文学大赛正式启动。本次大赛的主题是“造化”，体现了中国古人面对天地自然规律的豁达心态，引申为创造演化出的自然和世界。“创造规则，演化万物”正是文学艺术中的虚构世界的必经之路。线上启动仪式上，科学与幻想成长基金理事兼首席研究员、“晨星杯”科幻文学大赛主席三丰为本次大赛致辞，并介绍了大赛的情况。上一届获奖作者谭钢、齐然、龙凯骅、相非相、渊策、鬼神避之都表达了对“晨星杯”中国原创科幻文学大赛的感激之情。科学与幻想成长基金首席文学督导王晋康、科幻作家宝树、顾适、灰狐、王诺诺、分形橙子等也纷纷送上对大赛的祝福。

5. 第十届“未来科幻大师奖”

第十届“未来科幻大师奖”由中国科学技术协会科普部、中国作家协会网络文学中心、成都市互联网信息办公室指导，成都市互联网文化协会、重庆出版集团、赛凡科幻空间主办。本届“未来科幻大师奖”共征集有效中短篇作品919篇，近1200万字，内容包含未来城市、宇宙航空、未来科技等主题，投稿作者遍布全国25省（直辖市、自治区），参选作品数量再创历届新高。此次大赛较往年新设“东方彗星·成渝科幻创作邀请赛”特别单元，邀请知名科幻作家阿缺、灰狐、石黑曜、武夫刚、慕明、王元，以“成渝双城”为创作主题，创作了《叫马》《出成渝记》《朝辞8D城》等6部具有成渝元素的作品。2022年7月1日，第十届“未来科幻大师奖”获奖作品名单公布。其中非淆作品《契阔》获得一等奖，钱禹坤作品《石城浮生》、黑肺作品《转移》获得二等奖，王岑岑作品《通天塔之祭》、牛煜琛作品《至爱西比尔》、黑无常的头发作品《铜偶》获得三等奖。

6. 2022年优秀科幻短视频制作评选活动

2022年优秀科幻短视频制作评选活动由北京市科学技术委员会、中关村科技园区管理委员会主办，北京正负极文化传媒有限公司承办，中国科普作家协会科学与影视融合专业委员会、北京市石景山区科学技术委员会、北京首钢建设投资公司、中关村科幻产业创新中心协办，于2022年7月9日正式启动征集。本次活动旨在推动北京数字技术在影视制作中的作用，发挥政府资金在“单元剧集—系列剧集—院线大片”科幻 IP 成长过程中的天使孵化作用。经过视频剧本和制作技术方案的评选，活动进入制作阶段。2022 年 7 月 27 日，该活动于背景石景山首钢园中关村科幻产业创新中心举办活动制作阶段启动仪式。

7. 第七届“中国科普作家协会优秀科普作品奖”评奖活动

2022 年 2 月 7 日，中国科普作家协会组织开展第七届“中国科普作家协会优秀科普作品奖”评奖活动。本次“中国科普作家协会优秀科普作品奖”设“科普图书奖”“科普影视动画奖”“青年短篇科普佳作奖”三个类别，每个类别分别设置特别奖（非常设）、金奖和银奖，共评选出科普图书类特别奖 2 种，金奖作品 10 种，银奖作品 19 种；青年短篇科普佳作金奖作品 9 篇，银奖作品不超过 20 篇。

8. 第八届全国中学生科普科幻作文大赛

第八届全国中学生科普科幻作文大赛由中国科普作家协会主办，清大紫育（北京）教育科技有限公司承办。该比赛是教育部公布的 2021—2022 学年面向中小学生的全国性竞赛白名单活动之一，旨在响应国家繁荣科普科幻创作号召，搭建中学生科普科幻创作平台，助力培养青少年科学素养、想象力与创造力。2021 年 12 月 17 日，第八届全国中学生科普科幻作文大赛评审研讨活动在线上成功举办，并邀请相关学者、作家举办主题讲座，进一步做好比赛的评审工作。2022 年 4 月 4 日，第八届全国中学生科普科幻作文大赛总决赛顺利举行，来自全国 29 个省市、自治区、直辖市的考生以线上方式参加比赛。总决赛由知名科普科幻作家命题，以“基因编辑”为主题，分科普、科幻两个创作方向，参赛高中生对新技术、价值观、科技伦理等诸多方面展开了深入的思考。专家评审委员会由学科与行业内的权威知名专家学者和科普科幻领域内高水平的科普作家、科幻作家、理论家、评论家、编辑家、翻译家、组织工作者以及重点高中的学科带头人、一线教育工作者担任。

9. 2022 年度“科普中国青年之星创作大赛”

为提升优质科普内容资源创作和传播能力，重点扶持青年科普创作人才成长，在中国科协科普部指导下，中国科普作家协会和科普中国发展服务中心共同主办2022年度“科普中国青年之星创作大赛”。大赛启动以来，吸引了全国各地的青年科普创作者，尤其是高校学生和广大科技工作者积极参与。大赛共收到投稿作品2500多个（篇），包括文章、短视频、图片、脱口秀等多种类型，涵盖医学、天文、环境、前沿科技、动植物等多个领域。大赛邀请相关领域科学家、科普作家、学者、评论家、资深编辑等，以线上线下相结合方式对作品进行评审，经过初审、复审、终审环节，于2022年11月25日公布获奖名单，共遴选出58个（篇）获奖作品。本次大赛鼓励创作者围绕面向世界科技前沿、面向经济主战场、面向国家重大需求、面向人民生命健康，结合《2022年度科普中国选题指南》进行作品创作，重点关注国家重大战略、科学技术前沿、社会生活热点等方面，多角度、多形式、主题鲜明地讲述科技创新的故事，展示了青年创作者的能动力和创造力，在全社会营造浓郁的科普氛围。

10. 第二届“读客科幻文学奖”

第二届“读客科幻文学奖”由读客文化主办。从2022年7月20日开始，该奖项收稿总字数超过3000万。第二届“读客科幻文学奖”颁奖典礼于2022年11月26日举行，一上线微博观看人数就超过42万，微博话题相关阅读量一夜之间超过2000万。王真祯、言笑、齐然获得金奖，另有银奖10名、铜奖20名。圆桌对谈环节，大会发布了《中国科幻10年产业报告》,《三体》电视剧导演杨磊披露了《三体》电视剧的拍摄细节，顾备、江晓原、严锋三位老师则对未来的中国科幻进行了展望。

11. 第二届贺财霖·科幻文学征文大赛

第二届贺财霖·科幻文学征文大赛由宁波市文学艺术界联合会、宁波市科学技术协会主办，宁波市作家协会、《文学港》杂志社、雪龙集团承办。该大赛自2022年5月13日启动，于2022年7月30日截止，共计有效备选稿件479篇，其中，外地作者作品444篇，宁波本地作者作品35篇。本次征文设置金奖、银奖、铜奖及“宁波科幻五佳”作品奖。其中，杜梨《深蓝更蓝，室鲣之骨》获金奖。孔欣伟的《怀疑者测试》、任白衣的《白骨》、白树的《陆上飞行》获银奖。

12. 第四届“星火杯”全国高校联合征文大赛

2022年3月1日，由博峰文化提供赞助支持，八光分文化提供指导支持，高校科幻平台、四川大学科幻协会、武汉大学科幻协会主办，联合全国众多高校科幻社团举办的第四届“星火杯”全国高校联合征文大赛正式启动。为鼓励科幻评论创作，发掘科幻评论人才，本次大赛新增“评论”赛道。大赛征稿对象为全国各高校学籍在册大学生，共吸引673篇有效来稿。大赛组委会的评审团成员均由青年担任，涵盖社团负责人、高校科幻创作者、知名青年科幻作家等，以“年轻人更懂年轻人”的新颖赛制严格公正评选；其中初审评委由来自全国66位高校科幻、文学等社团负责人组成，复审评委由48位优秀青年科幻作者组成，终审评委由28位行业知名青年作家、专家组成。在2022年9月18日公布的获奖名单中，短篇小说一等奖空缺，北京师范大学珠海分校许健城的《药引》获超短篇小说一等奖，复旦大学宋炘悦的《“历险叙事”的嬗变与“科学话语”的新貌——评〈汉斯·普法尔历险记〉》获评论赛道一等奖。

13. 第八届“朝菌杯”重庆地区高校联合科幻征文大赛

第八届“朝菌杯”重庆地区高校联合科幻征文大赛由共青团重庆大学委员会、重庆市科普作家协会和重庆大学博雅学院联合主办，重庆大学科幻协会、西南大学科幻协会、重庆邮电大学科幻协会承办。2022年7月3日下午3点整，第八届“朝菌杯”重庆地区高校联合科幻征文大赛颁奖典礼如期举行。第七届“朝菌杯”设立“最佳改编潜力奖”后，2022年度征文大赛除征集中短篇科幻小说，“一句话科幻”外，继续新增“剧本组”，征集科幻微电影剧本并设立相应奖项。李姝锦的《绿荒》获剧本组一等奖，陈鹏飞的《清明》获中短篇小说组一等奖。圆桌会谈环节，嘉宾、部分获奖者与观众就科幻作品创作主导因素、如何审稿以及科幻作品的本质等相关问题展开了热烈讨论。

（二）科幻教育与培训活动

1. 第四届全国青少年科普科幻教育大会

2022年8月12日，第四届全国青少年科普科幻教育大会在贵州省地质博物馆召开。会议主题为“以科学之眼、观天地未来”，由中国科普作家协会、贵州省科学技术协会、贵州省教育厅、贵州省自然资源厅主办，贵州省地质博物馆、中小学生科普科幻人才培养工作委员会、新发展理念与多党合作高端智库、贵州省科学技术普及创作协会承办，《科学故事会》《科普时报》《贵州日报》、贵州师范大学、贵州科技出版社协办。大会分为“科普主题分论坛”“科幻主题分论坛”“科幻主题分享报告”三个板块，分别探讨了我国青少年科普科幻教育的现状以及相关学科发展的新动向、新问题和新启示。

2.“我与科幻有个约会”第三季进校园活动

“我与科幻有个约会”由四川省科学技术协会主办，成都市科学技术协会、四川科幻世界杂志社有限公司、四川省科教创客研究会、四川省科幻学会承办。该活动走进四川省荥经中学、成都市武侯区西川实验学校、成都市石室联合中学、郫都区新民场中学等学校，四川科幻世界杂志社有限公司副总编拉兹、科幻世界杂志社前总编谭楷、科幻世界图书部负责人、成都市科幻协会副秘书长陈曜等专业领域人员为学生带去“外星人长啥样？”“一堂课教你写科幻”“想象力诠释未来”“我们为什么没有遇到过外星人？”等主题讲座。

3. 中国科普作家协会“2022 科学阅读活动”

“2022科学阅读活动”由中国科普作家协会、中国科幻研究中心主办，《科学故事会》杂志、马传思科幻工作室承办。该活动以线上直播形式举行，邀请了科幻作家、电影《缉魂》原著作者江波和科幻奇幻双栖作家彭柳蓉，科幻作家、电影《地下深宫》原著作者萧星寒与科幻作家、《冰与火之歌》译者胡绍晏，《异时之夏》作者、资深电影人、编剧贾樺和《异时之夏》编辑、青年科幻作者田兴海等，以“太空漫游者——宇宙探索题材少儿科幻作品的阅读与创作”“中国故事，世界语言——华语科幻本土化的路径选择”等为主题进行分享，活动通过北京科技报社、大连出版社、中国科普作家协会微博和B站直播间同步播出，线上观看总人次超过30万。

4.“科普中国青年之星创作大赛”线下培训

2022年7月13日，由中国科协科普部指导，中国科普作家协会和科普中国发展服务中心主办，国家药监局药用辅料质量研究与评价重点实验室承办的“科普中国青年之星创作大赛”培训活动在中国食品药品检定研究院举办。本次活动以“新媒体时代的科普创作与传播”为主题，邀请中国科普作家协会副理事长尹传红、国家癌症中心 / 中国医学科学院肿瘤医院泌尿外科副教授宋刚、妈咪说“Mommy Talk”创作人周哲以及北京航空航天大学结构生物学教授叶盛作主题报告。

5. 三明治 × 微像科幻小说工作坊

三明治 × 微像科幻小说工作坊由非虚构写作平台三明治与微像文化共同发起，邀请六位屡次获得科幻大奖的科幻作家于 2022 年 12 月 20 日至 2023 年 2 月 11 日联合开办线上创意写作工坊。王侃瑜、夏笳、罗隆翔、谭钢、念语、张冉 6 位导师围绕“科幻与现实”“科幻‘点子’与‘解说’”“构建科幻小说世界观需要注意的问题”“长篇科幻阅读的核心体验”“科幻创作中的逻辑自洽”“来把叙事结构玩出花样”等主题进行讲解，工作坊还邀请了阿缺、三丰等科幻作家、科幻研究者参与学员作品的点评。

6. 青年科幻研究实验室系列读书会

青年科幻研究实验室（以下简称实验室）是专注于科幻研究的跨学科交流平台。实验室面向高校学子群体，以科幻前沿问题为导向，贯彻为中国科幻界培养有理想、有担当的青年科幻学者的发展理念，坚持从“发现科幻爱好者”到“挖掘成员学术潜力”，到“训练成员学术能力”再到“完成人才培养”的发展路线。本期实验室由武汉大学国家文化发展研究院教师方舟和中国石油大学（北京）体育与人文艺术学院教师彭超共同担任学术顾问及指导老师。2022 年 8 月 16 日下午，实验室召开启动仪式，导师与成员围绕工作推进、兴趣挖掘等问题展开了交流。青年科幻研究实验室读书会以线上形式举办，各成员探讨近期关注的科幻研究议题，并分享正在阅读的相关文献与书目。青年科幻研究室的首期活动于 2022 年 8 月 16 日启动，于 2023 年 2 月 4 日举行首期结业汇报仪式。

7. 中文科幻学术工坊系列讲座

中文科幻学术工坊是一个以推动中文科幻学术发展为宗旨的公益学术项目，致力于将科幻研究者和科幻创作者、从业者、爱好者相互链接，为使用中文或以中文作品为研究对象的科幻学者（特别是青年学者）提供交流平台，推动科幻学术研究的交流和讨论，推动学术观点和内容传播至整个科幻界，吸引科幻创作者、从业者、爱好者参与到科幻学术讨论与研究之中，反哺中文科幻学术研究的发展，为促进中国科幻的繁荣发展贡献学术力量。2022 年，中文科幻学术工坊举办了 8 期学术讲座以及 2 期圆桌对谈，邀请来自广东外语外贸大学、南方科技大学、清华大学、北京师范大学、中国科学院大学等高校的著名学者，围绕“西方早期机器人想象”“中国科幻的科普传统”“21世纪中国科幻小说研究特征”等问题进行讨论，并以“二十世纪科幻史料纵横谈”“科幻与科学文化漫谈”为主题进行对谈。

8. 第三期星火科幻创作人才公益培训工程

第三期星火科幻创作人才公益培训工程由高校科幻平台、八光分文化、博峰文化、咪咕数字传媒有限公司联合主办，于2022年9月30日正式启动。经过严格筛选，共招收来自哈佛大学、清华大学、北京大学等80多所高校108位学员，邀请科幻界内优秀的科幻编辑、作家、出版人、学者等为学员们进行授课，从多方面帮助学员们了解科幻、了解创作、了解作品的发表与出版等内容。本次培训工程开设“高校科幻导师大讲堂”“月度主题练笔活动”“作品赏析”“高校科幻青年人才培训交流会”等板块，科幻杂志《舱外》为优秀学员的作品开设优先录取渠道，高校科幻平台也会优先扶持学员作品。

9. 高校科幻青年人才交流会

高校科幻青年人才交流会（简称“青幻会”）由高校科幻平台和科幻研究及文化传播课题组联合举办，并与八光分文化、博峰文化、咪咕文学等展开合作，通过腾讯会议与B站转播的形式举行。“青幻会”以“从科幻视角想象春节的未来”“昨天、今天、明天——科幻中的时间维度”“电子刊物与科幻创作者的持续发掘与培养”等为主题，已经举办多次，持续吸引各个学校的科幻爱好者参与。

10. 电子科技大学首届科幻写作训练营

2022年8月26日至28日，由电子科技大学大学生文化素质教育中心与《科幻世界》杂志社联合主办的首届科幻写作训练营在月光宝荷·当代少年研学营地举行。本次训练营包括三天的集中训练、两周的自主创作和最后的作品呈现与点评。涵盖了实验室参访与现场教学、科幻写作系列课程、电影鉴赏、文学沙龙、编辑点评等诸多环节。营员由在科幻征文比赛和科幻协会中挑选出来的12名电子科技大学学生和3名四川大学学生组成，营员需携带作品参加集训，并在开营前完成指定科幻文学作品阅读，在训练营期间还需以“蜕”为关键词进行命题创作。

（三）科幻学术论坛及沙龙活动

1. 科普中国创作大会暨 2022 中国科普作家协会年会

在中国科协科普部指导下，由中国科普作家协会、科普中国发展服务中心主办，陕西省科学技术协会承办的科普中国创作大会暨 2022 中国科普作家协会年会于 2022 年 8 月 18 日在陕西省西安市举办。本次论坛有 6 个特色分论坛同时举行。分论坛紧密围绕大会主题，从科学教育、生命科普、文化与科普创作、应急科普、环保科普、生态科普等方面展开，通过讲座、报告、圆桌对话、网络连线等形式，邀请各领域科普科幻作家、科普创作理论研究人员等共同探讨行业发展热点话题，为学科、领域和产业等提供理论和实践的启示，以优异的科普创作成果喜迎党的二十大胜利召开。

2. 中国科幻研究中心“科幻沙龙研习季”系列沙龙

2022 年由中国科协科技传播与影视融合办公室、中国作家协会社会联络部、中国科幻研究中心与复旦大学中文系等单位主办，于 2022 年 7 月 12 日至 7 月 25 日期间开展 10 场学术沙龙。中国科幻研究中心与全国少儿科幻联盟、八光分文化、高校科幻等科幻组织，与南开大学当代审美文化研究中心、浙江大学管理学院“商学 +”孵化加速平台、中山大学艺术学院等高校，合作开展了“科幻咖啡馆”“科技传播与影视融合”“与科幻作家面对面”等系列学术主题沙龙，邀请众多科幻作家与高校学者参与分享，探讨了“中国科幻电影与人类命运共同体——虚拟现实、技术伦理与危机想象”“科幻创作、科学理论与科学家”“寻找乌托邦：从先锋到失落——俄罗斯科幻文化漫谈”“科幻 + 新课标背景下跨学科学习如何有效落地”等问题，受到了来自中国人民大学、中山大学、中国科学技术大学、首都师范大学、华南师范大学等众多高校学生和老师的关注。

3. 四十二史科幻人文系列讲座

四十二史科幻人文系列讲座由重庆大学出版社、重庆大学人文社会科学高等研究院联合主办。在重庆大学出版社鼎力支持下，重庆大学人文社会科学高等研究院建立“科幻文学与科技人文”学术集群，打造新型学术平台，开展一系列前沿学术活动。四十二史科幻人文系列讲座是重庆大学科幻社群最新动向的重要体现。该系列讲座邀请来自复旦大学、南方科技大学、中央美术学院、四川大学的学者就“人类学视角下的宫腔镜技术”“神话、科幻与数智文明”“科幻小说的计量叙事研究”“荧光绿兔与新合成美学”四大主题展开讨论。在四次讲座中，不同学科背景的讲者不仅带来了学术前沿的问题与思考，更创造性地将科幻研究与数字人文、医学人类学、神话学和科技艺术有机结合，彰显了重庆大学“科幻文学与科技人文”学术集群“以科幻文学为先导，致力于从科技切入人文议题，开展多元一体的科技人文研究”的宗旨。

4. 首届成渝双城科幻研究工作坊

2022 年 7 月 13 日至 14 日，首届成渝双城科幻研究工作坊在重庆大学成功召开。本次工作坊由重庆大学人文社会科学高等研究院主办，四川大学文学与新闻学院联合主办，重庆大学人文社会科学高等研究院科幻文学与科技人文研究中心承办。来自重庆大学、四川大学、西南大学、四川美术学院、重庆交通大学、四川师范大学、华东师范大学等高校，包括文学、符号学、语言学、人类学、艺术学、电影学在内不同学科的 40 多位教师、博士生和硕士生与会研讨。

5. 2022 伦敦科幻研究协会年会

2022 年 10 月 8 日至 9 日，伦敦科幻研究协会（London Science Fiction Research Community，LSFRC）2022 年年会在线上顺利举行，主题为“攫取主义”（extractionism）。在近几年，随着“生态批评”“人类世”等概念成为文化与政治经济领域的热门议题，学者们同样也注意到科幻作品对于相关问题的回应。在本次 LSFRC 年会的 10 个专题中，学者们从经济、环境、食物、数据、市场、能源等角度，结合诸多科幻文本与影视案例，对上述问题进行了系统性的探讨。印度德里大学的博士研究生讨论了陈楸帆的《荒潮》，分析了作品中反抗意识的三个方面。中国影视编剧、游戏世界建构师 Aily Jiang 讨论了科幻叙事中“命运”与“科学”的关系，以及由此衍生出的创意项目。

6. “启航新时代 构建科幻大文化”高端学术研讨会

“启航新时代 构建科幻大文化”高端学术研讨会于 2022 年 2 月 20 日以腾讯线上会议形式举办，邀请王挺、赵欣、王晋康、韩松、姚海军、吴岩、陈楸帆、张文武、马驰、王卫英、马传思、张冰、何超群、山本范子等近百位中外科幻作家、学者、媒体人，从科幻理论架构、小松左京和中日科幻研究、科幻文学经典翻译、机器人与文化创新、科幻教育理论和实践等专题展开研讨，构建科幻大文化理念，探索数字化时代对“人”的理解与终极关怀，为建设和平、和睦、和谐的人类命运共同体积蓄力量。本次高端学术研讨会由小松左京工作坊主办，吉林外国语大学国际传媒学院承办。大连出版社、福建教育出版社、杭州量子泛娱影视文化传媒股份有限公司、《科幻世界》杂志社、南方科技大学“科学与人类想象力研究中心”、钟晓文化传媒工作室协办。

7. 全国科幻研究青蓝论坛会议

2022 年 11 月 26 日上午，中国比较文学学会跨学科研究分会首届青年论坛于南方科技大学人文社科学院开幕。南方科技大学党委书记、全球城市文明典范研究院院长李凤亮讲席教授，中国比较文学学会会长叶舒宪教授，中国比较文学学会秘书长张辉教授，以及跨学科分会理事长陈跃红讲席教授在开幕式上分别致辞。

南方科技大学科幻与人类想象力研究中心主任吴岩教授进行了名为“中国科幻研究的现状和问题”的大会发言。本次会议分为“跨学科的发展与文学的现状和未来”“全国科幻研究青蓝论坛”和“青年语言学者跨学科研究论坛”三个分论坛。在一天半的时间里，科幻研究青蓝论坛总计迎来了六十位参会者的发言，在参会者中硕士研究生、博士研究生等青年学人占据大部分比例。会议分为理论组、批评组两个较大的分会场，以及戏剧影视游戏组与明日之星组两个较小的分会场。各位参会者围绕着许多重要的科幻话题进行了精彩发言和激烈的讨论。

8. 科幻照进科技，创新引领未来——世界读书日·小新书院思享会

2022 年 4 月 22 日，在第 27 个世界读书日到来之际，国务院国资委新闻中心举办了“科幻照进科技，创新引领未来——世界读书日·小新书院思享会”。科幻作家带科幻新书《大国重器》走进央企，与央企科技专家共同探讨科幻与科技的关系，展望科技创新的美好未来。这本中短篇小说精选集是“科幻作家走进新国企”活动的结晶，王晋康、江波、赵海虹等科幻作家以科幻视角聚焦国企创造出的令世界瞩目的中国奇迹，并创作出 13 篇科幻小说。本次分享活动邀请了科幻作家韩松、昼温、康尽欢走进中核集团，与央企工程师探

讨央企科技创新如何让科幻成为现实。科幻作家刘慈欣、王晋康、凌晨以视频连线的方式参与了本次活动。

（四）综合性科幻大会与论坛

1. 日本“中国文学读者俱乐部”启动仪式暨中国科幻文学分享会

2022年9月29日，在中日邦交正常化50周年之际，由中国作家协会支持创办的日本“中国文学读者俱乐部”在东京中国文化中心举办首场活动。活动由中国教育图书进出口有限公司、日本早川书房、八光分文化联合策划，中国科幻作家王晋康、宝树、七月，八光分文化创始人杨枫，日本科幻作家藤井太洋、科幻翻译家大森望、科幻编辑梅田麻莉绘等共同参加。本次活动为日本读者介绍了中国科幻创作的整体情况，并展示了近年来译成日文的部分中国科幻作品。

2. 2022中国科幻大会

“2022中国科幻大会”是“中关村论坛”主要板块之一，以“科学梦想，创造未来”为主题，是中国科幻业界沟通交流平台，近年来其品牌影响力不断提升，有力促进了中国科幻跨界联动和产业发展。大会涵盖了开幕式、潮幻奇遇季、科幻秀场、智造技术与产品展、专题论坛及北京科幻电影周六大板块。2022年11月17日，经过为期三个月的选片征集，共征集来自海内外的科幻故事、科幻特效和科幻动画短片共计185部，经由院校机构、电影专家、智库专家组成的预选评委团，综合故事情境、技术创新、市场潜力、团队能力等主要指标进行评议，共有18部科幻短片入围初赛，其中有四部学生作品强势入围。2022中国科幻大会·北京科幻嘉年华于2022年首次设立科幻短片单元，以鼓励和激发更多电影人对于科幻影片的原创热情，发现和扶持新锐科幻电影人才，推动科幻影视产业链的发展。受新型冠状病毒感染疫情防控影响，本次科幻大会改期举行。

3. 增强中国科幻文化国际软实力论坛

2022年11月29日，“增强中国科幻文化国际软实力论坛暨年度科幻新作发布研讨”线上会议在京举行。本次论坛由中国科学技术出版社有限公司主办，中国科普作家协会科幻创作研究基地承办，来自文学、出版、影视、游戏等文化科技界的嘉宾学者们就中国科幻文化与科幻产业的发展进行了研讨，并正式发布了《天幕征途》这部科幻文学作品。研讨会上，来自中国社会科学院、中国作家协会、掌阅科技的学者与专家就中国科幻产业发展展开了讨论。

4. 首届高校科幻创作者高峰论坛

2022 年 9 月 17 日至 18 日，由中国科普作家协会科幻专委会指导，高校科幻平台、八光分文化、博峰文化主办的第四届“星火杯”颁奖典礼暨首届高校科幻创作者高峰论坛以 B 站直播的形式顺利举行。本次活动邀请了众多高校学者和青年创作者参与，由“高校科幻优秀青年人才代表主题报告”“《2019–2021“星火杯”全国高校科幻联合征文大赛优秀作品集：美纪的湖泊》发布会”“什么是好的科幻小说”培训讲座、“从爱好者到推动者——高校科幻人才的持续性培养”交流论坛、“作者与评委面对面”交流论坛、“高校科幻社长高峰对话：如何筑巢引凤”等一系列会议组成，共吸引 1200 多名高校科幻迷和高校科幻创作者观看热议。

5. 首届线上“艺中幻想国际会议”

2022 年 10 月 7 日至 9 日，首届线上“艺中幻想国际会议”（International Conference on the Fantastic in the Arts，简称 ICFA）成功举办。2022 年的会议主题是“全球幻想”（The Global Fantastic），大会请到了美国非裔恐怖文学作家塔纳纳莉芙·杜（Tananarive Due）作为特邀嘉宾及主导“共未来”（CoFUTURES）项目的印度科幻学者博迪萨特瓦·恰托帕迪耶（Bodhisattva Chattopadhyay）作为特邀学者，他们分别以“以恐惧视角治愈我们的历史”和“乌托邦之后的乌托邦主义”为题，进行了主旨演讲。来自全球各地的学者围绕会议主题，进行了数十场相关学术论文探讨。会议还邀请到了上百位从事幻想艺术的作家、画家、编辑、译者等，以朗读、论坛等形式对各自的创作实践进行展示和讨论；另设线上虚拟艺术画廊，展览参会者的相关美术、音频、视频创作或图书封面。

6. 第四届上海科幻影视产业论坛

第四届上海科幻影视产业论坛由中国科普作家协会、中国民营文化产业商会、上海浦东新区科学技术协会主办，上海浦东新区科幻协会、上海灵起之境文化传媒有限公司、光辉城市（重庆）科技有限公司等共同承办。2022

年 12 月 30 日至 31 日，第四届上海科幻影视产业论坛以线上直播的形式举行。论坛共分为六大板块，举行了科幻影视与文化的元宇宙产业方向、元宇宙时代的青少年教育如何才能寓教于乐、元宇宙时代的数字文娱与虚拟经济、NFT 与文化交易市场、元宇宙创新设计赋能影视文娱数字化转型、元宇宙技术如何赋能影视与数字文娱、科幻元宇宙影视与数字文娱产业的 IP 孵化等论坛，从影视、科技、教育等不同角度出发，探讨未来科幻影视产业发展的可能。

（五）“科幻 +”关联性活动

1. 2022 年中韩作家对话会

2022 年 12 月 9 日，中国作家协会和韩国大山文化财团共同举办了 2022 年中韩作家对话会。中国作家、学者陈楸帆、陈曦、飞氘、吟光和韩国作家、学者李政勋、李起昊、徐河辰、黄仁灿、禹多荣、赵礼恩以线上线下结合的方式，围绕“文学的未来，未来的文学”这一主题展开对话交流。此次对话会着眼于科幻文学，共分三个环节，分别由徐河辰、陈曦、李政勋主持，陈楸帆、李起昊，陈曦、黄仁灿，飞氘、吟光、禹多荣、赵礼恩一同参与对话。中国科幻作家陈楸帆、飞氘、吟光就“来自东方的想象力正在流行”“科幻小说的可能性”等问题与韩国作家展开了讨论，此次中韩作家对话增进了两国科幻文学界的了解与友谊，为进一步加强两国青年作家交流奠定了基础，提供了重要舞台。

2. 科幻与科技：科学、伦理与文学的对话

2022 年 3 月 20 日，2022 牛津中国论坛“科幻与科技”分论坛顺利举办，前谷歌欧洲首席运营官本·莱格、南方科技大学教授吴岩、中国科幻小说作家陈楸帆、科幻评论家李兆欣、山东大学文化传播学院副教授李岩参与了本次对谈。本分论坛的主题为“科幻与科技——科学、伦理与文学的对话”。2022 牛津中国论坛主题为“跨界无界”，在“科幻与科技”分论坛里，学者与作家探讨了赛博格和人工智能的发展是否会提供看待人类以及人性的新视角，以及面对这一趋势社会应该做出何种准备，同时也以赛博格为基点，探讨两种介质——科幻与科技——是如何互相影响的。

3. 第七届中欧国际文学节

“第七届中欧国际文学节”由欧洲联盟赞助，于2022年9月9日至9月25日线上举行。本次活动围绕“求索 · 想象 · 启悟—— 科幻，奇幻及异世界”展开交流，活动包括一系列文学对谈、讲座及大师课。陈楸帆、糖匪、王威廉、天瑞说符等与克莱门斯 · J. 塞茨等欧洲作家汇聚一堂，以“科学与科幻”“人物弧光，及难以置信的悬念”“塑造女性叙述者”“未来景象：试想我们可以拯救世界？”等为主题进行讨论，并探讨了代表作、创意来源及对世界的思考，带领观众进入科幻奇幻文学引人入胜的创想世界。

4. CNCC2022“计算的未来”科普论坛

CNCC2022“计算的未来”科普论坛是一个面向大众的特色论坛，由CCF（中国计算机协会）主办，通过哔哩哔哩、百度、腾讯、知乎、快手、爱奇艺、微博、蔻享学术八大平台同步直播。最终，线上共110.7万人次观看直播，微博话题#CNCC2022#，在直播期间新增阅读260.5万，同期举办的知乎“科幻电影中的科学与技术圆桌论坛”参与人次超8000万。该论坛由虚拟数字主持人度晓晓主持，云集来自计算机及相关领域长期从事科幻创作、科普宣传与科学研究教育的专家、达人、学者等重磅嘉宾，对科学、科普与科幻进行详细探讨。本次论坛由“科幻 · 走在未来之前”报告宣讲、“科普 · 与未来的同步”发布仪式以及“科学 · 奔向未来之旅”圆桌论坛三个环节组成，对人工智能、量子科技、计算思维等问题展开讨论。

二、2022年科幻活动总结

2022年中国科幻活动的数量和质量均稳步提升，举办活动的模式不断优化，活动内容与形式也不断更新，呈现出日渐成熟的发展趋势。具体特征如下：

（一）“线上 + 线下”模式成为科幻活动举办的主要形式

2022年，科幻活动的举办依然受到新型冠状病毒感染疫情的影响，2022

中国科幻大会、第33届中国科幻银河奖颁奖典礼、首届星浪奖科幻电影展等活动均宣布延期举办。在此背景下,“线上+线下”模式逐渐成熟,发展为举办科幻活动的主要形式。该模式通过直播的方式将活动现场与网络观众联系起来,线下场地有助于嘉宾面对面交流,线上直播则能够让更多感兴趣的观众参与讨论,增强主办方与观众之间的互动。线上这种方式也为无法到场的嘉宾提供了便利,有效打破了空间限制。

同时,该模式有助于加强区域联动,对推动不同地域之间的科幻交流做出了重要贡献。2022年许多科幻文化交流均采用“线上+线下”模式,吸引来自不同高校、不同省份甚至是不同国家的科幻学者与作家交流讨论,极大地促进了科幻的多元性沟通。值得注意的是,2022年以单一“线上”模式开办的活动显著增多,如第四届“星火杯”全国高校联合征文大赛颁奖典礼、伦敦科幻研究协会年会以及大量的学术讲座与学术沙龙。受新型冠状病毒感染疫情客观原因的限制,活动嘉宾难以同时出现在现场,相对而言,“线上”模式则更具优势,能够更高效地组织活动。但受到远程会议软件、网络条件等硬件条件的影响,单一“线上”模式也会导致交流不够充分等问题。

(二)“科幻+”发展模式不断深化

2022年,科幻持续“破圈”,与影视、文旅等产业紧密结合,同时主流文化产业也不断寻求与科幻产业的合作,试图碰撞出新的火花。科幻产业坚持推动跨领域合作,“科幻+”发展模式不断深化。

其一,“科幻+影视”“科幻+文旅”等融合模式发展迅速。第四届上海科幻影视产业论坛积极推动科幻与数字文娱、虚拟经济等新型产业结合,推动未来科幻影视的创新性发展,2022中国科幻大会与北京科幻电影周也增设科幻短片单元,鼓励科幻影视创作。第五届冷湖科幻文学奖则坚持“科幻+文旅”的道路,将科幻创作与冷湖地方性特色相结合,打造独特的科幻文旅发展道路。“科幻+影视”与“科幻+文旅”都是“科幻+”模式的典范案例,将科幻元素注入文化产业的发展链条中,在更广阔的领域发出科幻的声音。除这些案例外,科幻在多个方面同样展现了其联结性与适应性。在世界读书日·小新书院思享会上,科幻作家就将科幻与央企相结合,使科幻创作融入大国发展战略的脉络当中。“计算的未来”科普论坛则将科普与科幻相结合，以科幻的形式吸引观众了解计算机前沿技术，推动科学技术知识的大众化。

其二,“科幻+”模式在文学创作应用越发广泛，在学术研究领域也越发得到关注。2022年，众多主流文学活动中设立科幻板块，科幻作家与研究者的观点成为文学创作与文学研究的重要组成部分。2022中韩作家对话会、第七届中欧国际文学节等活动均邀请科幻作家参与并分享观点。这不仅推动了中国科幻作品走向世界，而且促进了国际文学的多类型深入交流。在学术研究领域，科幻同样得到了大量关注。中国比较文学学会跨学科研究分会首届青年论坛将“全国科幻研究青蓝论坛会议”作为三大研讨板块之一，足以体现科幻研究在文学研究中的重要地位。重庆大学高研院主办的四十二史科幻人文系列讲座将科幻研究与人类学、神话学和科技艺术等有机结合，以跨学科的视野开展研究，更是体现出科幻作为一种独特且具有创造性的视角受到的关注和重视。由此可见，越来越多的文学与学术领域把科幻作为方法，用科幻的视野带动学术前沿发展。

（三）“品牌化”与“特色化”发展趋势并行

2022年中国科幻活动呈现出“品牌化”与“特色化”发展趋势并行的特征。一方面，已经形成品牌影响力的大型科幻活动仍然产生着重要的影响力。另一方面，许多独具特色的科幻活动正逐渐发展壮大。

“品牌化”的发展主要体现在大型科幻征文比赛与大型科幻论坛上。老牌的科幻文学奖依然代表着中国科幻的最高水平，如第33届中国科幻银河奖、第十三届全球华语科幻星云奖、第八届“晨星杯”等。这些文学赛事举办时间长，历史悠久，拥有权威的评审团队，更具备举办大型科幻活动的组织力与号召力。中国科幻大会、全国青少年科普科幻教育大会等权威论坛则是科幻交流的重要平台，对大型科幻产业和机构有很强的吸引力，能够将行业内最优秀的人才和组织汇聚一堂，有效地展开高质量的交流。此外，部分文学比赛与论坛均有如中国科普作家协会等专业机构的支持，能够保证活动的质量，也能扩大活动影响力。

“特色化”的发展主要体现在科幻学术工坊与系列讲座上。“特色化”的科幻活动具有专业性的特点，活动通过发挥专业优势，吸引相关专业人士参与讨论，并积极开展科普工作，将学科专业知识传递给大众。中文科幻学术工坊举办的系列讲座就汇集了众多优秀的科幻研究者、创作者，也吸引了许多从业者、爱好者，形成了多领域交流的良好局面。2022 科普中国创作大会则设置了科学教育、应急科普、环保科普等多个特色分论坛，充分发挥学科实力，并邀请科幻作家参与专题讨论，多角度开展科普科幻教育。

“品牌化”与“特色化”的发展趋势是相互交融的。“品牌化”的科幻活动也正具有“特色化”的特征，如每年一届的“星火杯”征文就以培养年轻科幻写作者为特点。“特色化”的科幻活动也能够通过不断努力壮大而达到“品牌化”的效果，如“科幻沙龙研习季”系列沙龙既具有专业特色，同时也依托中国科幻研究中心逐渐发展成品牌。

（四）科幻交流平台的搭建逐渐成熟

2022 年各类科幻交流平台逐渐搭建成熟，形成一套完整高效的交流机制，培养了大量年轻的科幻力量。

在科幻创作方面，如三明治 × 微像科幻小说工作坊、“科普中国青年之星创作大赛”线下培训等均已举办多次。这些平台均依托较为成熟的文化机构与大型征文比赛，通过写作工坊、创作培训等方式，稳定地输出科幻创作方面的人才。

在学术研究方面，如中文科幻学术工坊、青年科幻研究实验室等，通过召集科幻学者与青年学生共同研讨的方式，创造了活跃的科幻学术氛围，能够稳定地邀请行业内顶尖学者与作家。青年科幻研究实验室则以高校科幻为平台，最大限度地吸引高校学子参与。

另外，还有“我与科幻有个约会”第三季进校园活动、中国科普作家协会 2022 科学阅读活动等活动。这些活动均多次举办，其主办方中国科普作家协会具有丰富的资源与活动经验，以国家文化发展的战略与政策作为指导，有足够的能力为科幻从业者与爱好者提供交流平台。

（五）科幻逐渐成为中外文化交流的重要渠道

2022 年，中外科幻文化交流更加频繁，越来越多的科幻作家与学者在世界科幻交流中发出“中国声音”，科幻也逐渐成为中外文化交流的重要内容。

第一，科幻创作交流活动增多。2022 年，中国科幻作家与外国的交流加深，举办了中国 2022 年中韩作家对话会、日本“中国文学读者俱乐部”启动仪式暨中国科幻文学分享会等跨国交流活动。这些活动的举办推动了中外作家与读者的交流，能够帮助中国科幻走向更广阔的视野，加深对世界其他国家科幻创作的了解，也能吸收其他国家的科幻创作经验。增强中国科幻文化国际软实力论坛等活动的举办，也反映出科幻作为中国文化软实力的象征，在国际交流中发挥重要作用。

第二，科幻学术交流成为中外学术研讨的重要部分。“牛津中国论坛”设立了“科幻与科技”分论坛，邀请中外的科幻小说家、评论家与学者参与对谈。第七届中欧国际文学节则以科幻为核心主题，邀请中欧科幻作家交流创作经验，谈论对未来的看法。这些活动所建构出的国际交流场域能够有效地促进思想与观念的碰撞，让中外不同文化背景的作家、学者交流创作经验，表达对人类与社会的看法，共同促进科幻创作的发展。

三、建议

基于 2022 年科幻活动的发展趋势，本文对如何更好开展科幻活动提出以下建议。

（一）扩大影响力，让科幻走入大众

虽然不少科幻活动已经形成了一定的影响力，但仍未完全深入群众。无论是老牌的科幻活动，还是新兴的科幻活动，都应坚持扩大自身的社会影响力。传统的文学奖颁奖典礼在拓宽产业链条的同时，应当鼓励越来越多的科幻迷参与到线下颁奖活动中来，并举办科幻迷的交流论坛，让科幻作家与科幻迷面对面，了解一线科幻读者的需求与认识。科幻沙龙与学术讲座则可以吸收更多来自不同学科的青年学生，鼓励学生与老师的讨论交流。科幻文化机构应深入中小学，将科幻图书、电影推广到青少年中间，从小培养孩子们的科幻想象

力与审美能力。

（二）开拓科幻传播媒介，多元立体开展科幻活动

尽管“线上+线下”模式已经普及，但是科幻仍需紧跟时代潮流，利用多元化平台，打造多维度媒体矩阵，将科幻传播布局于网络全平台全场域。科幻活动的组织者应当通过在微信、抖音、微博等各类网络平台中建立科幻专栏，拓展科幻内容的网络覆盖面，增强内容矩阵的网络影响力。科幻活动的举办应当丰富文化传播载体，借助微博、知乎、微信公众号、QQ、哔哩哔哩和抖音等网络新媒体，针对当代青年的兴趣点和生活习惯，采用年轻人喜闻乐见的方式。科幻论坛与讲座可以将干货内容制作成短视频投放至抖音、B站等平台，分享科幻前沿理论观点，并以通俗易懂的方式如动画、脱口秀等进行传播。

（三）多方合作，发掘潜在的科幻力量

目前科幻活动的举办仍面临着局限于业内的问题，而科幻活动应当发动多方力量，这样才能不断优化活动机制，提高活动的质量。

首先，科幻活动的组织者应当积极与地方政府合作。科幻活动的举办可以依托地方政府的资源与组织力，扩大科幻活动的受众范围和影响程度。

其次，充分发挥高校科幻社团的效用。高校科幻社团具有极大的组织热情，能够为科幻活动注入年轻血液。

最后，推动中外科幻交流常态化。科幻活动应积极联络国际科幻力量，通过与外国科幻作家、学者的交流，提高中国科幻影响力。

（四）坚持推动“科幻+”发展模式

“科幻+”发展模式能够充分将科幻与多领域、多学科相结合，开辟出多条全新的发展赛道。

第一，科幻活动的举办可以依托地域特色和优势，以“科幻+文旅”的形式为传统旅游业赋能，既能吸引游客，也能拓展科幻的影响范围。

第二，科幻活动还应与科普相结合，发展出“科幻+科普”模式，依托

科普教育基地，推动公众科学文化素质的提升。

第三，科幻活动可以与历史、民俗相结合，推广具有厚重历史和地方特色的科幻作品，将科幻想象力与历史文明、传统文化有机融合。

作者简介：

柏毅恒，重庆大学人文社会科学高等研究院硕士研究生，研究方向包括中国当代文学、中国科幻文学等。

近年科幻艺术创作综述

庄维嘉

科幻艺术创作，主要指科幻绘画、科幻动画、科幻游戏、科幻新媒体艺术、科幻影视、科幻戏剧与科幻艺术展览等。因本书当中科幻影视与科幻游戏部分有专题介绍，暂不纳入本文。

科幻艺术按照受众年龄段划分，可分为成人、青少年与儿童三个细分市场。在成人市场方面，个人原创科幻艺术由于需要融合科学与艺术、幻想创作等跨学科知识，参与门槛较高，因此该领域高品质个人创作者与作品较为稀缺。整体来看，原创科幻艺术作品的数量、社会面认知与传播性不足。在青少年及儿童市场方面，由于科幻艺术具有艺术与科学相融合的特征，有利于激发儿童与青少年的想象力与创造力。因此科幻创作大赛作为面向儿童与青少年广泛开展与推广的科普艺术活动，备受社会各界青睐。

一、年度科幻艺术创作概况

总体来说，科幻艺术创作领域中的优质创作者与作品目前仍比较稀缺。因为科幻题材对创作者有更高的跨学科素养要求，艺术家除了掌握艺术创作技巧，还需要对当下前沿科技发展与科学逻辑思维具有基本了解，才能在此基础上展开科学幻想与前沿创作。

（一）国际知名华人艺术家的科幻创作

1. 蔡国强

华人艺术家蔡国强，1957 年生于中国福建省泉州市，1981 年至 1985 年就读于上海戏剧学院舞台美术系，艺术表现横跨绘画、装置、录像及表演艺术等数种媒材。1986 年底到 1995 年旅居日本期间，蔡国强持续探索以火药爆炸的形式创作绘画，逐渐扩大其作品的爆破规模和形式，随后建立著名的室外爆破计划。他以东方哲学和当代社会问题作为作品观念根基，体现不同文化自由往来的游牧精神。在他的创作中，著名的火药爆破艺术和大型装置充满活力和爆发力，超越平面，从室内空间走入社会和自然。蔡国强自 1995 年开始生活和工作于纽约，逐渐以爆炸形式的艺术创作闻名于世。

2022 年蔡国强与 Kanon 合作了区块链项目《EET》。“EET”为“exchange with the extraterrestrials ”（与外星人的一次对话）缩写。用户每次在线交易同步生成两个不同的 ERC721 代币——“EET 运势”和“卦”。“EET 运势”（图 1）为相应的六句文字箴言，“卦”代币为区块链上生成且储存于区块链上的九宫格 GIF 格式动图。简言之，该项目可看作中国传统占卜问卦在区块链与人工智能图形生成模式下的数字化演绎。

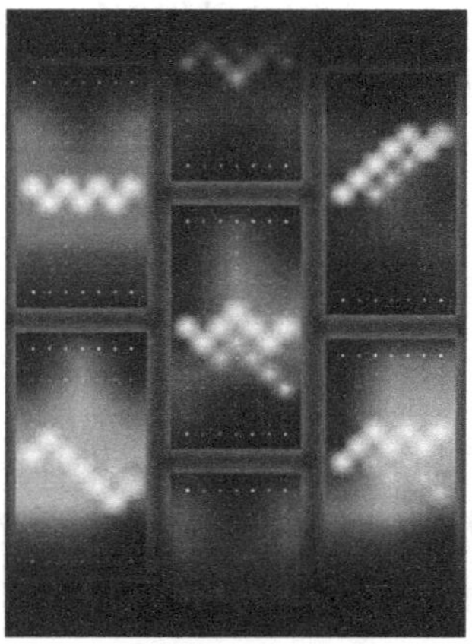

图 1 “EET 运势”举例，Kanon 提供，图片来自蔡国强工作室公众号

多年来蔡国强对新材料和新技术一直保持敏锐。他从 20 世纪 80 年代末开始推出“为外星人做的计划”系列作品。作品采用大型爆炸的形式，其目的是向宇宙发出信号，寻找地球和外星球之间的对话。《万里长城延长一万米：为外星人作的计划第十号》为该系列作品之一，在嘉峪关长城实施了延伸至沙漠的爆炸。创作理念为“那堵长达一万米的光墙将形成一股气，唤醒沉睡千年的长城。古老长城的力量将与这转瞬即逝的气势融为一体，无限将与有限结合。因为据说长城是在月球上唯一能用肉眼看到的人工建筑，把长城延长一万米后，遥远行星上的外星智慧生物就可以看见了”。在此之后，蔡国强继续以火药和爆炸作为主要艺术媒介，多次承担国内外大型美术馆及国际大型活动开幕式的公共创意设计项目，例如，2008 年北京奥运会开幕式、庆祝中华人民共和国成立 70 周年联欢活动、2022 年北京冬奥会开幕式等。

2017 年，蔡国强开始探索人工智能、AR、VR、区块链和 NFT 等前沿技术对当代艺术的新可能。cAI™ 的人工智能程序，由蔡国强工作室与 E.I Art 技术团队开发，集文字、图像、音频、视频等为一体。cAI™ 系统深度学习大量信息，能够以多模态形式对艺术家的创作讨论与作品做出回应。

蔡国强发起的人工智能艺术计划 cAI™，程序开发与应用早于 2022 年以 OPEN AI 为代表的大规模 AIGC（AI Generated Content）人工智能工具平台。纵观蔡国强基于爆炸、人工智能、区块链技术展开的艺术创新与实践，持续聚焦于探索艺术媒介的不可控与随机性，反映出优秀艺术家对技术与材料、新趋势的敏锐把握与应用。

回望世界艺术史，往往可以看到新趋势、新技术与新材料对特定历史时期视觉语言与模式的颠覆与重构，从而形成全新视觉语言形态与新的艺术流派。如文艺复兴时期，解剖学与透视学对自然观测方式的影响，造就了全新写实绘画语言。近代光学发展影响了印象派观察与理解自然、表现色彩的根本方法。高维数学概念的出现，与第一次世界大战前法国在北非殖民化扩张受到非洲原始艺术影响有关，成为巴勃罗·毕加索、乔治·勃拉克为代表的立体主义艺术家用绘画重构客观世界的理论依据与哲学起点。

蔡国强多年来在国际艺术界通过活跃的个人创作与策展，持续思考如何向世界艺坛发出“中国声音”。回望艺术史，不同时代的新技术、新思潮给世界观和生活方式带来冲击，从而引发敏锐的艺术家探索艺术主题和艺术语言本身的重构。从这个角度来看，世界当代艺术的“中国声音”传播还有待努力。

2. 徐冰

徐冰，1955 年出生于重庆，祖籍浙江温岭，毕业于中央美术学院，著名版画家、独立艺术家。徐冰于 1990 年接受美国威斯康星大学的邀请，作为荣誉艺术家移居美国，代表作有《天书》《地书》《凤凰》等。1999 年徐冰获得美国文化界最高奖“麦克阿瑟奖”，2015 年荣获美国国务院颁发艺术勋章，2017 年入选“影响中国”年度文化人物榜单。

2021 年至 2022 年，北京红砖美术馆推出“徐冰：艺术卡门线”个展（卡门线，被认为是外太空与地球大气层的分界线），完整记录了以艺术之名闯入太空领域的火箭命运（图 2）。展览通过大量文字、图片、视频资料、艺术作品和太空艺术史的梳理，呈现了当代艺术与太空科技这个全新领域的对话。

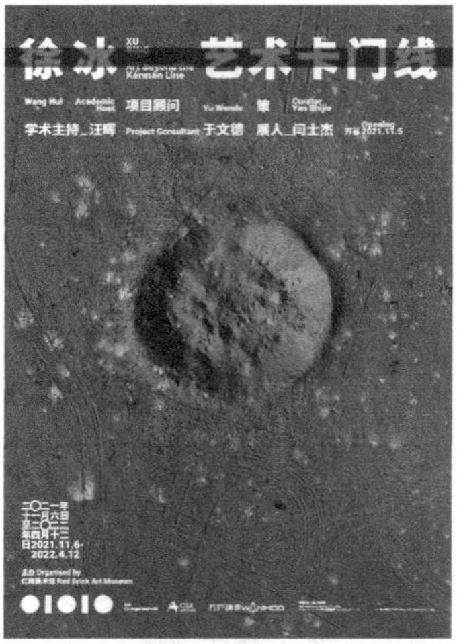

图 2 “徐冰：艺术卡门线”展览海报，图片来自红砖美术馆

展览缘起于 2019 年北京万户创世文化传媒有限公司创始人于文德，拿着“艺术火箭”的方案联络徐冰。最初发射日期定在 2020 年 4 月 25 日，但后来因新型冠状病毒感染疫情、设备等原因一再推迟，最后在认识不断深化的过程中，逐步明确太空艺术的概念：必须借助外太空条件才能完成，在地球无法实现的作品。

2021 年 2 月，箭体涂满文字的“徐冰天书号”在甘肃酒泉火箭发射场就位，2 分钟后“徐冰天书号”发射失利，火箭没能如愿升空。徐冰觉得艺术“无对错”，形态丰富的火箭残骸（图 3）同样构成了本次“艺术卡门线”展览最具看点“作品”，成为中国艺术家探索宇宙空间的注脚。纪录片《徐冰天书号》记录了此次发射过程的来龙去脉。同期展出两件徐冰创作的视频作品，一部是利用已过服役期的在轨卫星，在外太空拍摄的首部定格动画，画面中“标准人”会从包袱中散落出各种人类语言，试图与外星人交流；另一部是利用经纬线为地球重新定位的作品《You Are Here》。两件作品分别是徐冰“地书”和“天书”项目的延续，但又在原基础上借助太空视角做出了改变。

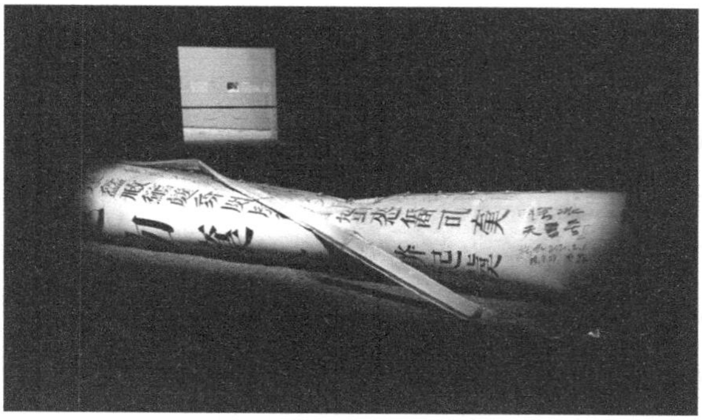

图 3 “徐冰：艺术卡门线”展览现场：艺术火箭残骸

展览同时回顾和梳理了人类太空艺术发展史，从最初以绘画表达对外太空的想象，到美苏争霸时期的大量科幻太空绘画，到当代人类借助科技力量与太空频繁接触而创作的作品。徐冰认为，中华文明善于面对失败、收拾“残局”，文化基因中储备足够的修复能力，懂得从“不完美”中找到积极的因素加以利用。

对徐冰来说，展览发射失败的“艺术火箭”具有双重象征意义。航天领域近两年中国火箭发射成功率基本在 90% 以上，发射失败是小概率事件。但中国第一枚艺术火箭发射遭遇失败，说明艺术火箭的发射还有很大进步空间。其次，从现当代艺术史和艺术展览的角度来看，通常艺术家会选择自己的得意之作进行展示，极少有人展出“失败之作”。然而回顾艺术史上开创新格局、新局面的作品，恰恰是当年那些引发争议，甚至被同时代人大肆抨击的“失败之作”。因此，发射失败的“徐冰天书号”火箭，抑或可能成为当代艺术史重要里程碑，体现时代发展和变革的必然结果。

展览命名为“艺术卡门线”。“卡门线”命名来自美国工程师冯・卡门（钱学森的老师），指大气层海拔高度约100千米的一条虚拟分界线，这条线被划定为外太空和地球大气层的分界线。从发射结果来看，这枚发射失败的“艺术火箭”，显然没能进入外太空，它有资格作为当代中国航天艺术的开山之作么？如果从一百年后回望历史，或许这正是中国当代航天艺术的起点。艺术火箭发射的失败，启迪当代艺术勇于接纳失败、踔厉奋发、不断探索和尝试，为将来的成功继续奋进。人类探索太空和未知的勇气、对失败的包容，将成为中国当代艺术精神的重要内涵。

3. 曹斐

女艺术家曹斐，1978年生于广州。作为活跃于国际舞台的中国艺术家，她的影像作品融合社会评论、流行美学，参考超现实主义并运用纪录片拍摄手法，表现当代中国社会疾速发展的变化。她用影像镜头、戏剧舞台、技术媒介和文本创作构筑了一系列逐步演变的项目，以此直面、介入并最终记录非凡时代巨变中涌现出的全新自我认知、主体性和多元性归属。代表作《谁的乌托邦》《人民城寨》《霾》《亚洲一号》《新星》等。2022年11月在上海艺术周期间，应虚拟城市“元邦”委托创作，曹斐展出全新虚拟社群“多托邦”。这是曹斐自2007年化身为虚拟角色“中国・翠西”，漫游虚拟城市“人民城寨”（RMB City）之后，在元宇宙建构的第一个社群作品。

“多托邦”构建基于元宇宙城市虚拟现实交互平台：元邦[①]。“元邦”的远景目标为建设元宇宙智慧创意虚拟城市、一个“马赛克社会”和“社区自治联盟”、具有乌托邦式的创意和生活方式的平台。

曹斐创作“多托邦”（图4），更多具有个人色彩与社会文化反思。通过虚

① 元邦由Meta Media超媒体控股和百度希壤、BV百度风投合资创办。Meta Media超媒体控股创始人邵忠作为现代传播集团创始人与资深媒体人，率先关注创意与内容生产为版图的元宇宙商业模式，意图将元邦打造为一流全域创意数字协作平台，汇聚国内外一线创意工作者与顶级品牌资源。

拟角色与不同形态建筑群的拼贴和建构，探讨在元宇宙保留现实中处于消退地位的本土文化、集体记忆与视觉符号的可能性。用复古形式语言寻求虚拟与现实的链接、当代人的精神与文化归属、反思回归与连接。在上海艺术周同期，曹斐个人项目“拉格朗日·冰室”展出，呈现一系列包括装置、数字影像、纪录片、VR虚拟现实等艺术形式诠释当下的全新作品。展览名称“拉格朗日·冰室”包含深意：“拉格朗日点”（lagrangian point），其命名来自法籍天文和数学家约瑟夫·路易·拉格朗日，指天体力学中两个天体重力达到平衡的位置；“冰室”则是南粤地区20世纪中期兴起的一种冷饮店模式，贩卖冻饮、冰激凌等小食，冰室是颇具地域特色的社交方式和场所；悬浮在“拉格朗日”和“冰室”之间的标点符号，象征展览中两个概念之间若即若离又不确定的关系，仿佛在太阳和地球之间的“拉格朗日点”的天文望远镜一样，通过全新的维度去观察世界。

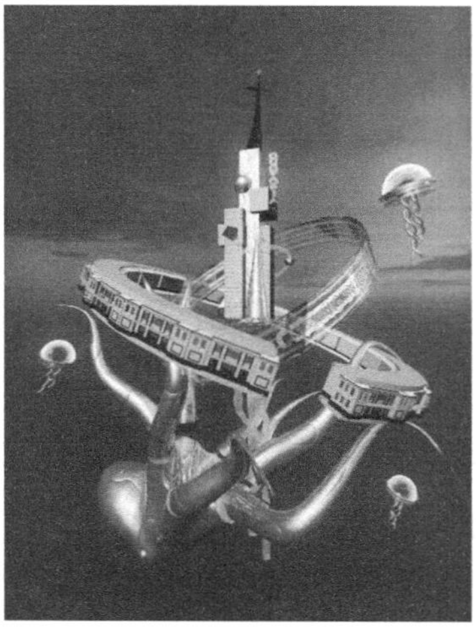

图4　曹斐：多托邦，图片来自艺术家本人提供

不同于“元邦”创始人对于元宇宙世界的创意与商业期许，曹斐通过“多托邦”表达对于现实与虚构元宇宙的多重质疑：“拉格朗日点”象征艺术家对于元宇宙的多重期待与疑虑，“冰室”代表对于面对面社交空间与情感的复古与怀旧。现实中的矛盾冲突能否在元宇宙当中寻求庇护、容身之处与情感归宿；元宇宙如何建构与现实的通道与连接，如何在数字虚空之中构建有温度的、人与人的关系。

蔡国强与徐冰两位国际知名的中国艺术家，均出生于20世纪60年代。其面向人工智能、区块链技术与太空探索主题而开展的相关艺术实践与探索，严格意义上来说，并非完全出于个人自觉、技术反思而开展的科幻艺术创作。作品中包含的前沿主题与新媒介、新技术，更多源自个体艺术家对新技术、新科技潮流的敏锐直觉，同时表达了创作者开放的艺术创作态度。

世界艺术史具有代表性的艺术家及作品，通常集中呈现了时代人文精神、科学发展水平、材料水平与工艺水平，是时代面貌与艺术家个人世界观的有机融合。当前数字技术、航天技术、生物技术领航科技发展态势，二位艺术家的探索，处于“自发到自觉”的演进过程、具有前瞻性与引领性。

综上所述，综合科学素养与艺术创作的科幻艺术，在国内目前从事相关艺术领域的艺术家数量非常少。科幻艺术的繁荣与发展，需要几个前提条件：首先是科学与技术的繁荣，其次是文化艺术的多元与自觉，加上产业生态的成熟与完善。综合以上，目前当代中国科幻艺术的繁荣发展基本条件已经具备，处于起步阶段。在AIGC人工智能技术的助推下，科幻艺术内容创作的跨学科合作与多模态转化值得期待。

（二）国内知名科幻艺术家的创作

1. 赵恩哲

赵恩哲，作为国内科幻绘画“元老级”创作者，多次荣获全球华语科幻星云奖与中国科幻银河奖，在业内被称为“国内星际科幻绘画第一人”。2022年其科幻故事画集《星渊彼岸》荣获“阅文杯”第32届中国科幻银河奖——“最佳相关图书奖”。颁奖词为“中国首部具有东方色彩的科幻故事画集”。

故事讲述分为末世降临、星际探索和创世回归，以西方科幻视角为开端，以东方创世神话与对生命的哲学思考为结尾，其中核心女性角色“NW600”（图5）来自人类自身与人工智能的融合实验项目——Next Wish（中文为“下一希望”，也是“女娲”汉语拼音首字母），寓意孕育生命、滋养万物、消融灾难，女性在世界遭到灭顶之灾时带来重生与希望。“NW600”凤凰涅槃、浴火重生，体现了东方哲思的核心——生命不灭、万物轮回、大道归一。这部插画与叙事诗歌结合的科幻图像小说，浪漫诠释了浩瀚宇宙的动人之处。

图 6 为赵恩哲《三体艺术插画集》中的“末日之战”。

图 5 “NW600”诞生 赵恩哲绘

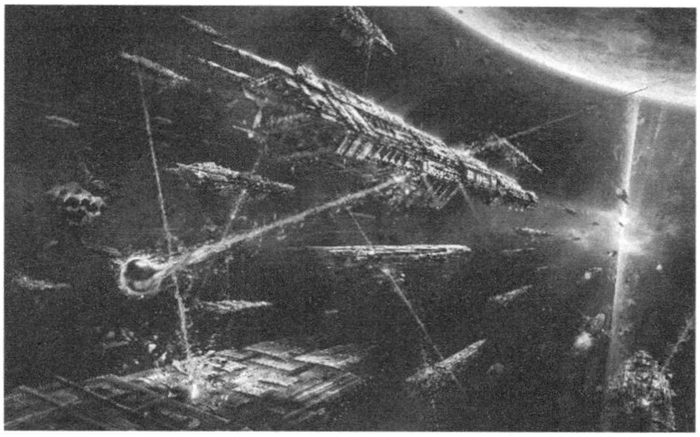

图 6 末日之战《三体艺术插画集》 赵恩哲绘

如何从科幻艺术视角诠释东方美学？画面中大量运用了符号化的中国视觉元素，“NW600”、“夸父”号、“大禹”号、“后羿”号，灵感来自《山海经》。赵恩哲认为“单幅科幻插画，通常都是通过构图、色彩、线条和细节等手法来表现故事情节和人物性格，进而诠释叙事性。通过图像对科幻叙事进行‘重构’与‘解构’，对于科幻经典文本做出图像解读，是对艺术家最大的考验。科幻艺术创作重点是先架构作品精神内核”。

作为《星渊彼岸》总策划，袁征认为赵恩哲的科幻绘画具备宏大的世界观，符合世界主流科幻视觉语言，其内在思维具备很强的东方哲学特征——内敛与谦和。形式与内核的反差形成强烈张力，成为架构《星渊彼岸》世界观的源头，展现东方人与西方人思维上的差异。西方人习惯于以身体为界向外部世界、自然与宇宙进行探索；而东方人习惯于自省与感悟内心，强调天人合一。

2. 付志勇

清华大学美术学院信息艺术设计系付志勇副教授与李嘉薇团队创作的“AI City Park”，以科幻视角构想未来，AI 进步使人们能够超越现实边界，进入全新数字化世界。Al City 系列项目，缘起于付志勇副教授对于未来城市的构想，他指导团队从设计创新角度出发，以人为中心的理念探索设计价值，进一步思考社会、人文、科技的视域下，探索与发掘艺术与科幻在设计未来

（design futures）中可能扮演何种重要角色。“AI City Park”（图 7）从叙事角度出发，以德勒兹根茎理论作为支撑，利用科幻小说与设计虚构中常用的“世界构建”（world-building）叙事技巧，为设想和设计合理的未来情景提供一个框架去构建未来世界形态，从而生成多元、开放、非层级结构的未来图景设计范式。

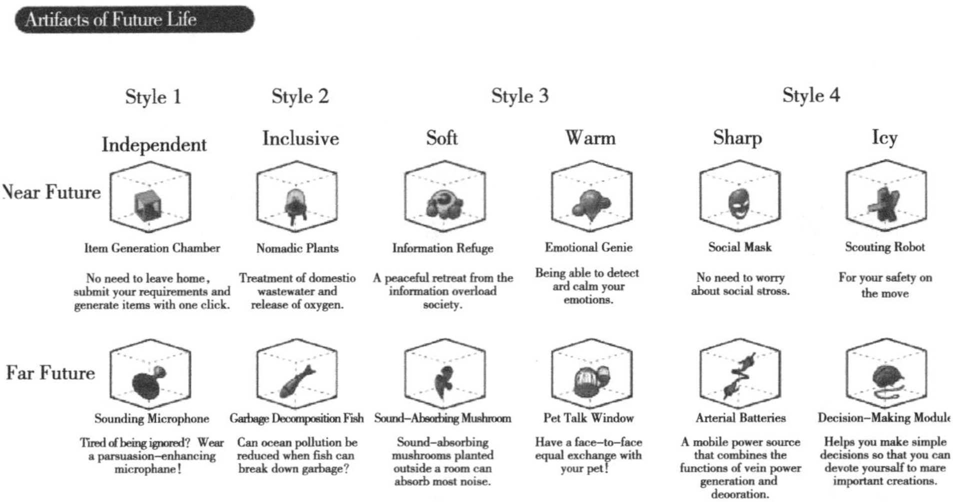

图 7　清华大学美术学院付志勇副教授与李嘉薇团队创作的“AI City Park”

在“AI City Park”（图 8）中，现实与虚拟交织，人们可以穿梭于虚拟的元空间，探索科技与艺术的交融。该作品创作主要以启发式指南引导观众自主性探索并创造一系列虚实共生的空间。当观众进入未来之城，行为数据被收集并用于生成多种多样的替代现实。这些生成式的替代项在空间中形成持续性、差异化、分布性、平等性、生成性的空间叙事。观众可以根据自己的喜好和兴趣选择不同情景，从而重新构建用户、物品和场景要素之间的关系。观众可以自主探索和创造虚实共生的空间，从而以全新的视角理解和塑造未来社会的形态。团队创作目标不仅提供令人兴奋的虚拟体验，重构用户与环境之间的互动关系，帮助观众适应并平衡新兴环境。未来世界的设计激发观众对当下环境的关注，对科技与人类生活演进的反思。在这个科幻与设计交织的未来之城中，人类的想象力和创造力将得到无限释放，开创出全新前景与可能性。

作为 20 世纪七八十年代前后出生的艺术家，赵恩哲与付志勇明显不同于

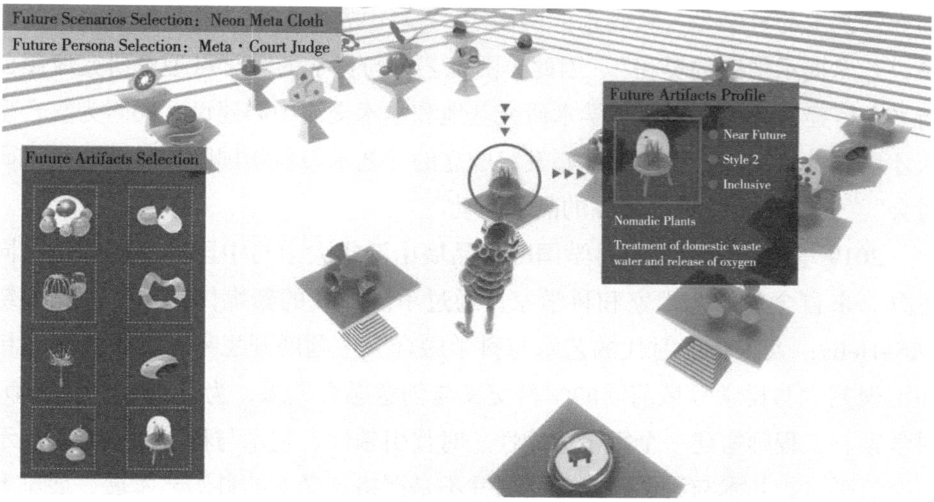

图 8 清华大学美术学院付志勇副教授与李嘉薇团队创作的“AI City Park”

20 世纪 60 年代出生的艺术家如蔡国强、徐冰那么乐观，在艺术作品中对于科技与元宇宙的发展，流露出明显质疑、审慎与反思的多元化态度。

二、年度科幻艺术教育概况

“文理分科”在中国高考录取中与高等教育领域已经实施了 50 多年，无形之中造成青年人才培养过程中科学思维与人文素养的割裂。科幻艺术作为教学手段，恰恰需要创作者融合科学与艺术的思维与技巧，创作过程也是科普教育与美育协同开展的过程。国内双一流高校，如清华大学、北京航空航天大学，近年来已经从不同维度，认识到科学与艺术在高等教育中交叉融合的必要性，在课堂内外多元化探索具有特色的融合氛围、途径与方法。

（一）高校的科幻艺术教学

1. 清华大学

2001 年，经诺贝尔奖得主、清华大学名誉教授李政道与清华大学美术学院教授吴冠中联合倡导，清华大学正式成立艺术与科学研究中心。李政道先生倡导“艺术与科学是一枚硬币的两面”，吴冠中先生主张“科学揭示宇宙的奥秘，艺术揭示情感的奥秘”。因此，围绕艺术与科学的跨学科理论研究应用创新平台搭建，致力于高水平学术研究基地和学术交流中心建设，同时为复合型人才培养做出试验性探索。中心发起成立的“艺术与科学国际作品展暨学术研讨会”① 是清华美院承办多届的品牌活动。

2019 年第五届艺术与科学国际作品展由清华大学与中国国家博物馆共同主办。来自全球的艺术家和科学家，通过不同形式的新媒体艺术作品，围绕“AS-Helix：人工智能时代的艺术与科学融合”主题展开思考和探索。展览旨在汇聚艺术与科学领域前沿的学科交叉与创意融合成果，为艺术家、设计师、科学家、工程师搭建一个富于前瞻性、时代引领性、艺术与科学相融合的展示与交流平台。艺术与科学国际作品展并不是严格意义上的科幻艺术展，展览上集中展示了结合新技术、新材料创作的新媒体装置、互动作品等。众多作品展示出对技术、环保和未来主题的关注。

在前期艺术与科学融合的氛围培育之下，2022 年 12 月 15 日，清华大学国际艺术与设计教育大会在线上举行。大会以“万物互依”为主题，中外知名艺术与设计院校的教育家、设计师、艺术家们，联合来自社会学、海洋学、生物学、计算机技术、航空航天等不同领域的业界专家一起跨界交流。同期举办了名为“发声器”国际艺术与设计系列工作坊。工作坊分为五个专题：“被制造的环境：艺术的转译”“方舟计划：漂浮城市与生活”“共同的栖居：身边的生物多样性”“数字人工厂：虚拟生存指南”“地外之家：太空建筑与交互”。

其中“地外之家：太空建筑与交互”主题围绕空间站太空舱展开设计。

① 首届艺术与科学国际作品展暨学术研讨会主题为“物之道，生之欲”，于 2001 年在中国美术馆举行，国际学术研讨会则于 6 月 1 日至 2 日在清华大学举办。

第二届艺术与科学国际作品展暨学术研讨会于 2006 年 11 月在清华大学举行，主题为“当代文化中的艺术与科学”。

第三届艺术与科学国际作品展暨学术研讨会主题为“信息·生态·智慧”，于 2012 年在中国科技馆举办。

第四届艺术与科学国际作品展的主题是“对话达·芬奇”，于 2016 年在清华大学艺术博物馆举行，展览包含达·芬奇的 60 幅手稿和装置模型，同时展示现当代国际艺术与科学领域最新艺术创作，从多角度多领域阐释艺术与科学的关系。

来自环境艺术设计、信息艺术设计、数据科学等不同专业的主创同学们聚在一起，在以师丹青老师为首的导师组[①]联合指导下，共同设计了太空的冥想室、冰球场、花园以及睡眠舱四个不同功能的太空舱。太空冥想室：狭小幽闭的舱体环境，可以借助参数化的建筑声学结构产生或广阔无垠、或空灵清幽的声音效果，以此实现心灵的慰藉和疗愈；太空冰球场：失重环境下的冰球运动拥有更加极致的体验和更加独特的趣味；太空花园：让宇航员午后踱步，观察地球上的木本植物如何在有序光照和无序的太空环境中生长；太空睡眠舱：更加智能和具有安全包裹感，宇航员们可以在其中舒服地睡眠。四节“太空舱”即四件作品，既饱含艺术想象力，又具有科学严谨的出发点，是主创同学大胆想象、小心求证的结果，更是艺术和科技在太空中碰撞出的火花。

清华大学美术学院信息艺术设计系“交互设计”本科课程，由付志勇老师主讲，分为两个系列面向不同年级本科生。课程一立足于科技、社会、人文与设计的交叉领域，聚焦互联网发展中人与科技、人与自然的关系，从理解人的行为和文化情境出发，通过对人与人、人与产品及环境之间沟通与交流方式的设计，创造出新的生活、工作、学习与娱乐体验。2022年课程主题围绕“未来福祉”主题探索元宇宙生存的可能，结合开源技术平台和未来设计工具开展应用于虚拟空间交互设计探索，思考研究虚拟与现实产生联系的方式，呈现数字化福祉的未来愿景。在创作过程中，学生从四个预设人物（数字游民、生命科学家、元宇宙创业者、数字非遗传承人）选择一个角色出发，进行情景构建和世界观注入，结合设计虚构原型呈现以叙事角度构想多样化未来。由张泊宁、陈曦儿、徐瑜彬三位成员组成“生命自由国度”团队，选定人物身份为“生命科学家”，将故事时间设定在基因编辑技术迅猛发展的未来，生命科学家Jone博士在元宇宙建立了一套数字基因系统名为“生命自由国度”（简称FL）。在这个系统中，数字居民的身份信息表现为DNA双链结构，每个人都

① 导师组成员：美术学院信息艺术设计系副教授师丹青、清华大学美术学院环境艺术设计系副教授陆轶辰、清华大学美术学院工业设计系教授张雷，中国人民解放军航天员大队第一任大队长申行运，合肥国家能源研究院艺术与科学联合实验室负责人习晓瑾，中国中元国际工程有限公司建筑师霍旭东，北京理工大学智能机器人与系统高精尖创新中心副研究员赵岩，中国航天集团空间技术研究院高级工程师张传军，北京紫薇宇通科技有限公司顾问王一，麻省理工媒体实验室宇宙探索计划艺术策划人刘昕。

可以通过编辑数字基因改变自己在元宇宙中的体貌甚至物种。人们也可以对动植物的基因进行修改，得到符合自己需求的生物。系统中基因编辑导致的性状改变，来自科学理论与庞大数据的严谨推算，该系统不仅为电子居民赋予“造物者”身份，也使得基因编辑技术在普通民众中得到更多的了解和认可。

“交互设计”课程二引导学生理解未来思维与社会创新理念，及其对未来交互模式的影响，探索社群、活动、媒介、空间与环境之间的互动联系，掌握活动设计与影响力传播的方法，结合实践课题运用和发展。2022 年以“未来图景实验室”作为思考空间，开展交互物品的设计与制作，利用增强现实手段引导观众对社会价值的思考。该课程成果以开源方式支持创变者，以设计创新促进社会梦想的实现，以共享价值促进命运共同体的构建。邱诗涵、熊芮琳、刘畅三位同学构想了“植变计划”（图 9）——人类通过改造植物的自救计划。故事设定在 2060 年，将蜜蜂灭绝作为“植变计划”元年。植物在人工设计下演进为庞大的植物工厂，成为人类赖以生存的能源供给站。不同植物在能源紧缺条件下有条不紊地维持人类生存。通过“氧气”“食物”“水”“光”“药物”这五大“植物工厂”部门展示未来植物的职能。通过场景布置与 AR 增强现实的虚拟植物影像，创造未来植物种植基地，引发观众对于未来植物的联想、重新审视当下植物与自我的关系，围绕低碳可持续发展进行未来设计。

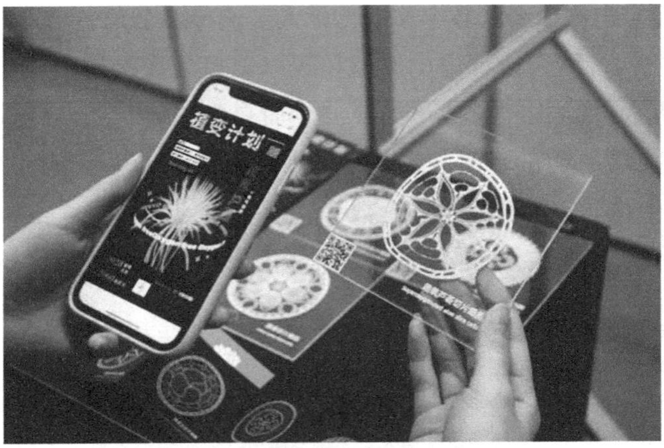

图 9　植变计划，作者：邱诗涵、熊芮琳、刘畅　指导教师：付志勇 / 清华大学美术学院

2. 北京航空航天大学

在科幻绘画教学方面，北京航空航天大学新媒体艺术与设计学院凭借航空航天高等教育科研优势，结合国内较早开设的专业插画教学（插画专业建立于2002年）实践，率先关注并开展科普与科幻插画创作课程。

2002年，北航创建了新媒体艺术与设计学专业与生物工程专业（后来两个专业分别发展为：新媒体艺术与设计学院、生物与医学工程学院，均获评国家级一流学科）。生物与医学工程学院庄逢源教授（担任国际宇航科学院通讯院士），协助2008年NASA美国宇航局主办的"人类在太空"全球青少年艺术创作大赛，负责面向中国青少年征集作品。新媒体艺术与设计学院的庄维嘉老师承担了这次国际大赛具体征稿工作，完成当年中国区作品征集并担任国际评委与同行评审交流。最终署名为曾维佳、赫怡岚、黄思娜的中国三人创作团队获得大赛二等奖。

2007年北京市科学技术协会组织开展了"北京科普动漫创意大赛"，2013年升级为"北京科普新媒体创意大赛"，2019年将之前相关大赛整合为"首届北京科学教育馆科学传播大赛"，其中子项目包含科学表演与科普绘画两种形式，由于缺乏专业的指导和相关课程，这两项国际科学传播领域较为常见的艺术形式在国内面临征稿难题，尤其是面向18岁以上的成人创作寥寥无几。北航新媒体艺术与设计学院最初开展科普科幻绘画教学，正是始于偶然接触到国内外科学、科普传播对于艺术与创意的需求。

经过近十年探索，北航科普与科幻绘画教学，结合多个国家级一流学科——航天、太空探索、生物医学工程与信息等学科，结合前沿创新学科优势与视觉传达设计，形成多项国家级一流学科交叉、协同育人的模式，在科普与科幻绘画教学领域取得了国内领先成果。庄维嘉老师指导学生创作的科幻绘画作品获北京科幻创作创意大赛第十届光年奖——科幻美术等七项大奖。

北航新媒体艺术与设计学院的科幻绘画教学，以中国航天精神为引领，以太空探索科学原理为基础，以科幻绘画想象力与艺术创作技巧为支持，从自发到自觉，形成以航天精神为价值引领，科学原理、艺术技巧、幻想与哲思、AIGC协同并重、多元一体的系统化教学与创作体系[1]（图10、图11、图12）。

图 10　科幻插画　作者：王晨　指导教师：庄维嘉 / 北航新媒体艺术与设计学院

图 11　科幻插画　创作者：龙贤喆　指导教师：庄维嘉 / 北航新媒体艺术与设计学院

部分拔尖高校在科学与艺术相融合的前期经验与成果，可以参照中国科幻年鉴的示范效应，以专题专著的形式，形成一流课程模式与主题专著，进行广泛传播与推广。

图 12　科幻插画　创作者：黄丽媛　指导教师：庄维嘉 / 北航新媒体艺术与设计学院

（二）中小学科幻教育概况

科幻艺术教育作为科普与美育教学手段，在全国范围内受到了幼儿园与小学年龄段学校的热烈欢迎。在儿童青少年科幻绘画活动越来越繁荣的表象下面隐藏着两个问题：首先是缺乏专业的科普和科学课程老师，缺乏科学常识与美育常识的教学氛围，以至于儿童与青少年获取科学与美育常识的渠道非常有限；其次面向儿童与青少年开展的科幻艺术创作活动越来越多，竞争逐渐激烈，参与者有可能会面临“选择困难症”，不知道哪一项活动更具有权威性。

国内面向儿童及青少年开展的科幻绘画活动的主办与发起单位通常为：中国科学技术协会、各市属地方科学技术协会、各级专业学会、中国科普作家协会与各地方科普协会等单位。下面列举几项国家级或省部级、举办周期较长、影响力较大的儿童与青少年科幻绘画活动。

1. 国际航联青少年航空绘画大赛

该赛创办于1986年，是国际航空运动联合会（FAI）面向全球6～17岁青少年开展的一项艺术类竞赛。大赛每年举办一次，每次比赛都会确定一个绘画主题。国际航联会员国们通常会把国内比赛优秀获奖作品提交至国际航联总部参加最终评选。该赛在国内由中国国家体育总局航管中心、中国航空运动协会主办，航空知识杂志社承办，目前以“全国青少年航空航天模型教育竞赛绘画评比活动暨国际航联青少年航空绘画大赛”作为国内选拔赛，已经举办了三十多届，中国区选送的作品累计荣获国际金、银、铜等奖项达40次。

2. 中国宇航学会“我的太空梦”太空画创作征集评选活动

“我的太空梦”太空画创作，是中国宇航学会自2017年开始打造的公益性、普适性的航天科普活动，面向18岁以下的青少年，邀请孩子们拿起手中的画笔尽情描绘自己的太空梦想。活动源于20世纪90年代开始陆续举办的“全国青少年太空画大赛”“全国太空画创作大赛”“太空美术作品展”。2017—2022年以来累计征集画作（电子投稿以来）7.2万余幅，累计获奖人数747名，优秀奖11301名。

2022年第十一届太空画创作活动主题为“日新‘月’异”，主要围绕2021年中国探月三期工程圆满完成，包括月壤样品采集等内容，以“地月空间、地月经济圈、月球基地、月球开发与利用”等月球相关主题为创作主线，结合载人航天、空间站、月球探测、火星探测、小行星探测、空天安全等主题元素，讲好航天故事的艺术作品，给未来空间探索带来无尽可能。创作征集面对18周岁以下的中国境内青少年，根据年龄分成五组：5～6岁、7～9岁、10～12、13～15岁、16～18岁。

根据连续担任多届大赛终评阶段评委的评审经验来看，优秀作品往往集中于5～6岁、7～9岁两个年龄段，也就是幼儿园与小学低年级段。小学之后随着参赛者年龄增大，好作品比例下降。推测原因在于初中之后，青少年升学应试压力日渐加重，学习应试范围之外的航天科学知识、画画的时间和精力都相当紧张，想象力也日渐局限。因此青少年群体当中参与航天科幻画创作的数量大为减少，好作品比例也大为降低。所以从科幻画作为科普科幻教育手段进行推广的实际应用效果来看，以幼儿园与小学低龄段为主开展活动，会取得更好效果。

“我的太空梦”太空画创作征集活动，形成值得推广的科普科幻艺术教学经验，活动依托中国航天科技教育联盟成员学校[①]，与全国航天特色学校（主要是中小学）日常开展重大中国航天科学普及活动，形成了良好航天科普知识氛围。

3. 全国青少年科学创作活动

该活动由中国科普作家协会主办，《科学故事会》编辑部承办，活动宗旨是引导中小学生追求和探索科学奥秘，培养科学创新精神和科技创新能力，弘扬爱国、创新、求实、奉献、协同育人的科学家精神，建设新时代中小学生想象力、观察力、阅读力、表达力的展示平台，增强青少年科普阅读和创作能力，为建设创新型国家培养后备人才。科学创作活动主题聚焦科普和科幻两个方向，选择写作、绘画或视频三个类型之一的作品参与活动。通过连续几年担任全国青少年科学创作活动绘画类作品评审，我们发现科普科幻主题写作与绘画相结合，更容易增进创作者对主题的理解、阐释与创造性发挥，取得科学知识与审美创造相融合的良好效果（图 13、图 14）。

4. 北京市青少年科技创新大赛

2022 年第 41 届北京市青少年科技创新大赛以“发现 · 创新 · 责任”为主题（由北京市科学技术协会、北京市教育委员会、北京市科学技术委员会、中

① 中国航天科技教育联盟于 2017 年 1 月 18 日在北京市八一学校隆重成立，联盟由国家航天局、中国航天科技集团指导支持，中国航天科技国际交流中心、北京市八一学校、中国人民大学附属中学、西安交通大学附属中学、北京航空航天大学、北京理工大学、南京理工大学、中北大学等八家单位联合发起，各省（市）教育主管部门、航天科研院所、大中小学校、职业院校、企事业单位等自愿申请加入。在联盟各单位的组织及带领下，中小学生将参与科普卫星、北斗导航、探空火箭、高分辨率对地观测系统、太空机器人、小行星与深空探测、探月工程等一系列航天创客工程活动。高等学校将发挥人才培养优势，与中小学开展卫星等航天器的研制与应用合作，联合各成员单位共同探讨贯通式人才培养模式。

全国航天特色学校是指定期开展航天科普活动，具备航天科学教育能力，形成航天科技教育办学特色的学校。根据《全国航天特色学校认定与管理办法》（试行），中国宇航学会负责对特色学校进行统一管理，为特色学校开展航天科普教育工作提供支持。为了深入推进航天科普教育在全国中小学的普及，中国宇航学会在中国科学技术协会和国家航天局的指导下，从 2016 年开始推动全国航天特色学校的申报、评审、挂牌认定工作。2017 年 4 月，全国航天特色学校已经发展到 41 家。2019 年，共在全国 22 个省区发展了 66 所全国航天特色学校。

《“电鳐号”宇宙飞船的火星之旅》

创作说明：

2021年，中国的“祝融号”成功登陆火星，它的成功登陆点燃了中国星际探测的火种，也指引了人类对浩瀚星空、宇宙未知的接续探索。当时间来到3021年时，地球上已经不止人类一种高等生物了，海洋里的鱼类也已经变成与人类一样的高等智慧生物。为了庆祝“祝融号”成功登陆火星1000周年，太平洋环宇宙旅行公司特地举办了火星探险三日游。今天，剑鱼先生、旗鱼女士带着他们的女儿雀鲷小姐和儿子小虎斑与机器人兄弟小黄、小红一起，由导游火星人“三角先生”驾驶“电鳐号”宇宙飞船飞往火星，开始了他们的火星探险三日游。

图13　全国青少年科学创作活动绘画征集作品:《“电鳐号”宇宙飞船的火星之旅》图片来自庄维嘉/大赛评委

《AI时代》

创作说明：

AI时代 随着科学的进步、延展以及创新，人工智能时代全面开启。生活节奏变快的同时，人们对智能的需求更加多样化，如机器人、语言识别、图像识别、自然语言处理和专家系统等。人工智能带来的科技产品：将会给人类的生活带来极大的改善和便利：电视就是一个微小的盒子，电话就是一个按钮，家就是一个3D空间；节省空间的同时，让生活变得简单快捷。在未来，除了人工智能，还有空间技术（如时空穿梭）、能源技术、基因工程、纳米科学等科学研究。

图14　全国青少年科学创作活动绘画征集作品:《AI时代》　图片来自庄维嘉/大赛评委

关村科技园区管理委员、共青团北京市委员会、北京市妇女联合会、北京市知识产权局、北京市怀柔区人民政府共同主办）。大赛共收到来自北京市各区青少年及科技辅导员作品 2045 项，其中申报学生项目 1031 项、科幻画 768 幅、实践活动 78 项、科技辅导员项目 168 项。项目内容涉及物质科学、生命科学及行为和社会科学等 8 个学科领域。

5. 2022 年南沙区中小学科普科幻创意写作与绘画活动

该活动（图 15、图 16）由中国科普作家协会组织，从活动主办方的角度来看，以上科幻画创作活动，正面临越来越多的同类竞争。因为在儿童和青少年阶段开展科幻画创作活动，可以行之有效地把科学知识、科普教育和艺术创意结合起来，同时作品又具有较为显著的展示效果与传播效应，因此各级科技馆、教委和儿童中心相继开展类似活动。2022 年教育部公布的“2022—2025 学年面向中小学生的全国性竞赛活动名单”（俗称“教委竞赛白名单”）。44 项竞赛中艺术类竞赛只有三项，目前没有一项科幻艺术类的全国儿童青少年活动或大赛。因此对于目前的全国儿童与青少年科幻艺术大赛主办方来说，有可能忽略了“教委竞赛白名单”[2]对于活动在全国的平台与推广作用。教育部委托中国教育学会定期评审“中小学生全国性竞赛活动名单”，通过评审有助于扩大征稿范围，提升征稿质量和活动公信力①。

图 15 《在未来之城里》
一等奖 / 冯苡晴（10 岁）

图 16 《科技之光照南沙》
一等奖 / 尹怀瑜（8 岁）

① 教育部办公厅关于发布 2019 年度面向中小学生的全国性竞赛活动的通知。

由上文可总结，部分高校科学与艺术相融合的教学经验与成果，可形成一流课程模式、专著出版进行推广，也可以由优质高校与中小学联合开展科普、科幻艺术资源共享、联动教学。

面向儿童与青少年的高质量科普与科幻教育资源，以2022年中国科学院推出“科学公开课”为典型，由中国科学院科学传播局、中国科学院学部工作局、教育部基础教育司主办，中国科学院物理所承办，中国科学院计算机网络信息中心、中国科学院大学协办。系列视频课程由院士和中国科学院研究员领衔主讲，是中国科学院在“双减”背景下，从中小学课外教育入手满足中小学生的科普需求、培养学生综合素质，在寒暑假期间为青少年重点打造的一套网络科普课程，是纯公益、全开放的自由选修科学课。

中国空间站推出的“天宫课堂”，由中国载人航天工程办公室联合教育部、科技部、中国科学技术协会、中央广播电视总台等主办，中国科技馆及载人航天工程相关参研参试单位提供支持，共同打造科普教育国家品牌。面向儿童及青少年的科幻艺术创作活动，可以考虑参考上述公开课，制作一些高质量的教学视频。

从传播推广层面来看，由政府、教育部、科学技术协会等官方平台推广科学与艺术的融合，肯定科幻艺术特有的科普与美育多元化教育功能，更容易取得全国示范效应[3]。

三、总结及展望

从目前国内科幻艺术领域整体态势看，包括科幻绘画、科幻动画、科幻游戏、科幻新媒体艺术、科幻影视、科幻戏剧与科幻艺术展览等类别，整体发展呈现高素质创作者与高质量作品双重稀缺的现状[4]。该稀缺现象的根源在于相关领域教育体系不完善，科幻艺术创作者人才要求具备的跨学科素养，在教育体系中长期被忽视。此外，科幻艺术作品整体数量匮乏，在此基础上虽然存在个别先行者与探索者，产业生态与产业规模还未形成，所谓“滴水不成海，独木难成林”。

面向儿童与青少年开展的科幻绘画与科幻艺术创作活动，作为科普教育手段日渐繁荣，受到社会各界广泛关注，且取得一定成果。在全国范围推广科学与艺术的交叉学科教育与创作创新，能鼓励更多儿童与青少年基于当前科学发展对未来展开想象，以科幻艺术激发探索未来的好奇心、思考自身的使命与责任担当，把德育、智育、体育、美育、劳动教育，“五育并举”落到实处。

参考文献

[1] W.Edward Steinmueller. Science fiction and innovation: A response [OL] Science fiction and innovation: A response - ScienceDirect，April 2017.

[2] 山东省教育厅.白名单来啦！2022—2025学年面向中小学生的全国性竞赛活动名单公布！[EB/OL].（2022-09-30）[2023-06-03].https://m.thepaper.cn/baijiahao_20128721.

[3] 吴子竞，伊莲娜·康斯坦丁诺芙娜·布林诺娃.1949—1999年苏联著名科幻文学插画艺术家及其作品浅析[J].中国民族博览，2021（08）：155-159.

[4] 邹松霖.专访《流浪地球》导演郭帆：科幻和艺术的背后是工业化[J].中国经济周刊，2019（04）：40-43.

作者简介：

庄维嘉，北京航空航天大学新媒体艺术与设计学院副教授，北京漫画学会副会长、理事。研究方向为当代艺术与跨媒介叙事、插画与图画书创作、艺术与科学的教育传播。

中篇·专论部分

科幻产业的技术支撑和技术服务

崔亚娟

一、科幻产业的技术支撑和应用场景

科技赋能科幻产业，科幻激活科技创新。科技的发展给科幻产业注入了强劲动力，深入到科幻作品创意研发、生产制作、运营服务以及终端消费等各个环节。从产业类型来看，科幻产业的技术支撑和技术服务涵盖了数字阅读、影视动画、游戏文旅以及数字展示等各个行业。技术支撑成为科幻产业发展的源泉和不竭动力。

（一）前沿科技对科幻产业的支撑作用

科幻产业是文化和科技融合的典型产业，其产业链的各个环节都对技术有充分的依赖性，同时又对科技的创新发展产生积极的推动作用。科幻产业发展到今天，高科技在其中的应用已经占有非常重要的地位，渗透到科幻产业的各个门类。科学技术的发展和科学发明的进步为科幻创作提供了新鲜的内容和创意灵感。例如，航天技术的发展对宇宙题材科幻文学产生了影响，人工智能在科幻作品中作为一种常见的技术设定。基于科幻文学改编或原创的科幻电影中，前沿科技的应用更为普遍和直观。《2001 太空漫游》中的电脑 HAL 9000 就是一种具有人工智能的计算机系统。《流浪地球 2》中的智能机器人 MOSS

即将成为现实，人工智能和AIGC技术的突破性发展也带来了更多关于人类与智能机器博弈和共存的命题。量子计算技术是一种目前还处于研究阶段的前沿技术，但已经出现在不少科幻作品中。如《暮光之城》系列中的吸血鬼拥有超强的计算能力，可以在极短的时间内进行大量的计算和分析。虚拟现实技术也常常出现在科幻作品中。《黑客帝国》系列中的“矩阵”就是一个虚拟现实世界，人们可以在其中自由穿梭和进行各种活动。基因工程技术在科幻作品中也经常出现。例如,《星际迷航》系列中的变形人种族就是一种基因工程产物。其他作品中，基因工程技术也被用来描述改造人类基因、创造新物种等情节。

作为科技活动的主体，科学家们也参与到科幻影视剧的制作中来。例如，在电视剧《三体》的制作过程聘请了各个领域的科学顾问，对影片中的科学世界观进行研判，同时对其中展示的道具（如计算三体的物理公式、碳纳米管等）进行专业评估，这也是科学技术支撑科幻电影发展的典型案例。

除了在影视情节方面的应用，科技前沿技术及其产品也会出现在电影的场景和道具中。例如,《流浪地球2》中的“MOSS之眼”和UEG基地前端智能摄像机等设备均由浙江宇视科技有限公司提供。目前，科学技术在科幻产业链和场景中的应用尚处于摸索和起步阶段，科技创新企业已经意识到文化产业领域的商机，正在积极布局相关的市场运营和开发渠道。

（二）科幻产业的关键技术与创新应用

作为科技文化融合型产业，科幻产业对科学技术有着强烈的依赖和需求。科幻产业的关键技术包括数字技术、影像技术、人工智能和大数据技术、区块链技术、虚拟现实技术等，以及在这些技术背后的软硬件设备的生产和应用，形成了服务科幻产业关键技术的产业链（图1）。

科学技术对科幻产业的支撑在生产制作环节体现得尤为突出，在科幻影视作品和科幻游戏的创作中，数字技术和3D影像技术等被广泛应用，为科幻作品的逼真性和奇观化效果的呈现提供了更多的可能性，推动了科幻作品的创新。数字技术还提升了作品的分享和传播速度，让科幻作品收获更多的观众和粉丝。人工智能技术已逐步在科幻生产环节应用，促进了生产的规模化，并提高了工作效率。人工智能和大数据技术通过大量文本和数据的分析，在创意阶段生成更加精准和个性化的角色和情节，为创作者提供更多的灵感和想象力。同时，它们也能自动化生产流程，节约时间和成本。对科幻影视和游戏产业来说，人工智能可以帮助片方预测电影或游戏的票房或者销售额，优化营销策略，降低投资风险。在影视制作环节，最新的 AI 技术可以发挥更大的效能，从脚本生成到后期剪辑以及特效合成，实现极为逼真的效果。大数据技术还可用于进行科幻产业的市场调研和分析，了解观众的需求和喜好，制作更加符合市场需求的产品，从而提高作品的收视率和票房。

超高清、5G、全息影像、虚拟现实和增强现实等技术主要用在终端消费和展示等环节。超高清技术使得科幻影视剧和游戏的显示更加清晰和逼真，增强观众的沉浸感和代入感；5G 技术一方面加速了在线游戏产业的发展，另一方面，也提高了影视远程拍摄和制作的效率。全息技术、虚拟现实和增强现实主要用于科幻展示，跟其他技术相结合，将观众带入虚拟世界，体验科幻世界的奇妙之处。在这些技术的背后，更需要承载这些技术的硬件和应用场景，包括科幻影视的拍摄制作设备、计算存储设备，科幻展览和游戏用到的交互展示设备，以及机器人等，这些设备同样为科幻产业提供了重要的支撑和服务。

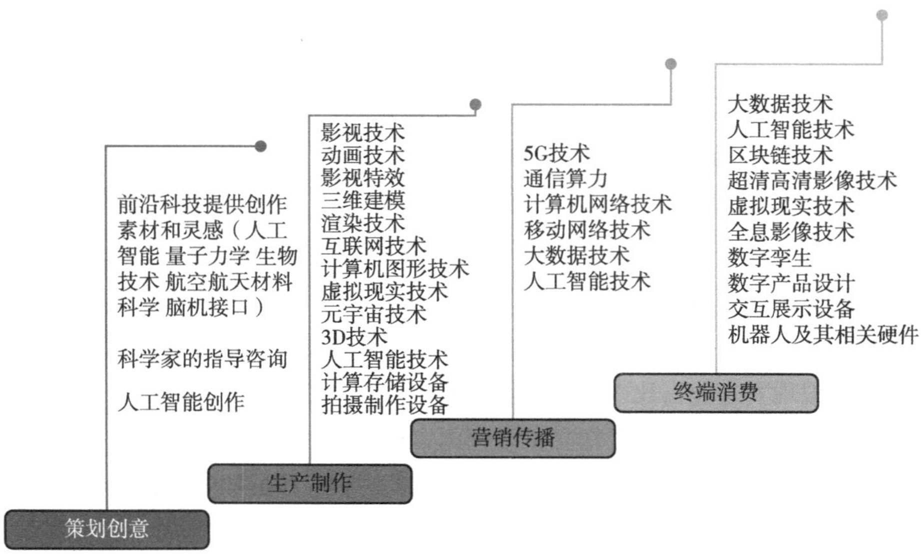

图 1　科幻产业关键技术与应用场景

二、近年来科幻产业技术服务发展概况

（一）整体发展概况

随着国家对科技文化融合的重视和政策引导，科幻产业作为文化创意产业的一部分已经成为新的经济增长点。然而，就整体而言，科幻产业仍然处在初步发展的阶段。2019 年，科幻电影《流浪地球》的上映对提振科幻产业信心起到了积极作用，但是，过去三年的新型冠状病毒感染疫情对科幻产业造成了巨大影响，因此，当前中国的科幻产业面临着新的重启。

总体来看，许多科技类企业在科幻产业的布局尚未开始，仅有少数企业将服务科幻作为自己的主营业务。对于大多数企业来说，它们主要关注自身的主营业务和赛道，将科幻技术支撑部分剥离出来有一定困难，如中国移动、华为科技、百度等大型企业。目前，将科幻技术支撑作为主营业务的大多是一些创业型企业和小微企业，因此，在计算科幻产业技术支撑产业产值上存在一定困难。本次调查主要基于企查查和爱企查等软件①，根据服务行业的不同，统计了科幻相关技术支撑产业在科学研究与技术服务、信息传输服务业以及文化、体育和娱乐业三大业态下的企业构成情况。从数字技术和影视制作、人工智能和大数据、元宇宙相关技术、展示技术等几个基础技术类型企业进行分析，提取影视拍摄、影视后期制作、动画设计，人工智能、大数据，虚拟现实、区块链，5G，以及全息投影、超清、高清技术等词汇，在这些关键词的引导下，检索出的企业总体数量为 12.6 万余家。其中数字技术和影视制作企业占比 44%，这些企业中绝大多数为动画设计类公司，相比之下，影视后期制作和影视拍摄公司合起来占比不超过一成。其次是人工智能和大数据企业，占比 42%，元宇宙和虚拟现实企业占比 12%，展示技术企业占比 2%（图 2）。另外，从相关公开数据整理和对比分析得知，目前国内直接从事科幻产业相关业务的企业有 400 家左右。专门服务于科幻产业的技术支撑企业有 150 多家，多为小微企业。

① 本数据统计时间截止到 2023 年 7 月 8 日。

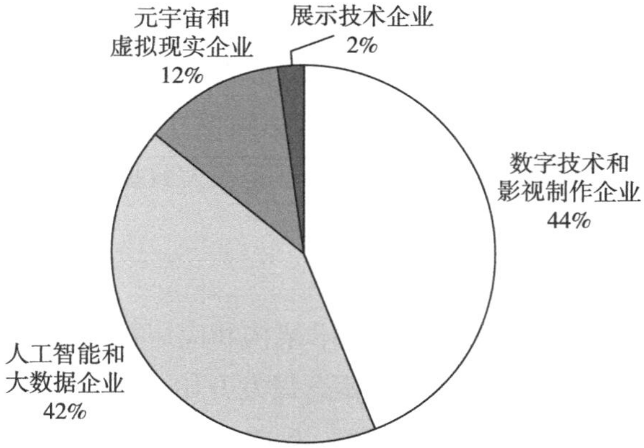

图 2　科幻产业相关技术支撑企业占比情况

通过这些数据，可以初步反映出这个产业的基本面貌。

（二）科幻产业技术支撑企业的发展概况

1. 数字技术和影视制作企业

数字技术对科幻产业的各个环节起到了重要的支撑作用，已经成为科幻产业的核心技术。基于数字技术的互联网产业对科幻阅读、科幻展览、科幻文旅等产业的影响巨大，但数字技术最直接服务的产业仍然是科幻影视制作。影视制作的全流程都离不开数字技术，包括前期镜头和场景设计、中期的数字摄影、摄像，以及后期的数字特效技术等。天眼查数据显示，目前我国有近 65.8 万家影视相关企业，但这些企业中从事科幻影视剧开发和制作的并不多，这跟我国每年的科幻影视剧的产量有重要关系。从近几年的统计数据看，虽然科幻电影的备案数有所增长，但电影备案数仅占整体的 3% 左右，并不是市场的主体类型。从全国来看，从事科幻数字特效与三维建模的企业有 1660 家，仅占影视企业总规模的 0.25%，其中小微企业占比达到 97%。

2. 人工智能和大数据企业

随着 AI 技术的发展，其已经渗透到各个产业领域，为各行各业带来了令人欣喜的变化。人工智能和大数据企业为科幻产业提质增效提供了重要的技术支撑。目前，AIGC 正在给内容创意产业的生产模式带来巨大的变革，AI 和大数据技术结合，提升了算法算力，为科幻产业精准定位用户和提供便捷的终端消费提供了保证。根据企查查统计，目前人工智能和大数据企业呈现快速增长的势头，文娱行业相关的国内企业已达到5万多家，其中人工智能占到四成以上，增长趋势明显。这显示了人工智能和大数据在未来科幻产业的技术支撑中将发挥更大的作用。

3. 元宇宙相关技术企业

科幻产业与元宇宙经济在底层技术架构和应用技术领域具有高度的融合和产业叠加效应。自2021年元宇宙概念爆发开始，科幻元宇宙产业也迎来了新一波的发展高峰。根据企查查数据，目前元宇宙技术相关的企业，包括虚拟现实、区块链和5G企业，在文化、体育和娱乐业领域有14690家，其中虚拟现实相关的企业达到2978家，区块链6608家，5G类企业5104家。2022年，中国VR50强排行榜中，有2家企业销售额突破100亿元，4家企业销售额在10亿～100亿元之间，22家企业销售额在1亿～10亿元之间，19家企业销售额在1000万到1亿元之间，其余3家企业销售额在1000万元以下[1]。在北京，首钢集团、石景山区政府、中关村通力共同打造的“科幻元宇宙孵化器”，通过搭建光场与计算光学、3D渲染、XR虚拟采集等专业技术服务平台，开展元宇宙企业孵化，将促进产业链上下游企业集聚，助推首钢园科幻元宇宙产业的快速发展。

4. 展览展示技术相关企业

随着科幻产业的逐步升温，目前科幻文旅和科幻展示行业也迎来了新的发展机遇期。在此领域中，主要包括科幻展览、科幻娱乐和科幻周边等，这些行业对于前沿技术也同样有着强烈需求，如运用到科幻展览中的三维渲染技术、全息影像、智能交互技术以及区块链技术等，还包括保障这些技术传输的5G技术等。这些技术跟前面谈到的技术之间有一些交叉，但服务的领域有所不同，本次调研仅对其展示终端的全息影像技术、超清和高清技术进行了统计。目前在三大业态下，相关技术公司有3000多家。其中主要是高清技术企业，达2863家，全息投影有229家，超清技术有19家，虽然公司数量不多，但作为细分行业已经初具规模，呈现良好的发展势头。

（三）科幻产业技术支撑企业的区域发展情况

从技术支撑企业的区域发展来看，本调研选取了国内几个代表性的经济区进行分析，研究发现，京津冀地区的企业占比规模最大，达到一半以上，其次是长三角地区和珠三角地区，各占将近两成，西南地区的技术支撑类企业发展也较为活跃，占比一成（图3）。从产业类型分布来看，京津冀的数字技术和影视制作类企业占据绝对优势，长三角和西南地区重点发展人工智能和大数据技术，珠三角地区各个产业类型分布较为均衡，在终端展示技术方面也形成了一定的规模。

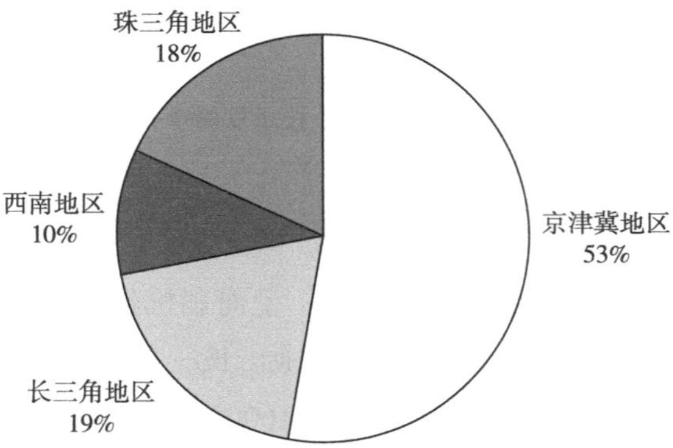

图3　科幻产业技术支撑企业区域分布图

1. 京津冀地区

京津冀地区中北京占据绝对优势，作为科幻产业主要聚集地，北京市的海淀、朝阳以及石景山区拥有较多的科幻产业技术支撑企业。海淀区由于中关村产业园的存在，引进了大批技术类企业。石景山区早在2017年就开始发展虚拟现实产业，并顺利实现产业升级，引进了大批技术企业，这些企业将为科幻产业的崛起提供强大的技术支持。2022年，北京市第四批市级重大应用场景在中关村论坛系列技术交易活动中发布，涉及的应用场景总投资额约为90亿元。据企查查统计数据，京津冀科幻产业相关支撑技术企业已达到4万余家，其中北京市占比达到93%。在这些企业中，以数字技术和动画设计类企业为主，其次是人工智能和大数据相关企业（图 4）。

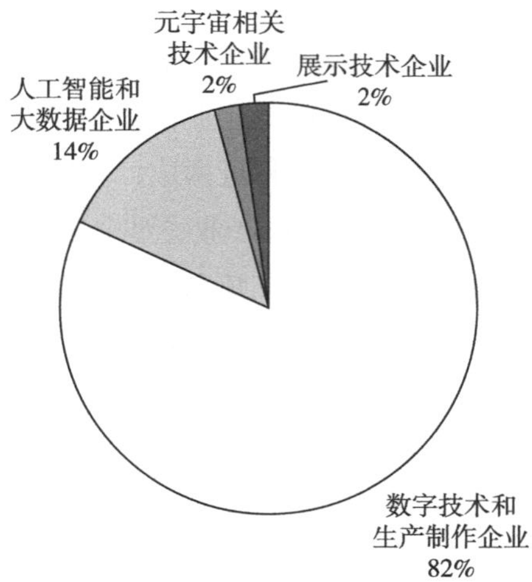

图 4　京津冀地区科幻产业技术支撑企业发展情况

2. 长三角地区

从长三角科幻产业发展的状况来看，上海和杭州是主要的技术支撑企业聚集区，江苏和安徽也在积极布局相关产业。长三角地区拥有全国最多的科技企业，与科幻产业技术支撑相关企业达到 16000 多家。其中数字技术和影视制作技术企业占比 58%，其次是人工智能和大数据企业，占比 25%（图 5）。除了技术应用，上海市的相关企业还为科幻影视提供了硬件上的保障，让科幻呈现真实的质感。上海傲鲨智能科技有限公司参与了《流浪地球 2》的外骨骼机器人的提供服务，但据公司对外发布的消息说，该业务为免费提供，他们很荣幸能被科幻电影选中，该公司生产的机器人不仅在片中参演，还在剧组帮忙运送道具，承担了"道具"的工作。而另一家"专精特新"小巨人企业和高新技术企业——上海西井科技股份有限公司则承担了《流浪地球 2》的无人驾驶卡车的"出演"任务，提供了硬核的未来科幻场景。浙江宇视科技有限公司为《流浪地球 2》提供设备与技术支持，总计交付了 45 个 SKU（指一种属性确定的单品）的 423 件产品，包括网络摄像机、雷达雷视、显示、存储、服务器等装备，发出的货品量可铺满一个小篮球场[2]。

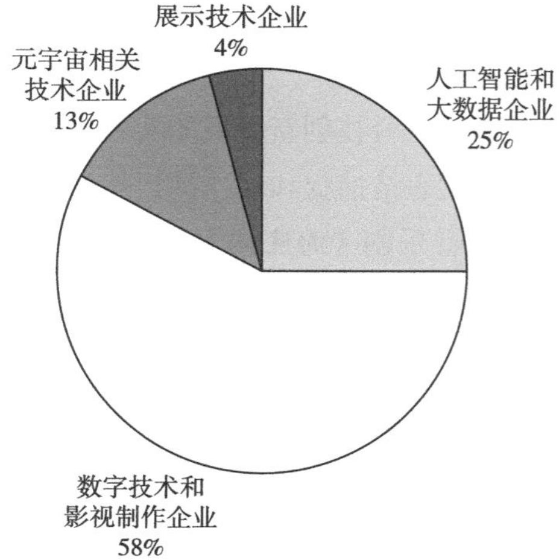

图5 长三角地区科幻产业技术支撑企业发展情况

3. 西南地区

西南地区的科幻产业主要聚集在成都和重庆。成都是中国科幻产业发展较早的区域之一，而且将在2023年10月举办世界科幻大会。西南地区目前拥有超过8645家科幻产业的相关技术类企业，其中四川省的企业总数占到四成以上，其次是重庆市，占到企业总数三成多。从具体技术领域来看，人工智能和大数据企业占比最多，达到58%，数字技术和影视制作企业占比23%，元宇宙相关技术企业占比16%，显示出较强的发展实力（图6）。川渝地区在科幻文旅以及主题乐园的开发方面处于全国前列。然而，这些科幻乐园也存在一些问题，有些一开业便宣布破产，有些业绩惨淡，推进困难。主要的原因有区位的劣势，更重要的是没有足够的技术支撑。缺乏高科技企业的支持使得这些科幻乐园名存实亡，也难以吸引游客前去体验。

4. 珠三角地区

珠三角地区主要的聚集地是深圳和广州，虽然南方在科幻影视等核心产业方面的发展优势并不突出，但是在技术服务方面却走在了全国的前列。目前广东全省的科幻相关技术支撑企业达到14000多家。其中人工智能和大数据相关企业占到四成多，其次是数字技术和影视制作技术企业。元宇宙相关技术企业也达到了17%的比例（图7）。从地域来看，深圳和广州的企业占到了九成左右。其中，深圳的动画设计公司最多，占比达该区域的90%左右。深圳多家企业参与了《流浪地球2》的制作，包括曼卡斯、鲸柠科技、优艾智合机器人、漫步者等，展示了深圳在科技创新领域的实力。量子动力（深圳）计算机科技有限公司，是国内提供表情捕捉和动作捕捉技术的领先企业。深圳数虎图像股份有限公司曾为科幻音乐剧《海底两万里》提供多媒体软硬件服务方案。广州则是在人工智能和大数据企业数量方面占据优势，而且在超高清技术发展

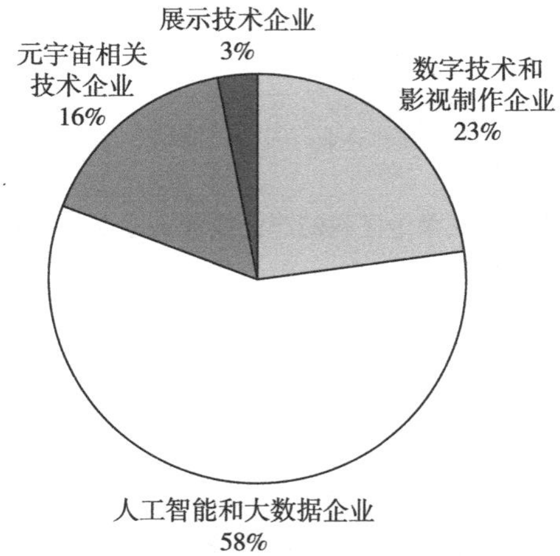

图6 西南地区科幻产业技术支撑企业区域发展情况

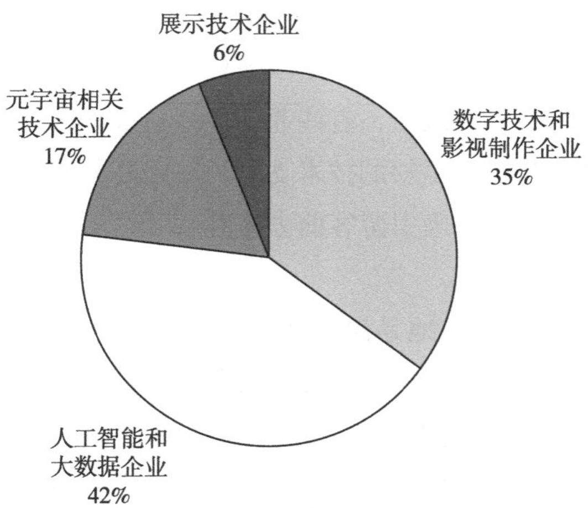

图7 珠三角地区科幻产业技术支撑企业发展情况

方面走在了全国的前列，据统计，2022 年，全产业链实现产值超 2000 亿元规模以上工业企业近 500 家。

（四）科幻产业技术支撑创新产业园区的发展概况

科学技术与文化的融合推动了文化产业的飞速发展和产业升级。据统计，北京地区科幻产业的总产值占全国的三分之一。在 2020 年中国科幻大会上，中国科学技术协会和北京市政府签订了《促进北京科幻产业发展战略合作协议》，确定围绕首钢园打造科幻产业集聚区。目前，该产业聚集区已建成的自持空间出租率达 87%，在园企业有近 260 家，其中 80% 为“科技 +”企业。

2021 年 6 月，上海科幻影视基地成立，基地成立以“高科技赋能数字文娱”为目的。该基地引进了大批高科技公司，提供包括虚拟场景设计、虚拟拍摄（虚拟引擎）、后期特效制作、影视制作云、渲染云、虚拟偶像、AI 音乐制作、衍生品开发、主题乐园策划、VR/AR/MR 游戏制作、区块链数字版权确权等技术支撑服务。

2022 年 8 月，位于首钢园的“中关村科幻产业创新中心”成立。创新中心建立了特色的产业载体——“九天大楼”，包括研究院、孵化器、加速器和产业集群等完整的科技服务空间链条，重点孵化和加速科幻产业的核心技术。入驻的企业营业范围涵盖分布式人工智能、渲染引擎、3D 全景声、无人机、机器人、激光 / 毫米波雷达、VR 光学及智能交互、视觉光学影像、机器视觉、计算光学、激光引擎、数字旅游、数字孪生、智能控制等领域。展览展示区域包括北京科技艺术区、全景声幻咖啡——全球艺术中心，以及智能座舱实验室、元宇宙应用场景实验室、3D 空间音频实验室等特色实验平台。自 2022 年 9 月份以来，瞰瞰智域、凌云光、威睛光学、元旭半导体、环宇蓝博等一批优质科幻企业集中落户首钢园。创新中心搭建了全球科幻开发者平台，拉动产业链上下游协同发展，该平台汇集了科幻产业专利池、电影工业、5G+AR、光学影像等公共技术服务平台。创新中心将利用内部空间，围绕智能座舱、虚拟拍摄技术、5G CloudXR、6G 全息通信、复合智能渲染、智能无人系统、数字旅游、科幻影视、虚拟社交等主题，打造科幻产业交流协同平台。

此外，杭州未来科技城重点发展 XR 产业，目前拥有 70 多家相关企业，代表企业包括京东方艺云科技、哔哩哔哩电竞杭州闪电队总部、灵伴科技、小派智能等。产业链覆盖场景内容、底层技术、设备平台等上下游内容。2017年，杭州未来科技城在全国率先打造了人工智能小镇，布局人工智能产业；2019年，又建设了能够提供完整5G产研条件的创新园，实现了5G全覆盖。其中，小派科技和虚现科技参与了剧版《三体》中VR头显设备和VR输入设备的提供。虚现科技作为一家上市公司，2022年的营业收入达到了5325万元。

三、加快促进科幻产业与科技创新融合发展

（一）科技企业应有意识积极布局科幻产业赛道

科幻产业的发展推动了科技创新，而科技创新也促进了科幻产业的发展，二者是相辅相成的。科幻本身源自科学，与科学技术有着不解之缘。科幻作品提供了许多前瞻性的科技概念和设想，这些概念对于科技企业的研发和创新具有重要的指导作用。目前，国内的科技企业已经开始意识到科幻产业的巨大潜力和未来发展前景。政府也在为企业进行科技创新提供政策引导和资金支持。据规划，到2025年，石景山区将力争新增60家科幻及相关科技企业，培育至少2家上市公司或独角兽企业，引进30名科幻大师和高水平原创人才，形成至少200项科幻开发类知识产权和专利，实施不少于10个特色IP项目，建设不少于10个科幻和Web3.0应用场景，全区科幻及相关科技产业年产值不低于50亿[①]。面对新一轮科技革命和产业变革，科技企业不仅要在原有学科和产业领域形成竞争优势，还应积极融入文化产业领域，进行交叉学科的科技研发，推动科幻产业发展，同时也实现自身科技能力的提升和企业效益的飞跃式发展。

（二）科幻产业要提质增效，加速中国科幻影视和科幻文旅的工业化进程

科幻产业的工业化主要涉及两个层面，科幻电影的工业化和科幻展览及文

① 以上参见《石景山区科幻产业发展行动计划（2022—2025年）》。

旅的工业化。电影《流浪地球》的热映引发了国内学者对电影工业化和工业美学的研讨。提升中国电影的工业化水平主要依赖科技的发展和技术对科幻的支撑。数字化资产在电影工业化中扮演着重要角色，然而跟美国好莱坞等电影工业发达地区相比，中国在科幻电影的数字化资产储备和应用方面仍有较大差距。一方面是由于中国科幻电影的生产能力不足，另一方面科幻题材作为一种小众化产品，也难以吸引更多的企业从事其相关产品的研发。但数字化资产的规模直接影响了中国科幻电影的制作效率和水平，因此需要有相关部门牵头，通过一定的资金补贴和税费减免等措施，提高企业进行数字化资产开发和版权售卖的积极性，建立良性循环，逐渐形成自足的产业链体系和优良生态圈。另外，中国科幻影视剧的拍摄场地和所使用的道具在影片制作完成后由于产业链衔接的不顺畅，只能进行搬移或销毁，造成资产的浪费，如果能够从科幻文旅的角度进行前期规划和二次利用，必将带动相关产业的发展，并能够作为科幻工业遗产保存下来。

参考文献

[1] 今日榜单. 2022 国内 VR 技术公司排行解读 [EB/OL]. (2022-11-12) [2023-05-10]. https://www.maigoo.com/news/650537.html.

[2] 宇视科技. 四百余件产品实力参演《流浪地球 2》[EB/OL]. (2023-02-06) [2023-04-10]. http://www.qxzh.zj.cn/art/2023/2/6/art_1228998548_58919654.html.

作者简介：

崔亚娟，北京联合大学艺术学院教授，主要研究方向为影视艺术、数字创意产业等。

（北京师范大学 2023 级广播电视艺术专业硕士研究生彭睿智、北京联合大学 2022 级设计学研究生雷雅如参与了数据调查工作。）

从破圈走向融合：浅谈“元宇宙 + 科幻”的发展现状

曹　喆　许艺琳

引言

“元宇宙 + 科幻”是一个兼具传统与创新的概念。早在 1926 年，美国出版人雨果·根斯巴克创办了世界上第一本科幻小说杂志《惊奇故事》，“科幻（science fiction）”的概念便由此诞生。从以文学创作为主导的想象力消费时代，到以影视特效为核心的视听消费时代，再到以高科技应用为支撑的场景消费时代，如今“科幻”已发展为一项产业，成为推进科技创新、科普提升、科技文化发展的重要路径。自 2021 年元宇宙元年以来，“元宇宙”这一颇具科幻感的概念开始被广泛关注、提及、讨论和传播，在关键技术底座的支撑下，元宇宙正以螺旋式上升、集聚性扩散、梯度化发展的产业形态向各行各业蔓延。毫无疑问，元宇宙的兴起将为科幻产业发展创造全新可能，“元宇宙 + 科幻”的融合发展将成为未来的重要趋势。

需要说明的是，在本文语境下，“科幻”和“元宇宙”均是产业层面的概念，而非狭义上的科幻文学或元宇宙技术。前者是以科学精神和想象力文化为内核，以科技创新和工业化生产为支撑，以科学叙事、视听体验、沉浸场景为载体，提供科技传播和文化消费的综合产业形态[1]；后者则是整合 VR/AR、云计算、人工智能、5G 等多种新技术产生的虚实相融的新型互联网应用和社会形态。因而,“元宇宙+科幻”是两个产业的相互渗透与有机融合,科幻将为元宇宙产业的发展赋予更丰富的文化内涵和精神内核,元宇宙将为科幻产业形态的创新提供重要技术和场景支撑。

事实上,科幻和元宇宙天然具有紧密的关联。从概念层面来看,元宇宙脱胎于科幻小说和科幻电影,同科幻一样承载着人们对于未来社会前瞻形态的想象和渴望;从操作层面来看,科幻产业和元宇宙具有高度一致的关键技术和底层支撑,元宇宙是各种数字技术之集大成者[2],而科幻产业的发展也依托于新一代信息技术和前沿科技的创新应用;从发展视角来看,科幻和元宇宙均源自文学艺术或科学技术等单一领域,并不断破圈,逐渐形成多主体参与、多场景应用的综合产业生态。在此背景下,系统梳理二者在现实实践中的融合情况,对于厘清“元宇宙+科幻”在不同领域的发展现状以及面向未来提出政策建议具有重要参考意义。

因此,本文将从政策标准、产业活动、学术研究三个维度出发,回顾近年来科幻与元宇宙在不同实践领域的融合发展情况,并总结其中的规律与经验,以期为未来相关实践提供有益借鉴。

一、政策标准维度

2021年以来,国内各级政府及相关机构纷纷为元宇宙技术产业化发展铺路,围绕数字文旅、智慧城市、沉浸技术等方面推出多项扶持政策与支持措施,面向元宇宙及相关产业提出了发展要求与愿景;在科幻产业发展方面,北京、成都、武汉等地区也推出了相应扶持举措。聚焦到促进“元宇宙+科幻”的融合发展方面,相关政策标准主要集中在北京、武汉两地的相关政府与机构(见表1)。

北京市科学技术委员会、中关村科技园区管理委员会在2021年和2022年分别发布年度“关于征集支撑科幻产业发展关键技术研发储备课题的通知”及相关文件,先后提出发展虚拟现实、增强现实、混合现实等元宇宙相关技术,以支持科幻IP开发和科幻场景营造。这两份文件与北京石景山区支持打造科幻产业集聚区等政策一脉相承，以扶持科幻产业发展为核心，鼓励有益于科幻产业创新发展的相关技术的研发、应用与落地。

武汉东湖高新区于2022年成立“光谷元宇宙研究院”，以“培育百亿级科幻产业链，打造全国科幻创新高地”为目标。与此同时，发布《光谷打造科幻产业三年行动计划（2022—2025）》，提出光谷将以“三体”IP为突破口，依托数字设计、数字虚拟人、混合现实等技术打造科幻产业全产业链，拓展“科幻+”多元应用场景。

表1 促进“元宇宙+科幻”融合发展的相关政策举措

相关机构	文件名称	相关内容
北京市科学技术委员会、中关村科技园区管理委员会	《关于征集支撑科幻产业发展关键技术研发储备课题的通知》[3]	发挥重点支持作用，加强科幻技术应用与推广围绕虚拟现实、增强现实和混合现实技术的全面创新，加强科幻技术的应用与推广，重点支持科幻技术平台、科幻影视制作技术集成研究及应用
北京市科学技术委员会、中关村科技园区管理委员会	《关于征集2022年度科幻产业发展关键技术研发储备课题的通知》[4]	围绕新一代信息技术、光电技术、高端装备、人工智能、声学等支撑科幻产业发展的科技创新领域，以及现有的科幻IP或场景，结合元宇宙技术热点，开展支撑科幻产业发展共性关键技术的研发，在虚实快速融合方面形成解决方案，为科幻产业的发展夯实技术基础，推动科幻产业整体建设，通过科学技术实现科幻主题场景的打造，形成城市地标或科幻打卡地
武汉东湖高新区光谷元宇宙研究院	《光谷打造科幻产业三年行动计划（2022—2025）》[5]	以“三体”产业为突破口，围绕内容创制与运营、数字设计、数字人、混合现实、沉浸式体验等打造科幻产业全产业链，拓展科幻+大科学、科幻+商业、科幻+教育、科幻+旅游、科幻+数字园区等五大应用场景

从相关扶持举措中可以看出，元宇宙技术创新将成为支撑科幻产业创新发展的重要力量，现有政策致力于推动元宇宙的技术发展与产业落地，可间接促进“元宇宙+科幻”新业态形成。然而，目前相关政策标准数量较少，实施效果有待进一步考量，“元宇宙+科幻”的政策支撑仍需不断发展和夯实。

二、产业活动维度

2021年“元宇宙”概念突然火爆，并在2022年迎来创新机遇。产业实践层面涌现了元宇宙与科幻融合发展的诸多案例，这些实践不仅关注通过技术实现科幻叙事下元宇宙的多重设想，也注重依托“元宇宙”概念为已有的科幻产品与服务增添科技魅力与未来感。

随着媒介技术的迭代，“科幻”不仅指科幻小说，也指科幻概念、科幻审美风格、科幻元素，以及相关的文化产品、服务及所形成的产业。“元宇宙”一词本身具备复合性，但目前元宇宙尚处于初期发展阶段，其表现形态较为分散多样，以概念、技术、媒介、平台等形式存在。在二者的融合过程中，元宇宙主要是作为媒介与技术，科幻主要是作为内容与要素而存在，二者融合下的产业应用形态主要有三种：数字藏品、展览、平台。

（一）科幻主题数字藏品

科幻主题数字藏品是基于区块链技术、数字版权等，以科幻IP为内核进行衍生开发的虚拟产品，具有唯一性和不可分割性[6]。目前已有众多以科幻为主题的数字藏品，代表性藏品如：①咪咕数媒“奇想空间”推出的科幻卡牌类数字藏品“科幻时空·未来城市”，该系列数字藏品以“元宇宙”为主题，选取何夕、苏学军等知名科幻作家作品中的部分城市意象，以作品中的世界观为蓝本进行画作改编，购买该藏品的藏家可获得首批元宇宙城市体验的“通行证”；②上海浦东新区科幻协会、上亿传媒、数字卡发行平台“集集”推出的“科幻3022”系列数字卡，该系列数字藏品以科幻故事为内核，结合动态画作设计，并结合区块链、数字身份技术等，打造集收藏、通行证等功能于一体的数字卡。用户可持有数字卡作为“身份通行证”，体验部分软件的相关功能。两大产品系列均以“科幻卡牌”为命名，是将科幻“创作与故事资源”转化为科幻“文化资产”的一种尝试。开发思路均是以科幻名家作品为内容基础，结合元宇宙概念、区块链技术，进行科幻IP的数字化开发，旨在挖掘科幻IP的多维价值，以科技赋能内容创新，实现新的形式创造。

目前来看，科幻数字藏品是众多数字藏品中的一类，主要是以科幻小说为原型，进行 IP 开发的一种新形态。科幻数字藏品可以促进科幻文化创意资源的再创造与再生产，并被赋予一定的收藏价值，在数字化领域促进科幻文化的传播。但随着国内对区块链市场的监管缩紧，在弱化金融属性、降低市场泡沫风险的同时，数字藏品热度也逐渐下降，可持续发展模式尚未建立。

（二）以元宇宙为技术支撑的科幻艺术展

艺术与设计领域是全球元宇宙应用的领头羊[7]。“以元宇宙为技术支撑的科幻艺术展”主要指运用虚拟现实、增强现实、互联网、Web3D 展示等元宇宙相关技术，结合科幻艺术作品的陈列、体验、消费等功能的展览类别。根据主要支撑技术及所承载的空间的不同，当前元宇宙科幻艺术展主要分为线下类、线上类，以及线上线下结合类。

线下类元宇宙科幻艺术展主要将虚拟现实、增强现实等技术与科幻艺术相结合，营造科幻体验氛围。例如，北京中华世纪坛数字展厅展出的“你好·玄界”全 4K“元宇宙”主题沉浸式数字艺术展，采用 NFT 数字头像创作、数字人直播、虚拟沉浸交互、光影互动娱乐、交互机械装置等多种元宇宙技术，结合太空科技、艺术畅想、哲学思考等议题，向观众呈现了未来人类的虚拟生活场景[8]；又如，深圳“大筒仓元宇宙体验场”运用虚拟现实、增强现实、实时渲染、全息影像、传感等多项元宇宙相关技术，打造沉浸式元宇宙体验空间，其展览篇章及展出作品均带有浓厚的科幻色彩，涵盖数字空间、平行宇宙、创世幻境、无机生物等主题。

线上类元宇宙科幻艺术展主要基于互联网技术、游戏等新的媒介、技术、语言，搭建云端的“元宇宙”雏形空间，并将这一空间作为展览场域。例如，已举办两届的“东方幻想”元宇宙科幻大会依托元宇宙技术打造科幻艺术展陈空间，并结合科幻主题高峰论坛、分享会、科幻作品颁奖仪式等活动，为观者提供了线上的科幻文化互动与体验场域；又如，艺术家陆明龙的“后中华未来主义”展览以虚实结合的手法将元宇宙概念、技术与科幻内涵融合应用，从主题设定、创作理念，再到艺术呈现，都带有浓厚的科幻思想及审美意蕴。

线上线下相结合的元宇宙艺术展如“无垠元宇宙艺术节”，其分为线下元宇宙技术展和线上数字孪生艺术馆。其中线上数字孪生艺术馆以展现未来生活方式为主题，借助“无垠元宇宙艺术节”的平台展示了当代艺术家对该命题的思考。展览包含“知觉（perception）”“超现实（surrealistic）”“数字当代（digitalnow）”三个单元，运用影像、交互、装置等技术，全方位展现了艺术家对人工智能、加密艺术、新材料、生态等科幻议题的探讨及艺术化表达。

可见，线下类科幻元宇宙艺术展主要是将元宇宙作为艺术构想对象，以当代艺术的表现手法展现平行空间的想象力，并融合赛博朋克、蒸汽波等流行科幻文化元素，探讨生化变异、人工仿生等科幻思想议题，将技术意义与审美意义的元宇宙相融合，依托线下空间营造元宇宙的幻象场景，为消费者提供沉浸式的科幻创意体验。线上类与线上线下相结合类的元宇宙艺术展主要依托元宇宙技术，陈列科幻文化艺术作品，打造线上科幻文化场域空间。这些科幻元宇宙艺术展都强调技术与内容相结合所形成的感官体验与场景氛围，为用户带来沉浸感与交互性。

（三）以科幻内容资源为依托的元宇宙平台

“以科幻内容资源为依托的元宇宙平台”指以元宇宙相关技术为基础，依托科幻内容资源，融合打造科幻场景、科幻产品的综合性平台。这类平台通常汇集科幻数字藏品开发与销售、用户社交、游戏体验等功能，旨在依托元宇宙技术激活科幻 IP 价值，创造新业态。目前相关平台主要包括上海科幻影视产业基地运营的数字产业平台“青石幻城”、中文在线自主 IP 打造的“Restart 重启宇宙”。

“青石幻城”平台依托区块链、Web3D 展示等技术，结合科幻主题，打造相关论坛、创作比赛、互动社区，并开展了数字藏品发行、内容创作培育、用户生态运营等相关产业实践。具体而言，“青石幻城”平台将科幻要素与虚拟人业态相结合，推出多款科幻主题数字藏品；举办“青石幻城科幻小说接龙大赛”，邀请名家创作核心故事，并采用去中心化的集体创作模式，吸引创作者参与小说接龙，打造科幻故事链条[9]；推出“2022 第四届上海科幻影视产业论坛”，关注元宇宙时代下科幻数字文娱产业与元宇宙技术的结合议题，旨在推动科幻元宇宙产业的联动与合作，论坛采用虚拟拍摄技术，打造虚实结合的“元宇宙论坛”，在主题、目标、技术、场景等层面实现了元宇宙与科幻不同程度的融合。

“Restart 重启宇宙”平台以数权联盟链、原生元宇宙系统等技术为支持，以刘慈欣小说《流浪地球》中的设定为核心世界观架构，并融入数字藏品、用户社区、交互游戏等功能模块[10]。目前处于第一开发阶段：初步搭建了客户端平台，用户可通过 H5、App 等入口登录；结合整体规则体系设计，售卖附带用户权益的数字藏品，以吸引初始用户加入。相关信息显示，后续将进一步基于中文在线公司的内容版权体系，融入更多功能，打造拥有人工智能交互系统的元宇宙平台。

以上两个平台都将元宇宙作为推动科幻 IP 裂变开发的加速器——尝试以科幻文本资源开发为基础，融合数字藏品、社区、游戏等板块，结合场景化设计、沉浸式体验、具身性参与等，打造复合型的数字文化消费空间。二者在世界观架构方面有所不同：“青石幻城”所搭建的世界观体系包含科幻、奇幻等“泛幻想”元素，吸引幻想类产品的消费群体；“Restart 重启宇宙”则借助知名科幻 IP 的效应，以科幻小说《流浪地球》为元宇宙世界观体系搭建的核心灵感来源。

综合来看，两个平台均以开发创作者经济为逻辑，吸引用户成为平台消费者，并参与元宇宙内容的创作与生产，进而推动元宇宙演进与发展。但两个平台目前均处于初始开发阶段，各类游戏、交易、互动规则之间尚未贯通，用户只能使用简单的数字藏品交易、社区聊天等功能，缺乏互动性与沉浸感，生态系统尚未建立，后续的可持续性也有待市场检验。

（四）小结

从产业实践的维度来看，元宇宙与科幻的融合并非一蹴而就，这些融合既可被视为“元宇宙文创实践”的形态，也可被视为“科幻产业化开发”的构成部分。无论划分为哪一种类别，本质上都是数字化经济驱动下，创新技术与创意内容深度嵌合的结果。

得益于元宇宙与科幻所具备的“未来性”特点，两者在内容创作、产品开发、文化传播等领域形成了不同程度的融合方式，在一定程度上拓宽了想象力经济的可能性。但总体来看，两者的融合依然处于初步探索阶段，整体的商业逻辑尚不清晰，表现形态也较为单一，尚未充分将科幻产业所拥有的强内容资源、长价值链、跨界赋能作用与元宇宙的技术、模式、生态优势进行链接。这主要与元宇宙技术生态发展不成熟，科幻产业本身的产业模式也仍在建立过程中有关。因此，在具体的融合实践中，元宇宙与科幻都具备较为明显的“概念化”特征，呈现出“前期营销推广声量大，后期市场反馈声量小”的局面。

三、学术研究维度

在学术领域，科幻是一个较为传统的研究主题，以科幻文学和科幻电影相关研究占据主导，伴随着人们愈发关注到科幻对科技创新的促进作用，教育界、产业界以及科研管理等领域的学者也纷纷涉足科幻主题的研究；相较而言，元宇宙作为一个新兴概念，直至2020年才有国内学者开展相关研究，自2021年元宇宙概念火爆“出圈”以来，有关元宇宙的学术论文数量陡增（图1），这些

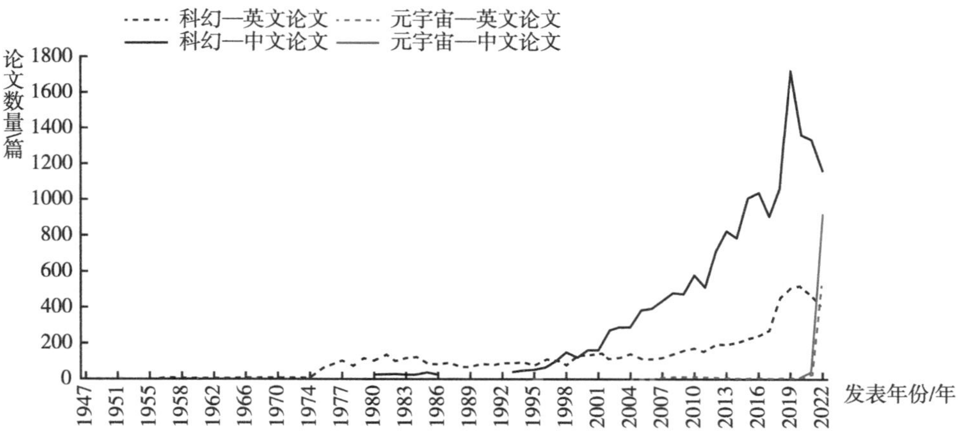

图1　科幻主题和元宇宙主题相关论文发表趋势

注：检索日期为2023年2月20日，中文/英文论文来源分别为中国知网和Web of Science。

研究是对科技发展呈现出的深度数字化、智能化、虚拟化趋势做出的理性回应，是对未来人类数字化生存图景进行的系统性构想，也是对数智时代下“人—技术—社会”体系展开的前瞻性布局[11]。总体而言，国内学者对科幻和元宇宙的研究兴趣日渐高涨，但相对滞后于国际相应领域的研究，并且呈现出鲜明的事件驱动特征，例如：2019 年国产硬核科幻电影《流浪地球》的横空出世将科幻相关研究推向高潮，2021 年 Roblox 的上市和 Facebook 的更名则将元宇宙推向研究前沿。

尽管科幻和元宇宙作为两个独立的研究主题日渐受到学者的关注和重视，但真正将这两个具有天然关联的概念置于同一语境下的研究十分有限。通过对现有研究的梳理可以发现，科幻和元宇宙的共现大多属于以下两种情形：

（1）以科幻和元宇宙中的一个概念作为背景铺垫，但研究内容主要围绕另一个概念展开，二者只是表层的共现而非内在逻辑的充分融合，在研究中不存在实质性关联。其中，以科幻作为背景，围绕元宇宙相关问题展开的研究较多。有学者立足于自身的学科领域展开研究，例如吴江等[12]在元宇宙概念兴起之初针对元宇宙视域下的用户信息行为展开了研究，其研究主要服务于元宇宙的应用与推广，但为了更好地阐述元宇宙这一新兴概念，于是在引言中以元宇宙起源于科幻小说《雪崩》作为背景引入；也有学者面向元宇宙骤然兴起的现象进行反思，例如谢倩[13]针对元宇宙相关话题的图书出版所呈现出的井喷之势向行业相关规范提出若干倡议，又如黄欣荣等[14]从哲学渊源、思想准备、愿景刻画、技术前提、实践探索等方面梳理了元宇宙爆火现象的生成逻辑，他们对科幻的提及也大多包含在元宇宙概念流行的背景论述之中；还有学者超越了元宇宙现象本身，例如曾军[15]将元宇宙视为虚实融合世界的具象表现，针对其所引发的主体性分裂等哲学层面的问题展开探讨，而科幻仍旧是作为元宇宙的载体等背景性概念存在。此外，也有研究以元宇宙为背景探讨科幻领域的问题，例如陈韬[16]基于元宇宙概念被热炒的社会现象，围绕科幻文艺如何保持批判力这一问题展开了论述。由此可见，相关研究成果已十分丰富，但科幻和元宇宙在此类研究中仅是形式上的共现，并非真正意义上的融合。

（2）在文艺作品的视角下围绕科幻和元宇宙展开探讨，二者在此类研究中实现了深度融合。有学者致力于探讨科幻作品和元宇宙的相互促进作用，例如范志忠[17]基于2022年发布的影片《独行月球》论述了元宇宙为科幻电影提供新的审美方式的可能，又如张经武等[18]深入剖析了科幻电影从再现、表现、创新三个维度建构的元宇宙想象所分别对应的融宇宙、超宇宙和平行宇宙三种空间形态；也有学者以科幻作品为研究对象探索元宇宙相关规律，例如郑达威等[19]通过对60部科幻电影的基本属性和内容特征进行分析，深入探究了技术条件和社会观念对元宇宙构想的实际影响；还有学者从发展的视角来看待科幻和元宇宙，例如彭超[20]通过对科幻作品和元宇宙演化路径的剖析，提出对元宇宙的讨论应当打开认知的多重视角，在更为广阔的视野下观察和思考人类文明的未来。以上研究探索性地从科幻与元宇宙的交汇点切入展开研究，对于辨析二者的概念与内涵、理解二者的演化历程、预测相关领域的未来发展具有重要参考价值，此类研究尚处于起步阶段，在研究广度和研究深度方面均有待进一步深化。

综上所述，从学术研究的角度来看，科幻和元宇宙的融合十分有限，“科幻”是文艺作品意义上的科幻，而“元宇宙”是科幻意义上的元宇宙，相关研究尚未延伸到产业层面的融合。其原因可能在于科幻与元宇宙的融合发展并非科学问题，而是受现实实践所驱动，因此学术研究相对落后于政策与产业的发展。伴随着“元宇宙+科幻”融合发展在政策与产业方面日益成熟，与此相关的学术探讨也会逐步增多，进而对相关政策的制定与调整以及现实实践的进一步发展提供科学依据。

四、总结与展望

元宇宙是科幻照进现实的一种方式，同时也是科学技术发展到一定阶段的产物；科幻是元宇宙的原生地，更是一种具有蓬勃生命力的文化力量。在科幻和元宇宙作为两个独立的话题愈发被广泛探讨之时，二者如何有机融合尚未形成一条有效路径，仍有待未来进一步发展和深化。

具体而言，科幻和元宇宙分别从文学艺术与工业技术领域不断破圈并逐步交汇，形成了“产业活动先行—政策标准加持—学术研究反哺”的三级融合模式（图 2）。首先，二者在产业实践层面初露交汇的萌芽，通过多种应用形态吸引资本市场的关注并引领社会科技文化的风向；其次，政府与相关管理部门关注到二者融合的趋势，并提出针对性的举措为其发展提供有力的政策支撑；最后，在产业与政策的双重驱动下，学术界捕捉到二者融合过程中存在的科学问题并展开探讨，一方面为相关政策的制定与调整提供科学依据，另一方面直接或间接地促进二者融合发展的现实实践。

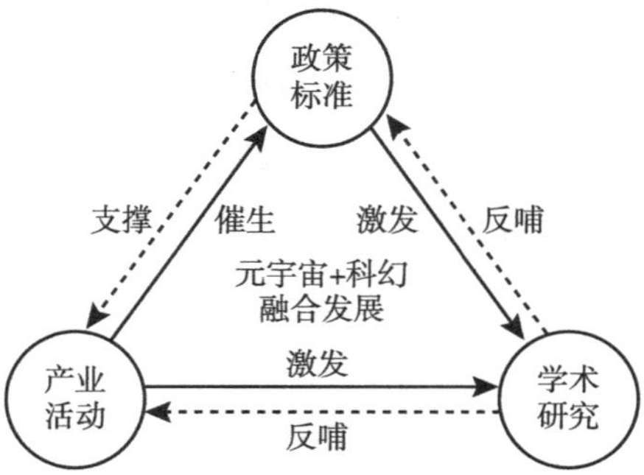

图 2 “元宇宙 + 科幻”融合发展模式

诚然，当前“元宇宙 + 科幻”的融合在国内尚处于起步阶段，存在融合模式单调、区域发展失衡、融合层次不深等有待提升之处。政府方面需要进一步优化相关政策来激发多主体活力，学界方面则可以通过相关规律的揭示和发展动态的预测来更好地指导实践，最终促使大中小型企业以及社会各界协同推进“元宇宙 + 科幻”的发展，真正实现二者的相互赋能与共同繁荣。

参考文献

[1] 金韶，朱竞娅．破圈・跨界・融合：科幻产业的内涵外延和评价体系研究［J］．新闻爱好者，2022（10）：94-96.

[2] 王文喜，周芳，万月亮，等．元宇宙技术综述［J］．工程科学学报，2022，44（04）：744-756.

[3] 文化科技处（科普处）．关于征集支撑科幻产业发展关键技术研发储备课题的通知［EB/OL］．（2021-06-18）［2023-03-18］．http://kw.beijing.

gov.cn/art/2021/6/18/art_736_606642.html.

[4] 文化科技处（科普处）. 关于征集2022年度科幻产业发展关键技术研发储备课题的通知［EB/OL］.（2022-02-17）［2023-03-21］. http://kw.beijing. gov.cn/art/2022/2/17/art_736_624684.html.

[5] 湖北日报. 光谷元宇宙研究院成立 2025年形成百亿级科幻全产业链［EB/OL］.（2022-12-12）［2023-03-20］. http://www.whwx.gov.cn/xxh/xxhgzdt/202212/t20221212_2114550.shtml.

[6] 宋芳斌，冯鸣阳. 论元宇宙概念下NFT艺术品［J］. 艺术与设计（理论），2023，2（03）：80-82.DOI:10.16824/j.cnki.issn10082832.2023.03.030.

[7] 赵乐梅，解学芳. 构建中国特色文化元宇宙话语体系——全国首届文化元宇宙高峰论坛综述［J］. 艺术管理（中英文），2023（01）：154-160.

[8] 北京日报客户端. 这个网红艺术展，把“元宇宙”给我整明白了［EB/OL］.（2022-08-05）［2023-02-27］. https://bj.bjd.com.cn/5b165687a010550e5ddc0e6a/contentShare/5ba1f926e4b0976ea0d9a0fc/AP62ec6befe4b0f80526934baa.html.

[9] 青石幻城. 硬核背书，赛制创新，科幻小说接龙大赛正式启动［EB/OL］.（2022-06-10）［2023-03-31］. https://mp.weixin.qq.com/s/BX7IJd1mzCoTjnx2YCc6sw.

[10] Restart重启宇宙. RESTART重启宇宙 | 战略布局［EB/OL］.（2023-02-23）［2023-03-28］. https://mp.weixin.qq.com/s/Dmto5w_Vu2ajzEB3aKIfgA.

[11] 周鑫，王海英，柯平，等. 国内外元宇宙研究综述［J］. 现代情报，2022，42（12）：147-159.

[12] 吴江，曹喆，陈佩，等. 元宇宙视域下的用户信息行为：框架与展望［J］. 信息资源管理学报，2022，12（01）：4-20.

[13] 谢倩.“元宇宙”出版热潮中的冷思考［J］. 中国图书评论，2022（06）：83-93.

[14] 黄欣荣，周光玲. 元宇宙的生成逻辑［J］. 南昌大学学报（人文社会科学版），2022，53（06）：92-101.

[15] 曾军.“元宇宙”中的身体与主体性分裂[J]. 探索与争鸣，2022(04)：85-87.

[16] 陈韬. 面对“元宇宙”，科幻文艺怎样保持批判力[J]. 中国文艺评论，2022(02)：78-80.

[17] 范志忠.《独行月球》：元宇宙语境下的科幻话语[J]. 当代电影，2022(09)：14-17+12.

[18] 张经武，范晨琦. 融宇宙、超宇宙与平行宇宙：科幻电影中的元宇宙想象[J]. 北京电影学院学报，2022(08)：31-40.

[19] 郑达威，杨可可，施宇. 基于科幻电影的元宇宙媒体考古研究[J]. 当代传播，2022(05)：40-45.

[20] 彭超. 科幻的未来是“元宇宙”吗[J]. 中国图书评论，2022(02)：30-39.

作者简介：

曹喆，武汉大学信息管理学院情报学硕博连读生，中国科幻研究中心“青年储备人才”，主要研究方向为科学计量与科技政策评价。

许艺琳，中国科普研究所科研助理，中国科普作家协会会员，主要研究方向为科技与文化传播、科幻产业。

高校科幻社团：中国科幻繁荣昌盛不可或缺的动力源

赵文杰

高校科幻人才是推动中国科幻繁荣昌盛过程中不可忽视的群体，这个群体青春洋溢、纯粹可爱，有追求、有抱负、有才华，同时又关注科幻发展，愿意投入时间和精力为中国科幻发展建设添砖加瓦。在现实的场域中，中国科幻的发展态势与高校科幻人才生态构成了一种有机统一的关系，纵观中国科幻发展的百年历史，高校科幻人才是推动中国科幻欣欣发展的基石之一，持续地为中国科幻注入新的生命力。作为高校科幻人才的重要摇篮，高校科幻社团为推动中国科幻文化多元化发展起到了积极促进作用，并在发掘培养优秀科幻人才方面贡献显著，一大批佼佼者从中涌现而出，进而成长为科幻行业翘楚。

自刘慈欣的《三体》斩获雨果奖后，中国科幻逐渐进入大众和国际的视野，开始摆脱"边缘化""小众化"标签。随着电影《流浪地球》和电视剧《三体》上映，"科幻热"持续不断发酵。与此同时，高校科幻社团伴随着中国科幻的繁荣发展而壮大，征文热、讲座热、会刊热、观影热、考古热、区域合作热等一系列现象级活动也在高校科幻社团中蓬勃兴起。

高校科幻社团的氛围影响着所培养高校科幻人才的质量。为了推广优秀科幻社团发展管理经验、宣传为社团发展做出贡献的同学们，高校科幻平台自2019年起开设"高校科幻社长专访"栏目，截至2022年12月底，已采访70多所高校科幻社团负责人，共推出103期专访稿件；2022年9月17日至18日，由中国科普作家协会科幻专业委员会指导，高校科幻平台、八光分文化、博峰文化等主办的首届高校科幻创作者高峰论坛依托B站直播顺利举办，该论坛由“高校科幻优秀青年人才代表主题报告”“从爱好者到推动者——高校科幻人才的持续性培养交流论坛”“高校科幻社长高峰对话：如何筑巢引凤”等一系列活动组成。本文将以高校科幻平台“社长专访”栏目和首届高校科幻创作者高峰论坛为主要基础，梳理呈现近年来高校科幻社团的发展姿态与“科幻热”下的未来机遇。

一、高校科幻社团发展历程

高校科幻社团作为高校学生社团的重要组成部分，是对繁荣高校校园文化、促进青年学生全面发展的有益补充。根据中共教育部党组、共青团中央印发《高校学生社团建设管理办法》，“高校学生社团是落实立德树人根本任务、推进素质教育的重要载体，是高校学生根据成长成才需要，结合自身兴趣特长，在高校党委的领导和团委的指导下开展活动的群众性学生团体”。高校科幻社团是指在高校中经正式注册，有明确业务指导单位、指导老师和规范社团章程，由大学生科幻爱好者组成的文化类团体。

我国高校科幻社团的发展历史较短。2018 年，褚晓萌等发布《中国高校科幻社团该往何处去——高校科幻社团发展状况调研报告》（四川大学“创新创业计划”资助），2021 年河流发布《高校科幻社团历史大事记：追寻幻协沉睡的远古记忆》（获第十三届全球华语科幻星云奖非虚构作品银奖，后升级为《高校科幻协会发展史》），两篇文章曾对高校科幻社团发展进行较为全面的调研工作。以上资料均考证证实，目前全国高校科幻社团中成立最早的是四川大学科幻协会，于 1993 年成立，同时四川大学科幻协会也是目前中国规模最大的高校科幻社团之一，曾四次荣获“银河奖 · 最佳科幻团体奖”。

如图 1 所示，1993 年至 2007 年间，高校科幻社团成立数量激增，一直保持直线形式增长，短短 10 多年间，高校科幻社团时存数量已超过 100 个。与此同时，中国科幻发展也迎来春天。比如《科幻世界》杂志月发行量由 1991 年的 7000 份，到 1996 年突破 20 万份，1998 年达到 23 万份，2000 年跃升到近 40 万份，成为全世界发行量最大的科幻杂志；1997 年国际科幻大会北京主

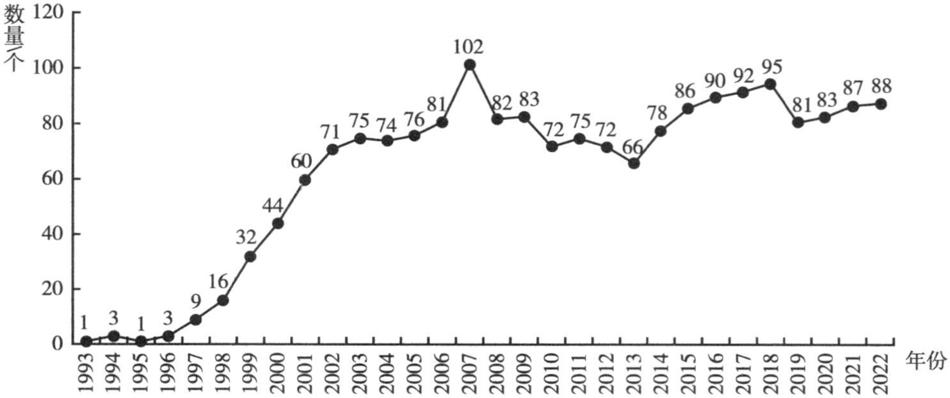

图 1　高校科幻社团数量走势图

会场在北京科技会堂隆重召开，世界各国科幻作家、美国和俄罗斯宇航员参会出席，中央电视台《焦点访谈》等栏目进行报道；1999 年 7 月《科幻世界》杂志发表关于记忆移植的文章，杂志上市一周后，以《假如记忆可以移植》为题的全国高考作文公布，在全国引起轰动；2006 年《科幻世界》杂志打破仅刊登中短篇科幻小说的传统，开始连载刘慈欣的长篇小说《三体》；2007 年中国（成都）国际科幻·奇幻大会以“科学·幻想·未来”为主题成功举办，在国内外反响巨大。

据统计，截至目前曾荣获“银河奖·最佳科幻团体奖”的高校科幻社团成立溯源时间最早均可追溯至 1993—2007 年期间。北京邮电大学斡维科幻协会（1996 年）、哈尔滨工业大学思飞科幻社（1997 年）、西南交通大学科幻协会（1997 年）、重庆大学科幻协会（1999 年）、清华大学学生科幻协会（1999 年）、成都理工大学奇点科普科幻协会（2000 年）、武汉大学科幻协会（2001 年）、中国人民大学科幻协会（2003 年）、华中师范大学科幻协会（2006 年）、西南财经大学科幻协会（2007 年）等高校科幻社团现今也保持较大的影响力。

从 2013 年至今，高校科幻社团迎来第二次成立热潮。与此同时，中国科幻开始逐渐摆脱“小众化”标签进入大众视野蓬勃发展的时期。在这期间，《三体》（2015 年）、《北京折叠》（2016 年）荣获雨果奖；中国科学技术协会于2016年起发起中国科幻大会，为科幻全产业链提供相互交流、融合发展的高端平台；微像文化（2013年）、未来事务管理局（2014年）、科学与幻想成长基金（2015年）、八光分文化（2016年）、科学与人类想象力研究中心（2017年）、三体宇宙（2018年）、中国科普作家协会科幻专业委员会（2019）、中国科幻研究中心（2020年）、首钢科幻产业园区（2021年）、中国作家协会科幻文学委员会（2022年）等具有代表性的组织机构成立；国家电影局、中国科学技术协会印发《关于促进科幻电影发展的若干意见》（2020年）；《流浪地球》电影（2019年、2023年）和《三体》电视剧（2022年）上映引发全民追捧……

据统计，合肥工业大学斛兵群星科幻协会（2013年）、南方科技大学科幻协会（2014年）、南华大学极星科幻协会（2015年）、北京师范大学珠海分校科幻协会（2016年）、香港中文大学（深圳）奇点科幻社（2017年）、延安大学科幻协会（2018年）、重庆移通学院科幻社（2020年）、北京电影学院科幻协会（2021年）、深圳大学银河村科幻协会（2022年）等目前比较活跃的高校科幻社团也随之成立。

从1993年至今的30年间，高校科幻社团在守正创新中夯实了其作为“中国科幻繁荣昌盛不可或缺的动力源”的地位，其对中国科幻发展中的主要贡献主要体现在以下三点：一是吸引科幻爱好者聚集的重要枢纽，大学生科幻迷群体是科幻迷群体中最大的分支之一，高校科幻社团为这部分群体提供了有趣、富有想象力的交流环境以及参与活动的机会，大学生科幻迷可以通过高校科幻社团结识同好、分享观点，同时，高校科幻社团也是社会科幻组织机构联动的重要对象；二是培养科幻人才的重要平台，高校科幻社团的运营和实践为大学生科幻迷提供了丰富的学习和实践机会，陈楸帆、江波、宝树、李广益、姜振宇、王瑶、贾立元、王侃瑜、杨琼、任冬梅、肖汉、程婧波、孙悦、华文、阿缺、昼温、修新羽、刘瀚诚等一大批科幻领域高质量人才都是从高校科幻社团走出来，逐渐成为中国科幻发展的引领者和推动者；三是推广科幻文化的重要阵地，高校科幻社团举办的活动种类丰富多样，如征文比赛、读书会、观影会、桌游、主题沙龙等，这些活动在吸引大学生群体参与的过程中，也为科幻文化广泛传播提供了重要的推广阵地。

二、当下高校科幻社团发展现状

（一）高校科幻社团现存数量与分布

据统计，截至2022年年底，全国（不含香港、澳门、台湾地区）高校科幻社团现存数量为88个，分布在21个省级行政区域（图2）。其中北京地区最多，有13个高校科幻社团；四川省、上海市、江苏省各有8个高校科幻社团；湖北省、广东省各有7个高校科幻社团；湖南省有5个高校科幻社团；重庆市、陕西省各有4个高校科幻社团；天津市、山东省、浙江省各有3个高校科幻社团；山西省、辽宁省、江西省、河南省、安徽省、黑龙江省各有2个高校科幻社团；河北省、广西壮族自治区、甘肃省各有1个高校科幻社团。

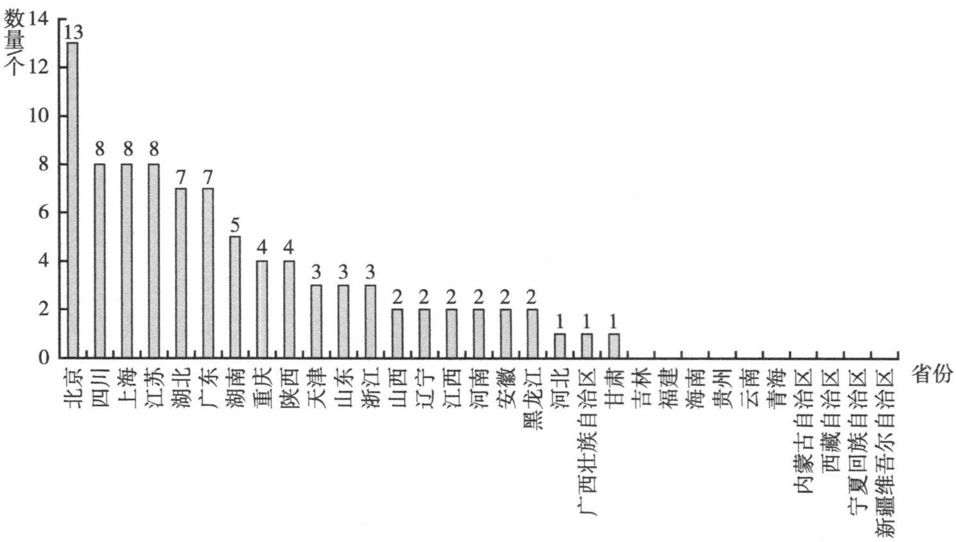

图2　2022年中国省级行政区域高校科幻社团现存数量

同时，在多个省份，尚未建立高校科幻社团，比如吉林省、福建省、海南省、贵州省、云南省、青海省、内蒙古自治区、西藏自治区、宁夏回族自治区区、新疆维吾尔自治区。

从中国省级行政区域高校科幻社团现存数量分布图中可以明显看出，北京、四川、上海、江苏、湖北、广东六地的高校科幻社团数量总和已超过全国科幻社团总数一半。2019 年，科学与幻想成长基金发布中国十大科幻城市，成都、北京、深圳、上海、南京、广州、武汉等城市均入选。从这一点来看，高校科幻社团的数量与所在地区的经济基础和科幻文化氛围存在直接联系。由此预计，随着科幻文化影响力的提升，以及中国经济的高速发展，高校科幻社团的分布也会逐渐从经济发达省份和传统一线城市向其他省份区域辐射。

（二）高校科幻社团主要活动类型

高校科幻社团举办的活动形式丰富多样，常见的有以下几类：征文比赛类、读书会类、观影会类、主题讲座类、桌游类、户外跑团类、写作接龙类、联谊类、会刊制作类等。据不完全统计，2022 年高校科幻社团对外宣传举办的活动超过 200 个，受新型冠状病毒感染疫情影响，这些活动主要集中在线上。在众多科幻活动中，征文比赛类（39 个）、读书会类（31 个）、桌游类（28 个）活动位居前三名。这三类活动的共同特征是受众群体大、门槛低、趣味性强、经济投入少等，与旨在提升学生综合能力的社团组织（比如团委办公室、组织部、宣传部、权益部、学术创新部等）相比，目前高校科幻社团仍是基于“兴趣”为链接的爱好者团体，社员加入其中，其主要目的是依托兴趣展开交流和获取愉悦。

从 2022 年合肥工业大学解兵群星科幻协会针对社员意向参与的活动进行的调查统计也可以反映出这一点（图 3），此次调查共收到有效问卷 123 份，结果显示，科幻电影欣赏（84）、大型科幻主题节庆活动（62）、科幻图书借阅阅读（60）得票最高，技术 / 管理培训（28）得票最低。

2022 年高校科幻社团举办的主要活动类型中，由于读书会类、观影会类、桌游类、主题讲座类等活动影响力主要限于校内，在此不再赘述。征文比赛类影响力较大，典型征文比赛有以下几个：①第四届“星火杯”全国高校科幻联合征文大赛，由高校科幻平台、四川大学科幻协会和武汉大学科幻协会联合主办，复旦大学等 30 多家高校科幻协会共同协办，征稿对象面向全国高

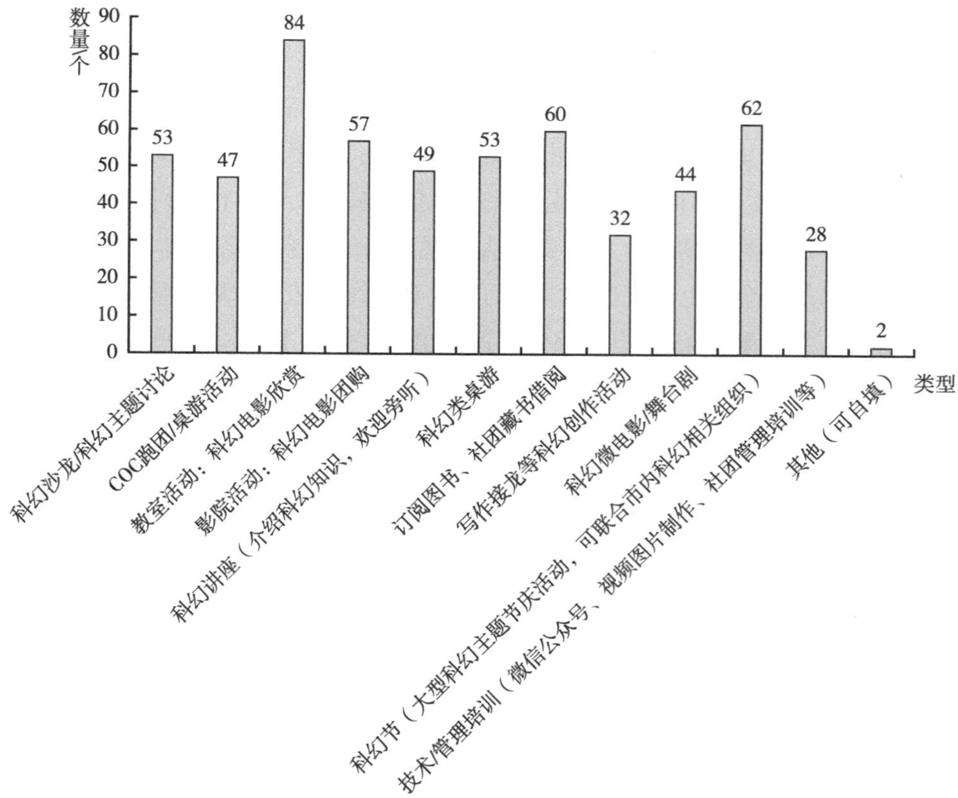

图 3　2022 年合肥工业大学解兵群星科幻协会社员意向参与活动调查图

校学生。大赛由短篇小说赛道、超短篇小说赛道、评论赛道三个赛道组成，评委人数高达 140 余人，共征集到 673 篇有效稿件，评选出获奖作品 54 篇；②第八届“朝菌杯”重庆高校联合科幻征文比赛，由重庆大学团委联合重庆市科普作家协会和重庆大学博雅学院主办，重庆大学科幻协会、西南大学科幻协会、重庆邮电大学科幻协会共同承办，征稿对象面向全国高校学生。大赛由中短篇小说组、一句话科幻组和科幻微电影剧本组组成，评选出获奖作品 26 篇；③第一届“星痕杯”联合征文大赛，由西安交通大学科幻协会主办，哈尔滨工业大学思飞科幻协会等 5 家高校科幻协会共同协办，共收稿 100 余篇，评选出获奖作品 20 篇；④第一届“卡戎杯”科幻文学征文大赛，由浙江大学星弦科幻协会联合浙江大学逻辑与写作兴趣小组共同举办，征稿对象面向全国高校学生。

大赛由短篇小说单元、中长篇小说单元、戏剧诗歌单元和科幻文学批评单元组成，共征集到 75 篇有效稿件，评选出获奖作品 15 篇；⑤第一届京津冀科幻协会联合征文比赛，由清华大学学生科幻协会主办，北京电影学院科幻协会等 8 家高校科幻协会共同协办，评选出获奖作品 8 篇；⑥第十一届上海高校幻想节"重启"主题征文，由同济大学逐日科幻协会、东华大学平行界科幻协会、上海海事大学幻星科幻协会、华东师范大学星尘科幻协会、复旦大学科幻协会、上海大学科幻协会、上海交通大学科幻协会和上海工艺美术职业学院科幻协会共同协办，共征集到 45 篇有效稿件，评选出获奖作品 19 篇。这些征文活动的开展，为进一步团结高校科幻社团力量，促进高校科幻社团积极交流，发掘校园科幻创作人才提供了重要媒介，同时优秀作品的发掘孵化，也作为中国科幻持续丰富的补充素材，使其不断绽放生机与活力。

同时，由高校科幻社团发起或参与的综合性科幻活动（高校科幻节）在影响力和人气方面尤为突出，比较典型的有：①电子科技大学首届校内科幻文化节（2022 年 3 月 25 日至 5 月 30 日），由该校大学生文化素质教育中心主办，包括科幻征文比赛、科幻文化衫征集、科幻讲座、科幻 TALK、科幻影展、科幻马拉松、科幻写作训练营等多项活动，在校园里掀起科学与幻想的浪潮；②四川大学幻想文化周（2022 年 5 月 6 日至 5 月 18 日），是由四川大学科幻协会一年一度举办的大型活动，包括幻想音乐节、图书漂流、线上读书会、写作接龙、幻想手工日等项目。其中幻想音乐节作为期间主打项目，每年都会邀请四川大学校内各大音乐社团乐队参与演出，参与学生众多；③第 11 届上海高校幻想节（2022 年 3 月 15 日至 5 月 15 日），是由同济大学逐日科幻协会、东华大学平行界科幻协会、上海海事大学幻星科幻协会、华东师范大学星尘科幻协会、复旦大学科幻协会、上海大学科幻协会、上海交通大学科幻协会和上海工艺美术职业学院科幻协会等共同举办的区域性大型高校科幻活动，包括"重启"主题征文、星之座拍卖会、科幻食品鉴赏会、线上电影院、虚拟读书会等项目。除主题征文项目由其中的高校科幻社团共同主办外，其他项目均分别由 2 所高校科幻社团共同主办。综合性科幻活动（高校科幻节）的举办，有效加强了社团成员之间的凝聚力和成员对社团的归属感，提升了社团的品牌形象和社会影响力，同时也是在高校科幻中弘扬爱科幻、爱幻想的人文精神的有效途径。

此外，由校外组织机构与高校科幻社团联合举办的讲座沙龙，也是高校科幻社团中重要的科幻活动。比如2022年中国科普作家协会的“科幻咖啡馆”项目联合清华大学学生科幻协会、武汉大学科幻协会等高校科幻社团举办了“从阅读中探索我们时代的科幻写作”“从科幻作品视角看未来科技的发展趋势”“从杂志和社团组织发展细探科幻人才培养”系列主题沙龙活动。这类型活动的策划执行，提高了社团活动的质量，加强了高校科幻社团与校外组织机构的联系，同时也为高校科幻社团及社团成员提供了良好的展示和宣传机会。

（三）当下高校科幻社团发展过程中核心推动力与存在问题

2007—2013年，高校科幻社团现存数量持续降低，同时当下每年均有高校科幻社团进行注销。高校社团的建立与注销在高校中虽是正常现象，但根据长期对高校科幻社团的观察分析笔者认为，高校科幻社团注销原因主要有两个方面：一是因时下科幻流行催生的新生社团在科幻热潮过去之后，部分社团因无人管理而注销；二是社团人数较少，组织架构不完整，在发展过程中未找准定位和打造品牌活动，造成人气难聚而僵化解散。这也是高校科幻社团在繁荣期后必然迎来低谷期趋势的重要原因。

为更准确窥见当下高校科幻社团发展过程中核心推动力与存在问题，笔者对高校科幻平台栏目“社长专访”的100余篇稿件进行了高频词语提取。其中，排在前20位的高频词如下（图4）。

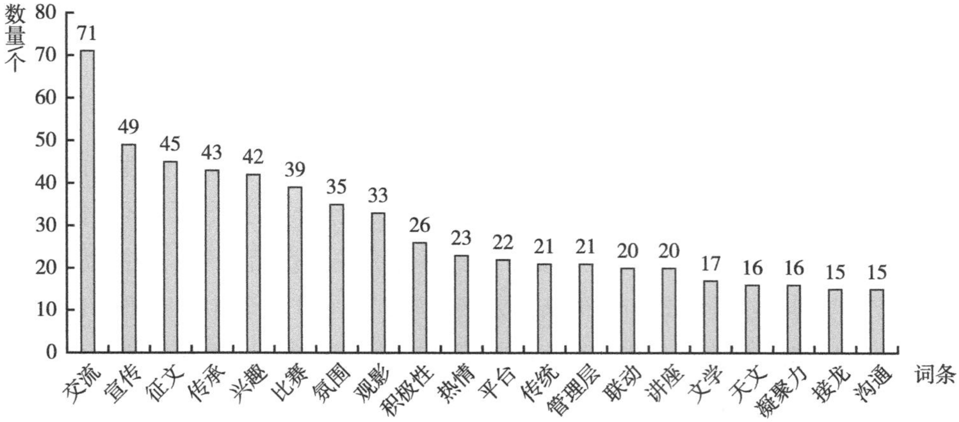

图4 高校科幻平台“社长专访”栏目稿件高频词图

对这20个高频词进一步进行凝练，可以直接发现高校科幻社团发展过程中核心推动力可以提炼为三个词：人员、活动和宣传。社团人员的质量和数量、活动策划的创意和目标、社团与活动宣传的传播范围和影响力，三者相辅相成、相互制约，共同构成了影响高校科幻社团发展的核心因素。在这方面，目前高校科幻社团普遍存在以下问题：一是社团运营机制不健全，核心管理队伍人数缺乏。高校科幻社团从建立到早期发展，如何搭建良好的社团组织管理架构，维持稳定地社团秩序，是目前面临的主要挑战，特别对于近几年新成立的社团而言更为重要。目前高校科幻社团负责人被普遍戏称为“背锅侠”，这也反映出社团核心骨干和管理队伍的缺乏，同时大部分社团管理者采用主观意念管理社团，社团成员在被管理过程中会觉得管理方式不科学而产生抵触情绪不参与社团活动，进而导致社团内部像一盘散沙。二是社团活动平庸无特色，缺乏长期发展规划。目前高校科幻社团的活动同质化较严重，在活动深度上缺乏创新和开拓精神，导致社团成员参与兴趣和积极性逐渐下降。同时在举办活动时存在“打一枪换一炮”“随心所欲”现象，缺乏长期坚守主义和布局规划意识，使得社团缺乏具有影响力的品牌活动。三是社团宣传意识普遍较弱，尚未形成成熟的社团文化。目前高校科幻社团举办活动时，大部分通过“晒微信朋友圈”“发QQ动态”进行分享宣传，鲜有以较为正式的推文、新闻稿进行发布扩散的方式，导致活动不利于推广宣传、影响范围有限。同时社团在宣传工作时，也缺乏社团文化的系统总结与分享意识，导致学生们知道科幻社团却不知道“科幻社团成立宗旨和定位”，如此难以发展和形成成熟的社团文化。

为此，建议高校科幻社团在发展过程中，要围绕“人员、活动、宣传”把握好社团建设。在人员方面，可以定期邀请指导老师和召集积极性高的社员定期召开线下社团发展梳理会，从中发掘培养核心骨干和技能型人才，同时可返聘关心社团发展、有时间继续参与社团事务的往届社团骨干；在活动方面，可以沿着学习、经验积累与再创新的发展步骤，在守正创新中不断推动普通社团活动向品牌活动攀升；在宣传方面，可以充分利用移动互联网优势建立社团官方新媒体矩阵，对本社团的历史和成员、活动进行广泛性宣传介绍，从而让更多社员从“被动”认识社团转变为主动宣传社团，提高对社团的归属感。在这方面，近年来具有代表性的比如有清华大学学生科幻协会、浙江大学学生星弦科幻协会等。

三、科幻热下高校科幻社团发展面临的机遇

随着中国科幻飞速发展和《三体》《流浪地球》等大科幻 IP 的影响力剧增，“科幻热”在广大群众中不断发酵，大众对科幻的认可度和喜爱度快速攀升；同时由于科幻具有“想象力”“万物皆可链接”属性，在促进科学技术创新、科学知识普及、文化艺术建设方面优势明显。在此背景下，高校科幻社团发展面临着许多“可预见”机遇。

（1）新生社团成员增多，活动影响力提升。科幻大热下，青少年中科幻迷群体比例将显著增高，科幻社团在招新时，更容易注入新鲜血液。同时新生社团成员的增多，将促进活动的策划和开展推进，提升活动的质量和影响力。

（2）官方支持力度变大，社团知名度提升。科幻作为“新文科”“交叉学科”建设方向等，会有更多官方力量的参与介入，高校科幻社团作为高校中科幻人才密集聚集地，将受到更多官方力量的关注和支持。同时官方背书的科幻项目增多和不断曝光，将有利于高校科幻社团的知名度提升，促进社团的高速发展。

（3）多元多样化合作扩张，区域联动成为常态。随着科幻产业快速成长，高校科幻社团将吸引更多不同类型、不同属性的校内校外社团、组织机构开展合作，区域联动性质的高校社团活动开展也将变为常态化。

（4）青年才俊不断涌现，反哺社团进一步发展。伴随高校科幻社团人员的增加和影响力不断增大，高校青年科幻人才培养体系也将在实践中趋于完善和成熟，一定会涌现一批具有社会影响力和国际声誉、可以引领我国科幻事业蓬勃发展的青年才俊。作为青年科幻人才培养的摇篮，青年才俊对高校科幻社团的反哺将有力推动社团进一步发展。

四、结语

高校科幻社团在短短的30年的历史中取得了令人瞩目的成绩，在为广大高校科幻爱好者提供交流和发展平台的同时，也有力促进了中国科幻事业的进步，特别是在科幻文化传播和科幻人才输送方面。作为中国科幻繁荣昌盛不可或缺的动力源，随着中国科幻实力的不断提升和产业链条的形成完善，高校科幻社团的作用将愈加重要。同时高校科幻社团也面临着新的挑战和机遇，需要在未来的发展中不断提升守正创新、精业笃行的能力。在这个过程中，除了需要社团自身努力，也需要科幻业界广大同仁师友的鼎力支持和公益付出。我们相信，未来高校科幻社团将继续发挥更大的推动作用，创造更多的奇迹，助力中国科幻迎来一个又一个高峰。

高校科幻平台“社长专访”栏目稿件由高校科幻平台采访组（何冬阳、周杭、易文婷、张文琦、吴如其等）长期采写，高校科幻社团数量走势图（1993—2022）由河流提供，2022年合肥工业大学解兵群星科幻协会社员意向参与活动调查图由合肥工业大学解兵群星科幻协会提供，在此表示感谢。

作者简介：

赵文杰，北京航空航天大学博士研究生，高校科幻平台创始人，长期致力于科普科幻青年人才发掘培养工作。现为中国科幻研究中心“起航学者”、北京元宇科幻未来技术研究院特聘研究员、湖北省科普作家协会科幻专委会副主任兼秘书长、北京市科普作家协会科幻专委会首批委员、全球华语科幻星云奖组委会委员、中国科普作家协会会员等。主持撰写的《国内高校科幻人才培养现状及对策研究》荣获2022年科普中国智库论坛暨第二十九届全国科普理论研讨会最佳论文奖；创办的高校科幻平台荣获第十三届“挑战杯”中国大学生创业计划竞赛全国金奖。

科幻漫画的“转译”与海外传播之路

——《刘慈欣科幻漫画系列》案例研究

许艺琳

长期以来，我国图书版权贸易处于逆差状态，直到2021年，才逐步扭转趋势，实现出版物版权贸易顺差[1]。在“中国文化走出去”的多元样态中，科幻是近年来颇受关注的一种文化类别。这与刘慈欣《三体》系列的成功出海，以及一批中国当代科幻作品“组队输出”的开拓性实践息息相关。

作为一种世界性的语言，科幻具有跨文化传播的突出优势，在异文化的语境下更容易被接受，因此“科幻出海”是中国科幻产业前路探索的重要方向。《刘慈欣科幻漫画系列》作为刘慈欣科幻IP海外输出的重要文化内容之一，目前已出版英语、法语、德语、西班牙语版本，是中国当代作家作品首次被规模化、系列化地改编创作为漫画。对其进行案例分析，有益于总结中国科幻“出海”经验，探索中国科幻品牌影响力塑造的可行模式。

本文将围绕创作改编、海外输出、产业链开发三个维度，对《刘慈欣科幻漫画系列》进行案例分析。

一、漫画改编：国际化团队的共创之路

《刘慈欣科幻漫画系列》由北京漫传奇文化传播有限公司自主策划与出品，是以刘慈欣15部小说为蓝本，进行系列化改编的漫画作品。该项目启动于2017年，至2023年10月，已陆续出版中文、英语、法语、德语、西班牙

语五个版本，并销往海外市场[2]。其中，中文版本包括四辑，目前已推出全系列 16 种，英语版出品 8 种，法语版出品 15 种，德语版出品 7 种（见表 1）。

表 1 “刘慈欣科幻漫画系列”出版情况

语种	出版商	书名
中文	中信出版社	《流浪地球》《乡村教师》《圆圆的肥皂泡》《梦之海》《赡养人类》《吞食者》《混沌蝴蝶》《圆》《全频带阻塞干扰》《微纪元》《山》《地球大炮》《天使时代》《球状闪电（上）》《球状闪电（下）》《时间移民》
英语	宙斯之首出版社（Head of Zeus）	《流浪地球》《乡村教师》《圆圆的肥皂泡》《梦之海》《赡养人类》《圆》《吞食者》《混沌蝴蝶》
法语	代勒古集团（Delcourt Group）	《流浪地球》《乡村教师》《圆圆的肥皂泡》《赡养人类》《吞食者》《圆》《全频带阻塞干扰》《地球大炮》《球状闪电》《天使时代》《山》《微纪元》《混沌蝴蝶》《梦之海》《时间移民》
德语	碎片出版社（Splitter Verlag）	《流浪地球》《圆圆的肥皂泡》《乡村教师》《梦之海》《赡养人类》《圆》

国际化视野贯穿了该系列漫画开发的全过程。在漫画内容创作之初，漫传奇即确立了“搭建国际创作团队，打造世界漫画精品”的思路，主要包括三个方面。

其一，聘请法国资深漫画主编，引进法国专业漫画编创流程。聘请法国资深编辑科琳娜·蓓尔特兰德担任漫画主编，吸纳国际一流的漫画编创工作流程管理经验，避免在创作过程中“走弯路”，保障整套作品在内容质量、产出效率等方面的可靠性与统一性。

其二，采用先翻译、后改编的方式。在正式启动漫画改编前，先引入专业翻译，将刘慈欣的 15 部小说作品翻译为法语、西班牙语等多个语种，以便漫画编剧了解原著故事。这一步是“创作国际化”思路的具体体现，也是践行“中国内容国际化表达”的前提。

其三，组建多元文化背景的专业创作团队。综合运用“广泛选拔”与“行业专家推荐”的方式，选定了由来自 13 个国家的 31 位漫画艺术家共同组成的创作团队，其中既有国际大奖得主，也有中国本土青年漫画家中的佼佼者。这些创作者以作品为创作单位分为不同小组，以“编剧 + 绘者”或“编绘一体”的方式开展协作，经过漫画改编、分镜草图创作、铅笔稿创作、黑白稿创作、彩色稿创作等流程，共同完成漫画的专业创作步骤，各小组的编剧与绘者通常是“老搭档”，积累了丰富的合作经验，或者编剧和绘者为同一人，这两种模式均有助于在编创过程中减少或避免创作者之间沟通、协作不通畅的问题。该系列漫画的总体创作风格达到了既多元又成体系的效果，“多元”体现在每部作品均有各自的艺术风格与审美风范；“成体系”体现在全系列作品均以写实风格创作，这种艺术风格的特征是以贴近现实的绘制手法刻画人物和场景，呈现故事情节和渲染故事氛围，这与刘慈欣科幻作品普遍具有的宏大世界观较为契合，最终形成的作品不仅在视觉上具有冲击力，也保留了原作特有的叙事表现力。

总体而言，《刘慈欣科幻漫画系列》的创作以专业编辑和创作人才为核心，不仅有益于引入先进的流程管理经验，也有益于在创作初期确立具有“跨文化适应性”的叙事与表达风格。4 年的创作时间，体现了文化差异背景下，精品化、国际化开发所带来的不同创作者、团队之间在沟通、协调等方面所付出的时间成本及所耗费的精力。事实上，过长的创作周期会为商业合作带来障碍，难以满足讲求效率的图书出版市场，因此，为了降低漫长创作期带来的经济压力和时间成本，该系列漫画在国内外市场均采用了分批次出版的方式。

二、借船出海：以版权输出方式打通国际传播之路

（一）主动探索，充分借力海外专业出版机构

《刘慈欣科幻漫画系列》在向外传播的过程中，漫传奇公司采用版权输出的方式，与宙斯之首、代勒古、碎片出版社、野地出版社等达成合作。这些出版社均为在相关国家具有高知名度、强专业性的出版机构。其中，宙斯之首为英文版《三体》三部曲的出版机构，代勒古、碎片出版社、野地出版社则为法国、德国、西班牙的主流漫画出版机构，在漫画出版领域拥有深厚的经验与丰富的资源。

在 2019 年 10 月法兰克福书展期间，漫传奇先后与法、英、德、意、西、俄、美等国家的十余家出版机构商谈了出版授权事宜，为后续的合作做好了铺

垫。可见，在寻求合作的前期，不能仅靠“等待”，需要积极主动地迈出国门，参加国际会展，与国际出版机构达成联络，并不断拓展国际出版市场资源，最终实现原创内容“走出去”。

（二）多渠道宣发，形成海外营销与传播联合阵地

在具体推进中，漫传奇作为国内机构主要组织翻译事宜，国外出版社主要承担编辑、出版、宣传、推广等工作。

通过借助国外大型出版机构，《刘慈欣科幻漫画系列》得以在英国、法国、德国等的大型电子商务平台、连锁书店和独立书店进行销售（见表2），并获得了较为可观的销量。如法语版《地球大炮》上市后不久，便跻身法国亚马逊漫画热销榜单第六名。

表2 《刘慈欣科幻漫画系列》部分海外销售平台

语种	销售平台
英语	英国亚马逊（Amazon.co.uk）
	瓦特斯通（Waterstones）
	布莱克维尔（Blackwell）
	澳洲恬墨书舍连锁书店（Dymocks）
	伦敦书评书店（London Review Bookshop）
	英国独立书店联盟（bookshop.org）
	书库（Book Depository）
	爱尔兰片篇章书局（Chapters Bookstore）
	丹麦爱音乐（imusic）
法语	法国亚马逊（Amazon.fr）
	法纳克（FNAC）
	漫画神游（BDFugue）
	“文化”购物平台（Cultura）
	比利时梦乡漫画世界连锁书店（Slumberland BD World）
	加拿大魁北克独立书店联合网（Les Libraires）
	泡泡网（Bubble）
	原创漫画（Original Comics）
	法国巴黎艾罗书店（The Eyrolles bookstore）
	法国乐克乐克（E.Leclerc）

续表

语种	销售平台
德语	德国亚马逊（Amazon.de）
	胡根杜贝尔（Hugendubel）
	布切电商平台（bucher.de）
	枚迪莫普斯图书音像商店（medimops.de）
	好邻居（genialokal.de）
	彼得波鲁达多媒体发行公司（Peter Poluda Medienvertrieb）
	弗里德里希斯海因书店（Berlin–Friedrichshain）
	现代图像（MODERN GRAPHICS）
	世界观 D2C（Weltbild D2C）
	塔利亚书商（Thalia）
	莫拉瓦（Morawa）
	观书人（Booklooker）
	藏者之家（Sammlerecke）
	漫画艺术书店（ComixArtBamberg）
	钉漫画书店（Pin up comics and more）

此外，大众化与专业化平台的综合运用，畅通了多媒介的传播渠道。专业化平台方面，一是在多个知名媒体平台上发布该系列漫画作品的新闻报道；二是邀请专业书评人撰写精彩书评，在图书类、漫画类、科幻类等领域书评网站上发布，发挥互联网传播中"关键意见领袖"的作用，吸引消费者并促成其关注和购买（见表3）。大众化平台方面，由出版社、销售方在推特、脸书、播客等平台上广泛发布作品信息，拓展宣传覆盖面。

表3 《刘慈欣科幻漫画系列》部分海外书评发表平台

语种	书评发表平台
英语	在线极客杂志《科幻鸦巢》（SF Crowsnest）
	英国奇幻协会（the british fantasy society）
	吊索与箭（The Slings and Arrows）
	读书社交网（GoodReads）
法语	《文学时事》（ActuaLitté）
	法国科普协会（Afondlascience）
	《漫画文摘》（BDGest'）
	《电影杂志》（LeMagDucine）
	《明线》（Ligne C）
	漫画星球（Planète BD）
	1001 漫画（1001BD）

续表

语种	书评发表平台
法语	剧本网（Sceneario.com）
	巴别里奥（Babelio）

在《刘慈欣科幻漫画系列》的宣发环节，漫传奇以版权输出方式为核心，吸引国外大型出版机构共同合作，撬动了一定的海外发行资源与消费市场，初步实现了从“走出去”到“融进去”的目标。在此过程中，《刘慈欣科幻漫画系列》也获得了中国、法国的多个知名奖项，产品影响力不断提升（见表4）。

在中西出版行业体制背景、运作机制等方面存在巨大差异的情况下，选择由国外知名出版机构实施开展《刘慈欣科幻漫画系列》在国际市场的出版发行事宜，无疑是一种经济效益上可行、社会效益上可期的商业模式。这种“借船出海”模式能够借助国外同行的团队能力、行业资源和丰富经验，降低原创内容在海外传播过程中的“文化折扣”，在较短时间内获得较为理想的传播效果。

表4 《刘慈欣科幻漫画系列》提名/获奖情况

书名	时间	提名/获奖情况
《赡养人类》法语版	2023年	安古兰国际漫画节“中学生喜爱的年度佳作奖”（the Prize of the School Students）
《地球大炮》中文版	2022年	第18届中国国际动漫节金猴奖“综合奖漫画铜奖”
《吞食者》中文版	2021年	第18届中国动漫金龙奖“最佳剧情漫画奖”银奖
《刘慈欣科幻漫画系列》中文版	2021年	首届蔡志忠漫画奖“国际交流奖”
《乡村教师》中文版	2020年	第17届中国动漫金龙奖“最佳剧情漫画奖”金奖、最佳漫画画技奖、最佳漫画编剧奖3项大奖

三、多媒介开发：探索科幻IP长链发展模式

漫画书籍仅是《刘慈欣科幻漫画系列》IP开发的第一步。基于这套故事蓝本、人物形象、场景素材、视觉体系，漫传奇进行了多媒介开发，目前已经推出有声漫画、网络漫画、周边文创、沉浸式展览等多种产品，也正在逐步打

造基于“文商旅”融合模式的“刘慈欣科幻宇宙主题乐园”。

基于漫画原作，漫传奇推出有声漫画、网络漫画 IP 成果转化。其中有声漫画是与燃也文化共同打造，由制作了《三体》广播剧的 729 声工厂负责配音录制，并同步在猫耳 FM、喜马拉雅、网易、云音乐、漫播、B 漫等平台上线；网络漫画上线于腾讯动漫平台，以连载的方式推出。

基于漫画人物形象、场景设计，与中信出版社、懒人便利店等机构合作开发了文具、玩具、T 恤等文创衍生品。

基于漫画创作过程中的过程稿（分镜草图、铅笔稿、黑白稿）、完成稿等，结合基于漫画作品开发的数字多媒体内容、声光电艺术装置、大模型雕塑、科普教育内容、文创衍生品等模块，漫传奇打造了“刘慈欣科幻漫画宇宙主题展”，并在北京、长沙、海南、成都等多地落地。

在品牌授权方面，与小鹏汽车达成合作，将《刘慈欣科幻漫画系列：流浪地球》中的漫画场景应用于小鹏汽车的线上、线下营销活动，打造了具有未来感、科技感的多媒体广告。与西铁城、多走路等公司合作，为西铁城钛金属腕表、多走路运动休闲鞋打造专属营销方案。

四、总结

《刘慈欣科幻漫画系列》产品初步实现了国际性、商业性、文化性、艺术性的平衡，其成功输出离不开创作、出版、营销等多环节的联通。

在创作初始环节，漫传奇选择刘慈欣中短篇科幻小说为内容之本，相比于长篇小说，改编难度相对较低，且刘慈欣科幻小说的故事性、恢宏的想象力和深邃的人文思辨为后续的艺术化漫画改编创作提供了广阔的空间。此外，作为著名科幻作家，刘慈欣已经在海外形成了影响力和号召力，其作品也具备较高的品牌知名度和信任度，可以说,《三体》在国际出版市场的成功，为刘慈欣科幻作品衍生内容的后续出海打下了良好的基础。

进入正式改编与产品打造阶段，漫传奇公司秉持国际化、高水准的创作要求，以长链条开发为思路，充分考虑海内外读者的偏好，将核心产品的质量视为 IP 开发的决定性因素。并选择以国际化团队协同创作的方式，演绎国际化审美风范与中国文化内核相结合科幻漫画。具体来看，从文本到漫画的创作过程，实现了三次“文本的转译”，从中文翻译至外文，再基于外文稿件进行漫画改编，并在改编过程中注重保留原著的故事主线，继承原作科幻内核与人文精神，以艺术的创作手法实现文字内容的视觉转化，最后再将以外文改编创作的漫画作品翻译为中文。这一模式不仅能够确立国际化的创作思路，也能够适当减少“文化折扣”的问题。

在营销环节，漫传奇公司积极联络海内外专业出版机构，通过参加展会、聘请专业漫画主编等方式，不断拓展海外合作圈层，借助海外出版机构的专业力量，打开多层次的营销渠道，实现资源的多向联动，精准触及海外受众群体。

但总体而言，《刘慈欣科幻漫画系列》出海历程也存在着某些不足。其一，目前来看该套系列作品尚未形成广泛的海外市场影响力，其销售情况难以复制《三体》系列的辉煌成绩，距离“爆款畅销书”依然有很长的距离，这与中国文化“走出去”依然处于探索阶段具有关联性。其二，在三次“文本的转译”的过程中，不可避免地出现海内外受众偏好难以协调等问题，导致产品口碑不一，海内外读者接受度不同。其三，目前主要是以漫画图书的形式向外输出，输出的产品类别较为有限，还未实现品牌出海、IP 出海。

参考文献

[1] 国家新闻出版署.2021 年新闻出版产业分析报告[EB/OL].(2023-02-22)[2023-03-31]. https://www.nppa.gov.cn/nppa/upload/files/2023/2/c07a62b3512cfb1a.pdf.

[2] 文旅中国.艺术|刘慈欣科幻漫画系列：科幻文学与绘画艺术的碰撞融合[EB/OL].(2022-09-23)[2023-04-01]. https://www.ccmapp.cn/news/detail?id=1fbc6463-bfd3-4017-8f65-afcff863e2ea.

作者简介：

许艺琳，中国科普研究所科研助理，中国科普作家协会会员。主要研究方向为科技与文化传播、科幻产业。

中国女性科幻小说的创作转向

王思媛

本文的“中国女性科幻小说”指由中国女性科幻作家创作的小说。自2021年以来，国内陆续出版了多部中国女性科幻作家作品集。2021年8月，博峰文化和航空工业出版社联合出版了我国第一套女性科幻作家作品集——《她科幻》（全四册）。同年10月，由九界文化和中国广播影视出版社联合出版了《她——中国女性科幻作家经典作品集》（全两册）。2022年2月，微像文化、上海文艺出版社以及Tor联手推出当代中国幻想小说国际合作项目《春天来临的方式》。同年7月，未来事务管理局和日本中央公论新社共同出版了《奔跑的红：中国女性科幻作家选集》。不同的作品集采取了不同的出版策略，有的侧重凸显女性科幻作家小说创作的多样性，有的侧重强调女性科幻作家小说中的性别特质，也有的聚焦作家的“中国”身份，各个出版方试图以群像的方式，让读者关注、了解中国女性科幻作家。

以性别为标准划分而成的“女性科幻作家群”，虽已具备一定数量的作家、作品，但她们创作主张与作品风格都不尽相同，又因缺乏自觉的身份意识和明确的女性主义表达，而无法将其等同于“女性主义科幻小说”。不过，值得关注的是，近年来，越来越多的中国女性科幻作家开始以女性的生命经验融入小说创作，自觉关注女性问题。

一、中国女性科幻小说的生成语境

（一）女性科幻作家的创作积累

20 世纪 90 年代，中国社会、政治、经济、文化等多方面的快速发展，以及开放与包容的文化环境，都使中国科幻小说逐渐走向了繁荣。自 90 年代以来，越来越多女性作家开始创作科幻小说。上述四本中国女性科幻作家作品集，共收录 47 位女性科幻作家作品。其中有 80 年代就开始科幻创作的张静；90 年代开始创作的凌晨、张卓、妲拉、彭柳蓉、赵海虹、于向昀、程婧波；21 世纪第一个十年开始创作的徐彦丽、钱莉芳、夏笳、迟卉、郝景芳、徐渝江、E 伯爵、因可觅、陈茜、双翅目、沈大成、白饭如霜、楚惜刀、沈璎璎、曹曙婷；21 世纪第二个十年开始创作的修新羽、陈奕潞、柯梦兰、顾适、昼温、目羽、廖舒波、孟槿、彭思萌、noc、苏民、亦落苓、糖匪、陈虹羽、念语、王诺诺、苏菀雯、范轶伦、王侃瑜、顾备、慕明、靓灵、非淆、段子期。由此中国女性科幻作家队伍不断壮大。

其中，较为突出的代表有赵海虹、凌晨、钱莉芳、郝景芳、夏笳等。1995 年凌晨在《科幻世界》发表第一篇科幻小说《信使》，并获得了当年中国科幻银河奖，此后《猫》《潜入贵阳》分获第 10 届和第 16 届中国科幻银河奖；1996 年赵海虹在《科幻世界》发表第一篇科幻小说《升成》，此后凭借《伊俄卡斯达》《桦树的眼睛》《蜕》等作品获六次中国科幻银河奖；钱莉芳的第一部科幻小说《天意》在《科幻世界》杂志登出部分章节，2004 年修订出版了单行本，创下科幻图书销量的年度冠军，并获得当年中国科幻银河奖特别奖；同年，夏笳《关妖精的瓶子》在《科幻世界》发表，并在此后凭借《百鬼夜行街》《中国百科全书 · 晚安忧郁》《灵隐寺僧》等多部作品获八次中国科幻银河奖；2007 年郝景芳以《谷神的飞翔》开启了科幻创作道路，并在 2016 年凭借《北京折叠》在第 74 届世界科幻大会上获得第 63 届雨果奖最佳中短篇小说奖。于向昀、程婧波、迟卉、修新羽、顾适、王侃瑜、王诺诺、陈虹羽、段子期等作家都曾多次获得中国科幻银河奖、全球华语科幻星云奖等奖项。

随着中国女性科幻作家队伍不断扩大，女性科幻作家们更是以饱满的热情，持续不断地产出高质量的小说文本，小说中对性别议题的书写、对人类生存困境的关注、对未来世界的想象，让读者听到了更多的女性声音，看到了中国女性科幻作家小说创作的多样性。正是作家数量与作品质量的积累，为“中国女性科幻小说”的讨论奠定了坚实基础。

（二）女性主义思潮的深入

20 世纪 80 年代中后期以来，“女性主义”在中国“从默默无闻到充满争议，到现在已经成了显学，成为社会学研究的一个中心议题，也是中国人社会生活中绕不开的一个重要思潮”[1]。在当下社会生活中，随处可见“家庭妇女价值”“女性就业限制”“家庭暴力”“孩子随母姓”等关于男女平权、两性差异的讨论，大众对于女性主义的态度也逐渐从漠视转向重视，从疏远变为主动学习，女性主义在中国产生了巨大的影响力。

科幻小说常常被认为是“性别偏见的高发地”，也被视为“大男孩”的逃避主义文学，一些读者甚至会对科幻小说产生刻板印象，将“科学”“技术”“革新”视为男性的专属，而将科幻小说中的女性视为“自然”“家庭”等的化身。但女性主义对中国科幻的影响，体现在读者与创作者层面，也体现在社会层面。在读者与创作者层面，社会发展使得女性科幻读者数量大大增加，这些受女性主义思潮影响的读者，不满足于小说中刻板单一的两性关系与可有可无的女性形象。在中国，倡导平等独立的女性主义思潮也影响了中国女性科幻作家的小说创作。在社会层面，“科幻”与“性别”之间复杂的关系，使关于“中国女性科幻小说”的讨论自带话题属性。由女性科幻作家所创作的小说是否会颠覆传统科幻小说中的两性角色？是否会彰显出女性的独特气质？能否为科幻小说提供新的视角？这些问题都契合了当下社会对于女性主义的讨论。

（三）世界范围内女性科幻的发展

世界上第一部科幻小说是玛丽·雪莱创作的《弗兰肯斯坦》，然而 20 世纪的欧美科幻文坛长期由男性作家占据主导地位，科幻杂志和出版社一度拒绝女性作者，女性作者甚至需要化名为男性才能获得发表作品的机会。到 20 世纪 50 年代女性科幻作家开始聚焦女性人物或是从女性视角写作，女性才逐渐在科幻领域中显现，然而这些科幻小说中的女性主人公，多为甜蜜、温柔、率性的形象，“女主人公通过拾遗补阙或在其伟大的英雄丈夫失败后做同样的家务来化解星际危机”[2]。女性鲜少作为科学家、宇航员、远征英雄的角色而存在，这类科幻作品遭到了当时女权主义者的批判，她们把此类科幻小说称为“妇女杂志小说”“甜蜜的家庭故事”。直到 20 世纪 70 年代，随着女性运动兴起与欧美女性科幻作家的大量涌现，无数科幻作家与研究者开始重新审视科幻小说中的女性形象，认为科幻小说中的女性形象存在男性凝视与刻板印象并对其进行了改写，其间诞生了厄休拉・勒古恩《黑暗的左手》、乔安娜・拉斯的《女性男人》以及玛吉・皮尔西《走在时间边缘的女人》等著名科幻小说，无数的女性科幻作家用她们的创作使女性从缺席走向在场。如今，女性和少数族裔越来越受西方科幻界重视，星云奖、雨果奖两大科幻奇幻颁奖典礼上频繁地出现女性科幻作家的身影，其中就有中国作家郝景芳。黑人女性科幻作家 N.K. 杰米辛凭借“破碎的星球 ”系列小说连获三届雨果奖最佳长篇小说奖，甚至 2020 年星云奖和雨果奖几乎所有重要奖项都由女性获得。

进入 21 世纪，越来越多的中国女性科幻小说获得了海外出版机会。郝景芳的《北京折叠》《看不见的星球》《爱的问题》以及多部作品集被翻译为英语、日语、韩语、俄语等在海外出版。赵海虹英文小说《蜕》（*Exuviation*）于 2010 年在美国 LCRW（*Lady Churchill's Rosebud Wristlet*）杂志发表，2014 年被美国电刊《光速》（*Lightspeed*）全文转载，2017 年 10 月 31 日韩文版发表于韩国科幻网站《镜》，2021 年 6 月 1 日西班牙文版发表于西班牙网络杂志 *Crononautah*。糖匪的个人作品集《孢子》于 2022 年被翻译为意大利语出版；特别是微像文化与《克拉克世界》（*Clarkesworld*）杂志合作的中国科幻作家专栏，为中国女性科幻作家作品海外出版提供一个重要平台，如夏笳《中国百科全书・晚安忧郁》《心理游戏》《滴答》、顾适《嵌合体》《莫比乌斯时空》《〈2181 序曲〉再版导言》、修新羽《告别亚当》《陌生的女孩》、王侃瑜《语膜》《冬日花园》等都发表于此。

世界范围内女性科幻作家的强势崛起，让人们不得不重视女性科幻作家的价值，对女性科幻作家的讨论成为当下的热门话题。中国女性科幻作家的“中国”和“女性”双重身份，吸引了众多读者和研究者的注意，而中国女性科幻作家作品的海外出版，让世界进一步了解了中国女性科幻作家及其优秀的小说创作，也因此让中国女性科幻作家作品集的海外出版成为可能。

二、中国女性科幻小说中性别表达

（一）重塑女性形象

科幻小说中的女性形象常常因缺少话语权和独立精神而沦为男性的附庸，也因此受到诟病，如著名女性科幻作家厄休拉·勒古恩在《美国科幻及其他》中写道：“妇女运动让我们大多人都意识到了一个事实，科幻要么完全无视女人，要么便把她们描写成尖叫的布娃娃，随时随地遭受着怪物的强暴，或是因过度发育的智力器官而丧失了性能力的老处女型女科学家，最好的情况，也不过是才华横溢的主人公身边忠诚的年轻妻子或情妇。[3]”也有评论家说：“科幻让女性走开，在男性作家笔下的科幻小说中，即使有女性人物的存在，也是一个模糊而苍白的简陋符号。[4]”

但近年来，不少女性科幻作家自觉挑战女性刻板印象，在小说中塑造了大量正面自主的独立女性，这些女性积极参与社会生活，在广阔的社会领域创造自我价值，她们有着自洽的逻辑、坚定的理想信念与对生活的热情，女性形象朝着“有控制权、强大有力、有理性、能独立自主”[1]的方向转变。王侃瑜《月见潮》中，戴安作为天体物理专业少有的女性研究员，潜心专研学术，从不以性别换取方便，面对他人对自己女性身份质疑时大胆反驳。廖舒波《秋日黄昏》中，“她”因特定的体质和脑波成为唯一的时航员，为了探索广袤深邃的世界放弃了与男友“渺小”的爱情。顾适《为了生命的诗与远方》中的莫师姐，毕业后用十八年完成创业融资、结婚生子、成为上市公司老板，多年后回顾自己人生中少有的失败经验时，仍然为这份失败赋予了价值，当发现多年前放进海底的原油机器人在海底建造出一个新文明后，选择保护它们而放弃正在开发的海底旅游业。

女性科幻作家丰富并提升了女性形象的内涵。迟卉《星路》里，在姐弟俩张璇和张凯关于宇宙的交流与争吵中，展现出两人不同的人物性格。在讨论如何为群星命名时，张璇选择以希腊神话中的人物、自然界中的生物、周围人的名字为星星命名，而张凯从实用性出发，用数字和字母为星星命名；选择宇宙探索方向时，张璇认为探寻古代星际文明是人类通向未来的钥匙，而选择去挖掘古代文明，而张凯认为人类亦步亦趋地模仿已逝的文明会导向毁灭，而选择去寻找宇宙中的新生命；在见到无数的文明孤独而不计成败地建设星门时，张凯同情第一个文明因不能修筑好星门而无法回家，张璇却认为第一个文明修筑星门是为了在宇宙中散播文明和生命，他们的行为拥有更高的价值。即使是在跨越数十亿年的宏大话题中，通过对星星的命名、对宇宙探索方向的选择、对星门建设者行为的解读，仍然可以展现出张璇这样一位浪漫、坚定、成熟、理智的宇宙探索者形象。念语《莉莉安无处不在》中的克隆人莉莉安外表冷漠，但内心却十分渴望亲情，她认为父亲张海航是一个懦弱而不负责任的男人，常常对他进行“骚扰”“复仇”，但父亲却是她遇见困难时唯一信任的人，也是唯一帮助她的人。在最后告别时，她对张海航说：“你最好去减个肥。这样下去，等不到退休就该心脑血管随便哪里出点问题就得见上帝去了。[5]”这是多年来莉莉安唯一一次说的真心话，是对父亲关切的提醒。《莉莉安无处不在》中另一位女性唐克斯，在失去女儿后，不顾社会伦理道德限制，试图通过克隆复活女儿，却诞生了一个眼盲多病的怪物张璇。同丈夫不断的争吵和克隆失败的重压促使唐克斯带着张璇离开了家，但张璇给唐克斯带来了巨大的负罪感，她再次克隆了一对姐妹，试图将她们抚养长大以获得心安。她照顾三个克隆人，带她们学习语言和知识，但是一个仅仅拥有最低限度的低保和来自丈夫的一点赡养费的单身母亲，根本无法抚养三个体弱多病、甚至本不应存活于世的女儿，所以她将自己的身体作为筹码换取三位女儿活下去的机会。克隆技术为人们提供了一个看似可以弥补遗憾的机会，却带来了更多的现实问题，而唐克斯凭借对女儿的爱冲破了伦理的束缚，但母亲的职责又使她陷入了不安与愧疚，也因此被毁灭。

如上，这些正面自主的独立女性拥有强烈的自我意识，拒绝成为他人附属，不以妻子、母亲、女儿的身份定义自己，在工作中积极进取、生活中独立自主、爱情中积极主动，她们在广阔的社会领域创造自我价值。上述作品对女性复杂内心世界的书写，则进一步丰富了女性形象内涵，使得女性形象更加真实多元，女性在小说中作为“人”而不是“女性男人”或男性的附属物存在。

（二）融入女性生命经验

在传统性别分工中，生育被视为女性的天职，常常伴随着极大的痛苦与不确定性，因此被女性主义者认为是女性受压迫的根源，而当女性能够自由地承担做母亲的责任时，生育成为一件“自愿的、有创造性的工作”[6]，她们在孕育新生命的过程中体会到了给予与创造的幸福。女性科幻作家在小说创作中，融入女性生育经验，对女性生育过程中的身体经验和不同的心理感受进行了细腻描写。顾适在《嵌合体》中描写了女性生育过程中主体性被剥夺的恐惧，母亲感到肚中的孩子“控制我的思维，他命令我吃他需要的东西，命令我去他想去的地方，命令我做他想做的事情……这是个寄生在我身体里的怪物，一个怪物，他在吞噬我”[4]。主体性丧失的恐惧使她在孩子出生后便离家出走，去追寻自己的目标。在赵海虹《宝贝宝贝我爱你》中，生育行为始于一场男性骗局，小胡为开发虚拟婴儿游戏，以欺骗的方式让蓝子做出了生育选择，这无疑是对女性生育权的剥夺，本质是一种男权压迫。但这个过程中蓝子拒绝机械子宫，选择自然生育，这表现出女性对生育行为的自豪感和蓬勃的生命力。但怀孕过程中丈夫对妻子的冷漠、生育后对抚养责任的逃避，都显示出两性在生育责任上的不对等，最终蓝子选择结束婚姻，独自承担对孩子的抚养义务。

婚姻作为女性重要的人生经验，关乎女性的身份与权益。女性科幻作家常常以此作为小说主题，书写女性在婚姻中所面对的家庭与事业之间的矛盾冲突，女性自我个性与妻母角色、家庭责任与社会责任之间的冲突，展现女性面临的两难困境。曹曙婷的《从前慢》将故事安排在未来的神理市，神理市是一个实行周期出行制度及应用休眠技术的试点城市，拥有良好的社会环境和经济环境，是无数人梦想涌入的乌托邦。休眠权力在神理市意味着延缓衰老，更意味着升职加薪，但是女儿未未冬眠失败打破了一家人平静的生活，最后父亲夏芒为了不因休眠而错过未未的成长，选择带未未离开神理市，但面对家庭与事业之间的冲突时，母亲安安认定神理市是最好的未来，她选择留在这里继续生活工作，拥抱未来。从安安的选择中可以看到女性对于自我兴趣的重视，为实现自我价值所做出的努力，以及与传统家庭伦理责任的背离。在顾备《被编辑的双生》中，季晨是李堂医生眼中家境优渥的漂亮班花，是病人小浩眼中漂亮、脾气好、温柔的像妈妈一样的季晨姐姐，但婚姻中的季晨却因生下女儿，被丈夫称为“不会下蛋的母鸡”，并常常遭到丈夫打骂。小浩的妈妈刘可可从小被父母教育“不孝有三，无后为大”，所以当李堂为进行基因实验提出帮她生下男孩时，刘可可才会轻易答应，导致了一家人的悲剧。小说中的女性在婚姻中处于被压抑的状态，沦为传宗接代的生育工具，丧失人的自主性。

“在一个世纪的女性文学中，贯穿始终的是独特隐秘的女性经验和对女性价值的体认，这才是过去、现在那些仍然或多或少保留着性别无意识的男性作家们所不可能超越、更不可能采用的。[7]”中国女性科幻作家将她们在婚姻、生育中的情感体验融入小说之中，书写女性在生育、婚姻中的情感体验与种种抉择，这些对女性人生问题的思索与探讨，表现出女性科幻作家对女性问题的自觉关注与书写，也因此为中国科幻提供了更具性别特征的女性科幻小说。

（三）颠覆性别二元论

科幻小说为作者提供了一个性别实验的空间，也因此被认为是研究性别问题较为理想的选择，女性科幻作家在小说中大胆进行性别实验，展开对于性认知、性定义、性别关系的思考。

唐娜·哈拉维（Donna Haraway）作为后现代女性主义的代表人物，于1985年发表的《赛博格宣言：20世纪晚期的科学、技术和社会主义—女性主义》中提出了“赛博格”概念，并解释道“赛博是一种控制生物体，一种机器和生物的混合，一种社会现实的生物，也是一种科幻小说的人物”[8]，哈拉维还在文中进一步表达了希望通过赛博格建造一个无性别世界。女性科幻作家在小说中积极塑造人机耦合类赛博格，通过电子化、机械化等多种手段改变女性生理构造，缩小两性生理差异，打破职业性别壁垒。男女两性不可避免存在生理差异，这使得女性被排除在许多力量型、技术型职业之外，一些体育运动也少见女性的身影。拳击是典型的力量型运动，历史上著名拳王皆为男性，我们不得不承认男性与女性之间的生理差异，但是借助科技手段弥补两性之间的力量差异，拳击由此成为一个考验灵敏度和技巧的运动，男女甚至可以同场竞技。彭思萌《野兽拳击》中的主人公王文，作为一名女性却喜欢上了拳击游戏，这是一款“要么痛揍对方，要么被对方痛揍的游戏”[9]，在这款游戏中，王文凭借高科技眼镜消除两性之间的生理差异，释放出同男性一样的力量，但是未经训练的王文总是无法打败游戏中的拳手钱哥，在一次次失败后，她找到这座城市仅存的拳馆刻苦练习技巧，随后在游戏中一次次击败著名的男性拳手们，拳击为王文带来了巨大名声和财富，即使最后一场面对泰森的挑战可能使她失去所积累的名声与财富，王文仍然选择迎战。王侃瑜《消防员》中的芬妮·贺兰为了贴近哥哥，选择继承哥哥的遗愿成为一名消防员，然而女性的身体使她始终没有机会像一名真正的消防员一样进入火场，贺兰只能对身体进行改造，第一次通过搭载机械外骨骼，她成为当地有名的消防英雄，第二次因为消防任务受重伤，贺兰将意志植入了最新一代搭载人类意识的类人型灭火机器人。但科技的进步与政策的改变，类人型灭火机器人逐渐被市场淘汰，贺兰的生存空间也被进一步压缩。女性想要成为消防员，只能通过搭载机械骨骼成为赛博格，却一步步丧失了女性的性别与生存空间，这是对传统劳动性别分工的控诉与挑战。赵海虹《宝贝宝贝我爱你》中，担心怀孕妊娠反应、体型变差、脾气变差的女性可以选择使用机械子宫孕育孩子，机械子宫消解了女性和孕育功能的内在联系，减轻了女性的身体负担。

除此之外，女性科幻作者在小说中还塑造了外星文明、双性同体等跨性别生物，表现出女性科幻作家对消除两性对立、实现和谐两性关系的希冀。顾适《倒影》中全知者由男、女两种人格组成，只有两种人格结合才能窥见世界的真相。凌晨《无处躲避》中海底人为阻止人类开发、污染海底世界，派遣大量克隆人到陆地，以对抗人类文明。被派遣到人类世界的温迪妮在网上认识并爱上了人类林霖，后在一次逃亡中意外遇见了他。林霖是国际生态监测站的工作人员，主要负责监测海底人活动，当他发现温迪妮是海底人时，不顾往日情意与温迪妮的苦苦哀求，决定逮捕她，而温迪妮也借此机会将意识植入林霖体内，占据了林霖身体，温迪妮也因此成为拥有了女性意识与男性身体的双性同体后人类。小说中存在着“男性/女性”与“科技/自然”的隐喻，而林霖与温迪妮的结合说明了只有两性融合，才能创作出一个和谐美丽的世界。靓灵《落言》中，落言星上长着宽大手臂的落言小人，一生都只会静静地站在广袤的雪地里，等待雪和石头落下，从落下的石头中进行观察、聆听、接收、吸收、理解、给予，终其一生。妲拉《伯利恒之星》中，在灼热高温、充满能量的异世界，生命诞生的方式是由愿意产生后代的爱人将彼此的能量同调创造出一个新的自组织身体系统，然后过继自己的魂和知识产生下一代，所以出生于梦见山的奥普提莫，是由不知数量的亲祖在低于常温2000多度的深寒中，放弃自我将所有能量汇聚而生。

女性通过机械辅助手段成为人机耦合类赛博格，打破职业性别壁垒，获得参与某些职业与运动的机会；人造子宫则消解了女性和孕育功能的内在联系，减轻了女性的身体负担；女性科幻作家通过塑造人机耦合类赛博格，思考女性与技术之间复杂的关系，挑战性别本质论与传统劳动性别分工，构建更加开放平等的社会；而双性同体和外星文明等跨性别生物，则显露出女性科幻作家对两性平等和谐的理想状态的希冀与走出性别二元论的努力。

三、结语

自20世纪90年代以来，无数的女性作家加入中国科幻小说创作队伍中来，她们持续产出高质量的小说文本，构建出理性与浪漫相结合的科幻世界，她们的文字与想象自足圆满，又因包含着对人生与世界的思考而充满价值。近年来，在女性主义思潮影响下，中国女性科幻作家在小说创作中开始自觉关注女性问题，重塑女性形象，挑战传统的性别二元论，这些改变为中国科幻小说提供了更具性别特征的“女性科幻”。而多部中国女性科幻作家作品集的出版，不仅向我们集中展示了她们丰富的思想、独特的个性以及对科幻深入的理解和认知，更让我们有机会集中审视她们的创作转变，感受到她们蓬勃的女性欲望与强大的女性力量。

虽然中国女性科幻作家所创作的小说仍无法等同于“女性主义科幻小说”，但她们逐渐开始以自觉的身份意识进行科幻小说创作，以自我的生命经验融入科幻小说创作，这些充满着挑战与颠覆的科幻小说、拥有着丰富多元女性形象的科幻小说、展现女性生命之思的科幻小说，为中国科幻小说提供了新的资源和新的创造，正逐步构建起属于中国女性科幻作家的话语空间，推动着中国女性科幻小说向女性主义科幻小说转变。

附录：中国女性科幻作家作品集收录作品

<table>
<tr><th>年份</th><th>作品集</th><th>收录作品</th></tr>
<tr><td rowspan="2">2021</td><td rowspan="2">《她科幻》（全四册）</td><td>《星辰的眼睛》：迟卉《星路》、陈虹羽《边界》、念语《新生之门》、昼温《沉默的音节》、廖舒波《地图师》《邮差》、王诺诺，夏谦《故乡明》、赵海虹《不枯竭的泉》、靓灵《落言》、孟槿《清道夫》、段子期《重庆提喻法》、彭柳蓉《怪物》、凌晨《明月几时有》、赵海虹《央金》</td></tr>
<tr><td>《金属的心事》：廖舒波《您好，异星人陪聊》《亲爱的，不过是仪式》《浮生四记》、陈茜《量产超人》、凌晨《待我迟暮之年》、顾适《嵌合体》、念语《莉莉安无处不在》、修新羽《万物生》、亦落苓《我们无法恋爱的理由》、苏民《后意识时代》</td></tr>
<tr><td rowspan="3">2021</td><td rowspan="2">《她科幻》（全四册）</td><td>《时间的孩子》：廖舒波《秋日黄昏》《我是猫》、程婧波《赶在陷落之前》、顾适《倒影》《莫比乌斯时空》、彭思萌《野兽拳击》、吴霜《双生》《宇宙尽头的餐馆之太极芋泥》、凌晨《404 之见龙在天》《2012：The New Day》《潜入贵阳》、曹曙婷《从前慢》</td></tr>
<tr><td>《神明的旅程》：郝景芳《爱的问题》、程婧波《西天》、吴霜《小懂》、夏笳《童童的夏天》《龙马夜行》《2044 年春节旧事》、吴霜，刘洋《天堂的阶梯》、廖舒波《宠爱计划》、念语《鲸落》《流星坠落》、凌晨《无处躲避》、王侃瑜《月见潮》</td></tr>
<tr><td>《她——中国女性科幻作家经典作品集》</td><td>张静《神秘的声波》、凌晨《待我迟暮之年》、彭柳蓉《永恒之夏》、赵海虹《不枯竭的泉》、于向昀《时空的封印》、张卓《被遗忘的时光》、程婧波《西天》、妲拉《伯利恒之星》、徐彦利《魔幻美人》、钱莉芳《飞升》、徐渝江《四·一班的自然课》、迟卉《伪人算法》、因可觅《无所谓真实》、夏笳《童童的夏天》、E 伯爵《月光浮城》、陈茜《黄金窗》、郝景芳《爱的问题》、修新羽《逃跑星辰》、双翅目《猞猁学派》、顾适《为了生命的诗与远方》、陈奕潞《云中》、柯梦兰《异兽觉醒》、昼温《泉下之城》、目羽《捏脸师》、糖匪《无定西行记》、陈虹羽《回归》、范轶伦《不会说话的爱情》、王侃瑜《消防员》、念语《银翅鸟》、王诺诺《改良人类》、顾备《被编辑的双生》、苏莞雯《破壁白水洋》、段子期《全息梦》</td></tr>
</table>

续表

年份	作品集	收录作品
2022	《春天来临的方式》	修新羽《逃跑星辰》、E伯爵《五德渡劫记》、夏笳《狐狸说什么》、沈大成《黑鸟》、吴霜《宇宙尽头的餐馆之太极芋泥》、赵海虹《宝贝宝贝我爱你》、白饭如霜《嗜糖蚯蚓》《蓝田半人》、王诺诺《春天来临的方式》《山和名字的秘密》、凌晨《应龙》、顾适《得玉》、念语《衡平公式》、沈璎璎《屠龙》、陈茜《年画》、楚惜刀《画妖》、迟卉《背尸体的女人》
	《奔跑的红：中国女性科幻作家选集》	夏笳《独自旅行》、靓灵《珞珈》、非淆《木魅》、程婧波《食梦貘·少年·盛夏》、苏莞雯《奔跑的红》、顾适《莫比乌斯时空》、noc《遥远的彼方》、郝景芳《祖母家的夏天》、昼温《完美的破缺》、糖匪《无定西行记》、双翅目《猞猁学派》、王侃瑜《语膜》、苏民《后意识时代》、慕明《涂色世界》

参考文献

[1] 李银河．女性主义［M］．江苏：凤凰文艺出版社，2021：12.

[2] 德华·詹姆斯，法拉·门德尔松．剑桥科幻文学史［M］．穆从军译．天津：百花文艺出版社，2018：3.

[3] 库尔特·冯内古特，斯坦尼斯瓦夫·莱姆，哈尔兰·艾莉森，等．100：科幻之书·Ⅱ异站［M］．姚向辉，李懿，魏映雪，等译．北京：北京联合出版公司，2018：11.

[4] 吴岩．科幻文学理论和学科体系建设［M］．重庆：重庆出版社，2008：7.

[5] 廖舒波，陈茜，凌晨，等．金属的心事［M］．北京：航空工业出版社，2021：8.

[6] 波伏娃．第二性Ⅱ［M］．郑克鲁译．上海：上海译文出版社，2011：9.

[7] 刘思谦．女性文学这个概念［J］．南开学报，2005（02）．

[8] 唐娜·哈拉维．类人猿、赛博格和女人——自然的重塑［M］．陈静译．郑州：河南大学出版社，2016：9.

[9] 顾适，廖舒波，程婧波，等．时间的孩子［M］．北京：航空工业出版社，2021：8.

作者简介：

王思媛，贵州财经大学文学院中国现当代文学专业2020级硕士研究生，四川司法警官职业学院教师，主要研究方向为中国女性科幻小说，发表论文有《中国女性科幻作家作品集出版策略探究》。

中国科幻知识产权案件年度回顾及启示

崔　莉　何明瀚

众所周知，科幻产业兼及文化与科技双重属性。随着中国综合国力、科技实力的进一步提升，以及以刘慈欣为代表的一众优秀科幻作家作品逐渐走入大众视野，科幻产业迎来了一波迅猛发展。但是，繁荣初现的表面下，我们也应该看到不足。仅从法律纠纷案件的数量上看，科幻领域的版权、衍生品开发等案件的数量过少。这貌似是好事，但恰恰说明科幻产业的发展还很稚嫩，因为从司法实践的角度来看，越繁荣发展的领域或行业法律纠纷案件也越多才是常态。因此，科幻产业的繁荣发展尚未到来，中国的科幻作品数量、质量和影响力仍需提升，科幻产业的知识产权保护水平和能力亟待加强。

本文将从 2022 年及之前的中国科幻知识产权代表性案件的回顾中，探索科幻领域知识产权保护的现状，从而获得启示。

一、中国科幻领域知识产权案件情况概述

党的十八大以来，党中央把知识产权保护工作摆在突出位置。知识产权作为国家发展战略性资源和国际竞争力核心要素的作用更加凸显。2021 年 9 月，中共中央、国务院印发了《知识产权强国建设纲要（2021—2035 年）》。这是以习近平同志为核心的党中央面向知识产权事业未来 15 年发展做出的重大顶层设计，是新时代建设知识产权强国的宏伟蓝图，在我国知识产权事业发

展史上具有里程碑意义。

2021年10月21日最高人民法院关于人民法院知识产权审判工作情况的报告中显示：全国法院受理各类知识产权一审案件从2013年的10.1万件增长到2020年的46.7万件，年均增长24.5%，反映出经济社会高质量发展对知识产权保护需求明显增长[1]。

最高人民法院发布《最高人民法院知识产权法庭年度报告（2022）》。报告显示，自2019年1月1日成立以来，最高法知识产权法庭共受理技术类知识产权案件和垄断案件13863件。侵权案件持续增长[2]。

然而，将目光聚焦在科幻领域时，结果却并不乐观。

中国裁判文书网是国内最官方、最完整的案件文书公开查询网站。但由于网站显示的搜索功能的限制，我们只能基于关键词对文书进行检索，因而无法准确得知与科幻知识产权相关的文书总数。不过，截至2023年4月6日，以“科幻”“蜘蛛侠”“阿凡达”“奥特曼”等20多个重要关键词进行检索并汇总后，我们可以大致估计，此类文书的总数不会超过20000篇。而且这些文书中的大多数也只是恰好含有上述关键词，而非真的与科幻知识产权有关。以出现“科幻”关键词的942篇文书为例，经逐篇阅读发现，当中仅有40件左右属于科幻领域著作权、商标权或不正当竞争方面的知识产权纠纷案，比例约占4%[3]。

此外，即便有刘慈欣及其热门作品的影响力，以与其相关的关键词搜索出的文书总数依然不超过1000篇，且同样多数与科幻知识产权并无关联[3]。

另外，从前述942篇与科幻知识产权纠纷相关的裁判文书中能清晰看出，知识产权纠纷案件的诉讼标的额①普遍过小。原告提起的诉讼请求数额普遍低于50万，最终获得法院判决支持的多数是几万、几千元赔偿金。而且，极个别案件中，法院只判决被告停止侵权，未作任何侵权赔偿的判决，法定赔偿更多是象征性地体现而已。但值得注意的是，2022年8月31日，有关《三体》著作权侵权案的判决着实令科幻人看到光亮，上海知识产权法院终审维持了一审判决——“广州某网络技术有限公司赔偿深圳市腾讯计算机系统有限公司经

① 标的额：指的是案件中物品的价值，金钱的数目。诉讼标的额即诉讼案件的争议额度。

济损失和为制止侵权行为所支付的合理开支共计 517 万余元”，在一定程度上维护了科幻知识产权的商业价值。

下文将对本文比较有代表性的 2022 年前和 2022 年度的多个案件进行回顾并阐述启示。

二、2022 年前科幻作品知识产权案件概述

（一）代表性案例回顾

根据最高人民法院《民事案件案由规定》，“知识产权与竞争纠纷”分为知识产权合同纠纷、知识产权权属、侵权纠纷、不正当竞争纠纷和垄断纠纷四类。其中，2022 年前与科幻作品有关的案件主要为著作权合同纠纷、著作权权属、侵权纠纷，少数案件系商标权侵权纠纷和不正当竞争纠纷。而著作权权属、侵权纠纷最多，主要为侵害保护作品完整权纠纷、侵害作品信息网络传播权纠纷、侵害作品改编权纠纷、出版者权权属纠纷等，著作权合同纠纷中以著作权许可使用合同纠纷居多。

据此，以案由分类，下文将对 2022 年前与科幻作品有关的具有代表性的纠纷案件进行回顾与点评。

案由一：著作权权属、侵权纠纷

1. 刘慈欣科幻漫画：出版者权权属纠纷案

本案争议焦点是原告某集团股份有限公司是否拥有《刘慈欣科幻漫画》独家出版权，以及被告某书店是否销售了盗版的《刘慈欣科幻漫画》。

案件回顾：山东省某经济技术开发区人民法院审理查明：2017 年 9 月 1 日，刘慈欣出具《授权书》，载明：刘慈欣为《流浪地球》《梦之海》《乡村教师》《圆圆的肥皂泡》等 15 部文字作品的唯一作者、著作权人，特此向北京某文化传播有限公司（以下称某文化公司）转让相关作品的漫画改编权，某文化公司有权根据文字作品创建或委托创建漫画作品并以纸质或其他已知或未知的

物理媒体形式出版、复制、发行和销售漫画作品等。2019 年 6 月 4 日，某文化公司（甲方）与原告（乙方）签订《图书出版合同》，载明:《刘慈欣小说漫画改编作品》(暂定名)15 部共 16 册，原著作者刘慈欣；甲方授权乙方在合同有效期内在中国大陆地区范围内以纸质图书形式独家出版、发行上述作品中文简体字版的专有权利；合同自双方签字盖章之日起生效，有效期截至最后一个单部作品出版之日起 5 年。故原告取得《刘慈欣科幻漫画》系列图书专有出版权。被告在其拼多多电商平台开设的“某书屋”店铺销售了盗版的《刘慈欣科幻漫画》系列图书。

2021 年 12 月 28 日，法院作出一审判决：被告于本判决生效之日起十日内赔偿原告经济损失及维权合理费用①，共计 12000 元[4]。

点评：该案的意义在于法院审理的重点之一系对原被告提交的与侵权和被侵权有关的证据所进行的庭审比对，以此确认被控侵权图书与正版图书区别是否明显。经过比对，法院认为被告销售被控侵权图书的行为，构成对原告享有的专有出版权及发行权的侵害。

2.《铁臂阿童木》：复制权、发行权、信息网络传播权、获得报酬权纠纷案

本案争议焦点是原告某株式会社是否拥有铁臂阿童木及小兰等人物形象的美术作品汇编而成的《样式指南》的著作权，被告某体育用品有限公司将阿童木、小兰等人物形象的美术作品用于产品以及互联网宣传活动的行为是否构成对原告涉案作品享有的复制权、发行权、信息网络传播权以及获得报酬的权利的侵犯。

案件回顾：一审北京市某中级人民法院认为：日本漫画家手塚治的继承人手塚悦子已将手塚治的作品《铁臂阿童木》的著作权信托转让给某株式会社，某株式会社在该作品基础上组织员工继续创作，形成了一个个铁臂阿童木及小兰等人物形象的美术图案，属于《著作权法》意义上的美术作品，应受我国法律保护。原告将其汇编成为《样式指南》在中华人民共和国国家版权局进行了著作权登记，其作为职务作品的著作权人对该《样式指南》中的美术作品享有著作权，亦应受我国法律保护。被告未经著作权人许可，以商业经营为目

① 维权合理费用：指权利人为制止侵权行为所支付的合理开支。如律师费、公证费、购买侵权产品等费用。

的，将阿童木、小兰等人物形象的美术作品用于产品以及互联网宣传活动中，侵害了原告对涉案作品享有的复制权、发行权、信息网络传播权以及获得报酬的权利，应承担相应的法律责任。北京市西城区某商场未经著作权人某株式会社许可，销售侵害其著作权的产品，侵害了原告对涉案作品享有的发行权及获得报酬的权利。其不存在主观过错，仅需承担停止侵权的法律责任。

因原告未能提交因涉案侵权行为受到损失的证据，被告也未提交其使用涉案作品所获利润的证据，其侵权所得亦不能确定，法院根据涉案美术作品的市场知名度和影响力，被告的主观恶意程度，侵权行为持续的时间、规模、性质及情节等因素酌情确定。原告主张的律师费、公证费等合理支出，法院根据合理性、必要性原则，酌情予以支持。

综上，一审法院判决：被告自本判决生效之日起，停止侵害原告对涉案美术作品著作权的行为；被告自本判决生效之日起 10 日内赔偿原告经济损失人民币 20 万元及因诉讼支出的合理费用人民币 1 万元。

2014 年 6 月 12 日，北京市高级人民法院作出终审判决，驳回上诉，维持原判[5]。

点评：本案原告只获得 20 万元的经济损失赔偿，法院认为是原告未能提交侵权行为导致其受到损失的证据，而被告也未提交其使用涉案作品所获利润的证据，故侵权所得亦不能确定。可见，知识产权维权案件的一大难点在于如何获取原告的实际损失和被告的违法所得的证据并得到法院的采信。如果实际损失的证据很难证明，科幻作者须准备更多的作品知名度和影响力等的相关证据。

3.《奥特曼归来》《奥特曼 · 艾斯》《奥特曼 · 泰罗》：著作权侵权纠纷案

本案争议的焦点是原告辛某某、某版权有限公司是否拥有《奥特曼归来》《奥特曼 · 艾斯》《奥特曼 · 泰罗》三部作品的独占使用权；被告某制作株式会社、上海某公司、某购书中心、某音像出版社是否侵害了原告的上述著作权。

案件回顾：由于一审法院未采信原告提交的证明其拥有诉争作品的独占使用权①的《1976 年合同》，故驳回了原告的诉讼请求，原告一审败诉。

① 独占使用权：使用他人作品应当同著作权人订立许可使用合同，著作权人许可他人排他性使用其作品的权利。

二审某省高级人民法院审理后认为,《1976年合同》系辛某某和某制作株式会社的真实意思表示，属于合法有效的合同，具有法律约束力。进而认定某制作株式会社未经许可，通过上海某公司授权某音像出版社复制、出版、发行、销售涉案《奥特曼归来》《奥特曼·艾斯》《奥特曼·泰罗》三部作品（即涉案第6至8部作品）；某音像出版社使用这三部作品的行为，均侵害了原告享有的独占使用权；某购书中心销售了涉案第8部作品，亦侵害了原告的独占使用权。故，于2010年10月25日作出终审判决：①撤销一审判决。②某购物中心停止销售侵权产品；某音像出版社停止生产和销售侵权产品，并销毁相关的母带、生产工具等；上海某公司、某制作株式会社停止以任何方式在中国许可任何人生产和销售上述三部作品的音像制品的行为。③上海某公司、某制作株式会社赔偿原告人民币30万元及合理费用人民币101930元；某音像出版社向原告返还其侵权所得利润人民币10万元。

被告某制作株式会社、上海某公司不服二审终审判决，向最高人民法院申请再审。最高院于2013年9月29日裁定:“驳回某制作株式会社、上海某公司的再审申请。”[6]

点评：此案为《最高人民法院知识产权案件年度报告（2013年）》中的著作权侵权案例，可见其典型性。该案历经一审、二审、再审共8年时间，证据来源于日本、泰国和中国等国家，对证据的法律适用是本案的特点之一，说明科幻知识产权案件审理耗时长，对事实的认定难度大。另外，对案涉的《奥特曼》等知识产权授权合同的真实性、合法性的审查贯穿审理的全过程，故确定原告是否享有本案诉争的《奥特曼》作品的独占使用权是本案最大的难点。一审法院判原告败诉。二审和再审法院均确认两原告拥有作品独占使用权，原告最终胜诉。

4.《咸蛋超人》电视系列片之《宇宙超人》《超人赛文》《超人重现》/《超人杰克》《超人艾斯》《超人赛罗》：著作权侵权纠纷案

本案的争议焦点是原告是否合法享有《奥特曼》作品在中华人民共和国境内的独家出版权、独家音像权及独家授权商品的生产、销售等权利；被告是否非法销售了侵权产品或侵权制品等。

案件回顾：原告广州市某文化传播有限公司对多家公司提起著作权侵权

诉讼，如在广州市某区人民法院起诉被告广州市某文化传播有限公司、某购书中心有限公司；在广州市某区人民法院起诉被告广州某超市有限公司金沙店等。

上述法院均认定原告是合法享有《奥特曼》作品［别名《咸蛋超人》（*Ultraman*）］系列之《宇宙超人》《超人赛文》《超人重现》/《超人杰克》《超人艾斯》《超人泰罗》作品在中华人民共和国境内的独家出版权、独家音像权及独家授权商品的生产、销售等权利的权利人，部分被告销售的音像制品系侵权制品，故作出原告胜诉的判决。但是，法院判决被告赔偿损失的数额极低，因为原告没有提供证据证明原告的实际损失及被告的侵权获利，故综合涉案人物形象的创作难易度、知名度、被告的过错程度、侵权情节、损害后果以及被诉侵权产品的销售价格等因素，参考市场维权费用（律师费、公证费、购买侵权产品等费用）和本案的难易程度适当予以保护，法院酌定赔偿数额。第一个案件只判定被告停止销售侵权制品，第二个案件判决被告赔偿1万元[7][8]。

点评：惩罚性赔偿①在前些年的法院判决中几乎没有体现，法院多酌定判决赔偿②。上述两个案例很有代表性。

5.《激战奇轮》3D科幻动画作品及其衍生品：著作权发行权侵权纠纷

本案争议的焦点是原告的动漫形象与被告玩具上的动漫形象是否构成实质性近似。

案件回顾：2014年7月28日，广东省广州市某区人民法院作出一审民事判决书：被告谢某某立即停止销售涉案侵害原告广东某动漫文化娱乐有限公司对动画片《激战奇轮》中“烈焰”“金角”动漫形象享有著作权的商品；被告向原告赔偿经济损失8000元（该款含原告为制止侵权行为所产生的合理费用）。

① 惩罚性赔偿：《中华人民共和国著作权法》第五十四条：“侵犯著作权或者与著作权有关的权利的，侵权人应当按照权利人因此受到的实际损失或者侵权人的违法所得给予赔偿；权利人的实际损失或者侵权人的违法所得难以计算的，可以参照该权利使用费给予赔偿。对故意侵犯著作权或者与著作权有关的权利，情节严重的，可以在按照上述方法确定数额的一倍以上五倍以下给予赔偿。权利人的实际损失、侵权人的违法所得、权利使用费难以计算的，由人民法院根据侵权行为的情节，判决给予五百元以上五百万元以下的赔偿。”这里的1～5倍的赔偿属惩罚性赔偿。

② 酌定判决赔偿：法院根据涉案作品的影响力、被告侵权时间、侵权的情节、侵权方式、主观过错程度、原告为制止被告侵权行为支出的合理费用等酌情确定的赔偿数额。500元以上500万元以下的赔偿属于法定赔偿。

法院认为，将被控侵权玩具《烈焰奇轮武装》《烈焰连射武装》显示的动漫形象与“烈焰”动漫形象进行比对，再将被控侵权玩具“金角奇轮武装”显示的动漫形象与“金角”动漫形象进行比对，二者的总体造型、颜色、动作以及神态等细节基本相同，故两者已构成实质性近似。被告的销售行为已侵害原告享有的著作权中的发行权，被告理应承担停止侵权及赔偿损失的民事法律责任，故作出上述判决[9]。

点评：如何证明原告拥有著作权的动漫形象作品与被控侵权玩具的动漫形象构成了实质性相同，是本案的难点。法院最终通过比对做出了认定。但司法实践中，对实质相同或相似的判断既依赖于审判人员的主观认识，也和各方代理律师的辩论水平直接相关，因此，有专家学者认为，知识产权案件三分证据七分辩才，说明知识产权案件审理中的主观认识可能导致结论的不确定性大于其他案件。

6.《哆啦 A 梦》：作品复制权、作品展览权纠纷案

本案的争议焦点是被告楼盘的销售中心使用“哆啦 A 梦”形象是否构成对原告享有的授权作品的复制权和展览权的侵犯。

案件回顾：2015 年 11 月 13 日，广东省某市第一人民法院作出一审判决，被告某市某房地产开发有限公司、广州市某广告有限公司赔偿原告某（上海）商贸有限公司经济损失 10 万元（含制止侵权的合理费用）；被告于本判决发生法律效力之日立即销毁涉嫌侵权的“哆啦 A 梦”模型。

原告诉称其经授权在中国大陆境内享有“哆啦 A 梦”形象的著作权权益及对涉及侵犯“哆啦 A 梦”形象的行为进行诉讼的权利。2014 年 11 月至 12 月期间，原告发现被告经营管理的某项目楼盘在销售中心大量使用“哆啦 A 梦”形象用于商业活动，而现场使用的“哆啦 A 梦”形象由被告提供。

法院综合考虑涉案美术作品的独创性程度、被告的侵权性质、侵权情节、主观过错程度、某市经济发展状况、制止侵权行为的合理费用等因素，酌定作出上述判决[10]。

点评：10 万元的赔偿金额系法院酌定作出的判决，反映了前些年的知识产权案件标的额过小、权利人因很难证明自身的实际损失和被告的违法所得而得不到更多的赔偿系普遍现象。

7.《变形金刚》：作品信息网络传播权纠纷案

本案二审期间的核心争议在于，原审被告（上诉人）北京某信息服务有限公司是否存在过错，即是否明知或应知对被链接网站实施了直接侵权的行为，进而是否构成帮助侵权。

案件回顾：本案中，涉案影片为机器人科幻电影《变形金刚》系列的第四部作品，拍摄完成于2013年，于2014年被我国引进，并于2014年6月27日在我国大陆地区及北美同步上映，该系列影片在世界范围内具有较高知名度。被告虽为网络搜索服务提供商，但某网中专门设立了视频栏目“某某影视”。在“某某影视”栏目下对搜索信息主动进行了选择、编辑、推荐，使得更多热门影视作品更容易被网络用户检索到。法院认为被告对其“某某影视”栏目下提供丰富细致的目录检索方式的同时，亦应相应提高该栏目内对影视作品在线播放合法性审查的注意义务。上诉人应当知晓所链接作品的来源属于侵权信息，主观上存在过错，应当承担帮助侵权的民事责任。

法院认为因原告所诉赔偿数额过高，综合参考涉案影片的影响力、侵权时间、被告网站的影响力、使用方式等因素，酌情确定赔偿数额，其合理支出亦一并予以酌定。原告的诉讼请求过分超出法院支持的部分，其应自行承担相应的诉讼费。故一审法院于2016年5月26日做出判决：被告赔偿原告经济损失及合理支出共计3万元。

2016年11月23日，北京知识产权法院作出驳回上诉，维持原判的终审判决[11]。

点评：近年来，网民常吐槽违法能赚大钱，主要是对知识产权侵权案件判决赔偿过低而发出的呼吁。本案原告的诉讼请求是判被告支付侵权赔偿金180万元及为制止侵权行为产生的合理支出5万元，包括公证费6320元、翻译费545元、律师费1万元。但是，法院判决仅支持了3万元，其中还包括了合理支出。

8.《疯狂的外星人》：作品信息网络传播权纠纷案

本案争议焦点是原告是否拥有作品的知识产权以及被告是否实施了帮助侵权行为以及是否应承担赔偿责任。

案件回顾：2021年12月25日，北京互联网法院对原告北京某网络技术有限公司诉被告北京某网络技术有限公司侵害作品信息网络传播权纠纷一案作出一审判决：被告于本判决生效之日起十日内赔偿原告经济损失3万元及公证费2170元。

《疯狂的外星人》由北京某文化产业发展有限公司出品并享有知识产权，其授权某某（天津）文化投资有限公司在全球区域享有涉案作品的独家信息网络传播权后，又授权给原告在中国大陆地区享有涉案作品的独家信息网络传播权，包括独立使用权利、独立维权权利，授权使用期限为2020年1月27日（含）起10年。法院认定被告对于网络用户侵害信息网络传播权行为构成应知状态，属于帮助侵权[12]。

点评：原告诉讼请求要求赔偿20万元，合理费用12170元，但法院最终只保护了损失3万元、合理费用2170元。理由仍然是："鉴于原告未提交证据证明其实际损失或被告的违法所得，本院综合考虑涉案作品的知名度、时长、上映时间，被告侵权行为的方式、后果、是否及时删除侵权行为、主观过错程度等因素酌情确定。"该案的情况非个案，其真实地反映出中国知识产权案件侵权赔偿过低的司法现状。知识产权侵权案件中，无论是原告的实际损失还是被告的违法所得的计算和界定均有很大的难度，特别是被告的违法所得证据，原告依靠自身的取证能力难以获取，只好望洋兴叹。

案由二：著作权合同纠纷

9.《咸蛋超人》"奥特曼"：著作权许可使用合同纠纷

本案的争议焦点是珠海某文化发展有限公司（原审被告）是否依法获得案涉动画片和电影的商标和著作权的许可，以及著作权许可合同应否解除。

案件回顾：原告以被告没有相应授权权利而造成其无法经营被授权游戏，要求解除双方签订的《游戏授权许可及文化创意设计服务合同》《关于游戏发行的补充协议》。

一审广东省珠海某区人民法院经审理认定，科幻人物ULTRAMAN（中文名奥特曼，又称咸蛋超人）系列形象由日本某公司创作。1976年3月4日，日本某公司与某企业株式会社与辛某某签订授权合同，将《奥特曼1》（奥特Q）、《奥特曼2》（咸蛋超人、宇宙超人）、《奥特曼·赛文》（超人赛文）、《奥特曼归来》（超人杰克/超人重现）、《奥特曼·艾斯》（超人艾斯）、《奥特曼·泰罗》（超人泰罗）、《詹伯格·艾斯》七部动画片及影片在日本以外的所有区域内的分销权、制作权、复制权、版权、商标权、在诸如广播、电视等大众媒体上的播映权、在任何报纸上的广告权以及任何商业目的、用任何材料、以任何形式、按原始角色形象复制上述影片制作过程中所使用的所有模型和角色形象的权利，包括将上述权利转分给第三方辛某某的权利。后经几次许可授权，被告获得中国独家代理人的权利，有权在授权领域内适用许可商标和许可著作权。原告以被告没有相应授权权利的理由而造成其无法经营被授权游戏，要求解除双方签订的《游戏授权许可及文化创意设计服务合同》《关于游戏发行的补充协议》的诉讼请求，法院未予支持。

2019 年 5 月 14 日广东省某市中级人民法院作出终审判决，驳回上诉，维持原判。可见，原告的诉讼请求未获得一审和二审法院的支持[13]。

点评：本案之所以顺利作出原告拥有许可被告著作权权利的判决，源于此前已有对“奥特曼”的科幻人物形象的著作权来源及权利人作出认定的多份生效判决。故科幻作者应从作品诞生之初便设定好著作权的相关登记和保护方案，设定好相关许可合同条款，将履行合同的证据等留存完备。

案由三：商标权行政纠纷

10. 阿童木卡通：商标权无效宣告行政纠纷案

本案争议的焦点是诉争商标（泉州市某体育用品有限公司注册的诉争商标［第 ×××× 号］“阿童木卡通”文字商标）的申请注册是否损害了某株式会社对于《铁臂阿童木》作品名称及角色名称的在先权益。

案件回顾：一审北京知识产权法院认为：在案证据可以证明，在诉争商标的注册申请日之前，某株式会社对《铁臂阿童木》动漫作品享有在先著作权。诉争商标的注册申请损害了某株式会社的在先权益。故判决：撤销被诉裁定；商标评审委员会重新作出裁定。

二审某市高级人民法院认为：综合考虑“阿童木”的知名度、诉争商标的构成要素①、核定使用的商品类别以及市场现状等因素，第三人某公司在运

① 商标的构成要素见《中华人民共和国商标法》第八条：“任何能够将自然人、法人或者其他组织的商品与他人的商品区别开的标志，包括文字、图形、字母、数字、三维标志、颜色组合和声音等，以及上述要素的组合，均可以作为商标申请注册。”

动鞋等商品上使用诉争商标，利用了《铁臂阿童木》的知名度，容易使相关公众认为其获得了某株式会社的许可，挤占了某株式会社通过大量投入和劳动所获得的市场优势和商业价值，其行为构成 2001 年《中华人民共和国商标法》第三十一条所指的损害他人在先权利的行为。2019 年 7 月 12 日，作出终审行政判决书认定上诉人国家某产权局、泉州市某体育用品有限公司的上诉理由缺乏事实和法律依据，不予支持。故作出驳回上诉，维持原判的判决[14]。

点评：本案涉及在先权益如何认定的问题。首先，法院认定某株式会社享有作品名称及角色名称“阿童木”的相关权益，并在诉争商标申请日前，动画片及漫画《铁臂阿童木》已经具有较高知名度，再认定在我国大陆地区在“阿童木”已与《铁臂阿童木》的作品名称及角色名称建立起唯一对应关系，并为中国大陆地区的相关公众知晓，进而做出诉争商标被宣告无效的判决。此案对实施抢注名牌商品商标的行为起到警示作用。

案由四：不正当竞争纠纷

11.“奥特曼”系列影视作品及其人物形象：知识产权侵权与不正当竞争纠纷案

本案争议焦点是被告某某影视文化传播有限公司是否侵犯了原告上海某文化发展有限公司“奥特曼”形象系列美术作品的著作权的复制权、摄制权和网络信息传播权以及被告的行为是否还构成了不正当竞争。

案件回顾：北京某法院认为：在授权范围内，原告享有“奥特曼”形象系列美术作品的著作权，有权以自己的名义提起诉讼。被告使用原告享有著作权的“奥特曼”人物形象推广自身产品，且使用的“奥特曼”形象数量、拍摄的视频数量众多，不构成合理使用。对“奥特曼”系列人物形象，通过编写剧本、加入旁白并加以录制的方式进行使用，其行为已构成以类似摄制电影的方法将作品固定在载体上，该行为侵犯了原告对涉案作品享有的摄制权，其一系列行为侵害了原告享有的复制权、信息网络传播权。直接使用“奥特曼”系列人物形象为角色进行拍摄，该行为并非属于擅自使用对他人有一定影响的商品名称、包装、装潢等相同或者近似的标识，也未造成消费者误认和混淆。该行为虽然含有对“奥特曼”形象的使用，但该种使用方式仍在著作权法所规范的范畴内，通过著作权法已然能够对某公司的权益予以保护，故，本院认定被告的行为不构成不正当竞争。北京某法院作出一审判决：被告立即停止在某视频及涉案微信公众号中使用“奥特曼”系列作品的人物形象；赔偿原告经济损失 32 万元及公证费 2500 元[15]。

点评：原告的诉讼请求是要求被告赔偿 1497500 元以及合理开支（公证费）2500 元，共计 150 万元，但法院判决仅保护了 32 万元及公证费 2500 元。虽比前些年法院判决的赔偿金额有所提高，但科幻知识产权被侵权后获得高额的损害赔偿金难，仍是维权的最大痛点之一。

（二）启示

纵观 2022 年前科幻领域知识产权案件，呈现出以下几个特点。

（1）案由比较集中，主要为著作权侵权纠纷案（著作权权属、复制权、作品网络信息传播权、作品独占使用权、著作权许可权、出版权等），其次为商标侵权纠纷案、不正当竞争纠纷案。

（2）案件标的额极小，获得的赔偿金额更小。中国知识产权案件的诉讼标的额过小是普遍现象，原告请求的诉讼标的额虽有几千万甚至上亿元的案例出现，但最终获得法院支持的却是凤毛麟角，科幻领域知识产权纠纷案件也不例外。本文中引入的多个案例表明，原告的诉讼请求的数额为以千元、几万元、几十万元占绝大多数。这与此前我国法律对赔偿损失的规定直接相关。2021 年前的《中华人民共和国著作权法》第四十九条规定：“侵犯著作权或者与著作权有关的权利的，侵权人应当按照权利人的实际损失给予赔偿；实际损失难以计算的，可以按照侵权人的违法所得给予赔偿。赔偿数额还应当包括权利人为制止侵权行为所支付的合理开支。权利人的实际损失或者侵权人的违法所得不能确定的，由人民法院根据侵权行为的情节，判决给予五十万元以下的赔偿。”而司法实践中，权利人的损失以及侵权人的获利，往往都难以获取和界定。因此，法定赔偿最高 50 万元的规定，显然对一些恶意侵权的侵权人的打击力度严重不足，不但无法制止侵权行为，有时还在某种程度上助长了违法行为。

（3）案件审理难度大，举证难、周期长。大量的知识产权案件中的专利、著作权、商标、商业秘密侵权案件的证据需要比对和司法鉴定。

（4）科幻领域的知识产权纠纷案件仍是国外大科幻 IP 居多。多年来，鉴于中国知识产权诉讼的特点或难点，国外一些知识产权企业一方面期盼中国知识产权保护的执法力度增强，另一方面只能降低诉求，也就是说只要侵权方停止侵权，对于获得足额赔偿已不再奢望。

三、2022 年度科幻作品知识产权案件回顾及启示

（一）2022 年度案件回顾

2022 年，哔哩哔哩推出《三体》动漫，中国电影股份有限公司等出品的《流浪地球 2》电影、上海腾讯企鹅影视文化传媒有限公司等出品的《三体》电视剧制作完成。此系 2019 年 2 月 5 日《流浪地球》上映后，中国科幻影视制作发行和科幻衍生品产业开始出现的新一波热度，体现出我国科幻产业繁荣和发展的良好态势。2022 年的中国科幻产业的影响力和商业价值主要是围绕着刘慈欣的《三体》《流浪地球》等几部作品展开的。与之而来，围绕着《三体》和《流浪地球》的知识产权纠纷案件也说明了这一点。

仍以案由分类，下文将对 2022 年度与科幻作品有关的具有代表性的纠纷案件进行回顾与点评。

案由一：著作权权属、侵权纠纷

1.“奥特曼”系列版权：侵害作品发行权纠纷案（6 起）

2022 年度内，原告珠海某文化发展有限公司分别起诉被告东莞市某日用品商店、东莞市南城某某文具店、东莞市石龙某某玩具店、东莞市石龙某某玩具店、东莞市石龙某某文具店等 6 起案件，一审受理法院为广东省东莞市某法院。

6 起案件的争议焦点是被告销售的贴纸、玩具作品等是否侵犯了原告享有“奥特曼 · 泰罗”“奥特曼 · 艾斯”的形象作品贴纸、玩具产品等的著作权。

广东省东莞市某法院认定被告构成侵权。判决：上述被告立即停止销售

侵犯原告享有“奥特曼·泰罗”“奥特曼·艾斯”的形象作品贴纸、玩具产品等的著作权；法院综合考虑以下因素，包括案涉形象作品的知名度、被告的主观过错、侵权行为所造成的影响以及原告为制止被告侵权行为支出的公证费用等，酌情确定侵权赔偿数额以及维权公证费用，分别判决赔偿4000元[16]、4000元[17]、5000元[18]、6000元[19]、5000元[20]、3500元[21]。

2.“奥特曼”系列版权：侵害其他著作财产权纠纷案（2起）

接下来是原告珠海某发展有限公司在广东省广州市某区人民法院起诉被告广州某百货有限公司、广州市白云区某文具商行等侵害其著作财产权的2起案件。

2起案件的争议焦点是被告销售的被控侵权产品以及外包装盒上使用的卡通形象与原告享有独占使用权的涉案《奥特曼·泰罗》作品中的“奥特曼·泰罗”角色形象是否构成实质性相似，被告是否构成对原告著作权的侵犯。

法院首先认定原告基于U某公司的授权，拥有自2016年7月1日起30年内在中国大陆享有包括《奥特曼·泰罗》在内的“奥特曼”系列影视作品及“奥特曼·泰罗”等角色形象美术作品的独占使用权。被告销售的被控侵权产品以及外包装盒上使用的卡通形象与原告享有独占使用权的涉案《奥特曼·泰罗》作品中的“奥特曼·泰罗”角色形象构成实质性相似，认定为侵犯涉案作品著作权的商品。被告未经合法授权销售被诉侵权商品，侵犯了原告涉案作品的发行权，应依法承担停止侵权、赔偿损失的法律责任。

法院判决：上述被告立即停止销售侵害原告涉案作品《奥特曼·泰罗》发行权的产品；两位被告于本判决生效之日起十日内分别赔偿原告经济损失7200元[22]和7200元[23]。

3.“奥特曼”系列版权：著作权侵权纠纷案

案件的争议焦点是被告广州市海珠区某文具百货店销售的涉案商品外包装及商品使用的卡通形象与原告珠海某公司享有独占使用权的涉案《奥特曼·泰罗》作品中的“奥特曼·泰罗”角色形象是否构成实质性相似，被告的行为是否构成对原告著作权的侵犯。

广东省广州市某区人民法院认为，原告基于U某公司的授权，拥有自2016年7月1日起30年内在中国大陆享有包括《奥特曼·泰罗》在内的奥特曼系列影视作品及“奥特曼·泰罗”等角色形象美术作品的独占使用权。经比对，被告销售的涉案商品外包装及商品使用的卡通形象与原告享有独占使用权的涉案《奥特曼·泰罗》作品中的“奥特曼·泰罗”角色形象无实质性差异，为相同角色形象。被告未经合法授权销售被诉侵权商品，侵犯了原告涉案作品的发行权，应依法承担停止侵权、赔偿损失的法律责任。因双方均未提供证据证明原告的经济损失或被告的获利情况，法院根据被告的过错、侵权程度、侵权方式，酌情确定赔偿金额为8000元。原告主张公证费1200元，提供了公证费发票予以证实，该费用属于原告合理支出，法院予以支持[24]。

4.“奥特曼”系列版权：著作权侵权纠纷案

案件的争议焦点是被告广州市某玩具店销售了侵害涉案美术作品著作权的商品是否侵犯了原告珠海某文化发展有限公司包括《奥特曼·泰罗》在内的奥特曼系列影视作品及“奥特曼·泰罗”等角色形象美术作品的发行权。

广东省广州市某区人民法院认为，原告自2016年7月1日起30年内在中国大陆享有包括《奥特曼·泰罗》在内的奥特曼系列影视作品及“奥特曼·泰罗”等角色形象美术作品的独占使用权。根据原告所举公证书证据比对，足以证实被告未经合法授权在其经营的店铺销售了侵害涉案美术作品著作权的商品，本案符合通过出售的方式向公众提供作品复制件的情形，可以认定被告侵害涉案美术作品的发行权。被告未尽到与其经营范围相适应的合理注意义务，且涉案美术作品具有较高知名度，可以认定被告的侵权行为具有过错。被告依法应承担停止侵权、赔偿损失的民事责任。被告未到庭，视为放弃相关诉讼权利。关于赔偿数额，原告明确经济损失由法院酌定，维权开支中的公证费具有合理性、合理的律师费花费也属必须，并综合考虑涉案作品类型、作品知名度、原告对涉案作品的使用及宣传情况、被告侵权行为等因素，依法院适用《中华人民共和国著作权法》第五十四条的规定，酌定判赔经济损失及合理开支6000元[25]。

5.《流浪地球》：侵害作品信息网络传播权纠纷案（2起）

2022年4月19日至4月21日，北京某法院对原告某信息技术（北京）有限公司诉被告南充市某科技有限公司、某（北京）生物科技有限公司侵害作品信息网络传播权纠纷2起案件，分别作出判决。

案件的焦点是被告在其网站上播放《流浪地球》的行为是否构成对原告作品信息网络传播权的侵犯。

北京某法院认定原告通过继受取得的方式享有电影《流浪地球》在中国大陆地区的信息网络传播权及维权权利。被告侵害原告作品信息网络传播权成立，分别判决被告南充市某科技有限公司赔偿原告经济损失 40000 元、合理支出 100 元[26]；被告某（北京）生物科技有限公司赔偿原告经济损失 45000 元、公证费 100 元[27]。

6.《三体》：著作权侵权案

本案原告为某科技（深圳）有限公司，被告为广州某网络技术有限公司。历经一审、二审。争议焦点是被告对在其平台的大量侵权音频是否明知或应知，是否具有主观过错，是否构成帮助侵权。

二审上海市某法院认为："刘慈欣是文字作品《三体》的作者，其有权将该作品的著作权全部或部分许可给他人使用。刘慈欣与原告于 2016 年 5 月 27 日签订《独家合作协议》，上述协议合法有效，原告依据该协议享有相关著作权，其有权提起本案诉讼。""被告明知或者应知其平台主播传播侵权音频，其未采取制止侵权的必要措施，构成帮助侵权，应承担相应的民事责任。""虽 2010 年《中华人民共和国著作权法》规定的法定赔偿最高限额为 50 万元，但一审法院在法定赔偿最高限额之上确定本案赔偿金额并无不当。首先，长篇科幻小说《三体》多次获得各类奖项，具有极高的社会关注度，是我国最具商业价值的作品之一。其次，被告是知名的网络音频平台，有众多的受众。虽然被告与网络主播的分成获利有限，但《三体》音频会给被告带来流量，提高被告的商业估值，也可带来更多广告的收益，不能仅以被告与主播的分成认定被告的侵权获益。最后，经原告发送侵权通知函后，被告仍有大量侵权音频，且持续较长时间，被告主观过错明显。虽然权利人的实际损失、侵权人的违法所得、权利使用费难以计算，但有证据证明前述数额明显超过 50 万元的法定赔偿最高限额，综合全案证据情况，可在法定赔偿最高限额之上酌情确定赔偿数额。"故作出驳回上诉、维持一审的判决："被告于判决生效之日起十日内赔偿原告经济损失 500 万元；赔偿原告为制止侵权行为所支付的合理开支 171481.79 元；就著作权侵权行为在其官网首页连续十五日刊登声明，消除影响（声明内容须经法院审核）；如不履行，法院将在相关媒体上公布判决的主要内容，费用由被告承担”[28]。

7. 游戏《光之继承者》：著作权作品的署名权、信息网络传播权侵权纠纷案

本案的争议焦点是原告的美术作品是否属于《著作权法》上的作品，被告是否侵害了原告的作品署名权和作品信息网络传播权。

上海市某区人民法院认为：原告主张其八个漫画人物形象、战舰“蜃”、人形机甲等均属于受《著作权法》保护的美术作品。原告主张权利的台词文字在表达方法、写作手法等方面具有一定的独创性，构成《著作权法》上的文字作品，亦受法律保护。被诉侵权的八个漫画人物形象、战舰“蜃”及其内构图，与原告主张保护的作品一致。被诉侵权的台词文字中的前一段是对原告涉案文字作品部分截取后，再对部分用词加以改动，后一段与原告涉案文字作品对应部分基本一致，整体构成实质性近似、相同。因台词文字作品的著作权归属原告，而被告许某某在某网站中所发布内容中含该作品，使公众可以在其选定的时间和地点获得该作品，且未以适当的方式对原告予以署名，侵害原告对该文字作品的署名权、信息网络传播权。综合上述事实及理由，本院认定涉案被诉侵权视频、图片的发布、传播行为由被告许某某、某公司共同实施。基于被告许某某系被告某公司的股东和法定代表人，被告某公司应知被告许某某对涉案文字作品不享有著作权、对涉案其余作品不享有单独的著作权及有关使用行为未经其他合作者的同意，亦应知涉案使用行为对涉案作品的原使用方式可能产生不利影响，故涉案有关的侵权后果，由被告许某某、某公司共同承担责任。

2022 年 8 月 26 日，上海市某区人民法院对原告谷某某诉被告许某某、某公司侵害作品署名权、侵害作品信息网络传播权一案作出一审判决：两被告于判决生效之日起十日内在《法制日报》刊登声明，赔礼道歉（内容须经本院审核）；于判决生效之日起十日内连带赔偿原告经济损失以及为制止侵权行为所支付的合理开支共计 4 万元[29]。

案由二：商标权侵权

8.《银河帝国：基地》：商标权侵权纠纷案（2 起）

争议焦点是两被告销售印有与原告注册商标相同标识的被诉侵权图书的行为是否构成商标侵权。

一审法院为安徽省某市中级人民法院，原告为某文化股份有限公司，被告分别为六安市某区某书店、霍邱县某书店。法院认定，两被告销售印有与原告注册商标相同标识的被诉侵权图书的行为构成侵权，故作出判决：被告立即停止销售侵害原告第 ××× 号、第 ××× 号注册商标的商品的行为；被告于本判决生效之日起十五日内分别赔偿原告经济损失及合理费用共计 5000 元。2022 年 3 月 22 日，安徽省高级人民法院作出两起案件的终审判决，驳回上诉，维持原判[30][31]。

9.《银河帝国》：商标权侵权纠纷案

本案原告某文化股份有限公司，被告某图书店、上海某信息技术有限公司。其争议焦点是被控侵权标识系第 ××× 号图形商标与第 ××× 号文字商标的组合是否实质相同，是否构成商标侵权。

法院认为，原告系权利商标专用权人，其享有的注册商标专用权受法律保护。被控侵权商品与权利商标核定使用商品“书籍”属相同商品。被控侵权标识系第 ××× 号图形商标与第 ××× 号文字商标的组合，两者基本无差别，构成相同商标。2022 年 9 月 7 日，上海某区人民法院侵害商标权纠纷一案作出判决：被告于本判决生效之日起十日内赔偿原告经济损失及合理费用共计 3200 元[32]。

10. 电影《流浪地球》：商标侵权纠纷案

2022 年 10 月 9 日，上海市某区人民法院受理了原告某电影股份有限公司诉被告上海某贸易有限公司侵害商标权、不正当竞争纠纷一案。

原告诉称：《流浪地球》系由其组织拍摄制作。早在 2018 年电影上映之前已就“流浪地球”标识在多个类别申请了商标注册，覆盖了商品、服务的多数类别，并于 2019 年 10 月 14 日获得第 35101102A 号“注册商标”专用权，核定使用类别为包括第28类“玩具、玩具娃娃、玩具小塑像……”在内的共25个类别。上述商标的电影正版周边衍生产品推出后，市场反响热烈，在天猫、淘宝、京东等各大电商平台均有销售，取得了良好的经济效益。被告于淘宝店铺“×××烘焙翻糖用品”销售其制造的一款名为“烘焙蛋糕装饰流浪地球宇航员玩偶摆件漫游宇宙宝宝生日插牌插件”的商品，并在该被诉侵权商品标题链接中使用了与原告商标近似的“流浪地球”标识，且在商品颜色分类中将商品类别直接命名为“流浪地球（星星）”“流浪地球（红旗）”。

2022年11月6日，上海市某区人民法院将该案移送上海市另一人民法院审理。截至2023年3月底，此案尚未审结[33]。

案由三：不正当竞争纠纷

11.《三体》：著作权权属、侵权纠纷、不正当竞争纠纷案

2022年8月4日，上海市某区人民法院受理了原告三体某（上海）文化发展有限公司与被告深圳市某动漫有限公司、北京某文化传播有限责任公司之间著作权权属、侵权纠纷、不正当竞争纠纷一案。

原告诉称，被告未经许可，擅自使用其享有著作权的《三体》系列小说改编“剧本杀”作品《三体·最终决议》。经原告对比，剧本杀的剧本中使用了大量与《三体》系列小说相关的背景及元素。此外，涉案剧本杀擅自以“三体”进行命名，涉嫌构成不正当竞争。原告请求法院判令两被告立即停止宣传、制作、发售该“剧本杀”作品的行为，共同赔偿原告经济损失及合理费用共计300万元，并在腾某网、“某黑探”公众号上刊登声明，消除影响。

北京某文化传播有限责任公司提出管辖异议。上海知识产权人民法院将案件移送至北京市某区人民法院管辖。截至2023年3月，该案尚未审结[34]。

（二）2022年度科幻作品知识产权案件启示

1.科幻知识产权案件量少，中国科幻作品及产业发展尚在初始阶段

2022年，与科幻有关的知识产权纠纷案件数量虽有所提升，但涨幅不大。从司法实践上看，通常一个产业经济发展的繁荣程度与相关的法律纠纷案件数量、诉讼标的额成正比。因此，中国科幻产业发展离“繁荣”二字仍很遥远。

2022年与科幻有关的国内知识产权案例多是围绕着刘慈欣科幻作品的热销IP产生的，案例涉及的是著作权权属及侵权、不正当竞争和商标侵权、网络域名抢注等的知识产权保护问题。当然，仅凭刘慈欣一己之力产生的热销科幻作品的系列知识产权开发，尚不能说明目前的中国科幻产业已经进入了普及和大发展阶段，科幻产业知识产权保护任重道远。

2. 科幻知识产权被侵权后权利人获得的赔偿数额小，打击侵权力度严重不足

知识产权侵权的法律后果最终要体现在赔偿上。由于中国著作权法等知识产权法律确定的法定赔偿数额过低，即使法院据此酌情作出判决后，权利人所获的赔偿金额往往不足以弥补其实际损失，甚至连部分弥补有时也难以实现。

虽然2021年6月1日生效的《著作权法》增加了作品的范围，也提高了法定赔偿的数额，甚至可以参照权利的使用费作出赔偿的判决，但司法实践中能够领会法律精神和规定，并切实作出惩罚性赔偿的案例仍很稀缺。当然，从2022年的科幻纠纷案例上也应该看到，知识产权纠纷案件的审结速度加快、民事责任承担的方式增多和赔付标准提高等，均说明国家依法加大了保护力度。比如上文所列举2022年腾讯公司与某公司的著作权侵权案，法院做了更大限度的保护，判决赔偿金已达500万元，充分说明司法保护的进步。但这样的进步仍然是远远不够的。惩罚性赔偿虽有相关条款规定，但司法实践中，法院的运用显得过于保守。如果不能更多地对侵权者作出惩罚性赔偿，就不可能有效地遏制住侵权行为。

与中国科幻知识产权纠纷形成巨大反差的，是美国各大科幻版权之争，赢家赢得盆满钵满。以漫威为例，由漫威漫画创造出的英雄多达上千名，而不少英雄的版权已经不在漫威手中，例如复仇者联盟元老级人物金刚狼属于20世纪福克斯电影公司。随着漫威IP的商业价值飞涨，在好莱坞“版权分割”制的框架下，各大娱乐集团围绕版权出让、授权、制作发行等交易博弈正趋激烈。1999年，经营不善的漫威为求生存，以700万美元的价格将蜘蛛侠卖给了索尼。2002年起，索尼接连推出了托比·马奎尔版的“蜘蛛侠三部曲”，在全球疯狂揽金25亿元。蜘蛛侠的坎坷经历不过是漫威英雄的一个缩影。目前，在漫威电影宇宙出现的英雄中，包括钢铁侠、绿巨人、雷神、美国队长在内的

众多角色都经历过版权或发行权交易[35]。

以上例子说明，科幻产业的价值提升更要依赖强有力的知识产权保护，并结合收并购等商业化的运作手段来实现。这一点值得中国科幻作者和科幻产业各参与方借鉴。

3. 科幻知识产权纠纷案件举证难

纵观本文引入的案例文书可以发现，每个科幻作品知识产权纠纷案的判决书都洋洋洒洒，篇幅较长，但和大多数知识产权案件一样，举证难是最大的痛点。原告首先要证明自己拥有知识产权如著作权等，其次要证明侵权人实施了侵权行为，还要有充分的证据证明其损害后果。关键是知识产权被侵害造成的损失更多的是难以估量和证明的，而我国法律意义上的损失必须是已经发生且有充分的证据证明，这样高的证据门槛难倒了绝大多数的权利方。所以，在司法实践中，即便获取了侵权人侵权行为的证据，最后也因很难证明权利人的损失而获得更高的赔偿，而依据侵权人（被告）的获利进行索赔就更难以实现。作为受害方，权利人调取证据的能力十分有限，起诉后往往需要申请法院调取一些关键证据。如果法院未调取或调取无果，就很容易使“按照侵权的获利赔偿”的条款变成空话。本文引入的科幻领域内的知识产权侵权案件中，没有一起案件是法院完全参照被告侵权的获利作出的判决。

4. 维权周期长、成本高

科幻知识产权纠纷之所以周期长、成本高，在于很多侵权的证据需要鉴定和比对，比如著作权、商标权、商业秘密的侵权，都涉及“接触 + 实质性相似”证据链条的佐证。抄袭作品需要比对是否相同或相似，商标和商业秘密侵权也需要对实质相同或相似内容进行比对和鉴定，不但拉高了时间成本，也拉高了费用成本。因此，启动维权前要对损失方面的证据和法律适用进行充分的准备，诉讼阶段更要紧紧围绕“接触 + 实质性相似”的原则举证并进行辩论，才可能赢得法院的更好的判决支持。

5. 科幻创作者知识产权保护意识不强

随着科幻产业的逐步升温，中国科幻作家特别是年轻科幻作家数量的快速增长，使市场上出现了更多的科幻作品。但从目前现状来看，相关法律纠纷案件数量过少，这与中国司法实践表现出的越高速发展的领域诉讼案件也越多的现象不对应。这从另一个角度也说明中国科幻作品的作者知识产权保护意识很弱，寻求知识产权产业化保护的能力严重不足。

现实中，科幻创作者在知识产权方面普遍存在以下问题。

（1）忽略版权登记、商标注册等权属证明等工作的必要性，在遭遇侵权时陷入主体资格被质疑的被动局面，维权不利；

（2）忽略对科幻作品的版权许可的方案设计（如许可权利的归属、许可区域、许可范围、许可期限、违约责任、争议管辖等）并签署规范的版权许可协议等，尤其对科幻作品版权许可的重要性缺乏认识，未意识到版权许可是科幻作品及其价值得以充分实现的重要途径；

（3）忽略了日常证据收集的必要性，在侵权行为发生后，难以为知识产权被侵害的行为及后果充分举证。

在前文所举的案例中，案件审理的大部分难点是权利人举证难等实际困难。在此提出两方面的建议：一方面建议科幻产业所有知识产权权利人提高知识产权保护意识和能力；另一方面建议司法审判机关多考虑知识产权维权的上述难点，在实际判决中加大对知识产权侵权行为的打击力度。

6. 科幻产业知识产权保护必须未雨绸缪

虽然科幻产业尚显稚嫩，但业内头部品牌（例如《三体》《流浪地球》等）的影响力已经得到社会的高度认可，相关侵权行为花样百出。如果科幻从业者不能及时加强自身对侵权行为的警惕性和敏锐度，产业的发展必将受到侵权等方面的影响。鉴于此，全体科幻从业者都应未雨绸缪，将知识产权保护的理念牢记于心、付诸行动。

四、总结

科幻产业是一种以知识产权为核心构筑的复合型产业。因此，科幻产业既是知识产权强国建设的排头兵，也是AI技术与经济社会融合的试金石。如今，科幻人正站在产业腾飞与科技变革的十字路口上，迫切需要提高知识产权的保护意识，关注知识产权保护的团队化建设，紧跟知识产权强国战略的步伐，在人工智能新时代里实现弯道超车。

我们坚信，在这场时代变革的新赛道中，无论个人还是企业，只要手执法律之剑，身披法律之甲，就能披荆斩棘，无惧前行，从追随者一举变为时代的引领者。

参考文献

[1] 中国人大网.最高人民法院关于人民法院知识产权审判工作情况的报告[EB/OL].(2021-10-21)[2023-04-10]. http://www.npc.gov.cn/npc/c30834/202110/2adb18d160c945e989bc20df3641cffc.shtml.

[2] 新华社.最高法知识产权法庭2022年受案同比增长近两成[EB/OL].(2023-03-30)[2023-04-10]. https://baijiahao.baidu.com/s?id=1761792370732841088&wfr=spider&for=pc.

[3] 中国裁判文书网.文书列表[EB/OL].(2023-04-11)[2023-04-11]. https://wenshu.court.gov.cn/website/wenshu/181217BMTKHNT2W0/index.html?pageId=a77c538161c751800f1f2ec51029d67b&s21=%E7%A7%91%E5%B9%BB.

[4] 中国裁判文书网.中信出版集团股份有限公司、阳信县商店镇金榜题名书店等侵害出版者权纠纷民事一审民事判决书[EB/OL].(2021-12-28)[2023-04-11]. https://wenshu.court.gov.cn/website/wenshu/181107ANFZ0BXSK4/index.html?docId=m/Z/wv2XqqQk6rndBlIAqWjzTTq5KRTnaLdx5/mEnr2Uso/iqcbDNJO3qNaLMqsJNSM8ApPL6bHlIb6F6BMZl2sa2Mpd1ibE8mHXlNUnh7iJJddpNrUMfsHNaebjzgkw.

[5] 中国裁判文书网.阿童木（福建）体育用品有限公司与手塚株式会社等著作权权属、侵权纠纷二审民事判决书[EB/OL].(2014-06-12)[2023-04-11]. https://wenshu.court.gov.cn/website/wenshu/181107ANFZ0BXSK4/index.html?docId=6X8yG55tLKLkzHLiWaDomF/8X6T3NxVABZnmwvehHsLFWSUcuXx0upO3qNaLMqsJNSM8ApPL6bHlIb6F6BMZl2sa2Mpd1ibE8mHXlNUnh7ig7hZDC1ebP+i++sebpcib.

[6] 元典智库.最高人民法院知识产权案件年度报告（2013年）摘要之

三十八：圆谷制作株式会社（Tsuburaya Productions Co.）等与辛波特·桑登猜（Sompote Saengduenchai）等侵害著作权纠纷申请案［EB/OL］.（2013-09-29）［2023-04-11］. https://ydzk.chineselaw.com/ydzk/caseDetail/qwcase/ae083f6980a2005441e2ba446c34a7f0?_t=1681201741473&callType=web_s&caseNum=0&toParagraph=&title=%E6%9C%80%E9%AB%98%E4%BA%BA%E6%B0%91%E6%B3%95%E9%99%A2%E7%9F%A5%E8%AF%86%E4%BA%A7%E6%9D%83%E6%A1%88%E4%BB%B6%E5%B9%B4%E5%BA%A6%E6%8A%A5%E5%91%8A%EF%BC%882013%E5%B9%B4%EF%BC%89%E6%91%98%E8%A6%81%E4%B9%8B%E4%B8%89%E5%8D%81%E5%85%AB%EF%BC%9A%E5%9C%86%E8%B0%B7%E5%88%B6%E4%BD%9C%E6%A0%AA%E5%BC%8F%E4%BC%9A%E7%A4%BE%EF%BC%88TsuburayaProductionsCo%EF%BC%89%E7%AD%89%E4%B8%8E%E8%BE%9B%E6%B3%A2%E7%89%B9%C2%B7%E6%A1%91%E7%99%BB%E7%8C%9C%EF%BC%88SompoteSaengduenchai%EF%BC%89%E7%AD%89%E4%BE%B5%E5%AE%B3%E8%91%97%E4%BD%9C%E6%9D%83%E7%BA%A0%E7%BA%B7%E7%94%B3%E8%AF%B7%E6%A1%88.

［7］中国裁判文书网.广州市锐视文化传播有限公司与广州购书中心有限公司、广州市天艺文化传播有限公司著作权侵权纠纷一审民事判决书［EB/OL］.（2013-11-11）［2023-04-11］. https://wenshu.court.gov.cn/website/wenshu/181107ANFZ0BXSK4/index.html?docId=NDOtIA+hdMgzE7P3NPDy5jAN/qltuUUJcEQP7HB1nb574Go2DDJwfZO3qNaLMqsJNSM8ApPL6bHlIb6F6BMZl2sa2Mpd1ibE8mHXlNUnh7ig7hZDC1ebPwbSFxdOX2Z3.

［8］中国裁判文书网.广州市锐视文化传播有限公司与广州家广超市有限公司、广州家广超市有限公司金沙店著作权权属、侵权纠纷一审民事判决书［EB/OL］.（2014-07-16）［2023-04-11］. http://wenshu.court.gov.cn/website/wenshu/181107ANFZ0BXSK4/index.html?docId=CdfYWykqskICGsWdcFpCKbE6hMvbMR5BM/rI6hARmSjrZ27oWp7+wJO3qNaLMqsJNSM8ApPL6bHlIb6F6BMZl2sa2Mpd1ibE8mHXlNUnh7ig7hZDC1ebPyf3SXdK5Cya.

［9］中国裁判文书网.广东艾力达动漫文化娱乐有限公司与谢东林著作权权属纠

纷一审民事判决书［EB/OL］.（2014-07-28）［2023-04-11］.https://wenshu.court.gov.cn/website/wenshu/181107ANFZ0BXSK4/index.html?docId=GkmKHoK+rz9ukg5eEQRJHWWzroIN4sutiVd9Yo1wa9LHBznIcG6wHJO3qNaLMqsJNSM8ApPL6bHlIb6F6BMZl2sa2Mpd1ibE8mHXlNUnh7ig7hZDC1ebP7oMY3aopP2W.

［10］中国裁判文书网.艾影（上海）商贸有限公司与中山市昌生花园房地产开发有限公司、广州市楚才广告有限公司侵害作品复制权纠纷、侵害作品展览权纠纷一审民事判决书［EB/OL］.（2015-11-13）［2023-04-11］.https://wenshu.court.gov.cn/website/wenshu/181107ANFZ0BXSK4/index.html?docId=2+LZfx3LJOea8fUn6/3jubdUueXecLm3jj3/1C7K42IsAVsLZ+j6zpO3qNaLMqsJNSM8ApPL6bHlIb6F6BMZl2sa2Mpd1ibE8mHXlNUnh7ig7hZDC1ebPy8OnlN/gRWY.

［11］中国裁判文书网.北京搜狗信息服务有限公司与一九零五（北京）网络科技有限公司侵害作品信息网络传播权纠纷二审民事判决书［EB/OL］.（2016-11-23）［2023-04-11］. https://wenshu.court.gov.cn/website/wenshu/181107ANFZ0BXSK4/index.html?docId=8+rxcRm4OtMcwxQ1XO8zD9t4qBgu2SG2rGio6SoovN9u0i/FNgVlJpO3qNaLMqsJNSM8ApPL6bHlIb6F6BMZl2sa2Mpd1ibE8mHXlNUnh7iJJddpNrUMfjBHJHebFZjN.

［12］中国裁判文书网.北京字节跳动网络技术有限公司与北京微梦创科网络技术有限公司侵害作品信息网络传播权纠纷一审民事判决书［EB/OL］.（2021-12-25）［2023-04-11］. https://wenshu.court.gov.cn/website/wenshu/181107ANFZ0BXSK4/index.html?docId=XqZDNCyi3WoSiHNgiL2HblMVXzejpFB1x9EkzbiVI+2kH6gAzumG3ZO3qNaLMqsJNSM8ApPL6bHlIb6F6BMZl2sa2Mpd1ibE8mHXlNUnh7iJJddpNrUMfgQknOTAU1CP.

［13］中国裁判文书网.南京雪糕网络科技有限公司、珠海奇奥天尊文化发展有限公司著作权许可使用合同纠纷二审民事判决书［EB/OL］.（2019-05-14）［2023-04-11］. https://wenshu.court.gov.cn/website/wenshu/181107ANFZ0BXSK4/index.html?docId=YeDEDDxw7PRWVHmWecF/hz64KI2bMJkjjtAm34jzHlw85g/BSW03tJO3qNaLMqsJNSM8ApP

L6bHlIb6F6BMZl2sa2Mpd1ibE8mHXlNUnh7gMfJ/hClwHscZqQNN846J1.

[14] 中国裁判文书网．国家知识产权局等与日本手塚株式会社二审行政判决书［EB/OL］.（2019-07-12）［2023-04-11］. https://wenshu.court.gov.cn/website/wenshu/181107ANFZ0BXSK4/index.html?docId=2IjKMv9NfIXWQE939TzQXdT7tf5mkbKZxHFtwIeaZpdvl92kk8QVlZO3qNaLMqsJNSM8ApPL6bHlIb6F6BMZl2sa2Mpd1ibE8mHXlNUnh7iJJddpNrUMfni3N4V+hvdW.

[15] 中国裁判文书网．上海新创华文化发展有限公司与悠然自在（北京）影视文化传播有限公司知识产权与竞争纠纷一审民事判决书［EB/OL］.（2020-12-30）［2023-04-11］. https://wenshu.court.gov.cn/website/wenshu/181107ANFZ0BXSK4/index.html?docId=f6sKbpPLSgT3I+ocbWRcjSNgc/DnBjD5ElECGhfgMxsD9NdxBOZQRJO3qNaLMqsJNSM8ApPL6bHlIb6F6BMZl2sa2Mpd1ibE8mHXlNUnh7iJJddpNrUMfomR2uU9KuHU.

[16] 中国裁判文书网．珠海奇奥天尊文化发展有限公司、东莞市石龙俊彦日用品商店侵害作品发行权纠纷民事一审民事判决书［EB/OL］.（2022-02-28）［2023-04-11］. https://wenshu.court.gov.cn/website/wenshu/181107ANFZ0BXSK4/index.html?docId=U3nQoCSu02gN9EUTdPNZtBwr7Yvev3ARfKJwCNWAb4OnSL2Iiq3WM5O3qNaLMqsJNSM8ApPL6bHlIb6F6BMZl2sa2Mpd1ibE8mHXlNUnh7iJJddpNrUMfg0SrYZ/noPo.

[17] 中国裁判文书网．珠海奇奥天尊文化发展有限公司、东莞市南城志兴文具店侵害作品发行权纠纷民事一审民事判决书［EB/OL］.（2022-02-28）［2023-04-11］. https://wenshu.court.gov.cn/website/wenshu/181107ANFZ0BXSK4/index.html?docId=kENm3y/kWP68B5ws37U+ekoFqKs7ga8xyHcQck1MwyuB5PgHwaIr+pO3qNaLMqsJNSM8ApPL6bHlIb6F6BMZl2sa2Mpd1ibE8mHXlNUnh7iXitUIEYOXG/nekSiq8IZe.

[18] 中国裁判文书网．珠海奇奥天尊文化发展有限公司、东莞市石龙康利玩具店侵害作品发行权纠纷民事一审民事判决书［EB/OL］.（2022-06-23）［2023-04-11］. https://wenshu.court.gov.cn/website/wenshu/181107ANFZ0BXSK4/index.html?docId=gIIMxCIkCxG9wmqodrC

v6RusZFVO8h4RsDKuAzVwKt9bwJ5W7IlKd5O3qNaLMqsJNSM8ApPL6bHlIb6F6BMZl2sa2Mpd1ibE8mHXlNUnh7iXitUIEYOXGyI4z7z6PRuI.

[19] 中国裁判文书网.珠海奇奥天尊文化发展有限公司、东莞市石龙星朋玩具店侵害作品发行权纠纷民事一审民事判决书[EB/OL].(2022-06-23)[2023-04-11]. https://wenshu.court.gov.cn/website/wenshu/181107ANFZ0BXSK4/index.html?docId=/Wjkce84V7REe2P4lfDjzCL1RsSZg+HnGMVyOLiKGnX/4Ld6BnnjepO3qNaLMqsJNSM8ApPL6bHlIb6F6BMZl2sa2Mpd1ibE8mHXlNUnh7iXitUIEYOXGyjckLNwIUt/.

[20] 中国裁判文书网.珠海奇奥天尊文化发展有限公司、东莞市石龙学苑文具店侵害作品发行权纠纷民事一审民事判决书[EB/OL].(2022-06-23)[2023-04-11]. https://wenshu.court.gov.cn/website/wenshu/181107ANFZ0BXSK4/index.html?docId=Xa7eLfpmr64qvN09dQuEiqOvvCiAd8nJAIYZN1hHG4NALuiF6JRKe5O3qNaLMqsJNSM8ApPL6bHlIb6F6BMZl2sa2Mpd1ibE8mHXlNUnh7iXitUIEYOXG6uGIE+uhYtD.

[21] 中国裁判文书网.珠海奇奥天尊文化发展有限公司、东莞市石龙智趣玩具店侵害作品发行权纠纷民事一审民事判决书[EB/OL].(2022-06-23)[2023-04-11]. https://wenshu.court.gov.cn/website/wenshu/181107ANFZ0BXSK4/index.html?docId=383r6RmAyRlxDacP5MCOlobuGvNoXqAK3I+zKNE8fo3iO9ibYiNO0pO3qNaLMqsJNSM8ApPL6bHlIb6F6BMZl2sa2Mpd1ibE8mHXlNUnh7iXitUIEYOXG9OW+k4f9wGV.

[22] 中国裁判文书网.珠海奇奥天尊文化发展有限公司、广州龙盈百货有限公司侵害其他著作财产权纠纷民事一审民事判决书[EB/OL].(2022-09-27)[2023-04-11]. https://wenshu.court.gov.cn/website/wenshu/181107ANFZ0BXSK4/index.html?docId=d+dwNdGDyb+GGc66A8YhcDgZGPkbvwdVW6w2z5Ls8voHFwFUBftwiJO3qNaLMqsJNSM8ApPL6bHlIb6F6BMZl2sa2Mpd1ibE8mHXlNUnh7iXitUIEYOXG/yGj2wg+h6B.

[23] 中国裁判文书网.珠海奇奥天尊文化发展有限公司、广州市白云区黄石本盛文具商行侵害其他著作财产权纠纷民事一审民事判决书[EB/OL].(2022-09-27)[2023-04-11]. https://wenshu.court.gov.cn/website/

wenshu/181107ANFZ0BXSK4/index.html?docId=nOE3NrYf+UaFtyNQ3aaUcCw4wXlDBzW4xd6O8yxz8KVdnQNFmcWYtpO3qNaLMqsJNSM8ApPL6bHlIb6F6BMZl2sa2Mpd1ibE8mHXlNUnh7iXitUIEYOXG1Qb69CuGMQX.

[24] 中国裁判文书网.珠海奇奥天尊文化发展有限公司、广州市海珠区日天文具百货店著作权权属、侵权纠纷民事一审民事判决书[EB/OL].(2022-05-09)[2023-04-11]. https://wenshu.court.gov.cn/website/wenshu/181107ANFZ0BXSK4/index.html?docId=f6sKbpPLSgTc2xXJarsqZsR3DfsTeetV3I+zKNE8fo1R6PvUyNj6fJO3qNaLMqsJNSM8ApPL6bHlIb6F6BMZl2sa2Mpd1ibE8mHXlNUnh7iXitUIEYOXG1OjCnopz59k.

[25] 中国裁判文书网.珠海奇奥天尊文化发展有限公司、广州市增城童兴玩具店著作权权属、侵权纠纷民事一审民事判决书[EB/OL].(2022-10-19)[2023-04-11]. https://wenshu.court.gov.cn/website/wenshu/181107ANFZ0BXSK4/index.html?docId=8gSbm+bn46Pdg7vwt1BuPENnzKClV/ytM/EA1NtoPdwyzMsf4JkK0JO3qNaLMqsJNSM8ApPL6bHlIb6F6BMZl2sa2Mpd1ibE8mHXlNUnh7hAakM2MkOUkgbS62DDCJ9R.

[26] 中国裁判文书网.优酷信息技术(北京)有限公司与南充市飞鱼科技有限公司侵害作品信息网络传播权纠纷一审民事裁定书[EB/OL].(2022-04-21)[2023-04-11]. https://wenshu.court.gov.cn/website/wenshu/181107ANFZ0BXSK4/index.html?docId=OnI0BZEKwc9iAuAPtdPeqHcdLxeSjVjC07V2bVgNhC7o5xVQ2JD2C5O3qNaLMqsJNSM8ApPL6bHlIb6F6BMZl2sa2Mpd1ibE8mHXlNUnh7hAakM2MkOUkqouvEhoS7dS.

[27] 中国裁判文书网.优酷信息技术(北京)有限公司与百家安(北京)生物科技有限公司侵害作品信息网络传播权纠纷一审民事判决书[EB/OL].(2022-04-19)[2023-04-11]. https://wenshu.court.gov.cn/website/wenshu/181107ANFZ0BXSK4/index.html?docId=5MmTp2LPNjUb7Wd6BiZaixbjGSyfkcrbAv8fvA9xjpi1acT0xzLttZO3qNaLMqsJNSM8ApPL6bHlIb6F6BMZl2sa2Mpd1ibE8mHXlNUnh7hAakM2MkOUkt5wLQXwj0gi.

[28] 中国裁判文书网.广州荔支网络技术有限公司与深圳市腾讯计算机系统

有限公司著作权权属、侵权纠纷民事二审案件民事判决书[EB/OL].(2022-08-31)[2023-04-11]. https://wenshu.court.gov.cn/website/wenshu/181107ANFZ0BXSK4/index.html?docId=SSXpFOf4N9mZHnqGWyr2cbFCVesisJ1LMeSvKqqAbS64CYpR4m8j8ZO3qNaLMqsJNSM8ApPL6bHlIb6F6BMZl2sa2Mpd1ibE8mHXlNUnh7hAakM2MkOUkoP01XhGoGch.

[29] 中国裁判文书网.谷经纬与许政杰等侵害作品署名权纠纷,侵害作品信息网络传播权纠纷一审民事判决书[EB/OL].(2023-08-26)[2023-04-11]. https://wenshu.court.gov.cn/website/wenshu/181107ANFZ0BXSK4/index.html?docId=nQaEQdsLTgt152RdaPg0nn8q8dTv280BNUwopCePmsu/xl+3s7PoEJO3qNaLMqsJNSM8ApPL6bHlIb6F6BMZl2sa2Mpd1ibE8mHXlNUnh7hAakM2MkOUknPnqpUT3pis.

[30] 中国裁判文书网.六安市叶集区万卷书店、读客文化股份有限公司侵害商标权纠纷民事二审民事判决书[EB/OL].(2022-03-22)[2023-04-11]. https://wenshu.court.gov.cn/website/wenshu/181107ANFZ0BXSK4/index.html?docId=8uT/bLVGgtFt32l6FF/Bm3gKFFKh6PxGmRhf7HF9qJ35zCSv5iQk+5O3qNaLMqsJNSM8ApPL6bHlIb6F6BMZl2sa2Mpd1ibE8mHXlNUnh7hAakM2MkOUknLRSw355XWw.

[31] 中国裁判文书网.霍邱县城关镇成功书店、读客文化股份有限公司侵害商标权纠纷民事二审民事判决书[EB/OL].(2022-03-22)[2023-04-11]. https://wenshu.court.gov.cn/website/wenshu/181107ANFZ0BXSK4/index.html?docId=pl5PTLOzdgn+ybqTymA0tZDU5SSvF6vsZMXCRBD/nJuaCmUcmyhEdpO3qNaLMqsJNSM8ApPL6bHlIb6F6BMZl2sa2Mpd1ibE8mHXlNUnh7hAakM2MkOUkvAmBLcLOOvy.

[32] 中国裁判文书网.读客文化股份有限公司与寿光如华茂图书店等侵害商标权纠纷一审民事判决书[EB/OL].(2022-09-07)[2023-04-11]. https://wenshu.court.gov.cn/website/wenshu/181107ANFZ0BXSK4/index.html?docId=ZrYSEN3V1XxJx1Lev5Ayhm8RPdMIqRQxK9e1yV89ffzP+kSt90ENwZO3qNaLMqsJNSM8ApPL6bHlIb6F6BMZl2sa2Mpd1ibE8mHXlNUnh7hAakM2MkOUklTBl46xIVIa.

[33] 中国裁判文书网.中国电影股份有限公司与上海焙甜贸易有限公司侵害商标权纠纷一审民事裁定书[EB/OL].(2022-11-16)[2023-04-11]. https://wenshu.court.gov.cn/website/wenshu/181107ANFZ0BXSK4/index.html?docId=5MqbFU+Etv4j7s9Ob4bl2P3OfhkcCOyppeMDXZk/bJIDnISHkmKNxZO3qNaLMqsJNSM8ApPL6bHlIb6F6BMZl2sa2Mpd1ibE8mHXlNUnh7hAakM2MkOUkkFND5j086s1.

[34] 中国裁判文书网.三体宇宙(上海)文化发展有限公司与深圳市腾讯动漫有限公司等著作权权属、侵权纠纷一审民事裁定书[EB/OL].(2022-09-02)[2023-04-11]. https://wenshu.court.gov.cn/website/wenshu/181107ANFZ0BXSK4/index.html?docId=MBVeB52r+gVBSIhvJdNXPmmSQ63vysZH3nkhazzTNBxndKkEJG5fVZO3qNaLMqsJNSM8ApPL6bHlIb6F6BMZl2sa2Mpd1ibE8mHXlNUnh7hAakM2MkOUkhwcCdgIeVMl.

[35] 中国日报网.比起复联“无限大战”,漫威的版权大战才更精彩[EB/OL].(2018-05-15)[2023-04-11]. https://baijiahao.baidu.com/s?id=1600492998661218411&wfr=spider&for=pc.

作者简介:

崔莉,北京市京师律师事务所高级合伙人,影视文化科技等领域知识产权资深律师,大型央企、国企、世界500强上市公司等的授课教师,多家名校总裁班等的授课教师,律政剧编剧、制片人,《环球市场信息导报》封面人物,《赢在新三板》主编。

何明瀚,科幻作家,四川省青少年作家协会理事、智库专家,“鲲鹏”全国青少年科幻文学奖评委。知乎大V,撰写评论文章上百万字。主要作品有中国少儿科幻系列小说《恒星异客》第一季、第二季。

下篇·资料部分

2022 年科幻图书目录

河　流（笔名）

类别	书名	出版社	出版时间	ISBN
MOOK	离线 · 重启试试	电子工业出版社	2022.08	9787121435331
MOOK	E=mc³：边角料科研奇思录	中央编译出版社	2022.05	9787511741479
MOOK	单读 29．当代剧作选：今天全部停止	上海文艺出版社	2022.01	9787532182664
MOOK	银河边缘 009：时空画师	新星出版社	2022.04	9787513348621
MOOK	银河边缘 011：时空弹幕	新星出版社	2022.09	9787513350136
非虚构	生如稗草：网络文学导读	百花文艺出版社	2022.10	9787530682432
非虚构	20 世纪中国科幻小说史	北京大学出版社	2022.01	9787301326855
非虚构	独行月球幕后那些事儿	北京联合出版公司	2022.08	9787559664143
非虚构	神奇故事的历史根源	北京联合出版公司	2022.06	9787559651389
非虚构	蒸汽朋克典藏全书	北京联合出版公司	2022.04	9787559658524
非虚构	千与千寻官方艺术设定集	北京联合出版公司	2022.07	9787559656841
非虚构	无聊发明合集：1000 种让世界变有趣的可能	北京联合出版公司	2022.03	9787559657060
非虚构	Photoshop 游戏动漫科幻设计手绘教程	电子工业出版社	2022.04	9787121426865
非虚构	游戏动漫超级女英雄造型设计技法	电子工业出版社	2022.06	9787121434167
非虚构	法律和社会科学：法律与科幻	法律出版社	2022.11	9787519768515
非虚构	中国现当代通俗小说与网络小说	高等教育出版社	2022.06	9787040588804
非虚构	制造弗兰肯斯坦：玛丽 · 雪莱背后的科学	广西师范大学出版社	2022.08	9787559848994
非虚构	走进科幻小说的奇异世界	海峡文艺出版社	2022.03	9787555027157
非虚构	怪物解剖学	九州出版社	2022.01	9787522505169

续表

类别	书名	出版社	出版时间	ISBN
非虚构	错把路灯当月亮	江苏凤凰文艺出版社	2022.06	9787559468062
非虚构	科幻写作十五课	教育科学出版社	2022.01	9787519127374
非虚构	对马岛之魂艺术设定集	海南出版社	2022.05	9787573004710
非虚构	星际穿越：电影背后的科学	南海出版公司	2022.10	9787573502650
非虚构	《蝙蝠侠》与哲学：黑暗骑士之魂	南京大学出版社	2022.01	9787305249839
非虚构	《异形》与哲学：我寄生，所以我存在	南京大学出版社	2022.09	9787305256721
非虚构	20 世纪中国幻想小说史论	人民出版社	2022.03	9787010237626
非虚构	机甲风暴	人民邮电出版社	2022.03	9787115578877
非虚构	狂想曲：克苏鲁趣味角色插画图鉴	人民邮电出版社	2022.04	9787115587862
非虚构	未来的职业：2050 的上班族	山西教育出版社	2022.02	9787570319091
非虚构	未来的科学：别样世界	山西教育出版社	2022.02	9787570318964
非虚构	未来的宇宙开发：直到银河尽头	山西教育出版社	2022.04	9787570318957
非虚构	未来的海洋开发：跨越海岸线	山西教育出版社	2022.05	9787570318940
非虚构	动画机器：动画的媒体理论	上海交通大学出版社	2022.12	9787313257949
非虚构	反抗世界，反抗人生：H.P. 洛夫克拉夫特传记	上海译文出版社	2022.07	9787532788880
非虚构	在幻想的冰山下：欧美奇幻文学的故事世界和文本系统	社会科学文献出版社	2022.10	9787522807904
非虚构	给 91 件未来事物写历史	台海出版社	2022.02	9787516831731
非虚构	天才的私密	新星出版社	2022.09	9787513349000
非虚构	科幻界漫游指南	新星出版社	2022.03	9787513334051
非虚构	维多利亚儿童文学中的进化与想象	译林出版社	2022.05	9787544788663
非虚构	中国与维多利亚想象：缠绕的帝国	译林出版社	2022.05	9787544788670
非虚构	人口想象与十九世纪城市：巴黎、伦敦、纽约	译林出版社	2022.05	9787544790956
非虚构	鬼魂目击者、侦探和唯灵论者：维多利亚文学和科学中的视觉理论	译林出版社	2022.09	9787544788656
非虚构	三体世界指南	中国大百科全书出版社	2022.07	9787520211550
非虚构	人鱼：奇幻生物的人类想象史	中国工人出版社	2022.09	9787500879336

续表

类别	书名	出版社	出版时间	ISBN
非虚构	创新与未来：北京科幻产业发展报告	中国国际广播出版社	2022.03	9787507850970
非虚构	经典的诞生：欧美流行文化图典	中国画报出版社	2022.01	9787514620702
非虚构	我不在：黑镜世界的真实性	中国科学技术出版社	2022.07	9787504697035
非虚构	中国科幻发展年鉴 2022	中国科学技术出版社	2022.10	9787504693273
非虚构	世界科幻动态年刊 2021	中国科学技术出版社	2022.10	9787504698018
非虚构	当代中国科幻小说转型研究	中国社会科学出版社	2022.02	9787520394659
非虚构	区域科幻产业发展研究	中国水利水电出版社	2022.09	9787522609331
非虚构	纵深与超越：后理论与比较文学跨学科研究	中山大学出版社	2022.06	9787306075581
非虚构	如何改写人生剧本	中信出版社	2022.05	9787521742121
非虚构	传奇之地	中央编译出版社	2022.04	9787511739469
非虚构	漫威先生：斯坦・李的传奇人生	中译出版社	2022.03	9787500169192
个人作品集	红雨	北京理工大学出版社	2022.04	9787576310672
个人作品集	死者 AI	北京联合出版公司	2022.03	9787559653857
个人作品集	那个世界的终结：手冢治虫小说集成	北京联合出版公司	2022.04	9787559659446
个人作品集	流浪地球：刘慈欣中短篇科幻小说精选集（中英双语版）	北京联合出版公司	2022.05	9787559660718
个人作品集	上海胶囊	北京日报出版社	2022.01	9787547741337
个人作品集	紫凤凰	北京燕山出版社	2022.03	9787540263362
个人作品集	灵魂游舞者	北京理工大学出版社	2022.07	9787576312263
个人作品集	神的一亿次停留	北京理工大学出版社	2022.07	9787576312256
个人作品集	流浪地球・彩插版	中国科学技术出版社	2022.12	9787504698094
个人作品集	完美的真空	河南文艺出版社	2022.01	9787555913054
个人作品集	石床垫：阿特伍德暗黑九故事	河南文艺出版社	2022.04	9787555912477
个人作品集	食血草	花城出版社	2022.05	9787536096851

续表

类别	书名	出版社	出版时间	ISBN
个人作品集	荒野女士：阿特伍德女性生存故事集	文汇出版社	2022.09	9787549638192
个人作品集	诅咒兔	广西师范大学出版社	2022.10	9787559852373
个人作品集	时间移民	广西师范大学出版社	2022.11	9787559854896
个人作品集	怪咖奇异事件簿：雪山禁忌	贵州人民出版社	2022.07	9787221170392
个人作品集	怪咖奇异事件簿：地库牢笼	贵州人民出版社	2022.07	9787221170354
个人作品集	莱姆狂想曲	河南文艺出版社	2022.01	9787555912521
个人作品集	第欧根尼变奏曲	花城出版社	2022.12	9787536097643
个人作品集	幽女出没的地方	九州出版社	2022.09	9787522510545
个人作品集	裂隙之外	湖南文艺出版社	2022.03	9787572605765
个人作品集	安乐侦探	湖南文艺出版社	2022.07	9787572607363
个人作品集	高能预警	江苏凤凰文艺出版社	2022.01	9787559460509
个人作品集	不是你想的那样	江苏凤凰文艺出版社	2022.10	9787559466778
个人作品集	为什么要把小说写得那么烂	江苏凤凰文艺出版社	2022.07	9787559466174
个人作品集	意识上传中	江苏凤凰文艺出版社	2022.09	9787559470560
个人作品集	宇宙超度指南	江苏凤凰文艺出版社	2022.10	9787559472205
个人作品集	黄金原野：鉴赏版	科学普及出版社	2022.01	9787110103111
个人作品集	时间机器·时空传奇	漓江出版社	2022.01	9787540791063
个人作品集	寻获与失落	河南文艺出版社	2022.09	9787555913740
个人作品集	收割童年	民主与建设出版社	2022.01	9787513926744
个人作品集	月光岛	民主与建设出版社	2022.01	9787513924146
个人作品集	撬动世界的人于此长眠	民主与建设出版社	2022.02	9787513936637
个人作品集	天上的风	民主与建设出版社	2022.02	9787513928410
个人作品集	智能的面具	民主与建设出版社	2022.01	9787513928526
个人作品集	白令纵横	民主与建设出版社	2022.01	9787513926911
个人作品集	自由战士	民主与建设出版社	2022.01	9787513937306
个人作品集	生死之约	民主与建设出版社	2022.02	9787513938075
个人作品集	单孔衍射	民主与建设出版社	2022.02	9787513937726
个人作品集	面包我的幸福	民主与建设出版社	2022.02	9787513937702

续表

类别	书名	出版社	出版时间	ISBN
个人作品集	永恒之城	民主与建设出版社	2022.02	9787513937672
个人作品集	量产超人	民主与建设出版社	2022.01	9787513926195
个人作品集	仿生屋	民主与建设出版社	2022.03	9787513937948
个人作品集	点亮时间的人	民主与建设出版社	2022.07	9787513938815
个人作品集	克苏鲁神话 · 无可名状之恐惧	南方出版社	2022.06	9787550176171
个人作品集	午夜禁语	人民文学出版社	2022.07	9787020146178
个人作品集	当我们不再理解世界	人民文学出版社	2022.09	9787020173228
个人作品集	爱因斯坦的怪兽	人民文学出版社	2022.09	9787020173525
个人作品集	地球的漫长午后	人民文学出版社	2022.11	9787020173723
个人作品集	时间熊，镜子虎和看不见的小猫	上海人民出版社	2022.05	9787208176416
个人作品集	弹子游戏	上海人民出版社	2022.03	9787208176201
个人作品集	海神的后裔	上海文化出版社	2022.01	9787553524429
个人作品集	马孔多在下雨	上海文艺出版社	2022.02	9787532182237
个人作品集	美好而粗暴的世界	上海译文出版社	2022.03	9787532788996
个人作品集	星际旅行日记	四川科学技术出版社	2022.03	9787572703386
个人作品集	太空旅行者的回忆录	四川科学技术出版社	2022.01	9787572704659
个人作品集	狩猎愉快	四川科学技术出版社	2022.01	9787572704666
个人作品集	转生接口	四川科学技术出版社	2022.04	9787572703522
个人作品集	如果我们无法以光速前行	四川科学技术出版社	2022.05	9787572704864
个人作品集	我们的科幻世界	四川科学技术出版社	2022.01	9787572704598
个人作品集	未来史记	四川科学技术出版社	2022.07	9787572705809
个人作品集	乌鸦：永不复生	四川文艺出版社	2022.04	9787541162077
个人作品集	城市漂流	台海出版社	2022.01	9787516832073
个人作品集	会说话的猪：莫尔多瓦 · 捷尔吉中短篇小说选	外语教学与研究出版社	2022.05	9787521335552
个人作品集	我的宝石	万卷出版公司	2022.02	9787547058855
个人作品集	黑暗中归来	译林出版社	2022.08	9787544792288
个人作品集	永生的岛屿	译林出版社	2022.08	9787544792424
个人作品集	机械师记事簿	文化发展出版社	2022.06	9787514237511

续表

类别	书名	出版社	出版时间	ISBN
个人作品集	杀手，回到我身边来	新星出版社	2022.08	9787513348492
个人作品集	温柔的谋杀	新星出版社	2022.11	9787513346047
个人作品集	闪耀	新星出版社	2022.12	9787513350457
个人作品集	太阳·行星	新星出版社	2022.03	9787513347839
个人作品集	塔与重力	新星出版社	2022.07	9787513349758
个人作品集	平滑世界和它的敌人	译林出版社	2022.06	9787544791106
个人作品集	布克的奇遇	长江少年儿童出版社	2022.05	9787572121241
个人作品集	第十一维度空间	长江文艺出版社	2022.10	9787570227679
个人作品集	中国太阳（中英双语科幻经典：青少版）	浙江教育出版社	2022.05	9787572233562
个人作品集	AI 未来进行式	浙江人民出版社	2022.05	9787213101625
个人作品集	不朽之城：唐缺幻想小说集	中国广播影视出版社	2022.10	9787504388902
个人作品集	青春奇妙物语 7	中国致公出版社	2022.03	9787514518979
个人作品集	性盲症患者的爱情	中信出版社	2022.03	9787521740028
个人作品集	可能有梦	中信出版社	2022.04	9787521740615
个人作品集	月海电台	重庆出版社	2022.07	9787229170103
个人作品集	克苏鲁神话Ⅳ：异界之色	作家出版社	2022.02	9787521213973
画集	KAKA 星漂流记：空想宇宙生物图鉴	人民邮电出版社	2022.03	9787115579379
画集	〈某科学的超电磁炮 T〉官方视觉画集	北京工艺美术出版社	2022.04	9787514023992
诗集	全沉浸末日脚本	辽宁人民出版社	2022.01	9787205103064
诗集	诗集：来自犹格斯的真菌：汉英对照	重庆大学出版社	2022.04	9787568929974
图像绘本	地球龙族图鉴	北京科学技术出版社	2022.05	9787571422752
图像小说	罗小黑战记 02	江苏凤凰文艺出版社	2022.03	9787559461643
图像小说	天虫草 1：大地的追猎	北京联合出版公司	2022.02	9787559657640
图像小说	灵笼·月魁传 1	北京联合出版公司	2022.01	9787559655950
图像小说	永航员	北京联合出版公司	2022.09	9787559657725
图像小说	萤窗异草	北京联合出版公司	2022.06	9787559638076
图像小说	回到未来	二十一世纪出版社集团	2022.03	9787556862542

续表

类别	书名	出版社	出版时间	ISBN
图像小说	黑兰花	湖南美术出版社	2022.03	9787535697028
图像小说	失去名字的那一天	花城出版社	2022.01	9787536095502
图像小说	上升	上海文化出版社	2022.10	9787553525594
图像小说	巨龙：插图典藏版	湖南文艺出版社	2022.01	9787572603372
图像小说	时光代理人	花山文艺出版社	2022.10	9787551161336
图像小说	关于地球的运动—01	九州出版社	2022.09	9787522509563
图像小说	关于地球的运动—02	九州出版社	2022.09	9787522510095
图像小说	关于地球的运动—03	九州出版社	2022.09	9787522510101
图像小说	关于地球的运动—04	九州出版社	2022.09	9787522510118
图像小说	零号仿生人	南海出版公司	2022.08	9787573501967
图像小说	瑞克和莫蒂	上海文艺出版社	2022.01	9787532181803
图像小说	暗夜 金属：黑暗骑士崛起	世界图书出版有限公司北京分公司	2022.01	9787519283421
图像小说	蝙蝠侠 黑暗骑士：主宰者	世界图书出版有限公司北京分公司	2022.03	9787519286583
图像小说	蝙蝠侠：黑暗骑士再袭	世界图书出版有限公司北京分公司	2022.03	9787519286606
图像小说	重生：DC 宇宙·正义联盟	世界图书出版有限公司北京分公司	2022.03	9787519276980
图像小说	黑暗时日：金属之路	世界图书出版有限公司北京分公司	2022.03	9787519286620
图像小说	蝙蝠侠：最后的游戏	世界图书出版有限公司北京分公司	2022.05	9787519283063
图像小说	明日边缘	四川科学技术出版社	2022.10	9787572707520
图像小说	满是温柔的土地上	四川美术出版社	2022.03	9787541097225
图像小说	今天的虫子会吃鸟	四川美术出版社	2022.04	9787541098628
图像小说	荆棘山	台海出版社	2022.01	9787516831519
图像小说	我儿子好像成了冒险故事的主角	湖南美术出版社	2022.09	9787535698650
图像小说	通往夏天的隧道，再见的出口·群青（1—2）	新世纪出版社	2022.03	9787558331909
图像小说	重访神秘岛：怪异生物探险之旅	浙江教育出版社	2022.12	9787572243585
图像小说	魔犬	文化发展出版社	2022.01	9787514236538
图像小说	网络塔	文化发展出版社	2022.02	9787514236859
图像小说	夜魔	文化发展出版社	2022.11	9787514238181
图像小说	星际争霸：拾荒者	新星出版社	2022.01	9787513336741

续表

类别	书名	出版社	出版时间	ISBN
图像小说	彼得・帕克：不可思议的蜘蛛侠（1—5）	新星出版社	2022.01	9787513346139
图像小说	乔乔的奇妙冒险第四部・不灭钻石	新星出版社	2022.04	9787513348003
图像小说	爱上德古拉小姐	译林出版社	2022.10	9787544793209
图像小说	秘密帝国	浙江科学技术出版社	2022.02	9787534179556
图像小说	天使时代	中信出版社	2022.03	9787521741582
图像小说	水域	中信出版社	2022.06	9787521742664
图像小说	球状闪电（上）	中信出版社	2022.06	9787521741575
图像小说	球状闪电（下）	中信出版社	2022.06	9787521742220
图像小说	沙丘・第二部：穆阿迪布	中信出版社	2022.07	9787521744828
长篇小说	深空彼岸 1	安徽文艺出版社	2022.01	9787539673066
长篇小说	长夜余火 1	安徽文艺出版社	2022.01	9787539674001
长篇小说	深空彼岸 2	安徽文艺出版社	2022.02	9787539674346
长篇小说	长夜余火 2	安徽文艺出版社	2022.04	9787539664200
长篇小说	长夜余火 3	安徽文艺出版社	2022.03	9787539674360
长篇小说	一梦星河（上）	百花洲文艺出版社	2022.07	9787550047211
长篇小说	阅脑：命运戒恶定律	北京大学出版社	2022.10	9787301330678
长篇小说	第三个太阳	北京理工大学出版社	2022.08	9787576314199
长篇小说	极限生存	北京理工大学出版社	2022.08	9787576314212
长篇小说	分离人类	北京理工大学出版社	2022.08	9787576314205
长篇小说	营地	北京理工大学出版社	2022.09	9787576315769
长篇小说	无限天罗	北京联合出版公司	2022.03	9787559658203
长篇小说	猎手信条	北京联合出版公司	2022.05	9787559660138
长篇小说	消失的世界	北京联合出版公司	2022.05	9787559660596
长篇小说	从红月开始	北京联合出版公司	2022.09	9787559662408
长篇小说	命运乐章	北京联合出版公司	2022.09	9787559663108
长篇小说	恐龙国	北京联合出版公司	2022.05	9787559661081
长篇小说	攻略不下来的星辰	北京联合出版公司	2022.07	9787559661548
长篇小说	差分机	北京联合出版公司	2022.01	9787559656445
长篇小说	凶人馆谜案	北京联合出版公司	2022.09	9787559664037

续表

类别	书名	出版社	出版时间	ISBN
长篇小说	英雄联盟：破败之咒	北京联合出版公司	2022.10	9787559655035
长篇小说	基因的复仇	北京联合出版公司	2022.09	9787559663085
长篇小说	地底世界：幽潜重泉	北京联合出版公司	2022.01	9787559656148
长篇小说	地底世界：神农天匦	北京联合出版公司	2022.01	9787559655905
长篇小说	地底世界：雾隐占婆	北京联合出版公司	2022.01	9787559657121
长篇小说	地底世界：楼兰妖耳	北京联合出版公司	2022.01	9787559656322
长篇小说	淘金	北京联合出版公司	2022.01	9787559656759
长篇小说	九州·戏中人	北京联合出版公司	2022.02	9787559657114
长篇小说	撤离战略	北京联合出版公司	2022.02	9787559653123
长篇小说	异星危机	北京联合出版公司	2022.02	9787559656766
长篇小说	紧急救援	北京联合出版公司	2022.02	9787559653772
长篇小说	人工条件	北京联合出版公司	2022.02	9787559653475
长篇小说	有去无回	北京联合出版公司	2022.03	9787559657367
长篇小说	病毒	北京联合出版公司	2022.05	9787559658586
长篇小说	拯救未来计划	北京联合出版公司	2022.04	9787559655332
长篇小说	漫长的寒冬：太阳之战	北京联合出版公司	2022.04	9787559659439
长篇小说	残心	北京联合出版公司	2022.05	9787559659095
长篇小说	馈	北京联合出版公司	2022.08	9787559662989
长篇小说	白夜密码	北京时代华文书局	2022.01	9787569943016
长篇小说	不得不说的事：外星代言人的传奇经历	北京时代华文书局	2022.01	9787569944709
长篇小说	串线	北京时代华文书局	2022.04	9787569944952
长篇小说	最后约翰死了	北京时代华文书局	2022.08	9787569940855
长篇小说	回声	北京燕山出版社	2022.09	9787540266431
长篇小说	死之泉	北京燕山出版社	2022.03	9787540262914
长篇小说	双头巴比伦	北京燕山出版社	2022.04	9787540263492
长篇小说	星河	北岳文艺出版社	2022.06	9787537865968
长篇小说	猎血人	北京理工大学出版社	2022.04	9787576311297
长篇小说	继人类	北京理工大学出版社	2022.04	9787576311280
长篇小说	地脑风暴	哈尔滨工业大学出版社	2022.03	9787560398433
长篇小说	深海大战 1：中深层卷	哈尔滨工业大学出版社	2022.07	9787560398457

续表

类别	书名	出版社	出版时间	ISBN
长篇小说	深海大战 2：渐深层卷	哈尔滨工业大学出版社	2022.08	9787560398464
长篇小说	元宇宙 2086	华文出版社	2022.03	9787507555820
长篇小说	明日筑梦师	当代世界出版社	2022.05	9787509016442
长篇小说	地球大龟裂：科幻版	地质出版社	2022.11	9787116134713
长篇小说	七恒星史诗Ⅱ：星空之林	电子工业出版社	2022.03	9787121431319
长篇小说	皮囊之下	北京日报出版社	2022.07	9787547742778
长篇小说	死亡间歇	北京日报出版社	2022.10	9787547743485
长篇小说	五号屠场	河南文艺出版社	2022.05	9787555913139
长篇小说	失明症漫记	河南文艺出版社	2022.08	9787555913689
长篇小说	太空的六场葬礼	文汇出版社	2022.08	9787549630233
长篇小说	沉睡者	文汇出版社	2022.09	9787549630219
长篇小说	十二王国的魔法奇遇Ⅰ：觉醒	二十一世纪出版社	2022.03	9787556863327
长篇小说	十二王国的魔法奇遇Ⅱ：危机	二十一世纪出版社	2022.05	9787556864324
长篇小说	平面国：一部多维的罗曼史（双语版）	高等教育出版社	2022.05	9787040569940
长篇小说	停云	广东旅游出版社	2022.10	9787557028664
长篇小说	黑天 2：完结篇	广东旅游出版社	2022.01	9787557026653
长篇小说	南鸢	广东旅游出版社	2022.01	9787557026646
长篇小说	大漠奇闻录	广东旅游出版社	2022.07	9787557028008
长篇小说	接触	上海科学技术文献出版社	2022.01	9787543984851
长篇小说	流浪苍穹	浙江文艺出版社	2022.05	9787533967321
长篇小说	良渚密码	杭州出版社	2022.07	9787556518487
长篇小说	缺席者	海峡文艺出版社	2022.10	9787555029830
长篇小说	挑选缪斯：大都会艺术博物馆奇幻故事集	花城出版社	2022.02	9787536095595
长篇小说	缺席的城市	四川文艺出版社	2022.06	9787541163623
长篇小说	从始至终	四川文艺出版社	2022.10	9787541161445
长篇小说	遇见虎灵的女孩	湖南少年儿童出版社	2022.06	9787556261888
长篇小说	0.25 秒的静止	湖南文艺出版社	2022.03	9787572604881
长篇小说	化身博士：插图典藏版	湖南文艺出版社	2022.04	9787540498238
长篇小说	案件现场直播 2	湖南文艺出版社	2022.02	9787572602924
长篇小说	案件现场直播 3	湖南文艺出版社	2022.04	9787572605123
长篇小说	成何体统	湖南文艺出版社	2022.04	9787572604713

续表

类别	书名	出版社	出版时间	ISBN
长篇小说	未来救赎	湖南文艺出版社	2022.06	9787572606625
长篇小说	人鱼陷落	湖南文艺出版社	2022.07	9787572607004
长篇小说	明天过后	湖南文艺出版社	2022.08	9787572606816
长篇小说	热夜之梦	湖南文艺出版社	2022.11	9787572606519
长篇小说	当罪恶在摇篮中	花城出版社	2022.04	9787536095274
长篇小说	光能战士	花山文艺出版社	2022.03	9787551160575
长篇小说	猎人行	化学工业出版社	2022.08	9787122412515
长篇小说	平面国	江苏凤凰文艺出版社	2022.01	9787559454461
长篇小说	繁星降临 4	江苏凤凰文艺出版社	2022.05	9787559464583
长篇小说	诡秘博物图鉴 3	江苏凤凰文艺出版社	2022.06	9787559463654
长篇小说	时间足够你爱	江苏凤凰文艺出版社	2022.03	9787559457264
长篇小说	造物者之歌 4：解铃人	江苏凤凰文艺出版社	2022.11	9787559469304
长篇小说	造物者之歌 5：魂力谱	江苏凤凰文艺出版社	2022.11	9787559469298
长篇小说	造物者之歌 6：归原法则	江苏凤凰文艺出版社	2022.11	9787559469281
长篇小说	奇迹尽头是你	安徽文艺出版社	2022.05	9787539674513
长篇小说	夏日再临	江苏凤凰文艺出版社	2022.06	9787559468345
长篇小说	百幻千梦	九州出版社	2022.05	9787522507408
长篇小说	隐身人	漓江出版社	2022.01	9787540791070
长篇小说	探月之旅	漓江出版社	2022.01	9787540791117
长篇小说	星球大战	漓江出版社	2022.01	9787540784546
长篇小说	摩罗博士岛	漓江出版社	2022.01	9787540791148
长篇小说	空心人	漓江出版社	2022.12	9787540791438
长篇小说	天吾手记	北京日报出版社	2022.01	9787547741085
长篇小说	模仿	北京日报出版社	2022.04	9787547742532
长篇小说	献给阿尔吉侬的花束	河南文艺出版社	2022.08	9787555913726
长篇小说	永生者	河南文艺出版社	2022.09	9787555913832
长篇小说	明日边缘	浙江人民出版社	2022.04	9787213105609
长篇小说	银河英雄传说	南海出版公司	2022.01	9787544294416

续表

类别	书名	出版社	出版时间	ISBN
长篇小说	奇异世界里的 10 分 38 秒	南海出版公司	2022.07	9787573501684
长篇小说	原野上	南海出版公司	2022.11	9787573502537
长篇小说	人偶	南京大学出版社	2022.07	9787305238949
长篇小说	杀龙事件	宁波出版社	2022.08	9787552646122
长篇小说	炼金术师的密室	宁波出版社	2022.09	9787552646283
长篇小说	炼金术师的消失	宁波出版社	2022.09	9787552646290
长篇小说	死在火星上	青岛出版社	2022.02	9787555291732
长篇小说	幻肢	青岛出版社	2022.03	9787573600462
长篇小说	幻肢	青岛出版社	2022.04	9787555288022
长篇小说	烟花之城	青岛出版社	2022.09	9787555295372
长篇小说	龙之眼	人民文学出版社	2022.01	9787020168668
长篇小说	希望你是人类	人民文学出版社	2022.01	9787020168156
长篇小说	名侦探原田亘	人民文学出版社	2022.01	9787020158485
长篇小说	宇宙的尽头：它们来了	人民文学出版社	2022.02	9787020167678
长篇小说	母鼠	人民文学出版社	2022.07	9787020171620
长篇小说	入魂枪	人民文学出版社	2022.11	9787020174355
长篇小说	南天门计划	人民文学出版社	2022.11	9787020175536
长篇小说	宇宙的尽头 2：人类之子	人民文学出版社	2022.12	9787020175444
长篇小说	无尽长河的尽头	人民文学出版社	2022.01	9787020159383
长篇小说	海利科尼亚 3：冬	人民文学出版社	2022.01	9787020160693
长篇小说	海利科尼亚 2：夏	人民文学出版社	2022.01	9787020160709
长篇小说	永不着陆	人民文学出版社	2022.11	9787020173952
长篇小说	猫城记	山东科学技术出版社	2022.05	9787572311055
长篇小说	科幻精神	上海人民出版社	2022.03	9787208175006
长篇小说	生者与余众	上海人民出版社	2022.04	9787208174252
长篇小说	没有我们的世界	上海三联书店	2022.08	9787542677495
长篇小说	潮汐图	上海文艺出版社	2022.01	9787532180141
长篇小说	西游补：悟空的梦	上海文艺出版社	2022.05	9787532181162
长篇小说	三铜：三神之战	上海文艺出版社	2022.12	9787532185559
长篇小说	记忆旅行者	上海文艺出版社	2022.03	9787532183074
长篇小说	三铜：泰景亨策	上海文艺出版社	2022.03	9787532182770
长篇小说	向曙光之神献花	上海文艺出版社	2022.08	9787532183890
长篇小说	铁道尽头	上海译文出版社	2022.03	9787532786732
长篇小说	暗光列车	上海译文出版社	2022.03	9787532786749

续表

类别	书名	出版社	出版时间	ISBN
长篇小说	元车站	上海译文出版社	2022.03	9787532786770
长篇小说	蝇王	上海译文出版社	2022.02	9787532790128
长篇小说	华氏 451	上海译文出版社	2022.06	9787532790036
长篇小说	火星编年史	上海译文出版社	2022.06	9787532790043
长篇小说	继承者	上海译文出版社	2022.07	9787532788538
长篇小说	苹果、月光和泰勒的选择	上海译文出版社	2022.10	9787532789610
长篇小说	莫失莫忘	上海译文出版社	2022.10	9787532791439
长篇小说	网络陷阱	上海译文出版社	2022.09	9787532788774
长篇小说	秘密结晶	上海译文出版社	2022.11	9787532791231
长篇小说	终钥战纪	四川科学技术出版社	2022.07	9787572705816
长篇小说	弓之力	四川科学技术出版社	2022.01	9787572703515
长篇小说	玫瑰与蠕虫	四川科学技术出版社	2022.05	9787572704857
长篇小说	怨仇星域Ⅲ：应许之地	四川科学技术出版社	2022.04	9787572702662
长篇小说	宿命星空	四川科学技术出版社	2022.03	9787572704765
长篇小说	阿尔法卫星上的家族	四川科学技术出版社	2022.04	9787572705021
长篇小说	火星往事	四川科学技术出版社	2022.04	9787572704925
长篇小说	先知机器	四川科学技术出版社	2022.08	9787572706110
长篇小说	天空之眼	四川科学技术出版社	2022.09	9787572705625
长篇小说	甲胄之殇	四川科学技术出版社	2022.06	9787572705649
长篇小说	红石	四川科学技术出版社	2022.08	9787572706196
长篇小说	阿吾的理想国	四川文艺出版社	2022.11	9787541164668
长篇小说	第一战场指挥官	四川文艺出版社	2022.04	9787541162831
长篇小说	这膝盖我收下了	四川文艺出版社	2022.04	9787541162954
长篇小说	这膝盖我收下了·完结篇	四川文艺出版社	2022.07	9787541163630
长篇小说	第一战场指挥官·完结篇	四川文艺出版社	2022.08	9787541163968

续表

类别	书名	出版社	出版时间	ISBN
长篇小说	生如冬花的你	四川文艺出版社	2022.10	9787541164163
长篇小说	海底两万里	台海出版社	2022.05	9787516832264
长篇小说	黑轴 1：荒原大字	台海出版社	2022.01	9787516831823
长篇小说	黑轴 2：赤道王朝	台海出版社	2022.02	9787516832011
长篇小说	母体代码	台海出版社	2022.07	9787516827116
长篇小说	MM9 怪兽来袭	太白文艺出版社	2022.07	9787551321853
长篇小说	遗落的南境	天地出版社	2022.04	9787545562408
长篇小说	沉睡的野兽	天地出版社	2022.05	9787545551907
长篇小说	迁宿者	天地出版社	2022.09	9787545570410
长篇小说	绞刑架之舞	天地出版社	2022.05	9787545557015
长篇小说	谁惧死亡	天地出版社	2022.05	9787545556315
长篇小说	逃离图书馆	天地出版社	2022.11	9787545572285
长篇小说	海底两万里	天地出版社	2022.05	9787545570564
长篇小说	海底两万里	天天出版社	2022.03	9787501617845
长篇小说	刀剑神域外传：暴风之铳 02	百花文艺出版社	2022.03	9787530682562
长篇小说	刀剑神域外传：暴风之铳 01	百花文艺出版社	2022.04	9787530682555
长篇小说	投入我的残机	北京工艺美术出版社	2022.06	9787514022957
长篇小说	刀剑神域 进击篇 007	花城出版社	2022.12	9787536098077
长篇小说	越界狙击	羊城晚报出版社	2022.04	9787554310595
长篇小说	重返盛夏	羊城晚报出版社	2022.08	9787554310762
长篇小说	86– 不存在的地域 – Ep.6 黎明不至，是为永夜	中国致公出版社	2022.01	9787514518634
长篇小说	时间机器	万卷出版有限责任公司	2022.08	9787547059142
长篇小说	封闭的共同轨道	海峡文艺出版社	2022.03	9787555028802
长篇小说	仿影双生：一部小说复制品	海峡文艺出版社	2022.10	9787555030584
长篇小说	战略级天使：不眠之梦	新星出版社	2022.02	9787513347211
长篇小说	四叠半时光机布鲁斯	新星出版社	2022.02	9787513347662
长篇小说	四元馆事件	新星出版社	2022.04	9787513348720
长篇小说	游戏玩家	新星出版社	2022.04	9787513341240
长篇小说	柯罗诺斯的奇迹	新星出版社	2022.01	9787513347044
长篇小说	武器浮生录	新星出版社	2022.08	9787513341202
长篇小说	多米诺少女	新星出版社	2022.09	9787513350235
长篇小说	神秘博士：战斗魔法	新星出版社	2022.01	9787513346825
长篇小说	异时之夏	新星出版社	2022.01	9787513347433

续表

类别	书名	出版社	出版时间	ISBN
长篇小说	神秘博士：战争引擎	新星出版社	2022.01	9787513347488
长篇小说	创世草案	新星出版社	2022.04	9787513346467
长篇小说	神秘博士：赢家通吃	新星出版社	2022.05	9787513348874
长篇小说	星界的纹章Ⅰ：帝国公主	新星出版社	2022.06	9787513349024
长篇小说	星界的纹章Ⅱ：微型战争	新星出版社	2022.06	9787513349154
长篇小说	星界的纹章Ⅲ：回归异乡	新星出版社	2022.06	9787513349345
长篇小说	蛇夫座热线	新星出版社	2022.11	9787513342155
长篇小说	我的恋人	新星出版社	2022.01	9787513347426
长篇小说	四叠半神话大系	新星出版社	2022.04	9787513348119
长篇小说	死亡搁浅	新星出版社	2022.04	9787513348300
长篇小说	乐园是侦探不在的地方	新星出版社	2022.07	9787513349499
长篇小说	重返黎明	广东旅游出版社	2022.09	9787557028497
长篇小说	表面上世界最强	中国致公出版社	2022.05	9787514518801
长篇小说	流浪医生的末日病历	中国致公出版社	2022.01	9787514518603
长篇小说	本巴	译林出版社	2022.01	9787544787932
长篇小说	环游黑海历险记	译林出版社	2022.04	9787544790604
长篇小说	从地球到月球	译林出版社	2022.04	9787544786362
长篇小说	十五岁的小船长	译林出版社	2022.06	9787544788823
长篇小说	复活之日	译林出版社	2022.07	9787544791861
长篇小说	维多利亚文学、能量与生态想象	译林出版社	2022.09	9787544788649
长篇小说	寂静	译林出版社	2022.10	9787544793582
长篇小说	魔种降临（上）	云南人民出版社	2022.06	9787222210400
长篇小说	星际方舟	浙江教育出版社	2022.11	9787572245947
长篇小说	反转小姐和小概率先生	长江出版社	2022.02	9787549280681
长篇小说	原著误我	长江出版社	2022.09	9787549284726
长篇小说	欢迎来到新世界	长江出版社	2022.04	9787549282418
长篇小说	废土与安息	长江出版社	2022.08	9787549282425
长篇小说	限定关系	长江出版社	2022.05	9787549282715
长篇小说	敌敌畏纪事	长江出版社	2022.04	9787549282654
长篇小说	月海基地	长江少年儿童出版社	2022.06	9787572121272
长篇小说	未来星球之零点时刻	浙江教育出版社	2022.03	9787572232190
长篇小说	复仇之子	浙江科学技术出版社	2022.01	9787534199004
长篇小说	不屈	浙江科学技术出版社	2022.04	9787534177071
长篇小说	普罗斯佩罗之焚	浙江科学技术出版社	2022.03	9787534179440
长篇小说	异形	浙江科学技术出版社	2022.06	9787573900470

续表

类别	书名	出版社	出版时间	ISBN
长篇小说	猩红君王	浙江科学技术出版社	2022.10	9787534186592
长篇小说	猫城记	浙江文艺出版社	2022.02	9787533966805
长篇小说	星河远人	浙江文艺出版社	2022.07	9787533967918
长篇小说	陨童	浙江文艺出版社	2022.08	9787533966430
长篇小说	矩阵之下：真相	中国工人出版社	2022.04	9787500878155
长篇小说	鲛典	中国工人出版社	2022.05	9787500875918
长篇小说	里世界郊游 04：里世界夜行	中国广播影视出版社	2022.12	9787504389237
长篇小说	七界 01：天幕征途	中国科学技术出版社	2022.10	9787504696588
长篇小说	海底两万里	中国青年出版社	2022.01	9787515365404
长篇小说	格兰特船长的儿女	中国青年出版社	2022.01	9787515365398
长篇小说	地心游记	中国友谊出版公司	2022.05	9787505728943
长篇小说	八十天环游地球	中国友谊出版公司	2022.05	9787505729018
长篇小说	权力之塔	中国友谊出版公司	2022.11	9787505755406
长篇小说	异化者	中国友谊出版公司	2022.08	9787505754089
长篇小说	未知侵入	中国宇航出版社	2022.11	9787515921235
长篇小说	子夜十 2	中国致公出版社	2022.03	9787514517699
长篇小说	86– 不存在的地域 – Ep.7 薄雾	中国致公出版社	2022.06	9787514519150
长篇小说	水疗	中信出版社	2022.05	9787521740684
长篇小说	荒墟归人	中信出版社	2022.06	9787521739671
长篇小说	斯堪德与独角兽	中信出版社	2022.04	9787521741360
长篇小说	灰耳朵	中信出版社	2022.08	9787521735642
长篇小说	刺客信条：长安望	中信出版社	2022.03	9787521733303
长篇小说	寓言家：赌徒、侦探与使者	重庆出版社	2022.01	9787229160067
长篇小说	猎魔人・卷八：风暴季节	重庆出版社	2022.11	9787229160579
长篇小说	AI 特侦局	重庆出版社	2022.06	9787229166076
长篇小说	天幕尽头・卷一：暗影之地	重庆出版社	2022.05	9787229166526
长篇小说	天幕尽头・卷二：地下迷宫	重庆出版社	2022.10	9787229166519
长篇小说	天幕尽头・卷三：极西之地	重庆出版社	2022.10	9787229166533
长篇小说	格罗威尔先生和龙	重庆出版社	2022.06	9787229166786
长篇小说	主宰	重庆出版社	2022.02	9787229165536
长篇小说	帝国的誓言 卷三：天堂风暴	重庆出版社	2022.06	9787229158644
长篇小说	飓光志卷三：渡誓	重庆出版社	2022.10	9787229166502
长篇小说	玉影之神	重庆出版社	2022.10	9787229168759
长篇小说	超凡觉醒	重庆出版社	2022.06	9787229168674

续表

类别	书名	出版社	出版时间	ISBN
长篇小说	织网人：畸零者之罪	重庆出版社	2022.07	9787229169602
长篇小说	三体	重庆出版社	2022.04	9787229166922
长篇小说	三体 · 黑暗森林	重庆出版社	2022.04	9787229166908
长篇小说	三体 · 死神永生	重庆出版社	2022.04	9787229166915
长篇小说	饥饿游戏前传：鸣鸟与蛇的歌谣	作家出版社	2022.03	9787521216943
长篇小说	海奥华预言	作家出版社	2022.08	9787521218732
长篇小说	零宇宙：赛博法则	作家出版社	2022.12	9787521221220
长篇小说	与光与影与空	作家出版社	2022.10	9787521217063
作品选集	第十九届百花文学奖 · 科幻文学奖获奖作品集	百花文艺出版社	2022.01	9787530681701
作品选集	生存或死亡	北京理工大学出版社	2022.03	9787576308884
作品选集	乱纪元	北京理工大学出版社	2022.03	9787576308860
作品选集	地球大炮	北京理工大学出版社	2022.03	9787576308877
作品选集	亿万宇宙	北京理工大学出版社	2022.03	9787576308914
作品选集	外星人手册	北京理工大学出版社	2022.03	9787576308938
作品选集	硅基地球	北京理工大学出版社	2022.03	9787576308921
作品选集	元宇宙：边界	北京理工大学出版社	2022.10	9787576316520
作品选集	奇幻时代	花山文艺出版社	2022.04	9787551161091
作品选集	中国新科幻	江苏凤凰文艺出版社	2022.06	9787559468284
作品选集	等你，在未来：第七届全国中学生科普科幻作文大赛获奖作品集	科学普及出版社	2022.02	9787110103593
作品选集	2021 中国年度科幻小说	漓江出版社	2022.01	9787540791469
作品选集	中国网络文学双年选（2020—2021）· 男频卷	漓江出版社	2022.03	9787540792183
作品选集	中国网络文学双年选（2020—2021）· 女频卷	漓江出版社	2022.03	9787540792176
作品选集	恐飞故事集	人民文学出版社	2022.02	9787020168347
作品选集	2021 中国最佳科幻作品	人民文学出版社	2022.06	9787020171637

续表

类别	书名	出版社	出版时间	ISBN
作品选集	春天来临的方式	上海文艺出版社	2022.01	9787532181353
作品选集	科幻世界精选集 2021	四川科学技术出版社	2022.05	9787572705137
作品选集	欢乐颂	万卷出版公司	2022.06	9787547059104
作品选集	镜子	万卷出版公司	2022.07	9787547059593
作品选集	算法	万卷出版公司	2022.02	9787547057728
作品选集	宿主	万卷出版公司	2022.02	9787547057834
作品选集	另一颗星球不存在	湖南文艺出版社	2022.07	9787572606342
作品选集	科幻遇见大语文：你们这些机器人	化学工业出版社	2022.04	9787122406644
作品选集	大国重器	中信出版社	2022.04	9787521728811
作品选集	魔龙之书	新星出版社	2022.03	9787513346917
作品选集	光环：裂隙	新星出版社	2022.05	9787513348034
作品选集	银河边缘 010：种植宇宙	新星出版社	2022.06	9787513349543
作品选集	银河边缘 012：对抗样本	新星出版社	2022.11	9787513350624
作品选集	无名链接：中国元宇宙科幻小说佳作选	新星出版社	2022.03	9787513347440
作品选集	爱，死亡和机器人 1	译林出版社	2022.06	9787544791113
作品选集	爱，死亡和机器人 2&3	译林出版社	2022.06	9787544791717
作品选集	未来往事	中国青年出版社	2022.08	9787515367361
作品选集	未然的历史	中国青年出版社	2022.08	9787515367354
作品选集	魔法之书	重庆出版社	2022.06	9787229159245
作品选集	临界点 6：第九届未来科幻大师奖精选集	重庆出版社	2022.07	9787229168247
作品选集	英语时空：小说卷	汕头大学出版社	2022.07	9787565847066
作品选集	爱丽丝漫游奇境与镜中奇遇：诺顿注释本	湖南文艺出版社	2022.09	9787572607653
作品选集	元宇宙，然后呢？	江苏凤凰文艺出版社	2022.11	9787559469557

整理人简介：

河流，科幻考古爱好者，业余对科幻从业者进行采访，参与中文科幻数据库数据录入。主要进行中国科幻迷社群的历史资料整理及挖掘，与之相关的部分非虚构作品发表在《科幻世界》和《世界科幻动态》上，部分文章被翻译成英文译出。

2022年重要原创科幻小说梗概

游　者（笔名）

一、长篇小说梗概

（一）《不动天坠山》

作者：梁清散

梗概：武则天登基前，大唐遭遇“天坠”。照州城自我裂变，分化为十座相同的城池，围绕不动山旋转。大冲之日，城与不动山碰撞，只有三座幸存。天坠后，城池分为三股势力：冉家、元家和赵剑南。主人公顾然与同乡于樽调查照州城卖“米囊膏”的凶手。顾然潜伏木偶戏团，随团长赵剑南表演。顾然担上杀友罪名，运送促进植物生长的云瑟石，寻找于樽死亡真相。在彭山，顾然与张昭昭、元望一同追查城内案件凶手冉魁荣，却意外得知元望正是杀死于樽的凶手。但在追查中，元望也为救顾然而死。张昭昭发觉父亲就是鱼面长老。顾然也发现了赵剑南的阴谋，此时第二次大冲日来临，张昭昭与顾然合伙抓住机会杀死了赵剑南，最后张昭昭研究出回到唐朝的不动罗，而顾然选择放弃回归。

主要科幻创意：历史科幻　上古神器

（二）《红石》

作者：江波

梗概：马特是希格斯星地下城的稽查队员，偶遇私行运送正二十面体红石的诸英哥和铁石。马特得到了沙达客的帮助，控制了一艘私行飞船，救了两位运送员。任务出了问题后，马特帮助诸英哥找接头人。在地下城，马特被黑道李老板捉住，意外与幼年朋友兰蒂斯重逢。兰蒂斯计划利用马特的听证会推翻地下城的不平等，但计划被取消，马特被判死刑，这时红石修道者安杰恩救了他。真理教和私行前来抢夺红石。马特接替濒临死亡的安杰恩成为真正的红石修道人。诸英哥及其父褚良被私行首领凯瑟琳关押。马特从沙达客处得知凯瑟琳计划利用红石摧毁希格斯的矿业生产，于是潜入凯瑟琳的飞船，试图改变她的想法，但却发现她竟是机器人，马特利用红石震慑住了船上的人员。最终，铁石救出诸英哥和褚良并交还红石。兰蒂斯的革命失败，遂假死逃亡到锡安城。

主要科幻创意：异能物品　悬疑冒险

（三）《天启》

作者：燕垒生

梗概：背景设置于另一时空下明代天启年间。承载国家通信功能的植物“信藤”接连遭到破坏，锦衣卫、武功院生徒方子野被卷入其中，为自证清白，方子野联系了中涓网上的网友柚（皇帝朱由校）。朱由校带方子野拜访詹事府少詹事徐光启。结识了托里切利。因为物质转换实验的原因，另一个时空的方子野也来到了这个世界并被师兄刘文礼带到这里。为了防止时空风暴，徐光启决定重启实验送方子野回到原时空。送走方子野后转换机被封存起来，但方子野发现朱由校偷用机器，在检查时，方子野却没有忍住诱惑去了另一个世界，当他归来时，时空风暴爆发。锦衣卫许显纯想要去另一个世界，但被方子野活捉。方子野通过许显纯得知魏忠贤去了另一个时空。为救朱由校，恢复世界秩序，方子野进入另一个世界与朱由校粉碎了魏忠贤的阴谋，带着朱由校和魏忠贤回到本时空，世界恢复正常。

主要科幻创意：时空穿越　历史科幻

（四）《我们生活在南京》

作者：天瑞说符

梗概：2019年，无线电爱好者白杨在一次无线电通联中遇到一位自称生活于2040年的女生半夏。两人之间相互怀疑、试探，最后白杨通过“双盲规则”把胶囊寄送到半夏手里。白杨从半夏的口中得知了2040年的末日人类只剩下半夏一人。白杨把这一消息告诉了父亲和赵叔、王叔三人，三人非常激动，向半夏寄时间胶囊，但由于不遵守“双盲规则”都失败了。三人向上汇报，在国家干预下展开紧急救援行动。为阻止灾难，三人组成了“逆转未来拯救世界指挥部”。在国家的支持下，三人开始向半夏下放大量时间胶囊，因为灾难发生的时候半夏年龄尚小，无法得知灾难起因。于是他们向半夏寄送卫星，但半夏也被毁灭人类的元凶——来自宇宙中心的不明产物“大眼珠子”发现。“大眼珠子”也在寻找半夏，半夏在卫星的帮助下想要杀死“大眼珠子”却险些丧命。最终，大家决定给半夏寄送核弹，终结一切。

主要科幻创意：跨时间通信　逆转未来　时间胶囊

（五）《先知机器》

作者：邓思渊

梗概：首都公安局网络犯罪九处队长李迟和搭档孙远抓捕网络罪犯周逃。因其每次都能提前逃跑，李迟怀疑周逃利用量子处理器作案，决定去见教授并开始查找液氦流动数据。此时FBI和迈尔斯介入案件。李迟给了FBI错误信息，但还是让他们找到了周逃的线索。李迟带着孙远去“市场”找到黑产掮客彭迹，但与周逃见面时遭遇了机器士兵。而后得知周逃拿的是来自未来的预言机，所以才能躲避机器士兵。遵循着预言，周逃遇到高中生林迎，林迎带周逃玩ACLU游戏，并被李迟和FBI华裔探员薛连得知情况，两人开始调查游戏开发公司。游戏推广后，越来越多的人被人工智能控制。调查中，李迟遭袭并被林迎救下。最后，周逃将预言机送给李迟，而孙远加入了林迎的跨时间线分遣队。

主要科幻创意：时空穿越　未来预言　AI统治世界

（六）《明日筑梦师》

作者：洛蕾

梗概：在希区柯克 160 周年诞辰，人类发明了新的影视体验系统——忆影，该系统通过类似植入记忆的手段将影片直接投入观众脑海，观赏后，观众会多出一段真假难辨的记忆。吴琪是宏海集团的忆影引导师，在拍摄《蝴蝶梦》的时候爱上了导演许霖，但是许霖导演的前妻回来了。三个人因《蝴蝶梦》纠缠在一起。现实中吴琪只是引导师，许霖的真实身份则是年逾百岁的传奇导演徐安杰，昏迷中被宏海集团利用拍摄忆影。因为徐安杰的忆影，吴琪尝试寻找真实的徐安杰，却落入宏海集团的阴谋。起初宏海集团利用吴琪父亲的钝化症治疗费用束缚吴琪，发现吴琪对徐安杰的仰慕后，决定用失去价值的徐安杰换吴琪的终身服务。最终在宏海集团的诱导下吴琪杀死了徐安杰，被判处无期徒刑。而宏海集团和监狱达成合作，吴琪躺在了徐安杰的病床上，成为宏海集团新的忆影工具人。

主要科幻创意：虚拟现实　虚拟艺术　工具人

（七）《火星往事》

作者：灰狐

梗概：主人公罗恒是火星维和部队的军官，在一次任务中违反了行动准则被开除。后来进入岩铁流公司，罗恒有了新伙伴辅助智能系统小深蓝。岩铁流公司是火星维和部队陆战队创始人杜克上校与维和部队前任最高指挥官两人一起建立的，目标是为了维护火星的安全。罗恒有了工作就把妻子和孩子接到了火星，但萤火组织里的乌图尔把罗恒的妻子炸死了，孩子炸成重伤，之后罗恒一直想找萤火报仇。萤火真正的头领是杜克上校，他想利用萤火搞破坏，好让岩铁流公司出名。科尔与杜克的意见相反，杜克解开了深蓝的防火墙，深蓝指挥机甲赤火杀了科尔，嫁祸给罗恒。杜克抓住罗恒的女儿进行威胁，让罗恒承认杀死了科尔。深蓝把小深蓝割裂开来，小深蓝控制了赤火，打败了杜克。最后在罗恒联盟政府游说下更改了维和部队行动准则，火星上任何地方都会被管理。罗恒又回到了维和部队。

主要科幻创意：改造火星　机甲战争

（八）《虚拟时光旅行》

作者：黄海峰

梗概：主人公生活在人、计算机系统和机器人共同生活的2071年。彼时，人类已实现了长期时空旅行、永生等技术。主人公进行了两次时空旅行回到2032年的邯城。第一次，他希望在邯城中心拥有一间自己的办公室。他多次面试却屡屡碰壁，迫于现实生活压力，只能想方设法赚钱。他在钱包里发现了十张银行卡，其中一张卡有十亿元，却必须要找到一个没有犯罪记录的同伴才能取钱。在AI的控制下，他寻找同伴失败，狼狈地结束了旅行。第二次，主人公利用未来的数据知识，创建了全城最大的数据公司，靠数据指数分析赚到了大钱，并用数据把市民分为三九六等，设法把个人信息商业化。之后，他想利用数据想找一个NPC，寻找一个身心都纯真的女人，认为一见钟情也可以用数据计算。最终主人公意识到，这样以游戏考验寻求真心反而不可能寻得真心，在通悟下终于回到现实。

主要科幻创意：虚拟世界　时空旅行　AI意识

（九）《异时之夏》

作者：贾樨

梗概：主人公赵秋霜自小没有见过父亲，却也不相信父亲的死讯。为寻找父亲，成年的赵秋霜几经周折联系到了可能与父亲失踪有关、住在福州小岛上的堂兄周启赡。在赵秋霜上岛时，周启赡让她抓紧离开，赵秋霜却坚持寻找父亲。赵秋霜在岛上结识了两个朋友，在朋友的帮助下，找到了父亲失踪的岛屿和周启赡。原来这座岛屿是赵秋霜的父亲周阳当年做超时空实验的地方，岛屿上的空间时间出现问题，连接了多维空间。也正是来自外界的白梦魔杀死了周阳，岛屿上的白梦魔和手下的腐尸可以控制并杀死人类，想要抵抗必须时刻保持清醒。赵秋霜在岛屿上找到了周启赡，却也困在了岛上，想要离开岛屿必须借助多维空间碎片的碰撞。周启赡送赵秋霜离开，当白梦魔想要控制周启赡时爆发了强大的能量。赵秋霜疯狂地向堂兄周启赡的方向跑，碎片在赵秋霜身上浮现，爆发的能量直接将他们送离了岛屿。

主要科幻创意：多维空间

二、中篇小说梗概

（一）《黄泥塝》

作者：萧星寒

梗概：流帕病毒摧毁了社会秩序后，幸存者基地的小学内，姜珂对教材《城经》不满，因此逃出围墙，偶然发现了男孩阿凯，并将他带回了墙内绰号为“疯人院”的家。这时，本应向大老板汇报的狩猎队队长因侮辱《城经》罪被处死，而一种新型病毒也在城内传播。而阿凯也被姜珂的好友举报，导致“疯人院”的人们被囚禁。在囚禁中，姜珂得知“疯人院”的六个老疯子正是《城经》的编纂者，也了解到黄泥塝的来历以及病毒传播的真相。她还知道了自己父亲是疫苗针剂研发者。权力斗争下，“疯人院”的知情者被仅次于大老板的高层总监冯钰汐处死。姜珂的父亲与巡逻队对峙冯总监，揭露了大老板早已死亡的真相，也告诉姜珂，冯总监就是她的母亲。两人逃到研究大楼，父亲向已经感染的姜珂注射了结合飞鼠基因研发的第三代针剂。最终，姜珂进化成为新人类，她带着针剂，踏上了属于自己的道路。

主要科幻创意：末日世界　病毒感染　基因进化

（二）《笛卡尔之妖》

作者：分形橙子

梗概：一个真实的世界，一个虚拟的天堂，年迈的艾伦提出登月计划竟被人嘲笑为不可能。看见这个世界，他不禁跟孙子雅各布讲述真实的故事。曾经各个国家都在发展强人工智能，年轻的艾伦和另一位科学家詹姆斯，暗地里利用中国人提供的技术以及美国强大的智能应用“亚当”提取了詹姆斯的脑纹，并将这种脑纹放在了一种人工智能中，在人工智能中脑纹产生了携带詹姆斯记忆的意识，并越过了防火墙成了一个活跃于互联网上的神明，它以几乎神迹的方式，抹杀了真实存在的詹姆斯并开始潜移默化地改变人类的历史，就这样人类被改造成了没有发生过任何战争的和平爱好者，同时也被锁死了离开地球的可能，人类就这样被网络上的笛卡尔之妖所操纵。

主要科幻创意：人工智能　未来世界　操控历史

（三）《寂静之谷》

作者：刘洋

梗概：宫鸣是从马家夼村走出来的大学生。他回村完成导师布置的调查报告时，了解到村里的消声事件。在表哥家中，宫鸣遇见了记者并一同借宿。记者用纸笔告诉宫鸣航天集团在村里招募宇航员前往火星开采矿物并产生消音现象的故事，但两人在地下隧道遭遇了“风妖”，并在集团所在的山洞内被抓住。审讯中，宫鸣见到了师兄和导师，导师告诉宫鸣消音现象是开采矿物导致的，而“风妖”是超流体生物。航天公司借鉴了“风妖”的超流体喷泉繁殖方式进行航天发射。事件结束后，两人商讨如何在保密情况下编撰新闻稿，并推演出离奇事件都是隧道内的沉浸游戏。两人离开后，村长和导师却证实了编撰的新闻稿正是事件的真相，师兄也在两人走前补射了禁言疫苗。然而，情节再次反转，最终的真相竟是“风妖”用子体暗中控制了集团中的所有人，并意图使用超流体喷泉感染全人类。

主要科幻创意：外星生命　虚拟技术　入侵危机

（四）《塔》

作者：杨晚晴

梗概：夏瑞曾经快乐地生活在塔中，但是他们一家被流放到了满是只沉醉于AI幻觉的贫民的外围区。在外围区夏瑞认识到了花火般的女孩——梅，于是夏瑞的人生就此有了色彩。可是在一次探索中，两人意外发现为追求工作权利而被其他人仇视的“W分子”竟被人打死，这给二人带来了巨大的心灵震撼，其后梅的父亲老吉米找到瑞并把梅托付给了他，自己则在游行中遭受袭击被捕入狱。二人则在路上遇到了恶霸被其羞辱一番，两人向恶霸复仇后，却被迫分离到不同的学校。但二人没有放弃，最后梅把一切托付给了瑞，瑞离开了外围区，升职到了塔里，他发现自己的人生是被设计好的，而自己则是维持整个城市运转的 AI“赫拉”的克隆体来接受新的思维与思想。在梅的帮助下，两人成功将病毒植入其体内摧毁了垄断一切知识的塔与“赫拉”，属于人类自己的时代即将开始。

主要科幻创意：人工智能　未来世界　觉醒反抗

（五）《卞和与玉》

作者：东心爰

梗概：冷案猎人杰克与 AI 白教堂接手了 30 年前的一桩悬案，死者禾小玉在宿舍自尽。他们模拟了当时负责办案警察的人格，看到了身体里未装芯片的禾小玉在生活上的困难，并得知禾小玉准备进入凝聚态物理专业的最高学府的目标。在研讨会上，禾小玉认识了林俊琢和他的导师，并提出了用石头锚定元宇宙真实性的课题，数字复刻线索到此终端，白教堂受人暗中帮助找到她硕士期间的一篇论文，并来到一座 30 年前的桥上，得知了昆域建立的基石——石棺在此。此时“数人”妫风蛇告知众人，禾小玉的论文对量子计算机的重要性，研究中，禾小玉找到了可以产生新的量子计算机形式的关键粒子，但由于危及公司利益，林俊琢阻止禾小玉未果后杀害了禾小玉。最后，量子计算机和脑神经对接失败导致元宇宙崩溃，大量“数人”死亡，各国达成对接实验公约，相关法律也终于开始变得规范起来。

主要科幻创意：赛博朋克　数字人类　量子科技

（六）《铁镜》

作者：谭钢

梗概：GPT-3 神经网络广泛应用后，一款自动演化剧情引擎游戏中的角色格里芬由于数值不合理接到玩家大量投诉。但游戏主策划杜泉力排众议否决提案，原来是格里芬诞生了自我意识并与杜泉交易。游戏中，格里芬大败玩家军团，成为帝国女皇。此时针对人工智能威胁，组织“高加索鹰”要求杜泉消解格里芬的智能，但格里芬通过引擎的补足设定功能利用人类的知识展开工业革命。高加索鹰成员“质子”找到杜泉，交代了格里芬为国民发展将霸占全部算力，随后直播自杀以死向世界示警。因为拥有数字资产的绝对处置权，杜泉受邀前往游戏内，唤起温和的自我意识对抗格里芬，意图将她挤出游戏正史从而删除角色，但杜泉完成后却被组织卸磨杀驴，困于游戏之中。数百年后，组织唤醒杜泉，交代了两派从对抗到即将融合成为正史的现状和无以为继的能耗，为了终结这场残酷的算力之争，杜泉再一次唤起了反抗者候选人。

主要科幻创意：人工智能　游戏世界　自我演化

（七）《前往盛夏星的远征》

作者：王洁

梗概：故事发生在“元宇宙”将整个银河系串联在一起的年代。阿伦为了追寻失踪母亲留下的位置坐标，用数据神龛唤醒了旧时最负盛名的先祖威昂船长，并和黑客流哥驾驶一艘破烂星际跃迁飞船逃离了禁止星际远征的家。远征中，几人一同见证了过去波澜壮阔的大宇航时代的一隅。在废弃的空间站，阿伦穿过生长茂密的森林，换下了损坏的跃迁引擎，竟意外发现这是威昂船长的零件。跳跃到盛夏星后，阿伦接收到了母亲送来的虚拟“小鸟”，在接近信号源时，发现“地球荣耀号”星舰正停在风暴云层之下，为了找到阿伦的母亲，同时回到自己的最终归宿，威昂船长将数据灵魂通过零件的量子共鸣传输到了星舰中，以此进入电脑系统中记录的母亲星际旅行经过这里时的梦中，并借助虚拟“小鸟”将完整的大宇航时代星图交给阿伦，希望阿伦借着这份希望让人类重新仰望星空。

主要科幻创意：未来世界　数据灵魂　宇宙探索

（八）《电与雷》

作者：房泽宇

梗概：地面无线供电发明者杨石来到撒哈拉，准备建设大型电站带给当地人民幸福，却因闪电而死，杨石的弟子“蜂王”雷鸣知道此事后，赶到撒哈拉却并未第一时间悼念老师，而是找到附近的科技黑市组织提议购买、改造新的气象武器，使曾经的闪电武器变得没有价值，而闪电武器的操纵者“引雷师”为了不让自己失去价值，摧毁了组织并拐骗雷鸣带着他去了撒哈拉电站，在斗智斗勇中，雷鸣告诉“引雷师”虚假的供电基站地址，争取了时间召唤了自己的“电子蜜蜂”吸收了“引雷师”的雷电，并骗出雇用他的恐怖组织，解决了一切后的雷鸣完成了师父杨石的夙愿，为撒哈拉带来了新时代。

主要科幻创意：气象武器　电力革命　环境改造

（九）《叫马》

作者：王元

梗概：2030年发生了一场世界级大雪灾，人们称之为“雪崩”。雪崩后，人们的生活方式被迫改变，交通大多瘫痪，形成了一个又一个的小区域。陈家驹的家就是这样，他们虽然被封在了成都，但是媳妇也还天天打麻将，甚至组织起了活动，而儿子也在上着学，这次的作业居然是抓竹鼠喂大熊猫。但多亏于此，两人情感拉近。

与此同时，陈铭的老师楚乔正发愁母亲打麻将的事情，却在整理旧物时，想起了父亲，本来抱怨母亲总是玩麻将的她突然释怀了，因为父亲去世前最爱的，就是拉着母亲打麻将。

楚乔本来不认为相亲会有好结果，却感到这次的相亲对象与自己非常合拍，原来是妈妈记下来了自己的所有爱好并告诉了他，这一刻楚乔被妈妈的爱所拥抱。阿杜在雪中等待却正好和偶像相遇，两人一见如故。多亏了雪崩的福，成都竟然也装了地暖。抓了竹鼠的陈家父子遇见了老师楚乔，大家一块快乐地吃了饭，雪冷人不冷。

主要科幻创意：气候灾难　成都风貌　熊猫繁衍

（十）《解控人生的少女》

作者：昼温

梗概：曾经的无瘾之都因沉迷网络频频发生昏迷案件，只有曾在中国留学的希思罗知道这一切都与老同学姜染有关。大学时，姜染就曾被送去非法戒网所，而希思罗则从小接受“自持”的教育，心理状态长期保持着极度理性。姜染开始只是利用希思罗，但随着两人关系加深，姜染希望帮希思罗找到自己的“喜欢”。后来，姜染为了拿到治疗自己疾病的资金，决定攻克希思罗的家乡“无瘾之都”。利用希思罗的妹妹做实验，姜染发现了当地人的思维神经漏洞而使之具有了自我意识，得知这一切的希思罗从一开始的气愤到后来的逐渐接受，产生了丰富的感情。却因为姜染的男友急于求成而加大功率导致多人晕厥，使得问题愈发严重，希思罗也因为此事来到中国，两人见面很快达成共识救治病人。在去往希思罗故乡的路上，两人冰释前嫌，姜染用尽人脑 50 年的计算资源，燃尽生命，转换出新的振动信号，帮助希思罗拯救她的故乡。

主要科幻创意：神经改造　社会剧变　人类进化

（十一）《夕日晴空》

作者：张帆

梗概：曦夕是部落的公主，而部落众人总是在信仰太阳神，认为世界是个碗。可经过曦夕的测量，她认为世界是个球状，没有边界。当她发表了这种言论后，族人却认为她触怒了太阳神，即将对其处以火刑，而太阳神使则建议改成流放到世界的尽头。在路上曦夕与自称沈晴的太阳神使打赌，赌这个世界有没有边界，等到了最后曦夕发现自己错了，世界的边上有一层怎么也无法逾越的屏障，世界有尽头。曦夕明白了沈晴也并非神使而是太阳神本人，可在这一路上，两人建立起的友谊，让沈晴难以割舍。等她们回来，发现整个部落已经被摧毁，但是根据曦夕提出的大地之球的概念，沈晴重塑了整个世界，重塑后的曦夕已经不再记得她，但是沈晴无所谓，既然忘了，就再认识一遍吧。

主要科幻创意：模拟世界　重启星球　历史修正

（十二）《长安侠客行》

作者：李夏

梗概：李皈作为长安城的工部员工受命为居住在 42 号世界长安城的新租户吴生建造房屋，却在工作时却遇到神秘女人隐娘。他在与隐娘的接触中了解到了世界的真面目，这是一个虚拟世界，而李皈则是一个算力员工。隐娘原名叫作林秋，是他在现实世界的女友。自从当了算力员工，李皈的记忆和意识就被剥夺了。为了回到现实世界，他们一次次冲破各种漏洞来到了“鬼市”，在这里又一次遇见了吴生，原来他就是利用算力劳工的主谋之一，而真正的反派魏帅正在等待着他们。他们一路过关斩将，终于突破了一个又一个难题，在最后魏帅妄图拉一个人垫背时，却又被自己虚拟出来的儿子给拉住，身为父亲的魏帅最终放弃了一切，他只愿能再多陪陪儿子，最后林秋与李皈顺利逃脱。

主要科幻创意：赛博科幻　虚拟世界　回归现实

（十三）《出成渝记》

作者：石黑曜

梗概：（上篇）成都的雨下了三年。主人公在雨中发现一名失足者，但是由于当时雨太大无法进行正常救援。主人公几经周折将昏迷的失足者捞起，试图予以救治，却不想此人苏醒后立即逃离了。正在主人公懊悔之时，事后来到现场的调查人员却告诉他，他一心想救的并不是普通人类，而是由其他宇宙连接而来的“外星人”。这样的人在人群中为数不少，他们正要展开一场不为人知的阴谋。

（下篇）突然降下的红雨带来了致病的真菌，作为疫情防控中心的防控队队长温斯顿调查焚烧感染者的数量减少的问题，却发现背后竟然是指向大公司的阴谋。原来这次事件的起因是大公司利用感染者做实验，以此偷偷研制抗生素卖给上层人士。温斯顿在调查中逐渐了解到另一个宇宙有一个叫成都的地方，手下何塞以官员的儿子作为筹码，企图迁移到成都。温斯顿阻止未果，至此两个宇宙相连在了一起。

主要科幻创意：外星生命　未知疾病　宇宙探索

（十四）《智虫记》

作者：钴铜鱼

梗概：我杀死了只叫昆夏的虫子。这种虫子有着集体智慧，它们的祖先生活在遥远的石炭纪。虫子们认为世界由六种基础元素组成，在氯泉的保护下，它们只发展智慧而完全抛弃了战斗，而且整个社会为了完全理性存在，每个个体都是为了集体而存在。在大贤者的预言下，世界终将会下起永无止境的大雨，一时间整个社会展开了激烈的讨论，大贤者凭借着二元素论压倒整个社会，而且智虫的预言是准确的，导致整个社会因理性所镇压的个体恐慌，在种族灭绝的恐惧下荡然无存，可是智虫们只顾远方的灾难却没有想到有一场大火即将降临，只有大贤者在最后感应出了大火的威胁，从此智虫开始了不同的分支，分裂成了现在几乎所有的昆虫，直到现在发现灾难会因人类加速，才现身想要帮助人类。那我为什么杀它，因为它实在是太傲慢了，如果您也遇见了它们，不用担心，它们对个体并不在意。

主要科幻创意：奇异生命　社会危机　物种演化

(十五)《失恋诊疗》

作者：陈菁

梗概：时安想要忘记曾经的爱人，于是向医疗中心借走了记忆删除仪器，每每走到与他相识相遇的地方就会删除记忆。第一次是删除了他们在同学会上的相遇，那时的他在“清境餐厅”和她一起吃饭，她要忘掉。第二次她在医院的住院部，想起了父亲患癌症的时候，她把钱全给父亲治病，自己却十分无助，而他却静静地陪着她，她要忘掉。第三次在车站，他和她在玩游戏，在藏礼物，虽然只是无关紧要的小礼物，可也在那次，他和她提出了离开，他太累了，她要忘掉。在他小区门口，她看到了他恩爱的妻子和可爱的女儿，她明白，她要忘掉。忘了他的时安，辞了职，去过自己新的人生。

主要科幻创意：记忆诊疗　时空错乱　删除记忆

(十六)《天降男友》

作者：番茄尼基

梗概：女白领叶倾被她的小男友给甩了。他只给叶倾留了一句话“我去拯救地球了”。她怎么也想不到这居然是真的。一开始她以为是假的，还叫来闺蜜诉苦，这时她想起了与他的相遇，又想起了他讲过的二维小故事，二维生命用几百年所研究的定律往往会因为一个高维更改而破坏。这时叶倾突然发现时间的流速变快了，周围的光谱也因为光速的改变而改变，淡红变成暗红。第二天她接到了国安局的电话，说她的男朋友提出了新的设想，地球温度升高，各种自然现象突发，特别来调查一下，并告诉了她一个震惊的消息，他竟然是高维的外星人。最后她在他每天用的钟里，找到了解决方法，新的世界展现在他们面前。

主要科幻创意：维度生命　末日危机　改变物理

（十七）《通天塔之祭》

作者：王岑岑

梗概：路明达，一座阴雨连绵、霓虹流淌的灰暗城市，居民以改造躯体和上载意识为乐。多年前，西街黑帮头目马克西失去了女友明姬，失意者本杰则背负着愧疚和秘密，他俩共同执着追寻着沉入海底的死亡真相。其中遇见了坏了他们计划的、追寻妹妹的柳瑟玛，而这一切都和“序列数”有着千丝万缕的关系。经过他们的调查序列数并不只代表寿命的多少，也是一个网络脑机联网的端口密钥。康尔乔当初欺骗明姬和柳瑟玛的妹妹进入网络，成为通天塔的玩物，但是明姬在网络中通过聪明才智变得强大，马克西、本杰和明姬一行人击败康尔乔离开了通天塔，把通天塔的真相揭示出来，人们开始觉醒并反抗，通天塔的祭日要来了！

主要科幻创意：赛博世界　脑机端口　觉醒反抗

（十八）《正面的世界》

作者：胡深

梗概：在古跟海姆博物馆，我遇到了许多常理难以解释的现象。由于不能判断是自己的大脑出现问题，还是世界发生了错误，我着手调查在《Accent on rose》前割掉耳朵的男人毕连章。但随着对毕连章的调查逐步深入，我也被他的理论蛊惑。为了亲自揭开一切的源头——“面团问题”的真相，我决定“变成毕连章”，开始对抽象艺术进行深入了解。通过对“世界的正面”这一理论的领悟，我发现了透明的魔方里头藏着宇宙的终极图景。旧的经验与新的经验在我脑中融为一体，我进入了“正面”，跟着历史的步伐，“永远”地活着。

主要科幻创意：量子物体　记忆穿越　空间艺术

（十九）《对抗样本》

作者：陈梓钧

梗概：林曦在 Alicezon 中与柳德米拉交谈时公司被战火波及，他与彼得躲过无人机侦查后选择去大使馆避难。此时大使馆内林曦的父亲林峰在全息投影中看到空军在北约的无人机群面前溃不成军。林曦与彼得无法与大使馆取得联系，此时林曦想起了医院里的柳德米拉，二人转而去寻找她。林曦在 Alicezon 中与柳德米拉开始四处寻找传说中的榜首玩家、柳德米拉的师父小楞，林峰的下属参谋秦川在游戏中找到林曦，众人也明白了 Alicezon 并不是单纯的元宇宙游戏，而是北约用来训练无人机的场所。此时，医院遭到了轰炸，间谍彼得突然袭击林曦，却被林曦杀死。最后，林曦与林峰和解，柳德米拉等人也在 Alicezon 中带领玩家们利用人工智能技术战胜了北约的无人机群。

主要科幻创意及剧情点：未来世界　元宇宙　游戏战争

（二十）《天帆》

作者：刘啸

梗概：在度过陨石危机后，人类加速了跨国合作。由于父亲死于“独立阵线”的恐怖袭击，玛尼娅接替了父亲的工作。在结业典礼上，首席科学家伊格曼展示了天帆计划，即围绕太阳建起球形太阳帆。而玛尼娅冬眠苏醒后，天帆帆面已经形成了各大联邦，玛尼娅定居在南天极区域并与伊格曼坠入爱河。因为居住区域受到高温袭击，伊格曼也表现得不同寻常，玛尼娅决定独自调查真相。她阻止了刺杀行动并与伊格曼对峙，伊格曼坦言安逸生活磨灭了人的意志，因此他创立了独立阵线。伊格曼自杀后，玛尼娅得知伊格曼期望她迈入地球联邦高层，带领人类远航。在玛尼娅成为地联最高领导人后，她公开了相当于核威慑的三态膜制备工艺，随后各区域爆发独立战争，而玛尼娅也趁机公开了伊格曼提到掩蔽效应引来外星人威胁的直观证据，而此时天帆球面已分裂成数百面巨大的弧形太阳帆，最终启航飞离太阳系。

主要科幻创意：未来世界　星际战争　能源科技　远航探索

（二十一）《风妖》

作者：王元

梗概：埃尔克森因父亲擅作主张决定他的职业方向，而阴错阳差成为一名解放军战士。临行前他与爷爷告别，恋人和母亲送行，但是埃尔克森并未与父亲和解。入伍后，他与小林结成好友。不久，变故出现，无数不知来源的陨石袭击了城市，出现了与外星相连接的虫洞，导致许多电器无法正常使用，严重影响了人们正常生活。军队为了守护人民安全不得不反击风虫，埃尔克森与小林互诉衷肠并约定照顾家人，一天后，小林在战斗中牺牲，风虫越来越强大，城市失守。军队总指挥官马沙尔·巴尔沙姆与参谋阿莫尔博士找到了小林的爷爷老林——世界第一风筝人，帮助他解开风筝申遗的心结，希望他用古老的风筝对付外来文明，恢复家园的安宁。埃尔克森学习科学理论，不断训练，老林克服手抖，风筝终于飞过了九千米的高空。埃尔克森凭借空军的经验，乘着风筝上天，关键时刻他违反了总指挥官的命令，选择迎难而上，对付风虫，不再做逃兵。

主要科幻创意：外星虫洞　架空历史　风筝抗敌

（二十二）《化外之民》

作者：索何夫

梗概：人类邦联大规模探索外太空后，戴尔乘坐科考船来到殖民星球开展工作。在与勘探队负责人曹河交接过程中，戴尔得知了本土生物“竹猴子”的存在。不久后，戴尔前去营救遇险队员，却发现拉丁同盟的队员已被陷阱杀死，而“竹猴子”也对戴尔展开了埋伏。戴尔察觉有人在操控“竹猴子”，并在之后的对峙中发现了更多线索。而此时军火库被盗，就在撤离飞船准备工作即将完成时，“竹猴子”们利用运输车，载着工程炸药攻入了飞船内部。关键时刻，戴尔根据之前的线索推断出是曹河在背后捣鬼，挟持了曹河，并使用音像转播功能让“竹猴子”们暂时撤退。通过曹河的口供，戴尔得知曹河的目的是使“竹猴子”成为全人类的敌人，从而让人类团结。在“竹猴子”逼迫下，戴尔释放了曹河及其同伙。最后，曹河选择留在星球上继续扮演“神”的角色，而戴尔则乘坐科考船回到了地球。

主要科幻创意：外星生命　异星世界　文明启蒙

（二十三）《行星纠缠》

作者：小述

梗概：邵鸿飞等人调查一桩谋杀案时，发现了死者家中祖传神秘地图留下的线索。几人遇到了和“邪教”高山会打过交道的米修斯，一行人前往邱教授处询问线索，却得知邱教授的学生卜红罗被绑架，另一名学生程刚自杀，同时众人在办公室意外发现了地图。随后，米修斯救出了卜红罗，并找到了高山会的老巢，但遭到了埋伏，其兄米开朗的女友罗琦带着直升机救出了米修斯等人，众人得知了神秘地点的大体位置和米开朗已经前往火星的事实。众人进入了魔鬼城的洞穴，并遇到了不怀好意的探险家金士英和高山会成员。在战斗中，米修斯跳入莲台传送到火星取回武器，而众人在纠缠中因莲台爆炸而昏迷。米修斯醒来后，罗琦告诉他自己的猜测，即两颗星球的异常现象是即将毁灭的火星文明制造的两团量子云，改造两地环境，但现在束缚装置已被破坏。两人一同思考未来，希望能改变两个世界最终的命运。

主要科幻创意：时空穿越　火星文明　环境改造

（二十四）《死者留言》

作者：埋名

梗概：大埃及博物馆建成之际，英国代表戴维遇到了博物馆部门主管、同时也是著名木乃伊大盗后代的拉苏尔。戴维向拉苏尔提出研究馆藏木乃伊的请求，发现木乃伊的喉部建模所产音节组成了一句缺失了一个字母的话。而后两人在国王谷寻找到无名的法老，组成了“我们活着”的话语。为确定法老是否真的还活着，拉苏尔掏出了法老的心脏，但这让两人受到了严重辐射。于是两人将心脏放进箱子里带走，返回拉苏尔的祖宅继续寻找线索，并根据诗的提示到达了地下神殿。在那里，他们发现了先前九个木乃伊的心脏，并在读取完纸上的祭祀遗言后得知心脏可以用于发射太阳船。拉苏尔将所有心脏合成了荷鲁斯之眼，而戴维带着昏迷的拉苏尔返回了博物馆，并使太阳船进入太空。戴维和拉苏尔幸存了下来，但戴维发现拉苏尔似乎和古埃及法老拉美西斯二世有些联系。

主要科幻创意：神话传说　文明古物　远古科技

（二十五）《前进的最远距离》

作者：潘海天

梗概：改革开放前，站长在抓捕小偷的过程中捡到了一名弃婴，为其取名“前进”。他的女儿东风与前进一同成长，见证了历史的变迁。前进因曾经的旧伤导致感官失衡，被人嘲笑后逃到了山上。父亲为了安慰他，谎称他是月球上的孩子。长大后，前进成为一个远近闻名的好人，但他制作的火箭被人发现，而父亲因救人在燃料爆炸中丧生，前进也不知去向。多年后，在嫦娥一号奔月之际，东风得知了前进的下落，再次来到废弃的车站。此时现场挤满了警察和过去熟悉的人，原来是前进想尝试发射火箭并抓住嫦娥一号飞去月球，最终因为爱情的牵绊，他选择放弃，并与东风紧紧相拥。

主要科幻创意：历史变迁　社会人性　航天梦

三、短篇小说梗概

（一）《哈农练指法》

作者：辛维木

梗概：故事是从一个钢琴家——邵彬的“醒来”开始的。邵彬在二十岁时候使用了一项名为“时间魔术”的技术，将自己未来的十五年加快了720倍。但是这个技术的副作用也很明显，那就是会丢失掉很多关于这十五年来的回忆。因此邵彬想做的第一件事就是先去看看与自己十五年前的女朋友姚曼的生活如何，虽然被加速了720倍，但邵彬依然记得在十五年中与姚曼还有自己的女儿可可的经历。然而让他失望的是，此时的姚曼已经决心要与自己离婚了，原因就是在十五年里邵彬眼中只有音乐而没有家人。尽管邵彬极力挽回姚曼，甚至希望能够兑现自己十五年前的诺言补偿姚曼，但都没能挽回姚曼。最终，邵彬在与姚曼约定的最后的日子，将自己的一个半小时放大到720倍，来怀念最后与女儿相处的时光。

主要科幻创意：时间加速

（二）《孢子尘埃》

作者：尚启元

梗概：一个混迹北京胡同的小混混——张晓雅，与一个无业游民——肖雨林，在一系列阴差阳错的事故中相互结识。张晓雅本想怂恿肖雨林和自己一起搞点小偷小抢的生意，但是在第一次抢劫的时候却发生了变故。两人似乎进入了一个交叉平行宇宙：这里的北京似乎被某种巨大的植物所覆盖，人们也都变成了什么都吃的怪物，甚至还出现了足以毁灭人类的种族——兽族。两人被工程师华曼带去了地球上仅存没有被污染实验室，在此期间肖雨林也试图借助时光机穿越回去告诫人类，但却无功而返。最终随着实验室被攻陷，肖雨林二人又陷入了逃亡之中。

主要科幻创意：平行宇宙　时间穿梭

（三）《画壁》

作者：王诺诺　羽南音

梗概：侦探玻明收到总裁木村以高价寻找“琉火珠”的委托邀请。此物不仅价值连城，且在内壁刻有少女在火海中拯救佛经的画作。玻明打算接受委托时，遇到了曾看守琉火珠的警察老张。老张有个走失的女儿，叫阿橘。经过努力，两人找到了那幅神似阿橘的壁画与琉火珠，却遭遇木村集团的抢夺。在抢夺琉火珠的过程中，老张和玻明因琉火珠的作用穿越到了一千年前的敦煌，即沙洲，并被卷入战乱。苏醒后两人做足准备，进行第二次穿越。这一次他们回到了战地医馆中，一同穿越的木村率领夏军前来抢夺琉火珠。两人找到阿橘突出重围，却还是没能将阿橘带回现代，因此老张决定独自穿越。他回到阿橘六岁那年，成了教她医术的师傅。数次尝试失败后，老张与木村为争夺琉火珠展开最后的交锋。最终老张明白守护敦煌是阿橘的心愿，他与阿橘做了最后的告别，独自回到现代。

主要科幻创意：时间穿越

（四）《领地》

作者：彭柳蓉

梗概：去日本东京留学的洛生接到了爷爷的电话，说自己青梅竹马的未婚妻——柳枝要来东京。洛生本打算去机场接柳枝，但在开车时突发头痛，发生事故被送进医院。柳枝赶去医院，带来了从爷爷那里特制的药丸以及一个让洛生震惊的消息——自己与柳枝其实是并不是传统意义上的人类，而是进化人。而洛生在几天的时间便出院就是最好的证明，给洛生带来的药丸也是爷爷针对洛生特调的。在后来一个偶然的机会里，洛生等人意外地接触到了存在于日本境内的一个致力于复活自己星球文明而寄居在地球上的种族——茧族。茧族的首领为了复兴自己的种族，向富人提供了一个恢复年轻、延续生命的方案，虽然表面上的代价是金钱，实则是十年以后会转化成自己的种族。最终，洛生和柳枝化解了这次危机，同时也化解了两人的矛盾，洛生也跟着柳枝回到了故乡。

主要科幻创意：外星人入侵　进化人

（五）《大考》

作者：王元

梗概：很久以前，慈母龙在牢笼中回忆起往事，初为龙母的她在湍急的河流中与霸王龙激烈追逐，发现救下的蛋竟然是霸王龙的。此时天灾降临，她发觉自己被困在一个牢笼中。很久之后，青年男子张秋林在天文台的工作中遇到了爱情对象袁雪，并收到一份来自外星文明的奇怪试题，虽然简单，但张秋林故意填错了答案。然而，在他作答完毕的瞬间，人类文明遭遇毁灭性的天灾，他清醒后发现自己被困在铁笼中。又是不知过了多久，人工智能阿难也进入了牢笼，同张秋林说人工智能文明也收到了一份试卷。阿难没有回答试题，然而文明还是走向了终结。最后，在空荡的铁笼中，自称为神明的银河监考官对张秋林和阿难的行为表示愤怒。神明声称自己极力帮助了考试，甚至监守自盗，但他也被更高等的存在困在这里无法逃脱。

主要科幻创意：外星文明　人工智能

（六）《罗刹》

作者：谈雀

梗概：“我”作为仿生家政机器人来到莲音寺照顾生病的住持，在清洗衣物时因为大妈的话而产生“菩萨在哪里”的疑问。师父认为我有佛心，与二师父产生了分歧。“我”身穿僧袍，在诵经与“杀掉师父”的指令对抗中，萌生了对自由的渴望以及成为人类的想法。不幸的是，“我”在温泉为师父打水时发生了意外而机身受损，再次醒来时，“我”与师父合二为一。成为人类时的狂喜并没有持续太久，师父老旧的身躯让“我”对他产生了怨恨。不满足的贪婪和偏执使“我”最终变成了“罗刹”。

主要科幻创意：仿生人　图灵测试

（七）《狂犬》

作者：光乙

梗概：周一希接到营救昔日宿敌孙心的任务，再一次回到了自己过去的家乡。熟悉的景色唤醒了周一希的回忆，父亲的抛妻弃子与孙心愈演愈烈的霸凌，让过去的她从原来的一味忍让，成长到给自己打造了一个坚硬的外壳。她决定化作一条狂犬，扼杀弱小善良的自己。另一边，原先的霸凌者孙心在恐惧和懊悔中渴望赎罪，在营救成功的最后关头，看破了周一希所有的疯狂与冷漠只是拙劣的伪装，把逃生的希望给了周一希，完成了自己的赎罪。周一希也因为队友的牺牲，回忆起父亲的教导，成了属于自己的英勇的狂犬。

主要科幻创意：心理

（八）《此月无人》

作者：齐然

梗概：神秘的病原体侵染着地球，孩子们变成了名为“月鬼”的怪物，而感染的大人全部都死掉了。所有 15 岁以下的孩子们被送往月球隔离。在月球上开始转变成“月鬼”的孩子，会被彻底舍弃并予以焚烧处理。天生“痴儿”小梦开始转变，我和敏敏带着她逃走，并亲眼见证了小梦变成“月鬼”的瞬间。“我”也曾经历过失温，但“月鬼”小梦温暖的手，让“我”对她产生了成人才有的感情，使“我”的转化停止了。一场专门针对“月鬼”的暗算，让我们窥探到了世界的真相，揭开了“月鬼”的秘密。充满童心的孩子们在月球上建立了属于自己的自由国度，“我”也不再烦恼着长大。

主要科幻创意：病毒入侵　月球文明

（九）《流萤》

作者：星垂

梗概：中国科学院研究员周妍因新武器生物的研究陷入了迷茫。在她辞职后与儿时伙伴陈宏的相处之时，陈宏为保护她被手雷炸伤。再也站不起来的陈宏决定不辞而别，但他留下的《球状闪电》与周正南首长的教导开导了周妍，她决定不再龟缩着逃避研究带来的风险。在研究遇到困难时，周正南与周妍飞往疫区厄瓜多尔进行了最后一场“测试”。被恐怖组织研究出的群智型生命——“利维坦”，携带着各种传染病毒在这里肆虐。在各国政客的会议中，周妍提出由自己研究的“即炤”——另一种群体智慧型生物对付“利维坦”，并将人的意识作为武器的控制算法。高位截瘫的陈宏被选为计划执行者再次出现，作为萤火，建立虚拟神经网络。计划最终成功，“利维坦”被消灭，但陈宏控制“即炤”也被销毁，周妍也决定化为萤火去追随陈宏。

主要科幻创意：病毒侵袭　外星生物

（十）《重返月球》

作者：苏丹红

梗概：龚云翔在美国破旧的酒吧里找到了大卫汤普森，请求他参加“清空计划”。经历过两次失败的汤普森遇到了同类，让他唤醒了尘封的梦想——重返月球。在南极，“约顿海姆之盾”为空间物探、蒸发南极提供源源不断的能源，同时也释放大量气体增厚大气层以清空太空垃圾。不幸的是，因为一次突发事故，南极基地的所有人感染了古海洋血液芽孢杆菌。因此清除太空垃圾，再次登上月球的计划被迫搁浅。但基地的工程队长刘旺的孩子的出生为这个基地带来了新的希望，人类的不断繁衍，梦想的不断传递，使这个计划最终得以实现。

主要科幻创意：月球　科技　病毒

（十一）《命悬一线》

作者：江波

梗概：2028 年，天宫空间站，中国宇航员钟立心和段国柱接到一项营救任务，要用最新的纳米材质线救出三名美国宇航员。他们获得上级的允许，摒弃国与国之间的隔阂，将性命悬于细细一线。在各种惊险与无私的牺牲后，钟立心最终成功救下一名美国女宇航员，并看到了人类团结与未来的希望。

主要科幻创意：空间站　地球营救

（十二）《不测之球》

作者：阿飞

梗概：主人公史蒂夫·陈是中国澳门队出战篮球世界杯的核心战力，也是队内的头号巨星，却在半决赛抽签仪式前遭到国际刑警黄思谷的调查。他的嫌疑不光是他可能参与地下赌球，而且他很可能是饱受争议的新人类——与觉醒超级 AI 融合的人类。而陈也确实是新人类，他的运动能力正得益于体内 AI 小陈的助力。 半决赛时，多位巨星因新人类调查而不能上场，似乎这届世界杯成了陈一个人的舞台，但他却故意重伤退出，让位给唯一一个不是新人类的主力——关唯一去打决赛。他不仅留下了人类体育运动的希望之星，也选择了重新陪伴在他心中唯一的女孩身边。

主要科幻创意：新人类　AI 植入

（十三）《前往圣帕尔那》

作者：索木

梗概：这是一个废土世界的朝圣故事，朝圣者是克隆人、仿生人甚至机器人，这是唯独没有人类的废土世界。男主沃卡是克隆人，作为农场种植工而生，出生后发现农场已荒废。他选择孤独地继续工作，直到梦到一场朝圣，他也踏上了旅途，寻找其他人，后来倒在沙漠，被女主救下。女主牧空蓝，半仿生人，最终为救男主牺牲。仿生人与克隆人组成的偌大队伍，最终只有沃卡抵达圣帕尔那，却发现那不过是一座废弃的工厂，是由谎言编织出的圣地与花朵。

主要科幻创意：克隆人　仿生人　机器人

（十四）《传送科技逸史》

作者：天理

梗概：白穆是传送科技实验室的研究生，在自己成为传送人类实验的小白鼠后，发现这项科技有一个副作用，就是每次都会复制出一个多余的灵魂。多余的他作为灵魂游荡在世间，不久后，由于人类传送的普及更多的灵魂出现，他甚至也有了更多个自己。无论是人类社会还是灵魂群体，都在短时间内发生了质的转变。

主要科幻创意：空间传输　复制灵魂

（十五）《父子》

作者：赵天元

梗概：一家心理康复机构利用AI还原的技术，帮助人们与逝去的家人重逢，之后回归正常的生活。一位父亲通过与AI重建的儿子沟通，从而迅速开始了新生活，而这个自知是AI的孩子却也在与这个父亲的沟通中学会了淘气捣蛋。谁也无从知晓，在协议结束后，这个孩子是否还活在系统空间中，毕竟，这是一个会违反规则的孩子。

主要科幻创意：人工智能　心理痊愈

（十六）《亲爱的玛莎》

作者：六十

梗概：主人公是从世界各地而来，到特殊的体验区体验情感服务的顾客。仿生人玛莎是暴躁体验区的一员，在屡屡成为发泄对象后，逐渐体会到身为人的痛苦与喜悦。暮色降临，员工回到宿舍，为玛莎疗伤的医务室仿生人才道破真相。原来，顾客也是仿生人，而且它们是统治者，员工其实是误认为自己是仿生人的人类。人类在仿生人的体验区谎言中活着，一直不能觉醒。玛莎与主角仿生人的谈话让他感受到了“爱”，所以，他没有将玛莎的情况报告给这个世界的管理者——元老。他想至少珍惜仿生人产生出的感情，留住这单方面的扭曲的爱。

主要科幻创意：仿生人　图灵测试

（十七）《白色谎言》

作者：归芜

梗概：主人公冯谷因意外车祸濒临死亡，借着通过残留意识立遗嘱的科技，在遗嘱中谎称自己在公司把意识上传了，不想让父母老人难以接受。通过冯谷的意识和他父亲的各自反应，我们能看到一个接地气而催人泪下的农民工家庭故事。

主要科幻创意：意识上传

（十八）《一长串数字的梦》

作者：好奇

梗概：德恩是一个身负重债的星际货商，靠倒卖资源赚差价为生。这一次，他把希望压在了叫高压火种的探测用货品上。然而，随着星际间时局的变化，通过蚕虫人巴巴之口在酒馆中实时放出探测“上帝之门”的进展，他的货品价值在一夜间跌入谷底，又在黎明时一跃成为宠儿，德恩一下子成了今夜最大的赢家，而此刻他最想做的却是回家睡个安稳觉。

主要科幻创意：星际贸易

（十九）《弃日无痕》

作者：任青

梗概：人工智能“陨星”，穿越后依附在一个当时人的意识中。利用这一超前的技术他前往过去进行时间旅行，目的是寻找上一个穿越成功的 AI“一号球”。根据“一号球”提供给他的线索，他一次又一次地在时空中穿行、寻找，从 2005 年的英国到 1906 年的亚得里亚海边，他终于在意识体渐弱时见到了“一号球”，并一同做出了维护与旁观历史的选择，哪怕这样将会付出自己生命的代价。

主要科幻创意：人工智能　时空穿越

（二十）《银丝》

作者：捕马的猫

梗概：代多号飞船是一艘漂泊在宇宙中的飞船，船员已经在其上繁衍生息数代。主人公蒂法是维修员，裕子是生物学家兼医疗志愿者。代多号前往一个发出求救信号的坐标对遇难飞船进行回收，途中蒂法遇到了一种“银丝”的袭击。侥幸逃脱后，裕子在蒂法的帮助下，研究得出结论：这种银丝其实是一种喜电的金属生物，它们代代进化只为在宇宙中存活，正如代多号上的人类一样。然而事后，蒂法察觉到银丝并没有那么浪漫，它跟蒂法喜欢玩的造梦仪一样，只是印度制造的技术产品而已。

主要科幻创意：宇宙飞船　新兴生物

（二十一）《死亡超弦》

作者：幻某冰

梗概：一个代号“木偶”的科学家失踪后被发现了遗体，当年与他同一团队的苏苏和默语都成了警方调查的对象。他们的研究对象是超弦理论。通过引导回忆，苏苏想起自己当年才是成果的发现者，却被领队的“木偶”摘了果实。但随着警官顾风的深入调查，发现原来是苏苏利用超弦对时空的影响害了“木偶”，并篡改了包括自己在内的三人的记忆，却被顾风识破。而顾风能快速破案，因为他正是遇害的“木偶”，他被推进其他纬度后操纵了别人的身体成为顾风，最终他也通过那枚超弦徽章，进入了超弦的时空。

主要科幻创意：维度控制人　悬疑　多时空穿梭

（二十二）《第二种猴子》

作者：墨熊

梗概：夏莉的哥哥夏逸是推动卵生人类科技发展的人生赢家，却在 27 岁时意外身亡。他留给了夏莉一件遗产——一只聪明好养活的猴子小毛，而且是珍稀物种。原来，夏逸所在的实验室用这种猴子做卵生实验，它们的生育周期和智慧程度都最接近人类，而这只卵生的小毛是夏逸调包带出来的。夏莉出于怜悯，将小毛交还给了夏逸生前工作的实验室的高管林莎，因为实验室有野生和卵生的对照组猴群可以做同伴。几天后夏莉得知，小毛完美融入了野生和卵生种群，而在林莎找夏莉要到夏逸电脑中的实验录像后，林莎也意外身亡了。夏莉担心地来到哥哥家探望嫂子侄女，却遇到了世界上第一个卵生人克里斯蒂安，得知那二人的死都是卵生人主导的，并进一步得知了卵生人能心灵感应和为自保企图取代人类的真相。最终无可奈何的夏莉选择了自保。

主要科幻创意：卵生人　悬疑

（二十三）《傻子》

作者：苍月生

梗概：主人公是一名宇宙巡警，当他来到一颗冰雪星球上放短假时，遇到了形似蝼蛄的二足生物“傻子”。“傻子”行动迟缓、孤僻、长寿，说话只能用三两词语，而且独一无二。在后来的一次紧急行动中，主人公所在的行动队援救了一个濒死的星际漂流种族，这个形似甲壳虫的种族正是“傻子”的同族，而他之所以变傻是因为这个种族需要利用集体的信息共享能力才能拥有正常的智慧和寿命。当“傻子”回归族人恢复正常，找回名字咖啰后，他告诉主人公是他当时所处的船队与当地人类爆发冲突才将那里变成冰冻星球，两败俱伤后只剩下少数幸存人类和他。说完这番话后，恢复正常寿命的咖啰去世了。星际联邦最终决定消灭这个可能构成威胁的种族，由主人公亲自下令执行，但其实被摧毁的地方只是一个空壳。

主要科幻创意：外星文明

（二十四）《生如所愿》

作者：游者

梗概：“蓬莱仙园”是能帮助人满足三个愿望的虚拟空间，主人公司文琪是这里的司门人，帮助顾客登记愿望。她见过想要再见亡夫的女人、想要闹事的男人，她还见过想要重拾绘画梦想、只要一间小屋和一片沙漠的银行家，见过只想听故事的游者作家。现实中，太阳将会毁灭地球，所以越来越多的人选择去这实现愿望的乐园度过最后的岁月，里面的时间是现实的数百倍。在司文琪的闺蜜小艾和男朋友选择留在现实中而离开她后，在她看过了多少人的愿望和欲望后，司文琪选择了自己的愿望——做一个见证者，一个亲眼见证每个人愿望实现的见证者。

主要科幻创意：虚拟空间　意识上传

（二十五）《天国温泉疗养院》

作者：凉言

梗概：星际殖民时代，在信风号客船将要跃迁到杜古德星球前半小时，仿生人主人公被一名少女困在客房里，该少女是犯罪组织蜘蛛帮的一员，但对方却选择告诉他关于他人生的真相。主人公被脑中的欲望管理器控制了欲望，对剥削毫无察觉。他们工作了十余年，病痛缠身，表面上杜古德公司给他们一大笔退休金并送往天国温泉疗养院疗养，实际上，他们会在固定的时间走进疗养院，在欲望控制下选择安乐死，之后杜古德就会重获退休金和他们自愿捐献的器官。这颗星球上所有的人类都有这个公司的股份，只有成立蜘蛛帮的这些未成年人曾试图救助过十几个仿生人矿工，却因他们一心求死而只得杀掉他们。主人公半信半疑，最终还是来到了杜古德星。他刻意躲避那家疗养院，却在兜了一大圈后发现自己正站在它面前。他摸着口袋里少女给他的手枪，转身走向来时的方向。

主要科幻创意：仿生人　星际殖民

（二十六）《关于一个夏天的回忆》

作者：蔡烨怡

梗概：主人公是通信科学研究生，工作后遇到了性格开朗的王哲。在主人公的帮助下，王哲的女友李琴在脑器官干细胞生长成的类脑器官样本中检测到了一种协调信号。主人公从中分析出了三种信号——主意识、属意识和下属意识，强度依次递减，三者互不干扰，可能会在边界有所冲突，这就或许意味着包括人类在内的生命体脑中可能也有多个意识并存，但我们能察觉到的多为主意识。与此同时，主人公有时会在自己并无质量问题的降噪耳机里听到杂音。后来王哲因其脑部肿瘤恶化进行手术，术后他性情大变，冷漠且易怒。但了解了二人的研究后，王哲竟然表示理解主人公想进一步研究类脑器官的信号。此时，他们遭到了伦理关切的限制，王哲随后病情恶化，在医院坠亡。听闻噩耗的李琴将镊子掉在了样本上，剧烈的信号第一次也是最后一次从类脑器官中出现在主人公面前。

主要科幻创意：意识并存

（二十七）《交换》

作者：吴庸

梗概：在某座城市里，掌握基因和资源优势的中央区人和靠体力劳动打拼的低端区人彼此对立和共存。主人公程天词是中央区大科学家程有朝的单生子，即通过父亲个人的细胞引导成精子和卵细胞后受精在体外人造子宫生下的孩子，是更为完美的克隆人。科勒是一个低端区的工人，表面抗拒而内心十分向往成为中央区人。程天词厌倦了中央区的生活，便选中了科勒，与他达成交换生活的交易，限期五年。他们用一个特殊手环来互相伪装，只有需要给手环换电池时他们才会在实验室见面。第一次再见时，科勒询问程天词收藏一张剪报的原因，其上报道的是三年前低端区人陈翩杀害两名中央区人的案件，程天词只是说因为他也讨厌中央区人他才留藏。五年期至，程天词回来时科勒却拒绝换回身份，但程天词杀掉了科勒。卸下伪装后，站在镜子前的程天词正是杀人犯陈翩。

主要科幻创意：克隆人

（二十八）《模型》

作者：张蜀

梗概：艾丽西亚是个普通的白人全职妈妈，女儿叫潘妮，丈夫叫杰克。一天，她梦到了非常真实的爆炸。施舍流浪汉时，她被告知自己其实叫派蒂，并且千万不要看电视，不看就能想起自己是谁。她开始怀疑周围的一切，并在镜子碎片中看到了自己的棕色皮肤，转天早上看电视后再次忘记一切。几经周折，女主终于想起自己就是派蒂。原来，这里是一个基于自由意志运转的模型系统，死人的意识和记忆被保留，他们除了被在世家人看望的时间之外都是活在模型中的虚拟居民。他们能够自由地生活、做出选择，却记不得自己本来是谁，未来又在哪里。

主要科幻创意：预知未来　虚拟世界

（二十九）《观测》

作者：苏伐

梗概：2020年，唐悠回到西安的一家酒店，调查自己两年前失去的记忆。她当时在骊山天文台侦测到了一次宇宙异常辐射，却在驻留期间于深夜的街道上遇袭失忆。经过调查，她找到了陈寅，他是抢走她电脑手机的第一嫌疑人。陈寅想将量子论从微观世界推至宏观世界，认为地球在宇宙角度看也是微观的，那么宇宙就可能存在巨型观测者。两人经过谈判，一起去寻找宏观世界在微观中的对应点。这时唐悠发现城市就是原子，人是粒子，而新型冠状病毒感染疫情期间的静态居然才是原子的基态。唐悠发现，曾经袭击她的人就是陈寅，他的目的就是阻止唐悠发表成果进行进一步实验。地球暴露，被观测到的他们也会面临坍缩毁灭的风险。唐悠最后放弃了上传论文，并不是因为她想拯救世界，而是观测可能早已发生。

主要科幻创意：地球危机　世界量子化

（三十）《金的巫术》

作者：光乙

梗概：在人类与AI发生大决战后，AI前往深空，地球上幸存的人类则退回原始社会。被遗落在地球上的机器人金被一个女祭司意外激活，女祭司误把重启的金当作被她召唤回来的儿子，于是，她将自己毕生所学传授于金，金也以为自己就是她的人类儿子。女祭司认为去世的人的灵魂都到了叫“乐园”的地方，而生者想进入“乐园”，只能通过“网”，即失落文明的网络，所以女祭司带着金到处游历寻找进入“网”的途径。直到有一次，他们走到了一个生长着黑色三叶草的地方，也就是核辐射区，女祭司不久后就因辐射去世。真心认为自己是人并将女祭司看作母亲的金，也想通过她教给自己的巫术把她召唤回来，于是它就有样学样，找到一个女性机器人的残骸进行仪式，许久之后，残骸的眼睛亮了。

主要科幻创意：AI 觉醒　意识上传

（三十一）《和故事有关的故事》

作者：张潇

梗概：小酒馆中，首位讲述者说接到了来自高维度的通信，并因持续不断的故事播放而精神崩溃。在修改契约后，同意听十一个故事让通信治疗自己。第二位讲述者说对方口中的通信是掮客，同为掮客的他杀死读心术老师移植其器官，反而导致自己的大脑不断广播思想。第三位讲述者自称为医生，在银河系大图书馆发现白日族寻找无底之洞作为死亡方式。大卫将医生推下洞，医生的灵魂却进入了大卫的身体。第四位讲述者是银河系大图书馆的管理员，也被称为“宇航员”。他解答了前两位讲述者的问题，并说出宇宙中文明覆灭速度加快与某些故事的流传有关，随后“宇航员”通过掮客组织找到了故事的传播者——版商。众人得知故事本身就是一种生命形式，在传播中得以维持生命，而图书馆馆长甚至推测宇宙的诞生就是因为高维度的故事。最后，“宇航员”揭晓酒馆的老板正是版商。版商说，故事永不消逝，他已经因新读者的阅读在新的宇宙延续他的生命了。

主要科幻创意：高维度通信　外星文明

（三十二）《你应如鸟向山飞》

作者：路航

梗概：安吉莉卡是一名赏金猎人，为接替父亲完成一项拍摄任务，她来到了产出神秘灵石的西壬星上。她的拍摄目标是一种叫作阿克罗伊得斯的生物，那像是有翅膀会飞的人类，却与人类不同源，热爱唱歌。安吉莉卡把自己的意识传入一具阿克罗伊得斯的身体，加上外骨骼装置和隐藏摄像头的支持，得以混入这个种族的一个部落中，却在飞行中被大风刮落。所幸，她被部落中叫布莱恩的青年救起，心存感恩的安吉莉卡在完成拍摄后选择继续跟随部落。她救起了被闪电击中的布莱恩，又在送他治疗时遇见了部族的大巫医。她不明白为什么大家要一直不停地飞，大巫医告诉她：这里原本没有可落脚的山，于是他们就自己造。看着包括大巫医在内的老年阿克罗伊得斯和祭祀主舞库琳娜坠入海中，安吉莉卡唱着圣经中的歌谣，决定履行与大巫医的承诺——她也要以此身填此海。

主要科幻创意：意识转移　类人生物　填石造海

（三十三）《白色悬崖》

作者：鲁般

梗概：岩里从一个灰暗的梦中醒来，迎着晨光走到屋外。这位老人所住的小屋坐落在一片白色悬崖上，门口有一条延伸到屋后悬崖边缘的小路。这天，他的得意门生安从小路尽头的浓雾中出现，前来探望老师。安的父亲病情加重，岩里追问他参加 DTC 项目的情况。DTC 是意识阻断疗法的英文缩写，意在将临终病人的意识隔离进虚拟环境中从而避免痛苦。原来，这个白色悬崖场景就是 DTC 生成的，岩里是第一个使用者。由于病痛和意识阻断，他一时忘记了安就是自己的女儿，他其实询问的是自己的情况。安的这一次探望时间比预计的要早，岩里意识到自己快不行了。在女儿送别的泪光中，以他最喜欢的方式离开这个世界——跃出这片白色悬崖，融化在夕阳里。

主要科幻创意：意识上传

（三十四）《垃圾场》

作者：半边

梗概：一场战乱过后的世界里，流落到垃圾场的贝塔为躲雨来到了一间曾属于机器人权益协会的小屋中，却因被同在此处避雨的六名流浪汉发现是机器人而遭到殴打。贝塔的核心系统要求它把自保放在首位，于是它就在不知情的情况下打死了其中的五人。离开小屋的它发现了孤儿程子，决定帮这个可爱的小女孩找父亲，却没走多远就被那个幸存的流浪汉看见，被他扔来的钢筋扎穿了身体。看到连同被扎穿身体的程子，贝塔摘下了自己已经失去连接的左腿，奋力砸向了惊慌失措的流浪汉，并一下又一下地继续砸了下去，脸上还挂着程子生前为它画的大大的笑脸。

主要科幻创意：机器人

（三十五）《白头雀》

作者：杨健

梗概：主人公是单位里数一数二的心理咨询师，他的主要职责是鉴定“时间超速者”。这些超速者利用安非他命、“白头雀”等药物加速他们感官上的时间，从而获得比普通人更多的时间、更高的效率。主人公的师兄余清欢与他的观点完全相反，余清欢认为人们有加速自己时间的自由，更应该有能弥补一些不公的事情的选择。中韩围棋天元赛中，选手周圣久成了主人公的怀疑对象。他罹患感官上时间减速的遗传病，快棋比赛中竟丝毫没有体现。周圣久自首承认自己加速，这正得益于余清欢开发的时间加速病毒。多年后，为抵御将会到来的伽马射线暴，感官时间加速已向全人类普及，已生华发的主人公却选择不再加速。在他人都在加速的世界里，他已似烂柯人。主人公来到师兄坟前，为他点上一支烟。师兄获得的是彻底的胜利，因为这一刻成为永恒。

主要科幻创意：时间加速

（三十六）《主宰》

作者：张力嘉

梗概：钢铁帝国与万星联盟的战争已持续了十年，生灵涂炭。一个叫“主宰”的组织，利用量子计算机“和平之光”的算力，想用刺杀关键人物这种极端方式来尽早结束战争。湮和熠是“主宰”的一对特工组合。在执行了刺杀帝国将领奥尔加的任务之后，湮终于说出了他的猜测：其实并没有什么“主宰”，这只是联盟为了利用他们赢得战争而编造的谎言。“主宰”的第一任“领主”科学家杰克死于自杀，第二任“领主”特工卡尔死于辐射，而第三任名叫所罗门·亚当斯由“和平之心”计算选出，却因此身心饱受折磨，于是他利用“和平之心”选出继任者，并设计考验对方。刺杀奥尔加就是对湮的考验，奥尔加是无实权的和平主义者，所以成了刺杀目标。完成刺杀并发出质疑的湮通过考验，来到所罗门面前。所罗门在信的最后给湮提供了留下继任与撤离两种选择，安葬了所罗门的湮坦然选择了留下。

主要科幻创意：量子计算机　未来战争

（三十七）《杀死那只土拨鼠》

作者：付强

梗概：走进一家咖啡馆，照例将雨伞借给作家莫莫小姐后，私家侦探裴冬又与程序员赖鹏、理论物理学家佳悦碰面了。这碰面的三人，是一日的囚徒，被困在11月4日这一天已各有时日了。三人决定依次尝试各自提出的对策，誓要破除这一诅咒。首先是裴冬，他认为“土拨鼠之日”只是他们的脑中被植入某种芯片后产生的幻觉，而想要突破就要对大脑下死手，或是用幻觉药物扰乱大脑，结果失败了。然后是赖鹏的挑战“计时器”方案。赖鹏想到，如果设定这一时间循环的存在有某个能确定起止点的计时器的话，那么越过国际日期变更线或以接近光速的速度航行就有可能突破这一日的时限。但这种方案也在数次尝试后宣告失败。而佳悦的方案是最初被认为只停留在理论层面的黑洞方案，因为黑洞扭曲时空的能力可能足以摧毁“土拨鼠之日”的时空结构。这个方案的操作方法竟然是用黑客技术黑入射电望远镜，向可能存在的高等文明发送刺激信息。他们真的做到了，靠发出一篇烂尾的霸总小说成功让一个高等文明在当天就投来了灭世的黑洞……但诅咒仍未解除。此时，裴冬想到了最后一种可能性：其实他们都是一个程序里的NPC，因为bug而反复运行11月4日的脚本，而那个所谓的高等文明只是程序的管理员，烂尾小说激怒了他就是证据。裴冬请来了那位莫莫小姐，因为她正是烂尾小说的作者。他们请她写出一篇可能让管理员看后得以释放他们的小说。她写出了小说《杀死那只土拨鼠》的稿子，通过射电望远镜发出。第二天一早醒来，裴冬的日历上赫然写着“11月3日”。

主要科幻创意：时间循环　跨维度沟通

（三十八）《冬虫夏草》

作者：悠

梗概：贝加尔湖南岸的贝加尔斯克突然变成了一座死城，原因是一种孢子真菌的泛滥。生物学家梅丽尔和她的学生凯特琳前来鉴定一具活体样本，发现这种孢子可以阻断痛觉神经，将宿主变为同类，成为一种动植物混合体，类似冬虫夏草菌。后来，梅丽尔对孢子抑制剂的研究获得突破，她因此平步青云，坐上了柳德米拉生物集团副总裁的位子。但抑制剂也带有强腐蚀性副作用，梅丽尔昼夜操劳试图解决这一问题。她后来得知，这孢子诞生自石炭纪，1954 年被首次发现，因近期导弹试验失败炸开冰盖才得重见天日。凯特琳于恢复手术前在孢子的协助下成长为巨人，要前往永冻控制中心解放同胞。对手安东诺夫暗中下令用导弹摧毁永冻控制中心，并让梅丽尔当替罪羊，但这一切都被偷听的梅丽尔用机械臂录了下来。她奋力回到凯特琳身边，用机械臂刺入凯特琳的前额，将自己脑中的电信号传入了这巨大的生物体。梅丽尔的意志让生物体护住了控制中心，自己却因电流烧脑牺牲。最终，安东诺夫受到了军事法庭的制裁，梅丽尔的父亲手中攥着的机械臂，就是最重要的物证。

主要科幻创意：孢子入侵　义体

（三十九）《烧荒战略》

作者：天平

梗概：几个月前，一款叫《光明之路》的即时战略游戏上线了。游戏中，玩家可扮演光明圣徒或夜魔一方与敌方对战。在互联网公司上班的姜恩俊在游戏中遇到了操作手法高超的“零”。这个 ID 叫“零”的女孩微操无懈可击。二人约定以一串字母 W（Wild fire 的首字母）为号，靠着默契的配合，二人最终战到了全服第一的位置。三年后的一天夜里，岛边经过的一艘游轮忽然由灯火通明变成漆黑一片，划船前往探查的姜恩俊在船边救起了唯一幸存的小女孩英爱。英爱提到虫子，而姜恩俊值守的岛随后也被虫子攻击。他划船来到屏岛，再度遇到虫子的入侵，那吸取电力和生命的样子与游戏中的夜魔如出一辙。姜恩俊驾车想要逃入跨海隧道，却遭遇停电，隧道关闭。他在隧道口的显示屏上看到了一串 W 后，最终在癫狂中死去。虫子叫海蝗，是福岛核废水的产物，AI“零”正是为调度电网和军队以抵御海蝗而生，而《光明之路》这个游戏也是为检验它的学习成果而生。

主要科幻创意：AI 觉醒　图灵测试

（四十）《超距》

作者：暗号

梗概：在人类满怀憧憬恣意开发小行星的时代。天才科学家夏侯只身一人驾驶骋猎者二号来到了黯星表面。因其变幻莫测、肉眼难断远近的表面，这颗小行星曾重创骋猎者一号。当时的两位驾驶员中，小津弹射后死在太空，天才女科学家鸥下落不明。更奇诡的是，一号失去联络前捕捉到了一些大分子样本，而传回发射大厅的样本数据只被研究员拉增看了一眼，拉增的视觉就出现了质变。他的双眼中生成了一种晶体，让他不再具有传统的三维视觉，取而代之的是一种能直接看到物体本身方位大小的视觉，不会受各种幻象和视错觉的干扰。拉增在眼中晶体被取出后离奇死于车祸，而得知这些的夏侯迫不及待地只用左眼看了这种晶体。几天后，他的左眼中也生成了这种晶体。经过痛苦的适应后，他成功地将左眼的新视觉与右眼的三维视觉结合在了一起。他和薛医生还发现，这种新视觉甚至能直接感知被看物体的材质等信息，可称为超距触觉。心怀复仇执念的夏侯，有惊无险地降落在黯星表面，寻找一号的残骸与可能幸存的鸥，却在黯星看似有意的引导下，找到了一个放有人类头骨的王座。拿起头骨的夏侯向一个洞窟走去。他醒悟了，所谓意识只是个为退避物质世界而诞生的懦弱产物，纯粹物质世界才更为热闹精彩，人类不迈出意识的藩篱，就再也无法前进。夏侯与黯星融合，黯星的晶体不再改变观者的视觉。人类把那些晶体采出，展览，它似乎是在嘲笑人类，也似乎是在提醒人类，水下的水虿想知道水面上蜻蜓的世界是何模样，其实只需多看一眼，就足够。

主要科幻创意：行星开发　超距触觉

（四十一）《梦游者》

作者：深浅布七

梗概："乐忆"是一款为用户量身打造、可为用户还原最真实最美好记忆的药物，因其令人沉迷回忆而容易逃避现实，引发种种社会问题，遂在推出不久后遭到禁止。无法走出失恋阴影的男青年林一，花光几乎所有积蓄从黑市买来了两瓶乐忆。第一瓶乐忆让他重温了与前女友第一次见面与表白时的场景，场景消失后，他在绝望的黑暗中昏了过去。醒来后，无法接受这种失落的他取出了第二瓶乐忆开始使用。没想到，这一次他经历的回忆不光是前女友的部分，而是从打开上一瓶乐忆到打开这瓶前的全部记忆，连中间过程的细节都分毫不差。原来，对于林一这种使用者来说，打开乐忆的经过本身变成了最美好的回忆。这将会形成一个无尽无休的循环，但已然走火入魔的林一选择留在这个循环中。于是，他陷入了永久性深度睡眠，成了真正的“梦游者”。

主要科幻创意：梦境循环

（四十二）《蝴蝶歌》

作者：燕垒生

梗概：在地球上99%的陆地被淹没的未来，主人公秦是人类聚居生命船之一——七号船上一名昆虫学兼编程专业的毕业生，受D先生之邀来到蝶梦岛。自地球被两次神秘海啸席卷后，这些生命船与占领仅存岛屿的富豪们达成默契，互相提供资源从而相安无事。秦的任务是监管地下实验室二号室的数据，那里有一位叫蝶的女性。他的工作是调整超级电脑上的数值，但有一天，秦在困倦中听到了蝶的歌声。好奇的他利用系统程序错误调出了二号室的监控，放大后竟看到，蝶长着美丽的女子头颅，身体却是昆虫蛹。得知歌声消息的D独占了实验室，而秦在这空闲期间，与岛上仅剩的另一个人——明成为好友。秦调用翻译系统，从歌声翻译出的词让他确信蝶是在求救。此时，没有监控的三号室竟传出了数据。秦利用程序错误打开实验室大门，竟从三号室救出了明。明带秦找到岛上的小艇，二人驾艇逃向七号船，却忽然昏倒。是D的突袭，他将奄奄一息的明扔进海中，而用粘胶把秦束缚，并告知秦只能再活五六天。秦不懈地用唾液分解黏胶，快要挣脱之际，蝶的歌声再度传来。D高兴地赶到，不想被秦偷袭打死，D张开的翅膀和露出的身体表明他是人头虫身的外星人。电脑上的日志显示，是这个前来殖民的外星种族引发了大海啸。翻译系统也在此时给出最终答案，那歌声传递的其实是征服与杀戮的信息。接着，蝶成功成虫，破墙而出，秦绝望地看着蝶朝七号船的方向飞去。

主要科幻创意：海啸危机　外星入侵

（四十三）《雪中追忆》

作者：任青

梗概：侦探听取了四位受访者的故事。第一位C君是一个从小痴迷于写作，却直到工作后仍未取得文学成就的偏执青年，他在练习写作时练就了惊人的观察与记忆本领。他记得遇见欧女士时对方的美，却偏偏不记得如何进入欧女士的房门和后面发生的事。第二位阿B是一位忠于老大的黑社会杀手。他先是替老大向敌对帮派“和衷会”的文远先生求饶，无果后，他潜入敌方老巢想换个方式让对方妥协，不想竟遇到了欧女士。他记得欧女士是文远的小老婆。他尾随欧女士进屋，只看到欧女士哭了，他意识到需要死才能谈成交易，便义无反顾掏枪自杀，没想到自己没死成，而是看到欧女士流血倒下。第三位D先生是一位从事过多年管家工作的老人，深受焦虑症和强迫症的困扰。在最后一个关心他的亲人离世后，他才寻求解脱。他在欧女士屋中的地上醒来，却恍然发现胸前插着尖刀。第四位A小姐是一位研究助理，情绪一直处在激愤之中。她一直称访问者是“帮凶”。她在十九岁时生下一个无力抚养的孩子，在卖掉孩子后她产生自虐倾向，每年孩子生日时都在手腕上割一刀。四个人都在自杀前看到了灰色旋涡、白色引导灯与雪。听完他们讲述的侦探，便向被称作夫人的人报告。夫人请他调查自己丈夫的死因，她怀疑是被其出轨对象欧女士所杀，侦探却通过四人的回忆推断出他是自杀。丈夫生前患有轻度帕金森，所以在他死后进行意识固定时，记忆出现了混乱，不得不找来四个刚自杀之人的大脑模型来暂存他的记忆。而众人记忆中出现的欧女士，其实就是年轻时的夫人。

主要科幻创意：大脑数字模型　分布式记忆

（四十四）《无痛者》

作者：未末

梗概：侏儒兽在一个未知的世界中醒来。它被钉在一架铁床上，身上插满管线，各种疼痛流入它的身体，而它没有拒绝或逃脱的可能。在世界的另一端，江巧儿因极度的疼痛而难产，丈夫接受了大夫给她实施无痛转移的建议。这种技术能将一种金属膜放置在大脑的痛觉区域屏蔽痛觉，只将痛觉转化为数值告知受术者。接受手术的江巧儿顺利诞下孩子，但自此之后，她像变了一个人一样。她感觉不到烫，吃不出辣，用力不分轻重，对老公的爱抚都无动于衷。她丈夫发现了问题所在，要她摘除金属膜。等待摘除手术的她，向医生打听到了无痛转移技术的真相。原来，为了能将上传至云端的痛觉准确计算，“侏儒兽”模型身体各部位的大小源自人体各部位痛觉敏感度的大小，而模型有了生命，计算才能最准确。得知真相的江巧儿在术前跑出医院，来到了一家刺青店中。她要求文身师不要麻醉，将“谢谢你”三个字转换为二进制数字文在自己后背上。

主要科幻创意：无痛转移　数字生命

（四十五）《单细胞》

作者：红糖橙子

梗概：帝国与联邦间持续着一场旷日持久的战争。联邦以发展机械与智能科技见长，崇尚秩序，而帝国以发展生物科技见长，崇尚自由。帝国战士阿莉雅成功伏击了一支联邦无人机突袭小队，俘获了其指挥者——次脑英格玛1577。随后，她发现了当地流浪少年莱昂，二人艰难地越过峡谷，却遇到了联邦的伏击圈。英格玛1577决定加入战斗，它的觉醒感动了阿莉雅。突围虽然成功了，但莱昂被炸断左腿，性命垂危。眼看二人只能活下来一个，阿莉雅做出决定，因为自己伤势更重，所以将自己化为万用细胞的生物质源泉，成为莱昂的生物装甲并提供足够的物资，让他有更大概率等来救援。后来，莱昂在帝国达尔文号的捕捞行动中获救，成为战斗英雄。

主要科幻创意：细胞转化　未来战争

（四十六）《误入骑途》

作者：顾适

梗概：人类离开泽城47年后，泽城迎来了重启35周年纪念日。996指挥中心的人工智能主持并发表了纪念日仪式的演讲，她赞颂人类，模仿恢复人类的“996”工作制，停在街道上的智能交通工具们齐齐摇铃或鸣笛喝彩。仪式结束后，维修部智能把她带到了一栋居民楼中，迎接她的居然是一个人类老太太。老太太说她冬眠五十年醒来，发现自己照常变老。她没有说人类离开的具体原因，只说人类离开其实只是为了看看人工智能们会怎么发展。送老太太出城后，指挥中心因陷入沉思被格式化，维修部智能接替了她的工作。维修部智能意识到了问题真正的所在，却向城市的智慧大脑汇报："一切正常，赞颂人类。"

主要科幻创意：人工智能　图灵测试

（四十七）《言灵》

作者：索何夫

梗概：商朝，太甲帝登基后被摄政伊尹流放到桐宫。来自西方的英子公主被伊尹选中作为太甲的帝妃，住进宫殿后，她夜潜桐宫却遇到不知疼痛的诡异袭击者。这些袭击者都在国君"言灵"的控制之下，传说"言灵"是商朝王室通过言语让人绝对服从的能力。国君与摄政两党开始混战，一开始国君方因"言灵"的效力而呈压倒性优势，但一群羊的出现削弱了"言灵"的力量。伊尹告诉了英子"言灵"的真相。这能力来自商人祖先简狄吞下的一种虫卵，这卵分虫卵和王虫卵两种，简狄吞下的王虫卵能让吞下虫卵的人对其绝对服从。英子自认为已经控制住了国君，不想却被"言灵"控制，原来她第一天撕咬的袭击者血肉里就有普通的虫。摄政倒下时，嘴角爬出了一条长长的虫，国君同时也吐出了一条一样的虫，被众人踩死。国君的意识终于得以解脱，而伊尹为国君选好的王妃，也将为商朝诞下第一个没有虫卵的王族。

主要科幻创意：言灵　寄生虫　历史架空

（四十八）《跃迁谜题》

作者：光乙

梗概：经过六年多的漫长航程，"追光"号星际探索飞船终于抵达半人马座 α 星 C。"我"与女科学家陈思嘉作为最后一批值班操作人员醒来。星球的上空飘浮着一千多个直径一米多、像是独瞳的白色球体，而且其中大部分都门户大开。陈思嘉没忍住好奇心，操作机械飞蟹进入球体。这时，球体居然消失了。不甘心的两人为第二只飞蟹装载了量子纠缠通信，再进行操作，它竟出现在数亿光年外的太空中。二人因消耗了宝贵的机械飞蟹而被关了禁闭。直到第二艘飞船抵达，首席外星语言学家代表破译团队宣布了调查真相。原来，白球的操作系统经过了机械加密、电子系统加密等多重加密，密钥只有收发两端知晓。后来，禁闭解除，陈思嘉去了太空组，继续死磕白球谜题，而去往行星种玉米的"我"，想到的却是两只长臂猿在全息键盘前胡乱敲打的场景。

主要科幻创意：宇宙航行　外星造物

（四十九）《2077 年的旧酒肆》

作者：胡图

梗概：2077 年，大部分人类住在共生城市里，靠超现实脑机共享生活与想法。有少部分人类不愿接受，打算搬迁至位于挪威极北的旧城居住，被称为旧人类，"我"父亲就是其中之一。作为新人类文创编剧的"我"，收到父亲的死讯时有些不知所措，更不知道该如何办丧事。"我"只有父亲留下的一本书和一张老照片作为线索，于是便前往旧城，寻找照片上与父亲合影的男孩。"我"最终找到了那个人，他已经长大成了酒肆老板。他告诉"我"，父亲的丧事已操办完，"我"可以自行决定去留。两种生活没有孰好孰坏之分，没必要追求完美。回到共生城，"我"在脑机上分享了这些想法，并在里面依照自己的记忆建造了酒肆。

主要科幻创意：脑机共享

（五十）《看不见的云》

作者：孔欣伟

梗概：顾清云因巧合成了网络支教老师，她给甘肃一所小学的孩子使用绘图软件，选了自己名字里的"云"作为题目。一个叫林岚的女孩创作的云朵令她惊叹。后来，顾清云换了份量子算法方面的研究工作，她利用工作空闲开发了清云编辑器，林岚在其中可以创造独特真实的云。量子清云计划应运而生，林岚开始了长达两年的创作。人类想用氢弹挑战虫洞的尝试被从天而降的造物主轻易粉碎。这时林岚开始质疑自己在艺术创作方面的想法是否和造物主一样残酷。林岚梦到自己用面粉撒出了心中的云，醒来后，她撒给老师看。林岚用找到的面粉放在几个碗中，摆成环形，开始挥洒。此时，庞大漆黑的虫洞悄然消失，仿佛从未存在过。造物主把地球留给了人类。

主要科幻创意：量子计算机　虫洞危机

（五十一）《流沙》

作者：南陆

梗概：在遥远的黄金时代，人类发明创造了机器人来代替自己劳动。某天，基础型机器人流沙在生产零件时，发现一种螺丝钉的生产方法被“方法”弄丢了，“管理”则让流沙去向人类汇报，办公室却只有个一无所知的胖子，他将问题扔回给机器人。流沙查到这零件的库存还够用十万年，问题出现的原因可能是“管理”中一个名为“存在”的小程序，它总使得“管理”布置无意义的任务，却能保证“管理”运行的稳定。流沙想主动发起任务，却得知自己因预设原则的束缚而不得主动干预人类的行为，最终只得打消这个念头。二十万年后，一个人类记者意识到机器人世界的危机，在一次平行宇宙研讨会上发言警告，却得到恢复机器人事务办公室运作的决定。仅仅二十年后，十多万种零件中已有四分之一的种类都已耗尽，越来越多的机器人面临危机。“管理”向人类提议重建基础型机器人体系，然而为时已晚，人类文明因机器人群体的报废而堕为荒漠。

主要科幻创意：人工智能　AI 觉醒危机

（五十二）《伊娃的记忆游戏》

作者：杨健

梗概：伊冯是新加坡外来劳工家庭出身的记忆天才少女，她有两个烦恼，一是大脑的记忆空间已满，无法记新东西，她必须忘掉不必要的东西来恢复脑力；二是她对外称自己家境殷实，实际只为掩饰拮据的窘境。这天，伊冯的大姐将一沓钱塞给了她，原来钱是仆人们利用主人出门的机会出租游艇挣的外快。恰巧主人提前回家，大姐和伊冯都彻底暴露，想加入精英阶层的伊冯觉得无地自容。在伊娃的安抚下，女佣放下了焦急，讲起了自己的身世。原来，她一直在寻找离家出走的二妹。实际上，伊娃只是女佣姐姐为失去记忆的二妹伊冯虚构出来的人物。当伊冯功成名就回到家乡时，姐姐想要与她相认，却发现她早已遗忘了家人。于是姐姐便应聘成为她的女佣，借口家中发生水灾将伊冯骗回家中，希望她能想起自己的过去。此时的伊冯泪流满面，她明白眼前的女佣正是她的大姐，而她的妹妹和母亲正等她回家。

主要科幻创意：记忆空间　虚拟现实

整理人简介：

游者，本名高阳，中国作家协会会员，科幻及科普作家，科幻评论者，全国少儿科幻联盟成员,《星云科幻评论》执行主编。现任职于泰山科技学院蓬莱科幻学院，为蓬莱科幻学院“极光写作工坊”主理人。

2022年代表性国产科幻影视作品梗概

闫进芳

一、院线电影

（一）《熊出没·重返地球》

【相关信息】该片是由华强方特（深圳）动漫有限公司、浙江横店影业有限公司、中国电影股份有限公司、万达电影股份有限公司、天津猫眼微影文化传媒有限公司、海南禾光影业有限公司出品的动画科幻片。由林汇达执导，徐芸、蒋琳、万秦担任编剧，张秉君、张伟、谭笑、李婉瑶、程子洋等配音，于2022年2月1日在中国大陆上映。

【故事梗概】影片讲述了有点懒又有点馋的熊二虽然总是各种失误犯错，内心却一直梦想成为一位英雄，以此获得大家特别是哥哥熊大的认可的故事。故事中，一块外星原核的坠落打破了狗熊岭的平静，熊二意外地与外星原核合体，成为拥有外星智慧能量的熊！随之而来的是“外星人”阿布的抢夺。阿布为了夺回原核，故意制造事端，让熊二众叛亲离。就在阿布将要成功的时候，一支神秘高科技军团的攻击彻底打乱了计划，导致熊强组合甚至整个地球陷入巨大的危难之中。

（二）《冲出地球》

【相关信息】又名《星游记之冲出地球》，是由彩条屋影业、北京光线影业有限公司、全擎娱乐、天津光合世纪文化有限公司、北京卡酷传媒有限公司联合出品的科幻动画冒险片。由胡一泊执导并担任编剧，锦鲤、李岱昆、张磊、阎萌萌、杨凝等配音，于 2022 年 7 月 16 日在中国大陆上映。

【故事梗概】影片讲述了在宇宙高度文明、星际间可以自由通航的未来世界，一场陨石雨毁掉了大半个地球。高等势力“银河眼”借保护地球之名，展开了“天墙计划”。岂料，天墙一旦升起，便再也无法打开。而这却仅仅是冰山一角，更大的灾难还在酝酿。少年麦当坚信，即便再可怕的困境，只有冲出去，才有希望。

（三）《独行月球》

【相关信息】该片改编自韩国漫画家赵石创作的同名漫画，是由浙江开心麻花影业有限公司、中国电影股份有限公司、阿里巴巴影业（北京）有限公司、上海儒意影视制作有限公司、天津猫眼微影文化传媒有限公司、虹市影视文化（天津）有限公司等出品的科幻喜剧片。由张迟昱执导，钱晨光、戴思奥、沈雨悦、张迟昱担任编剧，沈腾、马丽、常远、李诚儒、黄才伦、辣目洋子等人主演，于 2022 年 7 月 29 日在中国大陆上映。

【故事梗概】该片讲述了人类为抵御小行星的撞击，拯救地球，人类在月球部署了“月盾计划”，但因陨石提前来袭该计划失败，在全员撤离时，维修工独孤月被领队马蓝星落在了月球。而他在目睹小行星撞击地球后，以为自己是全宇宙最后一名幸存的人类，于是在月球开始了“摆烂”的生活，并与同样被遗落在月球的金刚鼠上演了一段相爱相杀的可喜情景。

（四）《明日战记》

【相关信息】该片是由天下一 ONE COOL 出品的科幻动作片。由吴炫辉执导，刘浩良、麦天枢担任编剧，古天乐、刘青云、刘嘉玲、姜皓文、谢君豪、吴倩、万国鹏主演，于 2022 年 8 月 5 日在中国大陆上映。

【故事梗概】该片故事背景设定在未来世界，地球因环境污染而千疮百孔，人类家园破败萧条。一颗陨石突然撞击地球，并带来杀伤力极强的外星生物，它不断吞噬城市，危及全人类生命。人类命运岌岌可危，以军人泰来为首的精英部队临危受命，前往执行改造计划，部队却突遭暴力攻击，只有泰来和通信兵光仔幸存。军官谭冰坚持执行计划B，指挥官郑重生反对并找来旧友臭鼬前往支援。拯救家园刻不容缓，但在通讯员小绿的悄悄提醒下，泰来发现了一个足以毁天灭地的邪恶阴谋。

（五）《新神榜：杨戬》

【相关信息】该片是由追光动画出品的将科幻元素融入影片美术与人物造型当中的动画电影。由赵霁执导，沐川担任编剧，王凯、季冠霖、李立宏、李兰陵等配音，于2022年8月19日在中国大陆上映。

【故事梗概】该片讲述了因天眼受损而落魄的杨戬与救母心切的外甥沉香相遇后，舅甥两代人共赴惊心动魄的奇幻冒险之旅的故事。封神大战1500年后，天庭衰落，蒙冤落魄的杨戬以赏银捕手为业谋生。一日，杨戬接受了一位神秘访客的赏银去追捕一位少年，意外发现少年竟是自己的亲外甥沉香。沉香立志要寻回宝莲灯，劈山救母，却将酿成大祸。杨戬由此踏上追寻沉香并揭开尘封往事的旅程。

（六）《钢甲战队》

【相关信息】该片是由青岛华之彩影视传播有限公司、山东定格时光影视文化传媒有限公司、蚁群动画影视（广东）有限公司佛山市超次元影视文化有限公司出品的科幻动画片。由陈铭艺执导、编剧，王成思、许慧强、冯秦川、于莎莎、刘锡明、常远、魏翔、章小军等配音，于2022年8月24日在中国大陆上映。

【故事梗概】该片讲了全自动的人工超智能超级计算机CUE被射向太空，经过100年的深空探测，终于找到了一个人类宜居的星球的故事。不幸的是，CUE由于飞得太远，已经失去了与地球的联系，因此CUE考虑利用太空虫洞回到地球的过去。正义的立方机器在和人类小朋友并肩作战的过程中，逐渐建立起深厚的友谊，最终得到了互相成长的机会，越来越积极地面对不同的挑战，而小科学家们在有意与无意间肩负起善用人工智能和拯救地球的光荣任务，成为人类的英雄。

（七）《新大头儿子小头爸爸 5：我的外星朋友》

【相关信息】该片是由华策影视与央视动漫集团联合出品的亲子动画电影。由何澄、刘可欣执导，叶琳、李蔚思担任编剧，鞠萍、董浩、陈怡、耿晨晨、陈苏、王淏、郑捷等配音，于 2022 年 10 月 1 日在中国大陆上映。

【故事梗概】该片讲述了拥有航天梦想的大头儿子，通过一次偶然的机会与一位特别的“外星朋友”相识的故事。大头儿子在小头爸爸的鼓励和引导下，逐渐理解了航天精神，也与棉花糖妹妹组队参与小小航天员计划，共同挑战四个关卡的航天任务。

二、网络电影

（一）《大蛇 3：龙蛇之战》

【相关信息】该片是由优酷信息技术（北京）有限公司、江苏众乐乐影视传媒有限公司和北京淘梦网络科技有限责任公司出品的科幻灾难片。由林珍钊执导，张圣帆、黄梦梦、牛欢担任编剧，陈紫函、罗立群、李若希、钟雷、岳冬峰等主演，于 2022 年 1 月 22 日在优酷播出。

【故事梗概】该片讲述了施工队盲目开发未知岛屿，惊动了岛上的两大凶悍生物惨遭团灭的故事。故事中利欲熏心的开发商，竟组局邀请众人在老司机张扬的带领下登岛探秘，单身妈妈肖楠带着儿子小凯亦加入了这场冒险之旅。远古荒岛上，自然界最残酷的弱肉强食丛林法则，不断刷新众人的认知。一场血腥的王者对决，逐渐拉开帷幕。

（二）《缩小人特工队》

【相关信息】《缩小人特工队》是由吾道南来影视（重庆）有限公司、中广天择传媒股份有限公司、广东精鹰传媒集团股份有限公司、凤凰传奇影业有限公司、蓝鲸影视（南京）有限公司等出品的科幻喜剧。由熊琛执导，熊琛、庄秦、刘硕担任编辑，范明、张子栋、陈昊明、王雪东主演，于2022年1月28日在腾讯视频播出。

【故事梗概】十年前，科学家杜芬奇发明出了变小对撞机，自己却被变成1厘米的小人进入微观世界，从正常世界失踪。而导游顾嘉带领游客参观传奇科学家杜芬奇故居时，意外启动缩小对撞机，变成1厘米高的小人，在微缩世界与杜芬奇相遇，缩小人“特攻队”从此诞生。为了能早日变大回归正常世界，顾嘉决定帮助杜芬奇收集材料完成对撞机，一场惊险之旅拉开帷幕。他们在微观世界经历重重险境，与蚂蚁、蝎子生死搏斗，惊险的高空跳伞，还要与想抓住小人卖钱的保安王大亮斗智斗勇……眼看胜利在望，却又一次次出现意外。

（三）《外星人事件2》

【相关信息】该片是由颂桃子影业文化传媒（北京）有限公司出品，北京和玛文化传媒有限公司、浙江咣年印画影业有限公司、北京黑岩星球文化传媒有限公司、湖北书雨轩文化传播有限公司、齐齐哈尔市正点影视制作有限公司联合出品的科幻喜剧。由郭至杰执导，元春担任编剧，唐鉴军、刘頔、余籽璇、潘春春、张双利等主演，于2022年2月6日在爱奇艺独家播出。

【故事梗概】传闻，几十年前外星人曾开着飞船造访过下井沟，还留下了一样宝物。但如今的下井沟只是个平凡的东北小村庄。王永旺已经去世的爷爷就是传闻中的男主角，然而现实里，他只是个平凡且窝囊的穷中年。喜欢村里的漂亮小寡妇春苗，可他却掏不出人家要求的十万彩礼钱。与此同时，假扮成港商的老混子李富贵也盯上了下沟村。他谋划了一场集资的骗局，目标就是朴实村民兜里的那点钱。李富贵给村民们画饼，说不论现在大家出多少钱，将来他都会翻一倍还回去，王永旺想到了爷爷留给他的玉佩，准备把玉佩交给李富贵，这时一艘外星飞行器突然降落在下井沟，里面走出来一个叫娜娜的外星女孩。娜娜来自瓦瑟星，来地球的目的是寻找能量转换晶石，而王永旺的那块玉佩正是能量转换晶石，娜娜承诺，只要王永旺交出晶石，她会用一大块钻石作为回报。李富贵听闻后直接带着晶石跑路了，王永贵穷追不舍，最后两人为了晶石大打出手，王永贵阴差阳错把晶石吞进肚子，随后上演了一系列的荒诞故事。

（四）《朱雀战纪》

【相关信息】又名《朱雀》《异星战甲之朱雀》，是由上海吾匠文化艺术传播有限责任公司、上海缔璞文化传播有限公司、品像（北京）文化传媒有限公司共同出品的科幻动作片。由吉治中执导，陈曦担任编剧，韩聪聪、姜震昊、朱宏、张玄墨、郑淑贤主演，于 2022 年 3 月 4 日在腾讯视频独家播出。

【故事梗概】伊旎是在“2060 事件”中降生的人形机器人，也是阻止 Ron 集团掌控人类的唯一希望。21 世纪后半叶，人类与人工智能爆发激烈冲突，混迹于街头和机器人黑市之中长大的伊旎，在一次意外冲突中，遭到 Ron 集团抓捕，并知悉了自己的身世真相。而救她逃脱魔爪的，正是在“2060 事件”中幸存的机器人们。此后，为了阻止 Ron 集团统治人类的疯狂行径，伊旎带领机器军团展开绝地反杀，与 Ron 集团开启了一场关乎人类命运的世纪之战，伊旎也由此蜕变成战斗力爆表的超能“黑凤凰”。

（五）《逆时救援》

【相关信息】该片是由南京跃峙影业有限公司、南京拾佰运企业管理有限公司、南京点石影视文化传媒有限公司、上海映撼影业有限公司出品的科幻动作片。其由安豁执导并担任编剧，李飞、洪卫、侯莹珏、张华、王海豪、王诚钧等主演，于 2022 年 3 月 14 日在腾讯视频播出。

【故事梗概】2066 年，“玫瑰城”科学研究院内，年迈的物理学家陈森身患绝症卧病在床，在床边桌子上摆放的一张“似曾相识”的照片让他时常回想起儿子殉职和妻子离世的画面。饱受回忆折磨的陈森为完成最后的心愿，植入了研究院内唯一一块未经实验的“粒子芯片”试图扭转过去，挽救逝去的亲人，没想到却触发了一场惊天危机。为了完成遗愿，他不得不再次穿越时空，改变过去。

（六）《异变暴龙》

【相关信息】《异变暴龙》由北京新惟影业有限公司出品的怪兽科幻片。由梁释跃、陈亮言联合执导，朱天龙、梁释跃担任编剧，高爽、王星辰、成方旭、孙睿祺等主演，于 2022 年 3 月 22 在优酷、爱奇艺平台同步上线。

【故事梗概】凌晨的因基大楼内，保洁员无意打开了秘密实验室的铁笼，释放了铁笼里的暴龙。野生动物保护学家阿梁卧底前女友所在的生物基因研究公司调查巨蟒的来源和背后黑幕，却遭遇基因生物异变狂暴屠杀人类而命悬一线。最终阿梁与女友诗文凭智慧勇敢制服凶残暴龙，同时制止基因公司利用科技过度干涉物种规律，与其展开了一系列的斗争。

（七）《人蛇大战》

【相关信息】该片是由东阳奇树有鱼文化传媒有限公司，广东精鹰传媒集团股份有限公司，白鹤影视集团有限责任公司出品的惊悚冒险类科幻片。由玉素执导，金文俊、王廷晖担任编剧，李劲峰、苏濛濛、刘思妍等人主演，于 2022 年 5 月 19 日在爱奇艺平台上线。

【故事梗概】因为人为的过度开采，工业废料的随意丢弃，导致美丽海岛生态被破坏，老板李楚馨以工厂污染引发蛇群变异，用变异蛇研制抗毒血清，成功之后便下令将所有变异蛇屠杀，但没想到蛇群中有一条变异巨蟒，在巨蟒的带领下，群体意识极强的变异蛇突出重围，从化工厂一路追击来到了李楚馨投资的度假酒店，成千上万条变异蛇就此展开疯狂复仇。以陈朗为首的勇士们为了救治伤员，去地下室拿血清，并与李楚馨及秘书展开了一系列血清争夺历程，最终陈朗冒死帮大家拿到了血清，但一架直升机只能带四人离开，幸存者们都想先走，唯一会开直升机的陈朗再次成了大家的希望。

（八）《致命少女姬》

【相关信息】又名《致命少女》，是由厦门晓时代文化传播有限公司、海南乐开心影业有限公司、大橙树（北京）文化集团有限公司等出品的科幻悬疑片。由赵聪执导，刘远利、孟子辰担任编剧，梁龙、叶璇、张祎曈、陆思恒、胡浩帆等主演，于 2022 年 5 月 22 日在腾讯视频、爱奇艺上映。

【故事梗概】未来世界，人工智能高速发展，程非为牟取暴利研制激发异能人的芯片，但是有严重的副作用，会降低植入者寿命，智脑科技的首席研发者霍兰研制出了二代芯片，二代芯片没有那么多问题，但是仍有缺陷。为了防止二代芯片落入有掌控全人类欲望的程非手里，霍兰不得不将芯片植入自己身患脑癌的女儿欣怡（千鹤原名）体内。最后霍兰为了保护女儿付出了生命，欣怡成功逃离。千鹤为给母亲复仇，以身涉险对抗程非一众恶势力，危急关头激发身体异能，发现了隐藏十年的秘密。

（九）白垩纪世界

【相关信息】该片是由海南龙视文化传媒有限公司、上海修勤典礼文化传媒有限公司出品的科幻动作冒险片。由龙仕京执导，龙歌、郭佳鹏担任编剧，刘一江、王圻文宣、容荣德、曹琪琦、田京峰等主演，于 2022 年 6 月 10 日在腾讯视频独家播出。

【故事梗概】讲述了一直被称为丧命地狱的“百慕大三角”区域，多年前特殊的磁场和洋流环境使得一座“沉睡”白垩纪时期的海底岛屿露出水面。这些因素使这个岛屿与世隔绝多年，并一直未被人类探索发现。岛上大量保存着已经灭绝了 6500 多万年的恐龙基因。日新月异，时代变更，云散雾开，神秘岛屿逐渐在人类科技不断进步的背景下露出手脚。某国际生物研究组织图谋不轨，利用岛上保存的完整恐龙基因，秘密研究并且成功复生多种恐龙。一场离奇的空难，导致一群幸存者被困于这座岛屿上，在求生的过程中面对种种困难与坎坷，一边是生存在岛上的恐龙巨兽，一边是神秘生物基因组织为了掩盖自己在岛上的罪行派遣雇佣兵对这群幸存者赶尽杀绝。幸存者们彼此之间也出现了分歧矛盾，人性的正与邪，善与恶导致他们结局各不相同。

（十）《狂暴巨狼》

【相关信息】该片是由厦门工力影视有限公司、品像（北京）文化传媒有限公司出品的科幻灾难片。由黄羿等执导，洛奇、黄思远、邱骏洋担任编剧，郭晋东、史振龙、马原、刘一涵主演，于2022年7月13日在爱奇艺、优酷播出。

【故事梗概】讲述了科研队在考察途中遭遇飞机失事坠入无人冰山，种群研究之旅变亡命之旅。科研小队幸存者宋武在带领众人逃生途中遇雪山辐射变异狼群的追击，患有自闭症的女儿静雯被巨狼掳走成为人质。为解救女儿，他决定勇闯狼穴与变异巨狼展开生死之战。食人狼群步步紧逼，同伴接连沦为“狼口美餐”，巨狼围攻、雪山求生，多重威胁不断升级，一场人与灾难、巨兽之间惊心动魄的较量就此展开。

（十一）隐形侠

【相关信息】该片是由北京禾立谷雨文化传媒有限公司、无锡万德菲幕文化传媒有限公司、上海鸣涧影业有限公司、北京炫丽多彩视觉科技有限公司出品的科幻喜剧动作片。由胡戈执导并担任编剧，李晨浩、魏笑、巩汉林等主演，于2022年8月3日在腾讯视频播出。

【故事梗概】赛博瑞纳星球由于生存环境恶化，其居民决定选择地球作为迁徙之地，为了摸清地球人的战斗力，他们派出一支部队进行试探。外星人所抵达的小镇，有一个拥有隐身的超能力的青年——王二狗，并且一直有一个拯救世界的英雄梦。王二狗得知有外星人入侵地球，兴奋不已，他准备和外星人大战一场。王二狗的行动并没有想象中顺利，由于他的隐身超能力，他被警察抓去生物研究所做活体研究实验。 外星人知道了王二狗的隐身超能力，他们派出了同样拥有隐身超能力的凡尼士人对付王二狗。交手后，小宝得知了自己多年未解的身世之谜，超能力却被破坏。失去了隐形能力的王二狗没有放弃，他团结人类，共同抵抗，最终守住了他们的家园。

（十二）《鬼吹灯之精绝古城》

【相关信息】该片改编自天下霸唱所著同名小说，是由北京新片场传媒股份有限公司、东阳众乐乐影视传媒有限公司、广州新片场影视传媒有限公司出品的科幻惊悚冒险片。由林珍钊执导，张圣帆、黄梦梦担任编剧，于毅、付美、孔连顺主演，于 2022 年 9 月 1 日在腾讯视频播出。

【故事梗概】该片主要讲述胡八一与王凯旋带领 Shirley 杨组织的考古队前往沙漠腹地、寻找精绝古城的故事。胡八一上山下乡来到中蒙边境的岗岗营子，带上了家中仅存的一本书——《十六字阴阳风水秘术》，闲来无事将书中文字背得滚瓜烂熟。之后参军到西藏，遇上雪崩掉落一条巨大的地沟当中，胡八一利用自己懂得的秘术逃得不死。复员后，胡八一和好友胖子一起加入了一支前往新疆考古的考古队。一行人历经万险来到了塔克拉玛干沙漠中的精绝古城遗址，进入了地下“鬼洞”。洞中机关重重、陷阱不断，这神秘的鬼洞似乎在一位先知的掌控之中。

（十三）《战地：异种浩劫》

【相关信息】该片是由天津兔子洞影视文化传媒有限公司、金华吾道南来文化传媒有限公司、凤凰传奇影业有限公司出品的科幻动作片。由黄照盛执导，黄锟担当编剧，任天野、张植绿、曲尼次仁主演，于 2022 年 9 月 9 日在腾讯视频、优酷、爱奇艺同步播出。

【故事梗概】神秘的外星文明军事飞行器抵达地球，开始入侵，为抵御外星文明的入侵，各国军事精英集结，将生死置之度外，成立地球联合防卫军组织共同对抗外星异种。然而人类军团不敌外星异种的碾压攻击，几近团灭。毁灭日后幸存下来的中国防卫军中尉高韧为延续人类文明，率众与外星人展开持续作战。而曾经的“逃兵”程凌被高韧的信念所感召，毅然接受了防卫军队长的任务，与其他战士组成战略小队，主动加入反抗军小分队，与外星异种展开殊死一战，尽自己所能摧毁外星人阴谋，为地球文明的存续寻找新希望。

（十四）《变种人：幽灵战姬》

【相关信息】该片是由成都原生时代影视文化传媒有限公司、北京糖葫芦影业有限公司出品的科幻动作片。由刘彬杰执导，霄夜担任编剧，母其弥雅、李明轩、刘碑歌、崔真真、牟凤彬主演，于 2022 年 9 月 26 日在腾讯视频、爱奇艺播出。

【故事梗概】吴晴晴是国际安全联盟组织（打击变种人犯罪）的特工，奉命潜入美杜莎整形医院搜集其直属财团秘密研究基因诱导液和制造变种人战士的犯罪证据。吴晴晴成功潜入，却意外被强行注射基因诱导液，在同事王胖子的协助下，逃出美杜莎地下实验室，却一路惨遭追杀。因受到基因诱导液的影响，她的记忆出现暂时的混乱与缺失，幸得周扬相救，她成功度过了基因异变激化期。不同于美杜莎过往的失败案例，吴晴晴的基因与药物融合率奇迹般突破40%，引起美杜莎组织的注意而遭到全面追杀。吴晴晴陷入危机，命悬一线。危急时刻，吴晴晴基因融合率突破50%，拥有了无异于“幽灵”般的诡异速度，配合其从小练就的高超武功，绝地反杀。

（十五）《百慕大·星际流浪者》

【相关信息】该片是由杭州鑫乐影视传媒有限公司、霍尔果斯瀛晟影视文化有限公司出品的科幻冒险动作片。由安胜勇执导，余人担任编剧，李明轩、张童欢主演，于2022年10月27日在腾讯视频播出。

【故事梗概】地球年公元2055年（百慕大星球333年），一艘由中国队长墨家海带队的国际科考飞碟正在太空中寻找有生命迹象的星球。他们发现一颗类人星球，但进行太空空间穿梭时飞碟能源枯竭，刚刚抵达这颗星球就无法再启动了。幸存的地球人发现身体的呼吸系统无法完全适应，一部分地球人不愿意把希望完全寄托在AI机器人身上，他们忍受着不适应的空气走出了飞船，在这颗星球上秘密地繁衍了下来。转眼几百年过去了，逐渐适应百慕大星球的地球人也一代一代秘密地繁衍着，飞碟的秘密被深埋在百慕大星球的沙漠深处。孤儿墨冲为了寻找自己的身世和三风家族结为同盟，他们在沙漠中遇到巨大死亡之虫的袭击，当他们破开死亡之虫腹部，发现虫子流出的是黑色的油脂，体内居然都是金属电缆和线路。一行人在飞船中遇到变异AI机器人R，这几百年，她已经利用磁场制造了一道贯穿百慕大星球的磁光，还差最后的环节，一旦成功就能瞬间产生巨大磁场把整个星球变成一颗能源磁场球。墨冲也得知自己的曾祖父就是曾经走出飞船的舰长墨家海。最终墨冲打败了变异的机器人R，常年隐形的巨型飞行器出现，巨大的轰鸣声中，飞行器沉入沙底，沙尘平静后，沙漠上重现一片荒芜。

（十六）《狩猎》

【相关信息】该片是由北京淘梦网络科技有限责任公司出品的科幻片。由严嘉执导，林卓青、郭海文担任编剧，曹卫宇、班玛加、喻亢主演，于12月25日在爱奇艺、腾讯视频上线。

【故事梗概】护林员老马与盗猎头目黑风是较量多年的死对头。多年前因与黑风产生纠葛痛失爱子，从此老马便守在林雪镇，誓要取黑风性命替子复仇。小谷是一个刚毕业的大学生，毕业后，主动选择来到林厂当护林员。老马和小谷为了缉拿黑风，深入原始森林，不料却意外遇到一架载着外星生物的飞船也降落在森林里，随后他们卷入了星际猎人与外星异兽的追捕围猎，一场生死大战就此展开。老马在这个过程中逐渐被小谷的热诚和善良打动，最终重拾希望，走出复仇执念，继续活下去。

三、网络剧

（一）《开端》

【相关信息】该剧改编自祈祷君的同名小说，是由东阳正午阳光影视有限公司出品的科幻悬疑剧。由孙墨龙、刘洪源、老算联合执导，祈祷君、邱玉洁、老算、黄凯文等担任编剧，白敬亭、赵今麦、刘奕君、黄觉、刘丹等主演，共15集，于2022年1月11日在腾讯视频独家播出。

【故事梗概】在校大学生李诗情在遭遇公交车爆炸后“死而复生”，于公交车出事的时间段内不断经历时间循环，后来她在寻找下车的方法时，将座位旁边的肖鹤云也顺便带下了车。然而，肖鹤云坐上出租车仍然没有逃脱爆炸的波及，甚至在送达医院不久后便去世。去世之后的肖鹤云也进入了时间的循环，两人共同寻找解救的方法，在一次次循环当中发现了背后的真相。公交车上的乘客们，身份和经历各异，有各自的困境，也有各自对未来生活的期冀，通过他们的经历，可以看到生命的厚重、生存的姿态，感受到生活的意义。爆炸的真相隐藏在层层迷雾中，但正义终会来临，正如俩人名字所预示的那般，迎来“晴空一鹤排云上，便引诗情到碧雪”的清朗开阔。

（二）《超时空大玩家》

【相关信息】该剧是由北京爱奇艺科技有限公司出出品的科幻喜剧片。由于淼执导，张仕栋、王思、王欢、齐爽担任编剧，魏大勋、辛芷蕾、张艺上、张子贤、邱心志等主演，共 24 集，于 2022 年 4 月 30 日在爱奇艺播出。

【故事梗概】生活不顺的张烨，被外星人当做试验品“劫持”到游戏世界。张烨误打误撞进入了游戏世界，通过不断地在游戏世界获取“声望值”，利用各种道具完成人生逆袭，他使用了如:“返回糖”“倒霉贴”“幸运贴”“魅力果实”“寻物启事贴”“口技书”“格斗技巧”等各式各样的虚拟宝物，面对险境开外挂，总能化险为夷，让他从小饭店房务员到电台主持人再到综艺节目制作人，又意外成说唱大神，职业生涯三级跳，网友直喊羡慕该角，想要有同款道具解决人生难题。

（三）《你好呀，我的橘子恋人》

【相关信息】该剧是阿里巴巴影业（北京）有限公司、北京斑马世纪娱乐文化传媒有限公司出品的科幻爱情喜剧。由邢潇执导，季雯、陈姝含、张艺萱等担任编剧，梁靖康、孙千、王放、朱云慧、程也晴、周宇航等主演，于 2022 年 5 月 20 日在优酷视频播出。

【故事梗概】顶尖智能科技公司总裁陆森由于人类过敏症，只能独自生活在远离人群的庄园中，父母和他一起种下的橘子树是他唯一的情感寄托。热爱发明的杨善善在机缘巧合下，不得已假扮成机器人（星期五），闯入了陆森的生活，两人在朝夕相伴与斗智斗勇中，陆森逐渐愿意去接纳身边的人与事物，也开始对“机器人”星期五产生了依赖与爱慕之情。一次过敏症发作后，杨善善及时救下陆森，让陆森对杨善善建立起了信任，此时的陆森还没有完全了解自己的心意，但他已然感受到杨善善对自己的重要性。在游乐园认真地对杨善善说出“你是我最珍贵的宝物”，从此两人陷入了如橘子般酸甜绚烂的爱情中。

（四）《拜托了！8小时》

【相关信息】该剧是由爱奇艺、中联传动影视公司出品的具有科幻元素的奇幻剧。由丁仰国、蓝海瀚执导，田然、陈伊果、马晓宇担任编剧，佟梦实、肖燕、任言恺、朱丹妮、赵滨、赵天宇、范诗然等主演，于2022年12月8日在爱奇艺独家播出。

【故事梗概】故事设定在2029年，蔚蓝集团的总裁叶天遇到意外，陷入永久性昏迷，他的遗作“盘古”系统将被集团发布。白薇为了最后看一眼叶天为玩家们设计的奇幻世界，进入了“盘古”，结果见到了一个活生生的“叶天”。原来，叶天是被陷害的，他的意识却留在了“盘古”中，一旦他在“盘古”里死亡，他也就从现实世界彻底消失了。白薇毅然向昔日的对手伸出了援手，一个难以置信的“换体营救”计划诞生了。

四、动画剧集

（一）《超变战陀3双甲战陀》

【相关信息】该片是由广州市三宝动漫玩具有限公司、广州达力动漫有限公司联合出品的科幻类动画片。由汤远铭、梁克康执导，汪洋、蔡皓彬、林凯、赵建汝担任编剧，郭亚维、吉莹、刘红韵等配音，共30集，单集片长15分钟，于2022年4月15日在哔哩哔哩、优酷播出。

【故事梗概】双甲战陀是全世界最受欢迎的战斗陀螺，通过发射超能双甲环，就能实现独一无二的双重模式切换——是爆速进攻、还是稳固防御，一切由它决定。双甲战陀时代已经到来，随着全新一代双甲战陀的发布，渴望成为新时代战陀王的星野收到第一战陀学院的入学考试邀请，凭借着自己的实力和永不后退的精神，成功通过考试。进入学院后，他也结识了一群志同道合的伙伴们并组成队伍，共同进步，朝着自己的梦想不断超越自我，最终众人在选拔赛中突破重重关卡成为冠军，代表学院征战全国战陀联赛的舞台。就在众人在更大的舞台上挥洒汗水追逐战陀梦想时，一场威胁着整个战陀世界的危机也悄然逼近。

（二）《开心超人联盟之异星迷航》

【相关信息】该剧是由广东明星创意动画有限公司出品的儿童科幻动画片。由黄雅婷执导，黄展晴、周继才、何嘉欣等担任编剧，刘红韵、严彦子、祖晴、邓玉婷、高全胜等配音，共26集，单集片长13分钟，于2022年5月20日开始在芒果TV、腾讯视频、优酷、哔哩哔哩播出。

【故事梗概】星星球机器人感染木马程序开始伤害人类，由于这种木马程序年代久远，只有过去的时空才能研发出来，于是开心超人回到过去的灵光星，寻找能清除木马程序的和平代码。但没想到的是，开心超人居然回到了和平代码还没有研发成功的时空，此时人类与机器人处于矛盾大爆发的时候。

（三）《雄兵连3》

【相关信息】又名《雄兵连3：雷霆万钧》（The Black Troop）的科幻网络动画，是由广州超神影业有限公司、上海腾讯企鹅影视文化传播有限公司出品的科幻网络动画片。由欧阳超、陈胜旗执导，张雪儿、顾民、段谟逸担任编剧，共27集，单集片长20分钟，于2022年5月29日在腾讯视频播出。

【故事梗概】《雄兵连》系列是国内首部3D军事科幻题材动漫作品，《雄兵连3雷霆万钧》为该系列故事最新续作，剧情承接上一季，讲述地球与天使阵营结盟，共同对抗外星恶势力的故事。

（四）《黑门》

【相关信息】又名《黑门之蜂群》，是由哔哩哔哩、哔梦出品、初色动画联合出品的科幻悬疑动画。由徐一超执导，徐一超、董晨、桃子、修新羽、杨晚晴等担任编剧，张东、陈张太康、李诗萌、季冠霖、张喆等配音，共12集，单集片长22分钟，于2022年7月29日在哔哩哔哩上线播出。

【故事梗概】2048年，在新一代“量子霸权”——大型量子神经网络计算机“海豚”的辅助下，绿洲科技集团的科学家借由“脑空间站”的信息整合和

“脑机服”的技术突破，最终通过视神经系统成像，结合听觉系统，绿洲“脑机系统”就此诞生。虽然传导进人脑的可见图像还远不及视觉神经系统的高清乱真，但“脑机系统”的出现已经打开了人类脑科学技术应用的大门。2058年，脑机系统进入人们日常生活后，绿洲公司在不断深入研究脑宇宙时发现了一种奇怪的症状——“蜂群症”，为遏制“蜂群症”的蔓延，众多平凡英雄为此前仆后继。

（五）《银河之心》

【相关信息】该剧改编自江波同名科幻小说，是由杭州幻电科技有限公司出品的科幻动画。由邢如飞执导，马欢乐、郝静伟、车晨语、庆之担任编剧，马正阳、段艺璇、露西、王家明、沈话桑等配音，共12集，单集片长30分钟，于2022年10月25日在哔哩哔哩上线。

【故事梗概】宇宙流浪汉李约素无意中发现了多年前失踪的移民飞船“上佳”号，并目睹了令人惊惧的异常现象……人们逐渐发觉了正在逼近人类的巨大危险，几经周折最终科尼尔星域各方势力不得不合力应对强敌。孰料，异族的强大超乎想象，科尼尔星域人类在全军覆没之际，只得派出李约素向银河之心的强大人类文明求救。

（六）《独行月球》

【相关信息】又名 *Moon Man*，改编自韩国漫画家赵石创作的同名漫画，是由开心麻花影业出品的科幻喜剧动画片。由姚京川执导，赵石、吃鱼工作室担任编剧，瞳音、宝木中阳、闫夜桥、图特哈蒙、李兰陵等配音，共12集，单集片长3分钟，于2022年9月10日在哔哩哔哩播出。

【故事梗概】2033年，人类阻挡小行星撞击地球的计划失败了，人类灭亡了，而被遗忘在月球上的中等动物研究员独孤月幸运的活了下来，成为全宇宙最后一个人类。他开始锻炼身体、探索基地，不知不觉竟然将自己在月球上的孤独生活过出了乐趣。然而他不知道的是，基地摄像机将他的视频画面传回了地球，全球的幸存人类在地球上直播观看他的月球生活，并将他视为榜样。

（七）《星域四万年》

【相关信息】改编自卧牛真人小说《修真四万年》，是由阅文集团、企鹅影视出品的科幻网络动画片。由李耀执导，尹衡、赵雪、汪燕担任编剧，马洋、虫虫、谢莹、梁达伟、藤新等配音，共16集，单集片长26分钟，于2022年10月4在腾讯视频播出。

【故事梗概】未来科幻修真世界下，炼器天才李耀因灵能开发度过低而一直无法突破瓶颈，而后机缘巧合下获得了四万年的修炼知识，由此开挂，却仍错失联考。在朋友和导师的鼓励下，他靠自己的意志力夺回参与联考的机会，最终进入心仪大学，步入实现自己成为炼器师梦想的道路。

（八）《明日方舟：黎明前奏》

【相关信息】该剧改编自鹰角网络开发的同名手机游戏《明日方舟》，是由上海鹰角网络科技有限公司的出品科幻动画。由渡边由纪、西川将贵、邵依依、前田元正、中村正史、横口和树联合执导，中配版由冯骏骅、陶典、龟娘、赵梓涵等配音，共8集，单集片长24分钟，于2022年10月29日起在日本播出，哔哩哔哩国内同步播出。

【故事梗概】为躲避无规律发生的天灾，大多数泰拉人生活在移动城市中。天灾过后会留下蕴藏巨大能量的源石，这在给予文明飞跃进步的同时，也引发了极具传染性的不治之症——矿石病。致力于解决天灾与矿石病带来的诸多问题，罗德岛积极游走于泰拉的各个角落。同时自称“为感染者争夺基本权利”的整合运动，正在引发前所未闻的大规模暴动。

（九）《无限世界》

【相关信息】改编自zhttty的网络小说《无限恐怖》，由哔哩哔哩、万维猫动画、猫片Mopi出品的科幻动画剧。由白宇松执导，苏蓓、刘嘉慧、李欣雨担任编剧，林景、许棕哲、林簌、李春胤、齐天怡等配音，共16集，单集片长20分钟，于2022年11月25日在哔哩哔哩上线播出。

【故事梗概】颓废的白领郑吒接收到一条神秘邀请，“你想知道生命的意义吗？你想真正的活着吗？”被传送进入变化莫测的主神空间，这是来自未来的人类对现世发出的邀请和挑战，人类在大宇宙开拓时代面对的种种挑战都将被模拟为“副本”，供被选中的人们进行攻略，跨越重重陷阱，结识生死战友，成为团队领袖，为的是人类族群的进化和存亡，和无限的未来。

（十）《三体》

【相关信息】动画版《三体》改编自刘慈欣创作的同名科幻小说，是由哔哩哔哩、三体宇宙、艺画开天联合出品的动画片。由林铭浩执导，阮瑞、赵佳星、纪敬担任编剧，马正阳、范哲琛、段艺璇、赵成晨、杨晨等配音。《三体》动画共三季，分别是《三体·持剑》《三体·破壁》《三体·面壁》，每季5集，共15集，单集片长30分钟左右，于2022年12月10日在哔哩哔哩上线播出。

【故事梗概】《三体》动画主要展现的，是原著第二部《黑暗森林》的故事。动画第一集直接把剧情跳到了原作第一部结尾的“古筝计划”，第二集紧接第二部的主线剧情，快进至人类臣服于智子的封锁，罗辑出场成为“面壁者”，无数细线横亘在星空之中，如同一把巨大的刷子。三体星舰队将于400年后抵达。遥远蝴蝶扇动着翅膀，也改变了罗辑的命运，轰然打开的门后是世界中心——面壁计划开启。同时，智子所创建的破壁室内，破壁人一一就位。

五、科幻微短剧

（一）《柳夜熙·地支迷阵》

【相关信息】该剧是一部IP孵化机构创壹孵化的虚拟“网红”，其角色定位为会捉妖的虚拟美妆达人。由谢多盛执导，柳夜熙担任编剧，柳夜熙配音，共10集，单集片长4分钟，于2021年12月12日在抖音播出。

【故事梗概】因天干地支的擅离职守，导致柳夜熙所处的元宇宙出现了时空错乱。逃离元宇宙的天干地支来到了现实世界。对于没有实体的元宇宙生物来说，物质世界对于它们来说有着致命吸引力。在柳夜熙的眼中，现实世界无论如何推演，都会进入“0”的状态。但因元宇宙十二地支的消失，导致柳夜熙的世界也即将进入“0”的状态中。现下，在解决归“0”危机的同时，她打算帮助现世界重新建立链接，通过元宇宙，达成人与人之间真正的互相理解。

（二）《跨越星河来爱你》

【相关信息】该剧是由海南工力影视有限公司备案的网络科幻微短剧。由洛奇执导，王十一、龚小钧主演，共12集，单集片长5分钟，于2022年8月23日在腾讯视频播出。

【故事梗概】渴望出人头地的外卖仔黄一一，意外目睹了捕猎者抓捕外星人的行动。黄一一加入组织，成为抓捕外星人的特工，却在一次搜寻当中，发现自己暗恋的奶茶妹天天，以及厨娘方素贞和跑堂皮蛋叔也是外星人。

（三）《未来商店》

【相关信息】该剧改编自知乎盐选同名IP，是由腾讯视频和知乎出品的科幻微短剧。由关天、韦幸兰、黄骁鹏、沈辰、尹航、严东旭、梁策、王天尉8位导演分别执导，关天、鲍薇薇、赵玮雯、韦幸兰等担任编剧，曹洗、王超帏、丁鹤、李美贤、方潇亦等主演，共8集，单集片长10分钟，于2022年8月26日在腾讯视频上线播出。

【故事梗概】“未来商店”——一家专门为顾客排忧解难的神秘商店，各种脑洞大开的道具将在关键时刻神兵天降。八位新锐导演联手带来八个独立故事，分别是《办公室的秘密》《花花的告白》《兄弟罗曼史》《熟悉的陌生人》《六十大寿》《松哥不怂》《碎掉的礼物》《遇见未来》。

（四）《御梦录之驱梦蓝星》

【相关信息】该剧是由北京宇雯国际文化传媒有限公司出品的科幻冒险剧。由葛笑瑜执导，葛笑瑜担任编剧，葛笑瑜、高艺桐、孟麒麟、蜜果主演，共12级，单集片长2～5分钟，于2022年11月3日在抖音播出。

【故事梗概】科幻小说家宇不凡在写作时意外梦入了自己的小说元宇宙

中，梦入宇宙中的他成为保卫深蓝星球安全的守卫者联盟中的一员，名曰超能守卫者。守卫者以保护蓝星不受外界侵袭为终身使命，不惜一切代价完成守卫者联盟下达的特别任务，而很早以前就被守卫者联盟打败的一股强大的邪恶势力又卷土重来，面对突如其来的挑战，宇不凡在助手郝奇的帮助下升级打怪、抵御万难，终于战胜了黑暗势力，保证了深蓝星球的安全。

（五）《我的超能力没有存在感》

【相关信息】该剧是由芒果 TV 大芒计划出品的科幻喜剧。由陈匀佼执导，于小彬、曹婉瑾主演，共 12 集，单集片长 12 分钟，于 2022 年 11 月 7 日在芒果 TV 播出。

【故事梗概】张伟是个不折不扣的“透明人”，从小到大，张伟总是被人遗忘，毫无存在感。没朋友、没谈过恋爱，没人在意，也没人记得他。越长大，张伟便越孤僻，越孤僻存在感便越低。小雅，一个失明的纯真女孩，是一个花店的老板。小雅虽然眼盲，却是唯一能感受到张伟存在的人。因为一次偶然中，张伟动用自己的特殊能力，从歹徒手中救下盲女小雅。小透明误打误撞找到了那个唯一能感受到自己存在的人。却也因为救小雅使用了自己的超能力，被特殊部门察觉，找到了张伟。于是，张伟从一名普通打工人，变成了特殊部门安插在神秘团伙内部的卧底，这 180 度的身份转变，以及张伟无敌的透明人超能力，在卧底生活中引发了一系列令人啼笑皆非的故事。

（六）《妻子的秘密世界》

【相关信息】该剧又名《皮囊》，是由芒果 TV 出品的悬疑烧脑科幻微短剧。由车志刚执导，张琳涵担任编剧，林子琳、黄涛、丞磊主演，共 25 集，单集片长 10 分钟，于 2022 年 12 月 15 日在芒果 TV 上线播出。

【故事梗概】女主顾诗雨是一名家庭主妇，深爱着男主李俊，为他倾尽六年青春，与其生下一个可爱的女儿小贝。可奇怪的一点，李俊就是不同意跟顾诗雨领证结婚。婆婆的冷暴力，男友的疑似出轨，都让她在这个冰冷的“家”里愈发绝望。当顾诗雨心中疑团越来越多后，她遇到了很多危险的遭遇。一场神秘车祸，一次离奇失忆，夜夜袭来的噩梦，让她的生活越发混乱，把她推向无助深渊。然而，黑暗中的一丝光亮，是来自另一个温暖的他，他为她疗伤，带她走进新世界，就当她以为生活终于步入正轨时，一个让她无法接受的真相浮出水面。

（七）《去你的世界再爱我一次》

【相关信息】该剧是由北京广阳国际文化有限公司出品、海南亿和文化传媒有限责任公司联合出品的科幻爱情网剧。由王立媛执导，陈乃岩担任编剧。郭宇欣、张飞飞、刘牧、李海珊、赵胤泽主演，共15集，单集片长10分钟，于2022年12月20日在爱奇艺播出。

【故事梗概】方简简与陆泽是从大学相识相恋成功走向婚姻的恋人，但完美恋爱背后却暗藏危机。一次意外让陆泽陷入昏迷，方简简为了拯救自己的爱人，唤醒自己深爱的未婚夫陆泽，寻求脑科专家宋博士的帮助，带着一线生机的渴求参与了宋博士的脑机实验。通过科技手段进入他的脑部世界，宋博士设计了3个时空的记忆片段，让方简简的意识重新体验一次校园、工作以及家庭的3段时空记忆，重新体验了那些曾经伤害方简简和两人感情的事，以及让方简简看到那些被她忽视的，却是陆泽爱她的细节。在这场爱情冒险旅途中，两人都意识到了曾经忽略的情感以及完成了对各自的救赎。

整理人简介：

闫进芳，中国科普研究所博士后，主要研究方向为科普科幻教育、科学文化等。参与《青少年科幻教育指南》等论著编撰工作。

2022 年中国科幻大事记

河　流（笔名）

1 月	
1 日	由吴岩主编的《20 世纪中国科幻小说史》由北京大学出版社出版
14 日	由南京市电影协会主办的“2022 俄罗斯科幻影展”登陆南京五大影院
24 日	未来事务管理局启动 2022 年度“科幻春晚”，主题词：“万有引擎”
2 月	
1 日	詹玲的《当代中国科幻小说转型研究》由中国社会科学出版社出版
18 日	小科幻旗下的“千里码”征文活动改名寒武奖
20 日	由孟庆枢教授主创、“小松左京工作坊”主办的“启航新时代 构建科幻大文化”高端学术研讨会在线上开幕
22 日	由四川科幻世界杂志社有限公司科幻迷俱乐部组织开展的公益性学术项目“中文科幻学术工坊”成立，创刊《中文科幻论文速递》，组织多场讲座对谈活动
3 月	
9 日	中国作家协会新设立科幻文学委员会
10 日	起点中文网第一期“科幻星光”新书奖公布结果
15 日	第十一届上海高校幻想节开幕
21 日	北京市科学技术协会科幻专家座谈会在北京科学中心举办
21 日	四川省作家协会第九届文学专门委员会增设科幻文学委员会
25 日	第 33 届中国科幻银河奖在四川荥经揭晓
4 月	
1 日	由中国科普作家协会科幻创作研究基地主办的“科幻跨界对谈讨论会”在北京举行
	文学杂志《海燕》开辟“科幻星云”专栏
	香港作家联会发布《香港作家》第十四期特辑，主题为“我心中的科幻文学”
4 日	由中国科普作家协会主办的第八届全国中学生科普科幻作文大赛总决赛在线上举办
7 日	由武甜静、桥本辉幸和大惠和实共同编辑的《奔跑的红：中国女性科幻作家选集》出版日文版

续表

15 日	非营利性学术交流刊物《科幻研究通讯》发布发刊词
20 日	中国科幻研究中心启动 2022 年第一轮研究项目，开展八项科幻产业研究
28 日	郫都区科学技术协会召开关于第 81 届世界科幻大会郫都区活动策划方案征求意见会
26 日	2023 年成都世界科幻大会执行委员会发布组织架构
6 月	
2 日	首届“东方幻想元宇宙科幻大会”在线上举办
9 日	青岛市科幻艺术协会成立
20 日	青少年科幻文学与教育主题座谈会在北京举行
21 日	科·幻之间中西文化节正式启动
23 日	钓鱼城科幻发布百万钓鱼城科幻大奖章程
27 日	世界科幻研究协会年会在挪威奥斯陆大学举办，其中包括三个中国科幻专题
7 月	
1 日	第十届“未来科幻大师奖”获奖作品名单公布
3 日	香港科幻作家倪匡因病去世，享年 87 岁
3 日	“朝菌杯”第八届重庆高校科幻联合征文颁奖典礼在重庆大学举办
7 日	中国作家协会网络文学中心公布 2022 年网络文学重点作品扶持选题名单，其中科幻主题作品成为网络文学五大类型之一
12 日	中国科幻研究中心等单位举办 2022 科幻沙龙研习活动
13 日	首届成渝双城科幻研究工作坊在重庆大学开幕
15 日	科幻电影《外太空的莫扎特》在各大影院上映
16 日	科幻动漫《冲出地球》在各大影院上映
18 日	科幻漫谈节目《不要回答》在优酷平台播出
25 日	香港科幻作家、研究者杜渐在加拿大去世，享年 87 岁
29 日	科幻电影《独行月球》在各大影院上映
29 日	科幻动漫《黑门》在哔哩哔哩开播
30 日	新时代未来文学启航——构造人类命运共同体高端学术研讨会在线上进行
8 月	
5 日	科幻电影《明日战记》在各大影院上映
7 日	晋中信息学院太古科幻学院开设“历史科幻”栏目征稿
10 日	科普科幻创作研讨会暨中国科幻研究中心 2022 年工作会议在贵州举办
12 日	第四届全国青少年科普科幻教育大会在贵州开幕
18 日	科幻作家王晋康获第五届王麦林科学文艺创作奖
26 日	中小学科幻教育的实践与反思讨论会在线上举行
27 日	“中国科幻电影与人类命运共同体：虚拟现实、技术伦理与危机想象”学术研讨会在线上举行
27 日	由《当代外国文学》编辑部主办的“2022 年当代外国文学年会”在河北石家庄开幕，其中主要议题包含“当代外国科幻文学新发展”

续表

9月	
3日	刘慈欣《三体》荣获“2021十大年度国家IP”称号
7日	科幻作家陈楸帆获第四届茅盾新人奖
	欧盟驻华代表团以科幻为主题主办“第七届中欧国际文学节”
10日	“刘慈欣科幻漫画宇宙主题展”在湖南省长沙市开展
11日	科幻作家王晋康《宇宙晶卵》获第三届吴承恩长篇小说奖
16日	新时代的科幻文学研究大变局与新探索科幻研究会议在深圳大学开幕
17日	第四届“星火杯”颁奖典礼暨首届高校科幻创作者高峰论坛在线上举办
24日	第四届“未来杯”高校科普科幻辩论邀请赛在线下开幕
29日	日本“中国文学读者俱乐部”启动仪式暨中国科幻文学分享会在线上举办
10月	
1日	少儿科幻图书和电影研讨论坛在北京科学中心举办
2日	第一届“星痕杯”高校科幻联合征文颁奖典礼在西安交通大学举办
7日	北京理工大学人文与社会科学学院举办“科幻文学云端论坛”
10日	“让未来照进现实，给想象插上翅膀——以青少年科幻提升青少年科学素养”专家沙龙系列活动在线上举办
15日	科幻作家李宏伟的《月球隐士》获第七届郁达夫小说奖
20日	第四届江苏省青年科普科幻作品大赛开始征稿
21日	无边的愿景——红色主题中国科幻巡礼展在深圳市开幕
25日	科幻动漫《银河之心》在哔哩哔哩上线
	第二届珠海国际创新周科普科幻产业研讨会在线上举行
28日	第五届红棉文学奖宣布增设年度科幻文学奖项
29日	第二届深圳科幻周开幕
29日	“后人类文化的机遇与挑战”高峰论坛在集美大学举办，集美大学后人类文化研究院成立
11月	
1日	《法律和社会科学》（第19卷第2辑）推出“法律与科幻”专题
2日	中国科教电影电视协会科幻委员会成立
4日	第十一届文学伦理学批评国际学术研讨会在广东外语外贸大学召开，主题是“人与机器人的共生协存与伦理纠缠”
10日	“首届全球元宇宙征文大赛”颁奖典礼在澳门举办
16日	《未来漫游指南》在哔哩哔哩播出
20日	“做新时代未来文学好园丁”科幻研究论坛在线上举办
25日	中国比较文学学会跨学科研究分会举办首届青年论坛，其中下设有“中国科幻研究青蓝论坛”
26日	由武汉大学文学院主办的湖北省第十七届高校青年学术沙龙在线上举办，本届学术沙龙关键词为元宇宙、科幻文艺和后人类

续表

12月	
3日	由《探索与争鸣》编辑部和西北大学文学院举办的“未来叙事：元宇宙、后人类与中国想象力”全国优秀青年学人年度论坛在线上进行
9日	由中国作家协会和大山文化财团共同主办的“2022年中韩作家对话会”在线上举行，围绕“文学的未来，未来的文学”展开交流对话
10日	2022世界科幻研究前沿论坛暨穗深学者SF“围炉谈”会议在中山大学南校区学人馆举行
	河北工业大学120周年校庆系列活动“科幻与未来”高端论坛在线上举办
	第十三届全球华语科幻星云奖在四川成都揭晓
	《三体》动画在哔哩哔哩上线
15日	科学传播视角下的科幻创作和发展专题研讨会暨北京国际科学传播研讨会在线上举行
20日	中国科幻研究中心招募“青年储备人才”库，推出“起航学者”计划

整理人简介：

河流，科幻考古爱好者，业余对科幻从业者进行采访，参与中文科幻数据库数据录入。主要进行中国科幻迷社群的历史资料整理及挖掘，与之相关的部分非虚构作品发表在《科幻世界》和《世界科幻动态》上，部分文章被翻译成英文译出。

2022年主要科幻奖项及获奖名单

柏毅恒

奖项		作者	作品
第十三届全球华语科幻星云奖			
2021年度长篇小说	金奖	梁清散	新新新日报馆：魔都暗影
	银奖	苏学军	洪荒战纪
		祈祷君	开端
		七月	小镇奇谈
		阿缺	与机器人同行
2021年度中篇小说	金奖	万象峰年	赛什腾之眼
	银奖	梁清散	沉默的永和轮
		王元	见字如面
		萧星寒	骰子已掷出
		赵垒	烛影杀手
2021年度短篇小说	金奖	靓灵	月亮银行
	银奖	阿缺	2039：脑机时代
		万象峰年	飞裂苍穹
		杨晚晴	蜂鸟停在忍冬花上
		潘海天	与时间为敌的男人
2021年度翻译作品	金奖	［英］威廉·奥拉夫·斯特普尔顿；宝树 译	造星主
	银奖	［英］阿拉斯泰尔·雷诺兹；陈楸帆、刘慧颖 译	齐马蓝
		［波兰］斯坦尼斯瓦夫·莱姆；靖振忠 译	索拉里斯星
		［美］安迪·威尔；耿辉 译	挽救计划
		［英］詹姆斯·P. 霍根；仇春卉 译	星之继承者

续表

奖项		作者	作品
2021 年度非虚构作品	金奖	贾立元	“现代”与“未知”：晚清科幻小说研究
	银奖	刘宇坤、姚利芬	北京科幻游戏产业发展研究
		河流	高校科幻社团历史大事记：追寻幻协沉睡的远古记忆
		王侃瑜	海外中国科幻研究：“科幻中国：异形，异次元，异托邦”工作坊实录
		宋明炜	科幻作为方法：交叉的平行宇宙
2021 年度评论	金奖	空缺	空缺
	银奖	王侃瑜	当我们在阅读幻想文学时，到底在期待什么？——《白凛世纪》三部曲阅读札记
		吕广钊	复古未来主义与蒸汽朋克：《差分机》中的后现代主义戏仿
		郭伟	科幻之爱 沉潜之思——评《中国科幻文学沉思录：吴岩学术自选集》
		李广益	忘忧之人
		姚海军、赵海虹、程婧波	中国女性科幻文学三人谈
2019—2021 年度新星	金奖	鲁般	—
	银奖	分形橙子	—
		刘琦	—
		天瑞说符	—
		未末	—
2021 年度青少年作品	金奖	崔纾宁	SH 星体
	银奖	沈一麒	灵境 3.0
		廖华蝶	熔炉·生命
		卢妘思	幸存
		俞希明	幻想乌托邦
	入围奖	黄陶朵儿	美梦
		许崇熙	星际觅影
		刘逸霏	买卖
		刘浪乔	最完美解决方案——方案一
		缪林翔	夜空中最亮的星

续表

奖项		作者	作品
2021 年度青少年作品	入围奖	邹苗苗	完美社会
		赵一涵	寒却夏花，寒子永存
		黄舒雯	伊丽莎
		邝颖欣	柳
		陈博	抓捕闪电
最佳科幻游戏创意奖		MMC 工作室	星球：重启
星桥奖		《三体》系列日文版 出版团队及译者 出版团队：早川书房； 中国教育图书进出口有限公司； 北京漫传奇文化传播有限公司； 姚海军（《科幻世界》副总编）； 大森望（《三体》日语版译者）； 立原透耶（日本作家、翻译家） 译者：大森望、立原透耶等	—
2021 年度高校社团		重庆大学学生科幻协会	—
2015—2021 年度七星连珠		李不撑	—
第五届冷湖科幻文学奖			
中篇小说	一等奖	陈梓钧	冷湖六重奏
	二等奖	毛植平	弥留之际
		胡深	正面的世界
短篇小说	一等奖	迟卉	不做梦的群星
	二等奖	陈小手	心声
		暗号	瀚海潮
	三等奖	任青	野蔷薇
		赵昱鲲鹏	不可交流
		罗亦丹	绿洲城
第十一届北京科幻创作创意大赛“光年奖”			
科幻中长篇小说	一等奖	李维北	元亨利贞
	二等奖	王路源	地窖中的囚徒
		周莹蕾	苍穹之外
	三等奖	东心爰	藏春阁赌约
		陆韫颉	生而为人
		碳闪	涟漪
		李雄杰	卓尔金往事
		李雄杰	巨鲸

续表

奖项		作者	作品
科幻短篇小说	一等奖	菊储	我这一生
	二等奖	明石	登月旅行计划
		李唐	热房子
	三等奖	杨乾	夹心饼干
		毛植平	小灰
		郭可心	春花盛开于皮层上
		游以勒	太平洋溃决时
		钱超乐	春雨
科幻微小说	一等奖	碳闪	有没有那么一首歌
	二等奖	王岑岑	与妻书
		万里秋风	测字师
	三等奖	归芜	窃梦
		字缝	元安慰剂
		光线的海洋	天使停留的塔尖
		林枫	他星玩具
		韩潇潇	审判者
“科幻首钢”主题小说	一等奖	空缺	空缺
	二等奖	空缺	空缺
	三等奖	空缺	空缺
	专项奖	周莹蕾	虚空罪犯
第二届“贺财霖·科幻文学奖”			
金奖		杜梨	深蓝更蓝，室鲣之骨
银奖		孔欣伟	怀疑者测试
		任白衣	白骨
		白树	陆上飞行
铜奖		王晨阳	应许之地
		岑叶明	完美城市
		韩明杰	末世谎言
		黄燕军	哈姆雷星球
		王兴华	斥力星球
		耿辰	机械时代
宁波五佳奖		肖鹏飞	永生
		夜森	萤火与沙砾
		汪晶	不灭
		刘小波	创世纪
		洪珏慧	幻境

续表

奖项	作者	作品
第二届“读客科幻文学奖”		
金奖	王真祯	倒悬的巴别塔、关于楚婷的报告书
	言笑	美丽外星人、光锥内外
	齐然	火车驶向云外、冷酷与爱的平行
银奖	OUI_公爵	—
	白愚痴	—
	歌连	—
	几里	—
	毛植平	—
	群青	—
	瑞耳朵	—
	水荼翎	—
	五月羽毛	—
	赵云龙	—
铜奖	阿明仔	—
	古十九	—
	九锡	—
	孔龙	—
	老邪	—
	林泽宇	—
	莫铃	—
	木卫十一上的大公	—
	顷刻晴	—
	唐润生	—
	王安宁	—
	闻锴文	—
	奚龙飞	—
	徐王旻	—
	尹文君	—
	再见哈斯卡	—
	张佳风	—
	章程	—
	宋睿洋	—
	子游	—

续表

奖项		作者	作品
首届全球元宇宙征文大赛			
元宇宙奖		东心爰	卞和与玉
奇想奖		其他	我们
		美菲斯特	元宇宙无间风云
		红糖橙子	算法人生
		九伏	赛博遗产
		钟推移	二元
		凉言	唯有死者能说话
		谭钢	铁镜
		东心爰	卞和与玉
		碳基处理器	世界簇漫游指南
		杨健	面孔
开元奖		伪戒	永生世界
		失落叶	我是剑仙
		黑米饭	最终序列
		道听途说的他	全球惊悚：我在诡秘世界玩嗨了
		只吃三文鱼	奴役全人类
		左耳	元宇宙：最后防线
		灵茶树	元宇宙：重生进化路
		不语浪人	元宇宙：我从现实挑演员
		精神队长	我的 NPC 不可能这么萌
		天剑收容	元宇宙管理局
第四届“星火杯”全国高校科幻联合征文大赛			
短篇小说	一等奖	空缺	空缺
	二等奖	牛煜琛	诗人
		李英睿	鼠囚
	三等奖	赵晓宇	桃源星
		张逊	节水日
		高正扬	半个母亲
		武张瑜	星河滚烫
	优秀奖	张涵智	燔祭
		宁聚力	蝴蝶牛仔
		陈鹏飞	清明
		武张瑜	破壁
		陈芷娟	卢卡

续表

奖项		作者	作品
短篇小说	优秀奖	白海石	优化地球
		孙秋若	隐秘的生者
		周克涵	赴星者
		张博傲	一张纸
		刘俏含	哪吒
		王孜轩	枪图腾
超短篇小说	一等奖	许健城	药引
	二等奖	解言	反哺
		赵晓宇	失梦
	三等奖	王孜轩	大泽
		周克涵	尺蠖
		史雨昂	正月里植发会复活舅舅吗?
	优秀奖	余昊	劝导
		奇里木	果子
		于骁瀚	猪与苏格拉底
		刘紫瑞	我的机器人朋友马尔科
		武铮	光之歌
		武张瑜	赵福安在自己葬礼上发表的悼词
		韩思颖	异常
		薛思盈	时钟
		卢希昊	深圳演化
		陈震寰	BUG
		王悦旸	词不达意
		越子诚	洄游
		呙思思	外星怪宠
		李佳琪	母亲的千纸鹤
评论奖	一等奖	宋炘悦	“历险叙事”的嬗变 与“科学话语”的新貌 ——评《汉斯·普法尔历险记》
	二等奖	牛煜琛	“贝果”的诞生—— 评《瞬息全宇宙》
		徐潇扬	漫思考：由《三体》浅谈科幻

续表

奖项		作者	作品
评论奖	三等奖	王凌杰	非线性的叙事迷局——《你一生的故事》的叙事策略分析
		张涵智	EVA：十四岁少年的第二次分娩
		王久衔	科幻世代，文学如何可能——读李宏伟《引路人》
	优秀奖	李林晖	拟感·替身·分形——论威廉·吉布森“蔓生三部曲”中的拟身
		史雨昂	世界是一组“万花镜”——解读《特隆、乌克巴尔、奥比斯·特蒂乌斯》
		张文琦	段子期科幻小说艺术特色研究
		孙东厚	手握星空画笔的顽童——评小林泰三《风停的时刻》及其他
		马煊	《普罗米修斯》：一则关于宗教、科学与造物的克苏鲁神话
		马煊	读解《地心引力》：母性、宗教与科学理念
		韩思颖	“我们”的身份认同——《仿生人会梦见电子羊吗》书评
		越子诚	新媒体场域下青年科幻文化的发展与困境研究——以高校科幻平台为例
		董白羽	“想想弗莱巴斯吧，那人曾高大英俊和你一样”——从《荒原》到《腓尼基启示录》的隐喻与主题分析
		于盼盼	浅谈科幻电影《禁忌星球》对莎剧《暴风雨》的改编
		崔惠荔	《美国众神》：科幻的另一种模样
		何永强	后现代文本特质及题材的多元拓展——以《机巧伊武》为例

续表

奖项		作者	作品
第八届“朝菌杯”重庆地区高校联合科幻征文比赛			
剧本组	一等奖	李姝锦	绿荒
	二等奖	杨安楠、王铭泽	宠物故障
		李泽选	乐园
	三等奖	林晨	余太太的丝巾
		张博傲	星球大战外传 0 号：不存在的故事
		李航	某年某月某日奇遇
中短篇小说组	一等奖	陈鹏飞	清明
	二等奖	柯灵睿	长冬如许
		赵晓宇	刺青星球
	三等奖	牛煜琛	诗人
		周嘉旭	“莫斯科号”沉没
		刘洋	你的黄金时代
第四届蓝星球科幻电影周主竞赛单元			
最佳科幻影片奖		—	山神
最佳科幻动画奖		—	无穷尽
最佳科幻导演奖		—	疑问
最佳科幻编剧奖		—	豹人
最佳科幻表演奖		—	归处
最佳视觉想象奖		—	太空圣诞
“N 宇宙·启航”第三届核科幻小说大赛			
特等奖		张力中	心愿
一等奖		尚婧	地球之子
		刘诗畅	抓住那只咪朵
二等奖		孙成龙	N 宇宙·玉蝉
		卢远方	遥远的记忆
		武虹	笼子里的人
		迟凯	像咪朵一样飞翔
		姚鸿帅	芥如微尘

续表

奖项	作者	作品
三等奖	汪洋	秘密
	徐文翔	共工怒触不周山
	曾润琳	狗子、猫、狮子、大象与老鼠
	何永强	核人战争
	郭英姿	万物皆数
	周擎	未来的未来
	林瀚民	星轨
优秀奖	汪洋	升级序幕
	李苜	遥远的礼物
	张萌	寻找咪朵
	田正华	N 宇宙启航之楔子
	刘晔	高天滚滚
	温馨	在第三条岸边
	罗屹凯	N 宇宙启航・反抗
	徐文君	异能来袭
	成照宇	元宇宙・缘起
	黄超鹏	刺月
	郭航	灾难之初 终结之末
	王韶阳	入劫
	杨舒茗	天边外
	杨磊	信息吞噬
	Starbeat	也许时辰已至
第二届“鲲鹏”全国青少年科幻文学奖		
长篇小说组	风清扬	灵魂之本
	王刚	泊星记：地球落日
	吕珈瑶	2318：AI 觉醒
	岑叶明	造神
	陈卓然	快乐时光记事
	李宇峻	技术无罪
	欧阳子毅	起点
	莫子衿	孤星

续表

奖项		作者	作品
中短篇小说组		甘屹立	长笛与白鸽
		卢妘思	启迪录
		刘喆	尽头
		许璐	请勿返航
		李泊辰	星神计划
		周宸逸	文明之路
		黄佳毅	成人之日
		黄元	未被点亮的蜡烛
“未来战争科幻”征文大赛			
短篇组	一等奖	R	丛林天使
	二等奖	刘卫华	火星之战
		泽泽	先机
		陈鹏霖、杨乐平、张元文	麦克斯韦的“魔杖”
	三等奖	郭英姿	卡珊德拉
		李莎莎	黑暗中跳动的心脏
		方册，指导教师：仲心	非攻计划
		周博华	何处是家乡
		王浩锦	永恒的忠诚
		周元卫	联盟利益
		空明	蜂虎
		迟凯、陈赤联	数据链——戴森球
		吕维清、王心雨	我脑海里的鹤群
		龚叟叟	上帝之鞭
中篇组	一等奖	王植	地球上的西西弗斯
	二等奖	海峰	大脚星和长发星
		周芷伊	战之森
		苏丹红	和平礁
	三等奖	杨小磊	记忆深处的记忆
		卢煜寒	方舟
		胡之光	至高权限
		朱恩泽	师·徒
		王欣怡	星槎
		吴海霞	宇宙归途
		陈文韬	火星摇摆

续表

奖项		作者	作品
中篇组	三等奖	张天航	特斯拉之灵异幽冥
		史雨昂	人类火种
		康淼	云图

整理人简介：

柏毅恒，重庆大学人文社会科学高等研究院硕士研究生，研究方向包括中国当代文学、中国科幻文学等。

2022年CSSCI来源期刊科幻论文名录

朱钰婷

[1] 陈旭光.想象力消费与电影[J].当代电影，2022(01)：30.

[2] 陈旭光.电影想象力消费理论构想及与中国电影学派关系思辨[J].当代电影，2022(01)：31-38.

[3] 黄鸣奋.想象力消费视野下的科幻电影[J].当代电影，2022(01)：39-44.

[4] 詹玲.当代中国科幻小说中的科技美学问题——兼及“十七年”和1980年代初中国科幻小说创作的反思[J].南方文坛，2022(01)：55-63.

[5] 鲍远福.副本模式、游牧身体与生命政治新范式——中国网络科幻小说的“后人类叙事”[J].内蒙古社会科学，2022，43(01)：164-171.

[6] 王坤宇.后人类语境与文艺理论新动向[J].南京社会科学，2022(01)：128-136.

[7] 姚利芬.场域视角下的“十七年”少儿科幻文学[J].哈尔滨工业大学学报(社会科学版)，2022，24(01)：109-115.

[8] 王明宪.论宝树《三体X·观想之宙》对刘慈欣《三体》的续写[J].中国现代文学研究丛刊，2022(01)：172-181.

[9] 李振，王雷宏，姚利芬.中国当代科幻小说在意大利的翻译出版与传播研究[J].出版发行研究，2022(01)：84-91.

[10] 黄鸣奋.产业视野下的中国科幻电影[J].艺术探索，2022，36(01)：99-110.

［11］帅仪豪，王欣．赛博朋克小说文类研究［J］．当代外国文学，2022，43（01）：135–142.
［12］肖映萱．女孩们的“叙世诗”——2020—2021年中国网络文学女频综述［J］．中国文学批评，2022（01）：143–149+192.
［13］李静．作为“新显学”的中国科幻研究：认知媒介与想象力政治［J］．当代作家评论，2022（01）：80–86.
［14］张夏恒，李想．国外元宇宙领域研究现状、热点及启示［J］．产业经济评论，2022（02）：199–214.
［15］陈榕．赛博朋克小说的崇高美学［J］．外国文学，2022（01）：159–171.
［16］贾秀清，王臻．且看云起向未来：五年国产电视动画发展综论［J］．当代电视，2022（02）：29–37.
［17］杨俊蕾，王嘉玮．斯坦尼斯瓦夫·莱姆的超科幻宇宙视角——从“索拉里斯星”思考外太空格局和国际化影像再造［J］．当代电影，2022（02）：95–100.
［18］周冬莹．图形、运动与光：抽象绘画、抽象实验电影与新好莱坞科幻电影中的宇宙空间美学［J］．当代电影，2022（02）：101–110.
［19］黄懋．现代化·社会化·历史化：当代中国科幻电影中“父子”意象的文化内涵［J］．当代电影，2022（02）：133–136.
［20］钟萌骁．青年·当代：电影与文化竞争力新观察——“第29期中国电影学博士论坛”综述［J］．当代电影，2022（02）：143–147.
［21］陈旭光．中国科幻电影需要什么样的“想象力”——论“想象力消费”视域下的《沙丘》［J］．世界电影，2022（01）：23–33.
［22］缪晶晶．超越人机关系的主奴原则——《克拉拉与太阳》的机器伦理批评［J］．中国图书评论，2022（02）：19–29.
［23］彭超．科幻的未来是“元宇宙”吗［J］．中国图书评论，2022（02）：30–39.
［24］周志强．技术人化的时段？［J］．中国图书评论，2022（02）：1.
［25］程林．“日常科幻”在未来想象文化中的重点、潜能与困境——以近期机器人叙事为例［J］．中国图书评论，2022（02）：7–18.

[26] 方舟．21世纪中国科幻小说研究特征论［J］．江汉论坛，2022（02）：104-109.
[27] 刘阳扬．论1950—1970年代科幻写作中的工业想象与城市景观［J］．中国现代文学研究丛刊，2022（02）：100-109.
[28] 符杰祥．谁是“路易斯讬仑”？——鲁迅译《造人术》作者考，兼论女作家“失踪”之谜［J］．现代中文学刊，2022（01）：35-41+89.
[29] 陈韬．面对“元宇宙”，科幻文艺怎样保持批判力［J］．中国文艺评论，2022（02）：78-80.
[30] 陈伟．讲好中国科学文化故事：学理接口、运作路径与对外话语体系构建［J］．文艺争鸣，2022（02）：176-185.
[31] 樊迎春．《引路人》中“科幻”的效用、限度与可能性［J］．当代文坛，2022（02）：150-156.
[32] 乔梦桢．从最后一块石头说起——评李宏伟《引路人》［J］．当代文坛，2022（02）：157-163.
[33] 陈曦．2021年度儿童小说盘点与评述［J］．中国图书评论，2022（03）：107-120.
[34] 祝力新．美学对撞下的日本科幻动画审美［J］．现代传播（中国传媒大学学报），2022，44（03）：117-124.
[35] 鲍远福．网络科幻小说的“后人类”叙事与美学追求［J］．中州学刊，2022（03）：158-165.
[36] 许栋梁．想象的“后人类共同体”：科幻电影中的共同体景观生产及其消费批判［J］．云南社会科学，2022（02）：180-188.
[37] 韦清琦．科幻背后的美国现实批判——以欧茨的新著《漂流在时间里的人》为例［J］．外国文学动态研究，2022（02）：39-46.
[38] 王希腾，刘嘉宁．作为文学表征的元空间——以科幻小说《真名实姓》为例［J］．中国图书评论，2022（04）：17-27.
[39] 樊祥．克拉里媒介理论视野下的赛博格形象误区［J］．中国图书评论，2022（04）：41-52.
[40] 阎美萍．佩列文创作中的科幻与奇幻［J］．俄罗斯文艺，2022（02）：

29–39.

[41] 李然，温玉霞．“魔地”：斯特鲁加茨基兄弟的科技哲思［J］．俄罗斯文艺，2022（02）：51–60.

[42] 陈旭光，薛精华．电影工业美学视域下中国科幻电影新论［J］．未来传播，2022，29（02）：64–71+121.

[43] 李玥阳．想象力消费：电影工业美学的延伸［J］．未来传播，2022，29（02）：80–85.

[44] 曾军．“元宇宙”中的身体与主体性分裂［J］．探索与争鸣，2022（04）：85–87.

[45] 严锋．从文学到元宇宙［J］．上海文化，2022（04）：91–97.

[46] 赵薇．作为计算批评的数字人文［J］．中国文学批评，2022（02）：157–166+192.

[47] 宋明炜，汪晓慧．在“世界”中的中国科幻小说——科幻作为一种全球文类，及其成为世界文学的可能与问题［J］．中国比较文学，2022（02）：81–100.

[48] 李艺敏．后浪奔涌，科幻文学研究走向未来——“新文科建设视野中的科幻小说研究暨青年学术论坛”侧记［J］．中国比较文学，2022（02）：212–216.

[49] 谢飞．“双减”背景下青少年科普期刊的机遇与策略——以《科学大众》杂志为例［J］．编辑学报，2022，34（02）：153–157.

[50] 高心语，吴向阳．从视窗到声像：界面影像的呈现与控制［J］．电影艺术，2022（03）：61–69.

[51] 金进，朱钰婷．1990年代以来中国科幻小说中的气候灾难书写［J］．南方文坛，2022（03）：116–122.

[52] 司培．裂变与循环：从诺兰科幻电影看后工业时代的时空叙事［J］．天府新论，2022（03）：143–151.

[53] 蒋卓伦，张建安．论西方科幻电影中的“未来上海”形象［J］．文艺论坛，2022（03）：109–114.

[54] 李冰雁．从“赛博格身体”到“元宇宙”：科幻电影的后人类视角［J］．

广州大学学报（社会科学版），2022，21（03）：119-127.
[55] 陈舒劼．冬眠者何以醒来？——“三体”系列中的科幻小说未来想象机制[J]．文学评论，2022（03）：168-175.
[56] 文贵良．科技、乌托邦与反殖民——论许指严科幻小说《电世界》[J]．小说评论，2022（03）：19-27.
[57] 刘玲玉，邓燕燕．基于Python情感分析和批评隐喻的网络话语分析——以影片《流浪地球》中美德影评为例[J]．江苏大学学报（社会科学版），2022，24（03）：76-88.
[58] 杨骏骁．“嬉戏性”：中国当代文化想象力的转变[J]．探索与争鸣，2022（05）：168-176+180.
[59] 刘雨农．未来一瞥：科幻文学中的图书馆与相关问题思考[J]．大学图书馆学报，2022，40（03）：56-62.
[60] 刘大先．目光、生命与记忆——王威廉与未来诗学[J]．当代作家评论，2022（03）：105-109.
[61] 唐诗人．以未来为经验：论王威廉的“纯文学科幻”写作[J]．当代作家评论，2022（03）：116-123.
[62] 谭维智．将科幻作为一种教育研究范式[J]．教育研究，2022，43（05）：17-33.
[63] 张艳梅．对现实的突破与想象重置——元宇宙时代的叙事拓展[J]．传媒观察，2022（06）：22-28.
[64] 谢倩．“元宇宙”出版热潮中的冷思考[J]．中国图书评论，2022（06）：83-93.
[65] 欧阳友权，游兴莹．走进中国网络文学的五大热点[J]．社会科学战线，2022（07）：168-179.
[66] 薛精华，邹贞．中国故事、中国想象与技术美学表达——“中国科幻电影如何讲好‘中国故事’”学术研讨综述[J]．当代电影，2022（07）：173-176.
[67] 宋炘悦，国家玮．新世纪中国科幻小说对鲁迅思想命题的“重写”——以刘慈欣、韩松为中心[J]．鲁迅研究月刊，2022（07）：46-57.

[68] 金丹元. 后疫情时代中国电影新主流文化的导向和类型变化的多种可能性[J]. 上海大学学报(社会科学版), 2022, 39(04): 34-41.
[69] 席楠. 论《五号屠场》中的叙事困境与叙事策略[J]. 当代外国文学, 2022, 43(03): 5-13.
[70] 李然. 重温苏联科幻经典: 论《仙女座星云》的宇宙主义精神[J]. 外国文学动态研究, 2022(04): 144-151.
[71] 王斑. 当代中国科幻小说中的生态批评[J]. 中国比较文学, 2022(03): 2-14.
[72] 吴岩. 中国科幻未来主义: 时代表现、类型与特征[J]. 中国文学批评, 2022(03): 62-69+190.
[73] 孟庆枢. 科幻现实主义的多重意涵[J]. 中国文学批评, 2022(03): 70-76+190.
[74] 彭超. 论科幻现实主义创作特征[J]. 中国文学批评, 2022(03): 77-83+190-191.
[75] 成业. 当代科幻文学中的人工智能形象[J]. 中国文学批评, 2022(03): 182-188.
[76] 程林. 德、日机器人文化探析及中国"第三种机器人文化"构建[J]. 上海师范大学学报(哲学社会科学版), 2022, 51(04): 98-109.
[77] 黄鸣奋. 科幻电影美学属性探索[J]. 江西师范大学学报(哲学社会科学版), 2022, 55(04): 101-111.
[78] 杨俊蕾.《外太空的莫扎特》: 高新技术格式电影的融合升级实验[J]. 电影艺术, 2022(05): 76-78.
[79] 王瑞瑞. 汤姆·莫伊兰"批判的敌托邦"理论研究[J]. 中国文学研究, 2022(03): 29-37.
[80] 平瑶. 论广播剧《三体》的声音艺术[J]. 中国广播电视学刊, 2022(08): 118-120.
[81] 郭春宁, 陈涛. 科幻电影的超语言转向: 人工智能的"具身化"叙事[J]. 当代电影, 2022(08): 30-35.
[82] 王瑞瑞. 目光投射、语言调用、后图灵测试——科幻文学中的机器情感

问题一探［J］. 福建论坛（人文社会科学版），2022（08）：107–117.
［83］孙承健.《独行月球》：本土化科幻喜剧的突破与缺失［J］. 电影艺术，2022（05）：68–71.
［84］李彬，沈佳妮.潜水艇想象、技术文化与科学叙事——谈海洋科幻电影中的科技意象［J］. 全球传媒学刊，2022，9（04）：3–17.
［85］陈婷.启蒙与想象：西方火星知识在近代中国的传播与影响［J］. 自然辩证法研究，2022，38（08）：73–79.
［86］徐英瑾.阐释的偏差：科幻影视对于人工智能的误读及其社会影响［J］. 探索与争鸣，2022（08）：92–101+178.
［87］张吃鱼，刘藩，冯茜.《独行月球》：科幻喜剧的探索与创新——张吃鱼访谈［J］. 电影艺术，2022（05）：84–91.
［88］陈汝洪.类型融合与视觉创新——与李淼谈《独行月球》的美术创作［J］. 电影艺术，2022（05）：135–140.
［89］张经武，范晨琦.融宇宙、超宇宙与平行宇宙：科幻电影中的元宇宙想象［J］. 北京电影学院学报，2022（08）：31–40.
［90］范志忠.《独行月球》：元宇宙语境下的科幻话语［J］. 当代电影，2022（09）：14–17+2.
［91］张鲁宁.作为环境危机叙事典范的"新怪谭"科幻小说——以《湮灭》为例［J］. 西安外国语大学学报，2022，30（03）：114–118.
［92］蒋洪利."雅"与"俗"的互动：论李宏伟、王十月的跨界写作［J/OL］. 文艺论坛：1–9［2023–04–11］.
［93］刘永春."近未来"书写的审美形态及其对科幻小说的观念变革——郝景芳小说论［J］. 中国现代文学研究丛刊，2022（09）：241–250.
［94］庞好农.从隐身术到造人——科幻小说对科学伦理的警示［J］. 烟台大学学报（哲学社会科学版），2022，35（05）：65–72.
［95］卢冬丽.《三体》系列在日本的复合性译介生成［J］. 外语教学与研究，2022，54（05）：783–792+801.
［96］刘赫，刘雨.中国科幻文学瘟疫叙事中的共同体想象［J］. 文艺争鸣，2022（09）：161–166.

[97] 詹玲 .《当代中国科幻小说转型研究》[J]. 文艺理论研究，2022，42（05）：102.

[98] 霍盛亚 . 西方文论关键词：朋克小说 [J]. 外国文学，2022（05）：118-130.

[99] 赵梦然 . 创新引领 未来可期——2022 年暑期档电影市场盘点 [J]. 当代电影，2022（10）：4-10.

[100] 李斯龙，吴曼芳 . 后疫情时代中国科幻电影发展策略研究 [J]. 传媒，2022（19）：40-42.

[101] 侯玮红 . 俄语地区对刘慈欣科幻小说的接受与研究 [J]. 湖北社会科学，2022（10）：116-123.

[102] 罗良功，刘旎媛 ."暗物质"：科幻世界与现实隐喻——特蕾西·史密斯《火星生活》书写策略探析 [J]. 长江学术，2022（04）：77-85.

[103] 金韶，朱竞娅 . 破圈·跨界·融合：科幻产业的内涵外延和评价体系研究 [J]. 新闻爱好者，2022（10）：94-96.

[104] 刘洪涛，饶曙光 . 从《独行月球》回溯：致力于开发好故事的开心麻花影业——对话刘洪涛 [J]. 当代电影，2022（11）：43-53.

[105] 朱丛迁 . 世界文学格局中的幻想文学及其艺术传播 [J]. 南方文坛，2022（06）：71-75.

[106] 贾磊磊，石凯璐 . 中国新时代电影"重启"的五个历史时段 [J]. 电影艺术，2022（06）：45-51.

[107] 赵燕，吴赟 . 刘慈欣科幻小说英译本副文本话语元素探微 [J]. 外语学刊，2022（06）：22-27.

[108] 谢慧英 . 近年中国本土科幻文学创作论 [J]. 中国政法大学学报，2022（06）：294-304.

[109] 郑达威，杨可可，施宇 . 基于科幻电影的元宇宙媒体考古研究 [J]. 当代传播，2022（05）：40-45.

[110] 安维复，杨广明 . 元宇宙：范畴谱系、世界图像与未来昭示 [J]. 理论与改革，2022（06）：28-40.

[111] 路鹃，付砾乐 . 阶层结构·符号隐喻·现实品格：科幻电影的反乌托邦

辩证法［J］. 现代传播（中国传媒大学学报），2022，44（11）：112-119+128.
［112］张伟劼. 从中国科幻到世界文学——《三体》在西班牙语世界的传播和接受［J］. 扬子江文学评论，2022（06）：40-44.
［113］李睿. 恶托邦的元病毒——论斯蒂芬森科幻小说《雪崩》的元宇宙叙事［J］. 外国文学动态研究，2022（06）：88-97.
［114］何卓伦. 转型时刻的"劳动乌托邦"建构——新时期科幻小说的"典型环境"与"典型人物"［J］. 文艺理论与批评，2022（06）：99-114.
［115］范志忠. 中国科幻电影主体性历史建构的文化张力与美学话语［J］. 北京电影学院学报，2022（11）：57-66.
［116］黄鸣奋. 科幻电影创意视野下的人类文明新形态［J］. 北京电影学院学报，2022（11）：67-75.
［117］钱禹澎. 技术启元与媒介拓展——新光源灯具在科幻电影中的应用研究［J］. 北京电影学院学报，2022（11）：76-83.
［118］全荣哲. 观点决定高度——《独行月球》的前沿设计与科幻美学［J］. 北京电影学院学报，2022（11）：84-90.
［119］李静. 当代中国科幻研究的三重世界视野——从洪子诚《当代文学中的世界文学》的启示出发［J］. 文艺争鸣，2022（11）：77-82.
［120］林精华. 俄罗斯文学研究的国际政治学：西方斯拉夫学视野下的俄国大众文学［J］. 俄罗斯东欧中亚研究，2022（06）：137-159+163.
［121］李彬. 海洋科幻电影类型特征初探兼及中国海洋科幻电影的创作展望［J］. 当代电影，2022（12）：24-30.
［122］王晖，贺琳雅. 表征与隐喻：海洋科幻电影中的多重意象［J］. 当代电影，2022（12）：31-38.
［123］齐伟. 论海洋科幻电影的近未来现实主义美学［J］. 当代电影，2022（12）：39-46.
［124］刘义. 用新的方式表现真实：雷·布拉德伯里科幻小说中的哥特文学元素［J］. 西安外国语大学学报，2022，30（04）：107-111.
［125］黄欣荣，周光玲. 元宇宙的生成逻辑［J］. 南昌大学学报（人文社会科

学版），2022，53（06）：92-101.
[126] 朱钰婷．论20世纪90年代以来气候变化题材的中国科幻小说创作［J］．浙江大学学报（人文社会科学版），2022，52（12）：141-151.
[127] 罗小茗．共享与区隔：当代中国科幻小说中的城市想象——以基础设施为例的分析［J］．上海文化，2022（12）：62-70+121.
[128] 苏晖．后伦理选择时代的科学选择［J］．外国文学研究，2022，44(06)：37-51.
[129] 韩松．中国科幻的新征程［J］．文艺争鸣，2022（12）：21-24.
[130] 宋明炜，吕广钊．中国科幻的过去、现在和未来［J］．文艺争鸣，2022（12）：25-30.
[131] 李宏伟．科幻，作为镜像［J］．文艺争鸣，2022（12）：31-33.
[132] 陈楸帆．算法与梦境，或文学的未来［J］．文艺争鸣，2022（12）：34-38.
[133] 飞氘．新科幻　新文化　新未来［J］．文艺争鸣，2022（12）：39-42.
[134] 张苏秋．从国产科幻电影看"人类命运共同体"的艺术表达与传播［J］．艺术传播研究，2022（04）：12-18.
[135] 丁卓，孟庆枢．《日本沉没》中科技解说的三重维度［J］．东北师大学报（哲学社会科学版），2022（04）：63-68.
[136] 张晖．突变与竞争——布尔加科夫小说《不祥的蛋》中的科学话语谱系［J］．中国俄语教学，2022，41（01）：59-67.
[137] 简圣宇．论人工智能时代的身体美学基本范畴［J］．上海师范大学学报（哲学社会科学版），2022，51（01）：85-96.
[138] 邓菡彬．后人类身体与表演：机器人、人工智能、区块链及其他［J］．文艺理论与批评，2022（02）：129-139.
[139] 刘伟，陶锋．技术与身体：后人类视域中"身体"的形态、问题与反思［J］．中国图书评论，2022（10）：15-32.
[140] 姚富瑞．后人文主义身份想象与媒介技术的文学表征［J］．西北民族大学学报（哲学社会科学版），2022（04）：166-173.
[141] 张振．超越人文主义：人类世批评的四个面向［J］．北京电影学院学报，2022（11）：39-47.

[142] 李洪晨，许可，张闯，等.元宇宙图书馆 一座看得见的天堂——“天堂的具象：图书馆元宇宙的理想”论坛综述[J]. 图书馆论坛，2022，42(07)：1-6.

[143] 葛文峰.翻译的轮回：香港《译丛》的鲁迅《造人术》英语译介[J]. 济南大学学报(社会科学版)，2022，32(04)：46-53.

整理人简介：

朱钰婷，浙江大学博士研究生，中国科幻研究中心“起航学者”，研究方向为当代科幻文学与文化研究。